EDWIGE THIBAUT

L'ORDRE SS
ÉTHIQUE & IDÉOLOGIE

Edwige Thibaut

L'ORDRE SS
Éthique & Idéologie

Première édition — Avalon — Paris — 1991

Publié par
Omnia Veritas Ltd

www.omnia-veritas.com

PRÉFACE DE LÉON DEGRELLE 15
INTRODUCTION 18
   LA SS EN TANT QU'ORDRE 37
   LA SS, ORGANISATION RACIALE 39
   LA SS, ORGANISATION RELIGIEUSE ET CULTURELLE 43
   QUESTIONS LÉGITIMES 48
CHAPITRE I 51
   I. L'ORDRE SS, HISTOIRE ET PRINCIPES 51
   Revue « Croire et combattre ». Pour les SS des groupes populaires du Sud-Est. 51
      La SS, historique 51
      Les huit premiers 52
      Le principe de sélection 53
      Un chef pour dix hommes 53
      Les groupes de membres bienfaiteurs (M.B.) 54
      Le SS comme militant 54
      Le drapeau du Sang 56
      Le Reichsführer SS Heinrich Himmler 57
      Les quatre vertus cardinales 57
      Le SS en action à l'époque de la prise du pouvoir 62
      La carrière du SS 63
      La loi de l'honneur 65
   « L'ami du soldat ». Almanach de 1944. Edition D : la Waffen SS. 66
      I. La SS en tant qu'Ordre 66
      II. La Waffen SS 69
      III. Les volontaires germaniques et la SS germanique 70
      IV. La SS et la police 71
      V. Consolidation de la nation 73
      VI. Le soldat politique 74
   La maison de la troupe SS n° spécial.1942. Entre deux bornes 76
      Rapport de travail 1941-42 76
   Cahier de la SS n°6. 1936. 77
      Préceptes pour l'appel de la troupe 77
   Cahier de la SS n°10. 1937. 78
      Pourquoi nous portons un uniforme 78
   Cahier de la SS n°2. 1943. 81
      L'Ordre des clans 81
   Cahier de la SS n°5. 1944. 85
      Voilà pourquoi nos armoires n'ont pas de serrures 85
   Cahier de la SS n°1. 1944. 87
      Deux exemples avertisseurs 87
   Cahier de la SS n°11. 1944. 88
      Dis-moi qui tu fréquentes... 88
   Cahier de la SS n°10. 1944. 89

Préserve à l'amour son côté mystérieux !.. 89
Cahier de la SS n°3.1942...*93*
    Fidélité 93
Cahier de la SS n°6b.1941...*95*
    Hommes, camarades, exemples 95
Cahier de la SS n°10. 1939...*100*
    Les anciens 100
Cahier de la SS n°6. 1942...*101*
    Le testament d'un SS 101
Devenir n°2. Mars 1944...*103*
    Au-dessus de ton avantage, il y a la victoire de l'équipe................. 103
Cahier de la SS n°11b.1941....*106*
    Pourquoi une source sudète ? 106
Cahier de la SS n°2a.1941....*107*
    Le printemps- et pourtant fatigué ! 107
II. LE CLAN 111
Cahier de la SS n°5. 1938...*111*
    Le germe du peuple 111
Cahier de la SS n°5. 1938...*115*
    La bénédiction qu'est la vie... 115
Cahier de la SS n°1.1939. De quoi meurent les peuples ?....................*117*
    I. La dénatalité allemande 117
Cahier de la SS n°3.1939. De quoi meurent les peuples ?....................*123*
    II. Sélection et contre-sélection 123
Cahier de la SS n°4. 1938...*131*
    Le nouveau droit matrimonial de la Grande Allemagne 131
Configuration des fêtes au cours de l'année et dans la vie de la famille SS.
..134
    Le mariage et l'admission de la femme dans la communauté de clans SS 134
« D'estoc et de taille », Gunther d'Alquen. 1937...................................*139*
    Un mot sur le divorce 139
« D'estoc et de taille », Gunther d'Alquen. 1937...................................*143*
    L'enfant illégitime 143
Cahier de la SS n°2. 1938...*145*
    Pourquoi toujours parler d'un « arbre généalogique » ? 145
Cahier de la SS n°5. 1944...*150*
    Comment naquit mon livre de famille 150
Cahier de la SS n°7. 1944...*153*
    Comment doit s'appeler notre enfant ?.. 153
Cahier de la SS n°3. 1944...*156*
    Le cimetière-jardin 156
Cahier de la SS n°6. 1944...*161*
    De l'enfant.. 161
III. QUESTIONS RACIALES...163
Revue « Croire et combattre », pour les SS des groupes populaires allemands
du Sud-Est...*163*

Qu'est-ce que la race ?..163
Cahier de la SS n°7. 1942. .... *169*
   Le sens biologique de la sélection 169
Annales n°2. 1944. Edition de la brigade SS Wallonie. *176*
   Du corps racial à l'âme raciale 176
Cahier de la SS n°6b. 1941. .... *177*
   Jumeaux et hérédité 177
Cahier de la SS n°3. 1939. .... *183*
   Groupes sanguins et races 183
Cahier de la SS n°3. 1936. .... *187*
   Quatrième exemple tiré du travail du Sippenamt 187
Cahier de la SS n°3. 1944. .... *193*
   Sans titre 193
Cahier de la SS n°6. 1944. .... *195*
   L'attitude du soldat à l'égard des femmes étrangères...............................195
Cahier de la SS n°2. 1938. .... *196*
   Les questions raciales aux États-Unis 196
Cahier de la SS n°4. 1938. .... *205*
   Église romaine et raciologie 205
IV. PAYSANNERIE, ÉCONOMIE, PEUPLEMENT 212
   Cahier de la SS n°3. 1939. .... *212*
      La grande question posée à la jeunesse allemande 212
   Cahier de la SS n°3. 1939. .... *215*
      La loi fondamentale de la paysannerie allemande 215
   Cahier de la SS n°5. 1942 .... *220*
      Paysannerie 220
   Cahier de la SS n°8. 1939. .... *222*
      Le convoi vers la mort 222
   Cahier de la SS n°2. 1938. .... *228*
      Économie et idéologie...228
   Cahier de la SS n°2. 1939. .... *231*
      Sous-évaluer le résultat agricole, un danger pour le peuple ! 231
   Cahier de la SS n°2b. 1941. .... *237*
      À l'Est grandit un nouveau peuple sur une terre nouvelle 237
   Cahier de la SS n°1. 1944. .... *243*
      Villages anciens et nouveaux 243
   Cahier de la SS n°9. 1944. .... *248*
      Les villes, forteresses du Reich 248
V. POLITIQUE GÉNÉRALE 251
   « D'estoc et de taille », de Gunther d'Alquen, 1937. .... *251*
      L'idée opposée au système 251
   « D'estoc et de taille », de Gunther d'Alquen, 1937. .... *253*
      Communauté ou collectivité ? 254
   « D'estoc et de taille », de Gunther d'Alquen.1937. .... *256*
      Réflexions sur le principe du chef 256
   Cahier de la SS n°10. 1937. .... *258*

SS-Staf. Kinkelin : Le national-socialisme crée un nouveau monde à partir d'une foi nouvelle 258
Cahier de la SS n°5. 1943. 262
    Notre mission révolutionnaire 262
Cahier de la SS n°7. 1943. 265
    Idée et aspect de l'Empire.. 265
Cahier de la SS n°9/10. 1943. 270
    La solidarité germanique de l'Europe 270
Cahier de la SS n°9. 1944. 273
    Le réveil de notre race 273
« *Aux armes pour l'Europe* ». *Discours prononcé à Paris, le 5 mars 1944, au Palais de Chaillot par le SS-Sturmbannführer Léon Degrelle.* 276
    La santé du peuple 276
Cahier de la SS n°6. 1943. 280
    Le respect de la personne 280
Cahier de la SS n°8. 1938. 281
    Le livre, cette épée de l'esprit 281
« *D'estoc et de taille* », *de Gunther d'Alquen, 1937.* 282
    L'humour, une nécessité ! 282
Cahier de la SS n°9. 1944. 284
    Dis-le à tous... 284

CHAPITRE II **287**

I. HISTOIRE...287
Cahier de la SS n°8. 1938. 287
    Le serment des éphèbes athéniens.. 287
Cahier de la SS n°2. 1944. 287
    La naissance de l'Europe germanique vers 500 après Jésus-Christ 287
Cahier de la SS n°8. 1939. 293
    Les lois anti-juives modernes, déjà existantes du temps des Germains ! 293
Cahier de la SS n°6b. 1941. 296
    L'Empire germanique de la mer Noire 296
Cahier de la SS n°2. 1943. 302
    L'Ordre teutonique en Prusse 302
Cahier de la SS n°10. 1938. 309
    L'université allemande dans le combat de la Contre-réforme 309
Cahier de la SS n°10. 1936. 313
    SS-Ostuf. Dr Walter Bohm : La croyance aux sorcières 313
Cahier de la SS n°5. 1938. 318
    Les lansquenets 318
Cahier de la SS n°2. 1939. 326
    La Terre promise 326
Cahier de la SS n°1. 1944. 334
    Les Cosaques 334
Annales n°1. Janvier 1944. Edition de la brigade SS Wallonie. 339
    Les bâtons de Bourgogne 339

II. HISTOIRE CULTURELLE 341
Cahier de la SS n°10. 1937. 341
Formation d'un groupe de travail sur l'ethnologie nationale 341
Cahier de la SS n°3. 1944. 343
Naissance et fin du monde dans le mythe aryen 343
Cahier de la SS n°3. 1938. 348
Vision germanique du ciel 348
Cahier de la SS n°6. 1944. 353
Arbre de vie et arbre du monde 353
Cahier de la SS n°4. 1942. 356
Tumulus et dessins rupestres 356
Cahier de la SS n°4. 1942. 360
De l'origine religieuse des runes 360
Cahier de la SS n°2. 1939. 363
Autorité germano-allemande 363
Cahier de la SS n°11. 1943. 372
L'honneur de la femme germanique 372
Cahier de la SS n°8. 1943. 379
Amour et mariage 379
Cahier de la SS n°3. 1943. 383
Sigurd, le chevalier Georges et le combat avec le dragon 383
Cahier de la SS n°3. 1944. 387
Comment Loki et Heimdal luttèrent pour le collier de Freya 387

III. COUTUMES ET RELIGION 390
« D'estoc et de taille », de Gunther d'Alquen, 1937. 390
La forme et le contenu 390
« D'estoc et de taille », de Gunther d'Alquen, 1937. 393
La crise spirituelle 393
« D'estoc et de taille », de Gunther d'Alquen, 1937. 396
Le pouvoir et le cœur 396
Cahier de la SS n°4. 1942. 398
Piété germanique 398
Cahier de la SS n°6. 1942. 400
Corps et âme 400
Cahier de la SS n°8a. 1941. 401
Que signifie le « solstice » ? 401
Cahier de la SS n°7. 1938. 405
Solstice 405
Cahier de la SS n°3a. 1941. 411
Solstice dans le cercle sacré 411
Cahier de la SS n°7. 1942. 415
La nuit des mères 415
Cahier de la SS n°4. 1943. 418
Coutume de printemps et abondance d'enfants 418
Cahier de la SS n°5. 1943. 422
Fiancée de mai – Reine de mai 422

Cahier de la SS n°5. 1942. 424
   Coutumes de moisson 424
Cahier de la SS n°5. 1942. 428
   Le pain sacré 428
IV. Art 430
  Cahier de la SS n°6. 1943. 430
   Le commandement suprême dans toute appréciation artistique 430
  Cahier de la SS n°1. 1943. 432
   Artiste et soldat 432
  Cahier de la SS n°5. 1944. 436
   Les artistes allemands et la SS 436
  Cahier de la SS n°2a. 1941. 437
   La beauté sous le signe des runes SS 437
  Cahier de la SS n°4. 1938. 441
   La loi de la beauté 441
  Cahier de la SS n°3. 1938. 446
   L'architecture, expression de la communauté 446
  Cahier de la SS n°2. 1938. 450
   Remarques sur le style 450
  « D'estoc et de taille », de Gunther d'Alquen, 1937. 454
   L'homosexualité et l'art 454
V. Sciences naturelles et physiques 459
  Cahier de la SS n°8. 1939. 459
   Les lois éternelles de la vie 459
  Cahier de la SS n°10. 1938. 464
   Camarade à mon côté… 464
  Cahier de la SS n°4.1938. 465
   Notre connaissance moderne de la structure de l'univers 465
  Cahier de la SS n°4. 1943. 468
   Combat dans la nature 468
  Cahier de la SS n°8. 1944. 472
   La forêt comme communauté de vie 472
  Cahier de la SS n°5. 1938. 477
   Cycle éternel 477
  Cahier de la SS n°1. 1943. 478
   Les limites de la vie 478
  Cahier de la SS n°11a/b. 1941. 480
   La vie dans le bourgeon 480
  Cahier de la SS n°1. 1944. 482
   La terre recèle les forces de salut et de mort 482
  Cahier de la SS n°8. 1944. 486
   L'origine de toutes choses 486

CHAPITRE III **488**

I. Biographies 488
  Revue « Histoire du Reich ». 488

Charlemagne, le fondateur d'Empire 488
Charles et Widukind 488
Discours du Reichsführer SS Himmler dans la cathédrale de Quedlinbourg, le 2 juillet 1936. .... *491*
Heinrich 1er 491
Cahier de la SS n°4. 1938. .... *497*
Johann Gutenberg 497
Cahier de la SS n°7b. 1941. .... *502*
Albrecht Dürer, « correspondant sportif » 502
À Vienne, un nouveau Dürer est découvert 503
Albrecht Dürer – impossible ! et pourtant ! 503
Le jiu-jitsu – pas seulement une invention japonaise ! 505
Le vieil art de défense allemand d'après le manuel d'Albrecht Dürer 506
Cahier de la SS n°2. 1939. .... *507*
L'œuvre des frères Grimm 507
Cahier de la SS n°11a/b.1941. .... *511*
Le mariage du prince Bismarck 511
« Mon mari est certes en Bohême... mais... » 513
Le lien le plus profond : les enfants de Bismarck 514
Cahier de la SS n°7. 1943. .... *515*
« Toute chose a un ordre » 515
Cahier de la SS n°5. 1942. .... *521*
Nietzsche, le prophète 521
Cahier de la SS n°3. 1942. .... *524*
Richard Wagner 524
Cahier de la SS n°7. 1938. .... *527*
Gustave Kossinna 527
II. GÉOPOLITIQUE 533
La maison de la troupe SS n°3 spécial. 1940. .... *533*
SS-Ustuf. Dr Julius Schmidt, Paris : La France 533
Service politique pour la SS et la police. *537*
Directives pour l'éducation idéologique des Alsaciens 537
L'Alsace et l'Empire 542
Annales n°2. 1944. Edition de la Brigade SS Wallonie. *545*
Germains et Allemands 545
Cahier de la SS n°3. 1938. .... *547*
SS-Ustuf. Dr Karl Viererbl : 547
La Tchécoslovaquie 547
Histoire des Sudètes 549
Le combat pour l'indépendance de l'État tchèque 553
L'État indépendant tchécoslovaque 554
La Constitution 555
Politique intérieure tchèque 556
Politique extérieure tchèque 557
Le combat des nationalités contre la centralisation de Prague 557
Cahier de la SS n°5. 1944. .... *559*
La Saxe, pays du travail et de l'art 559

La maison de la troupe SS n° spécial. 1940. .... *565*
    La Norvège 565
Cahier de la SS n°8. 1938. .... *569*
    Angleterre – Irlande 569
Cahier de la SS n°1. 1939. .... *575*
    Les Allemands dans le Sud-Ouest africain 575
    Khorab – Afrique du Sud-Ouest – juillet 1915 576
    Windhurk 1924 577
    1932 577
    Printemps 1933 578
    1934 578
    1935 578
    1936-1937 578
    Printemps 1939 578
Cahier de la SS n°2. 1939. .... *581*
    L'islam, grande puissance de demain 581
Cahier de la SS n°1. 1939. .... *586*
    L'Empire d'Ataturk 586
III. ADVERSAIRES 593
Cahier de la SS n°3. 1936. .... *593*
    SS-Ostuf. Heinrich Bauer : L'Ancien Testament, autoportrait des Juifs 593
Cahier de la SS n°3. 1936. .... *601*
    E. Brandt : Le meurtre rituel juif 601
Cahier de la SS n°3. 1936. .... *607*
    Ce que les Juifs disent des Juifs 607
Cahier de la SS n°10. 1937. .... *610*
    Faits importants sur la franc-maçonnerie 610
Cahier de la SS germanique n°1 et 2. 1943. .... *613*
    1789 613
Cahier de la SS n°1a/b. 1941. .... *615*
    « L'Amérique » en Europe 615
    Les Juifs mettent au point la « culture cosmopolite » des États-Unis pour
    l'exporter 616
    Le manager juif profite de la faiblesse de l'Allemagne et de l'Europe 617
    La musique exprime l'âme d'un peuple… 618
Cahier de la SS n°10. 1938. .... *619*
    « Léninisme » et « stalinisme » ? 619
Service politique pour la SS et la police. *625*
    L'importance politique actuelle des sectes 625
IV. ART DE LA GUERRE 632
La maison de la troupe SS n°4. 1939. .... *632*
    Science militaire 632
    Être soldat, une condition 633
    De vrais hommes engendrent toujours leurs semblables 634
    Discussions sans querelle 635
    Qu'est-ce que les formules chimiques ont à voir avec la vision du monde ? 637
Cahier de la SS n°3. 1938. .... *638*

    Maximes sur la guerre 638
Cahier de la SS n°12. 1943. 640
    La guerre sans merci 640
Sennheim, école de formation SS européenne. 644
    Sennheim 644
    L'époque 644
    Le paysage 645
    La mission 645
    Le volontaire 645
    L'autorité 646
    Le devenir 649
    L'avenir 649
Cahier de la SS n°4. 1943. 650
    Le devoir prime sur la vie et la mort 650
Cahier de la SS n°3. 1943. 654
    Une expérience de guerre au foyer 654
Cahier de la SS n°3. 1942. 656
    Yamato 656
La maison de la troupe SS n°4. 1939. 660
    Notre vie ! 660

BIBLIOGRAPHIE **667**

DÉJÀ PARUS **669**

Heinrich Himmler en 1937, animé par l'idée d'une nouvelle aristocratie.

Préface
de Léon Degrelle

Volksführer
Commandeur de la Légion Wallonie
Chevalier de la Croix de fer

À dire le vrai, lorsque je reçus l'énorme masse de feuillets qui forment ce livre sur l'Ordre SS, je fus plutôt stupéfait : huit cents pages de texte serré ! Ma vie normale est très remplie. Or, lire cette sorte d'encyclopédie me prendrait des dizaines d'heures ! Pour me faire tout de même une petite idée de l'intérêt ou du non intérêt de cette compilation insolite, je feuilletai d'abord les premiers paragraphes. Trois jours plus tard, j'arrivais à la dernière page.

J'avais trouvé là une somme extraordinaire de connaissances présentées au long d'une introduction de cent pages qui constituent un livre à elles seules, appuyées ensuite, avec une science parfaite du sujet, par des centaines de citations, à la fois simples et percutantes, formant une anthologie énorme de textes, écrits alors sans chercher à étonner le lecteur sinon à l'informer et à le convaincre. C'était, politiquement, le panorama entier de la SS reconstituée par des témoins directs qui n'avaient même pas pensé à faire œuvre d'historiens mais qui avaient, selon l'échelonnement des années, exposé à vif la doctrine, les objectifs, les méthodes, la mystique du mouvement qui fut sans doute, avec le léninisme, le phénomène politique le plus important du 20ème siècle.

* * *

Qui avait réuni cette somme ? Un chroniqueur fameux ? Non ! Une jeune femme presque inconnue, Edwige Thibaut, fantastiquement laborieuse qui, pendant des années, avait lu des milliers de pages écrites sur la SS par des centaines d'analystes, de philosophes, de techniciens. Ceux-ci appartenaient aux milieux les plus divers : des jeunes, des vieux, des intellectuels, des observateurs de base. Edwige Thibaut avait fait avec patience le tri de ces travaux multitudinaires, puis classés dans un ordre intelligent. Elle voulait, en premier lieu, satisfaire sa joie de découvrir mais, ensuite, si l'occasion s'en présentait, communiquer cette joie aux esprits curieux qui essayaient, de ci de là, d'atteindre le Vrai.

Car telle est la caractéristique de cet ouvrage : cette jeune femme n'invente rien, n'imagine rien ; elle commente, certes, mais elle apporte cent textes écrits par d'autres, publiés au temps même de leur création, rédigés par de nombreux observateurs qui s'exprimaient dans des publications dispersées. Cette récapitulation et cette unification, qui n'avaient même pas été imaginées à l'époque, c'est Edwige Thibaut qui les a réalisées elle-même au long d'un travail qui lui eut valu, si elle avait porté une bure de moine au lieu d'une jupette, la qualification dix fois méritée de « bénédictine » !

* * *

La foule, aujourd'hui, lit à la hâte. Or ici il s'agit de consacrer des dizaines d'heures d'une lecture assidue et ardue, à éplucher des textes qui réclament une puissante application ! Mais le sujet est capital. Qui était cette SS et, plus spécialement, la Waffen-SS ? Qu'en sait-on ? Que peut-on en savoir ? Telle est la mission que, bravant la légèreté du siècle, Edwige Thibaut a eu l'énergie d'affronter. Cette véritable encyclopédie de la SS eut pu rester à moisir, à jamais, dans un tiroir. Voici qu'un éditeur audacieux en risque aujourd'hui la publication, malgré l'énormité de son contenu.

En réalité, jusqu'à présent, malgré qu'on lui eut consacré des milliers de livres, la SS est peu connue, mal connue, a été souvent défigurée par des accusations sommaires, proches du ridicule ou de l'odieux. La Waffen-SS, son émanation la plus fameuse, fut la formation politico-militaire la plus extraordinaire qu'ait jamais connue l'humanité[1]. Elle arriva à compter, au cours de la Seconde Guerre mondiale, un million de volontaires, accourus de vingt-huit pays différents. Tous ces garçons étaient venus d'eux-mêmes offrir leur vie (402.000 sont morts au combat) pour une cause qui avait happé chaque parcelle de leur vie physique et de leur volonté.

Tout cela ne s'était pas produit tout seul. Les SS n'étaient qu'une poignée au début de l'hitlérisme. Il avait fallu qu'une foi énorme les envahit puis les consuma pour que s'épanouisse ce don absolu, cette discipline libre, totale, et la conviction souveraine qu'ils apportaient au monde un type *d'homme nouveau*.

Qui était cet *homme nouveau* ? Qu'était son message ? Où retrouver les témoignages, transcrits au moment même, de cette volonté de création d'un univers (la Weltanschauung), où tout serait recréé, régénéré ? La réponse, ce livre l'apporte. Grace à lui on saura enfin ce qu'était la SS et ce qu'elle eut pu donner à l'homme et au monde si ses runes victorieuses eussent marqué définitivement l'univers.

***

Dans la cathédrale qu'est cet ouvrage bâti par Edwige Thibaut, il y a tout. On sait, après avoir étudié cette encyclopédie, ce que, chaque jour, pendant des années, avaient exposé les guides spirituels de la SS – des esprits brillants comme des cerveaux modestes. Edwige Thibaut a repris, page par page, l'essentiel de leurs travaux, conçus en pleine action, dans la chaleur et la lumière des événements.

Certes, certains problèmes à résoudre ont changé de portée. Certaines conceptions ont, en cours de chemin, subi des retouches. Notamment, la notion, parfois trop sommaire, de la vie spirituelle de l'homme. L'élan religieux a mille détours secrets. Hitler, le premier, savait que nous dominait tous – et que dominait l'univers – le *Tout-Puissant*. L'intransigeance parfois provocatrice de certains SS serait vite dépassée. Moi-même j'étais un chrétien ardent, ce qui n'empêchait pas Hitler de dire que s'il avait eu un fils, il eut voulu qu'il fut comme moi ! Nous avions à la division *Wallonie* des Waffen-SS, nos aumôniers, partageant toutes nos épreuves au Front de l'Est. À la division SS *Charlemagne*, un prélat magnifique, monseigneur Mayol de Luppé, conduisait des milliers de jeunes héros français au combat et au sacrifice. L'équilibre, là aussi, se ferait, entre un paganisme historique que certains entendaient ressusciter et la vie mystique, cette secrète vibration de la conscience.

Le formidable rayonnement de la SS ne serait pas une dictature des esprits mais une adhésion de tout l'être, apportée librement et souplement. Cette immense richesse, que la SS portait devant elle comme les dieux antiques portaient la foudre, eut pu se perdre, s'effilocher dans les brouillards du temps. Grace à Edwige Thibaut la voici reconstituée, honnêtement, complètement.

Un demi-siècle a passé. Ceux qui ont vécu cette épopée, sentiront, à en retrouver les jalons, renaître leur jeunesse ardente. Je suis moi-même le dernier Commandeur vivant d'une division de Waffen-SS et le dernier *Volksführer* : à mes yeux cette reconstitution est une résurrection. Mais c'est avant tout aux jeunes que je pense, aux jeunes auxquels on avait caché si haineusement la richesse de la vérité. La voici. Ils vont savoir, enfin ! dans toute son abondance et sa complexité, ce que fut la SS. Et, plus particulièrement, son bras droit, la Waffen-SS.

Qui sait ? Non pas seulement le savoir mais la voix, peut-être, un jour, réincarnée par eux, rebâtira le monde nouveau que nos cerveaux et nos armes avaient voulu créer.

Léon Degrelle, Malaga, le 1er juin 1990

INTRODUCTION

Durant l'Antiquité, les peuples en lutte permanente pour leur survivance dans un monde hostile avaient droit de vie et de mort sur les vaincus. Le droit naturel du plus fort prévalait ; toutefois, l'adversaire affronté pouvait conserver le respect de la partie adverse, ce qui mettait d'autant plus en valeur la grandeur des combattants en présence. Les hommes se faisaient la guerre pour des raisons existentielles et non idéologiques. La conquête d'un territoire justifiait des expéditions guerrières et la notion d'honneur ou de honte déterminait la valeur de chaque individu. Que signifiait un droit moral inconnu face au sens de l'honneur qui guidait chaque action, à la force et à l'agilité physiques, à l'ingéniosité intellectuelle, et surtout face à la nécessité de survivre ?

Lorsqu'on examine d'un œil critique le déroulement et la conclusion de la guerre en 1945, on constate l'aboutissement d'un long processus commencé avec l'apparition des religions bibliques, à savoir que la morale et la notion de péché ont remplacé le sens de l'honneur et la politique. L'adversaire digne de respect s'est mué en un ennemi absolu porteur de tous les vices s'opposant à la « civilisation » et devant être à tout prix converti ou éliminé. Après les guerres de religion, la chasse aux hérétiques et aux sorcières, apparurent les guerres impérialistes, de colonisation des missionnaires religieux. À présent, une guerre *planétaire* opposait non seulement des peuples, mais plusieurs conceptions du monde, les unes fondées sur les droits et l'égalité de tous les hommes, l'individualisme universaliste et nomade, et les autres sur la mystique de la race, la valorisation de l'attitude héroïque dépassant les clivages du temps, et la valeur communautaire. Considérant qu'il existe des lois qui sont supérieures à celles des États, la notion de crime, autrefois exclusivement individuelle, fut élargie en « crimes contre l'humanité » et appliquée à un système, une idéologie et même une nation entière. La légalité et la spécificité des actions étatiques propres à un système furent supplantées par la légalité d'un droit universel humaniste. Pour la première fois dans l'histoire, ce droit moral particulier issu directement de l'esprit de la Révolution française permettait à des hommes représentant des nations ayant commis les crimes de Hiroshima, Dresde et Katyn de juger un système politique qui refusait le moule niveleur d'un ordre mondialiste. Le principe du châtiment atteignait ainsi son point culminant. L'Américain Nathan Kaufmann, dans sa brochure *L'Allemagne doit périr* publiée en 1941, traduit avec cynisme cet état de fait : « La guerre actuelle n'est pas une guerre contre Adolf Hitler. Elle n'est pas non plus une guerre contre les nazis. C'est une guerre de peuples contre d'autres peuples, de peuples civilisés portant la lumière, contre des barbares non civilisés qui aiment les ténèbres. » Cette planétarisation de la morale ne pouvait qu'annoncer d'autres guerres contre d'éventuelles atteintes au « droit international » qui, sous couvert de justice, imposent aux peuples et aux États un modèle moral unilatéral.

L'issue du procès ne laissait aucun doute. Le totalitarisme de cette guerre ne pouvait que broyer impitoyablement les vaincus. La culpabilité d'une idéologie, le national-socialisme, et de ses défenseurs, diables modernes, fut reconnue. Un « peuple élu » se trouvait confronté tout naturellement à un « peuple déchu », éternellement maudit.4 SS se trouvait en première ligne des attaques également dans ce contexte. Elle siégeait en tête sur le banc des accusés, représentée par un certain nombre de généraux et d'officiers supérieurs puisque ses chefs, Hitler et Himmler, avaient préféré rester maîtres de leur destin en se donnant la mort. Que lui reprochait-on ? D'avoir été l'instrument politique implacable du national-socialisme dans la réalisation de ses objectifs.

Depuis 1947, les médias et la presse à sensation ont pris le relais du tribunal international mais à un niveau plus étendu. Une masse incalculable d'ouvrages est parue sur la question du national-socialisme, de la SS, des camps de concentration, démontrant ainsi que l'« interdit et l'inavouable » exercent toujours une fascination sur un public pourtant à bonne école. La production de films « fascistoïdes » comme *Rambo*, *Conan le barbare* ou autres *Mad Max* en sont des exemples frappants. Les études et travaux scientifiques d'historiens « réputés » restent cependant muets devant plus d'une question que se posent les esprits critiques.

La littérature française se complaît à présenter le SS comme l'homme à la cravache aussi cinglante que son propos, écoutant pieusement Beethoven et faisant exterminer des millions d'êtres sans une larme. Une telle image stéréotypique et uniformisatrice du gardien de camp cruel et stupide paraît profondément restrictive face à la réalité des chercheurs scientifiques, des artistes, des écrivains ou des soldats ayant incarné chacun l'un des multiples visages de la SS. Sont-ils même comparables, lorsqu'on connaît les oppositions qui ont pu naître au sein de l'Ordre, malgré la volonté de centralisation idéologique ? Il est certain que nulle société n'est épargnée par la présence en son sein d'individus douteux ou criminels. Le caractère humain possède toujours des faiblesses difficilement surmontables qui se manifestent quelquefois. Peut-on concevoir, en revanche, qu'il serait juste de pratiquer une systématisation d'un tel phénomène tout simplement parce qu'on a affaire à des ennemis, où supposés tels, qu'ils soient des littéraires, des scientifiques ou des artistes ? Comment des millions d'hommes, dont une grande partie d'Européens, ont-ils pu engager jusqu'à leur propre vie pour un tel système supposé nier toute dignité humaine ? L'examen attentif des faits peut nous apporter la réponse.

Tous ceux qui étudient les événements tragiques de la Seconde Guerre mondiale se demanderont quelles furent les motivations de ces hommes dont il est si peu question dans les livres d'histoire. Nous autres, Français, pourrons nous interroger d'autant plus que 40 000 Français ont pris part aux combats sous un uniforme devenu européen et que parmi eux, au moins 10 000 devinrent des « soldats politiques » de la SS. Le national-socialisme appartient à l'Histoire. Il est né et mort avec Adolf Hitler. Beaucoup de gens n'ayant pas connu cette époque se demandent à présent qui furent ces hommes qui partirent si loin trouver la mort sur une terre étrangère. Laissons de côté la passion partisane ne pouvant que déformer dans un sens comme dans l'autre leur histoire. Après la cicatrisation de blessures évidentes, il est maintenant temps de dédramatiser les passions, d'analyser des événements historiques et politiques avec la même sérénité que lorsqu'on traite des guerres de religion, des croisades ou de la pensée de Platon. Ce serait une cruelle ironie du destin de ressembler à ceux que l'on condamne par l'utilisation de la censure et de la répression intellectuelle. L'objet de ce livre est donc de permettre au lecteur de comprendre ce qui a pu entraîner des individus qu'apparemment rien ne prédisposait à s'engager du côté national-socialiste.

Traiter des idées politiques de la SS est une vaste entreprise ô combien difficile, surprenante et déroutante. Parler de la SS, c'est avant tout étudier ses « idées politiques », ce qui, certainement, étonnera ceux qui ne concevaient la SS que comme un organe répressif de caractère policier. C'est donc parler plus exactement de sa « conception du monde », de son histoire, de ses buts, de ses aspirations, mais aussi de ses erreurs et de ses divergences internes. La dialectique nationale-socialiste sera décryptée, permettant de mieux comprendre le sens de termes souvent improprement utilisés de nos jours.

Comme l'expose le premier chapitre sur *L'Ordre SS, histoire et principes*, la SS trouve son origine dans la garde personnelle d'Adolf Hitler chargée de sa sécurité. Composée d'hommes triés sur le volet, totalement convaincus idéologiquement, elle allait prendre un nouvel essor avec la venue à sa tête de Heinrich Himmler. En effet, jusqu'en 1929, date de sa nomination, la SS ne représentait qu'une super SA, obéissante, dégagée de toute initiative idéologique, un organe exécutif pur, mais déjà sous-tendu par l'idée élitiste. Travaillant patiemment dans l'ombre, Himmler avait su gagner la confiance de Hitler et faire triompher ses vues d'une nouvelle SS comme ordre idéologique combattant, fondement d'une société future. Elle n'était donc plus un simple organisme de sécurité ; elle devenait l'instrument actif et principal du national-socialisme, devant assumer la protection du Reich mais surtout produire la future élite de l'Europe et instruire le peuple dans l'esprit national-socialiste. Ce fut également un terrain d'expérimentation extraordinaire, un « laboratoire d'idées » laissant éclore les talents les plus divers, encourageant l'innovation permanente sans jamais se couper d'un système de valeurs traditionnel. De la garde de Hitler, la SS avait vécu une nouvelle naissance en tant que garde et fer de lance du mouvement national-socialiste. À présent, elle s'engageait totalement pour une idée, allant même jusqu'à être un mouvement d'avant-garde.

La rapidité remarquable de son développement à partir d'une certaine époque démontre la nouvelle destinée assumée par la SS. Se limitant au nombre de 200 à 300 hommes répartis par dizaines dans toute l'Allemagne depuis sa création en 1923, elle allait passer rapidement à 1000 en 1929, 14 964 en 1931, pour se stabiliser entre 209 000 en 1933 et 238 159 en 1938 et atteindre près d'un million d'hommes en 1945. Mais cet accroissement rapide ne doit pas tromper. La SS représentait une organisation sélective fondée, contrairement à la SA et au Parti, sur un engagement *strictement volontaire*. Ne contraignant personne, la sélection demeura toujours très sévère, ce dont témoigne Himmler dans un discours de 1937, expliquant qu'entre 1933 et 1935 il exclut 60 000 SS qui n'étaient « pas absolument enthousiastes ni idéalistes », tandis que les autres organisations du Parti s'ouvraient largement à leur base.

Cet accroissement soudain, mais surveillé de la SS, répondait à l'extension de ses tâches due à sa nouvelle gestion et également aux nouvelles perspectives offertes par la prise du pouvoir du national-socialisme en Allemagne. Elle allait se diviser en trois grandes branches : l'Allgemeine SS (SS générale, ou civile, d'où sortirent les deux autres branches), les SS-Totenkopfverbände (unités à tête de mort s'occupant de l'administration externe des camps de concentration et de certaines tâches policières) et les SS-Verfügungstruppe (troupes SS à disposition, ou paramilitaires, qui donnèrent naissance par la suite à la Waffen-SS). Si la Wehrmacht veillait à la sécurité externe du pays, la SS eut pour tâche la sécurité interne de la nation par la surveillance policière des « ennemis de l'intérieur » tels qu'elle les nommait, et surtout la propagation de la conception nationale-socialiste du monde.

Les SS étaient donc instruits dans ce sens, ce qui leur conférait le statut de cadres et les incitait à atteindre les plus hauts résultats dans tous les domaines, qu'ils fussent civils ou militaires, intellectuels ou sportifs. Ils devaient incarner et enseigner une foi, une vision du monde et de la vie révolutionnaires et traditionnelles. Toutefois, dans l'optique de la SS, les caractères révolutionnaire et traditionnel ne sont pas contradictoires. Le premier représente en effet une attaque directe contre le système judéo-chrétien social et moral en place, et le second prône l'attachement à des valeurs traditionnelles immuables provenant de l'essence raciale du peuple. Par l'engagement volontaire dans ses rangs, elle faisait appel à l'esprit militant et au sens de la responsabilité et de la fidélité étant indissociables de l'état d'homme libre. La SS acquit aussi le caractère d'une société dans la société par les règles internes particulières et l'éthique qu'elle s'était données. Elle réalisait déjà en son sein ce qui devait devenir l'avenir de l'Europe, puis du monde, dans l'optique des nationaux-socialistes.

On conçoit parfaitement que de l'accomplissement de tels objectifs découlait la nécessité de créer des services adaptés à cette fin. En 1929 fut donc créé le premier office SS, le service de direction centrale, puis en 1931 le Rasse-und Siedlungsamt, (office P6\IT la race et le peuplement) dirigé par Walther Darré, et le Sicherheitsamt, le service de sécurité s'occupant de la surveillance policière et politique interne dirigé par Reinhard Heydrich, qui devinrent des offices supérieurs (Hauptamt) en janvier 1935 dans le cadre d'une réorganisation générale. Dans le livre sur l'organisation du NSDAP de 1938, on définissait ainsi les tâches du RuSHA : « Il procure à la SS, communauté de clans choisis d'après des points de vue raciaux nordiques, les instruments qui la rendent capable de concrétiser l'idée du Sang et du Sol par l'intermédiaire d'une conduite caractéristique. » Il se composait de différents bureaux :

I. Ordnungs-und Verwaltungsamt (Bureau administratif et d'organisation) : Il crée les bases d'organisation, de personnels et de matériels afin de faciliter le travail des autres bureaux.

II. Rasseamt (Bureau racial) : La tâche de ce bureau est de démontrer et d'exploiter l'idée que seul le sang détermine l'histoire, la civilisation, le droit et l'économie.

III. Schulungsamt (Bureau éducatif) : Le but du bureau éducatif est d'instruire idéologiquement les SS. L'objectif est d'amener chaque SS à avoir un point de vue absolu de la conception nationale-socialiste du monde et de créer ainsi un bloc idéologique solide au sein du peuple.

IV. Sippenamt (Bureau des clans) : Il lui incombe la tâche d'examiner l'hérédité et l'origine des SS se trouvant déjà dans l'organisation, qu'ils soient sous-officiers et officiers, ainsi que des nouveaux admis.

V. Siedlungsamt (Bureau de peuplement) : Il réalise l'idée du Sang et du Sol par la sédentarisation des familles SS dans le cadre de la politique de recréation de la paysannerie allemande et du réenracinement des foyers. »

Le SS-Hauptamt, comme centre de décision supérieur du Reichsführer SS, avait pour tâche de former, d'instruire et d'engager pour leurs tâches respectives les trois parties de la Troupe de Protection : l'Allgemeine SS, les SS-Verfügungstruppen et les SS-Totenkopfverbartde. Dès 1940 il fut dirigé par Gottlob Berger, l'artisan de la Waffen-SS européenne.

Il comprenait les bureaux suivants :

I. Führungsamt (Bureau directeur) : Le bureau directeur travaille à l'ensemble des affaires qui touchent à la formation et à l'organisation des trois branches SS.

II. Personalamt (Bureau du personnel) : fait partie de la « chancellerie du personnel », habilitée à étudier l'ensemble des affaires du personnel, particulièrement des officiers SS et des sous-officiers chargés de postes d'officiers.

Ce domaine comprend en outre la convocation aux cours des aspirants officiers et l'encadrement des cadets officiers sortis des écoles SS de Junker.

III. Verwaltungsamt (Bureau administratif) : s'occupe de toutes les questions administratives et budgétaires des trois offices supérieurs.

En tant que seul mandaté par le Reichsführer SS, il dirige aussi les relations dans ces domaines avec les autres services extérieurs à la SS.

Le chef du bureau administratif est le seul fondé de pouvoir auprès du trésorier du Reich pour toute la SS.

Une institution fut créée pour renforcer les moyens permettant l'édification et le fonctionnement du service de la SS au sein du bureau administratif. Les Aryens n'appartenant pas à la SS deviennent « *membres bienfaiteurs* » s'ils s'engagent à payer régulièrement et volontairement une somme mensuelle fixée par eux.

IV. Sanitätsamt (Bureau sanitaire) : le chef du bureau sanitaire s'occupe de tous les domaines concernant le caractère sanitaire de la SS. Il est aussi responsable auprès du Reichsführer SS des tâches sanitaires de la SS de par sa qualification de « médecin de la SS ».

V. Ergartzungsamt (Bureau de recrutement) : s'occupe de toutes les nouvelles admissions de sous-officiers et d'hommes de troupe, de même que les réadmissions, les suspensions, les renvois, les mutations, les transferts et les démissions. En outre, il traite de l'enregistrement sur cartes et de l'établissement de la fiche d'état civil de tous les membres SS, du calcul et de l'évaluation de toutes les forces de la SS.

VI. Amt für Sicherungsaufgaben (Bureau pour les tâches de sécurité) : traite de toutes les mesures concernant l'activité de la SS lors des manifestations du NSDAP. Il collabore également avec le ministère de l'Intérieur dans toutes les questions de service militaire des membres SS.

VII. Beschaffungsamt (Bureau d'approvisionnements) : Le domaine du bureau d'approvisionnements comprend la fourniture de l'équipement de la SS entière.

VIII. Amt für Leibesübungen (Bureau des exercices sportifs) : qui prépare et applique toutes les mesures de l'activité sportive de la SS dans l'ensemble des sports et supervise la formation sportive des SS.

IX. Amt für Nachrichtenverbindungen (Bureau pour les communications d'informations) : s'occupe de toutes les affaires concernant toutes les nouvelles de la SS.

X. Versorgungs-und Fürsorgeamt SS (Bureau de ravitaillement et d'assistance SS) : s'occupe de toutes les questions d'assistance de la SS, en étroite liaison avec les services nationaux et communaux compétents (bureaux de travail, etc.) de même que toutes les questions concernant des dons particuliers. »

(Nous ne donnons ici que la liste des bureaux des deux offices les plus importants, ceux traitant de l'instruction et de la sélection raciale. L'étude des autres offices sera faite ultérieurement dans un autre ouvrage traitant plus spécifiquement de l'histoire et de l'évolution de la SS).

C'est donc au Schulungsamt que revenait le travail éducatif de la troupe effectué par des chefs instructeurs. Ceux-ci étaient responsables de la conduite de l'instruction effectuée sous forme de conférences occasionnelles pour le corps des officiers et sous forme d'éducation régulière concernant les principes de base pour la troupe. Dès 1934, ils commencèrent à effectuer leur travail qui englobait en outre tout ce qui permettait d'exercer une influence idéologique indirecte, comme l'organisation des librairies de la troupe, la fourniture des unités en journaux et revues, la conception des fêtes et des cérémonies internes à la troupe, de même que d'autres formes d'animations culturelles et d'assistance au soldat. Ils participaient également à l'examen décidant de l'admission définitive du candidat SS dans l'Ordre. Avant 1937, l'instruction ne comportait aucun caractère militaire, qui était du ressort des commandeurs et des officiers d'unités, etc. La conduite des unités était donc répartie doublement : militairement, elle revenait aux commandeurs et idéologiquement aux chefs d'instruction.

Un tel dualisme démentait naturellement les principes traditionnels de l'autorité militaire, les chefs de troupes étant à la fois responsables de l'esprit et de l'attitude des soldats aussi bien que de leur qualification militaire. Le contraste est d'autant plus frappant que les chefs instructeurs concevaient leur tâche sans restriction comme un travail de formation idéologique. À titre d'exemple, le chef instructeur de la Leibstandarte Adolf Hitler stipulait en 1937, dans un mémorandum, que les tâches et les compétences de sa corporation devaient s'orienter sur l'exemple du commissaire politique de l'Armée rouge. Le caractère symptomatique d'une telle attitude démontre toute la divergence pouvant exister entre l'idéologie SS et l'esprit conservateur des militaires de la Wehrmacht. Toutefois, ce dualisme apparent de l'éducation n'était nullement la conséquence des principes de l'idéologie SS. Ceux-ci incitaient plutôt à la fusion des pouvoirs militaires et politiques, ce qui fut d'ailleurs mal ressenti par les officiers supérieurs de la Waffen SS. On peut donc supposer que cela découlait de nécessités idéologiques immédiates. Les membres des unités SS militaires avaient pour la plupart déjà reçu l'ancienne formation militaire omettant ou négligeant l'instruction politique. La direction SS souhaitait donc confier le rôle de l'instruction idéologique à un cercle d'hommes particulièrement choisis et garantissant l'orientation fidèle des jeunes unités SS.

Dès la fin de 1937, ce principe de répartition des responsabilités éducatives disparut progressivement sans toutefois faire la moindre concession au niveau idéologique ou sans s'adapter aux usages en vigueur dans la Wehrmacht. L'instruction idéologique fut peu à peu déléguée aux chefs de compagnie et aussi – sous réserve – aux commandeurs de bataillons. Les chefs instructeurs, maintenant rebaptisés « chefs d'éducation idéologique » (Weltanschauliche Erziehung) (WE) poursuivaient leur travail à un niveau élevé du régiment mais se limitaient à présent à décharger les chefs de compagnie d'une partie de l'éducation idéologique. Cette redistribution des rôles demeura telle quelle jusqu'à la fin de la guerre. Il faut également noter que ces chefs WE reçurent de nouvelles fonctions ; notamment l'assistance aux familles, l'entretien des tombes et surtout le soutien des volontaires germaniques de la SS. Les raisons de cette disparition progressive de la séparation des compétences militaires et idéologiques furent dictées par des considérations pratiques. Le nombre croissant des tâches que la SS retirait des nécessités étatiques et idéologiques menaçait en fin de compte l'unité même de l'Ordre. La direction SS devait à tout prix combler les fossés qui se creusaient entre l'Allgemeine SS, la police, les Totenkopfverblinde (TV) et les Verfügungstruppen (VT). Himmler indiquait également que « le danger manifeste réside dans le fait que le commandeur et le chef de troupe remettent à quelqu'un d'autre la partie la plus importante de leur fonction, à savoir éduquer eux-mêmes leurs hommes, parce qu'ils n'y portent aucun intérêt Il risque d'en découler un certain conflit dans le commandement ». La militarisation des unités à tête de mort ainsi que de l'Allgemeine, de même que la politisation de la branche militaire de la SS, prévenait ce danger. Le principe directeur du « soldat politique » contenait en lui-même cette fusion. Dans cet esprit, un véritable SS ne pouvait être un officier de troupe que s'il était aussi l'instructeur idéologique de ses hommes. Nous verrons par la suite à quel point ce principe fut difficile d'application.

L'étude du travail idéologique accompli déjà bien avant la guerre révèle qu'il suivit différentes étapes dans sa conception et son organisation. D'après les exposés du premier chef du Schulungsamt Cäsar (dont nous trouverons des articles dans ce livre, et qui fut remplacé en 1942 par Ludwig Eckstein, également représenté par ses articles) lors d'une réunion des Gruppenführer SS en 1939, la première phase éducative traitait des questions essentielles de politique raciale de la SS. Toutefois, une certaine lassitude des hommes se fit sentir concernant la « politique nataliste », les « questions de santé héréditaire », la « raciologie » et le « choix matrimonial ». L'éducation fut donc élargie dans un deuxième stade à l'étude des « fondements de la vision du monde nationale-socialiste ». En troisième stade, lorsque « ce programme... ne fut plus conforme aux exigences », on « étudia de plus en plus les thèmes historiques d'où découle la position du national-socialisme envers toutes les questions de la vie politique ». Le Standartenführer Julius Cäsar résuma parfaitement bien l'évolution de l'éducation donnée à la SS. La réorganisation de l'instruction démontre même l'élargissement et le bouleversement encore plus vastes des tâches de la SS que ne le font sentir ces déclarations. Déjà en mars 1938, le Reichsführer SS l'avait mandaté pour établir « un plan englobant de multiples matières, valable pour toutes les époques et aussi pour les siècles futurs, et qui comprendrait dans une suite logique la naissance du monde et ainsi les domaines de la science et de l'astronomie, de la biologie, de la doctrine de la « glace mondiale » de Hörbiger. Il inclurait en outre la naissance de nos planètes, de la Terre et aussi les domaines de la géologie, de la minéralogie, de la botanique, de la zoologie et toute autre science connexe. Seraient aussi étudiés l'origine de l'homme, l'art merveilleux avec lequel Dieu l'organisa et le créa, de même que toutes les branches du savoir en rapport avec l'homme, que ce soient le miracle de la naissance d'une nouvelle vie ou la linguistique, l'anatomie ou la connaissance de la complexité du cerveau, ainsi que la raciologie.... À la fin de chaque année, un récapitulatif général doit être fait lors d'un exposé global. Les SS d'aujourd'hui, en 1938, aussi bien que ceux de l'an 2 000 et beaucoup plus tard – je l'espère – ... seront familiarisés avec l'histoire de notre peuple, de tous les Aryens, de la Terre – sa grandeur et sa beauté – ainsi qu'à celle du monde entier et prendront conscience de la grandeur et de la toute-puissance de Dieu ». Ces considérations de Himmler ne sont pas innocentes. Elles illustrent parfaitement l'évolution progressive et organisée de l'instruction effectuée à la SS, de même que l'extension du rôle attribué aux SS.

Sur ordre de Himmler, le Schulungsamt mit au point tout un ensemble de moyens et d'outils dans cette tâche. L'instrument éducatif essentiel fut certainement les « SS-Leithefte » édités dès 1935. Ces « cahiers directeurs » véhiculaient l'ensemble idéologique destiné à la SS sous forme d'articles courts (de 2 à 4 pages en moyenne), d'aphorismes et de poèmes tirés d'œuvres de grands hommes. L'accent était également mis sur l'aspect illustratif, considérant qu'une photo est plus parlante que mille mots et possède un cachet d'authenticité ne pouvant être modifié arbitrairement. Ces revues de formation répondaient à une recherche de qualité tant au niveau idéologique qu'iconographique et ne laissèrent jamais la moindre place, même pendant la guerre, à la caricature ou aux photographies de pin-up, estimées présenter une image dégradante de l'être humain. Elles se divisaient dans un premier temps en deux parties : « La première partie contient le thème enseigné selon l'ordre du Reichsführer SS et qui est destinée à l'instruction mensuelle (quatre passages tirés de *Mein Kampf,* quatre récits, quatre exemples tirés du travail du bureau généalogique. En outre, elle contient les principes pour l'appel des unités. L'éditorial de cette partie, dans lequel on explique pourquoi et comment doit se faire l'instruction sur le thème du mois, est uniquement destiné aux officiers SS, aux chefs instructeurs et en général ne doit pas être enseigné à la troupe.

« La seconde partie (« pour la formation personnelle des officiers SS et des chefs instructeurs ») n'est pas destinée à être enseignée. Elle doit permettre aux officiers SS et aux chefs instructeurs d'élargir leurs connaissances. Ils peuvent exploiter le sujet suivant leur jugement. *Ce serait une erreur fondamentale d'étudier les différents articles les uns à la suite des autres devant la troupe.* Cela entraînerait une fatigue et une surcharge intellectuelle nocive pour les hommes. La seconde partie doit en outre servir de matière complémentaire pour l'instruction des SS-VT, etc. » (Extrait d'un cahier directeur de mars 1936).

Dans un numéro d'octobre 1937, on peut lire l'indication suivante révélatrice des modifications établies : « La mention « Diffusion et reproduction interdites ! Uniquement réservé au service » est supprimée à l'avenir : à sa place se trouve la mention « Seul le prêt à d'autres personnes est permis ! Reproduction autorisée uniquement avec l'accord de l'éditeur ! »

« Le but du nouveau règlement est avant tout de rendre les cahiers directeurs accessibles à tous les SS et aux membres de leurs familles.

Les officiers des unités rencontrent ainsi un soutien essentiel dans leur travail éducatif.

« Le cadre du cahier directeur est également élargi. Jusqu'ici il devait servir à l'instruction idéologique. Cet objectif sera conservé dans l'avenir. Mais la tâche des cahiers directeurs s'étend du fait qu'ils doivent traiter également de *l'instruction globale* du SS.

« Ainsi, dans une nouvelle partie » Nous et le service », des instructions et des suggestions pratiques sont apportées pour la formation militaire (interne et externe), la formation sportive, équestre et technique, et pour la conduite du SS dans la vie quotidienne.

« Une autre partie montrera l'effet de notre conception du monde dans tous les domaines de la vie (la famille, la morale, l'éducation, la culture, l'économie, la politique, le sport, etc.). Au moyen de présentations constantes, on indique quel est l'ultime objectif que doit atteindre notre révolution : la création d'un Nouvel Homme qui concrétise à nouveau une unité de l'esprit-corps-âme, du sang-esprit-volonté-action.

« Une autre section doit constamment tenir en éveil et développer la valeur de caractère du combattant national-socialiste.

« Pour aviver l'instinct politique du SS et attirer son attention sur les événements politiques importants, à l'avenir on traitera de façon continue de la « situation politique ».

« Les principes directeurs pour les appels de la troupe » seront dorénavant supprimés. Autrement, les principes régissant les deux grandes parties essentielles sont conservés, à savoir les quatre articles suivant les différents thèmes. »

Différentes couvertures de revues SS.

*Autres couvertures de revues SS.
La pureté des lignes et la simplicité des images constituent le secret de l'esthétique des publications SS.*

Les cahiers de la SS furent l'objet d'un souci constant de la part des responsables du Schulungsamt. Ils le furent d'autant plus lorsque ce service passa en 1938 du RuSHA au SS-Hauptamt, ceci témoignant également de la réorganisation des structures de la SS. Est-ce à cause des conflits existant entre Heinrich Himmler et Walther Darré, dus au manque de réalisme et d'esprit pratique de ce dernier ? Toujours est-il qu'à présent le bureau éducatif se trouvait sous la juridiction du SS-Hauptamt, service qui appartenait à la sphère directrice directe de Himmler. Les épreuves des cahiers lui étaient donc soumises régulièrement, et il les corrigeait avec la plus grande attention. Jusque dans les derniers instants de la guerre, Himmler accorda toujours une importance fondamentale à la formation idéologique. En 1937, déjà, il avait adressé une circulaire à tous les chefs instructeurs et officiers SS en leur précisant qu'ils devaient « s'en tenir strictement aux sources indiquées dans les Leithefte ». Dans son discours aux chefs de propagande tenu le 28 janvier 1944, il définissait encore le but de ses SS-Leithefte : « Chaque chapitre doit mettre en évidence les notions du combat perpétuel sur cette Terre, de la ténacité, que seul le fort subsiste en fin de compte dans la lutte – que ce soit chez les plantes, les animaux, les petits êtres vivants ou les hommes. Il n'y a jamais de paix, seulement le combat. » En juin 44, il précisait dans un autre discours que les cahiers de la SS ne correspondaient pas encore tout à fait à ses désirs mais qu'ils s'amélioreraient avec le temps.

Tout SS ayant des talents d'écrivain s'appuyant sur de solides connaissances dans divers domaines était également invité à participer à la rédaction des cahiers directeurs, comme l'indique l'article datant de 1938 « Lequel d'entre vous a une bonne plume ? » : « Le Reichsführer SS attache la plus grande importance à ce que les camarades de la troupe collaborent aux SS-Leithefte, notamment ceux qui peuvent écrire de façon à être compris par tout SS.

« L'homme de troupe qui suit les cours idéologiques le soir après son activité professionnelle n'est pas disposé à lire des articles de fond et des traités compliqués qui sont difficilement compréhensibles. Il désire avoir des histoires et des descriptions typiques qui touchent sa sensibilité. Des articles, des récits, des histoires courtes et des discussions de ce genre sur les différents aspects de la vie sont retenus dans les cahiers de la SS. Mais l'essentiel est que, par le contenu et la forme, ces articles puissent procurer au SS des connaissances et un enseignement importants pour le présent.

« À titre d'exemple, dans les récits de l'histoire allemande, il ne s'agit pas de décrire un quelconque événement. Les hommes doivent *apprendre l'histoire allemande* et en tirer des enseignements pour le combat présent grâce aux descriptions leur montrant les caractères typiquement allemands se manifestant au travers de vertus et de faiblesses. Il est essentiel de constamment répéter aux hommes : « Regarde dans le passé de notre peuple ! Les Allemands ont toujours commis beaucoup d'erreurs et ont dû les payer chèrement. Nous devrons donc les éviter dans l'avenir. Et également : Les Allemands ont étouffé les qualités et les forces présentes dans notre peuple. Vous devez les entretenir afin d'être préparés au combat à mener pour préserver le caractère allemand et son droit à la vie que chaque génération devra de nouveau assumer. » Il est de même nécessaire d'éveiller chez les hommes leur fierté nationale par des exemples héroïques tirés de l'histoire allemande.

« Les études et les discussions de nature scientifique doivent être rédigées de façon simple afin que chacun les comprenne. Leur but est de donner au SS une notion de l'ordre divin du monde :

« Les récits qui décrivent l'action pernicieuse des adversaires de notre conception du monde doivent montrer et faire connaître clairement leur tactique telle qu'on la voit mise en œuvre, précisément parce qu'elle doit être matière à instruction.

« Les histoires caractéristiques traitant des questions du sang doivent montrer au SS les dangers du métissage et l'éduquer afin qu'il s'unisse à une compagne de même valeur. Elles doivent en outre éveiller en lui le goût et l'amour de la généalogie... »

Dans la pratique, les cahiers de la SS étaient envoyés aux officiers et aux chefs d'instruction qui les utilisaient lors des « Sturmabende » ou « soirées de la troupe » éducatives ayant lieu deux fois par semaine, le soir, après les activités professionnelles. Ces cours avaient lieu pendant dix mois, un mois étant libre et deux semaines consacrées aux diverses fêtes. C'est lors de ces soirées qu'était effectuée l'éducation idéologique des SS qui devait remplir deux buts essentiels : permettre au SS de *maitriser la connaissance* de certains faits de base, et lui apprendre à acquérir un *processus de réflexion indépendant* vis-à-vis des événements externes et s'enracinant dans la conception du monde. Cette éducation prenait deux aspects : 1. une *éducation de base* apportant des notions familières au SS ayant déjà un long temps de service derrière lui, et qui n'étaient pas contenues dans les cahiers SS. 2. Une *éducation complémentaire* qui servait à élargir la vision idéologique de façon approfondie aux domaines cosmiques, biologiques et politiques que l'on a vu, et que les cahiers SS présentaient sous forme de récits, s'adressant non seulement à l'intelligence des hommes, mais aussi à leur faculté affective. Les deux types d'éducation devaient s'interpénétrer en vue d'un meilleur effet. L'éducation de base avait une fonction extrêmement pédagogique, servant particulièrement à la préformation du postulant SS, accomplie de façon stricte, même militaire. L'éducation complémentaire était réalisée sous la forme d'un exposé fait par l'instructeur assurant une participation mutuelle des hommes, sous la forme plus souple d'un jeu de questions et réponses. Les hommes de troupe et les officiers se réunissaient donc le soir dans le mess de la troupe pour étudier et débattre des différents thèmes présentés le soir précédent. Chaque soirée se trouvait régie par une idée directrice nommée « appel de la troupe » et résumée en une phrase, comme par exemple : « Sois l'ennemi 'des ragots ! Ne parle pas – agis ! », « La mort pour la patrie mérite une vénération éternelle », « La renommée des actes des morts vit à jamais ». Les participations aux soirées de la troupe étaient fondées sur le volontariat. Chaque unité était donc ainsi presque entièrement représentée et seuls les cas graves étaient excusés, comme les causes de maladies ou les décès dans une famille. Les vertus comme le sens de l'honneur, la bravoure et le courage viril étaient tout particulièrement prônées. On apprenait aussi aux jeunes SS à cultiver la camaraderie, à éviter les querelles et à toujours s'efforcer de convaincre par une discussion franche, des concitoyens au point de vue divergeant mais de valeur en tant qu'Aryens. Les luttes et les oppositions avaient constamment causé le malheur de l'Europe, s'achevant la plupart du temps par de véritables guerres fratricides. L'instruction SS s'efforçait d'y mettre un terme !

À titre d'exemple, on peut fournir les plans du déroulement d'une soirée de la troupe et de l'éducation de base pour les mois de novembre/décembre, janvier, février et mars de 1938.

Cours normal de l'éducation le soir :
1. Chant.
2. Éducation de base : cours et exercices (une demi-heure).
3. Pause (dix minutes).
4. Parole d'Adolf Hitler.
5. Éducation complémentaire suivant les cahiers SS (trois quarts d'heure – une heure).
6. Nouveaux chants.

Plan de travail pour 1938/39 :
A. novembre : Le programme du NSDAP et son application (citoyenneté, travail, morale, économie, jeunesse, autorité).
B. décembre : Les coutumes durant l'année (fêtes SS : remise du prénom, mariage, naissance, enterrement ; la fête de Noël et sa réalisation ; la signification : des jeux d'été, des solstices, du feu, du chandelier de Jul).
C. janvier : L'idée du sang (les races en Allemagne, la loi sur la protection du sang, les Allemands de l'étranger).
D. février : Les ennemis internationaux (le judaïsme, la presse, la franc-maçonnerie, le bolchevisme, le christianisme et les Églises politiques).
E. mars : Les lois SS et les principes de sélection SS (principes de sélection de la SS, lois SS relatives à la communauté de clans de la SS, loi sur le mariage, Lebensbom, veuves et orphelins, lois relatives aux règles de combat, loi de l'honneur, caractère sacré de la propriété, épargne).

Les cours seuls ne pouvant être d'une efficacité absolue, ils trouvaient leur continuation logique dans les « soirées de camaraderie » auxquelles pouvaient prendre part les femmes des SS, les membres de leurs familles, leurs amis et les jeunes de la Hitlerjugend ou des BDM. L'instruction élargissait son champ d'action à la famille et aux cercles d'amis et de proches. Ces soirées avaient lieu une fois par mois. L'éducation idéologique pouvait ainsi être poursuivie au moyen de discussions, de conversations détendues qui favorisaient la réflexion. Chaque instant du service, que ce soient les permissions, les pauses lors des marches ou des exercices, les tours de garde ou les quartiers libres, étaient propices à cette éducation. Elle perdit peu à peu son caractère officiel, ce qui était encouragé par les chefs de troupe qui incitaient leurs officiers à rechercher le dialogue personnel et donc un rapport humain enrichissant plutôt que les exposés et les leçons. Ils pouvaient également choisir des aspects du service ou de la vie privée de leurs subordonnés comme point de départ d'une action éducative. De cette manière, l'influence idéologique prenait une dimension globale, touchant les SS non seulement politiquement, mais aussi au niveau du caractère et de leur attitude affective et spirituelle.

Toutefois, l'arrivée de la guerre entraîna des modifications sensibles. Les conditions en rapport avec elle ne permirent bientôt plus d'organiser ces soirées de la troupe. On laissa carte blanche aux chefs d'unités pour instruire idéologiquement leurs hommes. L'idéologie passa bientôt au second plan par rapport aux questions militaires. En revanche, l'extension de la participation à la lutte aux groupes étrangers, notamment germaniques, permit la création de nouveaux cahiers de la SS, les « Germanische Leithefte » qui, à la fin de la guerre, comptaient des éditions en sept langues différentes, domiciliées notamment à : La Haye (Hollande), Anvers (Flandre), Bruxelles (Wallonie), Copenhague (Danemark), Berlin (Allemagne), Oslo (Norvège), Reval (Estonie), Paris (France). Il existait aussi des éditions spéciales, notamment la revue « Vormingsbladen » pour les Hollandais, et les différents hebdomadaires comme « De SS Man », « Storm SS », « L'assaut », « SS Germaneren », « Avanguardia », etc. Le principe éducatif s'était considérablement enrichi : Dépassant la dimension purement allemande, l'attention du volontaire était attirée sur le sens du combat à mener pour une nouvelle Europe unie, la culture européenne et sur son caractère de « soldat politique » devant répandre sa conception du monde au sein de son peuple.

L'évolution du nombre des cahiers de la SS publiés montre aussi la nouvelle orientation prise par la direction : avril 1937 : SS-VT = 51, SS-TV= 165. Janvier 1939 : SS-VT = 1452, SS-TV= 719. Avril 1943 : Waffen-SS = plus de 400.000. Dès le début de la guerre, les cahiers allaient être largement diffusés parmi les hommes de troupe et l'on adopta pour eux une nouvelle formule de présentation. Dorénavant, une idée directrice mensuelle orientait leur contenu, comme : la fidélité, l'Ordre, la camaraderie, le respect, le risque et la responsabilité, etc. La division en deux parties, les articles tirés du travail du Sippenamt, les études de *Mein Kampf* furent supprimés. La priorité était accordée à des articles généraux d'histoire, à des témoignages de soldats du front, à des histoires instructives rédigées sous une forme divertissante, des études de la vie de la nature, etc. Maintenant, le cahier prenait la dimension d'un compagnon de guerre du soldat, lui apportant le réconfort de la patrie et le soutenant dans son combat politique. Il est remarquable de constater que malgré les situations de guerre terribles, la direction SS prenait à cœur d'ouvrir l'esprit des combattants SS aux beautés naturelles, d'aiguiser leur sens de la réflexion et d'élever leur âme par l'intermédiaire de poèmes ou d'aphorismes de grands hommes. Des discussions sur l'amour ou la beauté des fleurs et des paysages n'auraient semble-t-il, que peu de place à tenir dans une guerre mondiale ! Mais le national-socialisme considérait que la guerre est elle aussi une affaire de culture ! Tous les domaines de la vie étaient sujets à enseignement. Faire appel à l'esthétique et au mysticisme en politique fut son œuvre la plus marquante qui toucha en profondeur les esprits et s'acquit ainsi de nombreux partisans. On escomptait également que la connaissance de la beauté, de la valeur et de l'importance de ce pour quoi le SS combattait inciterait ce dernier aux plus grands exploits militaires.

Naturellement, l'instruction idéologique reçut une place importante dans les écoles de formation militaire (Junkerschulen) des cadets officiers telles que celles de Bad Tölz ou Brunswick créées en 1934 et 1935 ou les diverses écoles d'officiers pour la police, le SD, la Leibstandarte, etc. Elle bénéficiait du coefficient le plus élevé, à égalité avec les cours de tactique. Le programme enseigné demeurait dans la droite ligne de l'esprit général que nous avons vu précédemment. Selon un parcours minutieusement planifié, les volontaires suivaient une formation sportive intensive durant les trois premiers mois, pour diminuer par la suite, visant non à créer des champions olympiques mais des hommes de volonté et de caractère. Grâce à l'enseignement touchant aux questions militaires, les aspirants officiers acquéraient non seulement les connaissances relatives à la conduite des unités, mais ce qui permettait d'obtenir un sens de décision quasi instinctif face à de multiples situations. La formation ne visait pas à transmettre un savoir universitaire mais à créer l'attitude et le comportement idéologiques précis que l'on attendait d'un officier. Forger le physique, l'esprit d'attaque et la volonté, renforcer l'esprit de corps et de discipline, procurer une assurance instinctive et le sens de la responsabilité, créer une attitude idéologique, tels étaient les objectifs de ces écoles militaires de la SS. Dès la mise sur pied des premières unités étrangères, les candidats officiers sélectionnés y acquirent une formation équivalente à celle de leurs camarades allemands.

Comme aboutissement logique de l'idée d'Ordre de clans SS, fut créé en 1942 un service particulier dont on trouve rarement mention dans les livres d'histoire : le corps de renseignement féminin de la SS « cellule d'un ordre de femmes et de jeunes filles allemandes » au commencement, puis germaniques à la fin de la guerre, cette branche spécifiquement féminine de la SS suivait les mêmes lois et se fondait sur la même idéologie que la branche masculine. Il ne s'agissait naturellement pas de former des soldats mais une élite féminine consciente de ses responsabilités politiques et morales et de son rôle au sein de la société. Les jeunes filles y reçurent une formation en vue de la vie professionnelle mais aussi de la vie dans le cadre de l'Ordre SS. Elles avaient comme tâche principale de devenir opératrices radio, télescripteuses et téléphonistes, pour décharger les soldats du front. La formation prenait différents aspects : un entraînement physique, une instruction touchant aux questions militaires et de renseignements, une instruction idéologique et l'apprentissage des tâches afférentes à la vie du foyer. Les qualités requises pour être admise étaient : la vivacité intellectuelle, la fiabilité et la discrétion.

La formation idéologique, assistée des cahiers de la SS, pour les femmes parvenues au grade de sous-officier ou d'officier comprenait les thèmes suivants :

1. Données historiques de base

On étudiait les époques importantes et leurs répercussions, la géographie, la géopolitique.

2. La raciologie

Étaient abordés les thèmes concernant les connaissances générales, les procédures relatives au mariage, les traits de caractère de la race nordique, la SS, les femmes des pays germaniques. On apprenait aux volontaires féminines la nature de l'autorité, à savoir former par l'exemple, la différence entre éduquer et critiquer, les phénomènes de sympathie et d'antipathie, les notions relatives à la maternité, les enfants, l'allaitement, les devoirs de chef et de femme, en tant que mère et que membre d'une communauté, les principes du travail domestique et aussi des notions de jardinage, de soin des animaux domestiques, etc.

3. L'art et la science au service du peuple

concernait l'étude de la lecture, la façon de lire, l'influence de la lecture sur l'opinion, l'étude des différents types de presse, la musique et le chant, leur emploi judicieux et leur valeur pour l'esprit du foyer.

4. La configuration des fêtes

On étudiait l'influence des fêtes pour accroître la vitalité, susciter le vécu conscient, le sentiment artistique, la joie maîtrisée, l'élan spirituel et l'humour.

5. L'éducation politique

traitait de l'histoire du NSDAP, du choix professionnel, des questions juridiques concernant les femmes, de leur rôle comme force conservatrice, gardienne de la fidélité et de la foi, et des traditions.

6. La SS, noyau de l'Empire

On étudiait les tâches européennes de la SS, sa nature de communauté de clans, ses lois et son type de direction, la place et le rôle de l'officier et du sous-officier féminins au sein du corps SS des volontaires féminines.

La force créatrice masculine s'associait donc harmonieusement à la force conservatrice féminine pour constituer la communauté de clans de la SS.

LA SS EN TANT QU'ORDRE

L'idée d'Ordre n'est pas nouvelle. Elle traverse l'histoire de l'Allemagne et était familière aux Allemands pénétrés de l'esprit des associations d'étudiants pratiquant le duel, vieille survivance des joutes chevaleresques. Dans son principe élitiste, la SS ne représentait donc pas un phénomène nouveau. Elle s'inscrivait dans une tradition ancienne toujours vivace. Sa conception de l'Ordre, cependant, prit une forme et une dimension totalement originales. La SS fut certainement la première organisation dans l'histoire de l'Europe à s'interroger sur le bien-fondé d'un système de valeurs vieux de 2000 ans, et à proposer une redéfinition de l'éthique et de la destinée de l'homme. Cette interrogation n'a nullement signifié un refus d'un certain nombre de traditions et de valeurs qui ont fait la grandeur de la civilisation européenne, mais plutôt la distinction entre ce qui est particulièrement propre à l'âme et à la race indo-européenne, et entre ce qui provient d'un apport étranger. L'étude de l'histoire allemande et européenne lui permit de dégager les erreurs et les fautes commises par manque d'une vue globale du monde et de faire la synthèse d'idées dissociées jusqu'à présent.' L'idée de l'Ordre de la SS s'enracinait aussi bien dans les exemples des ordres de chevalerie médiévale que ceux des hussards de Frédéric II. En revanche, elle se distinguait de certains de leurs principes issus de la mentalité judéo-chrétienne et fixait comme but la préservation et l'accroissement des meilleures caractéristiques héréditaires des familles et des clans (voir l'article « L'Ordre des clans »). La SS se définissait elle-même comme un « Ordre de clans », rejetant la règle de chasteté suivie par les ordres religieux, innovant par rapport à l'armée traditionnellement individualiste et à l'esprit de classe. Elle s'efforça ainsi d'atteindre une continuité biologique et spirituelle immuable refusée jusqu'à présent à des organisations temporelles. Car créer une élite purement intellectuelle sans tenir compte des réalités biologiques et raciales, tel que cela était pratiqué autrefois, aurait impliqué une extinction à plus ou moins long terme. Les femmes et les enfants reçurent naturellement une place dans cet Ordre et furent soumis aux mêmes règles de sélection que les hommes. Il aurait été vain de vouloir sélectionner racialement des hommes valables s'ils pouvaient s'unir à des femmes de moindre valeur. En cela, la SS suivait le vieux dicton philosophique « si tu veux créer un monde meilleur, tu dois commencer par les êtres humains ». L'idée d'Ordre impliquait également celle d'éthique et de morale, suivant l'ancienne conception germanique du droit et de la loi (voir les articles « autorité germano-allemande » et « L'honneur de la femme germanique »). Les trois vertus cultivées en priorité étaient la fidélité, renouant ainsi avec l'antique pratique germanique, l'obéissance, sans laquelle nul ne peut être maître de lui-même, et la camaraderie, naturelle entre des hommes d'une même communauté.

La SS se différenciait encore des autres organisations précédentes par son caractère trifonctionnel. Pour la première fois dans l'histoire, une organisation s'efforçait d'opérer en son sein la synthèse des trois fonctions régissant la vie de la civilisation indo-européenne – à savoir l'action spirituelle, l'action guerrière et l'action productrice. À présent, on ne dissociait plus le corps de l'esprit et de l'âme, formant cette unité harmonieuse définie par Rosenberg : « La race, c'est l'âme vue de l'extérieur et l'âme, c'est la race vue de l'intérieur ». Eli professa une reconnaissance absolue pour le lien fondamental et indissoluble existant entre les différents aspects de la vie et voulut donner une réalité tangible et homogène à un ensemble de concepts philosophiques, scientifiques ou religieux. Elle allia le caractère militaire à la foi, l'art à la science, l'industrie à la paysannerie en une alchimie suprême du « nouvel Homme ». Ce terme de « nouvel Homme » s'oppose à l'idée préconçue et généralement colportée de « peuple de seigneurs » ou de « surhommes ». Jamais dans aucun texte ne se sont trouvées ces expressions fausses et sans grande signification qui sont le fruit de mentalités américanisées et complexées. Le « surhomme » ou « super-héros », produit des phantasmes américains, est totalement étranger à son environnement et doté de facultés supra-humaines refusées au commun des mortels qui l'envient. Sa supériorité n'est nullement l'œuvre de son travail sur lui-même et ne mérite donc aucune admiration. Au terme de « seigneur » impliquant l'idée de classe et d'arbitraire, les nationaux-socialistes préféraient le terme de « héros », c'est-à-dire l'homme enraciné dans sa communauté, responsable, donnant l'exemple par sa faculté à se dépasser et capable de recréer le type humain primordial à partir de ses propres valeurs.

Cette importance attachée à l'instruction idéologique, même dans les pires moments de la guerre, provenait de la volonté de parvenir à une identification totale du SS à l'Ordre, ses principes, ses valeurs, se traduisant par une attitude absolue face à la vie. Les victoires du SS étaient finalement celles de l'Ordre, de même que ses échecs. Une telle conception fondée sur un sens de l'honneur tout à la fois individuel et communautaire aboutissait à la surélévation du concept de devoir. Accomplir son devoir signifiait donc être fidèle, aussi bien à soi-même, à sa parole donnée, à son clan et à sa race. Cette identification transformait le SS en élément actif, tourné vers un objectif à atteindre, l'incitant à dépasser l'égoïsme bourgeois individualiste. Il redécouvrait le sens et la valeur du fait de « servir », que ce fut l'idéal ou l'Ordre. Il devenait l'élément indispensable d'une communauté organique dans le sens le plus noble du terme. Cela s'extériorisa par le port symptomatique de l'uniforme (voir l'article « Pourquoi nous portons un uniforme »), devenu non seulement le symbole d'un Ordre, mais d'une conception du monde.

LA SS, ORGANISATION RACIALE

La notion d'ordre de la SS prit sa dimension totalement unique par ce qui formait l'axe de la pensée nationale-socialiste, c'est-à-dire « l'idée raciale ». Concept devenu un instrument révolutionnaire, il fut à l'origine de la majeure partie des lois SS les plus importantes.

L'examen de l'histoire européenne et mondiale avait conduit les Nationaux-socialistes à considérer qu'il existe des races, aryennes ou non, possédant en elles des aptitudes civilisatrices étant le fruit d'une évolution et d'une spécialisation millénaires. Ces civilisations se traduisaient par le développement de ce qui incite à la vie intellectuelle, artistique et matérielle, la culture du sens du beau et l'aptitude à modeler son environnement. Ces facteurs étant intimement liés à l'homogénéité de chaque race, la destruction de ceux-ci par métissage entraîne à plus ou moins longue échéance la disparition de la suprématie civilisatrice de cette race. L'unité raciale du peuple participe de son unité spirituelle, indiquant ainsi le lien indissoluble entre le mental et le physique, ce dernier en étant la représentation externe (cf. l'article « Du corps racial à l'âme raciale »). De ces études surgit une science qui atteint un haut degré de développement, principalement en Allemagne, connue sous le nom de « raciologie » et dont les chercheurs comme Hans F. K. Günther ou Ferdinand Clauß se firent les champions. La France fut certainement à l'origine de ce phénomène, avec des précurseurs comme le comte de Gobineau ou Vacher de Lapouge.

La planétarisation croissante des échanges, des voyages et des relations avait fait naître une prise de conscience identitaire exacerbée redoutant un futur chaos ethnique. Ce sentiment, jusqu'à présent diffus, instinctif, confondu le plus souvent avec le nationalisme en raison de l'ignorance de la génétique n'ayant pas encore vu le jour, devint l'arme la plus révolutionnaire du national-socialisme. En cet instant où, comme jamais auparavant, les peuples européens étaient confrontés dans leur ensemble au danger d'une perte d'identité, le national-socialisme leur proposait des solutions radicalement nouvelles.

Au sein de l'Europe, la raciologie distingue plusieurs « races » composant le grand rameau indo-européen – les races nordique, westphalienne, dinarique, baltico-orientale, orientale et méditerranéenne, se répartissant diversement suivant les pays (voir l'article « Qu'est-ce que la race ? »). Les critères de distinction se fondent essentiellement sur l'indice céphalique, la physionomie générale et le caractère. Ces races sont présentes à des degrés plus ou moins élevés chez tous les peuples européens, mais les nationaux-socialistes insistèrent sur l'importance à attacher à la race nordique qui constitue le lien unificateur entre tous les Européens, marquant l'Histoire européenne de son empreinte. Une attention privilégiée lui était également accordée en raison de son taux de natalité constamment décroissant qui la menace de disparition. On s'efforçait donc de favoriser son accroissement par tous les moyens. Mais le type « nordique » ne doit pas être assimilé à une donnée géographique ni à un archétype. On l'a appelé nordique parce que des individus présentant ces caractéristiques se rencontrent le plus fréquemment dans les pays nordiques. Ils sont présents, cependant, dans le monde entier. Le grand Viking blond en est une caricature, car le Nordique est plutôt un type d'homme de synthèse, de taille moyenne à grande, aux cheveux clairs de châtain à blond, aux yeux gris, verts et bleus. La couleur des cheveux et des yeux ne peut être seule déterminante, certains Slaves et Juifs ont les cheveux et les yeux clairs sans pour autant appartenir à la race nordique. L'idéal nordique fut assurément le mieux défini par l'art grec, dont les magnifiques statues en sont l'exemple parfait.

La SS accorda la priorité à la sélection d'une élite qui ne pouvait donc logiquement que devenir européenne en fonction de cet idéal nordique physique et spirituel dépassant largement le simple cadre national. Les candidats étaient donc choisis en fonction de leurs caractéristiques raciales se rapprochant le plus de cet idéal, en sachant, toutefois, que la majeure partie des Européens ne présentent plus les caractéristiques pures d'une race donnée ou d'une autre ; toutes ces qualités s'alliant pour constituer le génie européen. Outre le type nordique, étaient également acceptés les types westphalien et dinarique. D'ailleurs, la plupart des SS, notamment les dirigeants, s'éloignaient de cette image caricaturale donnée après guerre.

La sélection raciale n'excluait pas les femmes, comme nous l'avons déjà dit. L'instruction attachait une importance toute particulière à l'orientation des « goûts matrimoniaux » des SS d'après le modèle nordique. On veillait aussi à éviter les mariages avec des individus révélant des tares héréditaires afin d'opérer une élévation progressive de la valeur générale de l'Ordre, car la SS se présentait également comme une organisation à buts eugéniques visant à la disparition progressive des maladies héréditaires.

Bien des mythes concourent à l'idée que l'on se fait de cette sélection. L'un des principaux est certainement le « mythe aryen » assimilant l'aryanité à la nordicité. Comme on l'a vu, la grande famille aryenne se divise en différentes sous-espèces et une erreur fondamentale serait commise si l'on confondait l'ensemble avec le particulier. Le terme d'Aryen fut d'ailleurs rarement employé, souvent dans le contexte d'études de la civilisation indienne, contrairement à ce qui a été affirmé dans maints livres d'histoire. On lui préférait le terme de Nordique, plus explicite.

La notion de « pangermanisme » a aussi énormément prêté à confusion. Le pangermanisme fut assimilé à un terme que l'on pourrait traduire en français par « allémanisme » (Deutschtum), c'est-à-dire un nationalisme allemand radical, poussiéreux et conservateur. Il est vrai qu'à ses débuts, le national-socialisme, parti politique inscrit dans le système démocratique, s'adressa prioritairement aux Allemands. Plus d'un responsable du Parti à courte vue ne l'envisageait que sous cet angle. En revanche, de par son caractère de conception du monde, son aspect supra-national et supra-historique allait bientôt s'imposer sous l'effet de circonstances majeures, à savoir le déclenchement de la guerre et la possibilité d'une participation européenne à la lutte. Les Allemands n'auraient d'ailleurs pas compris que Hitler parlât d'abord de l'Europe avant de régler les problèmes politiques internes. Il laissa donc l'initiative en ce domaine à la SS, organisation d'avant-garde, par rapport au NSDAP, organisation strictement politique. Dans un discours de 1944, Himmler déplorait le fait qu'encore trop peu de gens, en 1935, fussent capables de comprendre la dimension européenne et germanique du national-socialisme, ce qui avait freiné considérablement le travail futur.

Comme une réponse encourageante, dans bien des pays européens existaient également des partis qui se réclamaient ouvertement de la philosophie nationale-socialiste, comme le Parti national-socialiste français, le Parti Rex de Léon Degrelle ou le mouvement de Vidkund Quisling en Norvège.

Un concept révolutionnaire permettant de réaliser l'unification européenne voyait le jour en prolongement de l'idée raciale : la germanité. Il balbutiait encore avant-guerre, confondu par les nationaux-socialistes eux-mêmes dans les termes synonymes de « sang allemand », « germano-allemand », « germano-nordique », « nordico-allemand », en une imprécision terminologique apparente. Il fallait trouver un facteur commun représentatif au niveau idéologique et biologique unissant tous les peuples européens, et ce fut la germanité, détentrice du sang nordique, qui l'emporta. Dans la terminologie SS, le Germain représentait plus qu'un simple membre d'une tribu historique. Homme provenant du Nord, Hyperboréen originel, il formait le « germe » (du latin « germen ») d'où avaient surgi les principaux peuples européens. L'utilisation du terme d'« Indo-Germain » dans les textes en est d'ailleurs révélatrice, qui fut remplacé après-guerre par « Indo-Européen » beaucoup plus « convenable » aux oreilles démocrates. Léon Degrelle parlait aussi volontiers des « Germains d'Occident » lorsqu'il s'adressait aux Belges ou aux Français.

L'idée de germanisme, même de germanité (Germanentum), servait avant tout à abattre les anciennes barrières des nationalismes étroits, à mettre enfin un terme aux stupides querelles qui avaient déchiré l'Europe au profit d'intérêts qui lui étaient étrangers. Elle permettait l'unité européenne, voire même du monde aryen dans son ensemble avec, comme centre, le noyau germanique. Ce n'était pas une tentative d'uniformisation comparable au « mythe américain » s'efforçant de fondre en un bloc des communautés aux origines les plus diverses, n'ayant souvent aucun point commun. L'américanisme et le cosmopolitisme furent amplement dénoncés du fait de leur action corruptrice et anti-culturelle ennemie du génie aryen (voir l'article « L'Amérique en Europe »). L'idéologie SS mettait également fin aux divisions entre frères celtes et germains, créées de façon artificielle par les Romains à des fins politiques. Les Celtes, les Latins, les Scandinaves et les Slaves indoeuropéens, branches multiples d'un même arbre, recevraient leur place au sein de la future Europe, en tant que groupes fédérés conservant leurs particularités. Ce projet trouva son cadre approprié dans le concept d'« Empire » (Reich) qui perdit sa dénomination de « Troisième » dès 1939, sur ordre de Hitler. Le « Troisième » Reich trop allemand laissait donc la place à l'Empire européen, démontrant une fois de plus l'engagement européen des responsables nationaux-socialistes déjà bien avant la guerre. Le grand Empire germanique européen, mythe traversant constamment l'Histoire de l'Europe mais jamais concrétisé, devait enfin voir le jour par l'intermédiaire du national-socialisme et servir de structure à l'unité européenne. Cet Empire se serait limité toutefois au cadre de l'espace vital historique des Européens (voir l'article « Heinrich I »), reconquérant d'anciens territoires perdus à l'Est sans commettre l'erreur historique d'aller au-delà. La mentalité « colonialiste » des siècles passés a d'ailleurs été vivement critiquée.

Significativement, déjà bien avant la guerre, la SS nomma à des postes de responsabilité des partisans convaincus de l'idée européenne, comme le Suisse Franz Riedweg dirigeant la « section germanique » de la SS dès 1937 et Gottlob Berger, chef du bureau de recrutement du SS-Hauptamt dès 1938 et promoteur de la Waffen SS européenne. La SS avait admis en son sein des groupes européens, suisses, flamands, néerlandais, norvégiens, finlandais, puis plus tard, wallons, français, cosaques, italiens, bosniaques, en tout environ trente nationalités, témoignant ainsi de cette prise de conscience. Chaque unité européenne de la SS conserva sa langue (l'allemand était utilisé uniquement comme langue de commandement afin d'éviter une anarchie générale puisque les cadres militaires étaient allemands), chaque coutume ou particularité religieuse fut respectée. Dans un discours d'avril 1942 devant le cercle de soutien des cahiers SS germaniques, Gottlob Berger précisait : « ...nous ne voulons pas « allemaniser » ou germaniser dans le mauvais sens du terme. Il faut renforcer nos frères germaniques dans leur amour pour leur identité, pour la conservation de leur langue, leurs coutumes. Sans amour pour la patrie, il ne peut y avoir d'amour pour l'Empire grand-germanique. » On vantait même les mérites d'anciens adversaires lorsque ceux-ci s'étaient révélés les chantres d'une philosophie élitiste (voir l'article « Maximes sur la guerre »). Même les volontaires musulmans européens, admis non en tant que musulmans mais qu'Européens, purent continuer de s'abstenir de porc et d'alcool ! La sensibilisation à l'idée raciale dépassa le simple cadre européen puisque, dès 1939, les Américains aryens furent conviés à retrouver leurs racines et à participer au grand combat pour la conservation de l'identité blanche (voir l'article « Les questions raciales aux États-Unis »).

LA SS, ORGANISATION RELIGIEUSE ET CULTURELLE

Cette affirmation, a priori déroutante, n'étonnera plus guère après tout ce qui vient d'être dit. Si le NSDAP fut une organisation politique s'immisçant peu dans les affaires religieuses, principalement pour des raisons diplomatiques, la SS, de par sa qualité d'Ordre idéologique, émit des revendications également dans ce domaine. Le retour à un univers mental proprement aryen ne pouvait laisser de côté ce qui relie l'homme au principe supérieur absolu, c'est-à-dire la religion. La dénonciation du caractère allogène inhérent au judéo-christianisme ayant imprégné les mentalités européennes depuis des siècles, atteint une virulence peut-être supérieure à celle touchant le judaïsme. On ne pardonnait pas au christianisme, dérivant de la philosophie judaïque, d'avoir véhiculé une idéologie mondialiste et d'avoir systématiquement effacé et dénigré tout ce qui pouvait rappeler l'ancienne culture germanique. Prenons-en pour preuve, le sermon du cardinal Faulhaber en 1933, lors de la saint Sylvestre : « On ne peut parler d'une culture germanique en soi datant de l'époque pré-chrétienne en se fondant sur Tacite. Les Germains ne sont devenus un peuple possédant une civilisation au plein sens du terme que grâce au christianisme. La tâche la plus dure pour les missionnaires chrétiens fut d'amener les Germains à fondre leurs épées en socs de charrue. » Le christianisme protecteur des faibles et des malades, enseignant le péché et la honte du corps, le mépris des animaux et des femmes, stigmatisant la joie et la fierté, dénigrant les réalités raciales, était considéré par les nationaux-socialistes comme une « maladie de l'âme ».

Ce fut dans l'histoire certainement la première interrogation sur le bien-fondé de la philosophie judéo-chrétienne dans son ensemble. Toutefois, les jugements restaient nuancés suivant ses différents aspects. On témoigna une sympathie relative au protestantisme, uniquement dans la mesure où celui-ci exprima une révolte contre l'esprit papiste romain (voir l'article « L'université allemande dans la Contre-réforme », mais on le rejetait par son côté biblique dogmatique (voir l'article « La croyance aux sorcières »). En 1937, Himmler adressa même une lettre à tous les chefs d'instruction en leur interdisant d'attaquer la personne du Christ, estimant sans doute qu'une telle attitude aurait pu heurter les convictions de la majorité des SS encore attachés à l'ancienne religion et qu'une étude des coutumes faite dans un sens positif ne pouvait qu'exercer l'action la plus persuasive.

La disparition progressive du christianisme devait donc se faire au profit d'un retour à l'esprit fondateur de l'Europe ayant animé la religion païenne des ancêtres. La SS proposait de redécouvrir le principe d'une attitude religieuse proprement aryenne face à la vie et au monde, étouffée et travestie sous des enduits chrétiens mais toujours présente, notamment dans le monde paysan (voir les articles « Coutume liée à la moisson » et « Le pain sacré »). On restaurait à la religion son sens primordial en la replaçant dans le cadre naturel visible, reflet de l'ordre supérieur invisible. L'homme prenait conscience du fait qu'il n'était qu'un élément de l'ordre naturel, soumis à sa loi comme chaque être vivant. Il ne pouvait donc se réaliser pleinement que dans ce monde, en menant une existence qui développe et entretient les qualités du corps, du caractère et de l'esprit. Mépriser l'aspect physique et matériel, de même que le monde vivant en général, revenait à mépriser le mode d'expression sensible du divin. Par son respect des différences et son opposition au mélange uniformisateur, l'homme suivait donc les grands commandements de la nature souveraine. Cette piété profondément fidèle au monde des lois naturelles éternelles s'éloignait aussi bien de l'athéisme considéré comme un produit de la décadence que des pratiques désuètes de groupes pseudo-païens, (voir l'article « La crise spirituelle »). Elle s'éloignait également de cette forme d'idolâtrie qui consistait à donner une apparence matérielle (le Christ « fils » de Dieu et la vierge Marie immaculée) à un principe divin supra-matériel.

Par cette fidélité aux lois naturelles, la SS en vint à adopter une attitude que l'on qualifierait actuellement d'« écologiste », prônant le retour à une vie paysanne saine, l'utilisation de produits naturels (voir l'article « Pourquoi une source sudète ») et le respect de la nature (voir les articles « Les lois éternelles de la vie », « Camarade SS à mon côté », « La forêt en tant que communauté de vie », « Cycle éternel »). Cette appréhension de la vie offrait un contraste saisissant avec la tradition chrétienne hostile à toute expression naturelle et enseignant la crainte de Dieu. La vanité de l'homme biblique se croyant supérieur à la nature ne peut donc que déclencher les pires catastrophes, telles celles qui se profilent à l'horizon du troisième millénaire (disparition de nombreuses espèces animales, déforestation, pollution, destruction de la couche d'ozone, etc.)

La SS a toujours évité de critiquer les opinions religieuses des individus considérées comme une affaire strictement personnelle. Elle s'attaquait avant tout à la philosophie et aux institutions ecclésiastiques dans le contexte de l'étude de la conception nationale-socialiste du monde, ce qui peut sembler paradoxal. Le sens du sacré et de la piété habitant chaque individu, chrétien ou autre, conservait une valeur absolue. La liberté de croyance était respectée. Sur les feuilles d'engagement, on demandait si le candidat était « catholique, protestant ou ...croyant ! » (gottgläubig), c'est-à-dire « païen ». La « révolution religieuse » s'effectuait progressivement afin d'acquérir une puissance décisive. On s'efforçait de faire basculer les chrétiens dans l'optique païenne sous l'effet de l'impression exercée par le faste et la profondeur des cérémonies religieuses, par l'étude et la mise en valeur d'un univers spirituel originel et véritablement aryen. Seule l'acceptation volontaire conférait à l'assainissement du sens religieux toute son efficacité, et non la contrainte.

Cette religion « nouvelle » et pourtant immémoriale comportait ses propres rites et cérémonials. C'est également au Schulungsamt que revenait la tâche de redonner leur sens originel païen aux fêtes et cérémonies relatives aux événements les plus importants de la vie de l'homme, comme le baptême (reformulé remise du nom), les fiançailles, le mariage (voir l'article « L'admission de la femme dans la communauté de clans SS »), les funérailles, etc. Les chefs d'instruction étaient seuls habilités à concevoir l'esprit et la forme des fêtes, à l'exception des applications pratiques qui étaient uniquement dévolues aux chefs d'unités. La SS s'interdisait de donner le jour à un nouveau clergé dogmatique en accordant des prérogatives aux chefs d'instruction. Les chefs d'unités pratiquaient certaines cérémonies dans le seul cas où leurs hommes étaient directement concernés, excluant ainsi le risque d'une transmission sectaire d'un pouvoir religieux. Seul était maintenu le cadre religieux dans lequel la sensibilité personnelle de chaque individu s'exprimait librement.

Les fêtes étaient conçues dans l'intention de restituer à l'homme des liens privilégiés avec la nature en tant qu'expression de la création divine. Il s'agissait également d'extirper la réorientation judéo-chrétienne imposée aux fêtes traditionnelles comme la fête de Jul (Noël), la fête d'Ostara (Pâques), le solstice d'été (ou fête de la saint Jean). En cela le monde paysan offrait l'exemple parfait d'une société qui avait su préserver le sens de ses antiques traditions par son attachement et sa fidélité à la nature. Le terme de « païen » ne provient-il pas de « paganus », le paysan, que les chrétiens ne parvinrent jamais à convertir tout à fait ? Ainsi, l'homme se sentait à nouveau être le maillon indispensable et responsable de la longue chaîne du clan, transmettant la vie ainsi que les traditions de façon immuable. La fierté des corps et les visages aux yeux étincelants tournés vers le Soleil témoignent de la joie de la création que Dieu a donnée à l'homme, qui Le remercie au travers des fêtes.

Cette révolution spirituelle s'inscrivait également dans le contexte d'une écriture de l'Histoire dans un sens germanique. Les Allemands découvraient véritablement une partie d'une histoire qui, jusqu'à présent, avait été laissée dans l'ignorance ou le mépris, celle de leurs ancêtres germaniques. Le siècle des Lumières avait pris comme modèle la civilisation grecque, y cherchant des racines esthétiques et philosophiques. L'Allemagne fut particulièrement touchée par ce phénomène et certains ont même voulu voir dans le national-socialisme son héritier. La plastique des statues et de l'architecture néo-classique allemande pourraient trahir cette filiation. Toutefois, une tendance parallèle déjà ancienne (le romantisme allemand) allait de plus en plus s'imposer, celle d'un retour à la germanité. Laissant à la Grèce ce qui lui était propre, la philosophie des « germanistes », surtout défendue par la SS, s'attachait à faire resurgir de l'oubli et du mépris la culture des ancêtres directs de l'Allemagne, démontrant ainsi que la morale, la poésie et l'art germaniques n'avaient rien à envier aux autres. Le travail déjà entrepris par d'autres chercheurs comme les frères Grimm ou Gustave Kossinna fut poursuivi à une plus grande échelle. La finalité d'un tel intérêt historique, mis à part le rétablissement de la vérité, visait aussi à procurer une légitimité à l'Ordre SS qui puisait des références dans l'enseignement des grandes figures historiques guerrières, politiques ou artistiques. Frédéric II de Prusse, Dürer, Nietzsche, Wagner, Bismarck ou René Quinton témoignaient tous de la permanence d'une certaine attitude propre à la race aryenne. N'étaient-ils pas des exemples du génie créateur surmontant le temps et les modes, dont la SS s'efforçait de faire la synthèse ? N'avaient-ils pas toujours un message à transmettre, étant des précurseurs à leur manière ? Citons seulement quelques idées dont la SS s'inspira : l'idée d'Empire carolingienne, la création de valeurs dans un sens nietzschéen, la spiritualité wagnérienne, la vertu militaire prussienne et la mystique chevaleresque médiévale.

L'admiration suscitée par René Quinton, bien qu'il ait été un ennemi de l'Allemagne en son temps (1914), révèle également le dépassement des clivages politiques ou nationalistes. Elle confirme que toute philosophie héroïque ne pouvait que se trouver en résonance avec le national-socialisme, (voir l'article « Maximes sur la guerre »). Il arrivait même qu'on ventât les qualités de peuples étrangers (voir les articles « Yamato » et « L'Empire d'Ataturk »). La personnalité de Charlemagne ne laissa pas non plus la SS indifférente. Certains historiens ont complaisamment colporté après-guerre la rumeur qu'il fut traité de « bourreau des Saxons ». Sans ignorer son rôle trouble dans la tuerie de Verden, la SS voyait en lui le premier artisan de l'unité européenne et le créateur du principe d'un Empire germanique (voir les articles « Charlemagne, fondateur d'État », et « La naissance de l'Europe germanique vers 500 après Jésus-Christ »). Charlemagne, figure historique des Allemands aussi bien que des Français, incarnait donc le lien entre ces deux peuples à l'origine commune.

Questions légitimes

Considérant cette idéologie et ces objectifs, on peut se demander dans quelle mesure la SS put les réaliser et quels furent les obstacles qu'elle rencontra. Comme nous l'avons vu, la SS se divisait en trois branches différentes qui, avec le temps, se différencièrent de plus en plus les unes des autres de par leur esprit propre. Malgré les multiples efforts de la direction centrale pour conserver la cohésion et l'unité de l'Ordre, diverses tendances se firent jour qui freinèrent l'œuvre d'édification générale. La Waffen SS, branche militaire, se rattachait à la grande tradition de l'armée prussienne de Frédéric II par l'intermédiaire de chefs comme Paul Hausser ou Sepp Dietrich qui lui donnèrent cette impulsion. Pour des hommes formés à l'ancienne école, marqués en profondeur par leur éducation traditionnelle, l'instruction idéologique et les questions religieuses demeuraient des abstractions « fumeuses » qu'ils laissaient à des idéologues comme Himmler ou Darré utilisant les cahiers de la SS pour diffuser ces idées considérées bien souvent comme utopiques. Des officiers supérieurs comme Félix Steiner négligèrent même volontairement les cours politiques, considérant que les priorités dues à la guerre étaient de former des combattants plutôt que des soldats politiques. En revanche, les simples soldats, frais émoulus, furent beaucoup plus réceptifs et comprirent bien souvent mieux l'ampleur des enjeux politiques que leurs généraux.

L'Allgemeine SS et les Totenkopfverbande, branches « politiques » plus anciennes, concevaient leur rôle comme celui d'unités révolutionnaires porteuses en propre de l'idéologie nationale-socialiste. Certains de leurs chefs, comme Théodor Eicke, éprouvaient même un relatif mépris pour la Waffen SS, jugée trop traditionaliste et « militariste ». Le fait que les désignations de grades fussent semblables entre toutes les branches ne faisait qu'aggraver les choses, les Waffen SS acceptant difficilement que des « civils » pussent être généraux ou colonels sans avoir servi sur le front. Il est juste de signaler, à ce sujet, que les grades de la SS n'avaient qu'une équivalence relative avec les grades militaires, et contrairement à eux, n'étaient pas précédés de « monsieur » (terminologie allemande), mais correspondaient plutôt à une valeur en soi de l'individu. Les civils, autant que les militaires, étaient considérés comme des combattants engagés pour la cause du national-socialisme. Ce principe fit que l'on vit des hommes d'une trentaine d'années parvenir au grade de général et que des « civils » au talent incontestable, comme Werner von Braun ou le professeur Porsche, furent « officiers » à la SS.

De plus, les Waffen SS reçurent pendant la guerre leurs directives militaires de la Wehrmacht, et non de la direction centrale SS qui fournissait l'approvisionnement, créait les unités et veillait à l'instruction. Un certain sentiment d'autonomie par rapport à la SS de Berlin se fit donc jour, mais sans aller jusqu'à l'opposition ouverte, car elle reflétait une divergence d'expériences vécues plutôt qu'une opposition idéologique, surtout que la Waffen SS n'eut jamais à s'occuper des tâches policières confiées à des unités SS particulières.

Considérant ces faits, un observateur attentif pourrait rétorquer que ramener l'histoire et les conceptions de la SS à l'étude des cahiers directeurs ne serait pas conforme à la réalité historique. Les cahiers de la SS présentaient des idées, des personnages ou des situations tirés du réel et considérés comme exemplaires ou porteurs d'enseignement. Ils reflétaient ainsi ce que l'idéologie nationale-socialiste estimait être des vertus et des qualités essentielles, points de référence pour tout SS, même si la réalité et les nécessités de la vie ne permettaient pas toujours leur application. Mais les publications SS nous permettent précisément de juger cette conception du monde dans son abstraction qui est plus représentative d'un état d'esprit que des actions limitées dans l'espace et le temps. En cela, les cahiers de la SS nous présentent la vision idéale que se faisait l'Ordre SS de la vie, de la société et ce vers quoi il tendait.

Cependant, on doit replacer le phénomène SS dans le contexte du national-socialisme qui était une idéologie à multiples facettes. Le courant SS, certes le plus significatif mais n'étant pas lui-même toujours unitaire, se heurta à d'autres tendances. Les conflits de personnes ou d'idées avec le Parti mirent un frein supplémentaire à la réalisation d'un programme homogène. La tendance « allémaniste » du Parti percevait mal la création d'une Europe fédérée sous tutelle SS, et les douze ans d'existence du national-socialisme furent insuffisants pour opérer un changement radical des mentalités. Ils ne servirent qu'à poser les fondements. La génération issue de la Hitlerjugend et des plus jeunes promotions de la SS aurait certainement atteint cet objectif mais l'Histoire ne lui en a pas laissé le temps. Un ancien volontaire français m'a déclaré un jour : « Les nationaux-socialistes étaient semblables à des jardiniers. Ils ont planté des graines, mais sans avoir le temps d'en voir surgir le résultat. » La tourmente effroyable de la guerre mit fin à cette grande aventure.

De par sa rigueur, sa discipline et son esprit, la SS a pu prétendre avoir créé les prémices d'un nouveau type d'hommes passé par la forge des écoles de cadres et l'épreuve du feu. Malgré tous ces obstacles, elle en fit maintes fois la démonstration sur bien des fronts, qu'ils aient été intérieurs ou extérieurs. Indépendante de l'armée, elle créa une nouvelle « attitude combattante », distincte du Parti, une nouvelle « attitude idéologique » et éloignée de l'Église, une nouvelle « attitude spirituelle » fondamentale. Si pour Goethe l'action était la « célébration de l'homme authentique », alors la SS le fut aussi. La révolution des corps accomplie devait être suivie par la révolution des esprits. Mais les temps n'étaient pas encore venus.

* * *

À titre d'avertissement, l'auteur tient à préciser que son propos répond à une volonté de travail historique et scientifique qui ne doit pas faire oublier toutes les souffrances qu'ont subies des millions d'hommes durant la dernière guerre. Il ne peut donc être considéré comme apologétique. Il étudie certaines idées défendues par un système politique déterminé et des faits bruts placés dans un contexte historique précis. Il s'efforce donc de fournir des matériaux permettant au lecteur de se faire une opinion en toute liberté, en rapport avec ce qui fut déjà publié sur la question. Tel devrait être le travail de tout historien authentique. C'est donc dans cet esprit qu'on doit lire les articles concernant les Juifs ou les questions religieuses. Le lecteur reste seul juge en son âme et conscience face aux idées soutenues dans ce présent livre.

Pour toutes informations complémentaires, ceux qui le désirent peuvent écrire à l'auteur par l'intermédiaire de la maison d'édition.

Paris, le 7 octobre 1990

Chapitre I

I. L'Ordre SS, histoire et principes

Revue « Croire et combattre ». Pour les SS des groupes populaires du Sud-Est.

La SS, historique

Tu portes sur ta boucle de ceinturon les mots suivants : *« Mon honneur s'appelle fidélité »*. Sur tes pattes de col se trouvent les deux runes .de victoire de la SS. Tu as donc adhéré consciemment à une communauté qui a reçu des devoirs particuliers au sein du peuple. Es-tu clairement conscient que tu dois assumer une part précise de ces devoirs ?

As-tu déjà réfléchi à la nature des devoirs particuliers d'un SS ? Sais-tu ce que signifie pour toi, individu, la loi de fidélité ? Connais-tu les résultats obtenus par la SS ? son action à l'époque de la conquête du pouvoir et dans la nouvelle Allemagne ?

Afin de pouvoir répondre à ces questions, tu dois apprendre les traits essentiels de l'histoire de la SS, ses tâches et ses buts.

L'histoire du Corps Noir commença lors *des premiers jours d'existence du Mouvement national-socialiste* En mars 1923 naquit la cellule de la future SS – *la garde d'état-major* – formée de camarades du Parti spécialement choisis et absolument sûrs. Ces hommes portaient déjà la tête de mort sur la casquette et le brassard bordé de noir.

En mai de la même année, la garde d'état-major devint la *troupe de choc Hitler* – sous la direction de Josef Berchtold. Cette petite unité résolue jusqu'au dernier homme réunissait les compagnons de lutte les plus fidèles d'Adolf Hitler. Chargée de tâches comparables à celles confiées plus tard à la SS, la troupe de choc a fait son entrée dans l'histoire et lutta sans relâche et sans compromis pour finir sous les balles d'un système perfide et réactionnaire le 9 novembre 1923.

LES HUIT PREMIERS...

Après la réorganisation du Parti en 1925, le Führer ordonna la même année la mise en place d'une nouvelle organisation, petite, très mobile, qui devait prendre exemple sur la « troupe de choc Hitler » et fut d'abord chargée de lui garantir une protection absolue lors de ses manifestations et de ses voyages électoraux, si nécessaire au prix de la vie des hommes. En second lieu, elle devait assurer la *sécurité* interne du Parti telle que la police l'effectue pour l'État lui-même.

Il n'y eut d'abord pas plus de *huit hommes* choisis pour cette grande mission exigeant un engagement total. Leur chef s'appelait Julius Schreck. Ce fut lui qui fixa les premiers principes visant à l'édification du Corps Noir. Le 16 mai 1936 la mort abrégea la carrière de ce compagnon de combat d'Adolf Hitler fidèle et éprouvé, mais sur ordre du Führer, la première unité de Munich porte aujourd'hui et pour l'avenir le nom de « Julius Schreck ».

Les huit premiers SS reçurent l'uniforme de l'ancienne troupe de choc Hitler, seul l'anorak fut remplacé par la chemise brune avec le brassard noir, et la casquette de ski par la casquette SS noire.

Le 16 avril 1925, cette Troupe de Protection apparut pour la première fois en public à Munich. C'était lors d'une triste occasion : il s'agissait de l'enterrement de Pohner, le vieux compagnon de lutte du 9 novembre du Führer. Quatre SS portant des flambeaux marchaient de chaque côté du cercueil et accompagnaient pour la dernière fois le combattant mort.

Il était clair qu'en raison de la difficulté de l'action, seulement peu d'hommes choisis d'après des points de vue spéciaux pouvaient être admis dans la Troupe de Protection. Ils devaient donc correspondre parfaitement à ce que l'on exigeait d'eux. Une fidélité inconditionnelle, un engagement total de l'individu, une discipline de fer – qui d'autre que des *soldats du front* auraient été capables de remplir ces conditions ?

Ceux qui ont risqué leur vie des centaines de fois constituaient le noyau de la jeune formation.

Mais les exigences étaient encore plus élevées : seuls les camarades du Parti pouvaient être membres de la Troupe de Protection, et chacun d'eux devait être capable de présenter deux parrains, dont l'un était un responsable du groupe local dans lequel le jeune postulant SS était introduit. En outre, chaque membre devait être âgé de 23 à 35 ans, d'une constitution solide et absolument sain.

Naturellement, on refusait les *faibles* et les *pleurnichards* atteints de vices. Les meilleurs suffisaient largement pour la jeune formation ! C'était donc une extrême distinction pour tout camarade du Parti que de pouvoir servir dans la Troupe de Protection. La camaraderie absolue devait compter au nombre de toutes les vertus et des qualités, qui prescrit :

Tous pour un et un pour tous.

Le principe de sélection

Ainsi, le nombre des fidèles augmenta jusqu'à constituer une petite unité, une troupe, qui n'était pas une organisation militaire ou de masse mais ne voulait être que cet instrument parfait sur lequel le Führer pouvait absolument compter à tout moment

Cette première SS sema la terreur parmi tous les perturbateurs de réunions et les êtres veules, tous les Rouges et toutes les autres cliques. Elle garantissait le bon déroulement des manifestations nationales-socialistes – partout où le Führer l'ordonnait ! *Ce fut le mérite des premiers combattants à t te de mort d'avoir toujours permis la réussite de ces manifestations et que le Mouvement ait progressé chaque jour.*

Il était clair qu'à la longue, la jeune unité ne pouvait plus recruter uniquement dans la génération des combattants du front. En conséquence, les conditions d'admission évoluèrent aussi au cours du temps, toutefois sans perdre de leur sévérité. Mais dès le début fut fixé le principe suivant : limitation numérique et sélection extrême !

La direction de Munich ne chercha jamais à rassembler le plus d'hommes possible, mais elle mettait l'accent sur une qualité excellente des hommes à choisir, qui seule garantissait l'exécution inconditionnelle de tous les ordres.

Un chef pour dix hommes

On prescrivit donc que dans chaque localité, une Troupe ne pouvait compter qu'un chef et dix hommes ; c'était la dizaine. Leurs chefs (chefs de dizaine) portaient une étoile en argent au milieu de la croix gammée comme seul signe extérieur de leur grade. Du reste à l'époque, même une grande ville comme Berlin n'avait qu'une SS de deux chefs et de vingt hommes.

On vit bientôt la même image se répéter partout. Dans toutes les localités et les villes, la SS, cette petite unité combattante, devint le réservoir collecteur de tous les authentiques fanatiques politiques, de tous les révolutionnaires luttant contre l'impuissance et l'esclavage, de tous ceux qui n'avaient rien d'autre que leur foi en l'Allemagne.

En 1925 et 1926, le jeune Mouvement a réalisé toutes les campagnes de recrutement avec ces petites unités et la pègre rouge de Saxe et de Thuringe a appris ce qu'est l'esprit SS !

LES GROUPES DE MEMBRES BIENFAITEURS (M.B.)

Il est certain que même la meilleure organisation animée du plus grand esprit de sacrifice ne peut se passer d'une base financière saine – donc l'argent ! – Cette exigence était aussi impérative pour la mise sur pied de la SS que pour le Parti lui-même. Mais comme celui-ci se trouvait en pleine structuration et ne pouvait accorder de soutien financier à la Troupe, la SS (du reste la seule association du Parti' dans ce cas) reçut du Führer le droit de rechercher des *membres bienfaiteurs* (M.B.). *Adolf Hitler* lui-même adhéra *le premier* à ce groupe de M.B.

On avait donc trouvé effectivement une solution idéale pour permettre *l'assise financière* de l'organisation. Il y avait encore beaucoup de camarades du Parti (en raison de leur position publique, de leur situation économique ou d'autres raisons importantes) qui n'avaient pas la possibilité de devenir actifs dans les rangs du Mouvement. De fait, par leur qualité de membres bienfaiteurs, ils rendirent un service inoubliable à la Troupe...

LE SS COMME MILITANT

La Troupe de Protection se développa et peu à peu, parallèlement à la première tâche qui était d'assurer la protection du Führer, s'ajouta une deuxième, celle de militant ! Mais on n'accablait pas les hommes à la tête de mort en leur distribuant des manuels sur « l'art de la parole ». On savait que chacun d'eux avait l'étoffe pour savoir convaincre les citoyens déconcertés par de faux discours.

À l'époque, chaque SS était donc constamment un *militant* partout où il se trouvait : dans la rue, à la maison, à chaque instant où le service le permettait. Combien d'hommes et de femmes décontenancés, excités et trahis ont été reconquis par ces prédicateurs inconnus au sein de l'élément combattant et créateur du jeune Mouvement ! On les compte par centaines, par milliers. Ils commençaient en commentant un *tract du Parti*, ils dévoilaient les mensonges aux sceptiques par l'intermédiaire de la *presse du Parti*, et ils sortaient l'arme absolue, le « Mein Kampf » du Führer, balayant ainsi les derniers doutes.

Une nouvelle élite est née, dont l'Allgemeine SS représente le noyau idéologique. Son chef, Heinrich Himmler (en haut), est aussi le créateur de « l'esprit SS ».

De la SS « noire » allait naître la SS « verte », ou Waffen-SS, troupe militaire qui devint célèbre dans l'Europe entière.

LE DRAPEAU DU SANG

Durant l'année 1926, on leva l'interdiction de la SA et par la suite, la Troupe de Protection passa donc de plus en plus au second plan.

Mais cette même année représenta aussi un apogée historique pour le Corps Noir. Lors du Reichsparteitag à Weimar, le deuxième du NSDAP, le Führer confia le symbole le plus sacré du Mouvement – le drapeau du Sang du 9 novembre – à la garde de la SS.

Le Reichsführer SS Heinrich Himmler

Avec la nomination de Heinrich Himmler comme Reichsführer SS par Adolf Hitler, commença une nouvelle étape importante dans l'histoire de la SS. C'était le 6 janvier 1929.

Deux-cent-soixante-dix hommes dans tout le territoire du Reich constituaient le noyau de la Troupe de Protection dont se chargea Heinrich Himmler à cette époque lorsqu'il reçut l'ordre du Führer de former une troupe absolument sûre à partir de cette organisation – *la formation d'élite du Parti*.

« Chacun de nous est un SS, qu'il soit sans grade ou Reichsführer », disait Heinrich Himmler, et durant les longues années de lutte pour la prise du pouvoir, lui et ses hommes se sont effectivement fondus en un tout indissociable. Il a fait du Corps Noir ce qu'il est aujourd'hui : la troupe qui lutte le plus pour le Führer, notre sang et l'Empire.

L'ordre d'agrandir l'organisation était donné. Et pour le Reichsführer, dont la personnalité marqua cette grande mission, il était clair que la nouvelle Troupe de Protection agrandie ne pouvait accomplir son action que si, comme exigence suprême et fondement de sa création, les lignes directrices données par le chef du Mouvement étaient indiscutables.

Les quatre vertus cardinales

Seul le sang noble, seule une race authentique sont à la longue capables d'accomplir de grandes réalisations. C'est par cette profession de foi majeure que Heinrich Himmler commença son œuvre lorsqu'il promulgua son premier ordre le 20 janvier 1929 en qualité de Reichsführer SS :

« Par décision supérieure de notre Führer, le 6 janvier 1929, j'ai reçu la direction de la SS du NSDAP ! »

Alors l'ancien soldat et compagnon de lutte commença sa sélection sévère et méthodique après s'être entouré des hommes dont la nation disposait et qu'il savait être réellement les meilleurs de par leur sang et leur caractère. Quatre directives et vertus cardinales déterminaient leur choix.

1. La race et le clan

« Comme le *cultivateur* qui, à partir d'une vieille semence plus ou moins bonne qu'il doit trier, va d'abord dans le champ pour choisir les pousses, nous avons en premier lieu rejeté les hommes qu'extérieurement nous croyions ne pas pouvoir employer pour l'édification de la Troupe de Protection.

« La nature de la sélection se concentre sur le choix de ceux qui, physiquement, se rapprochent le plus de l'idéal, de l'homme de type nordique. Des signes distinctifs comme la taille ou l'aspect racial avaient et ont leur importance ! »

Ainsi s'exprimait le Reichsführer qui eut le mérite extrême d'avoir suivi cette voie avec courage et esprit de persuasion, car à l'époque, même dans les rangs du Mouvement, la question raciale était encore une notion totalement obscure et les connaissances théoriques du jeune Mouvement en pleine réorganisation trouvèrent leur concrétisation.

Pour la première fois, la question raciale était placée au cœur des préoccupations et en était même devenue l'objet, se différenciant largement de la haine, naturelle mais négative, du Juif. L'idée la plus révolutionnaire du Führer prenait corps.

Il est clair qu'avec l'accumulation des expériences dans ce domaine, les dispositions sélectives devinrent plus sévères d'année en année, s'efforçant toujours d'atteindre l'idéal.

« Il faut que les modalités soient fixées par nos successeurs dans cent ans ou plus pour que l'on exige toujours plus de l'individu, comme c'est le cas actuellement. De même, nous savons que le tout premier principe de sélection dans la Troupe de Protection doit être l'appréciation de l'aspect extérieur, qu'un processus de sélection dans la Troupe de Protection tout au long des années doit en être la continuation, et que le choix fait d'après le caractère, la volonté, le cœur et même le sang ne doit pas passer après les aptitudes ! »

Telles étaient les paroles du Reichsführer qui lutta avec la plus grande énergie contre l'auto-suffisance et la vanité. Il fit aussi clairement et distinctement comprendre que le résultat obtenu jusqu'à présent n'est qu'un travail d'ébauche, et que la création d'une élite humaine doit être constante et sans limites.

Car il n'y a pas de SS standard !

Chaque génération de SS devra être meilleure que la précédente.

« Par les lois que nous nous sommes données, nous voulons veiller dans l'avenir à ce que tout fils d'une famille SS inscrite dans le livre des ancêtres de la SS ne puisse poser sa candidature ou n'ait de nouveau le droit d'être un SS. Mais nous voulons veiller à ce qu'uniquement une partie des fils de ces familles soit admise chez nous et qu'ils soient ainsi considérés comme des SS ; que par la sélection permanente, le courant du meilleur sang allemand présent dans tout le peuple puisse entrer dans la Troupe de Protection ! »

Mais la sélection raciale et l'édification d'une unité d'hommes seuls ne pouvaient assurer la réussite de cette grande œuvre. Non, toutes ces mesures demeureraient sans effet si l'on ne songeait pas aussi *aux femmes* des hommes choisis, à leurs familles et à leurs futurs clans.

Notre histoire est suffisamment riche en erreurs commises par les ligues de soldats et les Männerbunde par le passé qui ont oublié de transmettre le message du sang pur. Après un certain laps de temps, elles disparaissaient dans le néant – il y a de cela des siècles.

Car le Reichsführer disait :

« Seule la génération qui sait se situer entre ses ancêtres et ses descendants, saisit intérieurement le degré exact de la grandeur de ses tâches et de ses obligations, et de la petitesse de sa propre et éphémère signification. »

« Celui qui en est conscient restera *simple* dans le sens le plus noble du mot. Les temps des plus beaux succès ne lui brouilleront pas la vue et les périodes de grand malheur ne le pousseront pas au désespoir. Il acceptera sans suffisance, sans présomption, sans fatalisme le succès et la malchance – mais il ne sera pas non plus la victime d'un sentiment de médiocrité et d'un égarement désespéré. Il restera maître de son bonheur et de son malheur avec un calme égal.

« C'est pourquoi nous enseignons au SS que tout notre combat, la mort de deux millions d'hommes durant la Grande Guerre, le combat politique de nos quinze dernières années, l'édification de notre force de défense pour protéger nos frontières seraient vains et inutiles si la victoire de l'esprit allemand n'était pas suivie de la victoire de l'enfant allemand. »

(Le Reichsführer SS)

Pour cette raison, le Reichsführer SS a promulgué le 31 décembre 1931 l'une des lois les plus radicales et les plus importantes de la SS : « L'ordre de mariage »

À cette époque, celui-ci fit l'effet d'une bombe en Allemagne. Dans un système fondé sur des principes libéraux, il semblait parfaitement incompréhensible à beaucoup d'hommes vivant dans l'éphémère et s'enivrant de jouissances.

Il se révélait être une intrusion extrêmement brutale dans la *prétendue liberté personnelle*. Naturellement, la presse juive et démagogique soulignait cette vue avec l'insistance nécessaire. Mais le mépris et la dérision répandus à l'époque sur cet ordre ne touchaient pas la Troupe. Le Reichsführer l'avait prévu et dit dans le point 10 de son ordre :

« La SS est consciente qu'elle a fait un pas d'une grande importance par cet ordre ; la raillerie, l'ironie et les malentendus ne nous touchent pas ; l'avenir nous appartient ! »

2. Volonté de liberté et esprit de combat

La deuxième vertu et la deuxième directive sont la volonté de lutter et la soif indomptable de liberté : pour cela, d'après des lois non écrites, le SS devait être autant que possible partout le meilleur – dans le combat, dans la rue, dans la salle de sport, plus tard dans la plus grande de toutes les guerres de libération. Plus grand était l'adversaire, meilleur c'était pour la Troupe ! Car ce n'est que si la SS était réellement la meilleure troupe que le titre d'une formation d'élite se trouvait justifié.

Donc, durant les années de création, le Reichsführer a toujours considéré la *valeur sportive* comme un principe et un devoir. Chaque année, les SS devaient participer à des épreuves sportives très difficiles. Le corps des officiers était particulièrement mis à l'épreuve. Chaque promotion dépend aussi de l'acquisition de l'insigne sportif de la SA ou du Reich.

Ainsi un grand danger était a priori écarté, celui de l'affaiblissement. La cause de la disparition de tant de Mannerbünde constituée par *l'aisance sociale* ne menaçait a priori donc pas les rangs du Corps Noir. L'existence confortable des bourgeois, qui peut être belle et pleine d'attraits pour certains hommes, n'a jamais pu gagner la SS.

3. La fidélité et l'honneur

« Comme nous l'enseignons aux SS, beaucoup de choses peuvent être pardonnées sur cette Terre, sauf une, l'infidélité. Celui qui viole la fidélité s'exclut de notre société. Car la fidélité est une affaire de cœur, jamais d'entendement L'intellect peut faillir. C'est parfois préjudiciable, mais jamais irréversible. Mais le cœur doit toujours battre constamment et s'il s'arrête, l'homme meurt, exactement comme un peuple si la fidélité est violée. Nous pensons ici aux fidélités diverses, la fidélité au Führer ainsi qu'au peuple germanique allemand, à sa conscience et à son essence, la fidélité au sang, à nos ancêtres et à nos descendants, la fidélité à nos clans, la fidélité aux camarades et la fidélité aux lois immuables de la bienséance, de la dignité et de la chevalerie. Un homme ne pêche pas seulement contre la fidélité et l'honneur s'il laisse violer le sien et celui de la Troupe de Protection mais surtout s'il méprise l'honneur des autres, se moque des choses qui sont sacrées pour eux ou s'il ne prend pas fait et cause de façon digne et courageuse pour l'absent, le faible et celui qui est sans protection. »

Ainsi était définie par le Reichsführer la fidélité, troisième vertu qui influence la nature de la Troupe de Protection.

Des SS vont au premier grand rassemblement SS en août 1933 à Berlin.

En couverture, un dessin du célèbre anneau à tête de mort qui symbolise le lien avec la communauté assermentée de la SS.

4. Obéissance inconditionnelle

L'obéissance est la quatrième et dernière directive.

C'est une obéissance particulièrement difficile à observer parce qu'elle doit provenir d'une *pure spontanéité* et exige tout ce qu'un homme peut sacrifier en fierté personnelle, honneurs extérieurs et beaucoup d'autres choses qui lui sont chères.

Elle exige « l'engagement inconditionnel » sans la plus petite hésitation et l'accomplissement de chaque ordre du Führer, même si l'individu croit ne pas pouvoir le surmonter intérieurement.

Mais cette obéissance exige finalement un niveau extrême de *maîtrise* et de *domination*, de volonté ardente de liberté, et d'impassibilité face à l'ennemi si on l'ordonne.

Le vieux SS sait parfaitement ce que signifie ce dernier point. Il n'a jamais oublié les années de combat, de halte et d'attente, lorsque la volonté de chaque camarade n'était soutenue que par une haine sans limite : À bas le système maudit !

Les hommes se demandaient toujours : « Pourquoi cela ne commence-t-il pas ?

Pourquoi ne frappons-nous pas ? Maintenant, l'occasion est favorable ! Pourquoi le Führer hésite-t-il ? » Ils ont pensé : « Nous sommes forts, nous avons battu la Commune partout où nous l'avons rencontrée. Nous avons pris le Reichstag – À bas les pantins de ce système pourri ! Nous voulons nous occuper d'eux ! » Mais l'ordre du Führer ne venait pas. En conséquence, ils se taisaient et *attendaient*.

Durant toutes ces années, la SS est fière de n'avoir vu que lui, de n'avoir obéi qu'à lui et cru inconditionnellement en sa victoire. Elle a été d'une obéissance absolue comme aucune formation avant elle.

LE SS EN ACTION À L'ÉPOQUE DE LA PRISE DU POUVOIR

Durant les années pour la prise du pouvoir, les SS ont toujours été les plus actifs pour protéger les idées et les exigences nationales-socialistes, à *l'extérieur* comme à *l'intérieur* du pays. Ils se battaient dans d'innombrables bagarres de salles de réunion, ils brisaient la terreur ennemie en toute camaraderie avec la SA. Ils étaient le *noyau* que le Mouvement engageait toujours sur le front rouge et noir. Ils se tenaient devant des *entreprises et des usines entièrement communistes* avec des tracts à la main et récupéraient ceux qui étaient valables. Ils employaient les mêmes méthodes dans les *grands HLM gris* et apportaient aussi la vérité dans les *bidonvilles les plus pauvres*.

Ils protégèrent des milliers de fois les orateurs du Mouvement. Avec la jugulaire sous le menton et la main au ceinturon, ils se tenaient d'un bout de l'année à l'autre de part et d'autre du pupitre de l'orateur – dans le Palais des Sports comme dans la plus petite salle communale. Ils étaient calmes et immobiles, mais observaient tout dans la pièce avec acuité.

Ils avaient souvent faim, car la plupart d'entre eux étaient sans travail. Mais ils étaient toujours là quand il le fallait. Et ils mouraient pour leur foi !

Ils furent lâchement assassinés, poignardés, abattus dans le dos dans les rues sombres et furent frappés jusqu'à en tomber inconscients. Mais ils supportaient tout malgré la supériorité adverse. Ce fut ainsi que la SS eut de *nombreuses victimes*. Elle portait toujours en terre l'un de ses meilleurs camarades, mais elle quittait le cimetière toujours plus acharnée, encore plus fanatique.

Nous ne devons pas oublier les *héros de l'Autriche* qui furent, en tant que SS, les victimes courageuses pendues au *gibet* d'un système brutal et qui permirent par leur sacrifice le grand rattachement de l'Autriche au Reich.

Mais la *sécurité intérieure* ne fut pas non plus oubliée. Plus d'une fois, la Troupe se battit contre les ennemis du Mouvement, contre l'éclatement et la trahison envers le Führer. En ces moments de crise si dangereuse pour l'existence du Mouvement, le Führer pouvait se servir de cet instrument solide qui se trouvait constamment et inconditionnellement auprès de lui.

Ainsi Adolf Hitler donna à ses hommes les plus fidèles la phrase qui, depuis le 9 novembre 1931, est écrite sur chaque boucle de ceinturon : « Homme SS, ton honneur s'appelle fidélité ! »

LA CARRIÈRE DU SS

Le 9 novembre 1935, ce qui suit fut promulgué sur ordre du Reichsführer :

« Est un SS dans l'esprit de l'Ordre de la SS tout membre SS auquel, après une période d'un an et demi comme candidat, après la prestation du serment SS au Führer, de même qu'après l'accomplissement honorable de son devoir dans le Service du Travail et de ses obligations militaires, on lui remet l'arme, le poignard SS, et il est ainsi admis dans l'Ordre de la SS en tant qu'authentique SS.

« Chacun de nous est un SS, qu'il soit simple gradé ou Reichsführer. »

L'art de l'équitation…

… et l'art de l'escrime sont pratiqués à la SS, qui perpétue ainsi la tradition chevaleresque.

Après un examen minutieux par des commissions SS de ses aptitudes et de sa valeur SS, le garçon de la Hitlerjugend de 18 ans devient d'abord *postulant* SS. Lors du Parteitag de la même année, il adhère à la SS en tant que *candidat* SS et le 9 novembre, après une brève période probatoire, il prête serment au Führer. Durant la première année de service, le jeune candidat doit acquérir son *insigne sportif* et *l'insigne sportif du Reich en bronze*. Immédiatement après, il va au *Service du Travail*, à la *Wehrmacht* et retourne ensuite à la SS. Le 9 novembre suivant, après une éducation idéologique profonde et répétée, le candidat SS est définitivement accepté dans la SS et tant que *SS*. À partir de ce jour, il reçoit simultanément le droit de porter le poignard SS et promet que lui et son clan suivront toujours les lois fondamentales de la SS.

Il reste dans la SS générale (Allgemeine SS) jusqu'à 35 ans. Ensuite, il est reçu, sur sa demande, dans la SS de réserve, et après plus de 45 ans, dans la section SS mère.

La loi de l'honneur

Le même ordre prescrit que chaque SS a le droit et le devoir de défendre son honneur *l'arme à la main*.

Cette loi est d'une importance fondamentale et engage chaque homme d'un double point de vue :

Il sait qu'il peut être tenu pour responsable de chaque parole et de chaque acte, quel que soit son rang et son poste ; que donc la communauté veille s'il commet un acte ou une parole déshonorants et pèche ainsi contre l'esprit du peuple.

Deuxièmement, il est sollicité à respecter son propre honneur autant que celui des autres afin de servir irréprochablement la vie de la communauté en tant que soldat politique.

Lorsque finalement arriva le jour de la prise du pouvoir, on comptait 51 000 SS soutenant tambour battant la plus grande de toutes les révolutions, prêts à accomplir chaque mission.

L'affluence à nos formations devint si élevée dans les mois suivants que le 10 juillet 1933, on prescrivit un *arrêt des entrées* à la SS, qui ne fut levé que temporairement en septembre 1934. Car de tout temps, le Reichsführer n'accorda aucune valeur à une organisation de masse, et il exigeait l'examen le plus sévère de tous les nouveaux arrivants afin de n'incorporer dans les rangs du Corps Noir que les forces réellement les plus valables et les plus saines.

Celui qui fait son devoir se trouve au-dessus de la critique à laquelle tous les hommes sont soumis.

Prince Eugène

« L'AMI DU SOLDAT ». ALMANACH DE 1944. EDITION D : LA WAFFEN SS.

I. LA SS EN TANT QU'ORDRE

Comme il ressort de ce rapide coup d'œil, au cours des années, les tâches de la SS se diversifièrent et leur accomplissement ne fut possible que par l'unification de la Troupe de Protection entière.

Jusqu'en 1929, la SS était une troupe fidèlement éprouvée assurant la protection des chefs et des orateurs. Le Reichsführer en fit *un Ordre de l'Honneur, de la Fidélité, du Service et du Combat pour le Führer et pour le Reich*.

La SS est un Ordre de *type nordique*. Adolf Hitler fonda sa conception du monde sur l'essence immuable de l'espèce nordique. Le peuple et l'Empire doivent être le devenir structurel de cette nature nordique. En tant que leader des peuples germaniques, le peuple allemand a pour mission prédestinée d'être le premier à mener le combat pour la renaissance du germanisme. La race nordique constitue aussi la source majeure de l'héritage de sang nordique. Le premier objectif du national-socialisme doit donc être de mener une politique raciale saine. Celle-ci exige une épuration du peuple allemand de toute influence étrangère au niveau du sang et du caractère.

La SS sélectionne donc ses membres d'après l'idéal de la race nordique pour en former un type germanique libre. Comme, de prime abord, on ne peut juger la valeur de l'âme des hommes, la sélection s'effectue d'après l'idéal physique de la race nordique et d'après la taille. L'expérience a montré que la valeur et l'aptitude d'un homme correspondent principalement à ce que suggère son apparence raciale.

Les critères de sélection de la SS deviennent donc toujours plus sévères. La politique raciale du Reich incite à la nordicisation du peuple entier. Plus on se rapproche de cet objectif, plus les critères raciaux de la SS se renforcent.

La SS n'aspire pas à acquérir une position privilégiée au sein du peuple. C'est un Ordre qui, par son action combattante, sert à opérer une sélection raciale de la communauté et réalise les principes de la politique raciale représentant un objectif éloigné pour la collectivité. Ainsi, la SS applique une loi fondamentale de notre échelle de valeurs socialistes qui veut que chacun reçoive sa place suivant la valeur du résultat obtenu au sein de la communauté populaire.

La SS voit clairement, par la poursuite de ces objectifs, qu'elle doit être *autre chose qu'un simple Mannerbund*. Elle édifie ses idées de l'Ordre sur *la communauté des clans*. Elle veut être un *Ordre de clans* qui verra naître des hommes de la meilleure espèce nordique pour servir le Reich. Donc, la sélection jugera de plus en plus, non pas l'individu, mais la valeur d'un clan entier.

Une clarté et un consensus absolus sont nécessaires dans les questions idéologiques concernant ce principe d'une communauté de clans de race nordique. C'est la condition nécessaire de la force de frappe de la SS et qui lui confère son assurance.

Grâce aux *lois fondamentales de la SS,* le Reichsführer a donné à chaque membre SS des points de repère pour son action.

La première de ces lois fondamentales est *l'ordre sur les fiançailles et le mariage* du 31 décembre. Dans cet ordre, on introduit pour tous les membres non mariés de la SS « l'autorisation de mariage », en considérant que l'avenir de notre peuple repose sur la sélection et la conservation du sang racial héréditairement sain. C'est pourquoi cette autorisation de mariage, que chaque SS doit se procurer avant son mariage, est accordée seulement et uniquement d'après des points de vue raciaux et héréditaires.

Cet ordre découlait obligatoirement de la volonté de créer une communauté de clans. Car une sélection de type biologique ne sera fructueuse que si on contrôle le choix des époux et la descendance des individus sélectionnés. Le SS doit épouser une femme au moins de même valeur. L'homme et la femme doivent être valables racialement et conjugalement. Une telle loi n'est pas une contrainte, mais un lien avec un ordre voulu par Dieu. Il est naturel que les individus de l'espèce nordique apprécient ceux de leur espèce.

Ce n'est pas seulement la valeur du patrimoine héréditaire qui détermine la force d'un peuple. Dans la lutte pour un espace vital et le droit à la vie, la fécondité d'un peuple, le nombre des enfants est décisif. Un Ordre comme la SS doit donc se créer un large terrain de sélection biologique. Il faut qu'il y ait toujours un grand nombre de descendants. D'après le meilleur choix conjugal, les plus valables doivent toujours fournir une riche descendance à l'Ordre.

« L'âge d'Or réside là où il y a des enfants. » Les enfants sont le plus grand bonheur du SS. Lui-même, sa volonté et ses désirs, son sentiment et sa pensée vivent en eux. Ce qu'il reçoit de la chaîne des générations, il le donne à ses enfants et confère ainsi la vie éternelle au peuple et au Reich des hommes combattants et des femmes fidèles, gardiennes de l'espèce et de la civilisation.

La SS prend aussi soin de la mère célibataire. L'amour et la procréation constituent les lois éternelles de la vie qui abattront toujours les barrières des usages et de la loi. Ici aussi, la SS est étroitement liée à la vie. Elle ne connaît aucune fausse morale et s'occupe aussi de l'enfant illégitime de bon sang. Ainsi, l'homme racialement et héréditairement sain peut suivre sa destinée dans la communauté et le peuple retire avantage de la force, de la valeur d'une génération entière et donc d'une future descendance héréditairement saine.

En tant qu'Ordre, la SS a inscrit sur son drapeau la préservation, la perpétuation de la race nordique, et mène également un combat de première ligne pour la victoire biologique. Seule la victoire des berceaux confère un caractère historiquement durable à la victoire du soldat.

Après le déclenchement de la guerre actuelle, le Reichsführer SS résuma encore une fois ces visions fondamentales de la politique raciale par une référence particulière aux pertes de sang que la guerre actuelle comporte. Il est dit dans cet ordre : « La vieille sagesse disant que seul peut mourir en paix celui qui a des fils et des enfants, doit redevenir le mot d'ordre pour la Troupe de Protection dans cette guerre. Peut mourir en paix celui qui sait que son clan, que tout ce que lui-même et ses ancêtres se sont efforcés d'atteindre et ont voulu, trouve sa continuation dans les enfants. Le plus grand cadeau pour la veuve d'un combattant mort est toujours l'enfant de l'homme qu'elle a aimé. »

Dans la loi sur *l'assistance aux veuves et aux orphelins* de 1937, le Reichsführer fixe que la communauté de la SS doit se charger de prendre soin de la veuve et de l'enfant au cas où un membre devrait donner sa vie au combat pour le Führer et pour le peuple. Les chefs des unités sont personnellement responsables du soutien apporté à tous les clans dans leur circonscription.

Le « *Lebensborn* » (source de vie) veille aussi à la préservation et à l'accroissement du sang pur. La volonté de dévouement de la SS entière assure la réalisation de cette prescription. Les enfants de sang pur sont mis au monde dans les foyers maternels et élevés dans les crèches du Lebensborn.

L'idée raciale détermine aussi l'importance accordée par la SS aux *exercices physiques*. Chaque SS doit être capable de fournir des résultats sportifs. Le Reichsführer a ordonné la pratique du sport dans la SS, non pour obtenir des exploits de chacun mais pour garantir la bonne tenue physique générale.

L'unité interne de la Troupe de Protection s'exprime aussi par une *loi de l'honneur* déterminée par le Reichsführer. Une *loi* spéciale sur le *caractère sacré de la propriété* enseigne à la troupe une conception exemplaire des notions de propriété, d'honneur et de probité.

II. La Waffen SS

Grâce aux connaissances pratiques de la sélection, de la direction et de l'éducation nationales-socialistes, la Waffen SS (SS en arme) naquit sur la base de l'Allgemeine SS par la mise sur pied des SS-Verfügungstruppen (troupes SS à disposition) et des SS-Totenkopfverbande (unités à tête de mort) après la prise du pouvoir. Elle évolua par la suite jusqu'à sa forme actuelle.

On a déjà dit qu'elle fut créée par le Führer pour donner à la SS agissant à l'intérieur du pays, la possibilité d'avoir une force d'action à l'extérieur, lors d'un danger.

Les unités de régiments de la Waffen SS, la Leibstandarte SS « Adolf Hitler », les Standarten « Deutschland » et « Germania » de même que des parties des anciennes Totenkopfverbande affrontèrent l'ennemi avec l'armée allemande lorsque les frontières polonaises furent franchies en septembre 1939 au cours d'une offensive rapide.

Ces régiments devinrent des *divisions* organisées, édifiées et dirigées sous la propre responsabilité de la Troupe de Protection, grâce à la confiance du Führer.

Aujourd'hui encore, on ne peut estimer le niveau de développement de la Waffen SS atteint au cours de la guerre. Toutes ses divisions étant réunies, elle se compose uniquement de volontaires sélectionnés d'après les lois fondamentales de la Troupe de Protection. Ce n'est qu'après la guerre que le peuple allemand connaîtra le travail énorme qui fut accompli par le SS-Hauptamt (office supérieur SS) pour permettre *l'engagement* constant d'unités nouvelles. C'est un résultat qui a pris une place particulière dans l'histoire de la guerre allemande. Le SS-Führungshauptamt (office supérieur de direction SS) a pour tâche de mettre sur pied les unités, de les équiper et de les former.

Le dur hiver 1941/42 a démontré l'importance prise par la Waffen SS pour la conduite de la guerre. De la Carélie jusqu'à la mer d'Azov, des divisions de la Waffen SS se trouvaient partout *au cœur du combat*. Grâce à elles, le Reichsführer SS a donné au Führer des unités d'acier qui, même durant cet hiver-là, n'ont pas atteint leurs limites.

Cet hiver qui a mis à l'épreuve la valeur du peuple allemand de façon impitoyable, a aussi éprouvé cette Waffen SS. Elle fut à la hauteur.

Lorsque, devant le Reichstag le 26 avril 1942, le Führer montra clairement au peuple allemand ce que cet hiver avait réellement signifié, il fit l'élogede la Waffen SS, touchant ainsi chacun de nos braves camarades.

« Parlant de cette infanterie, je voudrais souligner pour la première fois la bravoure constante et exemplaire, et la dureté de mes braves divisions SS et unités de police SS. Dès le début, je les ai considérées comme une troupe inébranlable, obéissante, fidèle et courageuse dans la guerre, comme elle l'a promis de l'être durant la paix. »

Le combat de la Waffen SS s'est inscrit dans la fière tradition de la Troupe de Protection nationale-socialiste. Ici aussi, le principe de sélection, la trempe d'un type d'homme et la conscience de représenter une idée, ont démontré leur efficacité.

III. LES VOLONTAIRES GERMANIQUES ET LA SS GERMANIQUE

L'ordre du Führer de mettre sur pied les unités « Nordland » et « Westland » au sein de la Waffen SS au début de l'année 1941 représente un fait fondamentalement nouveau dans sa nature et dans sa portée. Voir clairement les répercussions de cet ordre est essentiel pour comprendre les principes du nouvel ordre européen prévus par l'Allemagne et le développement de l'Empire dans un esprit national-socialiste. *LA mise sur pied des unités de volontaires ne représentait pas la réparation d'un oubli et une marque de générosité, mais un acte politique.* Les ennemis du national-socialisme le constatèrent tout de suite. Il s'agit d'une décision claire concernant la question de la formation de l'ordre politique futur et le principe d'organisation allemande dans l'espace vital conquis par de durs combats.

Le fait que cet ordre du Führer ait trouvé un tel écho chez la jeunesse germanique prouve à quel point le sens de notre combat fut compris dans tous les milieux. Il révèle aussi un désir ardent de participer à cette lutte. C'est en même temps une grande preuve de la considération dont jouit déjà la Waffen SS encore si jeune, après le premier affrontement, et quelle confiance est accordée à la SS en général concernant sa position d'avant-garde. D'innombrables jeunes camarades des pays germaniques ont trouvé leur destinée dans ses rangs.

Lorsque les premiers volontaires se présentèrent dans la Waffen SS, le front était dirigé principalement contre l'Angleterre. Mais la situation se modifia totalement avec *l'entrée en guerre contre le bolchevisme.* Lors des dernières années, l'hostilité provoquée par le système bolcheviste dans presque tous les pays européens incita l'Allemagne à envisager la participation à la lutte sur une échelle beaucoup plus vaste. C'était l'occasion de mettre sur pied *des unités homogènes dans chaque pays*. Naturellement, la contribution à ce mouvement dans l'aire germanique fut particulièrement élevée. Ce fut ainsi que les légions norvégiennes et néerlandaises, la légion de Flandre, le corps franc « Danemark » et le bataillon des volontaires finlandais virent le jour. Ces unités combattaient aussi dans le cadre de la Waffen SS. Leur lutte signifiait plus qu'une prise de position pragmatique ; elle représentait aussi un engagement légal de forces nationales au profit de la puissance disponible pour le combat.

Les conditions d'admission dans la Waffen SS étaient/es *mimes* pour tous les pays que *celles du Reich*. L'entrée dans la légion dépendait du caractère et de l'aptitude au service. L'assistance et le soutien correspondant aux dispositions en vigueur sont réglementés de la façon la plus large pour les volontaires germaniques, y compris le soutien aux familles. Une aide particulière pouvait être nécessaire pour les jeunes nationaux-socialistes dont les familles étaient exposées à des mesures coercitives économiques ou politiques dans leur patrie du fait de cet engagement volontaire.

Une section germanique spéciale fut créée au sein du SS-Hauptamt pour aider les volontaires. Avec ses succursales il lui incombait de planifier tout le travail politique dans l'aire germanique. Une Troupe de Protection germanique puissante était en cours de création en Flandre, aux Pays-Bas et en Norvège. En outre, existaient aussi les commandos de recrutement de la Waffen SS ainsi que les nouvelles unités mises sur pied et tout le complément des légions, tout cela dépendant de la section des volontaires germaniques.

Ainsi, déjà pendant la guerre, la SS considérait comme sa mission de rassembler avec ses moyens les forces de chaque pays germanique et de fonder les bases d'un travail futur commun et étroit.

IV. La SS et la police

Déjà bien avant la guerre le Reichsführer SS voulait créer une nouvelle police allemande dont les officiers et les hommes répondraient aux critères de la SS et seraient aussi membres de la Troupe de Protection. La situation actuelle correspondait donc à une évolution de l'organisation. La nature du travail de la police se modifia aussi sous l'influence de la conception du monde nationale-socialiste. Aujourd'hui, sa première fonction est éducative : plutôt que de punir des délits, il est plus important *d'empêcher de façon préventive que ne soient commises des actions répréhensibles*, de préserver le peuple et l'État d'actes préjudiciables ou dangereux pour la communauté. Aujourd'hui, la SS n'assure pas seulement la sécurité politique mais se charge également de protéger le peuple de l'action d'éléments asociaux. Elle a donc créé une institution précise à cet effet, ce sont les *camps de concentration*. Dans l'ancien système, ces éléments étaient devenus le foyer de la criminalité professionnelle et ils ont causé au peuple de grands préjudices. Par la maxime se trouvant au-dessus de la porte d'entrée « le travail rend libre », ces hommes sont exhortés au travail productif dans ces grands centres d'éducation car ils ne sont pas encore perdus pour la communauté. Ils peuvent recouvrer la liberté par une éducation sévère et leur mise à la raison.

Il fallait créer *un appareil de renseignements* pour assister la tâche préventive de la police. Comme on manquait d'exemples au niveau national, on ne pouvait que se reporter au service de sécurité du Reichsführer SS qui, sous la direction du SS-Obergruppenführer Heydrich, avait déjà été créé par la SS en tant qu'organisation du Parti. La jonction de la police de sécurité et du service de sécurité représenta une fusion particulière des forces de l'État et du Mouvement dans un secteur extrêmement important.

Contrairement à la *police secrète d'État* (Gestapo), qui représente l'exécutif politique, *la police criminelle* (Kripo) se charge en général de l'exécutif non politique, et on la compare à tort à l'ancienne police criminelle, c'est-à-dire celle d'avant 1933. Mais cette conception est fausse. Une communauté populaire qui exige que ses membres suivent une conception du monde déterminée, un type d'État pénétré à l'extrême par cette idéologie doit, bien entendu, posséder une police criminelle serviable et qui considère ses tâches en fonction de celle-ci. Exactement comme dans le domaine de l'exécutif politique, la règle absolue de l'exécutif criminel exige : la *prévention,* donc la neutralisation de tous les éléments qui peuvent nuire à la chose publique par leurs actions sur la force populaire et économique.

Combattre le crime signifie donc reconnaître et arrêter le criminel, l'élément asocial, avant que ne soient perpétrés de nouveaux crimes ou menée une existence asociale. L'action préventive contre les criminels est aujourd'hui une mesure généralement admise et approuvée.

Par son travail, *le service de sécurité* procure les assises spirituelles de l'action de la police de sécurité. Son travail de simple compte rendu d'une situation établi à partir de constatations matérielles jusqu'à l'examen scientifique d'événements et de phénomènes déterminés, ne concerne pas la police de sécurité ni l'État.

De même, depuis la prise du pouvoir jusqu'au début de la guerre, le travail global de la police régulière, de la police de sécurité et du SD a considérablement contribué à créer au sein du peuple allemand des conditions favorables à la conduite de cette grande guerre. Celle-ci a aussi suscité de nouvelles tâches, plus étendues et importantes. Des unités et des commandos de la police de l'ordre, de la police de sécurité et du SD entraient dans tous les territoires conquis avec les armées victorieuses de notre fière Wehrmacht allemande pour prendre des mesures le plus rapidement possible – en suivant l'exemple du temps de paix -, instaurer d'abord les conditions qui rétabliront le calme à l'arrière des troupes combattantes et, deuxièmement, fonder des centres administratifs civils ou militaires pour faciliter le travail administratif des troupes.

Les événements qui suivirent les batailles des mois passés livrées dans la plus grande guerre d'hiver de l'histoire obligèrent obligatoirement de nombreux régiments et bataillons de police à intervenir sur le front. Dans ce combat, les hommes de la police régulière firent la preuve de leur valeur militaire, de leur bravoure et de leur ténacité côte à côte avec les camarades de l'armée de terre et de la Waffen SS. Dans ce combat, ils ont montré que la police régulière allemande accomplit son devoir avec sérieux partout où elle se trouve. Les bataillons de police se sont battus de façon remarquable. Ni les incessantes attaques soviétiques, ni le froid implacable et mortel n'ont pu venir à bout de leur ténacité et de leur courage.

Encore aujourd'hui, les unités de police se trouvent engagées dans de nombreux points chauds du front de l'Est. Leur mise à l'épreuve réussie dans des combats éprouvants résulte en fin de compte de la formation de base des officiers et des hommes.

V. Consolidation de la nation

La nouvelle œuvre colonisatrice accomplie à l'Est par l'Allemagne a trouvé le chef qu'il lui fallait avec l'ordre du Führer du 7 octobre 1939, par lequel le Reichsführer SS fut nommé commissaire du Reich pour la consolidation de la nation allemande. Durant les grandes époques de son histoire, le peuple allemand se tourna toujours vers l'Est pour déployer son talent créateur. Mais cette histoire nous enseigne aussi que la victoire militaire seule ne suffit pas pour conquérir un pays. L'aspect tragique de la politique orientale allemande des siècles passés réside dans le fait que les mouvements de peuples vers l'Est n'eurent pas d'objectif homogène et ainsi ne purent pas répartir leurs forces de façon organisée et planifiée.

Donc, la *mission orientale* est avant tout une mission de politique ethnique. Le préjudice ethnique constitué par les émigrations individuelles hasardeuses des siècles passés se trouva corrigé par *le rapatriement au sein du Reich des Volksdeutsche et des Reichsdeutsche de l'étranger*. Parallèlement à cette mesure positive, on *arrêta net l'influence nocive* de certains groupes de populations étrangères signifiant un danger pour la communauté allemande. *La création de nouveaux espaces de colonisation allemande*, avant tout par l'immigration et la sédentarisation des Volksdeutsche et Reichsdeutsche venant de l'étranger, est la troisième et plus importante tâche que le Führer a confiée au Reichsführer SS par son ordre. Elle comprend la réparation de l'erreur historique commise par les Allemands qui fit tarir les forces populaires par absence de gestion globale du destin national.

Un appareil approprié et efficace se trouvait à disposition du Führer pour réaliser immédiatement ce travail de politique ethnique. Doctrinaire enseignant inlassablement l'idée du lien naturel entre la race et la colonisation, le Reichsführer SS a donné à sa *Troupe de Protection* une conception de base nationale-socialiste et l'a ainsi dotée d'un organe exécutif pour réaliser un vaste travail constructif. L'idée du paysan-soldat suscitée par cette œuvre éducatrice implique, contrairement aux « colonies » des siècles passés, qu'une aire de colonisation doit être créée en conformité avec le caractère racial des hommes qui s'y installent. Par une sélection consciente, la SS forme une communauté dans laquelle les meilleures forces de notre peuple peuvent au mieux s'épanouir de façon créatrice. Pour accomplir son rattachement final, l'espace oriental a besoin d'hommes choisis d'après des critères de caractère et de valeur. Cette sélection, que la nature elle-même pratique au sein de groupes d'hommes luttant pour survivre et dont les futures générations ont besoin, est garantie par le combat d'avant-garde de la SS.

VI. LE SOLDAT POLITIQUE

Nous n'avons pu aborder ici que les tâches pratiques les plus importantes de la SS. Mais l'esprit de la SS ne se limite pas à l'accomplissement de ces tâches, et – on doit encore insister là-dessus – elle voit son ultime justification dans la création, l'éducation et la sélection d'un nouveau type d'hommes et de chefs capables de maîtriser toutes les grandes missions de l'avenir. Pour eux, on a utilisé le concept de « soldats politiques ». Mais quand la SS parle de soldat politique, elle ne pense pas seulement à une révolution du politique par le militaire, mais aussi à une révolution du militaire par le politique. *Ce n'est pas seulement « l'homme politique combattant » qui doit être choisi et éduqué, mais également* – dans le sens le plus étroit – *le « combattant politique »* ! Considérant la période de guerre, on doit encore parler de cette tâche pour conclure.

L'évolution historique a suivi son cours depuis que la Révolution française et le soulèvement prussien de 1813 firent du peuple le principe du potentiel militaire dans les guerres. Plus que jadis, l'idéologie marcha côte à côte et au sein des peuples sur les champs de batailles. L'idée raciale clarifie les fronts.

L'idée raciale fond le peuple et l'idéologie en un tout solide et combat les idéologies mondialistes de toute sorte.

Mais *la guerre devient aussi une guerre idéologique*. L'alliance de l'idée politique et de la conduite de la guerre fut réalisée par une révolution de l'art de faire la guerre.

La prédominance de la conception du monde sur la politique fait de toute guerre avec une conception du monde ennemie une affaire de survie. La loi fondamentale de la guerre idéologique, c'est la victoire ou la défaite.

La situation historique de la guerre exige du *soldat fermeté et dévouement les plus absolus*. Chaque individu doit se renforcer dans l'idée de triompher ou de mourir. Considérer que le caractère militaire est indépendant de la forme de vie politique et idéologique du peuple constitue déjà une menace mortelle et représente, dès le départ, une faiblesse par rapport à l'adversaire.

Contrairement à ce que beaucoup pensent, il n'y a pas de type militaire qui vaille comme conception du monde. Le caractère militaire comprend toute une série de vertus : le courage, la fermeté, l'audace, l'obéissance, l'accomplissement du devoir, la dignité. La conception du monde forme le terrain où s'expriment au mieux toutes ces vertus.

L'armement, l'équipement et la formation ne se différencient pas de façon essentielle dans les forces armées modernes. La discipline et l'accomplissement du devoir à eux seuls, ne remportent pas non plus la victoire dans une guerre idéologique. C'est celui qui, au-delà de l'accomplissement du devoir et de l'obéissance, surpasse l'adversaire par la dureté de l'action et l'audace du risque.

Ce qui constitue le fondement du meilleur esprit militaire n'est pas seulement l'accomplissement du devoir moral, c'est avant tout la constance de la foi. Car c'est d'abord cette dernière qui assure la stabilité de l'action morale.

Développer cette constance de la foi est la tâche suprême de la SS. Avec cette foi nous pourrons construire fidèlement l'avenir, suivant les paroles du Reichsführer SS :

« Ainsi nous abordons et nous suivons la voie vers un plus lointain avenir d'après des lois immuables en tant qu'Ordre national-socialiste et militaire d'hommes nordiques et que communauté assermentée à ses lignées. Nous souhaitons et croyons ne pas être seulement les descendants qui se sont le mieux acquittés de cela, mais par-dessus tout les ancêtres de générations futures indispensables à la vie éternelle du peuple germanique. »

La puissance ne se justifie que lorsqu'elle implique l'obligation de servir.

Darré

LA MAISON DE LA TROUPE SS N° SPÉCIAL. 1942. ENTRE DEUX BORNES

RAPPORT DE TRAVAIL 1941-42

Ce que nous voulons être :

1. Un Ordre militaire de SS formés politiquement et scientifiquement, à l'instinct vif, au physique dur.
2. Un Ordre d'hommes de la Troupe de Protection et de chefs qui par leur valeur, leur dignité, leur intégrité, leur attitude extérieure veulent gagner et garder la confiance des autres.
3. Un Ordre qui s'affirme dans la vie par son constant engagement naturel.
4. Un Ordre idéologiquement franc, que ne peut affecter aucune injustice de la vie dans son chemin sans compromis, qui manifeste instinctivement sa franchise idéologique dans tous ses actes.
5. Un Ordre de soldats formés scientifiquement qui voient clairement que toute nouvelle promotion n'est pas une promotion de seigneurs. On ne peut porter un jugement que sur ce que l'on connaît et accomplir sa profession par vocation en donnant le meilleur de soi-même.
6. Un Ordre de soldats qui ne s'expriment *que* sur ce qu'ils connaissent de façon rigoureuse. Il faut s'exprimer peu, mais bien. C'est un Ordre d'hommes qui savent qu'avoir un nom implique un devoir.

7. Un Ordre de soldats dont l'ambition est de porter des noms qui signifient quelque chose et non pas être des détenteurs de titres anonymes.

8. Un Ordre de soldats qui ont le courage de reconnaître la valeur des grands hommes de leur peuple, le travail des autres de façon désintéressée et qui sont parfaitement conscients de ce dont ils sont capables. La qualification et le résultat doivent primer, et non pas les décorations et les titres acquis.

9. Un Ordre de soldats qui, par leur résultat et une attitude digne, n'ont pas besoin de se consumer dans l'ambition et de jalouser un autre pour quoique ce soit.

10. Un Ordre de soldats qui, du fait de leur simplicité personnelle, peuvent s'adapter à toutes les situations. C'est un Ordre d'hommes qui considèrent l'argent uniquement comme un outil au service de ceux qui sont cultivés, et qui sont déterminés à mettre à l'écart les parvenus.

11. Un Ordre de soldats chez lesquels le génotype racial détermine l'appartenance à l'organisation. La race et le sang sont notre conscience de classe, notre titre de noblesse.

12. Un Ordre de soldats qui considèrent le Führer comme l'autorité suprême, voulant être un modèle de fidélité, d'obéissance, d'action, d'attitude digne et d'engagement personnel pour le Führer et son idée. Conformément à l'ordre du Reichsführer SS, ils servent le Reich germanique en tant qu'hommes et officiers de la Troupe de Protection toujours conscients de leur devoir.

13. Un Ordre de soldats formés scientifiquement dans le cadre d'une communauté de clans de type nordique de femmes et d'enfants racialement et biologiquement sains – les ancêtres des générations futures.

Ax.

Cahier de la SS n°6. 1936.

Préceptes pour l'appel de la troupe

1ère semaine
a) « On ne meurt pas pour le commerce, mais seulement pour un idéal. Jamais encore un État ne fut fondé par une économie pacifiste, mais toujours par l'instinct de préservation de l'espèce. Cette vertu héroïque produit précisément des États civilisés et

travailleurs, tandis que la ruse est à l'origine de colonies de parasites juifs. »
b) « N'oublie jamais, homme SS, qu'un nouvel ordre économique édifié sur les connaissances raciales ne peut être créé en quelques mois ou même en quelques années, mais seulement peu à peu, et que donc, des difficultés ne peuvent être évitées durant ce laps de temps. »

2ème semaine
a) « Un homme qui est prêt à lutter pour une cause ne sera jamais et ne peut être un hypocrite et un lèche-bottes sans caractère ».
b) « Homme SS, agis en tant que national-socialiste désirant être un exemple dans le domaine de la fidélité, de l'obéissance et de la discipline, mais qui considère comme son devoir de combattre l'injustice et de résoudre les problèmes. »

3ème semaine
a) « Les partis politiques sont enclins à faire des compromis, une conception du monde jamais. »
b) « Homme SS, pense constamment que la conception du monde nationale-socialiste exige l'homme total, uni à notre peuple, et ne peut tolérer de côtoyer aucune autre conception du monde dans quelque domaine que ce soit. »

4ème semaine
a) « Est partisan d'un Mouvement celui qui se déclare d'accord avec ses buts, est membre d'un Mouvement celui qui combat pour eux. Le fait d'être partisan implique la reconnaissance, le fait d'être membre implique le courage de représenter soi-même l'idée et de la propager. »
b) « Homme SS, sois constamment un combattant pour notre idée nationale-socialiste, aie avant tout comme objectif de réaliser notre conception du monde. »

CAHIER DE LA SS N°10. 1937.

POURQUOI NOUS PORTONS UN UNIFORME

L'uniforme était autrefois un signe de reconnaissance. Aux époques anciennes, on donnait des uniformes aux hommes au même titre qu'on influençait leur manière de penser. On les y « fourrait » et cette expression comporte déjà le goût amer de la contrainte.

Aujourd'hui, on l'endosse en signe d'attitude spirituelle. Seules comptent la volonté et l'action des hommes portant la vareuse, et non pas l'allure ou la mode. Pour cette raison, le simple uniforme feldgrau a plus de valeur que le dolman chargé d'or d'un hussard.

Le combat héroïque de nos soldats contre un monde ennemi a donné ses lettres de noblesse à la vareuse feldgrau. Elle symbolise pour toujours le souvenir de la misère et de la mort ayant frappé des millions des meilleurs combattants allemands sous le feu roulant et dans les batailles de chars, sur les champs de limon des Flandres et sur les étendues glacées de Russie, sur le gris « no man's land ». C'était des hommes prêts à accepter la mort, unis dans la victoire et la camaraderie, des solitaires héroïques postés auprès de leur dernière mitrailleuse.

Tout homme qui porte la vareuse a des devoirs envers cette tradition. Elle est donc devenue l'expression des soldats du front, de la volonté de défense nationale. Adolf Hitler, le caporal de la Grande Guerre, en a fait le vêtement honorifique de la nouvelle armée nationale.

De même, la chemise brune sera toujours le vêtement honorifique du combattant national-socialiste- un constant rappel de l'esprit de sacrifice de tous les hommes et femmes anonymes qui suivirent le Führer en faisant preuve d'une fidélité sacrée, poussés par une idée constante : L'Allemagne ! Allemagne, tu dois vivre, même si nous devons mourir. Cet esprit de sacrifice et de fidélité, de camaraderie et de désir de liberté unit fermement chaque porteur de la chemise brune. Nous reconnaissons que nous portons la chemise brune et la vareuse noire dans le même esprit que ces combattants.

L'uniforme sous-entend une attitude disciplinée.

Il n'est plus nécessaire de dire aujourd'hui à un national-socialiste que nous ne faisons aucune différence entre le service et la vie privée. Nous sommes constamment au service de notre peuple. Un national-socialiste ne doit donc jamais se laisser aller. Le SS doit aussi, dans le civil, agir comme s'il était de service, comme s'il portait l'uniforme noir, le vêtement honorifique de son Führer.

L'uniforme implique donc un devoir. Il doit aussi être endossé avec la conviction la plus intime de devenir une distinction honorable pour son porteur.

Mais l'uniforme suppose également des qualités physiques. Il lloit être porté par des hommes sains et non par des gringalets. C'est donc pour cela que dans toutes les unités qui portent un uniforme, on cultive les exercices physiques. Sous l'uniforme, l'homme sans attitude devient la caricature du soldat et rend ainsi la troupe ridicule.

Les notions de soldat, de défense et d'activité sont liées à l'uniforme. Être soldat implique la notion d'accomplissement du devoir. L'uniforme réclame de son porteur qu'il soit toujours conscient d'avoir à remplir de grands devoirs. Porter un uniforme exige de pouvoir lutter avec conviction pour l'idée qui nous l'a fait endosser. C'est l'expression de la camaraderie, de la persévérance, de la fidélité. Celui qui pense ainsi quand il le porte et qui pend sa manière de penser avec sa veste à son cintre ne met pas seulement en danger son apparence personnelle. Il nuit à la troupe à laquelle il appartient. Car l'individu n'est rien – peut-être un nom que l'on oublie trois jours après. Le porteur d'uniforme, au contraire, symbolise une idée, même si l'on ignore son nom.

L'uniforme exige de son porteur un refus total de tout compromis. Il ne tolère aucune hésitation. Il exige l'acte'.

Le porteur d'uniforme focalise tous les regards. Lors d'événements imprévus, la masse se tournera d'elle-même vers lui, sentant qu'il sait ce qui doit être fait. Le civil peut se permettre de faillir : personne n'en tirera de conclusions générales. Le soldat qui faillit nuit au respect de tous ceux qui ont la même vareuse. Celui qui porte l'uniforme se trouve toujours placé à un échelon supérieur de l'homme responsable, il est de toute façon un chef, un élu. Notre éducation doit donc tendre à ce qu'un jour notre jeunesse porte l'uniforme par conviction, et ne soit pas simplement « collée » dedans. La jeunesse doit être consciente que l'uniforme, dans l'Allemagne nationale-socialiste, est devenu l'expression de tous ceux qui se rassemblent parce qu'ils sont de la même espèce. La vareuse grise de l'armée populaire, la chemise brune et l'uniforme noir sont les vêtements honorifiques des hommes prêts à lutter pour le Reich national-socialiste et une Allemagne éternelle.

C'est donc la raison pour laquelle nous portons l'uniforme. Beaucoup de gens ont sûrement d'abord respecté la vareuse noire parce qu'elle a de l'allure. Ils en ont retiré de la fierté et ont été satisfaits. Mais, progressivement, ils se sont aperçus qu'elle impose aussi des devoirs, que nous avons acceptés volontairement et par conviction. On peut peut-être suivre les règlements d'une association en se consacrant même deux fois par semaine à ses objectifs, mais certainement pas une conception du monde. La vareuse noire implique pour celui qui la porte d'agir chaque jour et à toute heure en soldat du national-socialisme. Toute action de notre part sera donc observée, comparée et jugée. On juge la valeur d'une idée représentée par celui qui porte l'uniforme à son comportement

Nous devons gagner la confiance des concitoyens par notre prévenance car nous ne voulons pas imposer notre conception du monde au peuple, mais le persuader de sa justesse. Celui qui porte l'uniforme vit le national-socialisme à l'avance. Et notre mission est de diffuser toujours plus largement notre conception du monde dans la communauté jusqu'à ce qu'elle la comprenne.

Nous voulons que l'on nous respecte et que l'on juge la valeur du national-socialisme sur notre attitude.

C'est pour cela que nous portons un uniforme.

V.J. Schuster

La plus mauvaise voie que l'on puisse choisir, c'est de n'en choisir aucune.

Frédéric le Grand

CAHIER DE LA SS N°2. 1943.

L'ORDRE DES CLANS

Le mot « ordre » nous est familier depuis les ordres monastiques et les ordres de chevalerie du Moyen-Âge chrétien. En pensant à ces ordres, nous revoyons tantôt de puissants châteaux féodaux rebelles, tantôt les longues façades aux nombreuses fenêtres des bâtiments monastiques. Autrefois, les premiers étaient habités par des moines-chevaliers portant sur leur pourpoint et leur manteau la croix de l'Ordre. Dans les seconds, nous imaginons des hommes en sandales et en froc marchant en silence dans les couloirs et les cellules. Les deux cas nous font déjà appréhender extérieurement l'esprit de l'ordre.

Un ordre est une communauté qui suit une « ordina », c'est-à-dire un statut, une règle de vie librement jurée. La caractéristique d'un ordre est d'être au service d'un idéal élevé. Il n'y a, par exemple, jamais eu un « ordre des négociants », mais à la rigueur, des associations de négociants.

L'esprit de l'ordre joue un rôle exceptionnel partout où il s'agit de professions de foi, d'idéal et de la défense de ces mêmes valeurs. Ainsi naquirent les ordres religieux monastiques les plus éminents à cette époque où des hommes extrêmement pieux voulurent arracher l'Église à une « laïcisation » de plus en plus croissante. Les ordres de chevalerie allemande virent le jour quand il fallut porter la foi chrétienne en « terre sainte » ou dans les pays slaves de l'Est. L'Ordre des jésuites se développa quand l'Église romaine dut se défendre une fois de plus contre le mouvement populaire nordique protestant. Sans tenir compte du fait que ces ordres chrétiens reposaient sur une conception étrangère et une idéologie erronée, qu'ils ont dégénéré et ont en partie disparu, il nous faut cependant reconnaître que dans ces communautés vivaient des hommes qui voulaient consacrer leur vie à un idéal élevé. Cet idéal, cette volonté, cette profession de foi dans la vie privée étaient si lourds de conséquences que cela ne pouvait être que le lot de quelques-uns, et non de tous. En outre, il fallait pour ces idéalistes, bâtir une communauté de vie en ayant la certitude que chacun serait prêt à exiger le maximum de lui-même au service d'une idée. Cette certitude conférait alors une force à l'individu et au groupe. Nous constatons donc qu'un ordre est, au sein d'une idéologie, cette communauté restreinte dont les membres accordent dans leur existence une prépondérance absolue à cette idéologie et s'engagent en toute liberté à suivre ses lois. Plus ces lois sont sévères, plus la volonté de les respecter est forte, plus le désintéressement exigé est grand, plus limité sera le nombre des membres de l'ordre, et plus puissant sera ce dernier dans la poursuite de ses objectifs.

Un ordre se définit par son objectif ou son programme. Celui-ci, à son tour, est déterminé par l'idéologie à laquelle l'ordre se rattache.

Les moines chrétiens avaient comme objectif d'élever l'âme en vue d'une vie dans l'au-delà. Étant donné que ceci, d'après la conception chrétienne, ne peut s'effectuer qu'en se retirant de ce monde de péché et en mortifiant le corps pécheur, le moine faisait vœu d'entière pauvreté (éloignement de tous les biens de ce monde), d'humble obéissance (abandon de toute volonté ou droit personnel), de chasteté (refus de tout « désir » sauf « celui de Dieu » qui est le plus contraignant physiquement). Nous nommons cette attitude « l'ascèse ». Malgré une indignation justifiée, nous nous inclinons avec respect devant le haut degré d'idéalisme de ces Allemands, de ces Germains, acceptant ce sacrifice personnel au nom de « Dieu » et d'une « idée de perfection ». La minorité qui prenait de tels engagements était sans doute en grande partie une élite de caractère.

Les moines-chevaliers des ordres de chevalerie représentent pour nous une image plus sympathique. À la profession de foi chrétienne s'alliait le mode de vie chevaleresque. Il s'ensuit à cet égard un aspect plus viril, plus temporel, plus actif. Tandis que le moine croyait ne pouvoir atteindre son but que par, en quelque sorte, l'autodestruction, le chevalier teutonique s'était donné comme mission d'agrandir le royaume avec son corps de guerrier et l'épée à la main.

L'Ordre de clans de la SS, en revanche, se fonde au sein du Mouvement national-socialiste sur une base toute nouvelle. Les racines de ses croyances étant autres, chacune des lois et des valeurs spécifiques de cet Ordre sont différentes. La caractéristique la plus frappante des ordres chrétiens par le passé, que ce soient les « contemplatifs », les « actifs » ou les guerriers, était l'obligation de renoncer à la femme, au mariage et aux enfants. Le critère essentiel de notre Ordre est l'obligation de se fiancer et de se marier ! L'idée directrice des ordres chrétiens médiévaux était l'élévation de l'âme, la « délivrance du corps » pour unir l'âme à un dieu de l'au-delà. Notre crédo est que l'accomplissement, « l'incarnation » et, par là, le destin propre du dieu de la vie, se fait par les voies de l'évolution des espèces et des races ; nous considérons le choix de l'épouse et la sélection permanente comme les moyens d'améliorer la vie (le corps et l'âme). Nous n'avons plus besoin d'être des ascètes, car nous ne voulons pas d'un dieu dans l'au-delà. Notre dieu nous demande d'être « temporels », car le monde, comme nous le savons, est son champ d'action, son « corps ». Ainsi la SS, en tant qu'Ordre païen de l'idéologie nationale-socialiste du XXème siècle, est un ordre temporel dans le plus haut sens du mot. Le temps des erreurs est passé. Nous vivons aujourd'hui un puissant progrès dans nos connaissances et, les siècles à venir prouveront qu'il sera lourd de conséquences. Reconnaître la présence de Dieu dans la nature (telle que l'état actuel de la science la connaît) signifie constater son unité, oui, même son unicité avec notre destinée, soumise à la loi héréditaire qu'il applique !

La SS a commencé par être une troupe, mais elle savait, dès le départ, que cette troupe ne devait pas être une fin en soi. Nous ne vivons pas pour perpétuer un Menerbund, mais nous sommes des hommes rassemblés en ayant à l'esprit nos familles, nos clans, notre peuple, les enfants de notre sang, tous les enfants de notre peuple et un avenir vivant. Pour nous, « l'organisation » n'est qu'un moyen de servir « l'organisme ». L'organisme, c'est le peuple.

Nous constatons aujourd'hui que tous les peuples européens, y compris notre peuple allemand, ont subi au cours des deux derniers millénaires une dégradation raciale constante, donc psychique et spirituelle, et ceci à cause du mélange de sangs (les microbes du judaïsme et du christianisme, son successeur). Nous savons que ce n'est ni la famine, ni la rage de destruction des peuples qui ont provoqué les désordres et les guerres tragiques de l'histoire de l'Europe, mais la corruption de la substance populaire, le mépris de la volonté divine d'amour et de mariage entre égaux de naissance, de sélection, d'incitation à la sélection, ainsi qu'un vice qui l'accompagne : le renversement des rapports d'autorité dans les corps populaires. Nous affirmons que chacun d'entre nous collabore aux grandes créations humaines politiques et historiques si, au cours de sa vie, il ne s'écarte pas « d'un pouce des voies de Dieu », s'il est fidèle et le reste à ceux qui ont choisi la même foi.

Nous, hommes de la SS, reconnaissons que les mots « peuple », « Reich », « honneur » et « liberté » ne représentent rien si l'on n'a pas la volonté de faire vivre l'esprit qui gouverne ces concepts. L'importance accordée à cet esprit doit être replacée dans l'ordre étant celui des lois de la nature. Le national-socialisme est une idéologie biologique qui affirme que les exigences de la nature sont des exigences politiques. La nature a défini la règle de vie que doivent suivre les races d'hommes de valeur :

1. L'aspiration individuelle à un mariage entre partenaires sains et égaux par la naissance.
2. Sur cette base, le développement de la famille en tant que « plus petite, mais plus précieuse unité au sein de toute la structure organisée de l'État ».
3. La vie s'édifiant selon les lois naturelles à partir du rameau fécond de la famille. Le clan s'enracine dans la famille, entité vivante, réalité de l'Ordre qu'une volonté tant biologique que politique a rêvée et souhaitée.

Ce n'est que dans le clan que l'individu peut épanouir sa personnalité et ses qualités.

L'Ordre le meilleur est celui dont les lois ne sont autres que celles, divines, de la nature. Dès lors, la SS a commencé à se transformer d'association masculine en une association de clans. Les clans des SS sont ainsi animés de l'esprit de l'Ordre et tendent à tous s'unir. L'Ordre, cependant, vit à travers chaque clan et en retire sa propre valeur.

La crainte de voir se développer dans le clan un particularisme anarchique à l'égard de l'intégralité de l'Ordre et son objectif, « l'Empire », de même que la crainte inverse de voir les exigences de l'Ordre-porter préjudice aux libertés naturelles du clan, sont sans fondement et sans raison d'être tant que l'esprit de l'Ordre et celui du clan ne s'écartent pas des lois naturelles divines de la vie.

L'Ordre forge donc une obligation permanente à tous ses membres. Chacun doit donc s'efforcer de conserver intact l'esprit de l'ensemble. Le SS sait bien que c'est dans l'ordre des lois naturelles qu'un individu ou un autre manque à son devoir, mais il sait aussi que cela ne doit pas lui ôter sa foi et sa fidélité. Conserver cette fermeté inébranlable, c'est être vraiment un SS, c'est prouver la valeur de son sang.

L'Histoire nous enseigne ainsi que les organisations périssent au cours du temps par affaiblissement de l'esprit, aliénation ou torpeur, quand des intrus égoïstes et matérialistes prennent le dessus, écartant les personnalités hardies, vivace, créatrices qui, donc, ne se sentent plus attirées par l'organisation. Notre Ordre doit donc éviter de laisser pervertir son idée spirituelle de base. Nous devons en outre l'empêcher de privilégier les apparences et les formes matérielles au détriment de ses hommes de valeur. Soustrayons aussi notre communauté à ceux qui ne nous donnent pas une foi désintéressée et un idéalisme pur, mais égoïsme, soif de pouvoir et appétit de jouissance bourgeois. Car--un Ordre est jugé par l'Histoire impartiale d'après les mêmes lois qu'un peuple : en fonction des qualités vivaces de sa chair et de son sang.

Une fois par millénaire, les peuples ont la possibilité de revenir sur leurs erreurs et, enrichis d'épreuves douloureuses et pourvus de nouvelles forces créatrices, de reprendre conscience du sens divin de leur vie.

La porte s'entrouvre à nouveau sur un grand avenir. Nous sommes conscients de la responsabilité qui, toujours dans l'Histoire, pèse sur la minorité décisive. Ainsi donc, nous, membres de la SS et du clan SS, nous nous présentons devant le divin Créateur avec la devise que le Führer nous a donné : « Mon honneur s'appelle fidélité ».

Mayerhofer

Cahier de la SS n°5. 1944.

Voilà pourquoi nos armoires n'ont pas de serrures

Un jeune camarade SS, blondin joyeux, avait choisi un signet splendide et peu banal ; un billet flambant neuf de deux marks. C'était certainement le fait d'un caprice. Peut-être ce petit papier brun, avec le fier « Deux », lui rappelait-il Gisèle ou bien peut-être était-ce le nombre à huit chiffres rouges qui l'avait particulièrement intéressé. Qui pourrait dire pourquoi ce jeune SS avait retiré ces deux marks de la circulation fiduciaire ? Ce billet neuf avait passé de belles heures à parcourir les feuilles de son livre ! À présent, il n'était plus là ! Un mauvais plaisantin l'avait remplacé par deux vieux billets d'un mark. Hans Jürgen donna tout d'abord quittance par quelques mots grossiers, mais, un soir, un camarade plus âgé revint sur l'affaire. « Jeune homme, dit-il, autrefois l'un de nos poètes parla d'âme fourbe. Il la rencontre chez ces jeunes filles qui se laquent les ongles en rouge, s'enduisent les lèvres d'huile, bref ressemblent à une affiche de cabaret. Mais des visages imberbes de garçons peuvent aussi recéler la même âme. » Quelques-uns, se sentant visés, sourient d'un air gêné. Un Hambourgeois pensa « Ne nous emballons pas... » Là-dessus, l'ancien qu'on apostrophe prit la balle au bond et dit : « C'est là où je veux en venir ! Dans la vie, il s'agit justement de ne pas s'emballer. Pour les grandes choses comme pour les petites. Nous considérons l'échange du signet comme une blague. Toutefois, cela révèle déjà une attitude envers l'intangibilité du bien d'autrui qui permet de conclure à une perte du sens de la justice. Dans tous les cas de ce genre, je vous le dis, nous nous comportons en pieds plats juifs. Si nous voulons être les meilleurs, une élite à l'origine d'une vie et d'une race exemplaires, alors nous devons aussi nous conformer au comportement de nos ancêtres dans nos règles de vie. Ceux-ci considéraient le bien d'autrui comme sacré et inviolable. Rappelons-nous alors que, déjà dans le droit germanique le plus ancien, l'atteinte illicite à la propriété privée était inconnue et, quand elle survenait, était expiée comme un forfait indigne d'un homme libre.

— Allons, allons, dit Gert, on ne va pas faire tout un plat pour une plaisanterie !

— Je ne parle plus de tout cela, répondit le vieux camarade, mais de la loi fondamentale du Reichsführer SS, sur le fait que la propriété est sacrée. Peut-être l'un ou l'autre d'entre vous n'est-il pas au courant que le Reichsführer, dans son ordonnance du 25 novembre 1937, considère que le « chapardage » est une grave atteinte à la propriété, qui touche l'honneur. Je ne veux même pas parler des atteintes graves à la propriété privée. Celui qui vole, détourne ou se livre à des malversations sait ce qui l'attend. Je veux seulement déclarer encore une fois que le « chapardage », donc l'accaparement illégal d'équipements ou de vêtements appartenant à la SS, qu'on appelle « grappiller », ne sera pas considéré comme un méfait anodin ou un bon coup mais que les gens coupables doivent escompter engager leur responsabilité. Le supérieur prend les mesures nécessaires en faveur des troupes combattantes, mais des agissements pour son compte personnel sont un commerce condamnable. Vous êtes fiers que vos armoires n'aient pas de serrures, conclut le camarade, alors conservez cette attitude ».

Mais Gert ne voulut pas s'en tenir là après cet appel à un comportement raisonnable, et par une allusion à Hans Jürgen dont le signet perdu, pensait-il, lui avait valu ce sermon moralisateur, il remarqua : « Et tout ça à cause de toi, très chère Gisèle ! »

Là-dessus, Hans Jürgen se hissa sur son lit, prit les deux billets sales d'un mark et fit savoir solennellement qu'il offrait à ce mauvais plaisantin plusieurs bocks de bière blonde.

Sois juste
Et ne crains personne.
Un homme honnête est à mes yeux de la meilleure noblesse et de la plus grande valeur, car sa vertu brille dans tout ce qu'il fait.

Frédéric le Grand

Cahier de la SS n°1. 1944.

Deux exemples avertisseurs

Celui qui vit en parasite pendant la guerre est pris !
Il n'y a rien de plus honteux que l'infidélité envers soi et son peuple. Plus la guerre est longue, plus les exigences et les sacrifices deviennent durs, d'autant plus stricte et nette doit être l'attitude de tous ceux qui doivent gérer les biens, et qui peuvent donc nuire à la communauté. Citons le cas suivant à titre d'exemple avertisseur extrait de l'expérience juridique : En 1940, l'officier SS X. reçut l'ordre de fonder et de gérer un centre économique uniquement pour les troupes SS. Il fut pourvu de pleins pouvoirs du fait de la confiance qui lui était accordée. Cependant, il en abusa de façon effrénée et criminelle pour s'enrichir lui-même. Il outrepassa ses droits en réquisitionnant abusivement des affaires, de la nourriture et tout le stock de tissus, de costumes et de vêtements pour en faire le trafic avec des éléments criminels et obscurs avec lesquels il entretenait d'étroits rapports. Il utilisa des sommes considérables d'argent administratif à des fins spéculatives auxquelles ils prenaient part, et accordait à ses complices les pleins pouvoirs dont ils profitaient ensuite de la même façon criminelle. Le tort que ses actions ont causé au peuple et au Reich, est inexcusable. Il fut condamné à mort pour motif d'avoir nui au peuple. Le jugement fut confirmé par le Führer lui-même et exécuté peu après.

Chacun peut donc voir que tout méfait, même le plus insignifiant, est jugé et doit l'être de façon inflexible et impitoyable. Chaque homme de troupe et officier SS doit se rendre compte qu'il encourt la peine de mort s'il ne respecte pas les choses pour lesquelles lutte le camarade du front, et qu'il doit procurer le minimum vital à ses compatriotes. Personne ne pourra profiter de sa position ou de ses services, si âgé et estimé qu'il soit.

Protection de la vie présente dans l'embryon
La conviction que la victoire des armes ne peut être totale que grâce à la victoire des berceaux est l'un des principes les plus importants de la SS. Celui qui menace la vie à l'état embryonnaire porte atteinte à la vitalité du peuple. Voici encore un exemple tiré de la pratique :

L'officier SS A. marié depuis 1935, sans enfants, entretenait avec la jeune employée de bureau B., une relation qui ne resta pas sans conséquences. Comme il craignait que la naissance illégitime d'un enfant puisse nuire à sa situation, il incita B. à pratiquer sur elle une tentative d'avortement qui cependant n'eut aucun résultat. Tandis que ses propres efforts avaient échoué, il entra en rapport par l'entremise de divers intermédiaires, avec un homme qui, autrefois, avait été mêlé à une affaire d'avortement et se déclarait maintenant prêt – après avoir au début refusé – à exécuter l'intervention en question. L'accusé alla même le chercher dans une voiture de service et lui donna comme salaire, pour ses efforts, en plus du remboursement de ses dépenses, plusieurs paires de chaussures d'une valeur de 75 RM. Les essais demeurèrent cependant sans résultat.

Contrairement au jugement habituel qui condamnait la mère et l'avorteur professionnel à une peine de trois à huit mois de prison et les autres participants à des peines de prison allant jusqu'à six semaines, le tribunal de la police et de la SS prononça une peine considérablement plus sévère, à savoir un ans et demi de prison. Il considéra en particulier que l'accusé avait fait preuve d'une lâcheté et d'une irresponsabilité incompréhensibles pour un officier SS, avait sans scrupules mis en péril la vie et la santé de la mère et avait porté préjudice à la réputation de la SS. Une peine plus sévère ne fut pas prononcée parce que l'accusé était sujet à des faiblesses cardiaques, avait un comportement superficiel, se trouvait dans un état de constante dépression et était étourdi. Le Reichsführer lui-même confirma le jugement et rejeta une demande de grâce, diverses circonstances parlant pour l'octroi de celle-ci, entre autre, l'adhésion de l'accusé au NSDAP avant la prise du pouvoir.

Cette punition extrêmement sévère résulte du fait que des délits commis contre les principes idéologiques de la communauté de l'Ordre méritent un jugement particulièrement strict.

Extrait des communiqués de l'office de justice SS

Celui qui n'est pas maître de lui-même n'est pas libre.

Claudius

CAHIER DE LA SS N°11. 1944.

DIS-MOI QUI TU FRÉQUENTES...

Extrait de la pratique de l'Office supérieur de justice SS
Karl et Hein étaient de vieux camarades. Ils avaient souvent côtoyé la mort ensemble et fait honneur aux runes de la victoire dans de nombreuses batailles.

À l'occasion d'un congé commun, Karl invita son camarade à lui rendre visite dans son foyer. Comme le voyage ne durait que quelques heures, Hein accepta. Naturellement, la joie était grande et les parents de Karl possédant un hôtel à la gare, les retrouvailles furent largement arrosées.

Mais toute joie a une fin, et Hein, âgé de 22 ans, dut aussi retourner à son logis. Une femme de chambre amicale aux cheveux blonds l'y abordant, il ne s'imagina rien et tandis que l'employée rangeait la chambre pour la nuit, il tint une petite conversation anodine. Là-dessus la jeune fille partit avec un rire amical.

Naturellement, Hein parla à Karl de la gentille jeune fille. Il ne pouvait même pas imaginer que cette tête blonde était la maîtresse de Karl. Il ne l'apprit qu'un an plus tard. La jeune fille avait donné naissance à un enfant et déclaré Karl comme père. Au lieu que celui-ci se soit mis décemment du côté de la jeune mère et ait reconnu son enfant, il étudia comment il pourrait se soustraire à son devoir. Il demanda donc un jour à Hein de ne pas l'abandonner et de l'aider à sortir de cette situation embarrassante. Lorsqu'il serait pris à témoin, il n'aurait qu'à déclarer que l'employée lui avait proposé ses services le soir de la visite, mieux, qu'elle s'était commise avec lui.

Ensuite, Karl dit à l'ami qu'il ne pourrait rien lui arriver s'il s'en tenait à cette déclaration. En outre, il promit à Hein une somme d'argent et une nouvelle invitation. Malgré le fait qu'il risquait de s'attirer des ennuis par ces mensonges, Hein apporta son témoignage et le confirma par son serment.

K. fut enfermé dans une maison de redressement pendant deux ans à cause d'incitation à faux serment et H. à un an et demi pour faux serment. En outre, ils furent tous les deux exclus de la SS.

Le parjure est l'un des crimes les plus vils et les plus honteux. Dans ce cas, il est particulièrement infâme parce qu'il fut commis par des SS, dont le peuple allemand a une opinion particulièrement élevée en matière d'honneur et de responsabilité exigeant d'apporter à un enfant la subsistance lui revenant. Ce cas montre jusqu'où peut conduire une camaraderie mal comprise. Un « camarade » de cette sorte n'est, à proprement parler, plus un camarade mais un corrupteur vraiment inconscient.

CAHIER DE LA SS N° 10. 1944.

PRÉSERVE À L'AMOUR SON CÔTÉ MYSTÉRIEUX !

« Je connais les Françaises, les Russes et les Italiennes, une fille Allemande n'a plus rien à m'offrir », dit le Rottenführer Hinterhuber en regardant aux alentours d'un air provocant. Son visage rond de 19 ans trahit ce trait d'étroitesse d'esprit composé à part égale de stupidité et d'immaturité. Il suscite assurément une certaine admiration parmi ses camarades du même âge présents autour de lui. À leurs yeux, c'est un sacré gaillard plein d'expérience qui « connut les femmes » – eh oui, il est possible d'avoir autant de chance en amour ! On pourrait ignorer une telle vantardise immature si elle n'était aussi caractéristique de l'attitude de certains hommes engagés dans nos rangs.

Comment acquit-il sa connaissance, son expérience des femmes ? Ce fut certainement quelque chose de très distant, sans exaltation ni romantisme. Il voulait connaître l'amour et trouva quelques spécimens douteux du sexe féminin qui allèrent occasionnellement avec lui parce qu'il se trouvait là au bon moment. Ce qu'il jugeait comme une conquête n'était rien de plus que le fruit d'un hasard aveugle. Car si ce n'avait été lui, le suivant aurait aussi bien fait l'affaire. Il n'eut donc pas besoin de chercher longtemps. Excitée ou vénale, elle le quitta. Et il appelait cela de l'amour ! Durant sa jeune existence, il ne fut qu'un soldat. La guerre lui fit traverser toute l'Europe. Il ramena dans ses bagages le souvenir d'actrices françaises vulgaires, de même que la primitivité insouciante de la nature féminine russe. Mais celles qu'il aimait étaient médiocres, de second rang – il ne découvrit pas la richesse humaine de ces peuples. La conscience nationaliste et un vif instinct élevaient d'innombrables barrières dans l'autre camp.

Que connaît donc ce garçon de la nature réelle de la femme ? Il n'a sans doute pas grandi au cœur d'une vraie communauté familiale, n'a pas ressenti la fierté inaccessible de la mère ou des sœurs protégées farouchement. Pour lui, durant les années où il devint un homme, la femme ne représentait rien de merveilleux. On ne lui a pas laissé le temps d'y réfléchir. Il n'a lu ni les textes de Tacite sur la vénération pour la femme germanique comme dispensatrice divine de vie, ni Werther. Sa littérature en la matière restait les romans à trois sous. Et, lorsqu'il éprouva pour la première fois une grande inquiétude intérieure, trouble, inconcevable et pourtant impérieuse, la guerre l'entraîna dans son cours et endurcit ses sens d'enfants au point de transformer une exaltation passionnée en un réalisme froid, presque rude.

Il est un fait que certains garçons n'ont pas ressenti le caractère unique et incomparable du premier amour. La vie les a frustrés de l'un de ses dons les plus beaux et les plus ardents. Ils durent ainsi renoncer à ce qui constituait une expérience fondamentale pour les générations précédentes. Ils deviennent donc soudainement des « hommes » et découvrent un mystère qu'ils n'appréhendent jamais comme tel. Leur premier amour ne fut ni sacré, ni passionné et enthousiaste, mais froid. Leur relation avec la femme n'était empreinte d'aucune adoration ; ils ne voyaient rien en elle de divin car ils ne connaissaient en elle précisément rien de tel, n'ayant affaire qu'au côté diabolique de l'autre sexe, à la prostituée corrompue, et ainsi en venaient à considérer tout le monde sur le même plan. Un rire méprisant accueillait l'exception éventuelle.

Cet état d'esprit est dangereux. Cette guerre aussi prendra fin un jour, laissant la place à une vie normale. Nous devrons panser les blessures graves dont fut victime cette année notre réserve d'hommes. Au premier plan se trouve la famille, la volonté d'avoir un enfant, sinon une guerre gagnée n'a plus de sens. Aujourd'hui et dans l'avenir, nous devons accomplir un programme racial et familial suivant la volonté du Führer. Nous sommes un Ordre de clans et, à ce titre, chargés de la tâche énorme de créer une réserve de sang extrêmement précieuse au cœur des millions d'hommes de notre peuple. Cette tâche exige de nous une position absolument sans réserve envers la femme. Car au moment où nous l'épousons, étant ainsi la future mère de nos enfants, cette femme devient un membre de la SS comme chaque camarade masculin !

La guerre est infiniment dure. Seuls les forts survivront. Mais ce caractère fort et brave n'a pas la cruauté sans âme que l'on peut observer précisément chez nos ennemis. Eux, les représentants des idées judéo-bolchevistes, libérales et anarchistes, n'apprécient l'amour que comme une griserie sans frein, ignorant la moindre trace d'une éthique. Seul compte l'instant et ce qu'il leur apporte. Ils violent toujours l'âme noble, ne dépassant pas le niveau de la pulsion la plus vulgaire. Nous avons appris à connaître depuis longtemps l'animal humain bolcheviste. Nous n'ignorons pas les horreurs commises par les Américains sur les femmes de Sicile. Entre eux et nous n'existe pas la moindre trace idéologique ou politique d'un compromis, mais seulement le fait nu, brutal : Nous ou eux ! Voulons-nous nous mettre au même niveau que leur libéralisme effréné ? Même dans les choses de la vie quotidienne, dans nos rapports les plus intimes avec l'autre sexe, nous ne voulons pas suivre leur exemple malpropre.

Autrefois, on disait que nous étions le peuple des poètes et des penseurs. Nous en étions fiers – les autres cependant riaient en silence, nous considéraient comme des enfants en politique et nous méprisaient.

Tandis qu'un Bach, un Goethe leur révélaient, à eux aussi, les railleurs, un ciel de beauté, ils se partageaient les richesses terrestres et nous restions pauvres devant leurs portes d'or. Après des siècles de retard, nous avons mûri politiquement, nous avons été éveillés par le grand enseignement du Führer, dignes enfin du pouvoir politique. Nous devions à la fois affronter la haine du monde entier et défendre la nouvelle doctrine par les armes. Nous étions les meilleurs soldats. Les portes du Reich s'ouvrirent, des centaines de milliers de soldats parcoururent l'Europe dans une marche triomphale sans pareille. Ils firent un clin d'œil aux pays étrangers et aux particularismes des autres peuples. Les dernières barrières de manières de penser petites-bourgeoises tombèrent et l'horizon délimité s'élargit aux dimensions du monde.

Mais à présent, nous connaissons le danger qui reste attaché à cette évolution rapide. Nous avons constaté que l'esprit de plus d'un garçon fut perturbé parce que les duretés du combat, la grandeur du sentiment de puissance étaient trop fortes pour son caractère manquant encore de maturité et inapte au discernement judicieux. Le danger de la vie de soldat le poussait à rechercher passionnément la jouissance, l'expérience et l'aventure. Et ils devinrent rudes et superficiels. Eux les descendants de ces rêveurs ingénus, tombèrent dans l'autre extrême. Aujourd'hui, il n'existe plus de Werther parmi nous, et c'est bien ainsi, mais un tyran impitoyable est tout aussi condamnable. Il doit disparaître. Nous devons l'éduquer chaque fois que c'est possible. Les gens mariés parmi nous ont ici un grand exemple à donner. Ayant appris à connaître le véritable amour, ils doivent coopérer à cette œuvre d'éducation condamnant l'obscénité et l'ostentation sexuelle. Nous ne sommes pas des anges, nous connaissons tous l'appel violent du sang et des sens. Mais là aussi nous devons être des soldats politiques. Tirons-les de cette inconscience pauvre, primitive et sensuelle, ouvrons-leur les yeux à la beauté réelle présente aussi sous milles formes dans le paysage et l'art du pays ennemi nous environnant. Même les plus endurcis savent encore rêver, loin de la guerre avec son inflexibilité et sa dureté.

Les garçons pris dans les tourbillons du laisser-aller et de la légèreté doivent pouvoir connaître la véritable expérience amoureuse. Une femme allemande pure et saine pourra la leur donner, si la Providence le veut, afin qu'ils transmettent leur vie à des enfants. Ces derniers qu'ils ont voulus avec une femme bien-aimée seront le témoignage vivant d'un amour comprenant à la fois le physique et le spirituel.

À une époque aussi dure que celle qui nous est imposée à nous, Allemands, les hommes ont besoin de femmes à leurs côtés qui peuvent joindre à l'originalité de leur nature et à la chaleur de leur cœur, la largeur d'esprit franche et réfléchie. Nous avons besoin de femmes qui puissent former la nouvelle génération saine que nous espérons, qui, dès le tout début, apprennent à leurs enfants à être des membres de leur peuple et savent que le devenir de ce peuple et de sa mission spirituelle déterminent son destin et son histoire.

Gertrud Scholtz-Klink

CAHIER DE LA SS N°3.1942.

FIDÉLITÉ

La guerre actuelle livre des preuves quotidiennes d'audace et d'héroïsme singulier. Mais on ne compte plus les petits héroïsmes discrets et anonymes des soldats allemands. C'est la preuve silencieuse, tenace, de la fidélité et de la résistance. Ce fut la fidélité d'esprit qui fit tenir chaque unité de notre armée et de notre Waffen SS durant trois mois malgré l'encerclement et le blocus de l'approvisionnement normal, et donna au front de l'Est la fermeté et la dureté qui, seules, empêchèrent une catastrophe par ce froid et cet assaut massif de l'ennemi. Seul celui qui connaît les formes de combat se déroulant à l'Est sait ce que cela veut dire. Lorsque l'adversaire essaye d'imiter notre stratégie, il subit à chaque fois un échec. Le général Rommel l'a bien dit : « Des batailles d'encerclement telles qu'elles sont menées dans la guerre actuelle ne peuvent l'être que par des soldats allemands. »

Ce qui s'est confirmé ici se démontrera aussi dans l'avenir. La fidélité est une vertu allemande. Il n'existe pas de fidélité sans contenu. Elle n'a rien à voir avec cet entêtement que les adversaires aiment posséder. Ce n'est pas non plus de l'obstination ou de la fermeté seules, quoiqu'elles soient ses accompagnatrices nécessaires. La fidélité, la foi et l'honneur sont comme trois écorces autour d'un même noyau précieux. Mais c'est l'âme de notre peuple qui en constitue le centre, ce royaume intérieur singulier d'où surgit la force artistique, surprenant le monde par de nouvelles manifestations créatrices qui représentent notre plus grand bien. Les individus ont plus ou moins conscience de cette richesse. Il n'existe pas d'Allemands sans idéal. La fidélité n'est rien d'autre qu'une reconnaissance de la valeur intérieure, de la vocation et de la destinée personnelles. Dans le fond, les actes de fidélité que l'on rencontre lors des périodes de détresse sont considérés comme des actes religieux. Les hommes connaissant ces moments – ils ne sont pas fréquents dans la vie – peuvent en parler et l'on peut, pour ainsi dire, suivre à la trace la vocation intérieure qui les empoigna. Les soldats politiques, les penseurs et les inventeurs l'ont ressentie. Les camarades SS ont aussi vécu cela, persévérant dans leur fidélité au Führer et à la patrie en dépit de lettres visiblement perdues dans la glace et la neige.

Pour les Allemands, la fidélité implique que l'on considère sa mission comme un ordre venant du ciel. Elle est toujours en étroite liaison avec Dieu et seul un individu sceptique et superficiel peut en douter. La fidélité à la patrie, au Mouvement et au Führer prend racine dans la force de l'âme. Celui qui est pauvre intérieurement ne peut pas non plus être tout à fait fidèle. La fidélité est la langue muette de la richesse intérieure.

La fidélité se démontre par l'acte. Dans les époques de détresse et de malheur, le peuple allemand s'est montré toujours le plus fidèle, et même sa partie combattante, donc celle qui souffrait de cette misère et la supportait le plus durement. C'étaient les soldats dans les tranchées de la dernière guerre mondiale. C'étaient les premiers compagnons d'armes du Führer. Dans cette guerre, le front porte à nouveau tout le poids principal sur ses épaules ; mais la patrie aussi fournit la preuve quotidienne de la plus profonde fidélité par la privation et l'abnégation.

La persévérance est aussi une composante de la fidélité. Il serait absurde de penser qu'on puisse changer de patrie ou de peuple. Notre vie aura trouvé son sens lorsque nous serons restés fidèles à nous-mêmes. Tout est lié. La fidélité est en vérité indivisible. Rester fidèle au Führer, à la patrie, à sa femme et à ses enfants, tel est le sens de la fidélité.

La SS est un ordre de la fidélité. La fidélité au Führer, aux camarades, à la patrie et à la famille est le feu qui nous anime. Nous connaissons notre peuple. Nous savons de par son histoire funeste, que sa crédulité et son ingénuité ont été souvent abusées par des tentateurs. La SS doit constituer un rempart autour de notre joyau le plus sacré, autour de la richesse intérieure du peuple allemand. Une foi profonde en la mission divine de notre peuple et de son chef nous emplit. Elle nous enrichit. Elle nous rend forts et inflexibles. Elle nous donne la force d'être fidèles, aux instants de l'effort maximum.

Gd

Passer au travers des lignes ennemies n'est pas chose simple !

Cahier de la SS n°6b.1941.

Hommes, camarades, exemples

L'homme décide

SS-PK. Les Soviétiques n'ont pas l'excuse, jusqu'ici habituelle, d'avoir été vaincus par la supériorité du matériel de guerre allemand. Ils en avaient vraiment suffisamment ! Cependant, nous sommes habitués à faire face à une multitude d'épreuves et n'avons fait que hocher la tête quand nous vîmes les rangées sans fin des blindés et des canons détruits le long des routes d'offensive...

Non, à l'Est, c'est l'homme qui décide ! C'est le soldat allemand, qui a de meilleurs nerfs, une meilleure constitution, qui a, avant tout, une foi plus forte. Et là repose aussi la certitude de notre victoire, car ces hommes se trouvent dans nos compagnies. Ils ne se font pas beaucoup remarquer, ils font leur devoir. Ce sont des soldats possédant ce caractère évident que peut-être seul l'Allemand manifeste. Nous devons donc en parler !

Je pense au Rottenführer-SS H. Je l'ai rencontré dans un avant-poste d'une brigade de cavalerie SS. Je l'ai vu pour la première fois dans un engagement près de L. Il creusa son trou anti-char sous le feu nourri de l'ennemi, sans précipitation, presque posément comme s'il était habitué à faire ce travail depuis des années. Plus tard, – à l'époque nous nous trouvions coupés de tout contact avec nos troupes, ayant les Soviets dans le dos – il m'a parlé de lui en hésitant.

Je fus à peine étonné lorsqu'il mentionna l'Espagne. Deux ans durant, il y affronta les bolchevistes comme volontaire. Il comptait vraiment beaucoup d'aventures derrière lui, mais s'engagea comme soldat dans la Waffen SS dès l'instant où il revint dans le Reich. Pour lui, c'était là quelque chose de naturel.

Je réfléchis en silence... voilà des années déjà que cet homme vit dans la guerre. Et il n'est pas devenu un « lansquenet ». Le même soir, il me parle avec ferveur de sa femme. Lors d'un bref congé, il s'est installé comme artisan dans le Gouvernement général. Et après la guerre – mais il cessa avec ses projets... les bolchevistes devaient d'abord être liquidés. Ils s'affaiblissaient. Il a déjà vécu cela, autrefois, lorsqu'il les traquait en Catalogne.

Il est ainsi, le Rottenführer-SS H. Il ne s'est jamais particulièrement fait remarquer. Plus d'un de ses camarades et supérieurs ignore tout de ces choses. Il fit son devoir. C'est un soldat Seulement un soldat.

Mais la puissance du bolchevisme se brise sur de tels hommes, la victoire leur appartient !

Correspondant de guerre SS T. Kriegbaum

Service d'artillerie manquant – non !

SS-PK. Notre avant-poste a repéré des blindés ennemis, rapides comme l'éclair, nous descendons et nous nous mettons en position de chaque côté de la route. Tandis que nous nous enterrons avec les canons dans des trous anti-chars, nos chasseurs de chars disposent leurs canons à quinze mètres devant nous. Lorsque, dix minutes plus tard, nos pionniers reviennent après avoir posé des mines, ceux-ci étendent le filet de camouflage au-dessus du bouclier protecteur. Seul le canon étire de façon menaçante sa gueule noire vers la route. Nous attendons.

Le chef de section au canon anti-char observe la contrée avec ses jumelles et voit soudain le premier char. À 300 mètres devant nous, sa coupole s'élève au-dessus du sommet du champ de maïs. Son premier tir tonne et un éclair traçant vert clair passe vers nous. Un moteur lourd hurle de l'autre côté, le colosse se met en mouvement et rampe vers nous. À présent nous en voyons encore deux. À peine les avons-nous reconnus que deux obus déchirent l'air en sifflant et éclatent aux environs de notre canon Pak. « Feu à volonté ». Cet ordre dévore les obus. Une caisse après l'autre se vide. Les servants d'artillerie travaillent sans se laisser impressionner par les explosions aux alentours. Après les premiers tirs, le char de tête est déjà en flammes. Mais un canon anti-chars doit faire encore face à quatre blindés lourdement armés !

Inquiets, nous regardons nos braves chasseurs de chars. Nous ne pouvons les apercevoir que durant de brefs instants car obus après obus tombe à côté d'eux. La fumée et la poudre les soustraient à notre regard. Mais ils tirent toujours. Ils savent que notre sort dépend aussi du leur. Ils voient, ils sentent maintenant encore plus ce que le chef de section ordonne et lisent le mouvement de ses lèvres noircies de poudre. Quand le feu ennemi cessera-t-il pour de bon… ? Puis vint le coup au but. Ce ne fut qu'un éclair.

Nous, les canonniers, ne voyons qu'une petite flamme dans un nuage de fumée noire. Le canon est enveloppé d'un nuage de fumée brun noir impénétrable. « Service d'artillerie manquant, le Pak ne tire plus ! », entendons-nous alors. Nous l'avions pressenti ! Que se passe-t-il maintenant ?

Pourtant, non, soudain une voix hurle : « Non, le chef de compagnie vit et fait toujours feu… ! » Comment est-ce possible ? Eh oui, un coup de chance ! Encore un ! Entretemps le nuage de fumée s'est dissipé. Nous voyons maintenant que le chef de compagnie charge, vise et tire… et de nouveau charge, vise, tire, tout seul.

Puis, le char de tête change de trajectoire vers la gauche et part sur la route ! Nous rions avec ardeur car nous savons ce qui l'attend là-bas : Une fin assurée. Encore quelques mètres et l'échelonnement de nos mines commence… Encore dix mètres… là-bas devant le petit gué doit se trouver la première… maintenant… une explosion et trois, quatre jets de flammes, le char soviétique est tombé victime de nos pionniers.

Entre-temps, quatre tireurs ont bondi et vont à grands pas renforcer le chef de compagnie au canon Pak. Le troisième de ces cinq chars soviétiques est également neutralisé. Trois coups dans les chenilles et il nous montre largement le flanc. Le chef de compagnie tire bien. La coupole du char se soulève, deux mains tremblantes saisissant les bords : le dernier survivant se rend. Les occupants des deux chars encore intacts renoncent au combat. Les mains levées, ils se tiennent à côté de leurs colosses, prêts à suivre le chemin de la captivité.

Puis, le chef de compagnie d'artillerie plante les runes de mort sur les trois tombes fraîches de ses camarades. « Mon honneur s'appelle fidélité » se trouve au-dessus. Il les salue, ensuite, pour la dernière fois.

Correspondant de guerre SS Ernst Gugl

L'Ordre SS – Éthique & Idéologie

Dans l'attente du premier contact...

... qui se produit de façon explosive !

On estime la distance...

... et la riposte est immédiate !

Cahier de la SS n°10. 1939.

Les anciens

C'était lors des jours de grand trouble dans le pays sudète. Les ordres d'appel de la SS résonnaient dans le mess. La Wehrmacht avait des réserves plus jeunes : mais une occasion fut offerte d'envoyer des hommes qui, physiquement, ne leur étaient pas inférieurs et dont l'esprit de sacrifice valait le leur. Qu'est-ce aujourd'hui qu'un âge minimum de 45 ans ? La SS appela et tous vinrent. Il y avait des hommes d'environ 50 ans qui saluaient avec joie une mission de ce type – quoiqu'elle était le plus souvent liée à des problèmes commerciaux. Tous les districts envoyaient leurs « anciens ». C'étaient des hommes de Hambourg, de Berlin, du Mecklenbourg, de Poméranie, de Silésie qui suivirent leur vocation à Oranienbourg et étaient heureux d'accomplir une tâche dans le camp communautaire des « vieux guerriers » à Sachsenhausen.

Les centuries sont rassemblées. On est déjà confronté à un premier problème en constatant que les vêtements feldgrau des hommes élancés de l'unité Totenkopf qui est engagée aux frontières ne conviennent pas. Dans la même rangée se trouvent, sans insignes de grade, de vieux officiers du front à côté d'adjudants, de maîtres de garde et de vieux soldats. Le ton du langage devient chaleureux, nostalgique quand l'un d'eux parle de Verdun, un autre de Munkacz ou de la Turquie. Ils sortent à tour de rôle leur boucle avec émotion et de nombreuses croix de fer de l'1re classe décorent les poitrines. Chacun connaît ses devoirs dans le camp de la SS, chacun sait combien son action est absolument indispensable pour assurer la paix intérieure du Reich.

Jamais dans ma vie je ne voudrais oublier ces semaines où j'analysais un énorme problème d'éducation en toute clarté, et qui se passèrent en cordiale camaraderie. Ce qui veut donc dire dans le cas d'un service difficile, de façon inflexible et persévérante ; les devoirs semblent aujourd'hui moindres, mesurés au cours du temps.

Te rappelles-tu camarade ? demande-t-on toujours quand on se rencontre, et on revoit les lignes des avant-postes, la compagnie, les éclairages en forêt. On pense au soleil, au brouillard gris et aussi aux jours où il pleuvait tellement à torrents que même la toile de tente n'offrait plus aucune protection.

J'arpente les lignes des avant-postes de ma colonne. Sur mon chemin se trouve l'un des plus vieux qui dépasse les 60 ans. Un pas à droite un pas à gauche. La pluie ruisselle sans cesse sur la toile et agrandit les flaques dans lesquelles même les meilleures bottes renoncent à combattre l'humidité... durant des heures... un pas à droite... un pas à gauche. Et j'admire le vieux camarade qui n'a voulu faire aucun compromis et a refusé la facilité. Sa tête est blanche comme neige.

Rarement une communauté fut aussi soudée que celle-ci. On lit dans ses yeux le même souhait de celui des autres. Chaque tâche est accomplie de façon « volontaire ».

Puis, le combat prend fin. La dernière solde est donnée et le commandant prononce de cordiaux mots d'adieux.

Je vois dans ma colonne le camarade aux cheveux blancs. Il porte de nouveau le vêtement noir de la SS. Sur sa poitrine brille maintenant l'insigne d'or du Parti.

Mon respect, qui était déjà très grand, devient total. Se distinguer à cet âge avec des cheveux argentés et l'épingle d'honneur en or, et cependant avoir accompli en toute simplicité un service difficile, c'était pour moi l'exemple lumineux d'une véritable camaraderie nationale-socialiste.

Aujourd'hui, ce combattant idéologique éternellement jeune tient en main un portait du Reichsführer SS où se trouve inscrit :

« À mes braves, vieux SS, qui aidèrent le Führer et la patrie, lors d'époques difficiles, en accomplissant leur devoir. »

SS-Ustuf. Max Hanig, état-major O. A. nord.

Un total sacrifice de soi-même est la source d'où jaillissent toutes les capacités. Il nous apprend à privilégier la bonne renommée au détriment des avantages matériels, du sentiment de dignité, et à préférer l'équité à la convoitise effrénée et à la cupidité, à/aire passer le profit du peuple et de l'État avant le sien et celui de sa famille ; à considérer le bien et la survie de la patrie comme étant supérieurs à notre propre sécurité, à notre propriété, à notre santé, à notre vie.

Il fait presque de nous des citoyens d'un monde supérieur.

Frédéric le Grand

CAHIER DE LA SS N°6. 1942.

LE TESTAMENT D'UN SS

Ceci est le testament du SS Heinz H., tombé sur le front de l'Est le 28 mars 1942. Il était jeune marié et ne savait pas encore s'il allait avoir un enfant

Mon testament :

« Si le destin voulait que je ne revienne pas de cette grande guerre, je souhaite :

1. Que cet événement ne soit pas considéré comme autre chose que ce qu'il est : un sacrifice nécessaire que je fais volontiers pour la victoire de l'Allemagne en accomplissant ma vie de soldat.

2. Que ma chère femme et mes parents bien-aimés surmontent leur chagrin, qu'eux aussi offrent volontiers ce sacrifice sur l'autel de la patrie.

3. Que dans l'avis de décès ne figure pas un mot concernant un décret divin, Dieu, grande douleur, deuil profond etc. En légende, j'aimerais la phrase suivante : Pour la victoire de l'Allemagne, nous sommes prêts à tout donner. En deuil, en toute fierté... ;

4. Qu'aucun brassard ou autre signe de deuil ne soit porté.

5. Que je ne sois pas ramené dans mon pays, mais que je repose avec mes camarades.

6. Que, si je ne devais pas avoir de fils, mon frère G. soit conscient qu'il portera alors, seul, notre nom.

7. Que ma femme ne reste pas veuve ; qu'en tant que femme saine, elle n'oublie pas le devoir qu'elle doit remplir pour l'éternité de notre Reich.

8. Que, si je devais avoir un fils, il porte toujours mon nom, qu'il soit élevé et qu'il devienne un homme sain, honnête, digne, dur envers lui-même et courageux, croyant à l'Allemagne avec une foi inébranlable.

9. Si j'avais une fille, qu'elle soit élevée pour être une femme allemande fière, consciente de ses devoirs envers l'Allemagne. »

Au testament était jointe une lettre à sa femme. Nous en extrayons les phrases suivantes :

« Tu as été pour moi une bonne camarade, une femme aimante et qui m'a entouré de soins et sera, j'espère, la mère de mon enfant. Élève-le dans le même esprit que je l'aurais fait : Donne-lui de croire très tôt à notre Reich, à notre Allemagne éternelle.

Ne reste pas veuve. Tu es trop bonne pour passer, si saine et si jeune, ta vie dans le deuil. L'important n'est pas notre vie, mais celle de l'Allemagne. Nous vaincrons car nous le devons. Nous n'avons pas d'autre choix. »

Puis, dans une lettre à son frère :

« Tu es là maintenant pour nous deux. Ne considère pas cela comme un fardeau mais comme une obligation naturelle. Nous ne vivons pas pour aller un jour dans un pays de cocagne appelé ciel, ni pour amasser des richesses matérielles mais pour prendre notre part dans l'éternité de l'Allemagne. Cela seul est la raison de vivre d'un Allemand. Ne l'oublie jamais ! »

Dans la partie du testament consacrée aux choses matérielles, il était prévu, au cas où son ménage n'aurait pas d'enfant, que le compte épargne soit viré à l'institution nationale politique de Köslin (Napola).

« Napola de Köslin ! Pendant trois ans j'ai passé dans tes murs les plus belles années de ma vie. Tu as façonné clairement mon idéalisme. Tu m'as appris à croire au Reich allemand éternel. Tu as donné un sens à ma vie. Tu as été ma seconde patrie. Quiconque a été élève chez toi, ne pourra jamais t'oublier. Tu nous incites tous à travailler infatigablement pour l'Allemagne. Jamais je n'oublierai ces mots : « Croire, Obéir, Combattre ! » Ils sont pour moi une source de force inépuisable. Tant que tu insuffleras ces mots lourds de sens dans le cœur de tes élèves, tu resteras ce que tu dois être.

Au cas où je n'aurais pas d'enfant, je me permets de te léguer quelques centaines de marks qui sont sur mon compte postal.

Les meilleurs élèves de toutes les classes devront recevoir une récompense sous forme de livres. Je te prie de ne pas citer mon nom. Ce n'est pas nécessaire. Dans la foi en la victoire et en la pérennité du Reich, ton ancien élève te salue. »

Dix mille hommes comme celui-là sont tombés en une éclosion de vertus guerrières sans pareille, qui ne seraient pas humainement imaginables si ne les soutenait une force à déplacer les montagnes, sur les champs de bataille et dans leur âme.

Celui qui cherche à exprimer le sens de la mort héroïque allemande est sur la bonne voie quand il revient toujours aux mots : « Tombé pour le Führer et le peuple, dans la foi en la pérennité du Reich. »

Devenir n°2. Mars 1944.

Au-dessus de ton avantage, il y a la victoire de l'équipe

Les paroles ci-dessus sont extraites des règlements des compétitions sportives des SS émis par le Reichsführer SS au printemps de 1937. Rien de plus frappant ne peut caractériser l'ensemble de l'éducation sportive de la SS.

Lorsque, après la prise du pouvoir en Allemagne par le national-socialisme, la SS fut étendue et construite, le Reichsführer institua, à côté de l'éducation générale intellectuelle, au premier plan de l'ensemble des études, l'éducation physique.

Des sportifs connus, qui se trouvaient dans les rangs de la SS entreprirent la formation et l'entraînement de leurs camarades.

Les jeunes équipes de la SS rencontrèrent dans de nombreuses compétitions des adversaires de choix et elles ont prouvé à maintes reprises sur les terrains de sport leurs possibilités et leur énergie.

De nombreux maîtres, dans tous les domaines sportifs, sont sortis de leurs rangs et ont donné à la SS également à ce point de vue, un renom particulier.

Au cours des épreuves sportives, jamais la SS n'a considéré l'effort individuel ; elle a toujours exigé de la communauté l'esprit sportif et la camaraderie sur le stade. L'effort de l'équipe domine tout.

Lorsque, dernièrement, le SS Reichsführer a remis pour la première fois, en Hollande, l'insigne sportif créé par lui à près de cent chefs et hommes de la SS, il parla à nouveau de l'effort sportif commun en disant :

— « L'insigne SS sportif doit être une preuve d'efforts fournis et des moyens d'éducation placés sur le chemin commun en vue de gagner des hommes, par une lutte commune, pour un idéal commun. »

Et un peu plus loin :

— « Cet insigne doit être le témoignage d'une sorte d'effort collectif. »

Ainsi est vérifié le sens de l'éducation sportive dans la SS. Cette rune sportive n'est pas seulement un aiguillon pour la culture physique et l'éducation militaire, mais c'est en même temps le symbole de l'effort vécu collectivement.

Le porteur de l'insigne des SS ne doit pas seulement remplir des devoirs et des charges sur le terrain de sport, mais aussi se reporter toujours aux paroles éternelles de notre nouvelle époque : « Au-dessus de ton avantage personnel, il y a la victoire de l'Équipe. »

Cette phrase fondamentale demeure, au-delà de l'effort sportif de la SS, comme une exhortation et une constante obligation.

Dépasser ses propres limites, tel est l'un des principes de la SS.

Prôné par le national-socialisme, le sport est une musique du corps dont les accords majeurs sont la force, la grâce et la pureté.

Cahier de la SS n° 11b.1941.

Pourquoi une source sudète ?

...et pourquoi la SS prend fait et cause pour l'eau minérale

Autrefois, un camarade pouvait être extrêmement choqué de voir que lorsqu'il rentrait du sport ou d'une marche, il ne pouvait apaiser sa soif qu'en prenant soit une eau minérale coûteuse, soit une boisson alcoolisée comme de la bière. Et il préférait le plus souvent la bière car elle était meilleur marché que les boissons minérales. Ainsi plus d'un camarade se mettait à l'alcool alors qu'il ne le souhaitait pas.

Le retour des pays des Sudètes dans le Reich mit fin à cet abus. Immédiatement après l'occupation, les *sources d'eau minérale* sudètes, célèbres pour leur action curative et leur bon goût, devinrent la propriété de la SS, de concert avec la direction régionale. Comme le prescrit un ordre du Reichsführer SS daté du 15 septembre 1939, les anciennes boissons alcoolisées doivent être remplacées par les eaux naturelles autrefois négligées et qui sont détenues et administrées par la SS.

La source naît à Grün-Neudorf, près de Marienbad, le centre de cure bien connu. Elle est captée telle qu'elle jaillit des rochers sous les hauts sapins de la Kaiserwald. Par un procédé moderne de mise en bouteille hygiénique, la « source sudète » conserve sa composition originale et particulière – claire comme le cristal et pétillante – sans adjonctions. La SS trouva les sources à l'abandon lors de leur prise en charge, cela étant dû aux nombreux changements de propriétaires et à l'influence toujours plus néfaste de la domination tchèque.

Entre-temps, de nombreuses améliorations dans l'exploitation technique par le personnel furent introduites dans une optique d'hygiène sociale. Les sources furent réouvertes, car les hommes de la Waffen SS et de la Wehrmacht en pays ennemi faisaient une grande consommation de ces eaux minérales. Un approvisionnement suffisant en bonne eau potable n'est pas toujours possible, ce qui fut permis précisément par la remise en exploitation des sources et par le système de travail des trois 8.

Notre eau minérale joue un très grand rôle dans les nouveaux territoires à l'Est, en particulier à Varsovie où la Wehrmacht dépendait presque exclusivement de notre eau minérale sudète SS. On savait qu'en Pologne il y avait de grands dangers d'épidémie ; donc, aucune eau ne pouvait être utilisée. Puisque l'eau manquait, l'eau minérale sudète fut employée à de multiples fins, même pour se laver et se raser.

On peut noter le prix particulièrement à bon marché de la boisson. Immédiatement après la nouvelle mise en service, on procéda à une forte baisse des prix qui jusqu'ici étaient bien plus élevés que ceux de la bière. Chacun pouvait ainsi avoir la possibilité de découvrir l'action bénéfique de cette bonne eau minérale. Le but est de remplacer en priorité les boissons alcoolisées et les produits artificiels nuisibles pour la santé populaire par ces eaux de table curatives et naturellement pures d'un prix avantageux.

L'eau minérale de la « source sudète » est sans additif artificiel de gaz carbonique ou d'autres matières. Dans 1 litre de solution se trouvent 5,679 millilitres de minéraux. L'eau minérale, qui est également radioactive, stimule l'appétit, renforce l'estomac, purge doucement, dissout les calculs, régule les reins et fixe la graisse. Il existe aussi des eaux minérales totalement nouvelles avec des adjonctions de jus de fruits naturels (comme le citron) qui eurent beaucoup de succès à cause de leur teneur en vitamines. À la vertu curative de l'eau de source claire et cristallines' ajoute l'action des jus de fruits purs.

Donc, camarade, si tu souffres de la soif, prends une « source sudète » ! Demande-la à la cantine ! Tu n'étanches pas seulement ta soif d'une manière avantageuse, tu sers aussi ta santé !

CAHIER DE LA SS N°2A.1941.

LE PRINTEMPS- ET POURTANT FATIGUÉ !

Les vitamines des instituts SS

« C'est mai – cependant, le printemps ne m'apporte aucune joie ! Je suis fatigué, du matin au soir. Pourtant des vitamines me sont prescrites. C'est la raison principale de ma fatigue printanière. »

Deux SS se tiennent devant leur abri dans le Gouvernement général. Cet hiver aussi, le service fut difficile et les tâches immenses. Les pays ne seront conquis qu'après la victoire. Oui, là-bas poussent déjà les premiers légumes. Mais ici à l'Est – à la frontière...et l'autre éclate de rire.

— C'est la fatigue de printemps, Karl ! les poètes ont trouvé le mot juste. Peut-être Schiller ? Je pense prendre un long repos. Je manque de légumes frais, c'est tout.

— Tu m'amuses. Ici, des légumes frais ? Nous n'y sommes pas encore.

— Tout à fait d'accord. Mais nous avons pourtant des suppléments de vitamines. Je dois en prendre. Les produits fournis aident à lutter contre la fatigue printanière, le scorbut, les coups de froid et la nostalgie.

— Alors ça !, tu peux aller te faire voir avec ta médecine et tes cachets ! Je n'ai jamais pris aucune pilule de ma vie et je suis toujours resté bien portant. Avaler une pilule ! Détruisons les pilules et soyons sains comme on l'était auparavant. Chaque bouffeur de pilule est à mes yeux un pleurnichard.

— Tu as parfaitement raison...

— Mais je sais ce que tu vas dire maintenant : « Les pilules ne valent rien, seuls mes cachets valent de l'or. »

— Comment t'expliques-tu alors notre fatigue printanière ?

— C'est de la faiblesse, rien d'autre ! rétorqua Karl. Et peut-être vous manque-t-il aussi des légumes ?

— Qu'y a-t-il donc dans les légumes ? Je veux dire, quelle substance particulière nous manque-t-il donc ? Nous recevons même des vitamines en supplément. Pour l'équivalent d'une tête de salade, un cachet, pour un plat d'épinards, une pilule ! Non, tu ne peux pas me persuader. Mauvaise magie, jeune ami !

— À présent il faut que je prenne l'air encore une fois ! – As-tu entendu parler des explorateurs polaires et des circumnavigateurs qui firent la guerre au scorbut sur leurs navires ? On ne parvenait pas à s'expliquer pourquoi le scorbut se déclarait toujours en mer. Les matelots étaient des gaillards solides qui partaient en bonne santé pour un long voyage, se nourrissaient de la meilleure viande, de pain, de la nourriture la plus fortifiante et pourtant ! Plus le voyage durait longtemps et plus ils devenaient moroses et misérables. Ils commençaient à être nostalgiques, puis las, n'ayant aucune ardeur au travail et toujours terriblement fatigués. La maladie commençait ainsi et se concluait par la chute des dents puis la mort. Mais lorsque le bateau revenait au port, les marins allaient à terre et mangeaient des légumes frais, le scorbut disparaissait ainsi que la fatigue, la nostalgie et la langueur.

— Pourquoi n'a-t-on pas donné aux marins tes fameuses pilules ? rétorqua Karl.

— On ne les connaissait pas encore à l'époque. On ne connaissait pas non plus les causes du scorbut La maladie a sévi durant des siècles. Jusqu'au début du XIXème siècle, on trouve dans les registres mortuaires aussi bien le scorbut que la phtisie, l'attaque d'apoplexie et des décès. Les médecins finirent par découvrir que le scorbut était une maladie alimentaire. Oui, les Vikings étaient au courant de cela car ils emmenaient constamment, sur leurs drakkars, des tonneaux avec de la choucroute lorsqu'ils partaient pour de grandes traversées.

En 1534, un médecin raconta qu'il obtint des résultats dans la lutte contre la maladie dès qu'il donna aux malades du suc d'aiguilles de pin.

Il se passa encore des siècles avant que l'on ne découvre la substance mystérieuse que notre corps réclame.

En 1912, deux chercheurs allemands, Holst et Fröhlich, firent des expériences sur des animaux. On démontra que le scorbut est une maladie de l'alimentation lorsque fut prouvé que la cause du problème était due à une carence.

Dans notre nourriture, particulièrement dans les légumes et les fruits frais, se trouvent, mis à part les huiles, des hydrates de carbone et des vitamines de blanc d'œuf sans lesquelles l'homme ne peut pas vivre. La vitamine C fut découverte. Et ces vitamines sont précisément nos suppléments.

— Sapristi ! Maintenant dis-moi, grand savant, combien de vitamines l'homme utilise-t-il environ ?

— Notre besoin quotidien évolue autour de 50 milligrammes. Cela suffit déjà pour assurer notre bien-être. Mais ce que le corps contient en trop de C est malheureusement éliminé.

— Quoi, nous devons donc, durant toute notre vie, courir voir les infirmiers pour avoir des vitamines ?

— Non, la nature nous donne de la vitamine C, mais pas toujours suffisamment En hiver et au printemps où les légumes frais nous manquent, les fruits ne sont pas encore mûrs, nous souffrons tous du manque de C et nous sommes fatigués. Notre paresse est une maladie due à la vitamine C. Cependant, les chimistes se sont mis au travail et nous ont fabriqué une préparation de vitamines C afin que disparaissent toutes les mauvaises excuses.

— Bon, allez ! allons voir l'infirmier. Tu m'as converti et je suis devenu un avaleur de vitamines. Qu'est-ce qu'on peut apprendre comme choses à l'Est ! »

Tout le monde ne sait pas que le laboratoire expérimental allemand à Dachau, une institution du Reichsführer SS, fabrique aussi des vitamines à partir de plantes fraîches qui ont/ait leur preuve en cette deuxième année de guerre, lors de la distribution chez les unités SS en campagne, principalement à l'Est et en Norvège. LA vitamine est administrée à la troupe sous forme d'une poudre d'herbes qui améliore en outre le goût des aliments. Notre description présentée sous une forme humoristique fait bien comprendre le sens et la valeur de ces suppléments vitaminés.

Herboristerie expérimentale et médicinale de Dachau.

« Lettre du front », dessin de C. Schneider.

Jusqu'à l'ultime limite, dessin du correspondant de guerre SS Petersen.

II. LE CLAN

CAHIER DE LA SS N°5. 1938.

LE GERME DU PEUPLE

On entend souvent dire que la famille est le « germe du peuple ». La comparaison est bien choisie. Chaque être vivant, animal ou plante, se compose de minuscules éléments qui sont vivants : les cellules. Elles forment de petits organismes microscopiques qui, en général, peuvent vivre seuls. On parle alors d'animaux ou de plantes unicellulaires. Mais chez les espèces animales ou végétales supérieures, elles sont plus ou moins nombreuses, avec des tâches variées. Elles forment pour ainsi dire un État cellulaire. Dans cet État cellulaire, une cellule ne peut vivre sans les autres mais l'ensemble ne peut pas non plus vivre si chaque cellule n'a pas une vie saine. Si cette dernière interrompt sa fonction vitale dans l'État cellulaire, alors celui-ci, l'animal, la plante, l'homme, sous peu tout l'organisme vivant, tombe malade, et si les cellules meurent, l'État cellulaires 'éteint aussi.

L'interdépendance entre le groupe et l'individu.et inversement, trouve facilement son analogie dans les relations vitales du grand organisme populaire. La vie et la santé d'un peuple sont conditionnées par celles de ses plus petites cellules individuelles. Et ces dernières n'existent que si l'ensemble est tout à fait sain et en bonne santé.

Mais l'individu peut vivre aussi de façon autonome. Un Robinson solitaire peut, s'il dispose de moyens suffisants, vivre seul durant une vie entière. À sa mort disparaît sur l'île cet unique-homme-peuple car, contrairement à un animal unicellulaire, un homme isolé n'a même pas la possibilité de s'accroître par division et de donner constamment naissance à une nouvelle vie. Chez les êtres supérieurs, il faut deux individus de sexes différents.

Donc, les individus ne peuvent être considérés comme des cellules vivant dans l'organisme populaire, mais seulement cette petite unité capable de procréer continuellement. Celle-ci est constituée par l'union de deux êtres de sexes différents : C'est le couple. Ces deux êtres s'unissant sont vivants, ils sont l'élément constitutif du peuple, l'organisme populaire assurant sa vie.

Mais si la famille constitue la cellule qui assure l'existence du peuple, seule l'union de deux époux créant une nouvelle vie peut être considérée comme une famille. Le mariage à lui seul ne constitue pas encore un germe du peuple, mais seulement le mariage consacré par des enfants ou seulement un jeune couple qui désire avoir des enfants. Car un mariage sans enfants a aussi peu d'importance pour la survie du peuple que si ces deux êtres se trouvaient seuls et ne s'étaient pas mariés.

Nous ne parlons pas sans raison d'un germe. La nature du germe réside dans le fait qu'il est prêt à germer et peut germer. Une cellule ne pouvant germer est une contradiction en soi et est tôt ou tard condamnée à mourir.

Par l'intermédiaire de son État, le peuple favorise le mariage, le protège et l'encourage par de nombreux avantages matériels. Il a même fixé par une nouvelle loi matrimoniale le contenu moral du mariage. Mais tout cela a été fait en espérant la venue d'un enfant S'il ne voit pas le jour pour une raison quelconque, ce mariage imparfait présente moins d'intérêt pour le peuple et la nouvelle loi matrimoniale prescrit que ces mariages peuvent être annulés.

En cela, la conception nationale-socialiste du peuple en tant qu'organisme vivant se différencie de la conception libérale qui ne voyait dans le peuple, ou bien dans l'État, qu'une association d'intérêts économiques entre individus, pour ainsi dire une société à responsabilité limité géante. Peu importait à l'État libéraliste qu'un mariage produise des enfants ou non. Il laissait cela au « libre arbitre » des époux. Ou bien, il faisait en sorte que ceux qui avaient de nombreux enfants fussent bafoués publiquement et traités d'imbéciles en comparaison avec les gens intelligents restant sans enfants pour profiter du confort de la vie. À ses yeux, le mariage n'était qu'un contrat de papier entre deux partenaires économiques, qui se concluait d'abord pour profiter « légalement » des plaisirs sexuels, et ensuite pour pouvoir se soutenir économiquement en divisant le travail.

Si de nombreux mariages dans la communauté populaire nationale-socialiste sont sans enfants, il est normal que nous les considérions comme des unions conclues de façon libérale par des partenaires intéressés et non comme cette « famille » représentant le « germe du peuple », méritant le respect ou même d'être protégée. Dans l'État national-socialiste, celui qui se marie avec l'objectif conscient de profiter du « confort » et de laisser aux autres la tâche d'avoir des enfants, démontre ainsi que sa conception du peuple et de la famille ne se différencie en rien de celle de l'époque libérale révolue. Il ne s'est donc associé avec un partenaire économique que pour profiter de façon légale des joies du mariage et savourer les avantages matériels d'une telle union.

Ce fait nous est confirmé chaque jour par le « marché du mariage » dans les quotidiens bourgeois où des monsieurs couverts de titres et d'honneurs cherchent des femmes riches dans le but de conclure un mariage, où des dames sans ressources cherchent un conjoint pouvant leur assurer une pension et un niveau de vie assuré et auquel elles procureraient en échange les joies conjugales.

On appelle aussi des unions de ce type « mariage » et « famille », et on ne peut s'y opposer parce que l'employé d'état civil ne peut connaître la réelle intention des « fiancés – à moins que leur âge ne les trahisse. Confrontés au peuple, ce ne sont rien d'autre que des mariages blancs sans valeur. La nouvelle conception morale ayant imprégné toute la nation, nous sommes parvenus à taxer ces « époux » du même mépris qu'un escroc qui prétend à des titres ou à une dignité non mérités.

Il est certain que des fiancés ne peuvent savoir à l'avance si leur mariage sera fructueux – ils sont donc soumis aux sévères règles sélectives de la SS. De vieux couples, s'ils se sont mariés sur un coup de tête et n'ont toujours pas d'enfants malgré eux, peuvent réparer ce retard de façon naturelle. On ne peut pas dire à ces couples restés fidèles qu'ils devraient se séparer. Mais, s'ils sont stériles, on peut leur demander d'au moins coopérer à encourager la fertilité des autres. Celui qui aide un orphelin ou un autre enfant veille ainsi que la vie procréée par d'autres soit préservée et profite un jour au peuple.

Mais en tout cas le « germe du peuple » doit être fertile, encourager la vie, être procréateur et protecteur de vie autant que nous le souhaitons, pour le plus grand bien de toute la nation. Celui qui ne collabore pas à la survie du peuple manifeste ainsi son manque d'intérêt pour lui et son avenir.

Une sélection d'hommes et de femmes sains doit avoir comme base la race.

Le national-socialisme a toujours célébré la famille comme source de vie du peuple. La SS alla plus loin en se définissant comme un « ordre de clans » qui devaient faire fructifier leurs qualités dans des familles nombreuses.

CAHIER DE LA SS N°5. 1938

LA BÉNÉDICTION QU'EST LA VIE.

À l'époque de la moisson, la nature nous introduit de nouveau dans le processus de croissance que nous pouvons suivre chaque année. Naturellement, nous extrapolons à notre communauté populaire. Chaque siècle donne naissance chez tous les peuples à des individus qui, par leurs dons particuliers, sont d'une grande valeur pour leur communauté.

L'histoire de notre peuple a vu naître, à chaque époque, les membres de ces familles nombreuses qui sont devenus des précurseurs de l'esprit et de l'art, des grands créateurs de culture et de lois.

Lorsqu'au Moyen-Âge, les coups de marteau résonnèrent sur la porte de l'église du château de Wittenberg, c'était le fils d'un mineur d'une famille de sept enfants qui luttait pour la liberté des âmes (Luther). Gottfried *Leibniz*, ce grand philosophe et professeur d'académie, vit aussi le jour dans un vaste cercle familial. À l'ère classique de notre poésie, le chantre du Messie, *Klopstock*, était issu d'une famille de dix-sept enfants. Le Nestor de l'art poétique allemand, *Goethe*, avait six frères et sœurs. L'incitateur aux lutte de libération contre la domination napoléonienne. *Fichte*, comptait encore neuf frères et sœurs. Les parents de l'orientaliste et poète *Rückert* eurent huit enfants. Le grand historien *Ranke* avait huit frères et sœurs. L'inoubliable compositeur *Bruckner* avait dix frères et sœurs, Wilhelm *Busch* six.

On comptait comme deuxième enfant d'une famille de sept *Händel*, *Schiller* de cinq, *Beethoven* de cinq, *Novalis* de dix, V. *Eichendorff* de six et Justus *Liebig* de neuf frères et sœurs.

Albrecht *Dürer* était le troisième enfant d'une famille de huit enfants, Ulrich *Zwingli* de huit, *Lessing* de douze, *Haydn* de douze, *Arndt* de dix, Heinrich v. *Kleist* de sept, Robert *Koch* de treize, Carl Ludwig *Schleich* de six et Erich *Ludendorff* de six enfants.

Comme quatrième enfant on trouvait *Frédéric le Grand*, d'une famille de quatorze enfants, *Kant* de neuf (*Napoléon* aussi de douze), *Bismarck* de six, Werner *von Siemens* de quatorze, l'aviateur de guerre *Boelcke* de six frères et sœurs.

Au nombre des Allemands d'élite qui étaient les cinquièmes enfants, on comptait Friedemann *Bach* d'une famille de six enfants, Gellert de treize, le baron *von Münchhausen* de huit, le baron *vom Stein* de sept, Carl *Runge* de huit frères et sœurs.

Comme septième, on comptait entre autre le maréchal *von Blücher*, *Mozart*, *Mörike*, *Geibel*.

Comme huitième enfant né de familles allemandes il y avait Jost Amman, le prince *Eugène*, Johann Sebastian Bach, le comte *von Platen*, Heinrich v. *Stephan*, le colonisateur Karl *Peters*, Otto *Weddingen*.

Parmi les neuvièmes nés nous comptons *Runge*, *Weber*, Richard *Wagner*, Friedrich *Siemens*.

Et à quel point la musique allemande serait pauvre sans le onzième enfant, Franz *Schubert*, sans le douzième, Karl *Lowe*.

Lorsqu'on progresse dans l'histoire et que l'on fait des recherches systématiques d'après ces points de vue, on acquiert la certitude que la vitalité d'un peuple ne trouve ses fruits dans les plus grands faits spirituels et culturels que si le peuple est resté jeune et fort, et s'il vit exactement en conformité avec la nature.

Hannes Schalfuß

Cahier de la SS n°1.1939.
De quoi meurent les peuples ?

1. La dénatalité allemande

En considérant l'époque actuelle, nous devons nous poser la question de savoir si l'Allemagne sera éternelle ?

Répondre par l'affirmative dépend de notre volonté de rendre notre peuple éternel, mais aussi du courant du sang qui coule depuis des millénaires. C'est la chaîne des générations dont nous sommes les maillons et qui ne s'est jamais rompue au cours des millénaires, malgré les guerres et les époques de misère de l'histoire allemande et qui ne devra pas se rompre dans l'avenir ! Si le peuple allemand devait disparaître parce qu'il serait trop lâche pour mener le combat pour une saine natalité, alors le travail, la lutte et les soucis des siècles passés s'avéreraient avoir été sans importance.

À une époque d'expansion générale où des millions de drapeaux et d'étendards reflètent la puissance et la splendeur du Reich, l'individu a facilement tendance à ne voir que la grandeur du présent et à s'en réjouir. Il oublie alors que ce n'est pas seulement dans le présent que les forces armées doivent se tenir prêtes, ni que les avions doivent décoller, ni que les paysans doivent travailler à leurs cultures et les ouvriers dans leurs ateliers, si l'Allemagne veut rester éternelle. Si le chiffre des mobilisables devait un jour diminuer et qu'une jeunesse plus nombreuse que la nôtre grandisse chez d'autres peuples, un terrible danger naîtrait pour le peuple allemand et le Reich.

L'Allemagne peut mourir malgré sa puissance actuelle et sa splendeur. L'histoire nous apprend que des peuples peuvent disparaître car depuis qu'ils existent, ils sont responsables d'eux-mêmes et de leur survie.

Il y a encore dix ans, des gens, même de notre peuple, croyaient à une disparition inévitable de la nation. La prophétie d'Oswald Spengler selon laquelle l'Occident devait fatalement périr fut admise par les faibles et les poltrons qui n'avaient plus foi en la vie. Ils ne voyaient pas les lacunes et les erreurs dont souffrait le raisonnement de Spengler quand il avait annoncé la disparition fatidique de tous les peuples d'Europe. Spengler affirmait : « D'après une loi interne, chaque peuple et sa culture doivent mourir un jour après avoir connu leur jeunesse et leur maturité ! De même qu'un arbre ou un homme prennent de l'âge puis, nécessairement, meurent, de même, un peuple doit vieillir et disparaître ».

Mais la comparaison entre le peuple et la destinée de l'arbre ou de l'individu est cependant erronée. En effet, chaque organisme reçoit, à sa naissance, une nouvelle vie et des forces vives. C'est là le miracle de la vie, le merveilleux secret de la procréation et de la naissance, que la reproduction permette de conférer une jeunesse éternelle et le renouvellement de la vie.

L'existence de l'individu est limitée, il vieillit et doit mourir. L'arbre isolé grandit, meurt et cependant, les forêts sont éternelles. L'homme isolé aussi vit et doit disparaître, et pourtant, les peuples sont éternels !

Les peuples ne doivent pas mourir comme l'homme ou l'arbre isolé, mais ils risquent de mourir.

Il y a trois causes naturelles à la mortalité d'un peuple. Le passé nous l'apprend aussi bien que le présent. Une fatalité insondable n'a pas été à l'origine de la disparition des peuples civilisés de l'Antiquité ; ils ont violé les lois divines de la vie.

Le Führer a dit un jour : « L'homme ne doit jamais commettre l'erreur de croire qu'il est promu au rang de seigneur et maître de la nature. Il doit essayer de comprendre et de saisir la nécessité fondamentale du règne de la nature, et que son existence même est subordonnée à ces lois du combat constantes et eugéniques. Il ressentira alors, que dans un monde où voyagent soleils et étoiles, où des lunes tournent autour de planètes, où la force est toujours la maîtresse de la faiblesse et en fait sa servante obéissante ou la brise, il ne peut y avoir d'exception pour les hommes. Les principes éternels de cette sagesse sont tout aussi valables pour lui. Il peut essayer de les comprendre, mais il ne pourra jamais les ignorer. »

La vie exige la victoire constante du fort et du sain sur le faible et le malade. La sagesse de la nature a édicté en conséquence trois lois fondamentales :
1. Les vivants doivent toujours procréer en grand nombre.
2. Dans la lutte pour la vie ne survit que le plus fort. La sélection permanente des forts élimine les éléments faibles ou de peu de valeur.

3. Dans l'ensemble du règne naturel, les espèces restent fidèles à elles-mêmes. Une espèce ne fréquente que la sienne.

Les peuples qui ont disparu au cours de l'histoire sont ceux qui ont fait fi de la sagesse et des lois de la nature. Les causes naturelles responsables de leur affaiblissement et de leur disparition sont donc celles-ci :

1. Manquement au devoir de conserver l'espèce.
2. Infraction à la loi de la sélection naturelle.
3. Inobservance de l'exigence de maintenir la pureté de l'espèce et du sang.

L'examen de l'évolution numérique et qualitative du peuple allemand lors des cent dernières années démontre que, lui aussi, a transgressé avec insouciance et irresponsabilité les lois d'airain de la vie.

Vers le milieu des années 70, entre 1870 et 1875, il naissait 40 enfants pour 1000 habitants. Depuis l'année 1900, plus que 36,5 pour 1000, en 1913 plus que 27,5 naissances. Depuis que, après la fin de la guerre, on perdit tout sens de la responsabilité, l'Allemagne descendit à 14,7 naissances pour 1000 citoyens, son seuil dangereux.

La vitalité de notre peuple devant être constituée par une jeunesse innombrable, a donc baissé en une génération, en pourcentage, de 40 à 14 %. En plus, pendant les cinq années de guerre, il est né 3,5 millions d'enfants en moins. Bien plus importante que les pertes sur les champs de bataille, fut donc la perte en enfants qui ne furent procréés ni ne naquirent parce que leurs géniteurs éventuels étaient au front. La régression permanente des naissances en Allemagne, encore de 2 millions en 1900 jusqu'à 900 000 en 1933, signifie une diminution et un affaiblissement constants de la puissance armée du peuple allemand. Le nombre des enfants allemands terminant leur école primaire fut de :

1 272 000 en 1925
1 125 000 en 1929
754 000 en 1930
606 000 en 1932

En supposant que la moitié des élèves quittant l'école soient des garçons, il s'ensuit un recul du nombre de mobilisables possibles de 606 000 à 303 000, chiffre dont on n'a pas encore déduit ceux qui disparaîtront avant leur appel au service.

Dans le cas où l'Allemagne n'arrête pas par tous les moyens cette régression des naissances telle qu'elle ressort des chiffres jusqu'à l'année 1933, il ne restera plus, dans quelques décennies, qu'environ 250 000 hommes disponibles par an pour le service militaire, alors que la Russie, par exemple, a compté en 1930 1 750 000 mobilisables de vingt ans.

La pyramide des âges du peuple allemand

Si le peuple allemand avait augmenté durant les décennies passées, si le nombre des naissances n'avait pas constamment diminué depuis le début du siècle, notre peuple aurait une pyramide des âges naturelle et saine. Cette pyramide, dans l'organisme populaire, est déterminée par la part proportionnelle des générations annuelles dans l'ensemble de la nation. Dans une pyramide saine, les enfants de moins d'un an forment la plus grande partie de la population, chaque génération suivante étant, par suite de décès naturels ou d'accidents, numériquement un peu plus faible.

Si on représente cette pyramide en traçant une ligne de longueur proportionnelle au nombre de citoyens et si on la superpose à la ligne de cette génération concernée pour chaque année, on obtient la pyramide des âges du peuple.

Par exemple, celle du peuple allemand en 1910 est naturelle et saine. En revanche celle de l'année 1975 est dangereuse et nous montre que notre peuple peut mourir.

En 1910, il y avait peu de vieux et beaucoup de jeunes en Allemagne :
Au-dessus de 65ans : 2,8 millions = 5%
En dessous de 15ans : 19,6millions =34%

La pyramide des âges de l'année 1975 représente la population du peuple allemand d'après les prévisions statistiques, dont il résulte nécessairement que si sous le règne de la croix gammée aucun tournant décisif n'est pris concernant une politique des naissances, la pyramide nous montre clairement que la chute de la natalité provoquera l'extinction du peuple. La pyramide se transforme en urne funéraire.

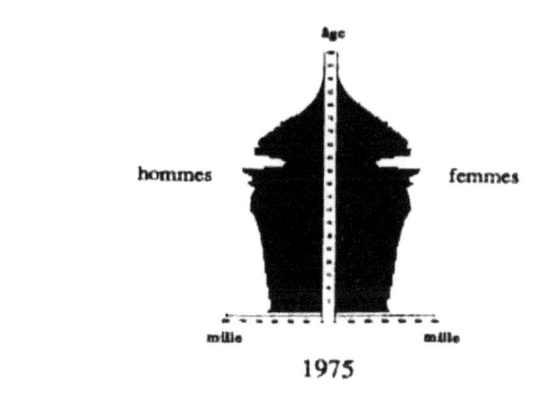

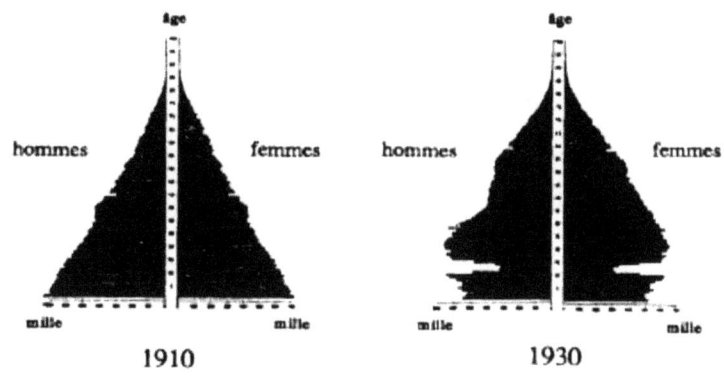

(figures : pyramides des âges – 1975, 1910, 1930 ; axes « âge », « hommes », « femmes », « mille »)

Il y aurait en Allemagne en 1975 :
         9,2millions de plus de 65 ans
         10,1 millions de moins de 15ans

En 1975, il y aurait presque autant de vieillards que d'enfants, alors qu'en 1910le nombre des enfants était sept fois celui des gens âgés.

Les causes de la dénatalité
Lorsqu'on s'interroge sur les causes de la dénatalité, il ressort que :
L'attitude des hommes, leur conception de la vie et du monde sont à l'origine des causes qui provoquèrent la violation du devoir d'assurer la survie numérique du peuple. La misère économique ne fut jamais la raison majeure, elle y a seulement collaboré, particulièrement après la guerre. Car tandis que la prospérité de l'Allemagne s'accrut après la création de l'Empire en 1870/71, le nombre des naissances chuta d'année en année depuis le début du siècle jusqu'au déclenchement de la guerre. Et actuellement les familles défavorisées ont presque toujours plus d'enfants que les familles aisées. Ce ne sont donc pas la misère et les soucis qui empêchaient les naissances, mais l'amour du confort, un raisonnement égoïste et la

lâcheté face à la lutte pour l'existence ou la peur de devoir réduire les agréments et le luxe. L'illusion de l'éducation avait aussi son importance. Une famille ne comptant qu'un ou deux enfants peut leur donner une meilleure éducation qu'à un grand nombre d'enfants. Mais le souci exagéré de bien éduquer l'enfant a comme conséquence de produire une génération amollie, que les parents soustraient dès le début aux épreuves de la vie et qui, donc, ne lutte pas.

Les grandes personnalités de l'histoire allemande *provenaient très souvent*, et cela non fortuitement, de *familles nombreuses*. Les grands personnages sont fréquemment les derniers nés d'une longue série de frères et sœurs.

Mis à part la doctrine libérale du bonheur de l'individu sur Terre, les Églises exerçaient aussi une action pernicieuse avec leurs sermons du bonheur dans l'au-delà, leur doctrine du péché héréditaire et la promesse de récompense céleste. Durant l'ère chrétienne, d'innombrables enfants furent perdus pour le peuple allemand parce que les prêtres et les religieuses niaient la loi de la vie dans leur recherche d'un bonheur paradisiaque et renonçaient volontairement à devenir pères et mères d'enfants.

La volonté d'avoir un enfant, mieux, d'avoir beaucoup d'enfants, doit être une évidence pour chacun de nous, SS, car le peuple allemand ne doit pas mourir mais doit être éternel.

SS-Ustuf. Dr Gerhart Schinke

Cahier de la SS n°3.1939.
De quoi meurent les peuples ?

II. Sélection et contre-sélection

Dans le premier cahier de la nouvelle année des Cahiers de la SS, on s'interrogeait sur les causes de la mort d'un peuple et il avait été démontré que, pendant plusieurs décennies, le peuple allemand avait manqué à son devoir national de conservation *numérique*. On a montré comment le chiffre de la population a continuellement baissé de 1870 à 1932 si bien qu'a surgi le danger de voir notre peuple non seulement vieillir, mais mourir faute d'une nouvelle jeunesse.

Nous allons ci-dessous démontrer que notre peuple, lui aussi, a failli à son devoir de survie et a contrevenu à la *loi naturelle de la sélection*.

La valeur d'un homme ou d'une femme pour la pérennité du peuple allemand réside dans la pureté de son sang, ses qualités héréditaires et sa valeur mise au service de l'existence de son peuple.

Négligence dans l'encouragement à conserver la pureté du sang

La doctrine de l'égalité des hommes, enseignée à tous les peuples aussi bien par les Églises que par les apôtres du bolchevisme, a essayé de vaincre l'idée originelle de la race et de supprimer entre les peuples les barrières naturelles relevant des lois de la vie et de l'évolution. L'Église a rassemblé dans des communautés religieuses des hommes qui étaient séparés et différents de par leur race. Et, d'après le sermon des pasteurs, un nègre baptisé catholique était plus proche d'une jeune fille allemande catholique que d'un Allemand non-catholique parent par le même sang. L'Église a parlé de mariages mixtes et comprend sous cette dénomination un mariage d'Allemands quand l'un d'eux a dans sa jeunesse appris et chanté des psaumes luthériens et l'autre des hymnes à Marie. Les ministres du culte refusaient le mariage entre Allemands de confession différente mais bénissaient sans hésitation, souvent avec une certaine satisfaction intérieure, un mariage entre un Juif ou un nègre baptisés et une jeune fille allemande chrétienne baptisée.

Tandis que l'Église incitait les gens à déterminer leur choix conjugal en fonction de considérations religieuses, la société libérale s'efforçait de pousser ses membres à ne choisir leur partenaire qu'en fonction de son rang social, si bien qu'on négligeait la plupart du temps la valeur héréditaire et raciale. Le choix conjugal n'était donc pas déterminé par la vigueur de l'homme, le charme et la joie de vivre de la femme, mais par l'appartenance à la même communauté d'idées ou par le montant de la dot.

Et les hommes, oubliant la sélection de l'espèce, s'unirent à du sang étranger impur et détruisirent de la sorte leur patrimoine héréditaire.

Le bolchevisme, issu, comme la pensée religieuse, d'une conception juive, abolit finalement toutes les barrières naturelles entre les races et les peuples. Déjà durant des siècles, les Églises avaient enseigné que l'idéal, en fin d'évolution, était la constitution d'un seul pasteur et d'un seul troupeau ; le bolchévisme exigeait de même le chaos des races comme objectif ultime.

Quand des éléments de notre peuple commencèrent à se mélanger avec des hommes d'espèce différente, sa vitalité diminua du fait de ce croisement racial. L'espèce, dont le Romain Tacite a dit un jour qu'elle « ne ressemblait qu'à elle-même », se mélangea et devint impure. À la place des belles et saines statures de notre race aux attitudes et aux comportements harmonieux, apparurent alors des espèces dont l'état d'esprit était instable. Extérieurement disharmonieux, ils avaient aussi plusieurs âmes dans leur cœur, leur caractère n'était plus fort ni homogène ; ils étaient intérieurement déchirés dans leurs pensées et dans leurs valeurs. Quand nos compatriotes perdirent leur unité de race et de caractère, ils ne se comprirent bientôt plus les uns les autres.

Des hommes de même race se conduisent de la même manière face au destin car ils ont la même âme et la même valeur de caractère, le même sens de la vie et le même objectif. Des hommes du même sang et de même patrimoine héréditaire n'ont pas seulement la même conception de l'honneur, de la liberté et de la fidélité ; ils ont le même esprit de décision dans le combat et face au danger, et ils conçoivent Dieu de la même façon. Un peuple dont les éléments ont en commun le même caractère héréditaire présente une unité vivante, forte en soi, claire dans toutes ses décisions. Un peuple est une représentation de Dieu et la représentation de Dieu est toujours claire.

Des hommes de race différente pensent différemment en ce qui concerne la valeur du caractère, l'amour et le mariage, le droit et l'injustice. Ils se comportent différemment à l'égard d'amis et d'ennemis et agissent de même dans des périodes de détresse.

Si un peuple est racialement mélangé, il lui manque l'unité corporelle et spirituelle. Il n'a pas de pensée commune, pas de volonté unitaire, pas de croyance ni de conception de la vie communes.

C'est ainsi que notre peuple allemand, par suite de croisements raciaux, s'est éloigné de l'idéal antique de l'homme beau et héroïque. On lui a présenté, comme figures idéales de la vie, des créatures malades et de misérables saints alors que son héros et modèle était autrefois

Siegfried. Une semblable évolution a toujours mené à la disparition d'un peuple.

Nous sommes conscients de la profonde vérité contenue dans cette phrase du Führer : « Le péché héréditaire contre le sang et la race constitue le seul grand péché de ce monde et la fin des peuples qui le commettent ».

Le manquement à la loi de la sélection naturelle
Dans la nature qui s'organise elle-même depuis toujours selon des lois divines, la loi de la sélection naturelle règne impitoyablement. Le combat perpétuel pour l'existence anéantit tout ce qui n'est pas viable, déjà à l'état embryonnaire. Les forts et les valeureux peuvent affronter les mille dangers que présente la nature ; dans les forêts et les mers ne peut subsister aucune vie de qualité inférieure ou héréditairement maladive. La sélection naturelle agit afin que seuls le fort et le sain survivent par le combat et se multiplient par la procréation, mais que tout ce qui est malade dépérit et meurt.

Les plus forts et les meilleurs accomplissent leur destinée dans la sélection selon les lois divines, et, par là, le maintien de la valeur des espèces constituant le sens éternel du combat perpétuel pour l'existence, pour son amélioration et son élévation est assuré.

Nos ancêtres germaniques suivaient les lois de la sélection comme tous les peuples sains dont l'intelligence et la sensibilité n'étaient pas encore contaminées par de fausses doctrines de pitié.

La fausse conception que l'Église avait de Dieu nia les lois divines de la nature. L'enseignement ecclésiastique s'opposa délibérément à la volonté de la nature.

Une fois qu'on eut prêché aux peuples que Dieu était mort crucifié par pitié pour les faibles et les malades, les pêcheurs et les pauvres, l'enseignement contre-nature de la pitié et un faux humanitarisme purent promouvoir la conservation des malades congénitaux. Oui, on considéra comme un devoir moral de soigner et de favoriser principalement les maladifs, les malheureux accablés et les pauvres d'esprit.

Ainsi les malades congénitaux purent se multiplier sans entraves et la communauté des gens sains dut supporter le poids des soins effectués pour entretenir ces éléments affligés de tares héréditaires.

Le grand nombre des malades héréditaires provoqua un alourdissement financier presque insupportable du budget de l'État et des collectivités. Un écolier arriéré coûte à l'État deux à trois fois plus qu'un enfant normal. Un malade héréditaire dans une maison spécialisée, un malade mental ou un épileptique reçoit, annuellement de l'État, en moyenne cinq fois plus qu'un assuré social sain après une vie entière de travail. Des millions ont été dilapidés chaque année pour les maisons de fous, alors que des familles d'ouvriers sains manquaient souvent du strict nécessaire.

Le patrimoine héréditaire du peuple allemand s'appauvrit aussi par suite de la reproduction indifférenciée de citoyens diversement valables racialement. La structure d'un peuple reste homogène quand tous ses éléments se marient au même âge et engendrent dans chaque union beaucoup d'enfants. Il se produit de façon nécessaire et naturelle un accroissement de la branche de population dont les membres se sont mariés tôt et ont un plus grand nombre de descendants. En Allemagne, les mariages tardifs et le manque d'enfants furent justement, durant des décennies, le lot des gens de valeur et donc d'un précieux patrimoine héréditaire, ce qui entraîna une importante diminution de la partie de la nation ayant précisément le plus de valeur. Déjà pendant les années précédant la Grande Guerre, une reproduction indifférenciée a été constatée dans le peuple allemand.

En 1912, on comptait en moyenne dans les unions de hauts et très hauts fonctionnaires, 2 enfants, dans les mariages des employés et des professions libérales 2,5 enfants, dans ceux des ouvriers instruits et des artisans 2,9 enfants, dans ceux des manœuvres et OS 4,1 enfants et, parmi ceux-ci, 5,2 enfants chez les ouvriers agricoles.

Ces dernières années, les milieux issus de l'enseignement supérieur avaient en moyenne : 1,9 enfants, les familles d'employés aisés et d'artisans 2,2, chez les ouvriers instruits 2,9. Les asociaux, les criminels et les pères d'enfants arriérés avaient en moyenne un grand nombre d'enfants.

Donc, le chiffre des tarés et des malades héréditaires s'accrut dans le peuple allemand, alors que diminuait le nombre des gens de valeur et sains.

On soigne plus de 700 000 malades atteint de tares héréditaires graves dans des établissements spécialisés. Le nombre total des malades héréditaires atteint certainement plusieurs millions.

Cet état de fait bouleversant est la conséquence des doctrines de pitié contraires aux lois de la vie ; elle résulte de la glorification des incapables, des faibles et des pauvres d'esprit. Tous ces individus héréditairement en mauvaise santé, s'ils devaient se charger de leur propre personne, ne seraient pas en mesure de s'affirmer et de triompher grâce à leur énergie dans la lutte pour la vie. Dans cette lutte voulue par Dieu, ils sont nécessairement vaincus, car la nature, dans sa sainte sagesse, prône l'élimination des faibles et des malades.

En conséquence, alors que dans la nature règne la loi de la sélection, une mauvaise gestion étatique de la nation et le dérèglement de la vie qu'elle a amené dans le peuple, ont provoqué justement une contre sélection. Du fait de la contre-sélection, la non-valeur se multiplie aux dépens de la valeur, le faible aux dépens du fort, et ceci du fait de l'assistance et des soins prodigués par la civilisation.

De nombreuses grandes villes représentent aussi une source de contre-sélections. La grande ville a toujours attiré les forces vives du peuple qui voulaient se mettre en valeur et prouver leur compétence, mais elles y disparurent fatalement dès la deuxième génération. Des clans entiers sont morts dans les grandes villes. Si Berlin, par exemple, ne recevait pas d'immigrants, d'après Burgdörfer, sur la base du nombre de naissances actuelles, il ne resterait dans 150 ans que 100 000 descendants sur les 4 000 000 d'âmes recensées aujourd'hui.

La guerre moderne exerce une action particulièrement efficace dans le sens de la contre-sélection. On appelle presque exclusivement les hommes de bonne santé physique et spirituelle, si bien que ne tombent à la guerre que les détenteurs d'un patrimoine héréditaire de valeur. Les champs de bataille engloutissent ainsi le sang des meilleurs fils du peuple dont le patrimoine héréditaire est irréparablement perdu. Certes, leur mort est un sacrifice sacré pour l'honneur et la liberté du peuple.

De même, plusieurs centaines de valeureux jeunes Allemands tombent chaque année victimes du sport ou de la compétition, dans la lutte avec la glace, dans la neige, en courses automobiles ou en avion.

Le chiffre de ces victimes fut-il si grand, aucun peuple de la Terre n'est mort pour cause de guerre, de mauvaises récoltes ou à la suite d'une période de récession politique.

Les peuples n'ont disparu que lorsque la substance vivante assurant leur vie historique, leur sang, leur race se sont épuisés. Ils ne meurent donc que dans les cas suivants :

1. Quand le chiffre des naissances est tombé par suite de la régression de la force populaire et qu'était ainsi offerte la possibilité à un peuple plus fort numériquement et qualitativement, d'écraser son voisin plus faible.

2. Par un croisement racial qui a ôté à un peuple originellement sain son harmonie intérieure.

3. Par mépris des lois de la sélection qui provoque une diminution du patrimoine héréditaire de valeur et entraîne une réduction des capacités et des qualités dans la population.

La mort d'un peuple se fonde donc sur une conception de la vie erronée, et est due à la non-observance des lois éternelles de la Terre.

L'homme a appris à mépriser les lois de la vie parce qu'il a perdu le lien avec la nature et la vie.

Les Églises ont frustré des millions d'entre nous de la croyance germanique en l'immortalité terrestre, si bien que d'innombrables hommes et femmes renoncèrent, au nom d'une volonté céleste irréelle, à engendrer des enfants en bonne santé. Les Églises ont dit que la Terre sacrée était une vallée de larmes et ont enseigné que la procréation et la naissance étaient faute et péché. Quand la source essentielle de la vie, la volonté de vivre, fut remplacée par la recherche du bonheur matériel ou dans l'au-delà, l'instauration de l'égoïsme et finalement du bolchevisme fut possible ; or ce dernier n'a pour but que l'affaiblissement et la décadence des peuples.

Le national-socialisme, enseignant la vie éternelle d'un peuple, ramène les hommes à respecter les lois divines de la vie. Le Führer dit : « La grande révolution du national-socialisme, c'est d'avoir ouvert la porte de la connaissance, à savoir que toutes les fautes et erreurs des hommes sont dues à certaines circonstances et donc sont réparables, sauf une seule : mépriser l'importance de conserver son sang, son espèce et, par là, l'état d'esprit et le caractère que Dieu leur a accordés. Nous, humains, ne devons pas nous demander pourquoi la Providence a créé les races ; nous devons seulement constater qu'elle punit ceux qui méprisent sa création. »

« *Pour la première fois peut-être depuis qu'il existe une Histoire humaine, l'attention a été attirée en Allemagne sur le fait que la première de toutes les tâches qui nous sont dévolues, la plus noble et par là la plus sacrée pour les hommes, est celle de la conservation du sang et de l'espèce, tels que Dieu les a créés.* »

En tant que SS, nous sommes conscients de notre devoir national et nous voulons, sous le signe de la vie renaissante, de la sainte croix gammée, devenir pères, et par amour pour la terre trois fois consacrée qui est la patrie de nos ancêtres et la nôtre, donner la vie éternelle au peuple allemand.

Les mots de notre camarade SS Lothar Stengel von Rutkowski dans *Royaume de ce monde*, sont les nôtres :

Tu es petit-fils

Aux victoires et aux soucis

De tes ancêtres

Tu dois ton existence.

En tant qu'aïeul

Tu détiens entre tes mains

Le bonheur et le malheur

Des générations les plus lointaines.

SS-Ustuf. Dr Gerhart Schinke

Un État a-t-il le droit de pratiquer l'eugénisme pour éviter à des malheureux d'être atteints de tares héréditaires ?
Le national-socialisme répondit par l'affirmative.
À droite, home d'enfants de l'association « Lebensborn ».

La sélection « positive » incitait les êtres de même valeur héréditaire à s'unir.

>Les peuples disposent de deux armes dans leur lutte pour la vie : leur capacité à se défendre et leur fécondité naturelle. N'oublions jamais que l'aptitude à se défendre à elle seule, ne peut assurer la pérennité du peuple dans un lointain avenir, mais que la source inépuisable de sa fécondité est nécessaire.
>
>Voyons clair et agissons afin que la victoire des armes allemandes soit suivie aussi par la victoire de l'enfant allemand.
>
> Heinrich Himmler

Cahier de la SS n°4. 1938.

Le nouveau droit matrimonial de la Grande Allemagne

Les dispositions périmées de la juridiction matrimoniale et sur le divorce, de même que le retour du peuple autrichien dans le Reich allemand nécessitaient une transformation accélérée de la réglementation concernant cet aspect important du droit familial. Ces lois ont permis d'accomplir le premier pas conduisant à la création du droit matrimonial et familial allemand. La conception de l'État national-socialiste sur la nature du mariage détermina l'institution du nouveau droit. Des liens dogmatiques religieux rigides existant en Autriche, tels que les définit la création de la loi, avaient conduit à des abus dans ce domaine d'intérêt vital ; au-delà du cadre des simples familles, ils menaçaient d'empoisonner la vie publique et devaient donc être supprimés. Dans tout le Reich, le droit matrimonial avait déjà provoqué un grand changement dans un esprit national-socialiste par les modifications fondamentales de la loi sur la protection du sang allemand, de la loi de la santé matrimoniale et de la loi préservant des abus lors du mariage.

La nouvelle loi rejette délibérément la conception individualiste qui considère le mariage comme une sorte de contrat influencé par les intérêts personnels des intéressés. De même, elle s'éloigne aussi de la conception religieuse faisant dériver le caractère sacré du mariage de liens religieux. Le nouveau droit prescrit plutôt le caractère sacré et la dignité du mariage qui, en tant que cellule de la vie communautaire et cœur de la famille, assure la pérennité de la vie nationale et crée les conditions favorables à une éducation saine et rigoureuse de la descendance.

Chaque SS doit connaître les clauses les plus importantes de cette loi.

Elles doivent être présentées en quelques points.

I.

1. Un mariage ne peut être conclu que par un employé de l'état-civil. En Autriche, seule une bénédiction nuptiale suffisait jusqu'à ce jour.

2. A priori un mariage peut être considéré comme nul, c'est-à-dire comme n'ayant jamais été célébré. Il est nul dans les cas fixés par les lois de Nuremberg et par la loi sur la santé matrimoniale.

En outre il l'est aussi :

— quand il n'a pas eu lieu sous la forme prescrite devant l'employé de l'état-civil,

— quand l'un des époux était incapable de contracter ou d'avoir sa liberté de jugement,

— quand un mariage est conclu sans avoir pour motif la vie commune,

— quand l'un des époux était déjà marié,

— quand il était interdit à cause d'une parenté trop proche ou à la suite d'un adultère.

II.

1. Un enfant d'un mariage considéré comme nul suivant les lois de Nuremberg sur la santé conjugale, est illégitime.

2. Un enfant d'un mariage étant nul pour d'autres raisons citées est considéré comme légitime. Ces enfants ne doivent pas souffrir des fautes des parents.

III.

Autrefois un mariage pouvait être contesté dans des cas bien précis. S'il était déclaré nul, il était considéré comme n'ayant jamais eu lieu a priori. Ceci est dorénavant supprimé. Un mariage peut être « annulé » dans certains cas précis. Il est alors rompu grâce à l'autorité de la justice.

Les raisons de l'annulation sont les suivantes :

— Absence de consentement du représentant légal,

— mariage non fondé,

— mauvaise condition physique se rapportant à la personne de l'autre conjoint (par exemple, infécondité à l'époque où le mariage a été conclu),

— tromperie ou menaces plus ou moins caractérisées.

Les raisons pour l'annulation correspondent aux anciennes clauses de contestation.

IV.

Un mariage peut être « rompu » :

— quand l'un des époux a cessé la vie commune,
— quand un époux refuse sans raison fondée de procréer ou d'accepter une descendance.
— quand l'un des conjoints a si profondément troublé l'harmonie du mariage en portant atteinte aux devoirs conjugaux qu'on ne peut raisonnablement espérer le retour à la vie commune,
— quand l'autre époux est aliéné,
— quand l'autre conjoint souffre d'une maladie très contagieuse ou provoquant la répulsion,
— quand l'autre époux est devenu prématurément stérile après l'union. (Toutefois, dans ce cas, le divorce est évité quand les époux ont une descendance légitime ou un enfant adopté et héréditairement sain.)

Dans le cas de mariages totalement détruits où les époux vivent fréquemment séparés l'un de l'autre pendant des années et n'ont pu divorcer jusqu'à présent, la nouvelle loi prévoit que chaque conjoint peut demander le divorce si la vie commune a cessé depuis trois ans et ne peut être rétablie.

V.
En ce qui concerne la question du devoir d'assistance.

Un nouveau règlement correspondant aux conceptions modernes ne peut plus tenir compte du niveau de vie du bénéficiaire. Il doit être déterminé par le montant considéré comme approprié au niveau de vie des deux époux.

VI.
Le sort de l'enfant après le divorce.

Du fait que l'État national-socialiste prend particulièrement à cœur la protection de la jeunesse, la question de savoir à qui sera confié l'enfant dépendra avant tout de l'aptitude des époux à lui donner une éducation convenable. En l'occurrence, ce n'est pas la faute des parents mais le bien de l'enfant qui est déterminant.

VII.

En Autriche, la situation était particulièrement déplaisante. Un mariage entre catholiques ne pouvait être annulé. Autrefois, les autorités administratives autrichiennes conféraient dans de tels cas la prétendue dispense. Si l'époux concerné concluait ensuite un nouveau mariage à dispense, il devait préciser que ce dernier n'était pas reconnu par les tribunaux. Les enfants de ce deuxième mariage étaient donc illégitimes. Cette confusion terrible est supprimée par la nouvelle loi.

Un mariage non valide d'après les anciennes lois peut être considéré comme valide dès lors que les époux vivaient encore ensemble le 1er avril 1938. Les « mariages à dispense » sont également valides dès le début si les époux vivaient ensemble le 1er avril 1938.

La nouvelle loi entre en vigueur le 1er août 1938.

SS-Ostuf. Dr Schmidt-Klevenow

Configuration des fêtes au cours de l'année et dans la vie de la famille SS.

Le mariage et l'admission de la femme dans la communauté de clans SS

Le mariage ou les fiançailles sont effectués par le bureau d'état civil. Jusqu'au début du Deuxième Reich, seul comptait le mariage religieux qui, par la suite, lorsque la loi de Bismarck de 1875 confia à l'État la législation du mariage, fut considéré par la plupart des gens comme indispensable, et même comme la cérémonie de loin la plus importante. Les autorités accréditaient cette conception du fait qu'elles considéraient le mariage comme une affaire officielle dans les milieux déshérités.

Le Troisième Reich a adopté une autre position à l'égard du mariage. Contrairement à l'ancien régime et à l'Église, on conseille aux personnes qui veulent se marier de prouver qu'elles remplissent toutes les conditions préalables pour une union et qu'elles jouissent d'une bonne santé héréditaire. L'État se charge des familles, en prend soin, remédie autant que possible aux difficultés matérielles et privilégie toujours l'importance de la famille. À l'avenir la forme civile du mariage doit aussi tenir compte de cette importance. Certaines communes mettent à disposition des futurs mariés une pièce particulièrement belle. Les employés y effectuent la cérémonie du mariage de façon digne et solennelle. Les décrets nécessaires du ministère de l'Intérieur du Reich existent à cet effet. Récemment a été appliqué un ordre du Reich qui confère aux bureaux d'état civil le statut de bureaux des clans et prévoit un costume officiel pour les fonctionnaires. Il se peut en effet que l'instruction nécessaire fasse souvent défaut pour appliquer ces décrets.

Dans de tels cas, le chef de poste, le service de soin des clans, le chef d'unité ou le chef d'instruction peuvent intervenir de façon qualifiée pour célébrer les fiançailles des SS. On doit s'assurer que l'échange des anneaux pendant la cérémonie est accompli avec le consentement mutuel.

Le mariage dans le cadre de l'état civil confère à l'homme et à la femme la qualité de couple. On doit proscrire une cérémonie SS durant laquelle est pratiquée une sorte de « bénédiction de mariage » avec un jeu de questions-réponses, des autels factices, une remise de poignard, des vasques enflammées et autres imitations du même genre du rituel chrétien.

Nous, hommes SS, devons encore procéder à l'admission de la femme dans la communauté des clans SS. Elle doit être reçue de préférence pendant le repas de noces ou, mieux encore, avant le commencement de ce dernier.

On a déjà parlé de l'importance du festin lors de la remise du nom, de même lors des cérémonies d'admission de l'enfant dans le Jungvolk, etc. Le banquet est une coutume très ancienne, indissolublement liée à la fête familiale ! On doit donc accorder une attention particulière à la préparation et à l'exécution du banquet des noces. Le festin doit pouvoir avoir lieu, même si les moyens sont modestes ! La pièce dans laquelle il se passera sera choisie en fonction des conditions respectives. Cependant, si c'est possible, elle doit se trouver dans le domicile même, sinon dans une auberge. La table doit être garnie de façon solennelle et décorée avec des fleurs ou des branches de sapin vert. On peut mettre l'accent sur la décoration des places du couple. Le chef d'unité ou un camarade particulièrement proche du couple qui reçoit la femme dans la communauté SS s'assied en face du couple. Il s'adresse aux nouveaux mariés avant le commencement du repas ou pendant, entre deux plats. Dans son dis cours, il doit insister sur la valeur du mariage pour la sauvegarde du peuple et pour la communauté de clans de la SS. Il doit parler de la devise « Mon honneur s'appelle fidélité » qui concerne la femme de façon aussi impérative puisqu'elle se soumet désormais aux lois SS. Il doit en outre souligner que l'homme SS, la femme SS, qui doivent être fidèles l'un à l'autre, accomplissent leur devoir, sont des membres précieux de notre communauté et qu'ils seront toujours en sécurité en son sein. L'orateur reçoit la femme dans le clan de la SS en l'avertissant solennellement de toujours penser à sa haute mission de femme et de future mère, en respectant les lois SS et en vivant d'après elles. On procède ensuite à la remise d'un cadeau ayant trait au mariage ou à la femme et à la mère, conformément à cet accueil. À cet égard, un livre particulièrement bien choisi avec une dédicace ou une illustration est recommandé. Il existe aussi une belle coutume voulant qu'on présente une assiette en bois avec du sel et du pain et deux coupes en porcelaine ou en faïence. Ce cadeau symbolise le style de vie simple que nous ne devons jamais oublier.

Les paroles de l'orateur doivent se conclure avec un « Sieg Heil » au Führer et au jeune couple.

Le reste du repas de noce doit se passer dans la joie et la bonne humeur. Si l'on a la possibilité de danser, alors cela doit être fait.

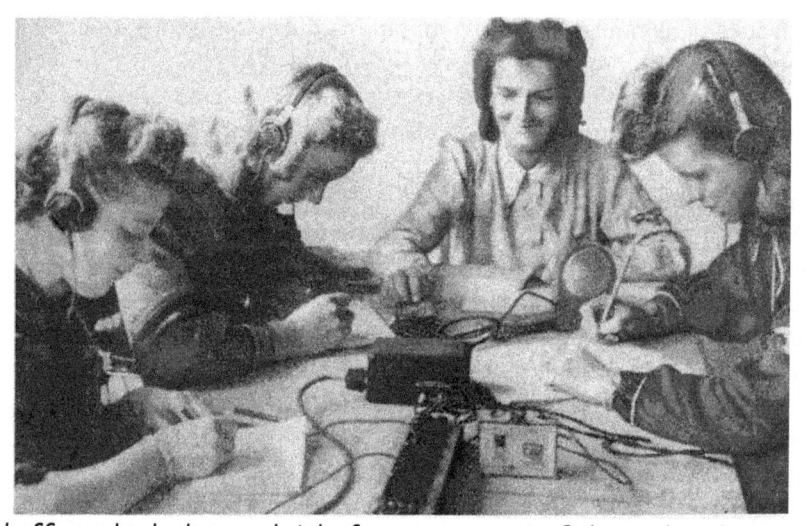

La SS, « ordre de clans », admit les femmes en son sein. Ci-dessus, des volontaires suivent des cours de morse.

À gauche, le meilleur moment de la journée. À droite, broche destinée à être offerte à toute mère d'un premier enfant dans une famille SS.

Exemple rare d'une cérémonie de « remise du nom » dans les années 1936-37.

Le costume de la fiancée doit être solennel. On doit cependant éviter les couronnes nuptiales et les voiles, car ce sont des ornements orientaux. En dehors de la forme dépeinte précédemment, l'admission de la femme dans la communauté de clans SS est comparable à la célébration du mariage par l'état civil, mais sous la forme d'une cérémonie intime. La pièce doit être choisie avec un soin particulier. S'il n'y a pas de pièce appropriée dans les services SS locaux, la section féminine, la Hitlerjugend ou l'administration de la ville prêteront leur concours. La réalisation de la cérémonie nécessite une préparation minutieuse. Elle exige avant tout une ambiance musicale. Dans la mesure où les membres d'une unité musicale SS ou des cercles de camarades SS ne peuvent le faire, la Hitlerjugend, la BDM, la section féminine ou d'autres peuvent apporter leur aide. Un avant-propos, un poème ou un morceau de prose, une parole du Führer ou du Reichsführer doit servir d'introduction au discours prononcé par le camarade SS. Les paroles de celui-ci doivent suivre le fil des idées précédemment évoquées. Étant donné que le cercle des camarades SS s'agrandit lors de cette cérémonie, il convient d'entonner pour conclure le chant de fidélité. La pièce doit être décorée avec simplicité. À l'arrière-plan se trouve le drapeau avec les runes de la victoire, en outre, une décoration florale est de rigueur, toutefois sans palme ni laurier mais avec du chêne, du sapin vert, du houx et du lierre. Des chaises doivent être disposées pour les fiancés et la majorité des participants. Ajoutons encore une fois en guise de conclusion : Plus le camarade qui accueille la femme dans la communauté des clans SS connaît les futurs conjoints, plus il pourra parler avec conviction. C'est pour cette raison que l'intervention d'un chef d'unité et même d'un officier supérieur serait une grossière erreur, car ce dernier ferait la plupart du temps un discours d'ordre général tandis que le camarade adaptera ses paroles à l'évolution sentimentale que suivra le jeune couple dans l'avenir, et peut-être aussi de ses éventuels conflits. C'est la condition première dans notre communauté.

> *Il n'y a pas de plus grande noblesse pour la femme que d'être la mère des fils et des filles d'un peuple. Toute cette jeunesse que l'on voit, si belle, aujourd'hui sur les routes, visages rayonnants, yeux étincelants, où serait-elle si, sans cesse, ne s'étaient trouvées des femmes pour lui donner la vie ?*
>
> Adolf Hitler
> (Discours du Führer au congrès des femmes, Parteitag de 1935).

« D'ESTOC ET DE TAILLE », GUNTHER D'ALQUEN. 1937.

UN MOT SUR LE DIVORCE

Depuis toujours, tous les codes civils ont eu affaire à l'un des problèmes les plus controversés en la présence du divorce. Jusqu'à présent, des oppositions idéologiques au sein des Parlements trouvaient toujours une solution homogène. Des solutions justifiées n'étaient trouvées que lorsqu'un État ou un mouvement suivaient une idéologie claire.

Ainsi, l'Église catholique soutient le point de vue de l'indissolubilité du mariage sous prétexte qu'il a été conclu par Dieu. Cela nous oblige à prendre position sur cette conception du monde dans le cadre de ces applications. Du reste, notre point de vue est suffisamment clair. Mais nous déclarons tout de suite que l'attitude de l'Église catholique sur ce point n'a pas toujours été simple et uniforme. L'évolution du droit matrimonial religieux des temps modernes montre plutôt une tendance dans ce sens.

En revanche, le libéralisme défend une opinion totalement opposée en ce qui concerne le mariage- comme nous l'enseigne l'exemple de la Russie soviétique. Il le considère comme un contrat juridique privé qui peut être remis en cause à tout moment. Cette résiliation ne nécessite même que la demande d'un seul époux.

On doit également rejeter cette interprétation car elle se fonde sur une méconnaissance et un mépris de la valeur de la famille.

Notre position doit s'inspirer directement de *Mein Kampf* d'Adolf Hitler. Le Führer a ainsi pour la première fois défini que le mariage n'est pas simplement un état – c'est une mission.

Le comité du droit familial de l'Académie pour le Droit allemand adopte aussi ce point de vue lorsqu'il donne actuellement une définition légale instituant un nouveau droit de divorce. Il prévoit la version suivante :

« Est considéré comme mariage celui qui convient pour la communauté populaire, une communauté de vie reposant sur la fidélité, l'amour et l'estime réciproques. Des personnes héréditairement saines de sexe différent ont pour but de sauvegarder et d'entretenir le bien commun par une collaboration étroite et pour la procréation d'enfants de même race, héréditairement sains, en vue d'en faire de vrais citoyens. »

Il est clair que l'État national-socialiste, malgré l'importance qu'il attribue directement au mariage, doit aussi prononcer l'autorisation de séparation. Il a défini légalement l'interdiction des mariages qui portent en germe la dégénérescence (maladies héréditaires, par ex.). Dès le début, il a donc empêché que les intéressés se fourvoient vraisemblablement tôt ou tard dans un divorce.

Mais malgré toutes les mesures préventives, il y aura toujours des mariages dans lesquels les conditions d'une vie commune seront perturbées durablement. Cela tient à l'ignorance de la nature humaine. Tant que nous ne serons pas capables de comprendre la nature intime de l'homme, de prévoir l'avenir, rien ne changera.

Mais comme l'État national-socialiste attribue une grande importance au mariage, – particulièrement face au danger que représente une dislocation de la famille et donc de la communauté – il doit aussi prévoir l'éventualité d'un divorce. Il ne peut pas uniquement reprendre les formules du Code Civil, mais il doit revoir cette loi en fonction de sa conception du monde.

Avant tout, on doit de nouveau être conscients de l'importance de la dignité.

C'est un fait que, dans toutes les demandes de divorce, des raisons impérieuses aboutissent à court terme à une conclusion souhaitée. On trouve le plus fréquemment l'adultère comme raison invoquée. Une statistique de 1933 nous signale que le tiers des divorces reposaient sur ce motif. On conçoit donc aisément que de nombreux conjoints avaient tendance à recourir à ce prétexte pour l'obtenir. On ne peut toutefois pas le prouver, et il existe toujours des cas connus où un adultère a été fabriqué de toutes pièces pour obtenir plus vite le divorce.

Il serait généralement souhaitable qu'avant de conclure un mariage, on prenne en considération les conditions sentimentales préalables et prophylactiques, ainsi que la SS l'exige de ses hommes et de ses femmes. Mais nous ne pouvons éviter des situations d'ailleurs existantes : il existe de faux mariages où les époux vivent ensemble. Ils sont tout simplement contraints de trouver des raisons de divorcer pour échapper à cette situation devenue pour eux totalement insupportable et sans valeur pour la communauté. Quoique dans notre cas, les éléments humains prévalent, une raison externe justifiée doit être trouvée. D'après la loi en vigueur aujourd'hui, la séparation doit être également punie.

Il n'est pas nécessaire de démontrer qu'un tel procédé est incompatible avec l'attitude nationale-socialiste. Le comité du droit familial de l'Académie du Droit allemand s'est donc occupé avec une minutie particulière de ce point lors de la création de la juridiction sur le divorce. Il a aussi soumis à un examen la proposition du prétendu

« divorce par consentement réciproque », c'est-à-dire un divorce avec un consentement réciproque des deux époux.

Il s'agit donc ici de savoir si l'on doit uniquement envisager un divorce en se fondant sur le fait que, bien qu'on ne puisse pas trouver une raison motivant la séparation, les deux époux n'ont pratiquement plus rien en commun au niveau moral et sentimental. Cette séparation se trouve donc justifiée.

Considéré du point de vue national-socialiste, un tel règlement serait toujours préférable à l'utilisation du prétexte mensonger d'un adultère ou de toute autre raison.

Le comité du droit familial doit invoquer, avant tout deux raisons, contre le « divorce par consentement réciproque ». D'abord, il montre le danger représenté par des décisions précipitées dues à une colère passagère pouvant casser un mariage du reste tout à fait viable. Et d'un autre côté, il croit que cela peut porter atteinte au respect du mariage, du fait de ce consentement réciproque.

Nous avons eu l'occasion de demander l'avis d'un homme de la pratique, un juge berlinois. Il nous a déclaré qu'il approuve tout à fait une séparation faite par demande réciproque. On peut écarter l'objection de la décision précipitée en proposant un temps de réflexion précis avant qu'elle soit prise – environ six mois – pour déterminer si les deux époux ont agi précipitamment ou si le mariage n'est effectivement pas viable.

Le juge fait remarquer aussi que si les deux parties demandent conjointement le divorce, c'est qu'un problème insurmontable détruit le mariage. On ne doit alors pas en chercher les raisons.

Naturellement, dans de tels cas, l'intervention d'un juge ne peut se limiter à recevoir les propositions des deux époux et à se prononcer sur la validité de leur divorce -même après une période d'attente. Au contraire, sa tâche devrait consister à être bien conscient de la fragilité du mariage, en comprenant la situation (dans certains cas en demandant une consultation médicale). Chacun peut voir clairement qu'une loi sur le mariage élaborée dans ce sens confère une plus grande responsabilité au juge et l'oblige à avoir une attitude de nature spirituelle et morale plus élevée que ce n'est le cas dans l'actuelle législation.

Nous n'estimons pas pour suffisamment valable le prétexte que la considération du mariage puisse être affectée par un règlement de cette sorte, particulièrement lorsqu'on prend en compte la mentalité allemande par rapport aux autres peuples.

De telles craintes étaient bien légitimes durant les années d'après-guerre. Mais aujourd'hui, les mariages sont conclus dans des conditions totalement différentes. Un homme qui observe la conception nationale-socialiste ne conclura certainement pas un mariage aussi vite parce qu'il sait que la législation sur le divorce lui permet une séparation convenable. Si aujourd'hui un national-socialiste se marie, il est tout à fait conscient de sa responsabilité, mais on ne peut pas affirmer que cela sera le cas dans vingt ou trente ans pour chaque Allemand.

La remarque faite que certains individus présentent un caractère superficiel ou léger (il y en aura constamment dans une communauté populaire) ne nous semble pas valable, car les lois ne sont pas faites pour une minorité numériquement insignifiante, et ces groupes seraient capables de faire l'expérience d'une « union libre » qui ne leur impose pas les devoirs obligatoires d'une vie conjugale.

Adolf Hitler a dit que le combat n'a pas pris fin en 1933. Le national-socialisme est une doctrine pratiquant une éducation nationale, donc une éducation en soi, qui enseigne l'adaptation, la considération, l'aide réciproque qui, de génération en génération, élève et vivifie toujours plus la communauté de l'avenir !

Nous croyons certainement que plus l'idée nationale-socialiste imprégnera la nature profonde de notre peuple, moins les cas de divorce seront nombreux. Et ainsi, nous n'aurons aucunement besoin de craindre une atteinte au respect du mariage.

Toutefois, il y aura toujours des cas de divorce qu'aucune mesure d'ordre éducatif ne pourra prévenir ; ils ne sont pas prévisibles, comme on l'a dit, et n'impliquent pas une notion de culpabilité. De ce fait, il doit être possible d'empêcher ces pseudo mariages sans avoir pour autant recours à des prétextes plus ou moins valables, en particulier parce que jusqu'à présent la personne pauvre était toujours défavorisée par rapport à la riche, car l'intervention de spécialistes est d'ordinaire assez couteuse.

En dernière fin, l'État lui-même ne peut trouver aucun intérêt à voir de tels mariages continuer d'exister. Au contraire, il devrait procéder directement à l'annulation d'un mariage qui est souvent stérile, et donner ainsi la possibilité aux deux époux de faire la connaissance d'un autre partenaire de façon harmonieuse et servant les intérêts de l'État. Dans ces cas, il subsiste toujours une possibilité de conclure de nouveaux mariages heureux.

Cependant, la question devient difficile lorsqu'il s'agit des enfants. Le juge questionné insistait toujours sur l'influence néfaste qu'un divorce provoque sur le développement de ceux-ci. Le danger d'une éducation exclusive pour la croissance psychique des enfants est extraordinairement plus grand lors d'une séparation. Du reste le juge citait de nombreux cas où les enfants ont eu une influence directe sur le mariage. Les parents sont finalement obligés de s'entendre à cause d'eux.

Dans beaucoup de cas – comme l'homme de pratique le soulignait aussi – les relations diverses et personnelles auront un rôle à jouer. Naturellement on ne peut oublier les échecs et ne pas songer à ces malheureux enfants qui ont grandi dans un foyer où, depuis leur plus tendre enfance, ils ont subi cette union malheureuse. Nous pouvons imaginer que, dans bien des cas, la séparation serait souhaitable dans l'intérêt de l'enfant. Il ne peut y avoir ici de norme, mais on peut seulement insister sur le fait que l'État ne demande jamais trop au juge quant aux qualités humaines, que ce soit au niveau du caractère ou des connaissances.

Par principe, nous ne voulons aucunement soutenir l'idée d'une séparation facilitée, car l'exemple de l'Union soviétique nous a montré à quoi de telles situations peuvent mener. Nous sommes au contraire d'avis que la grande importance du mariage dans l'État national-socialiste conduit à limiter les possibilités de divorce, pour autant que des raisons égoïstes ou une lâcheté face aux devoirs à accomplir le motivent.

Mais si un mariage ne peut se réaliser dans l'esprit national-socialiste, nous devons être assez ouverts et honnêtes pour suivre une voie permettant de trouver une solution.

« D'ESTOC ET DE TAILLE », GUNTHER D'ALQUEN. 1937.

L'ENFANT ILLÉGITIME

Certains milieux considèrent encore trop volontiers l'enfant illégitime comme un « faux pas ». Il est clair que nous ne saurions être de cet avis. Ce sont principalement les cercles cléricaux qui prononcent à son de trompe des jugements censeurs sur les « pécheurs » avec un ton pénétré de conviction. Naturellement, ils se fondent sur la doctrine de l'au-delà qui considère par principe le corps comme quelque chose de coupable. Dans les régions catholiques, on sait parfaitement à quel point les us et coutumes contredisent une telle conception bornée.

En général, un paysan est loin d'être enchanté quand sa fille célibataire lui annonce la venue d'un enfant, chose qui cause une surprise fort légitime dans la famille ; cependant dans les régions rurales, une saine manière de penser fait que, dans la plupart des cas, on résout beaucoup plus rapidement ce genre de chose que par exemple dans les villes. Dans diverses vallées du Tirol, cela va même si loin que les jeunes filles qui n'ont aucun enfant illégitime trouvent difficilement un prétendant car on suppose qu'elles sont victimes de stérilité.

En ville, les choses sont nettement plus compliquées... Nous ne passerons pas ici en revue tous les cas où des mères de niveau inférieur – souvent ivrognes – des prostituées, des nymphomanes et autres ont commerce avec des hommes et donnent le jour à des fruits qui finissent dans des asiles ; ce qui témoigne en faveur de la nécessité d'une hygiène raciale. Le danger représenté pour la postérité de relations sexuelles de ce genre, mêmes légitimes, est donc bien plus grand pour le bien du peuple en général. Personne n'osera mettre au même niveau les produits affligeants de ces mariages avec des enfants sains et pourtant illégitimes.

On en est donc amené à conclure qu'à un niveau purement biologique et héréditaire, les enfants issus d'un mariage conclu légalement ne peuvent être considérés comme supérieurs aux enfants illégitimes.

L'enfant illégitime n'est pas le seul à être méprisé par plus d'une classe ; c'est avant tout la mère illégitime qui est victime du dégout de l'homme ordinaire borné. Ces femmes qui font profession de leurs relations illégitimes et ces autres chez lesquelles OR suppose la même chose ne se retrouvent jamais enceintes parce qu'elles disposent de la technique et de l'expérience nécessaires pour l'éviter. Ce genre de femmes n'a pas le moindre droit d'être mieux considéré parce qu'elles n'ont pas d'enfants, qu'une jeune femme qui met au monde un enfant, peut-être par suite d'un authentique amour et par ignorance des « divers moyens ».

Le problème des grandes villes nous saute principalement aux yeux où des centaines de milliers de gens vivent entassés sur des petits espaces.

La question des naissances illégitimes y est surtout un problème social. Comme l'histoire du passé nous l'enseigne, tous les systèmes politiques n'avaient pas la possibilité de résoudre le problème social et le national-socialisme eut donc aussi la mission de donner à l'enfant illégitime la place qui lui revient dans la communauté populaire sans dévaloriser le mariage.

Jusqu'ici, toutes les réformes sociales n'ont pas été à même de réunir les « classes » en une communauté ; au contraire, avant 1933, les socialistes et les démocrates profitaient de la création d'antagonismes extrêmes entre les classes sociales. De cette époque aussi vient le mot de « déclassé » qu'on applique à l'enfant illégitime.

Cette situation intolérable ne peut pas être maintenue dans notre communauté populaire ; car ce qui prime tout, c'est l'existence future du peuple et malgré l'actuelle augmentation des naissances, il n'est pas certain que nous pourrions nous passer numériquement des enfants illégitimes.

Nous ne prenons pas fait et cause pour les relations illégitimes et leurs conséquences ; mais il est certain qu'avec l'élévation de la position sociale de l'enfant illégitime, un très grand pas a été fait pour limiter les multiples infractions commises contre les règlements concernant l'avortement, ce qui fit gagner au peuple des naissances et fit diminuer le nombre des cas de maladies féminines.

On accuse souvent les enfants illégitimes de jouer un rôle considérable dans les statistiques policières. Dans presque tous les cas, cela tient au fait que les mères illégitimes ont une profession et ne peuvent se consacrer, pour des raisons matérielles, à l'éducation de leurs enfants. Maintenant, la mère se consacre à son enfant Ni les parents de la femme, ni les parents de l'homme, ni le père physique lui-même ne remplacent la mère. Même quand les grands-parents s'occupent avec soin de l'enfant, dans 90 % ce dernier est gâté, dorloté et finalement il considère toujours sa mère comme une femme qui ne cède pas pour des raisons pédagogiques et qui est donc « sévère ». On fait avec raison la même critique en ce qui concerne l'absence du père.

Quelle que soit la façon dont on considère l'affaire, nous n'avons aucun droit moral de refuser le respect à l'enfant illégitime ainsi qu'à la mère et de leur allouer un rôle secondaire dans la communauté populaire.

Le but de nos efforts doit être de faciliter le plus largement possible la conclusion de mariages grâce à une aide financière. L'adoption est la deuxième solution pour éduquer l'enfant illégitime et en faire un membre valable de la communauté nationale. Mais il n'en sera question que si la mère accepte librement de laisser son enfant entre de bonnes mains parce qu'elle sait qu'elle ne peut pas l'élever elle-même.

CAHIER DE LA SS N°2. 1938.

POURQUOI TOUJOURS PARLER D'UN « ARBRE GÉNÉALOGIQUE » ?

L'instructeur entra dans le bureau de la section. À peine eut-il lâché le loquet de la porte que le camarade le plus proche se tourna vers lui : « Franz, je t'ai apporté mon arbre généalogique, veux-tu le voir ? »

Ce terme d'« arbre généalogique » obsède le généalogiste. Il en entend parler chez ses connaissances, dans la rue, dans son milieu de travail, par ses supérieurs et dans ses cercles d'amis. En quelques années, c'est devenu un concept très répandu en Allemagne. Mais dans la plupart des cas, il est *mal* utilisé !

Tous nos camarades l'utilisent sans doute de cette façon inexacte quand ils veulent fournir la preuve de leur origine. L'attestation d'origine que l'on demande est effectuée par le relevé et le recensement de tous les ascendants directs. Comme on utilise aussi la désignation ancêtres pour dire ascendants, la mauvaise expression d'« arbre généalogique » doit donc signifier de façon exacte : *attestation ancestrale*. Cette attestation comprenant le candidat, ses deux parents, les quatre grands-parents etc. est représentée sous la forme d'un tableau sommaire que l'on nomme « tableau des ancêtres ». Il n'a *rien à voir* avec l'arbre généalogique.

Si le tableau des ancêtres est celui du candidat, c'est-à-dire du procréé, alors l'arbre généalogique montre les descendants d'un procréateur précis, de l'aïeul. L'aïeul engendre des enfants, ceux-ci à nouveaux des petits-enfants et d'autres descendants que l'on appelle généralement « lignée », dans la mesure où ils transmettent tous le même nom que l'aïeul. Un « arbre généalogique » (commençant à partir du plus ancien en bas) montre une lignée sur des siècles avec toutes ses branches. Quand on imagine la disposition des membres de cette lignée sous la forme d'un tableau précis (commençant à partir du plus ancien en haut), on obtient le « tableau généalogique ».

Le tableau des ancêtres et le tableau généalogique sont des types de représentation de deux genres de considération généalogique différents auxquelles s'ajouta plus tard le tableau de parenté et de descendants. « L'arbre généalogique » n'est rien d'autre qu'un « tableau généalogique » inversé, qui est cependant conçu et dessiné avec un accent marqué pour l'esthétique.

Pourquoi est-ce précisément « l'arbre généalogique » qui désigne (à tort) tant de représentations généalogiques différentes dans la bouche de tous les gens ? Peut-être une brève étude de son histoire peut nous aider à expliquer ce fait.

Il existe certains vieux « généalogistes » qui ont soulevé la question de savoir si l'arbre généalogique est d'origine « allemande », « catholique romaine » ou « orientale ». Cette question va au cœur du sujet tel que nous le voyons en fonction de la considération raciale de l'Histoire. Demandons-nous d'abord où il apparut pour la première fois sous la forme d'une représentation des rapports généalogiques. Cette question trouve sa réponse : on trouva les premiers exemples d'« arbres généalogiques » dans des manuscrits d'Europe centrale du XIème et du XIIème siècles. Ces miniatures – dessin à la plume ou peinture- ont différents contenus généalogiques, d'abord sous la forme d'une esquisse d'arbre généalogique qui évoluera toujours plus vers la forme d'un arbre.

Table de consanguinité
Modène, bibliothèque ecclésiastique. I, 17.

La plupart de ces « arbres » ne sont pas des arbres généalogiques au sens propre du terme, c'est-à-dire des représentations figuratives de lignées définies de façon historique comportant des détails pour chaque branche. Ce sont surtout des genres évolués de « tables de consanguinité », c'est-à-dire des vues générales sèches, schématiques, établies par des juristes catholiques romains pour des questions de droit d'héritage et de mariage. L'illustration n• 1 montre l'une de ces tables de consanguinité, c'est-à-dire une « vue d'ensemble de la parenté biologique » tiré d'un manuscrit du IX· siècle de Modène, en Italie du Nord. Le schéma va du centre vers le bas : les enfants, les oncles, les grands oncles, etc. ; avec tous les parents en ligne collatérale du côté paternel et maternel. On peut ainsi déterminer le degré de parenté.

Malgré cela, ce dessin n'est pas conforme à l'esprit d'un « arbre généalogique » en bas duquel se trouve le plus ancien de la lignée ;

cependant, nous pouvons facilement imaginer qu'un arbre superbe a vu le jour à partir de cette ébauche, comme le montre l'illustration n°2.

Nous voyons la même tradition exercer son action sur cette évolution de la représentation des « arbres », de même que nous voyons aussi son influence sur l'actuelle dénomination des différentes tables et formes généalogiques en tant qu'« arbres généalogiques ».

À part ces « faux » arbres, il y a aussi – dès 1100 environ – des arbres qui sont conformes au concept actuel d'arbre généalogique. Comme magnifique exemple, on peut indiquer l'arbre généalogique de l'ancienne maison guelfe qui, quoique encore quelque peu confus, est cependant un arbre digne de ce nom. Ce dessin constitue l'archétype de tous les arbres généalogiques suivants. La plupart des arbres généalogiques de cette époque représentent la lignée d'Isaïe dont le membre le plus connu était Jésus-Christ de Nazareth. Les diverses représentations du « rameau d'Isaïe » expliquaient aux tribus allemandes à peine christianisées de cette époque, que le Christ, fondateur religieux, provenait d'une vieille lignée célèbre à laquelle ont appartenus des rois, prophètes, etc. Ces efforts faits pour montrer que le nouveau dieu est porteur d'un sang pur nous rappellent les récits de « l'Heliand » (le sauveur) qui tentaient de faire accepter le Christ comme roi allemand aux peuples germaniques apparemment pas très enthousiastes. Comme exemple, citons un manuscrit salzbourgeois (vers 1130) sur le « rameau d'Isaïe ».

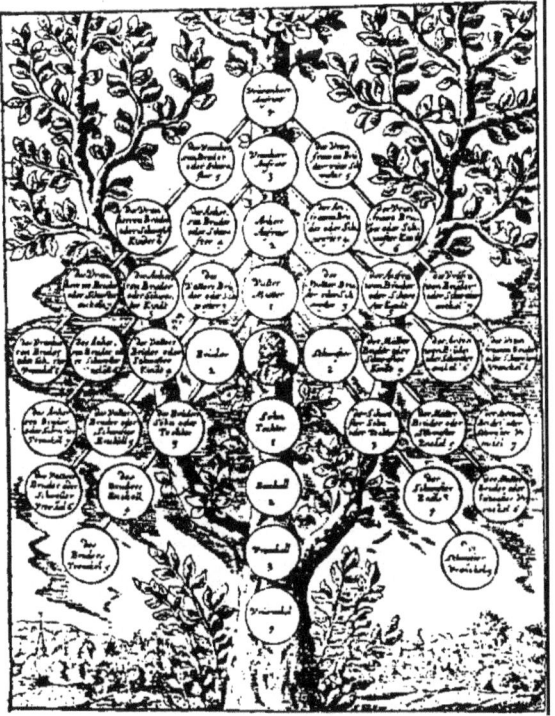

Arbre généalogique provenant du règlement juridique de Jül-Berg.
Düsseldorf 1696.

À propos du « rameau d'Isaïe » et des quelques arbres du XIIème siècle qui furent conservés, il s'agit d'authentiques arbres généalogiques au sens propre du terme ; cependant, la table de consanguinité déjà citée nous prouve que la représentation graphique de l'arbre traduit aussi d'autres relations de ce type. Dès le XIIème siècle, des notions diverses sont représentées sous forme d'arbre dont le contenu est totalement différent et ne s'en rapproche que par le fait de la parenté. Toutefois, la forme de l'arbre n'est nullement adaptée à la nature de ces représentations. Elle leur est même souvent totalement contraire. L'Allemagne et les pays limitrophes ont donc eu une préférence particulière pour l'arbre symbolisant les degrés de parenté. Cette préférence qui marque l'ancien passé germanique implique un travail de recherches considérable qui, comme dans d'autres domaines, est aggravé par l'absence de sources ayant disparu pour la plupart. La forme d'expression parfaitement reconnaissable qui traduit certains degrés de lignages symbolisée par l'image de l'arbre, attire directement notre attention sur l'importance que l'arbre avait pour les Germains, ce que nous livrent aussi d'autres témoignages. La popularité encore vivace aujourd'hui de l'expression « arbre généalogique » s'explique par la prise de conscience générale de l'importance de ces rapports biologiques.

Le rameau d'Isaïe. Antiphonaire de St Pierre, Salzbourg, folio383, de la publication de Lind, Vienne 1870, tableau 18.

CAHIER DE LA SS N°5. 1944.

COMMENT NAQUIT MON LIVRE DE FAMILLE

Je repense au nombre d'années que je passe à confectionner mon livre de famille. Lorsque cela a débuté, j'allais encore en classe. C'était au cœur de la Première Guerre mondiale. Peut-être un vieux paysan, aiguisant sa plume d'oie, remplissait-t-il avec une écriture malhabile d'une main lourde un vieil in-folio en cuir de porc qu'il avait hérité, et donna-t-il ainsi naissance à un livre rédigé sous forme de chronique. Il se passa vingt-cinq ans avant que je n'acquiers ce livre. Pourtant, que personne ne s'effraye à la vue d'une si longue période ; je mentionnais ce fait pour montrer qu'a priori un livre de famille, une chronique familiale s'élaborent lentement, qu'on ne peut les créer subitement et qu'ils auront à chaque fois une apparence différente. Aucune chronique familiale ne ressemblera à une autre, et si je fais une esquisse de la structure de ce livre, ce n'est qu'un plan de travail, une présentation de la façon dont mon livre de famille a vu le jour.

Au départ de tout livre de famille, on trouve le carnet des ancêtres. Il dresse le canevas des noms et des dates, plus quelques données professionnelles. Il faut ensuite que ce cadre prenne vie.

Telle personne commencera à réunir des titres, à rassembler des textes et des lettres, le tout étant complété par des portraits. Telle autre constituera un ensemble de cartes d'ancêtres où elle ajoutera régulièrement tout ce qu'elle pourra progressivement apprendre sur ses ancêtres. Une troisième rédige un livre et y note pêle-mêle les résultats de ses enquêtes. D'autres encore auront une autre façon de voir mais elles poursuivent toutes le même objectif : conserver ce qu'elles trouvaient pour les transmettre aux enfants et aux petits-enfants. Bien des lecteurs de ces lignes auront déjà opté pour l'une ou l'autre de ces méthodes.

En ce qui concerne la naissance de mon livre de famille, je dois reconnaître que je ne me souviens plus du passé, mais seulement de l'histoire de ma famille. Je ne considérais – inconsciemment au début mais avec une clarté croissante – la famille que comme une branche de la nation, et mon aspiration était de *refléter le peuple au travers de l'histoire de la famille*. Si j'avais pu prévoir les difficultés que cette tâche représentait, je ne sais pas si j'aurais eu le courage de l'entreprendre.

Comme tout autre l'eut fait, je commençai par collecter les dates et les noms les plus simples. Mais j'essayai aussi de suivre les traces des traditions orales du passé qui étaient parvenues jusqu'à moi, et j'allai de surprise en surprise ; sans doute ces premiers résultats encouragèrent- -ils ma motivation. Mais personne ne doit se laisser abattre s'il ne trouve encore rien ; les obtenir demande souvent du temps, puis ils affluent ensuite d'autant plus abondamment.

Je m'intéressais d'abord à la branche des noms paternels, puis maternels. Ensuite je comblais les intervalles. Je rassemblais tout ce que je pouvais trouver comme lettres, je notais les histoires et les anecdotes (en ennuyant plus d'un ancien du cercle familial par mes demandes). Lentement, l'ensemble s'étoffait et prenait forme. De vieux dossiers administratifs apparaissaient dans les archives, toutes sortes de détails provenant des registres de paroisses livraient des traits de caractère personnels. Je visitai les lieux où les ancêtres avaient vécu, les églises dans lesquelles ils avaient prié, les fermes qu'ils avaient possédées ; je pris des photos de tous ces endroits. Dans un petit cimetière de village, j'ai trouvé six pierres tombales aux inscriptions presque illisibles ; mais près de ces pierres poussaient les plus beaux tilleuls que j'aie jamais vus, et comme on était en juin, ils fleurissaient constamment, enveloppés dans l'exhalaison odorante et le bourdonnement des abeilles en une merveilleuse parabole de la vie plus forte que ce qui est périssable. Ainsi passèrent les années. Les tiroirs de mon bureau se remplissaient de matériel. Je pouvais à peine avoir un aperçu général de l'ensemble des recherches qui m'apportaient toujours de nouveaux renseignements (la recherche généalogique, on le sait, n'a jamais de fin). Mais il me manquait encore la *forme* qui devait circonscrire cette substance.

Quel est l'individu qui n'a jamais entendu parler des vieilles chroniques familiales transmises de génération en génération ? Il me fallait d'abord réécrire une chronique relatant toutes les expériences faites par les ancêtres, et laisser la possibilité d'y rajouter constamment des détails nouveaux. Là résidait la difficulté majeure : une chronique n'est jamais terminée. Il survient toujours un événement, soit qu'on veuille apporter un témoignage ou, que plus tard, les enfants et les petits-enfants veuillent le faire. J'ai eu plus de mal à trouver la solution adéquate que de me livrer à toutes ces recherches durant ces longues années.

Puis j'expliquai les raisons pour lesquelles je voulais écrire cette chronique. Je voulais présenter à mes enfants leurs ancêtres et le pays de ceux-ci, la patrie et sa vie. Et je sus soudainement ce que je devais faire : *Je devais adopter le ton de la simplicité.*

Donc, je commençais. Mais par où ? Songeant aux vieilles sagas, j'attaquais avec les époques anciennes. Je me mis à raconter l'histoire des géants de glace s'effondrant et l'apparition du pays, surgissant de l'eau émaillée de la mer du Nord et de la mer Baltique. Je décrivais les flots des glaciers étant avalés par les vallées et la naissance au cœur de tout cela d'une belle tache de terre : la patrie des ancêtres. J'évoquais la préhistoire jusqu'à l'apparition de ces derniers. Le pays et les hommes prenaient vie par l'intermédiaire de leurs contes et légendes que je relatais. Les comptes rendus remplis de détails sur des ancêtres précis ou sur des groupes d'ancêtres se terminaient toujours par des illustrations de la patrie, du genre : « Mon père parle de Peter Pück », ou « la grand-mère J. et l'histoire des mille thalers », ou « la vieille maison et la grille diabolique de St Marien ». Et sur la page de titre, je mis ces mots :

> Livre de la maison et des ancêtres des enfants Metelmann
> Récits et portraits de la vie de leurs ancêtres, accompagnés de nouveaux contes et légendes de la patrie.
>
> Pour être lu à haute voix remis à leur mère par leur père

Maintenant, j'avais donc trouvé la forme. Il manquait encore *l'apparence extérieure* définitive. Mais celle-ci s'ensuivait logiquement : Je me fis confectionner un classeur contenant les feuilles proprement écrites, les portraits soigneusement collés et en conclusion un arbre généalogique résumé sous forme de liste. Les pages ne sont pas numérotées afin de pouvoir insérer d'autres chapitres ou de nouveaux récits. L'ensemble est parfait et magnifique. Le voir et le lire représente la joie de tous. Il y a deux ans, le « livre de la maison et des ancêtres » reposait sous l'arbre de Noël : on ne compte plus les fois où il a été donné à lire aux enfants. Et si Dieu le veut, de nombreuses générations auront encore la joie de le feuilleter et même d'y inscrire leur vie et celle de leur famille, restant ainsi fidèles à l'esprit de notre grande patrie allemande.

Cahier de la SS n°7. 1944.

Comment doit s'appeler notre enfant ?

Déjà bien des semaines avant la naissance d'un fils ou d'une fille, les parents se préoccupent de savoir quels prénoms ils doivent leur donner. Jusqu'ici, la tâche consistant à choisir un prénom était prise tellement à la légère que la future mère regardait un calendrier chrétien et choisissait quelques prénoms de filles et de garçons qui lui plaisaient. Elle veillait à ce que ces prénoms soient en usage dans la région et chez la famille, et on voyait inscrits sur les bulletins suivants : Fritz, Hans, Klaus, Karl-Heinz, Peter pour un garçon et Ursel, Gisela, Annemarie, Bärbel ou Gerda pour une fille. Elle se concertait ensuite avec le père. Celui-ci examinait encore le calendrier et ajoutait son choix, puis ils tombaient d'accord sur deux ou trois prénoms selon les caractéristiques, la couleur des cheveux des enfants attendus ou l'« air » de famille. Les prénoms restants n'étaient pas écartés mais seulement tenus en réserve.

Les parents ont effectivement bien réfléchi et pourtant, ils ont peu pensé. Ils ne savaient pas que les prénoms possèdent tous une origine historique et une signification particulière.

Dans le dossier de la mère dont nous parlons, on trouve, certes, des prénoms couramment usuels, pourtant ils ont tous une signification différente. Fritz est une forme abrégée de Frédéric, un vieux prénom allemand, et est formé de deux syllabes germaniques « frid » et « richi ». Frid s'apparente à « froh » (joyeux) et « frei » (libre). « Fro » est l'ancienne désignation de l'homme libre, le seigneur ; « Frowe » signifiait la femme libre, la souveraine. « Frédéric » est un homme qui est riche en puissance garantissant la paix. Le fait que nos ancêtres aient créé des prénoms si magnifiques à une époque préchrétienne prouve qu'ils possédaient une grande éthique naturelle.

Quand nos parents envisageaient tout à fait consciemment de donner à un fils le prénom de Frédéric, ils lui conféraient ainsi un prénom : chargé de sens, distinctif d'un esprit, d'une qualité particulière qui allait suivre l'enfant. Ernst Wasserzieher écrivait dans son petit livre *Hans et Grete* : « Depuis l'époque des Hohenstaufen, le prénom Frédéric est extraordinairement apprécié à cause du souvenir des figures légendaires de Frédéric Barberousse et Frédéric II, et remis au goût du jour depuis Frédéric le Grand, le Vieux Fritz. »

Mais lorsqu'on donne actuellement le prénom allemand Fritz, on ne pense pas à son origine et à sa signification, de même que pour le prénom Hans ou d'autres. Il est clair que « Hans » n'est qu'une forme abrégée et « germanisée » du « Jean » hébraïque. Jean signifie « Jéhovah est clément ». Tous les prénoms bibliques commençant avec « Je »et « Jo », comme Jérémie, Joachim, Job, Jonas, Joseph, contiennent en abrégé dans ces syllabes les deux prénoms du dieu juif Jéhovah et Jahvé. D'où provient Klaus ? Klaus est la forme abrégée de Nicolas, dont l'origine n'est pas non plus germanique mais grecque. Karl-Heinz ? Aussi bien Karl (Charles) que Heinz (Henri) sont de très anciens prénoms allemands. Charles caractérise un « Kerl » (individu capable), l'homme libre de classe non chevaleresque, le paysan libre sur son domaine héréditaire. Henri vient de Hagenrich (l'enclos riche), le seigneur d'un domaine entouré de haies.

Pierre est un prénom chrétien largement répandu que l'on trouve encore plus fréquemment dans les refrains. Pierre vient de Pétrus, le rocher, un prénom romain, qui s'ajoute à celui de l'apôtre Simon en tant que premier pape.

Le prénom hébraïque Michel semble particulièrement courant. De nombreux citoyens croient qu'ils appellent leur fils comme l'archange « invinciblement fort », lui donnant donc un prénom particulièrement moderne. Mais donner des prénoms étrangers aux enfants ne peut être que néfaste aujourd'hui, car ils grandissent à une époque où l'on s'efforce de retrouver ses origines et ils interrogeront leurs parents plus tard avec peine : En 1944, onze ans après la Révolution nationale-socialiste, comment pouviez-vous encore nous donner des prénoms juifs ?

Expliquons ce que signifient les cinq prénoms choisis par la mère : Ursula est latin et signifie « la petite ourse ». Ce prénom est devenu à la mode à cause de son timbre harmonieux. Bärbel, une forme gentillette de Barbara, est d'origine grecque et signifie « l'étrangère » (la barbare). Annemarie est juif dans ses deux composants. Il existe tant de si magnifiques prénoms germaniques que nous n'avons pas besoin de manifester notre ignorance en donnant aux jeunes filles de notre peuple de pareils prénoms et ces centaines de sobriquets à la mode comme

Mieke, Mia, Maja, Ria, Mimi, Miezl, Anke, Anne, Antpe, Annchen, etc. La même chose est valable pour les prénoms orientaux courants comme Margarete et ses formes abrégées de Marga et Grete.

Sur dix prénoms, notre mère a donc choisi six prénoms étrangers, en majorité juifs et seulement quatre germaniques.

Après avoir critiqué ce choix irresponsable tel qu'il y en a eu (et qu'il y en aura toujours), nous devons maintenant présenter les points caractéristiques suivants permettant de choisir des prénoms qui correspondent à notre race et à notre espèce :

1. Les prénoms ou formes usuelles définissent un type racial et national particulier ; ils expriment une espérance et un désir liés à la destinée des générations futures. Ils expriment la connaissance de la valeur du caractère, la conscience de l'identité du clan, du peuple et de Dieu.

2. Notre devoir est de donner des prénoms caractéristiques à nos enfants et de mettre un terme à la tradition persistant encore ici et là de choisir des prénoms étrangers.

3. Chaque prénom possède son origine et sa signification ethniques précises. Nous différencions principalement les prénoms nord-germaniques (Harald, Sigurd, Astrid, Thora), allemands (Albert, Heinrich, Gertrud, Irmgard), romains (Anton-ius ; Martin-us, Pet(e)r-us, Agnès, Klara), grecs (Georg, Eugen, Lydia, Monika) et juifs (Jakob, Joachim, Johann, Joseph, Mathias, Michael, Thomas, Anna, Elisabeth, Eva, Edith, Gabriele, Magdalena, Martha, Maria, Suzanne).

4. Le prénom doit s'accorder avec tous ceux de la patrie des parents. En Frise on affectionne d'autres prénoms qu'en Bavière. Le prénom doit exprimer l'ethnie. On comprend donc qu'il soit important de se renseigner sur la signification du prénom avant de le donner à son enfant. (Un numéro spécial « Noms caractéristiques » a été publié par le SS-Hauptamt. Des cercles et des professeurs de diverses régions y donnent des renseignements.)

5. Le prénom doit être en harmonie avec le nom de famille pour constituer avec lui un ensemble organique. Mais ce n'est pas toujours possible étant donné que beaucoup de noms de famille ont guère de signification. La consonance a aussi un rôle à jouer.

6. La coutume consistant à redonner aux enfants le prénom de leurs ancêtres (grands et arrières grands-parents) est saine. Le prénom constitue un devoir ancestral pour l'enfant, héritier de l'ancêtre. Lorsque le père et le fils portent le même prénom, des confusions sont facilement possibles. Mais le fils portera avec fierté le prénom du père décédé. En choisissant des prénoms de lignées collatérales, s'exprime le souhait d'une relation familiale classique ; tandis que les prénoms de famille ou

de clan expriment la plus étroite parenté de sang qui se traduit sous la forme d'une communauté homogène. Le prénom permet d'influer sur le devenir, donc de déterminer quelle pourra être l'évolution de l'héritage biologique. C'est ce qui constitue la difficulté majeure dans le choix du prénom. Cela suppose une connaissance des caractéristiques héréditaires du clan, qui pourra nous permettre aussi de créer de nouveaux prénoms si l'on ne veut pas que la remise de prénoms ne soit plus adaptée à l'évolution de la vie.

7. À la place des formes abrégées devenues usuelles, on devra choisir à l'avenir des prénoms complets qui seront utilisés, à part les sobriquets en usages dans les cercles familiaux.

8. Les doubles prénoms (Karl Heinz, Ernst Dieter) n'acquièrent tout leur sens que s'ils désignent le degré de relation avec le parrain. On doit sensibiliser les enfants à ces questions lors de leurs futurs anniversaires. Lorsqu'il y a des noms composés avec Bauer, Müller, Schmidt, etc., l'emploi de plusieurs prénoms est souhaitable. En revanche, la transcription de plusieurs prénoms sous une forme unique est à proscrire (Karlheinz ou autre).

À présent que nous vivons une époque où le peuple reprend conscience de ses origines raciales, le choix du prénom n'est plus une affaire arbitraire. À travers la remise du prénom, notre conception du monde exprime que l'individu représente un maillon dans la chaîne des générations de son clan et une branche de l'arbre de vie constitué par son peuple. Le prénom forme aussi bien un vœu dans ce sens qu'un lien biologique. La remise du prénom constitue un degré dans le réveil progressif du peuple et lorsque tous les Allemands porteront à nouveau des prénoms allemands, on pourra conclure que le choix matrimonial ainsi que la protection des familles ont recouvré leur caractère prioritaire et leur droit à la considération.

Que le nom soit l'expression de l'espèce !

CAHIER DE LA SS N°3. 1944.

LE CIMETIÈRE-JARDIN

Derrière nous se trouvent les étendues infinies et épuisantes de la Russie, devant nous le paysage exigu de la patrie. Dans le train de permission du front, les lettres trouvent mêlés en leur sein les souvenirs des efforts souvent surhumains fournis lors de batailles entreprises pour sauvegarder une terre allemande à l'est, la vie de famille simple, le village vert, l'arbre isolé sur l'allée champêtre, le murmure du ruisseau serpentant à travers les prés, la forêt frémissante et la haie pleine de fleurs et d'oiseaux dans leurs nids. Hans de Brandebourg recevait une lettre de sa femme qui lui disait que le cerisier à gauche de la fenêtre de la chambre à coucher semblait couvert de givre tellement il fleurissait ; Toni Wieser apprenait qu'un millésime de 43 fruité a demandé beaucoup d'efforts et de travail dans la vigne ; le fils de Schulte de la Terre Rouge lui disait qu'il est assidu et aide à nourrir le bétail ; Draxler de Tannensteig pouvait être content ; sa mère l'informait que la maison reluit et qu'elle se réjouit de sa venue ! J'aime la Marche et je ne voudrais vous frustrer pour rien au monde, vous qui aimez votre pays souabe plus que tout, ou vous qui vous sentez vraiment chez vous en Silésie. Chacun de nous insuffle la vie à la région dans laquelle il est né, non seulement au sens physique, mais aussi au sens spirituel. Les générations précédentes de la famille dont nous sommes issus modelèrent notre pays et marquèrent ce bout de terre de leur caractère et de leur force. Celui-ci rayonne aujourd'hui, féconde notre être et contribue à l'épanouissement magnifique de toutes nos qualités.

Arrivé à la maison, on fait un tour d'horizon pour voir si tout se trouve encore comme on l'a laissé. « Pourquoi avez-vous coupé le grand arbre, là-bas sur la hauteur ? Pourquoi les fruits sont-ils si véreux ? Je me rappelle parfaitement avoir mordu gaillardement dans une pomme aux joues vermeilles provenant de l'arbre derrière l'étable. Qui a construit ce cimetière dépouillé, sans arbre ni buisson, où ne gazouille aucun oiseau, sans murs, mais nu et découvert, exposé à tous les regards, que seule une clôture protège des intrus profanateurs ? Toutefois, c'est une bonne chose que vous ayez mis des nids là-bas derrière le grand tilleul ! Les oiseaux pourront de nouveau nicher et contribuer à détruire la vermine. La femme a eu beaucoup de travail, pourtant le garçon et la fille ont travaillé dur car le père qui se bat au loin si bravement pour nous doit être pleinement satisfait et heureux.

— Dis-moi, femme, cela me tracasse de savoir qui a arrangé le cimetière avec aussi peu de goût ? Tu sais, j'ai vu tomber beaucoup de camarades et je leur ai promis à tous de leur garder une place dans mon cœur, comme ils en ont profité durant leur existence. Cependant, le village ne semble pas entendre leur demande : « Ne nous transformez pas en ombres graves, laissez-nous le doux parfum de la sérénité qui planait au-dessus de notre jeunesse comme un éclat brillant ! Vous les vivants, donnez à vos morts le droit de retour, que nous puissions rester parmi vous dans les bons comme dans les mauvais jours. Ne portez pas notre deuil au point que chaque ami doive s'effaroucher de bavarder et de rire à notre sujet. » Sais-tu que le cimetière-jardin devrait être beau au point que l'on aime volontiers côtoyer les morts. N'importe quel emplacement peut convenir pour ce genre de cimetière, en haut près du grand tilleul, ou le tertre qui se trouve là-bas à la sortie du village, ou là en face, sur l'ancien lit escarpé de la rivière : mais il doit, là où il se trouve, être en relation privilégiée avec le village et devenir une composante de la beauté régionale, comme les anciens tumulus ou certaines petites chapelles. Je compare cela à la description faite par Walter Flex dans « Voyageur entre deux mondes » : « Sur la hauteur du lac de Lemno, je décore une tombe de héros. Deux tilleuls au-dessus de lui comme des gardiens tranquilles, le bruissement proche des forêts et le scintillement lointain du lac le protégeaient. Le Soleil et les fleurs d'été fleurissaient en abondance dans les jardinets paysans aux alentours. Le garçon joyeux et solaire devrait avoir une tombe faite de Soleil et de fleurs. » Car, vois-tu, notre devoir n'est pas simplement d'enterrer les défunts qui nous ont légué ce beau village ; nous devons aussi les honorer avec fierté. Les gens constamment apathiques et ceux qui sont avares de leur temps ne peuvent avoir le droit à la parole lors du choix des emplacements, mais uniquement ceux comme cette vieille mère que j'ai rencontrée dans un omnibus bondé. La fatigue et la route ne l'effrayait pas et elle venait de la Prusse orientale pour rendre visite à son garçon à l'hôpital d'Innsbrück. Le cimetière-jardin avec ses emplacements doit s'inscrire dans la vaste étendue naturelle où l'on sent la respiration de l'éternité. Les enfants étant rapidement mis au lit, maintenant je vais parler de mes motivations et de ce qui doit tous nous préoccuper.

— Nous devons nous faire à l'idée qu'il y aura des devoirs au sein de la communauté que nous ne pourrons plus déférer à un « professionnel » qui en tire profit. Nous avons tous constamment des devoirs sacrés – que chaque individu doit accomplir sérieusement, avec amour et la même chaleur et qui ne peuvent être laissés à personne d'autre. L'entretien et la surveillance de ce cimetière pour nos morts et ceux qui sont tombés constituent ce devoir sacré. Vois-tu, nous devrons donc tous nous rassembler à l'avenir dans le village pour réaliser ce cimetière.

— Je pense que tu as dû souvent ressentir différentes émotions suivant la nature des espaces où tu te trouvais. Un camarade architecte m'expliquait cela en tant de paix : « Certains rapports de proportion suscitent déjà différents états d'esprit, en nous, humains : le sentiment profane ou la solennité. Un espace plus long ou plus haut évoque en nous des émotions plus solennelles qu'un théâtre, même s'il est surchargé de décors, parce qu'un espace équilatéral fait naître un sentiment de tranquillité et d'agrément, donc incite plus souvent au repos qu'au mouvement. Mais le présent, le passé et l'avenir jouent un rôle essentiel dans la grande fête de la vie. Par ses pensées, l'homme retourne du présent dans le passé et s'élance vers l'avenir. Il se trouve en mouvement. Physiquement et moralement l'homme est mis en mouvement dans un long espace comme un péristyle ou la nef d'une grande église. La hauteur et la longueur d'un espace peuvent produire un état de recueillement chez les hommes dans le quotidien, en fonction du rapport de proportion suivant : 2/3 pour le cimetière-jardin dans lequel le présent et l'infini se rencontrent. »

— Comme le camarade avait encore beaucoup d'autres choses intéressantes à raconter sur le cimetière de notre village, je te narre tout ce qu'il m'a dit : Le contenu et la forme du cimetière-jardin sont déterminés par la plus petite unité formelle, la tombe, qui ne doit jamais avoir la forme d'un triangle ou d'un cercle. Les rhombes, les étoiles, les croix produisent un effet particulièrement puissant sur la planche à dessin, mais dans la nature, ils modèlent les espaces de façon absurde. Ils ne sont pas vécus par l'homme sous la forme souhaitée parce qu'il ne chemine pas dans les nuages, mais sur Terre.

Dans l'avenir, l'apparence des cimetières et des mémorials devra être conçue dans un esprit d'extrême simplicité. Les signes créés par la main de l'homme doivent s'insérer de façon ingénieuse dans la nature environnante pleine de caractère. Lieu de souvenir pour les morts d'un village.

— Le cimetière-jardin recèle l'homme, l'arbre et l'éternité. L'arbre forme un intermédiaire entre celle-ci et la génération. Il devient l'arbre des ancêtres dans le champ ou le cimetière du village quand ses branches veillent sur une lignée. Côte à côte, les hommes se trouvent en étroite communauté, sans différence, sous le gazon. Le tumulus doit s'élever à dix centimètres au-dessus du niveau du sol. Le meilleur emplacement pour un individu, pour autant qu'il ne soit pas rendu obligatoire, n'est pas déterminé par la richesse mais seulement par la renommée et la respectabilité d'une famille ou d'un individu. La commune se charge des frais pour une période d'au moins 25 ans et pour celle où les descendants participent à l'entretien de la tombe. Vois-tu, c'est ainsi que naîtra notre cimetière-jardin où le rang et la valeur de la tombe n'ont absolument pas d'importance, mais seulement la plante et son entretien, car un jardin sans fleurs n'est pas un jardin. Des fleurs spécifiques au pays doivent nous réjouir par la beauté et la diversité des couleurs et des formes. La grande quantité de plantes de serre entassées dans des parterres effraye l'œil qui espérait voir dans le cimetière une prairie de fleurs, certes aux espèces multiples, mais intimement choisies. Dans un endroit où le sens olfactif de l'homme est privilégié par rapport à sa vision, des espèces de fleurs colorantes doivent susciter le calme dans son cœur par leur parfum captivant.

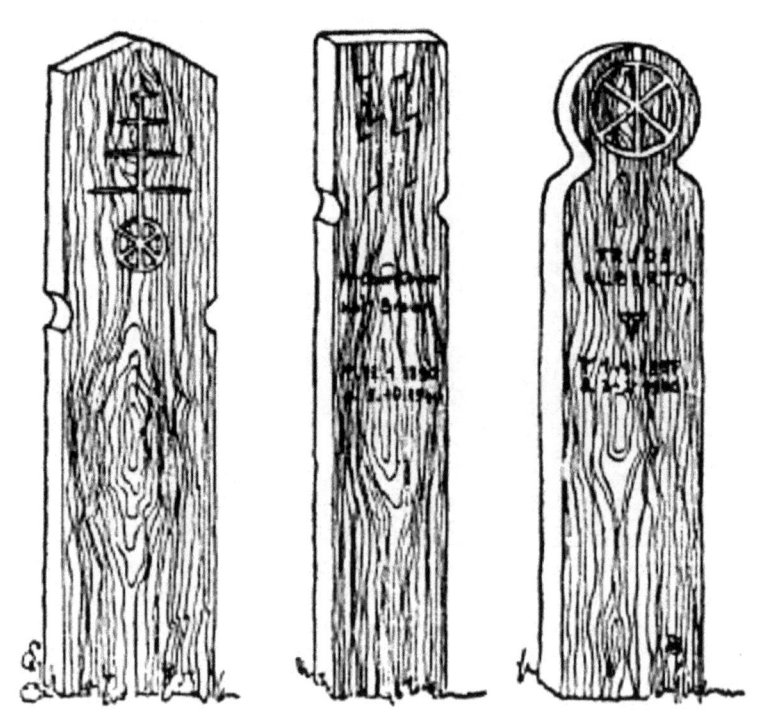

Esquisses de Klaus Störtzenbach pour de nouvelles plaques tombales.

La stèle se trouvant au cœur de ces prairies remplies de fleurs symbolise l'homme.

La tombe renferme la mémoire de centaines d'instants d'une vie et efface toutes les querelles.

Elle représente l'homme dans son accomplissement final. Elle évoque aussi bien la perspective révolue de l'homme qui pouvait atteindre l'âge mûr, que celle de l'individu qui devait vivre encore de nombreuses années. Sans faire de grandes dépenses, chacun de nous peut graver avec un simple ciseau des signes de vie, des motifs solaires que sont la roue solaire et la croix de saint André. L'arbre de vie nous enseigne que la vie, même si elle s'éteint, vient toujours puiser de nouvelles forces auprès de la vieille lignée. La tombe ne s'adresse pas au monde, mais à un, deux, trois, quatre, cinq, ou six hommes qui se trouvent en étroite parenté physique ou morale avec le mort, car l'inscription n'est plus un simple texte, mais un dialogue. Ainsi, le calme régnant dans ce cimetière-jardin devient en quelque sorte un mouvement parfait en soi, où les symboles se côtoient sous une forme tangible ; aucun n'étant supérieur à l'autre, de même que l'homme ne se différencie plus de son voisin.

La stèle en bois sera toujours plus haute que large. Plus elle est étroite, plus elle se rapproche de la forme de l'arbre tendant vers la lumière. En revanche, la pierre est lourde, stratifiée ; elle dépend étroitement de la terre et doit être conforme à son caractère. Le monument funéraire sera plus large que haut. Le fer travaillé par le forgeron en rond, en carré ou en plat doit être frappé ou tordu, fendu, courbé et rivé afin que le vent et le soleil passent librement, comme dans une toile d'araignée. Influencées par notre esprit libre et joyeux, la forme et l'essence s'unissent de telle sorte que l'essence engendre la forme, comme l'arbre naît de la terre et le son de la flûte.

Je me réjouis déjà de l'époque où tous les paysans se réuniront pour bâtir ensemble le cimetière-jardin d'après ce beau projet, avec la conviction que tout peuple côtoie un autre peuple d'immortels dont l'existence fut indispensable car ils représentent nos racines sans lesquelles nous ne pourrions pas aller de l'avant. »

Klaus Stärtzenbach

Cahier de la SS n°6. 1944.

De l'enfant

Existe-t-il une joie plus intense que celle de voir un enfant ? – En connais-tu une ? – Moi non ! – C'est une joie des yeux. C'est une joie de l'ouïe. C'est une joie pour tes mains qui le caressent. C'est un bienfait pour ton cœur. Tu le vis de tout ton être mais aucun mot ne peut l'exprimer. Il est vrai qu'un enfant exige aussi un soin constant qui prend diverses formes.

Les soucis sont multiples.

L'enfant que tu as eu, qui se développe, grandit en fonction de son être intime, est une partie de toi et pourtant il suit son propre destin. Tu t'en sens responsable, mais tu ne peux rien faire pour son bien ni son mal. Tu te prolonges en lui, mais c'est sa volonté qui le guide. N'y a-t-il pas de plus grande inquiétude ?

Cela n' a de cesse. Avant sa naissance, tu te demandes s'il vit, s'il est sain. Tu te préoccupes de sa santé, de ses faux pas, de ses résultats. Tu te soucies de ses choix, de ses propres questions. Ton attachement à ton enfant est si profond, si total.

Mais tu te réalises réellement au travers de ton enfant. Ton accomplissement dans tes efforts faits pour ton enfant représente ta valeur secrète, ta valeur de vivre anonyme. Ta valeur, c'est ton bonheur muet. Puis tu te rassures enfin : il vit, et des milliers de petites vies s'épanouissent en lui comme sur un arbre au printemps ; sa beauté resplendit comme la moiteur matinale du jour. Ta joie muette trouve son couronnement dans son rayonnement physique. Le caractère sain de ton enfant semble éclairer ta joie. Sa venue te remplit d'une fierté éclatante peut-il y avoir de joie plus profonde ?

On te dit aussi que cet enfant est un fardeau, le produit de l'insouciance. Mais d'autres expriment des idées plus saines et plus droites, disent que c'est une question d'opinion, et certainement ce qu'il y a de plus irréfutable, que c'est un devoir envers le peuple, un acte responsable, une preuve de confiance.

Mais la parole la plus sage, je te la dirai : aucune autre raison ne motivera ton désir d'avoir un enfant que l'amour. Tu ne l'aimes pour aucun autre motif que par joie.

III. QUESTIONS RACIALES

Revue « Croire et combattre », pour les SS des groupes populaires allemands du Sud-Est.

Qu'est-ce que la race ?

« Ce qui n'est pas de bonne race dans ce monde est sans valeur. »

(Adolf Hitler, *Mein Kampf*)

Au sein de la masse des êtres vivants, on discerne des groupes qui se ressemblent plus ou moins et qui manifestent des caractéristiques physiques concordantes. Ils possèdent la même essence. Nous nommons ces groupes d'êtres vivants, des « espèces ».

L'humanité actuellement vivante forme une « espèce » car les individus sont mutuellement féconds. Mais lorsqu'on considère et compare un blanc, un nègre ou un Mongol, on voit clairement que l'on ne peut parler sans restriction uniquement de l'espèce « homme », on doit effectuer une sous-classification nouvelle afin de porter un jugement exact. Cela mène au concept des races humaines.

Nous pouvons distinguer chaque race par les différences qu'elle possède tenant à la particularité de ses caractéristiques, dispositions et qualités héréditaires, psycho-intellectuelles et physiques. Chaque race possède des qualités et des caractéristiques déterminées qui ne sont propres *qu'à* elle. Ces *caractéristiques raciales* sont transmises héréditairement aux descendants.

La race forme donc un groupe d'êtres vivants qui se distingue par la possession commune de caractéristiques héréditaires déterminées. Elle engendre toujours des êtres semblables. Ou, pour résumer : La race est une communauté de dispositions héréditaires propres (Stengel v. Rutkowski).

Tant qu'une race reste pure, son patrimoine héréditaire est transmis intact d'une génération à une autre. Il est donc nécessaire que les hommes de la même race aient une conscience raciale accrue et qu'ils reconnaissent les dangers conduisant à un croisement, à une transformation, à une dégénérescence et ainsi au déclin de la race concernée. Chaque peuple a évolué à partir de races déterminées en une communauté de vie homogène. La race globale définit la caractéristique ethnique et s'extériorise de façon immuable grâce à son patrimoine héréditaire. Comme tous les peuples germaniques, la race nordique dominante marque aussi de sa spécificité le peuple allemand.

Qu'est-ce qu'un peuple ?

Chaque peuple représente une communauté extérieurement visible. Le même sang, la même terre, les mêmes, langue, coutume, culture et histoire constituent un lien inséparable. Aussi bien la race que l'histoire et la culture sont nécessaires au devenir populaire. Le peuple est à la fois une communauté de dispositions héréditaires et une communauté d'environnement. Chaque génération n'est qu'un maillon dans la chaîne qui commence avec les ancêtres les plus anciens et se prolonge dans l'avenir avec les générations futures. Ensemble, elles forment la communauté populaire. L'existence de l'individu a donc un but quand elle est en rapport intime avec l'ensemble du peuple.

Tout détenteur de sang vivant de cette communauté détient la responsabilité de donner la vie aux générations futures.

Chaque peuple possède sa caractéristique ethnique. La composition raciale du peuple détermine cette caractéristique.

Le peuple est une communauté d'origine et de destin. En tant que communauté de dispositions héréditaires, il est capable de créer et de façonner largement son environnement.

L'importance des races

La masse héréditaire commune conditionnel 'aptitude physique et spirituelle à la création qui est propre à une race. La « race » en tant que concept de travail ne se rapporte pas seulement à la vitalité particulière habitant et s'exprimant en nous, mais devient en outre la valeur essentielle, le point de référence idéologique.

Il existe des races qui peuvent produire de grandes civilisations et d'autres qui ne s'élèveront jamais par elles-mêmes. Il existe des races ayant une attitude héroïque et d'autres sans courage combatif. Les créations culturelles sont exclusivement le fait de races de grande valeur. L'humanité évolue ou décline du fait de la conservation de la pureté et des forces des races créatrices de civilisation.

La structure raciale d'un peuple est unique. Sa modification entraîne toujours une transformation de son caractère et de sa civilisation. Tout mélange racial signifie pour la race digne de ce nom une diminution de sa valeur.

Apparenté — étranger — de même souche — de souche différente

L'humanité fait apparaître en son sein des groupes raciaux fortement séparés les uns des autres. Nous différencions, en gros : les blancs, les noirs et les jaunes. Chacun de ces groupes comprend à son tour un nombre de sous-races qui possèdent certains traits communs. Dans ce cas, on parle de parenté ou, brièvement, de races apparentées. Les peuples qui, de par leur composition raciale, présentent les mêmes composantes que le peuple allemand, nous sont apparentés. La majorité des peuples européens sont dans ce cas.

Comme la substance raciale essentielle varie souvent considérablement chez les peuples qui nous sont apparentés, on doit tenir compte de l'aspect quantitatif des composantes raciales. Les peuples germaniques ont une prédominance de sang nordique dans leur mélange racial. Leur relation avec le peuple allemand est donc définie comme étant « de même souche ». Les autres peuples qui, certes, présentent aussi des composantes raciales nordiques faibles, mais ne sont pas nordiques dans leur fond, nous disons qu'ils sont « de souche étrangère ».

Le mélange racial favorable présent dans le peuple allemand se base sur le confluent de races apparentées et sur la part supérieure et prédominante du sang nordique.

L'origine de la race nordique

La sphère centrale de la race nordique comprend les régions de la Scandinavie du Sud, du Jutland, de la mer du Nord, de la mer Baltique et s'étend jusqu'au cœur de l'Allemagne.

Déjà de bonne heure, l'homme nordique était un paysan sédentaire. Il inventa la charrue que, plus tard, d'autres peuples reprirent, fit de la céréaliculture et éleva des animaux domestiques. L'énorme augmentation de population de cette humanité nordique l'incita à acquérir de nouveaux territoires et la fit déferler vague après vague sur les terres limitrophes : dans l'espace européen et dans de vastes parties de l'Asie. La population originelle établie fut marquée du sceau des mœurs nordiques, même si souvent ce n'était que de façon temporaire.

L'affirmation disant que « la lumière vient d'Orient », comme la science l'affirmait autrefois, est fausse. On devrait plutôt dire « la force vient du Nord ! »

L'importance de la race nordique pour l'humanité

Le Führer dit dans *Mein Kampf* :

« Tout ce que nous admirons aujourd'hui sur cette Terre, la science et l'art, la technique et les inventions, sont le produit créateur de quelques peuples et peut-être, à l'origine, *d'une* race. »

Les grandes civilisations créées par les Indo-Germains de l'Inde, de Perse, de Grèce et de Rome témoignent de façon irréprochable de l'esprit créateur nordique. Elles ont aussi disparu avec le déclin de la classe dirigeante nordique. Encore aujourd'hui, nous sommes conscients de la parenté de nature existant avec ces cultures qui ont la même origine.

Toutefois, nous ne sommes pas assez présomptueux pour croire que toute culture, même celles des époques anciennes, serait à attribuer à la seule race nordique. Les peuples ayant une autre composition raciale ont également créé des civilisations. Mais nous éprouvons d'autres sentiments quand nous essayons d'appréhender les cultures de l'ancienne Chine, de Babylone ou les vieilles cultures indiennes des Aztèques (dans l'actuel Mexique) et des Incas (dans l'actuel Pérou). Il est indéniable que ce furent aussi de grandes civilisations ; cependant, nous sentons la marque d'une nature indéniablement étrangère à leur contact Les créateurs de ces cultures elles-mêmes en sont la cause. Ils ne nous sont pas apparentés, mais étrangers quant à la race. Un autre esprit parle en eux. Jamais ces cultures d'un autre type n'ont atteint un niveau comparable à celui qui a été influencé par l'esprit nordique.

L'évolution technique d'aujourd'hui a été également le produit d'hommes de race nordique. C'est le cas par exemple pour la nouvelle Turquie, l'essor de l'Amérique du Nord ou les progrès de l'Extrême-Orient, à un niveau équivalent.

Aux endroits de mélange avec les races avoisinantes, l'influence de la race nordique s'est constamment révélée être extrêmement novatrice et a comporté des tendances au développement actif, suscitant les créations culturelles les plus élevées.

Le peuple allemand et la race nordique

Malgré le mélange souvent élevé et l'imbrication des races dans diverses régions du Reich, nous rencontrons dans les différentes parties de l'Allemagne des races distinctes plus fortement typées.

Il existe des régions où dominent une haute taille, un visage étroit et des couleurs claires de cheveux, d'yeux et de peau (aspect physique de la race nordique). Étroitement apparenté à l'homme nordique, souvent désigné comme étant une « sous-espèce » de celui-ci, l'homme westphalien se révèle être pourtant plus grand, plus large et plus massif.

Dans de nombreuses régions du Reich, nous trouvons en revanche des hommes grands, à la tête courte avec un visage étroit, un grand nez, des yeux bruns et des cheveux noirs (aspect physique de la race dinarique).

Dans certaines parties vivent des hommes petits, élancés et agiles avec des yeux et une couleur de peau sombres (aspect physique de la race occidentale ou méditerranéenne).

Dans d'autres contrées prédominent les caractéristiques suivantes : des corps de taille moyenne, trapus, des têtes courtes, des visages larges avec des pommettes saillantes, des cheveux blonds et des yeux clairs (aspect physique de la race baltico-orientale).

Finalement on rencontre dans certaines parties du Reich des hommes trapus à la tête ronde avec des visages larges, des yeux bruns, des cheveux bruns à noirs et une couleur de peau sombre (aspect physique de la race orientale).

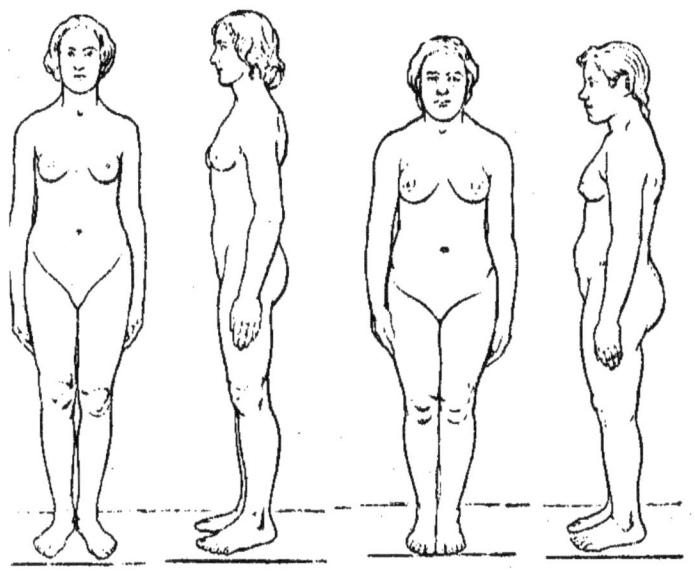

Type nordique — Type baltico-oriental

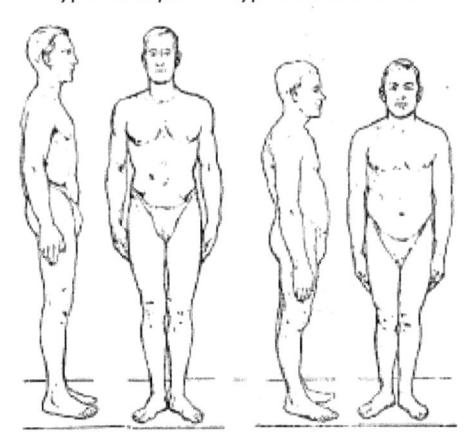

Type nordique — Type baltico-oriental

La *race nordique* est plus ou moins fortement représentée dans toutes les régions du Reich, que ce soit au nord ou au sud, à l'ouest ou à l'est. Beaucoup d'hommes dans notre peuple ne peuvent se rattacher exactement à une race précise. Exceptés les représentants paraissant de race pure, chaque race se retrouve au sein de tous les peuples sous une forme plus ou moins fortement mélangée.

Le patrimoine héréditaire nordique prédomine dans le peuple allemand. La race nordique n'est pas seulement la *race prédominante*, mais son *sang est présent chez presque tous les Allemands*. Les concepts de « Sang et Sol » ne forment pas une notion vide, mais constituent notre destin. On a donc aussi défini l'objectif poursuivi par la sélection du peuple allemand. Elle s'effectue en restant fidèle à la loi vitale de sa race créatrice.

La part du sang nordique dans la masse héréditaire du peuple allemand s'élève à environ 50%. En dehors de cela, la généalogie nous enseigne que *chaque Allemand détient du sang nordique*.

Ainsi, le peuple allemand est une communauté raciale au sens le plus vrai du terme. L'Histoire interprétée en fonction d'un principe raciologique a depuis longtemps démontré que la race nordique produit un nombre beaucoup plus grand d'hommes éminents que les autres races. La race nordique est avant tout la détentrice du génie du peuple allemand. De grandes réalisations dans tous les domaines en ont fait la race dirigeante de l'humanité. Aucune autre race humaine n'a produit autant de chefs spirituels, de chefs d'armées et d'hommes d'État éminents.

Au cours d'expéditions hardies, l'homme nordique conquit de vastes territoires, fonda des États et créa des civilisations. Déjà vers l'an 1000, les Vikings avaient accosté en Amérique. L'esprit nordique réalisa la mise en valeur de vastes étendues terrestres.

L'une des qualités les plus frappantes de la race nordique est sa maîtrise d'elle-même. L'audace nordique a inspiré les conquêtes guerrières. La probité et la force de volonté alliées à l'assurance, renforcent puissamment le sentiment d'indépendance. Ces qualités diminuent assurément l'intuition, et l'homme nordique court le grand danger de se perdre et de se gaspiller. Le Nordique possède une grande prédilection pour le sport et le combat – il aime le risque. On le rencontre donc plus fréquemment que d'autres hommes dans les professions qui comportent un danger. Mais il faut avouer que le caractère de l'individu est plus déterminant que la couleur des cheveux. L'individu appartient pour l'essentiel à une race dont il professe les vertus par l'action.

Quand on examine chaque pays d'Europe dans sa composition raciale, on remarque · que dans presque tous les États se rencontrent les mêmes races. Nous trouvons la race nordique hors d'Allemagne, dans les pays scandinaves, en Angleterre et aux Pays-Bas ainsi qu'en Russie, en Italie, en France, en Espagne, etc. Mais nous trouvons aussi, par exemple, des hommes de type oriental dans les divers pays européens. L'important, en fin de compte, n'est pas de porter un jugement racial général sur un peuple. Il s'agit plutôt d'étudier les *éléments prédominants de chaque race* dans le peuple concerné. Et on constate qu'à un niveau purement numérique, le Reich est déjà en tête des autres peuples en ce qui concerne la part de sang nordique.

De façon tout à fait légitime, l'Allemagne peut prétendre diriger les peuples germano-nordiques.

CAHIER DE LA SS N°7. 1942.

LE SENS BIOLOGIQUE DE LA SÉLECTION

Depuis que Darwin ne se contenta plus, comme Linné, de définir un système des espèces, mais s'interrogea aussi sur leur origine et essaya d'y apporter une réponse, l'idée de la sélection prit un nouvel essor. Durant les décennies passées, on s'efforçait déjà de l'appliquer à l'homme. Aujourd'hui, l'idée de sélection est l'une des pièces maîtresses de la conception du monde nationale-socialiste. Depuis son irruption victorieuse, le domaine public s'y intéressa aussi de façon poussée. Ajoutons à cela le fait que toutes les questions relatives au choix et à l'orientation professionnelle des hommes, leur type de fonction et la distribution des tâches sont particulièrement brillantes aujourd'hui.

Les races et les espèces naissent du fait de la sélection et de l'élimination

Deux réponses fondamentalement opposées ont été données sur les causes de l'origine des espèces et des races peuplant la Terre. L'une recherche les facteurs moteurs dans des impulsions extérieures, dans l'environnement, dans le « milieu ». L'autre, en revanche, parle des lois de la transmission héréditaire, et localise le fondement de l'origine, de la conservation et de la consolidation des traits caractéristiques de l'espèce au cœur du plasma vivant lui-même. Nous nous sentons plus proches de la deuxième réponse que de la première. Nous savons, par exemple, que la perte d'un membre due au gel ou à l'environnement n'a pas pour conséquence la disparition de ce membre dans la descendance. Ce ne serait pas non plus le cas si le refroidissement devait se répéter durant plusieurs générations. Malgré cela, entre l'origine des espèces et les conditions liées à l'habitat, existent de profonds rapports d'interaction que nous ne pouvons considérer dans l'optique de n'importe quelle théorie superficielle du milieu. Des groupes humains homogènes, donc des groupes raciaux entiers de même que des races précises, n'acquièrent la caractéristique homogène de leurs traits physiques et psychiques propres au cours de dix mille à cent mille ans qu'en rapport harmonieux avec une aire de vie appropriée à l'espèce en question. Sous l'effet de l'ensemble de ses conditions géologiques, climatiques et biologiques, l'aire de vie provoque peu à peu la consolidation et l'harmonisation intérieure d'un trait héréditaire parfaitement déterminé. Cela ne fut pas le fruit en effet de « la transmission héréditaire de qualités acquises », mais de la sélection dans un sens positif et de l'élimination dans un sens négatif.

L'habitat produit un type de sélection déterminé

La sélection et l'élimination effectuées sur un territoire propre à une espèce déterminée font que seul se reproduit à long terme celui qui a grandi soumis aux conditions de cette aire particulière. À l'inverse, celui qui ne surmonte pas ces conditions disparaît. Un exemple : Comme l'a fait le chercheur v. Eickstedt, prenons pour base l'hypothèse que l'humanité nordique europoïde à peau claire a été particulièrement marquée par l'habitat uniforme et isolé nord-eurasienne (sibérien) de l'ère glaciaire. Nous pouvons imaginer sans difficultés les conséquences d'une sélection et d'une élimination naturelles dans cet espace. Seuls ceux qui avaient été soumis aux conditions d'existence les plus dures pouvaient survivre et se perpétuer durant les millénaires suivants. Se reproduire et s'accroître n'étaient donné qu'à ceux qui se révélaient finalement supérieurs à ce climat et à cet aspect inhospitalier de la terre, ceux donc qui étaient finalement plus forts que la nature grâce à leur inflexibilité et à leur dureté. Seules les qualités qui permirent à l'homme victorieux de vaincre la nature furent perpétuées et consolidées par voie de transmission héréditaire. Lors de la guerre à l'Est, l'hiver nous a redonné un avant-goût et une illustration vivante de ce que signifie, pour des hommes qui sont des êtres vivants, d'être non seulement soumis à une nature toute puissante mais de la braver victorieusement.

Vaincre la nature signifie en effet plus que posséder deux qualités précises. La force musculaire ou l'insensibilité au froid ne sont pas suffisantes. Triompher de la nature et de l'environnement se rapporte aux traits généraux de caractère du corps et de l'âme. La nature doit être vaincue par la dureté physique et une volonté de vivre inflexible. Elle doit l'être aussi par la force spirituelle et une grande ardeur. Déjà chez nos ancêtres les plus lointains, elle a favorisé l'émergence de ces qualités que nous ressentons encore aujourd'hui dans notre âme comme les plus élevées : le défi fait à des obstacles extérieurs, la dureté envers nous-mêmes, l'insatiable volonté de vivre, la profondeur et la croyance en la victoire de l'âme, de même que toutes nos qualités et nos forces supérieures.

L'origine des espèces n'est pas le fruit d'un processus d'adaptation facile

Nous ne pourrons jamais considérer le triomphe sur la nature avare et les duretés de ses conditions de vie comme le résultat d'une adaptation facile. Il est évident que l'homme s'adapte aussi et suit la voie de la résistance la plus faible, dans la mesure où cela lui est permis. Mais se soustraire à l'environnement circonscrit à l'ère glaciaire et d'ailleurs entouré par de puissantes barrières naturelles fut souvent impossible ou seulement de façon limitée durant de longues périodes d'évolution. Lorsque les obstacles naturels disparurent peu à peu et purent être vaincus, la conquête d'espaces vitaux plus favorables, autrefois comme aujourd'hui, ne fut possible qu'en affrontant d'autres groupes humains y étant déjà implantés.

La naissance d'une espèce n'est pas le produit d'une adaptation facile à un environnement et à un « milieu ». C'est plutôt une cristallisation progressive et une accentuation de toutes les qualités permettant d'affronter victorieusement la dureté des conditions de vie. Seul le sacrifice le plus lourd rend cela possible. L'être qui ne peut soutenir l'épreuve livrée par la nature élémentaire disparaît et est éliminé impitoyablement. Nous ressentons donc un profond respect pour ce processus nous incitant à être responsables de la conservation et de la reproduction des humains de notre espèce.

Les progrès de la civilisation facilitent les conditions d'existence et modifient donc aussi les lois de sélection biologiques originelles

Plus un groupe humain réussit à maîtriser et à transformer les conditions de son aire de vie par l'établissement d'une culture fidèle à la loi de la vie, plus l'individu parvient facilement à se préserver et à éviter l'élimination. Les lois de sélection et d'élimination, sévères à l'origine, disparaissent peu à peu et s'atténuent. Plus une culture vieillit et atteint le stade d'époques civilisatrices tardives, plus elle perd de sa vigueur. Elle produit même le processus inverse. Des individus faibles et malades peuvent aussi survivre et se reproduire ; des types raciaux différents se mélangent. La loi créant l'espèce ne semble plus agir.

Lorsque la culture développe sa propre évolution spirituelle et produit simultanément des conditions d'existence considérablement facilitées, l'esprit et la nature de la sélection sont fortement compromis. La conservation de la pureté, l'éducation complémentaire et l'évolution de l'espèce se développant durant des millénaires sont peu à peu remises en question.

La sélection culturelle remplace la sélection biologique

Les espèces et les races furent le magnifique résultat de la sélection naturelle biologique. La civilisation évoluant du fait de la modification de ses conditions d'existence impose de son côté une forme déterminée de sélection. Ce genre de sélection résulte des conditions d'existence, des nécessités et des idées fondamentales de la culture dominante et de son esprit. L'objectif de la sélection poursuivi par une culture peut avoir un rapport différent avec la sélection naturelle biologique originelle. Cette relation détermine notre appréciation de la valeur d'une sélection culturelle et de sa justification. Peu importent les moyens par lesquels elle est réalisée. Il est d'importance secondaire qu'elle exige certaines aptitudes, un degré minimum d'instruction, qu'elle place au sommet des valeurs la préservation de la vie, ou qu'elle se serve des moyens de la science moderne pour connaître l'homme.

Différentes formes de sélection culturelle

Le cas le plus favorable du rapport de la sélection culturelle avec la sélection naturelle biologique originelle se rencontre lorsque l'objectif de la dernière est poursuivi par la première. Grâce à un sens aigu de la loi régissant l'origine de leur espèce, des peuples comme les Spartiates eurent recours dans leur sélection aux mêmes principes de sévérité inflexible prescrits originellement par la nature, et cela même après leur arrivée sur des territoires plus hospitaliers. D'autres peuples de race nordique, comme nos ancêtres les Germains, obéirent naturellement aux lois biologiques régissant la création de leur espèce.

En revanche, nous savons que d'autres formes de sélection naturelle vont totalement à l'encontre des lois biologiques de l'origine de l'espèce, ou leur sont même hostiles. C'est principalement le cas lorsque l'esprit civilisateur provient de l'extérieur et n'est pas le produit de l'espèce elle-même. L'acceptation, de même que l'établissement par la force, d'une culture d'esprit étranger produit d'autres types de sélection et conduit finalement au reniement et à la destruction du caractère originel et spécifique de l'espèce. L'intrusion du christianisme dans la culture de nos ancêtres germaniques a fait naître une forme de sélection qui, dès le début, se révéla hostile à notre espèce et à ses lois d'évolution. L'élite des prêtres chrétiens choisit des hommes appropriés et utilisables à ses fins, mais leur interdit la perpétuation et la conservation du meilleur héritage racial en les contraignant au célibat. Forme étrangère aux principes de la sélection culturelle, elle se sert avantageusement des conséquences d'une sélection naturelle biologique vieille de centaines de milliers d'années. Elle utilise le trésor riche de talents physico-spirituels de notre race, mais refuse consciemment et instinctivement qu'ils soient préservés et se renouvellent. Durant des siècles, elle vécut sur ce capital, processus dont nous n'entrevoyons toute la portée qu'aujourd'hui.

Nous voyons que ce capital de talents se trouve déjà menacé et n'est nullement inépuisable.

L'esprit animant les formes de sélection culturelle de notre époque

Les formes actuelles de la sélection culturelle dépendent étroitement du niveau culturel lui-même.

Pour autant que la culture présente déjà les caractéristiques d'une action civilisatrice tardive, la « sélection », de par elle-même s'est d jà transformée en une effrayante contre-sélection. Voilà donc ce qu'a entraîné le fait d'avoir protégé des malades et des êtres inférieurs, par suite de « l'intérêt » mal avisé porté à la seule valeur de l'individu. La dépravation morale, le bien-être, la décadence des sentiments et la perte de tous les instincts naturels en sont la cause. Notre point de vue à l'égard de tout cela est clair et ne nécessite aucune explication.

Mise à part cette contre-sélection civilisatrice qui en résulte automatiquement, on voit de nombreuses tentatives faites pour pratiquer une sélection culturelle consciente et méthodique. Son but et son intention sont toujours, « de mettre l'homme qu'il faut à la bonne place ». Personne ne contestera le bien-fondé concret d'efforts de ce genre. Toutes les institutions et les organisations importantes de notre vie culturelle se préoccupent aujourd'hui de doter leur descendance d'un nombre suffisant de qualités. Les grandes tâches historiques que le destin a assignées à notre peuple ne permettent plus de mettre en valeur les dons existants. Il est donc d'autant plus nécessaire de mettre l'homme qu'il faut à la bonne place.

Le caractère biologique problématique de notre sélection culturelle

Pour pouvoir estimer l'importance des tentatives de sélection effectuées par notre époque, nous ne pouvons pas seulement commencer par étudier ses indiscutables succès immédiats. Nous devons constamment nous demander s'ils sont conformes aux lois biologiques de la conservation de l'espèce. Nous devons examiner s'ils contribuent à la fois à favoriser et à faire prospérer l'espèce millénaire ou du moins à la conserver, en dehors de leur effet pratique momentané. Lorsque nous tenons compte de cette nécessité, nous constatons en effet que nos formes de sélection culturelle auraient perdu de vue le sens biologique originel de toute sélection. Nous en arrivons même partiellement à une inconscience ou à une indifférence totales, parfois même à une hostilité instinctive et manifeste. Ce dernier cas concerne particulièrement toutes les formes de sélection « purement spirituelles ».

Du point de vue pratique, la sélection culturelle s'effectue principalement sur des individus supérieurs et adaptés à des buts culturels particuliers. *Le sens originel biologique de la sélection, c'est-à-dire que les hommes de valeur soient favorisés dans leur reproduction*, n'est la plupart du temps pas pris en compte, ou même intentionnellement nié. De nombreuses formes de vie et d'organisations conditionnées culturellement empêchent leurs membres de se reproduire grâce à l'instauration de multiples entraves de type économique ou moral. Par exemple, l'incitation faite à suivre des parcours de formation beaucoup trop longs qui rendent économiquement et concrètement impossible la fondation d'une famille. On est ainsi contraint à limiter le nombre d'enfants parce que l'éducation exige d'énormes sacrifices. D'autres organisations culturelles qui, naturellement, revendiquent le droit de choisir les meilleurs, dressent plutôt des barrières morales. Une morale de classe par exemple, au sein de laquelle le sens du devoir biologique n'est pas bien vu, qui réprouve comme vulgaires le mariage précoce de même que les nombreux enfants ou des parents jeunes, trahit le sens originel de la sélection biologique. Les classes qui expriment leur morale cavalière « distinguée » par la formule : « Tombe souvent amoureux, fiance-toi rarement, ne te marie jamais ! », n'ont donc aucun droit moral à participer à la sélection au sein de notre race.

La sélection culturelle produit aussi l'effet inverse au niveau biologique quand ils sont choisis les meilleurs dont l'existence est mise en péril parce qu'ils doivent risquer leur vie pour accomplir leurs tâches. La guerre actuelle en est la preuve flagrante, qui, du fait des décès, interdit aux meilleurs d'entre nous de se reproduire pleinement.

Lorsque nous examinons la situation d'ensemble, la sélection culturelle s'effectue, aujourd'hui encore, dans les domaines les plus variés malgré des raisons différentes, d'une façon biologique totalement similaire à la sélection de l'Église se nourrissant constamment du capital de talents. Tandis qu'elle s'emploie à juste titre, mais pourtant de façon si trompeuse, à mettre l'homme qu'il faut à la bonne place, elle ne s'aperçoit souvent pas du sens originel de toute sélection à cause de l'étroitesse de son horizon historico-temporel, idéologique et moral. Et il n'est pas rare qu'elle croie même devoir rejeter avec dédain les points de vue biologiques pour des raisons « spirituelles ». Elle devient ainsi une forme de contre-sélection effrayante au niveau pratique parce qu'elle est parfaitement dissimulée. À cela s'ajoute le bien fondé et la justesse de ses procédés sélectifs en partie hautement développés.

Nous ne pouvons renoncer au résultat immédiat d'une bonne sélection culturelle dans le gigantesque combat pour l'existence de notre peuple. Mais cela ne doit pas être obtenu au prix d'un *appauvrissement de notre substance populaire et raciale riche de talents*, accéléré par les moyens les plus raffinés. Ce serait de la politique à court terme. Ce que la contre-sélection civilisatrice produit progressivement, c'est-à-dire l'extinction et le tarissement du bon et même du meilleur sang par l'augmentation simultanée de tout ce qui est médiocre, se trouverait alors accéléré par des procédés conscients. Ce qui, livré à lui-même, représenterait un processus échelonné sur des siècles, se produirait en quelques décennies : une race détentrice de culture verrait ses ultimes forces concentrées et exaltées disparaître d'une façon d'autant plus rapide et dramatique ! Ce serait là un héroïsme tragique au sens spenglérien ! Voir ce danger implique le combattre par tous les moyens.

La reproduction des gens de race valable est plus importante que toutes les sélections culturelles

Notre point de vue est clair : Toute sélection culturelle – peu importent les moyens qu'elle emploie – doit se disculper et se justifier devant l'histoire millénaire de notre race. À la vue des principes créés par Dieu et qui régissent notre espèce, elle n'a aucune raison d'être pour autant qu'elle s'oppose de façon hostile, indifférente ou inconsciente aux lois biologiques. Volontairement ou non, elle incite à l'exploitation destructrice des œuvres les plus élevées et les plus éminentes de la création. La nature et le créateur appliquent alors la seule sanction, à savoir la disparition, la mort de l'espèce. Toute sélection consciente comportant ses succès immédiats qui sont peut-être évalués sur des années et des dizaines d'années, doit pouvoir s'effectuer à la fois sur des siècles, des millénaires et des centaines de millénaires. Sinon elle perd tout crédit auprès de l'histoire de notre espèce et finalement auprès de son créateur divin.

Notre droit à la sélection

Le national-socialisme ne peut concevoir son exigence de sélection qu'avec l'objectif que celle-ci puisse s'accorder aux lois biologiques de l'origine des espèces. Il doit donc veiller à ce que l'idée de sélection ne soit défendue et appliquée qu'en fonction de *l'ensemble* de la conception du monde nationale-socialiste. Toutes ses applications partielles et rationnelles produisent l'effet contraire. Jusqu'à présent, la SS est devenue son instrument le plus approprié. Ses lois de l'Ordre et ses institutions sont animées de l'esprit du devoir biologique. Dès 1931, le Reichsführer SS a promulgué dans cet esprit l'ordre sur les fiançailles et le mariage. L'ordre SS du 28 octobre 1939, concernant toute la SS et la police, émane du même sens du devoir envers la race, de soumission au Créateur et pour cette raison, il a été mal compris et mal interprété par ceux qui ne pensent pas de façon biologique.

Ludwig Eckstein

(Note de l'auteur : l'ordre du 28 octobre prescrit que l'assistance et le soutien doivent être apportés sans discernement aux enfants, légitimes ou non, des SS qui sont morts sur le front. Les camps religieux et réactionnaires y virent une atteinte insupportable à la morale.)

Annales n°2. 1944.
Edition de la brigade SS Wallonie.

Du corps racial à l'âme raciale

Ce n'est pas seulement parce que la forme du corps de l'homme nordique comporte certaines dimensions en hauteur, largeur et longueur, ou parce qu'elle est souvent caractérisée par des cheveux blonds et des yeux bleus que nous lui accordons une certaine importance.

Ce n'est pas pour cela non plus que nous attribuons une certaine valeur à notre héritage nordique.

Certes les indications que nous fournit la forme du corps de l'homme nordique n'en constituent pas moins la base même de notre idéal de beauté. Il en a toujours été ainsi dans l'histoire occidentale et il suffit pour s'en convaincre de jeter un coup d'œil sur le panorama des œuvres d'art qui ont été produites au cours des siècles par toutes les civilisations et les « cultures » qui se sont succédées sur le territoire européen. Si loin que l'on remonte dans le passé, on trouve toujours dans les figures sculpturales et dans les peintures évoquant un idéal de beauté, les formes caractéristiques de l'homme nordique. Même dans certaines civilisations orientales on se trouve en présence du même phénomène. Tandis que les divinités sont représentées sous des traits nettement nordiques, les figures de démons ou celles représentant des puissances inférieures ou ténébreuses affectent des traits caractéristiques d'autres races humaines. Aux Indes et même en Extrême-Asie, on trouve souvent des Bouddhas dont les traits sont nettement nordiques.

Que le corps racial nordique représente pour nous l'idéal de la beauté, rien de plus naturel. Mais tout ceci n'acquiert sa signification réelle et profonde que parce que nous y trouvons l'expression et le symbole de l'âme nordique. Sans cette âme nordique, le corps nordique ne serait rien d'autre qu'un objet d'étude pour les sciences naturelles, comme la forme physique de n'importe quelle autre race humaine ou animale.

De même que le corps nordique nous est devenu précieux et agréable en tant que support et expression parfaite de l'âme nordique, de même nous éprouvons de la répulsion pour certains indices raciaux juifs parce qu'ils sont le symbole direct et l'indication certaine d'une âme juive qui nous est totalement étrangère.

Des savants spécialistes de la question nous disent qu'une certaine forme physique raciale et une certaine âme raciale vont nécessairement ensemble et qu'elles ne sont après tout que l'expression d'une seule et même chose. Cependant rien ne nous paraît plus difficile que de démontrer scientifiquement ou par d'autres moyens l'exactitude de cette homogénéité entre le corps racial et l'âme raciale.

Nous pensons qu'il faut se montrer dans ce domaine, d'une extrême prudence. Dans l'état normal des choses, il y a de toute évidence homogénéité et interpénétration entre ces deux aspects de la réalité humaine. Et il nous paraît bien difficile de pousser jusque dans ses extrêmes conséquences logiques le dogme de la différenciation du corps et de l'âme. Les représentants les plus autorisés de cette doctrine particulière ne tombent d'ailleurs pas dans cet extrême.

L'impureté raciale se marque néanmoins, comme nous pouvons le constater chaque jour, par des contradictions intérieures entre le corps racial et l'âme raciale. Il y a des individus qui possèdent à n'en pas douter beaucoup de caractéristiques physiques de la race nordique et qui néanmoins ne possèdent pas du tout l'âme nordique.

Cependant la question essentielle est de considérer une telle situation comme absolument anormale et même monstrueuse.

Et il nous paraît que la transparence entre le corps racial nordique et l'âme racial nordique est le véritable but que doivent s'assigner toute politique et toute morale raciales.

CAHIER DE LA SS N°6B. 1941.

JUMEAUX ET HÉRÉDITÉ

Les jumeaux prouvent la justesse de notre doctrine raciale

Les cahiers de la SS présentent cette fois une illustration qui semble sortir considérablement de l'ordinaire : Ce sont des couples de jumelles participant à une « compétition des jumeaux les plus ressemblants » qui s'est tenue en Californie en 1931. On se demandera ce qu'une telle image, une telle expression de la prédilection stupide des Américains pour le sensationnel vient faire dans les cahiers de la SS. Dans leur grande majorité, les jeunes filles présentées ne sont même pas jolies !

Sans contestation, on ne peut pas dire que ces jeunes filles soient au moins mignonnes. Elles ne furent choisies que pour divertir un public niai, et pourtant, cette image est extrêmement intéressante, saisissante et démonstrative.

Pourquoi ? parce que le photographe avec sa prise de vue a *livré une preuve inconsciente et on ne peut plus impressionnante de la justesse de la doctrine raciale du national-socialisme*

Cette affirmation semble de prime abord audacieuse. Si nous l'étudions, nous verrons l'image d'un œil différent. Elle montre six paires de jumelles qui appartiennent à différentes races. La paire centrale à gauche semble être de type nordique-westphalien ; ce sont des jeunes filles qui sont certainement d'origine germanique. Les jeunes filles en haut à gauche semblent être occidentales (méditerranéennes). Il saute aussi aux yeux que les deux autres en bas à gauche sont d'origine israélite. Les trois paires à droite sont des métisses, celle au centre a du sang indien dominant, la supérieure et l'inférieure en majorité du sang nègre.

Nous voyons donc que les six paires de jumelles sont extrêmement différentes dans leur ensemble, ce qui nous donne une idée claire du chaos racial qui règne aux États-Unis. Ce qu'il y a de plus surprenant, c'est que les deux sœurs d'une même paire sont exactement semblables à chaque fois ! On pourrait les intervertir sans difficulté. Il n'y a pas plus de différence que si la même personne s'était fait photographier deux fois. Un exemple : On voit chez elles à chaque fois exactement le même sourire qui démontre ainsi le même caractère spirituel et moral. Pour distinguer ces jumelles, la mère a dû leur mettre, déjà tout bébés, de petits rubans rouge et bleu pour ne pas les confondre.

Pour nous, hommes « ordinaires », la différence existante entre les gens est si évidente que l'on peut les distinguer sans difficulté. Mais celui qui rencontre dans la vie des jumeaux comparables à ceux de l'illustration, éprouve le sentiment remarquablement déconcertant de ne pas pouvoir différencier ces deux hommes. Rencontrer ce frère jumeau ferait alors naître la réflexion suivante : « Quand je vous ai vu arriver, j'ai pensé d'abord que c'était votre frère. Puis j'ai pensé que c'était vous. Mais à présent, je vois bien que c'était votre frère. »

Il y a toutefois des exceptions : Tous les jumeaux ne sont pas aussi ressemblants que ceux de l'illustration. Pensons simplement à ceux que l'on peut connaître. *Il existe deux sortes de jumeaux.* Dans la première sorte, les partenaires présentent des traits de ressemblance et de différence équivalents, comme des frères et sœurs ordinaires. Ces jumeaux peuvent être aussi de sexe différent On peut facilement expliquer leur origine : chaque être vivant supérieur est le produit de l'union d'un ovule et d'un spermatozoïde. Les noyaux de ces deux cellules contiennent le patrimoine héréditaire. L'ovule fécondé possède donc le patrimoine héréditaire des côtés paternel et maternel qui produit un nouvel être vivant. La femme, lors d'un cycle menstruel, n'émet normalement qu'un ovule de son stock d'œufs qui peut donc être fécondé. Mais dans des cas exceptionnels il peut arriver que deux œufs se détachent, chacun fécondé par un spermatozoïde, et qui grandissent ensuite. Ainsi naissent des jumeaux qui ne se différencient des habituels frères et sœurs que par leur croissance commune dans le corps maternel. Ce sont des jumeaux « bivitellins ».

La création de jumeaux exactement semblables se déroule d'une façon toute différente. Ces derniers représentent environ un quart des jumeaux venant au monde. En ce qui les concerne, ils naissent d'un œuf unique qui est fécondé par un spermatozoïde. Mais pour des raisons inconnues, cette cellule se divise à un stade très précoce de l'évolution. Les deux moitiés produisent chacune un individu à part entière. Chacune est le produit d'un œuf unique fécondé et à chaque division cellulaire, le patrimoine héréditaire se répartit de façon totalement équivalente dans les deux moitiés. Ces jumeaux nés ainsi ont exactement le même capital de caractères héréditaires. Ce sont des jumeaux univitellins et donc par leur provenance, des êtres humains entièrement semblables du point de vue héréditaire. Leur ressemblance franchement ridicule trouve son origine dans leur similitude héréditaire.

Concours de jumelles en Californie aux États-Unis.

Sous le IIIème Reich, on ne trouvait pas de tels « concours » exprimant un penchant pour le « sensationnalisme ». En revanche, la féminité non fardée et naturelle était donnée en exemple au travers d'illustrations de ce genre.

Ridiculement similaire et des destins étonnamment semblables

La similitude de jumeaux univitellins peut se manifester jusque dans les plus petits détails. On peut citer deux exemples tout à fait authentiques : Une institutrice avait des jumelles dans sa classe qu'elle ne pouvait pas différencier. Finalement, elle s'est réjoui d'avoir enfin trouvé un signe de reconnaissance grâce aux taches de rousseurs récemment apparues sur le bout du nez d'une des filles. Peu de temps après, l'autre fille eut exactement le même nombre de taches de rousseur au même endroit. C'en était de nouveau fait ! Des maladies (bien entendu uniquement de type héréditaire) peuvent apparaître et évoluer de façon totalement similaire chez des jumeaux ayant la même hérédité, même si les deux individus ont des existences différentes. Autrefois vivaient deux frères jumeaux dont l'un devint un haut fonctionnaire. Il vivait célibataire dans la capitale. Son frère se maria et vécut à la campagne comme propriétaire terrien. Malgré ces grandes différences de conditions de vie, ils tombèrent malades tous les deux à soixante ans. Ces natures autrefois sereines et saines furent victimes d'un diabète violent qui provoqua une grande irritabilité psychique et ensuite des troubles de la démarche. Au cours de la maladie, les deux frères furent atteints d'une rétinite et d'un abcès ouvert à un doigt de pied, et ils moururent tous les deux des suites de leur affection en l'espace de quelques semaines.

L'histoire de jumeaux univitellins à prédispositions criminelles suit souvent un cours étonnement similaire. Ces jumeaux sont condamnés à une peine au même âge, commettent le même genre de crimes et se comportent de façon semblable jusque dans les moindres détails. Par exemple, après la Première Guerre mondiale vivaient deux jumeaux qui étaient connus pour être des escrocs de grand style. L'un d'eux déclara avoir fait une invention d'une importance inouïe. Grâce à sa personnalité brillante et à son éloquence persuasive, il sut intéresser une multitude de gens à son invention et leur soutirer de l'argent. Toujours est-il que l'appareil dont il s'agissait ne fonctionna jamais parfaitement. L'argent lui servit à mener une vie luxueuse. Finalement, il fut arrêté. Pendant qu'il était en prison, son frère jumeau construisit le même genre d'appareil, sut également trouver des naïfs et des prêteurs de fonds crédules jusqu'à ce qu'il soit aussi emprisonné pour escroquerie. Devant le tribunal, ils adoptèrent tous les deux la même attitude. Avec une habileté étonnante, ils surent s'exprimer et convaincre en partie les jurés. Ils eurent aussi le même comportement en prison et surent grappiller pas mal d'avantages.

D'innombrables histoires amusantes parlent de jumeaux. L'un des deux frères Piccard, pilotes de stratosphère devenus plus tard célèbres, va chez le coiffeur alors qu'il était étudiant, se fait raser et déclare qu'il souffre d'une pousse de barbe extrêmement rapide. Sur quoi le coiffeur promet de le raser encore une fois gratuitement au cas où il en aurait encore besoin le soir venu. Une heure plus tard, le même étudiant revient, en réalité le frère jumeau, pas du tout rasé. Le coiffeur étonné n'avait encore jamais vu une telle pousse de barbe. Il dut le raser gratuitement, conformément à sa promesse.

Deux sœurs avaient l'habitude de duper régulièrement leur professeur de musique lorsque l'une d'elles voulait prendre un jour de libre. Elles avaient leurs heures de cours à des moments différents et l'une des filles se sacrifiait durant deux heures le même jour pendant que sa sœur s'amusait entre-temps.

Le patrimoine héréditaire est-il prépondérant ?

Malgré la ressemblance déconcertante et souvent funeste pour quelques jumeaux, on commettrait assurément une erreur en disant que l'homme est uniquement le produit de son patrimoine héréditaire. Il existe bien plus de deux grands groupes de causes qui déterminent la nature de l'homme : son caractère héréditaire et les influences de l'environnement agissant sur lui. Des jumeaux univitellins ne sont pas totalement semblables sur tous les points. Leurs caractères héréditaires étant similaires, les différences qu'ils présentent sont attribuées aux influences du milieu. Mais un fait intéressant et important subsiste : chez ces jumeaux univitellins qui ont grandi dans un environnement différent, on peut déterminer la force et la limite des influences de ce dernier. Il est possible de constater l'étendue et le degré des influences du milieu. Elles peuvent susciter des différences précises. Mais l'impression dominante qui ressort de la recherche sur la gémellité prouve clairement que le patrimoine héréditaire est beaucoup plus puissant que l'environnement. À présent, retournons à notre illustration. Que révèle d'essentiel cette photo, une fois que nous avons acquis quelques connaissances sur les processus agissant chez des jumeaux héréditairement semblables ? Elle montre des gens qu'on ne peut différencier parce qu'ils ont le même patrimoine héréditaire. Pourtant, les paires appartenant à plusieurs races présentent des différences extraordinairement grandes. Et maintenant, pour conclure :

Si la similitude physique et spirituelle de ces femmes provient de la similitude de leur patrimoine héréditaire, l'inégalité des individus et la différence des groupes biologiques humains que l'on appelle races proviennent de l'inégalité de leur patrimoine héréditaire. C'est précisément là que réside la grande idée fondamentale de notre doctrine raciale.

Les races sont différentes au niveau psychique et physique parce qu'elles possèdent des caractères héréditaires différents. Leur diversité, comme celle de l'individu, ne provient pas de l'action d'un climat différent, de conditions de vie différentes, d'une influence spirituelle différente, bref de leur environnement, mais de leur patrimoine héréditaire différent. Au commencement se trouve le sang. C'est grâce à son patrimoine héréditaire qu'un peuple racialement homogène se construit son propre environnement, marque son espace vital, crée sa culture. L'égalité et la différence reposent donc sur le processus naturel et fondamental de la transmission héréditaire. Dans le rare cas de l'égalité totale des hommes telle qu'elle se manifeste chez les jumeaux univitellins, nous pouvons prouver de façon formelle que leur concordance repose sur l'égalité du patrimoine héréditaire. Mais on démontre aussi que la différence entre les hommes et les races repose sur la différence du patrimoine héréditaire.

Nous en retirons donc l'enseignement suivant : Le patrimoine héréditaire, la race, déterminent les manifestations extérieures comme la pensée, le sentiment et l'action, l'attitude psychique de chaque individu comme de chaque peuple.

L'âme se soustrait-elle à l'influence des lois héréditaires ?

Beaucoup de gens considèrent que seul le *corps* se trouve être l'objet de la transmission héréditaire, mais l'âme leur semble être une entité surnaturelle conférée directement à l'embryon par le Créateur. Les jumeaux univitellins nous fournissent aussi la preuve du contraire de façon irréfutable. Que montrent-ils ? Nous voyons la même attitude, le même sourire, les mêmes pleurs, le même langage, la même coquetterie, les mêmes qualités et défauts chez les deux jumeaux. Lors de la partition de l'embryon, ce sont non seulement les cœurs, mais aussi les âmes qui se dédoublent.

Le sentiment tout à fait humain qui émane de ces jumeaux univitellins nous semble extrêmement fort. Nous avons le sentiment de nous trouver ici à un endroit où la nature nous laisse contempler ses mystères de façon profonde et claire. C'est comme si, par l'intermédiaire des jumeaux univitellins, elle voulait montrer qu'elle pourrait aussi créer des hommes identiques si elle le voulait. Ces rares exceptions mettent en évidence qu'elle souhaite *l'inégalité* et non l'égalité. Par cette inégalité de son essence, la nature maintient la vie en potentiel, la pousse en avant.

Les hommes du pays de Roosevelt, qui est un ennemi mortel de la nouvelle Allemagne et de la doctrine du Führer, devraient se voir en face et non pas avec le regard de gens affamés de sensations ! La vérité existe aussi chez eux : la vérité sur la loi éternelle du sang.

CAHIER DE LA SS N°3. 1939.

GROUPES SANGUINS ET RACES

À la lumière de la découverte des groupes sanguins dont nous avons brièvement parlé dans le dernier cahier, leur importance pour la raciologie a été très surestimée. C'est ainsi qu'on croit couramment que le sang détermine directement l'appartenance raciale d'un individu. Mais, comme on le sait, il existe bien plus de quatre à six races sur la Terre. Il est donc bien évident que les quatre à six groupes sanguins ne suffisent pas pour associer l'une des nombreuses races à un groupe sanguin déterminé. En fait, les quatre groupes classiques A, B, AB, O apparaissent chez *tous* les peuples et races. Les groupes sanguins ne sont donc pas en mesure de déterminer l'appartenance d'un *individu* à une race ! Classer les gens d'après *une* particularité - dans le cas présent le groupe sanguin – ne mène à rien. Si on voulait, par exemple, juger les peuples et les races *seulement* d'après l'indice céphalique, les Nordiques et les nègres seraient apparentés, car les deux races sont dolichocéphales ! Il est compréhensible que l'importance de la particularité sanguine dans la recherche raciale ait été surestimée, car cette particularité mérite du moins une considération spéciale. Cependant, dans la détermination des groupes sanguins, la raciologie n'est pas moins – mais non plus pas davantage – présente que le premier procédé biologique, lequel est qualifié pour compléter richement ceux qui, jusqu'ici, sont presque uniquement descriptifs et utilisés pour mesurer les corps. En outre, l'appartenance à un groupe sanguin d'un individu reste pourtant constante durant toute sa vie et, contrairement à d'autres particularités corporelles, est totalement indépendante de toute action du monde extérieur.

Si on ne peut assigner de race précise aux quatre à six groupes sanguins, la découverte de ces groupes donne cependant de précieux renseignements pour établir l'histoire des races et la découverte des peuples. On pourrait en effet prouver que l'on trouve les quatre groupes A, B, AB, O, partout sur la Terre, mais que la *fréquence de leur apparition* est différente selon les peuples et les races. Un exemple qui nous est familier éclairera le problème : Si l'on compare la répartition en pourcentages des groupes sanguins dans le peuple allemand, en tenant compte de chaque sondage publié à ce jour, avec celle des 1000 Juifs examinés, on obtient le tableau suivant (chiffres arrondis) :

Groupes sanguins	O	A	B	AB
Allemands	36	50	10	4
Juifs	33	37	21	9

Nous constatons que les valeurs pour B et AB sont deux fois plus élevées chez les Juifs que chez les Allemands. La répartition des O est à peu près égale alors que A est significativement plus répandu chez les Allemands que chez les Juifs.

Il est clair que de tels pourcentages donnent une image d'autant plus exacte que le nombre des individus examinés sera grand. Si l'on n'examinait que cent hommes de la SS, on obtiendrait sûrement une autre image de la répartition des groupes que celle ci-dessus indiquée pour les Allemands. Un examen de la totalité des SS donnerait cependant des chiffres approchants. Les données sur la répartition des groupes à l'intérieur de pays déterminés sont en conséquence très incertaines parce que très peu de ressortissants de ces pays sont examinés et, que le choix de ces individus examinés influence les résultats. De toute façon, on peut dès aujourd'hui tracer *l'image de la répartition des groupes sanguins chez les différents peuples et entités nationales* en tenant compte des résultats des découvertes précédentes :

Une vue d'ensemble nous montre *une prépondérance significative de sang A en Europe du nord-ouest et de sang B en Asie centrale et orientale*. Sang A et race nordique ne doivent cependant pas être confondus, malgré les données géographiques connues à ce jour, comme l'examen d'un groupe de populations est-allemandes en majorité de groupe A l'a révélé. Dans l'aire Europe-Asie, le groupe A diminue régulièrement d'ouest en est. Il est frappant qu'en *Russie européenne*, il y a moins de A qu'au Proche-Orient chez les *Iraniens* et les *Perses*, autrefois nordiques.

C'est la révélation évidente de la poussée des peuples nordiques indo-germains vers l'Asie. En ce qui concerne B, on remarque une prépondérance de répartition en *Europe du Nord-Est* par rapport aux régions du sud-est de l'Europe et du Proche-Orient. La préhistoire et l'histoire nous prouvent que des éléments raciaux ont émigré d'Asie vers l'Europe. En ce qui concerne la répartition de A dans d'autres régions du monde, on trouve : la prépondérance de A hors d'Europe se trouve en *Australie,* en *Polynésie,* dans le Pacifique et au Japon ainsi que chez les peuples d'Afrique du Nord. Les Australiens et les Polynésiens montrent quelque analogie par leurs caractéristiques physiques avec la souche-mère européenne, si bien que la grande prépondérance de A chez ces peuples n'est pas tellement étonnante. Chez les *Japonais,* la prépondérance du sang A s'arrête après les Aïnous, cette ancienne population des îles japonaises qui présente, elle aussi, une prédominance A, et est liée aux peuples européens par d'autres caractéristiques physiques. Chez les peuples *d'Afrique du Nord,* la prédominance du sang A concorde avec l'appartenance de cette région à la sphère raciale méditerranéenne et donc européenne, appartenance en partie peut-être aussi due à l'Empire des Vandales germaniques qui ont séjourné plus de cent ans en Afrique du Nord. En ce qui concerne B, en dehors du continent Europe-Asie il faut faire ressortir sa présence assez limitée dans le Pacifique et son absence totale en Australie. Le groupe sanguin O est tellement prépondérant (90%) chez les *Esquimaux* et les *Indiens d'Amérique du Nord* qui se rattachent à eux, que les individus non-O n'ont pu tenir leur appartenance sanguine que d'une influence étrangère. Il n'y a pas, pour ainsi dire, de AB chez eux. A et B sont si rares que l'on a pu expliquer leur pénétration dans la population primitive nord-américaine par le mélange de races consécutif à la colonisation. Au départ, les Esquimaux et les Indiens d'Amérique du Nord semblaient n'avoir possédé que du sang O. Ils seraient ainsi la seule « race pure » quant au groupe sanguin que nous connaissons jusqu'ici sur Terre.

Puisque les Indiens ont un groupe sanguin si nettement différencié, on peut ici montrer clairement combien le mélange avec d'autres peuples et races change la structure sanguine originelle d'un peuple. On le voit dans le tableau suivant :

Groupes sanguins	O	A	B	AB (%)
Indiens pur-sang	91,3	7,7	1,0	0,0
Indiens métis	64,8	25,6	7,1	2,4
Blanc d'Amérique	45,0	41,0	10,1	4,0

Comme il fallait s'y attendre après le mélange de leur race, les demi-sang indiens en pourcentage ont une position intermédiaire entre les purs Indiens et les blancs. Là où des mélanges se sont produits, on trouve dans les moyennes des chiffres intermédiaires. Les chiffres de la Russie orientale font pressentir un vaste mélange entre Russes et les peuples finno-ougriens et mongols.

À l'inverse, à l'aide des groupes sanguins, on peut démontrer si un peuple conserve la pureté de son sang ou non. Comme on a pu prouver jusqu'ici que la répartition des genres reste stable sur trois générations, on doit aussi présumer que la répartition des groupes sanguins d'un peuple reste la même siècle après siècle, tant qu'il n'y a pas de mélanges de sangs avec des peuples de groupes différents. En fait, on pourrait maintenant affirmer que par exemple les « Saxons de Transylvanie » qui ont quitté l'Allemagne depuis sept-cents ans possèdent à ce jour la même répartition de groupes que les Allemands d'Allemagne, différente de celle de · leurs voisins roumains ou hongrois ! Les nègres d'Amérique présentent une répartition de groupes comparable à celle de leurs frères d'Afrique. Les Néerlandais aussi, en Afrique du Sud et aux Indes orientales, ont conservé la même typologie que leurs frères de la mère-patrie ; il en est de même pour les Anglais au Canada et en Australie. Corrélativement, la répartition est très frappante aussi chez les Gitans – les vrais Gitans – qu'il ne faut pas confondre avec les vagabonds qui se sont fondus çà et là avec ces nomades. La répartition des groupes chez les Gitans n'a aucun rapport avec celle des peuples européens mais plutôt avec celle des hindous. Cependant, la langue gitane se constitue de bribes de toutes les langues des pays qu'ils traversent, et certains mots indiquent que les Gitans sont originaires des Indes. La recherche sanguine a prouvé le bien-fondé de cette conception comme il ressort des comparaisons suivantes :

Groupes sanguins	O	A	B	AB (%)
Gitans	27-36	21-29	29-39	6-9
Hindous	30-32	20-25	37-42	6-9

Cet exemple étonnant nous montre combien la typologie sanguine du peuple gitan a peu changé, bien qu'il soit prouvé qu'il s'est dispersé depuis le XIIIème siècle en d'innombrables hordes à travers l'Europe, où ils ont vécu leur vie de parasites.

Comme d'autres particularités héréditaires, on peut naturellement différencier les individus au sein d'un peuple par l'appartenance à un groupe sanguin. Ainsi, les Allemands de l'ouest et du sud diffèrent des Allemands de l'est et du centre. Les différences ne sont cependant pas aussi importantes qu'entre les Russes et les Allemands ou entre les

Polonais et les Néerlandais. On peut malgré tout parler à l'intérieur de certaines frontières de certains chiffres permanents caractéristiques de l'ensemble des Allemands. À part quelques écarts locaux, *tout peuple, en ce qui concerne la répartition des groupes sanguins, est homogène à l'intérieur de certaines régions et cette homogénéité est aussi étonnamment constante.*

Nous voyons donc qu'il est tout à fait possible d'expliquer, avec l'aide de l'examen du groupe sanguin, certains processus raciaux et nationaux.

Les études des propriétés des groupes sanguins semblables M, N, P, S, G, récemment découverts et qui, jusqu'à ce jour, n'ont pas encore été confrontés aux expériences raciologiques, nous fera découvrir peut-être dans l'avenir, une nouvelle méthode pour expliquer l'interdépendance entre groupe sanguin et race.

Paul Erich Büttner

Cahier de la SS n°3. 1936.

Quatrième exemple tiré du travail du Sippenamt

On peut ajouter ceci au troisième exemple tiré du travail du Sippenamt (Bureau des clans) dans le cahier de la SS n°2 :

Dans diverses régions de Bavière, il est encore possible de retrouver le père d'un enfant illégitime. L'homme qui se marie avec une femme ayant un enfant naturel accepte souvent celui-ci comme le sien. On trouve fréquemment indiqué dans le « contrat de filiation unique », qui est conservé dans les archives d'État, le procréateur de l'enfant avec la date et le lieu de naissance.

1ère semaine du 26 avril au 2 mai 1936

Lors de l'établissement de l'arbre généalogique, la plupart des hommes de la SS arrivent à un « point mort » et ne peuvent aller plus loin. On montrera par un exemple comment on peut parfois se sortir de cette situation.

Un homme de la SS a constaté que son arrière-grand-mère était née à Lünebourg en 1820. L'arrière-arrière-grand-père était patron dans la saline locale. Pour pouvoir remonter jusqu'en 1800, il fallait encore les extraits de baptêmes et l'acte de mariage des arrière-arrière-grands-parents. Mais ceux-ci n'étaient ni baptisés, ni mariés à Lünebourg.

Les démarches suivantes furent alors entreprises :

On recherche d'abord l'enregistrement du décès. Mais il s'avérait que l'arrière-arrière-grand-père était mort le 27 septembre 1865 à l'âge de

82 ans, 3 mois, 10 jours ; ainsi on eut le jour de naissance approximatif, le 17 juin 1783, mais pas le lieu de naissance. La recherche de l'enregistrement du décès des arrière-arrière-grands-parents ne donna aucun résultat.

Comme la date du décès avoisinait 1865, on se renseigna d'abord auprès du bureau de déclaration de résidence pour le lieu de naissance mais les listes ne commençaient qu'en 1868.

Là-dessus on pria le curé de compulser le registre des baptisés. Dans ce registre, à côté de la note indiquant le baptême d'une vieille sœur de l'arrière-grand-mère, était inscrit que cette sœur était née en 1815 à Neusalzwerk, près de Minden. Les arrière-arrière-grands-parents étaient ainsi vraisemblablement partis de Neusalzwerk vers Lünebourg entre 1815 et 1820.

On écrivit à la cure de Neusalzwerk près de Minden. Mais la lettre fut renvoyée comme impossible à remettre.

Que pouvait-on faire, alors ?

Tous les registres locaux furent compulsés, cependant on ne trouva aucun lieu du nom de « Neusalzwerk ». En dernière issue, on pouvait encore écrire à l'administration de la commune de Minden pour demander si ce lieu existait et à quelle paroisse il était rattaché.

Il s'avéra que l'actuelle station thermale d'Oeynhausen s'appelait auparavant Neusalzwerk.

L'acte de mariage et les extraits de baptêmes purent donc être établis par la cure compétente. On atteint donc les environs de 1800.

2ème semaine du 3 au 9 mai 1936

Pourquoi des formules de santé héréditaire ?

Lorsqu'on discute avec des SS sur la façon de remplir les formules de santé héréditaire, on a souvent l'impression que la plupart d'entre eux n'a pas du tout compris l'immense importance qu'il y a à fournir scrupuleusement les références exigées. Que signifie alors une santé héréditaire ? On aborde ici la notion connue de la santé, c'est-à-dire le soin des maladies, et quelque chose de totalement nouveau, à savoir le traitement de prédispositions pour des tares héréditaires graves. Beaucoup se demanderont maintenant qu'est-ce qui se transmet héréditairement ? En bref, on peut dire tout ce qui constitue un homme au niveau physique, spirituel et psychique. Ses aptitudes proviennent de ses aïeux et lui-même les transmet à ses enfants. On savait déjà de façon empirique que dans chaque famille des caractéristiques physiques frappantes réapparaissent au cours des générations, par exemple la forme particulière de la lèvre inférieure dans la maison des Habsbourg, ou le grand talent musical de certaines familles. Beaucoup de maladies se transmettent au même titre que les caractéristiques physiques et les facultés spirituelles. L'univers tragique qui règne aujourd'hui dans les asiles d'aliénés et d'infirmes est dû presque exclusivement à ces maladies héréditaires. Tout homme qui réfléchit et qui est responsable exige de façon claire et naturelle qu'on réduise les tares héréditaires les plus graves.

La difficulté commence lorsqu'il faut diagnostiquer des enfants et des malades héréditaires de même sang. Fréquemment, il s'agit d'hommes sains extérieurement qui, d'après les lois de l'atavisme, peuvent détenir dans leur patrimoine héréditaire des prédispositions pour l'une de ces maladies. Celui qui n'est pas un expert ne pourra absolument pas comprendre qu'un homme en apparence totalement sain, dont personne dans sa plus proche parenté n'a de tare héréditaire et qui ne sait peut-être pas du tout qu'un aïeul était déjà malade il y a des générations, puisse porter en lui cette tare. Et si son conjoint est aussi porteur de la même prédisposition, la maladie se manifestera en lui ou dans l'enfant. Chaque individu a donc le devoir, par responsabilité envers lui-même et ses descendants, de se faire conseiller par un médecin expérimenté dans ces questions. Pour faciliter cette tâche au SS, on créa les formules de santé héréditaire avec lesquels le médecin SS examinateur conseille ses camarades. Grâce à des exemples particuliers, on montrera qu'il est impossible au profane de distinguer l'essentiel de l'accessoire dans les questions héréditaires pour juger sa santé héréditaire. Il a le devoir de dire ouvertement et fidèlement au médecin examinateur tout ce qu'il a trouvé sur ses parents les plus proches. Celui-ci peut lui dire alors avec la plus grande probabilité si les enfants et les petits-enfants seront sains. Celui qui omet de mentionner aux autorités conseillères les maladies, les décès et les événements particuliers de ses ancêtres, n'agit pas seulement de façon criminelle à l'égard de sa future femme, dans la famille saine de laquelle il apporte la maladie, mais il accable d'une tare non seulement elle, mais ses enfants et lui-même.

Contrairement à ce que pensent beaucoup de camarades, les exigences fixées par le RuSHA ne seraient donc pas superflues. Souvent, elles aboutissent à des données bénignes, mais elles mettent aussi parfois à jour des tares héréditaires que l'individu ne soupçonnait même pas. Seul un médecin habilité peut diagnostiquer si le demandeur est victime d'une tare.

3ème semaine du 10 au 16 mai 1936

Dans le pays, beaucoup de camarades s'efforçant d'obtenir l'autorisation de mariage auront déjà maintes fois pesté contre le RuSHA dans leur for intérieur ou même de façon ouverte.

Par exemple, un tel voudrait se marier rapidement. Il envoie donc ses papiers et souhaite que l'affaire se règle le plus vite possible. Pour l'accélérer, il a même peut-être déjà fourni de nombreuses données détaillées, par exemple un rapport de médecin spécialiste sur les petits défauts des yeux de sa fiancée ou une attestation d'un soin dentaire requis. Croyant avoir réellement tout fait, il attend avec confiance l'évolution ultérieure de l'affaire.

Il est totalement rassuré, car tout est quasiment réglé et aucune singularité n'apparait dans aucune des deux familles. Un « non » répond à toutes les questions des questionnaires de santé ; il n'y a un point d'interrogation que pour un oncle ; car chez les parents, on sait que cet oncle a comparu devant la justice à cause d'un incendie volontaire ; mais il ne fut pas condamné et est mort peu après.

Cette affaire est donc manifestement bénigne. Et quand, en effet, une lettre du RuSHA arrive, il l'ouvre d'un cœur joyeux car elle doit comporter l'autorisation de mariage espérée. Mais, grosse déception : « Pour l'étude approfondie de votre requête, le RuSHA a besoin :
1. d'un certificat sur l'accident mortel de la grand-mère de votre fiancée ;
2. de données plus amples sur votre oncle qui a comparu devant la justice à cause d'un incendie. Indication du nom, de la date et du lieu de naissance, ainsi que le tribunal en exercice ; en outre les dossiers pénaux peuvent être exigés.

D'abord, l'irritation est grande en raison de ce courrier et de ses exigences manifestement secondaires. On aurait presque envie de renvoyer une lettre énergique et de dire tout ce que l'on pense. Mais finalement l'affaire presse et l'on réunit bon gré mal gré les données exigées. Les conclusions sont intéressantes et étonnantes pour le SS inexpérimenté dans les questions médicales de biologie héréditaire, et encore beaucoup plus importantes pour les spécialistes médicaux du RuSHA.

On constate en effet que la grand-mère, dont la fiancée avait seulement entendu parler par ses parents, n'a pas été victime d'un accident, mais qu'en réalité elle s'est suicidée. Elle fut toujours quelqu'un d'un peu particulier et d'individualiste, rapportent les parents à cette occasion.

Et ce qu'il y a de surprenant, c'est que les propres membres de sa famille questionnés à propos de l'oncle lui racontent quelque chose de totalement similaire. Ils disent qu'il fut un original auquel on ne pouvait se fier, et qui souvent faisait des choses incompréhensibles auxquelles ensuite lui-même ne pouvait donner aucune explication.

C'est ainsi que les recherches apparemment mineures révèlent un fait qui surprend le camarade lui-même, mais dont les conseillers du RuSHA connaissent toute la portée. D'après ces indications, on peut déjà supposer que dans les deux cas, chez la grand-mère de la fiancée et l'oncle du demandeur, on rencontre les symptômes de la même maladie mentale héréditaire. Cette supposition se trouve confirmée par les dossiers pénaux produits. Il ressort que, d'après le rapport médico-légiste, l'oncle n'a pas été condamné car il présentait une aliénation mentale. Il ne fut pas transféré comme prévu dans un asile d'aliénés parce qu'il mourut auparavant d'une pneumonie.

On voit donc que les ancêtres de sang apparenté des deux futurs conjoints présentent la même maladie héréditaire. Ainsi, du fait de la transmission héréditaire de ces maladies, il est très vraisemblable que les deux promis portent en eux la prédisposition pour cette maladie. Même si on ne décèle rien chez eux, le danger est grand que chez les enfants communs, les prédispositions pathologiques internes des deux parents s'additionnent et que la maladie réapparaisse.

Qu'en ressort-il ? On devra déconseiller aux deux fiancés de se marier parce que le danger pour leurs enfants serait trop grand. Mais on pourra consentir à ce que chacun épouse une autre personne saine dans la parenté de laquelle cette maladie n'est pas présente. L'enfant ne court donc plus le danger de recevoir la même prédisposition pathologique qui, par un tel redoublement, provoquerait la maladie. D'autres maladies héréditaires possèdent aussi d'autres types de transmission qui doivent être pris en compte lors du diagnostic d'un possible danger pour les enfants. Il est donc important d'avoir des données précises sur les maladies des membres du clan afin que le médecin puisse se faire une idée exacte.

4ème semaine du 17 au 23mai 1936

Lors de l'étude d'une demande de mariage on découvrit qu'un oncle du demandeur était sourd-muet. Des données supplémentaires révélèrent qu'il s'agissait d'un cas de surdité héréditaire chez cet oncle. Comme la surdité touchait un oncle, cette tare n'est pas très grave pour le demandeur. Des recherches complémentaires firent apparaître aussi que la mère de la fiancée était sourde. Un refus devrait clore l'affaire si une recherche réitérée n'avait révélé que la mère de la fiancée avait été atteinte de la scarlatine dans sa prime jeunesse ; le médecin la traitant dans un hôpital rapporte qu'elle avait perdu l'ouïe à la suite d'une lésion de l'oreille moyenne due à la scarlatine. Ce n'était donc pas une surdité héréditaire mais la conséquence d'une maladie infectieuse. Les choses changèrent alors du tout au tout. On pouvait donc approuver la demande puisque la tare ne se situait que d'un côté et non de l'autre. Les enfants issus de ce mariage auront la plus grande probabilité d'être sains.

La nature crée des espèces, elle ne crée pas des êtres. L'espèce est la fin ; l'être n'est que le serviteur de cette fin. C'est le propre de l'individu de s'abuser sur sa destinée et de croire qu'il est né pour soi-même.

René Quinton

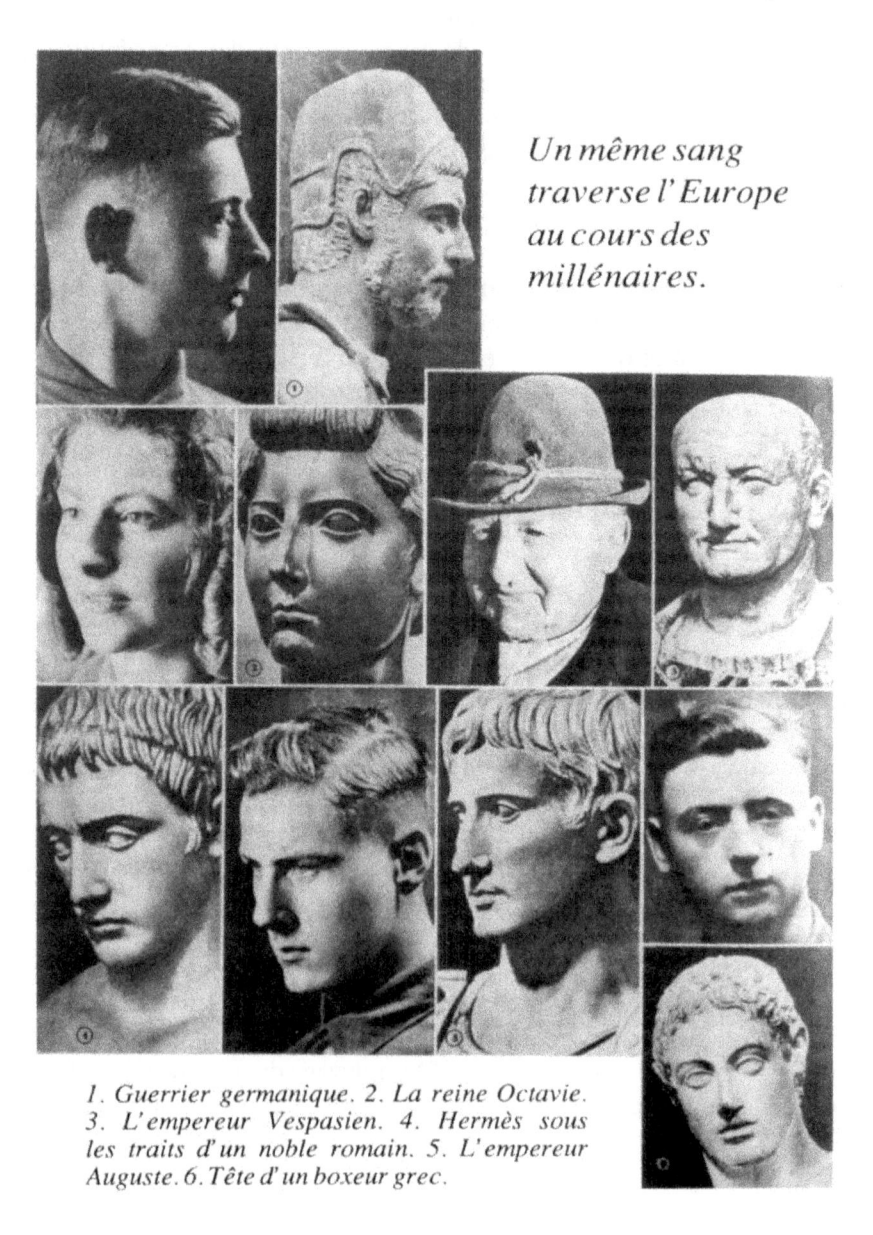

Un même sang traverse l'Europe au cours des millénaires.

1. Guerrier germanique. 2. La reine Octavie. 3. L'empereur Vespasien. 4. Hermès sous les traits d'un noble romain. 5. L'empereur Auguste. 6. Tête d'un boxeur grec.

Cahier de la SS n°3. 1944.

Sans titre

Devant toi se tient un cheval. L'animal te plaît-il ? – je veux bien le croire. Ce n'est pas non plus n'importe quel cheval. Il est particulièrement beau, noble et racé et appartient à la race des Lipizans dont l'arbre généalogique remonte à l'antiquité classique.

Pourquoi cet animal te plaît-il autant ? Pourquoi es-tu heureux de le rencontrer ? Pourquoi sa vue enrichit-elle ton âme ?

Questions étranges, penses-tu ; on n'a pas besoin de s'interroger sur le fait qu'un cheval, une créature si magnifique, vous plaise. Pourquoi me plaît-il ? tout simplement parce qu'il est beau ; parce qu'il est harmonieux dans sa taille ; parce que tout en lui est en harmonie, le tronc, la tête et les jambes ; parce que sa robe est unie, sa couleur élégante, son mouvement souple et son allure fière.

Tout cela est exact mais je veux que tu me tiennes un autre langage, que tu m'exprimes non les raisons de ta satisfaction à la vue de ces chevaux mais celles qui demeurent au fond de toi.

Qu'est-ce qui te rend apte à ressentir la beauté d'un cheval ? Quelles qualités en toi le permettent ? Je sais que tu peux aussi répondre facilement à cette question – Tu dis que c'est ton sens de la beauté, ton instinct ? Exact, mais plus précisément ? – Donc ton sentiment de la race !

Tu vois, ce n'est pas si facile de prendre conscience de l'évidence ; j'ai dû poser de nombreuses « questions idiotes » pour obtenir finalement la réponse la plus pertinente. Il en est souvent ainsi avec les choses les plus simples. La suite semble si évidente et aisé. Des solutions aussi simples sont appelées des œufs de Colomb. La solution de la question raciale est aussi un œuf de Colomb. Aujourd'hui, on a du mal à s'imaginer que nos ancêtres aient pu s'occuper durant des siècles de la culture des plantes et de l'élevage des animaux, certes avec un zèle sacré, en oubliant totalement l'évidence, c'est-à-dire la culture et la conservation de la pureté de leur propre race. Quoique l'on puisse quotidiennement se persuader du contraire, la doctrine erronée de l'égalité de tous les hommes colportée par une foi étrangère fut tenue pour vraie durant des siècles. C'est encore une chance que notre peuple ait eu une vitalité suffisamment forte pour que la majeure partie des hommes et femmes aient choisis des conjoints de même valeur. Car autrement nous serions tombés déjà depuis longtemps au stade des Français favorisant le mélange des races d'une façon totalement irresponsable. C'est le Führer qui, le premier, a remis en honneur la nécessité divine d'un ordre racial dans la conscience du peuple. – au moment de la plus grande tragédie, à l'instant ultime. Nous devons toujours y penser. N'oublions jamais ces faits : le Führer a dû imposer sa doctrine face à un monde hostile ; un Hans Günther fut couvert de mépris et de sarcasmes à cause de sa doctrine raciale. Et la guerre actuelle n'est-elle pas principalement due au fait que le monde adverse vivant encore sous la domination des idéologies vaincues chez nous, craint la force inquiétante que ces connaissances révèlent et nous procurent ?

Tu revois maintenant le splendide cheval en confrontant les deux points de vue. Homme SS, femme SS, réjouis-toi de la création ; bois de tous tes sens la beauté de ce monde. Mais sois toujours conscient des questions que te pose Dieu au travers de ses manifestations. Car tu y trouves toujours la réponse fondamentale qui doit déterminer notre vie. S'interroger et trouver des réponses est le propre de ceux qui vivent sur le seuil. Nous voyons derrière nous les siècles où ceux qui exerçaient une forte emprise sur les âmes, donnaient de fausses réponses et interdisaient de se poser des questions.

Notre dure destinée est d'apporter l'ultime réponse avec le sang des meilleurs afin qu'après nous grandisse une génération qui sache suivre le bon chemin sans s'interroger sur le pourquoi de la victoire ou de la défaite. La réussite ne dépend que de chacun de nous, de sa vie et de sa lutte, – et surtout- de sa reconnaissance des raisons, des nécessités et de sa foi s'enracinant dans la conscience de servir la mission la plus sacrée.

H. Kl.

Cheval lipizan.

Cahier de la SS n°6. 1944.

L'attitude du soldat à l'égard des femmes étrangères

Tu es un SS, c'est-à-dire que tu n'es pas un mercenaire. Celui-ci était recruté contre une solde pour se battre pour quelque chose qui ne le concernait pas. En tant que SS tu défends ton peuple et ton sang. Tu défends en outre la SS, une communauté, un Ordre au sein de ton peuple, qui s'est donné comme tâche particulière de conserver un sang pur et d'élever la valeur de la race. En conséquence, lorsque tu te trouves en pays étranger, l'arme à la main, ton devoir est double : tu dois défendre avec dignité ton peuple et la SS.

Tu te comportes pourtant sans dignité quand, sous l'uniforme d'un officier portant les insignes du Reich et de la SS, tu déambules dans les cafés et les bistrots avec ces jeunes filles et ces femmes qui se moquent du chagrin et de la douleur de leur peuple parce qu'elles n'ont pas de cœur. Tu as raison de penser que ce ne sont pas des jeunes filles et des femmes honnêtes. Car ces jeunes filles dont les frères, ces femmes dont les maris ont été vaincus par toi et tes camarades, ne te sauteront certainement pas au cou avec joie. Tu dois donc être parfaitement conscient de ce que t'apportera cette fréquentation volage.

À quel droit à la rigueur peux-tu prétendre si tu te laisses aller ? Comment pourras-tu conserver un jugement sain et un maintien correct si tu perds le respect de toi-même ? Pendant cette guerre, beaucoup d'entre vous ont la possibilité d'assumer plus de responsabilités que vous n'auriez pu le faire en temps de paix. Il va vous falloir vous montrer dignes de ces responsabilités. Nous savons que vous êtes braves au combat. Que vous désiriez tous apprendre à être fiers, disciplinés et sobres, même quand vous n'êtes pas en rangs au combat, voilà ce que nous espérons tous pour l'avenir de notre peuple.

Je vais aussi te dire ce que tu devras faire lorsque tu auras lu ces lignes. Tu as un regard vif, un cœur vaillant et tu comprends ce que cela signifie. Tu sais peut-être aussi que tel ou tel de tes camarades ne se conduit pas comme il le devrait. Jusqu'à ce jour, tu as détourné la tête et pensé que cela ne te regardait pas. Crois-moi, cela te regarde, cela nous regarde tous. Essaye d'abord la voie de la vraie camaraderie : prends ton ami à part et parle-lui raisonnablement. Dis-lui de quoi il s'agit. Dis-lui que l'heure du destin sonne pour tout notre peuple. Rappelle-lui que le Führer a besoin de tous ses hommes.

Pensez toujours que vous vous rappellerez jusqu'à la fin de vos jours les mois et les années où vous avez porté les runes SS sur votre vareuse. Pour un Allemand, ces années sont les plus décisives de sa vie. Non seulement parce que le jeune volontaire SS devint un homme, que sa poitrine s'élargit, que son pas s'affirme, que son regard s'ouvre sur l'extérieur, mais que son esprit se forme aussi et qu'il apprend, au sein de la communauté SS, ce qu'il conservera toujours en lui : l'ordre, la discipline, la probité, la ponctualité, l'esprit de sacrifice et la solidarité. Ne gâtes pas ce souvenir en pensant que tu ne manques pas, ce faisant, à tes devoirs comme ton peuple l'attend de toi. Si tu négliges ces choses, c'est à toi-même que tu fais le plus de tort.

Il fut un temps où l'on proclamait « le droit de disposer de son propre corps ». C'était l'époque qui donnait sa bénédiction au mariage d'un homme noir et d'une femme blanche, à l'union d'un Allemand et d'une Juive, celle aussi où l'on protégeait ceux qui tuaient l'enfant dans le ventre de sa mère si sa naissance importunait ses parents.

Mais les champions de cette époque que nous avons vaincus en Allemagne, grâce au combat du Führer, nous font face aujourd'hui avec ténacité sur tous les fronts.

Lorsque tu laisses ton corps et ton sang faire ce que t'enjoignent tes désirs, alors tu aides les adversaires de notre peuple et de notre idéologie. En te dominant, tu seras dans la vérité car tu trouveras la force et la fierté de vivre selon les lois de ton peuple, de ta SS et de celles que tu défends.

Celui qui corrompt son sang, corrompt son peuple.

Cahier de la SS n°2. 1938.

Les questions raciales aux États-Unis

La conquête et la colonisation des États-Unis d'Amérique représentent une migration de peuples qui surpasse largement toutes celles qui ont été réalisées jusqu'à présent. De même que la colonisation de l'Amérique du Sud fut effectuée par les peuples romans, la colonisation du continent septentrional est l'œuvre des groupes germaniques. Les Anglais et les Allemands furent les principaux pionniers dans ce jeune pays. La portion française ne doit pas être sous-estimée mais elle a un caractère purement historique et demeure sans influence sur le développement, la culture et la physionomie raciale du pays.

D'après le bilan de la colonisation proprement dite, après que le nouvel État ait conquis son indépendance par rapport à la mère patrie, l'afflux provenant de l'Ancien Monde s'accrut. De 1820 à 1935, trente-deux millions et demi d'hommes ont émigré d'Europe, cinq millions et demi des autres pays. Là aussi, l'élément germanique prédominait. Les Britanniques arrivaient en tête avec environ neuf millions, les Allemands les suivaient avec six millions. À cette époque, les peuples en majorité nordiques représentaient au total approximativement deux tiers des immigrants européens.

Il convient de nous rappeler ces faits quand nous parlons d'une Amérique de race nordique. Nous pensons à notre propre sang qui coule dans cette nation et au sang des autres peuples qui sont de la même race que nous. Nous ne pouvons donc pas rester indifférents à l'évolution de l'Amérique du Nord, et au fait de savoir si l'héritage racial est conservé ou dilapidé.

Les grands peuples nordiques d'Amérique sont les plus menacés, d'abord par les races colorées qu'ils ont accueillies en leur sein ; en outre, le noyautage fait par les peuples d'Europe orientale et occidentale joue un rôle qui a augmenté de façon extraordinaire durant les décennies passées et contribue à transformer l'image raciale originelle.

Chacun sait aujourd'hui que la question des nègres constitue le problème crucial pour les États-Unis. Douze millions de nègres et de métis de nègres font face à une population totale d'environ cent-vingt-trois millions (chiffres de 1930). C'est le dixième de la population. Les métis furent aussi considérés comme « nègres » dans le recensement de 1930, y compris ceux qui n'ont qu'une petite partie de sang nègre, les « near whites », ainsi que les métis de nègres et d'indiens ; à moins que le sang indien prédomine, auquel cas, ils sont considérés généralement comme des Indiens. D'après des estimations sûres, les métis représentent environ les trois quarts de la population négroïde totale, et un quart seulement sont des nègres de race pure. C'est précisément ce grand nombre de métis qui met en péril l'existence des blancs, car c'est d'abord à eux que la race blanche transmet un patrimoine héréditaire durable et non pas aux nègres purs. Ils apportent aussi du sang coloré dans le peuple blanc.

Pour la première fois, en 1619, vingt esclaves nègres venant de la côte ouest d'Afrique furent introduits en Virginie. L'Amérique du Nord suivait ainsi l'exemple du Sud qui, déjà 100 ans auparavant, s'était servi de cette force de travail à bon marché dans les plantations et dans les mines, vu que les Indiens étaient trop faibles comme bêtes de somme. Le mélange de la race blanche et de la race noire commença ainsi dans le sud. Les Néerlandais régnaient en Guyane – du reste ils se conduisaient aussi de façon similaire dans les Indes néerlandaises et en Afrique du Sud – et les Français à Haïti. Les serviteurs blancs, qui étaient au début plus nombreux que les esclaves et pour la plupart engagés par contrat pour travailler durant des années ou pour payer les traversées par du travail, eurent d'abord des liaisons avec les nègres. Il y eut donc plus fréquemment des mariages entre les femmes blanches des classes les plus basses et les nègres. Aujourd'hui encore, la majorité des mélanges noirs-blancs ont lieu entre des femmes blanches et des nègres ou bien des mulâtres. Bientôt, l'aristocratie des planteurs suivit l'exemple de cette classe sociale basse. Tandis que, par instinct de conservation, les serviteurs blancs étaient contraints avec le temps d'accentuer la distance entre eux et les esclaves, le possesseur d'esclaves tout-puissant pouvait entretenir tranquillement des relations avec les bonnes de couleur sans craindre que son rang ou la discipline dans la plantation en souffrent La « mistress » de couleur et ses enfants mulâtres étaient une institution générale dans les plantations. « Beaucoup de possesseurs d'esclaves étaient les pères ou les grands-pères d'une partie de leurs esclaves », disait Reuter.[1] Plus tard, lorsque naquit une classe de métis avec une partie majoritaire de sang blanc – les quarterons et les octavons (un quart et un huitième de sang nègre) qui, souvent, étaient aisés et blanchis par la civilisation occidentale – le nombre des liaisons illégitimes entre les blancs et les mulâtresses libres s'étendit de façon considérable dans les grandes villes.

Les revendications politiques et sociales de la population de race noire s'accrurent proportionnellement à son augmentation après l'abolition de l'esclavage – on doit se rappeler que son nombre est passé d'un million en 1800 à douze millions aujourd'hui et qu'il augmente d'un million à chaque décennie. Mais la défense des blancs s'instaura de façon proportionnelle. Les États du Sud furent les défenseurs les plus ardents de la « color line » (limite de couleur) ; ils dressèrent en premier une barrière entre les blancs et les colorés du point de vue social et racial.

Avant que nous n'abordions les mesures de défense des États prises contre les mésalliances raciales, on doit encore jeter un coup d'œil sur les relations sociologiques et raciales entre les « noirs ». Il a déjà été dit que les nègres purs ne représentent qu'un quart et que la majorité se compose de métis de toutes les nuances allant du demi-nègre jusqu'à l'octavon. Le niveau d'instruction, la situation sociale et les revendications politiques sont donc également différents.

Le nègre pur se trouve culturellement et socialement à l'échelon le plus bas. Chez les métis, la position culturelle et sociale s'accroît aussi

---

[1] Reuter, *The American race problem*.

avec la proportion plus grande de sang blanc – et le rejet des noirs. Plus un métis possède de patrimoine héréditaire blanc, plus il s'éloigne radicalement de ses concitoyens raciaux. Il les regarde avec dédain, se sent mieux que ces « négros » et s'efforce de trouver une femme qui, de préférence, est encore plus blanche que lui. Il se trouve placé entre les races, reniant la race inférieure et n'étant pas admis par la supérieure. De temps à autre, il réussit à pénétrer dans la race blanche et s'il n'y parvient pas, alors peut-être ses enfants le peuvent. Ainsi, malgré toutes les barrières, le sang nègre s'introduit dans le corps populaire blanc, même s'il est dilué. Une entrée facile sera possible là où l'image raciale est déjà colorée par des types méditerranéens ou orientaux.

Le métis n'aspire pas toujours à être admis dans la race blanche. Un certain nombre de mulâtres intelligents se sont mis du côté des nègres et sont devenus leurs chefs. De même que les premiers renient leur sang nègre, ils renient leur héritage de sang blanc. Ils veulent être des nègres, prêcher la conscience raciale de l'homme noir et attribuent au nègre la même intelligence que celle qu'ils possèdent- certes de par leur origine blanche. C'est leur atout : ils prétendent que dans les performances spirituelles, le nègre est capable d'accomplir les mêmes choses que le métis. Il est incontestablement établi que plus de quatre cinquièmes de tous les « nègres » importants n'avaient que peu de sang nègre, et donc que la part d'héritage de sang blanc domine dans la classe dirigeante noire.

Une grande partie des nègres a émigré déjà très tôt vers le nord et dans les grandes villes. En 1930 ils sont déjà 43 %. Ainsi, New York héberge environ 330 000, Chicago plus de 230 000 membres et descendants de la race noire. Les conditions de vie sont plus favorables pour le nègre dans le nord. Il n'est pas exposé au bannissement social et à la restriction de la pratique de ses droits politiques comme dans le sud. (Depuis la guerre civile, il est un citoyen égal en droit sur le papier !) Sa vie est également plus sûre au nord qu'au sud. De 1885 à 1924, 3 165 nègres furent lynchés, dont plus des neuf dixièmes dans les États du Sud. Malgré l'émigration vers le nord, le Sud est encore aujourd'hui extrêmement négrifié. En tête se trouve le Mississipi. Plus de la moitié de sa population (50,2 % contre 58,5 % en 1900) est de sang nègre. Ensuite vient la Caroline du Sud avec 45,6 % et les trois États de Géorgie, d'Alabama et de Louisiane avec en moyenne 30 à 40 % de nègres ou de mulâtres. Aucun État n'est sans nègres. Non plus le nord-est et le centre-nord qui montrent encore les relations les plus saines.

Les États-Unis ont fait front contre le mélange racial. Ils ne veulent pas, comme en Amérique du Sud, absorber les nègres et former un « melting pot » de races. Les mesures ont été prises très tôt dans les

États du Sud les plus dangereusement menacés. On ne doit pas aborder ici l'évolution historique de la législation raciale, mais seulement le droit en vigueur aujourd'hui.[2] Des comparaisons avec la législation raciale progressiste des Allemands sont évidentes.

D'abord, il faut dire qu'il ne s'agit pas d'une législation raciale dans le sens allemand, qui empêche la naissance de métis et ainsi l'agrandissement du groupe des métis dans tous les cas. Les interdictions en vigueur ne visaient pas seulement les *liaisons conjugales entre blancs et colorés*. Les relations sexuelles illégitimes – la souillure raciale la plus fréquente parce que la plus difficilement contrôlable – ne sont pas légalement interdites. (On peut mentionner comme exemple opposé : l'Italie interdit les relations sexuelles entre les Italiens et les indigènes, tandis que le mariage mixte n'est pas puni par égard pour la Curie). De même, le mariage, et naturellement, les relations illégitimes entre les métis et les diverses races de couleur ne sont pas interdites. Quelques tribus indiennes représentent une exception, car on veut les protéger contre le métissage avec les nègres.

Il n'existe pas davantage de droit racial homogène pour l'ensemble de l'Union. Sur quarante-huit États, seulement trente ont promulgué des interdits envers les mariages mixtes. Ce sont essentiellement les États du sud et de l'ouest. Le nord-est reste passif dans ce domaine.

Lorsque nous examinons attentivement les rapports entre la population noire de chaque État et la législation raciale, on peut alors établir ce qui suit :

Sur dix-huit États dont le nombre de nègres dépasse les 5%, dix-sept ont interdit le mariage mixte (exception : New Jersey). On peut donc dire qu'ici la nécessité racio-biologique a été prise en compte. Les États restants dont le nombre de nègres est inférieur à 5 % ne montrent pas la même tendance.

---

[2] Une recherche excellente est présentée par Krieger : *Le droit racial aux États-Unis*.

Population nègre aux États-Unis

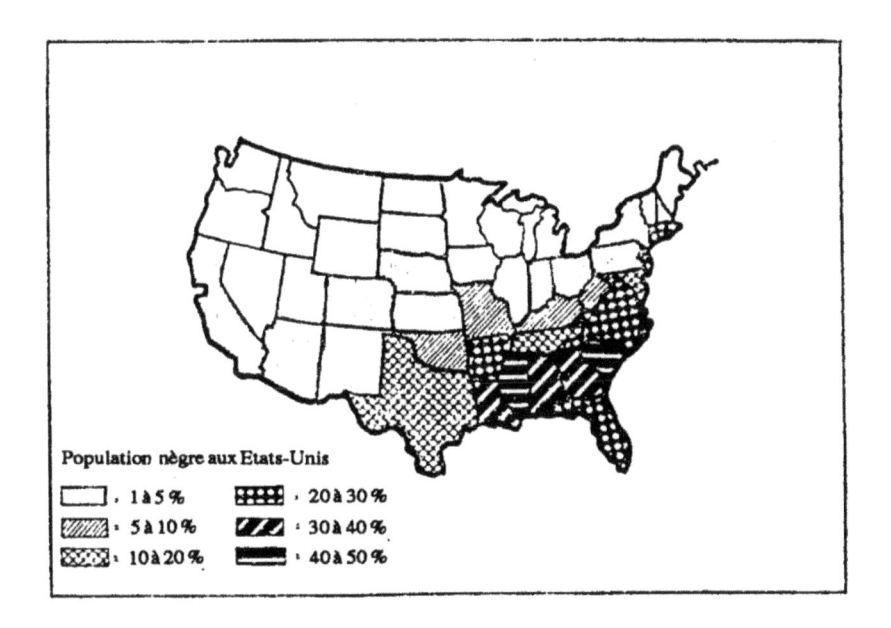

- ☐ : 1 à 5 %
- ▨ : 5 à 10 %
- ▦ : 10 à 20 %
- ▥ : 20 à 30 %
- ▨ : 30 à 40 %
- ▬ : 40 à 50 %

Sur l'ensemble des quatorze États avec une population nègre de 1-5%, seulement cinq interdisent le mariage mixte, les neuf restants ne semblent pas être persuadés de la nécessité d'une telle mesure.

En revanche, sur seize États dont le nombre de nègres est à moins de 1%, huit se sont prononcés contre le mariage mixte.

Ce manque d'unité concernant la conception principale relative à la question raciale se manifestait aussi quand il s'agissait de définir la notion de « nègre » dans l'esprit de la loi du mariage. Dans un cas sont aussi considérés comme nègres les métis, y compris jusqu'au quarteron, dans dix cas les métis y compris jusqu'au huitième de sang, dans trois cas la preuve d'une trace de sang nègre et dans seize cas on parle généralement de personnes « d'origine africaine » ou de « race colorée » – le tracé de la frontière est laissée à l'appréciation de la justice.

Un octavon peut donc épouser un partenaire blanc dans l'État où la frontière entre blanc et noir va jusqu'au quarteron, et finalement des mariages mixtes peuvent être conclus entre blancs et colorés de toutes sortes dans les États qui ne connaissent aucune législation raciale. Cela montre que cette barrière aussi peut compliquer le mélange racial légitime, mais ne peut pas l'empêcher.

Résumons encore une fois :

Il n'existe pas de possibilité légale d'empêcher le mélange racial s'effectuant par les relations *illégitimes* entre le peuple civilisé blanc et les négroïdes. Il n'existe pas non plus de moyen de mettre un terme à l'accroissement de la population mulâtre par des liaisons légitimes ou non en son sein et avec d'autres races colorées. Les lois d'interdiction de mariages d'une série d'États ne confèrent pas non plus de protection suffisante contre le croisement racial.

L'Amérique du Nord ne pourra pas résoudre le problème nègre avec les mesures en vigueur actuellement. La population métisse augmentera d'année en année. D'abord à partir de sa propre substance, et ensuite par la possibilité constante de relations existantes et futures entre blancs et colorés. À cela s'ajoute le fait aggravant que la classe dirigeante blanche, comme ailleurs, souffre de dénatalité. Trouver une solution sera difficile. Le vieux projet de renvoyer les nègres dans leur patrie africaine resurgit toujours : mais douze millions d'hommes ne se laissent pas si facilement retirer d'un environnement civilisé qui, pour eux, est devenu un lieu de vie, pour retourner à celui auquel leurs ancêtres ont été arrachés il y a trois-cents ans. Et l'expérience infructueuse du Libéria n'encourage pas à la répéter. À cela s'ajoute que la transplantation, la « réparation » devrait être menée contre la volonté de la vaste majorité de la population nègre. Il y a en outre l'influence, en Afrique même, des indigènes et des détenteurs de colonies et de mandats.

On ne peut pas non plus abandonner aux nègres le sud de l'Union envahi par eux et s'établir plus au nord dans une position défensive. Mais on peut – à titre de mesure temporaire – créer une législation raciale réellement générale qui montre aussi bien au démocrate blanc le plus enthousiaste qu'au nègre le plus ignorant qu'il n'est pas conseillé de briser les barrières que la nature a créées. Et, contre l'augmentation de la population nègre et métisse, on peut tout au moins mobiliser la volonté et la vitalité de la race blanche.

À part les nègres, les États-Unis hébergent encore d'autres groupes raciaux. Il y a les anciens maîtres du pays, les Indiens, au nombre de 330 000 ; en outre 1 400 000 Mexicains, 140 000 Japonais, 75 000 Chinois, environ 50 000 Philippins et quelques milliers d'Hindous et de Malais.

On connaît le sort des Indiens. Leur extermination presque totale est un chapitre trouble de l'histoire des conquérants blancs. Si aujourd'hui, leur nombre est de nouveau passé au-dessus de 330 000, ce ne sont pas tous de purs Indiens et il y a un certain nombre de métis. Les régions principales d'extension des Indiens sont les États du sud-ouest comme l'Arizona, le Nouveau-Mexique et le Nevada où ils représentent entre 5 et 10% de la population totale. Le nombre plus faible des Indiens et de leurs descendants, l'écart radicalement plus petit entre blancs et Indiens et l'opinion déférente des blancs pour les Indiens nord-américains provenant de leur attitude courageuse à l'époque de la conquête n'ont pas créé d'oppositions raciales et de mesures racistes comme ce fut le cas vis-à-vis des nègres.

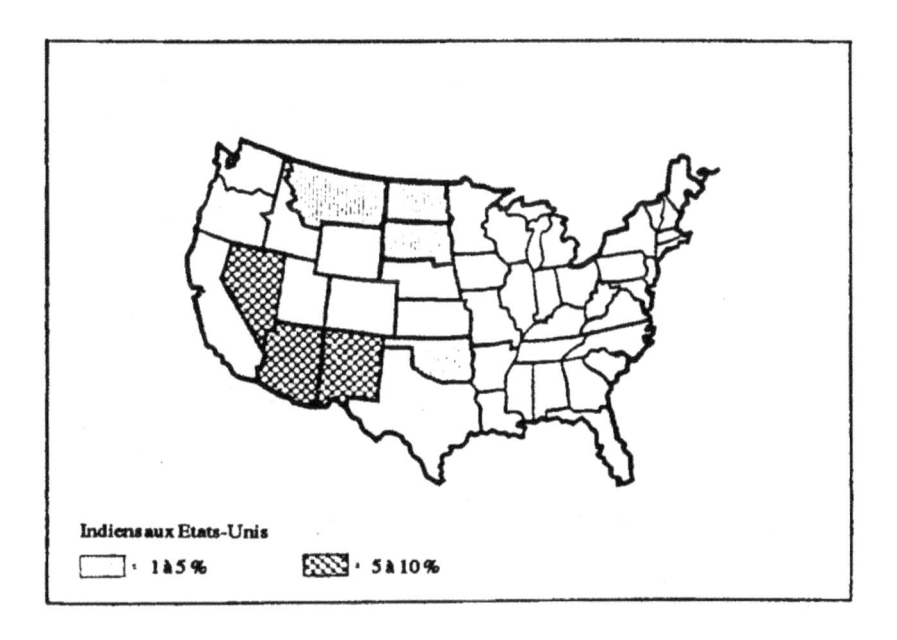

Indiens aux États-Unis
☐ · 1 à 5 %   ▨ · 5 à 10 %

Là-bas, sept États seulement interdisent les mariages mixtes entre les blancs et les Indiens et leurs descendants. Dans le nombre, il y a une partie des États du sud qui ont moins d'1% de population indienne, donc relativement peu, tandis que les États qui ont de 1 à 10 % d'Indiens - à l'exception de l'Arizona – n'ont pas interdit les mariages mixtes. L'attitude des États du sud s'explique par les expériences désagréables qu'ils ont eues avec les nègres. Ils prennent des précautions dans tous les cas. Dans un certain État, seuls les Indiens et demi-Indiens n'ont pas le droit de contracter mariage ; dans deux autres États, les Indiens et les métis, y compris les octavons, dans le reste des États, une trace de sang indien suffit à l'exclusion et, généralement, on parle d'indiens et de descendants d'Indiens, et la décision appartient alors à la justice.

Un chapitre spécial serait à consacrer aux Juifs d'Amérique du Nord. Quatre millions et demi environ de Juifs vivent aux États-Unis – et ils y vivent parfaitement bien. Nulle part ailleurs dans le monde les Juifs ne jouissent d'une telle position dominante comme dans ce pays démocratique. Ils ne participèrent pas à sa découverte, ils vinrent plus tard, lorsque l'époque des combats était finie, remplacée par celle du capital. Il leur aurait été difficile, plus tôt, de s'intégrer aux classes dirigeantes, mais lorsqu'un nouvel ordre mondial s'instaura, qui classait les individus suivant leur argent, l'attitude originellement retenue de la

« société » disparut complètement. La campagne de haine dépravée qui pouvait être menée (et est encore menée) librement contre l'Allemagne nationale-socialiste montre à quel point l'influence de l'élément juif est forte de l'autre côté de l'océan. De ce fait, personne ne s'attendra à trouver des mesures racistes contre la juiverie allogène. Ils ne sont pas davantage soumis à des restrictions dans la loi d'immigration. Ils sont inscrits comme hôtes membres de leur ancienne nation, comme « Allemands », « Anglais », « Français » !

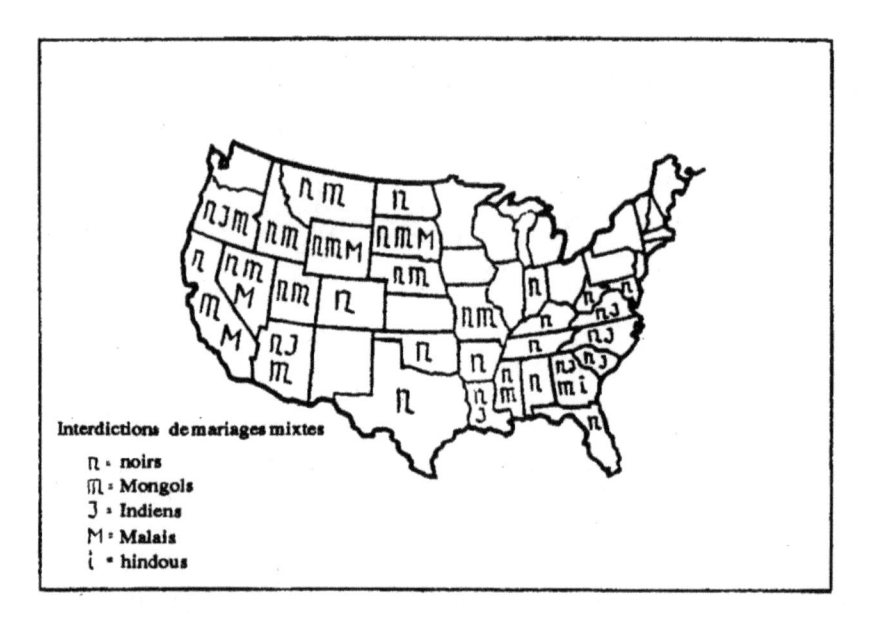

Interdictions de mariages mixtes
n = noirs
m = Mongols
J = Indiens
M = Malais
i = hindous

Pour conclure, encore un mot sur l'effet sélectif exercé par les lois d'immigration sur les candidats européens. Les ordonnances actuelles (loi des quotas de 1924) veulent freiner l'afflux d'éléments du sud et de l'est de l'Europe. Cela signifie un retour des forces indo-germaniques qui ont créé le continent du nord et auxquelles on ne peut renoncer dans l'avenir. L'Amérique ne doit pas quitter le groupe des grands peuples nordiques. Il résulte de ce qu'on vient de lire que les Américains actuels ne sont plus racialement le même peuple qu'il y a une centaine d'années ou auparavant. Madison Grant, le champion de l'idée nordique en Amérique, estime la part actuelle de la race nordique aux États-Unis à 70%, contre 90% à l'époque de la Révolution. On peut considérer que c'est exagéré étant donné qu'il sous-estime la part de sang nordique dans le peuple allemand. Mais ce n'est pas une question de chiffres, c'est une question d'idée. Il s'agit de constater l'importance de la race pour la vie des peuples. Et il est réjouissant de voir que des voix qui confirment notre conception du monde traversent les océans.

SS-Ustuf. Dr Karl

CAHIER DE LA SS N°4. 1938.

ÉGLISE ROMAINE ET RACIOLOGIE

En Italie se déroule actuellement une discussion extraordinairement intéressante. Pour la première fois depuis l'existence du parti fasciste, on parle de la nécessité de considérer d'une façon raciale les questions nationales et historiques.

Le milieu ayant suscité cette impulsion et cette exigence se composait d'un ensemble de professeurs d'université italiens éminents. Ainsi, cette vision idéologique novatrice avait déjà trouvé quelque crédit. On ne pouvait l'ignorer et elle ne le fut pas. Son importance fut immédiatement reconnue car elle permet d'opérer une modification de l'image globale de l'État que se fait, à la base, le fascisme ou tout du moins d'élargir les points de vue essentiels. Tandis que dès le tout début, l'idéologie, en particulier raciale, constitua l'élément moteur du national-socialisme, le fascisme ne défendit d'abord que des objectifs et des exigences étatiques. Le grand passé italien, avant tout l'Antiquité, exerçait une influence majeure sur sa vision spirituelle. À part cela, il laissa une large place à l'activité religieuse du catholicisme romain détenant une position prédominante en Italie. Vu sous cet angle, la prise de position tout à fait récente du fascisme pour la race italienne et pour la communauté raciale aryenne signifie une avance révolutionnaire dont on ne peut encore prévoir les répercussions historiques.

L'Église romaine a réagi plus rapidement aux propos fascistes que les usages de la politique vaticane ne le laissaient supposer – car l'un de ses principes de base concernant la politique est de savoir attendre. Le pape lui-même a profité d'une audience qu'il accorda à des élèves de la congrégation missionnaire, à son siège d'été à Castel Gandolfo, pour s'élever d'une façon catégorique contre tout propos raciste. On oublie souvent qu'il a dit, entre autres, que *tout le genre humain forme une grande race humaine universelle*. Il alla jusqu'à soupçonner le fascisme d'imiter la raciologie allemande.

« On doit se demander », tel qu'il est dit littéralement dans son discours « pourquoi par malheur l'Italie a eu besoin d'imiter l'Allemagne ».

La réponse à cet avertissement agressif ne pouvait manquer d'arriver. Tandis que *Starace,* le secrétaire du Parti, avait admis le bien fondé des exigences raciales devant les professeurs d'université, nul autre que *Mussolini* lui-même approuva leur prise en considération. Sa réponse brève et lapidaire au pape a été rapidement connue en Allemagne :

« Chacun doit savoir que nous aussi, nous marcherons vers l'avenir en adoptant le point de vue de la question raciale. Dire que le fascisme a imité n'importe qui ou n'importe quoi est tout simplement absurde. »

La discussion en Italie n'est donc pas encore terminée, mais elle est pourtant menée de façon stricte et directe car l'Église poursuit de façon occulte le combat contre la raciologie ; avec des efforts accrus, parce qu'aucune question ne semble aussi dangereuse que la raciologie pour l'Église romaine, pour son crédit, son influence et son existence en tant que société religieuse, comme nous le verrons.

Alors que ces questions ont pris une dimension particulièrement actuelle, il semble tout à fait fondé de se demander, par des examens approfondis, quel rapport l'Église romaine entretient avec la raciologie. Cette attitude n'est pas du tout aussi claire que cela semble l'être à première vue si l'on considère les déclarations tout à fait authentiques du pape. Les prises de position ecclésiastiques sur la raciologie révèlent même un point de vue assez confus.

Il est certain que l'Église exprime ainsi sa mission biblique constante qui est de prêcher le christianisme à tous les peuples. Cette mission représente le fondement de la volonté de puissance universelle de l'Église romaine, qui ne peut en aucun cas tolérer une différence raciale entre les peuples, notamment au niveau du sentiment religieux, et une différence de *valeur* raciale. Mais d'un autre côté, les résultats de la recherche raciologique allemande ont une telle valeur scientifique qu'un refus inconditionnel exprimé par l'Église romaine devrait entraîner une importante perte de prestige pour celle-ci en Allemagne.

Copernic aussi dut démentir les dogmes religieux par ses résultats scientifiques. C'est Copernic et non l'Église qui eut raison devant l'Histoire. Par une lutte acharnée contre la raciologie, l'Église romaine court aujourd'hui le danger de devoir un jour baisser le ton aussi dans cette question.

Elle se trouve donc confrontée au choix de se rendre risible face à l'Histoire en rejetant la raciologie, ou d'abandonner par la reconnaissance de cette dernière l'une des plus importantes conditions de son efficacité internationale. L'Église romaine *mondiale* s'est prononcée de façon provisoire pour le premier choix, ce qui ne fut possible que tant que la raciologie et son application pratique demeuraient limitées plus ou moins uniquement à l'espace allemand. L'Église romaine en *Allemagne* s'est engagée sur une autre voie.

Mais avant que nous n'en venions à étudier les prises de position épiscopales et donc ecclésiastiques, citons la publication du prêtre romain et professeur d'université Wilhelm *Schmidt*, dont la tentative de « réfuter » la raciologie d'un point de vue scientifique est intéressante à plus d'un titre. Schmidt est le scientifique romain qui s'est occupé de la raciologie d'une façon particulièrement détaillée, même si cela n'a été que de façon superficielle.

Mais les résultats auxquels il aboutit dans son livre *Race et peuple* ne correspondent pas à ceux de la science raciologique, pas plus qu'aux principes fondamentaux de la conception du monde nationale-socialiste. La méthode dont il s'est servie est certes extrêmement simple, scientifiquement non seulement critiquable mais parfaitement condamnable. Il cherche notamment – certes de façon perfide – à opposer chaque représentant de la raciologie les uns aux autres. De cette façon, il parvient aux résultats dont il a besoin pour sa conviction religieuse.

À la page 33, il en vient à la constatation que les « qualités physiques ne se sont pas révélées être des caractéristiques raciales manifestes » et en tire la conclusion que « pourtant, la doctrine raciale définissant tout ce qui est spirituel comme « déterminé par la race » et reposant sur des qualités physiques, s'effondre totalement ».

Lorsqu'il considère la relation entre les qualités morales et la race, Schmidt devient encore nettement plus superficiel alors qu'il en appelle simplement à la doctrine de l'Église d'après laquelle : « l'âme est une substance propre, autonome, qui, de son côté, n'entretient aucun rapport héréditaire, non seulement avec aucun corps mais aussi avec aucune autre âme, ni avec les âmes des parents, mais à chaque fois Dieu la recréée pour chaque individu » (p.41).

Schmidt conclut ainsi ce passage de son livre par la déclaration la plus simpliste :

« L'âme en tant que telle n'est liée à aucune race, de même qu'elle n'a non plus aucune patrie terrestre. »

Comme, aux yeux de Schmidt, il n'existe donc aucune transmission héréditaire des qualités psychiques et physiques, il aurait pu s'épargner la peine de donner ces explications. Au lieu de cela, il a révélé par ses raisonnements cités parfois extrêmement clairs, quels sont les points particuliers de la raciologie qui causent des problèmes à l'Église romaine. Schmidt se défend contre le fait : « que la race détermine *toute* expérience humaine ; il se pourrait qu'elle embrasse uniquement des domaines précis et il pourrait même exister une différence raciale qui s'exprime dans certains domaines d'une race comme d'une autre » (p. 53).

Et à la page 56, il est dit :

« On doit rejeter énergiquement la conception..., affirmant que chacun de ces types (raciaux) ait sa propre faculté sensitive et sa morale qui lui soit appropriée, de telle sorte que cette moralité entraine pour ainsi dire des devoirs..., de même qu'il existe des vérités reconnues par des hommes de toutes les espèces, de même il existe aussi des normes humaines générales de moralité qui résultent de la nature humaine et ne peuvent disparaître qu'avec l'humanité elle-même » p. 56).

Ces positions sont révélatrices, car elles montrent clairement quelles sont les brèches que l'Église romaine considère comme une menace pour sa propre doctrine. Si, comme l'affirme la raciologie de concert avec l'ethnologie, la proto-histoire, la germanistique etc., il devait être exact que chaque race ne peut avoir qu'une morale adaptée à sa nature, que par exemple la race nordique ne peut respecter les mêmes lois morales que la race juive, si elle est capable des plus grandes créations, alors il n'y a aucune place et aucune justification « pour des normes humaines générales de moralité qui résultent en propre de la nature humaine ». Par normes humaines générales de moralité, Schmidt évoque en particulier la morale de la doctrine chrétienne romaine.

Schmidt est conscient de l'impossibilité à vouloir réellement réfuter la raciologie de façon sérieuse. Et ainsi, son objectif propre n'est pas du tout de nier la raciologie mais de lui arracher ses griffes pour la rendre inoffensive. À l'occasion d'une conférence à Vienne, il s'est clairement exprimé là-dessus :

« La race et le peuple ne peuvent prendre leur valeur que dans la foi déiste en l'Un Créateur qui a créé tous les hommes à partir d'une origine. Ils sont tous les deux encore plus transfigurés, purifiés et renforcés dans la religion chrétienne-catholique qui admet tout à fait les nombreux devoirs découlant de l'appartenance à une race, et un peuple, leur accorde le caractère moral et donne aux hommes la force et la volonté de les accomplir. »

Tel est le son de la mélodie entonnée en accord avec toutes les déclarations ecclésiastiques en Allemagne. Cela signifie que l'Église prétend admettre délibérément les valeurs de la race, du peuple, de la nation et de l'amour, comme les plus hautes valeurs « naturelles » voulues par Dieu. Mais, au-dessus de ces valeurs simplement « naturelles », s'élèveraient celles « surnaturelles » de la grâce divine etc., qui sont appelées à diminuer, à polir et ainsi à rendre parfaites les simplifications et les exagérations des valeurs naturelles. On trouve un exemple pratique de cette opinion dans les « missions catholiques », où il est dit dans le cahier n°3 de mars 1938 :

« Elle (L'Église) admet l'homme tel qu'il est avec sa race, son peuple, sa nation, son État, dans la région où la volonté créatrice de Dieu le fait grandir, approuve donc toutes ces forces créatrices issues du sang et du sol. Mais nous ne pouvons et ne voulons pas oublier une chose. L'homme d'aujourd'hui, avant tout l'homme délivré, ne vit plus dans la « pure nature ». La rédemption et la supra-nature sont une réalité et par cette réalité, la nature est entrée dans un nouvel ordre. La conséquence du péché originel veut que les hommes exagèrent et défendent les valeurs naturelles. Que ce soit l'humanité, la liberté, le droit ou la race ; L'Église contiendra toujours ces escalades à la place qu'elles occupent dans l'ordre de valeur divin et absolu. Elles ne sont donc aucunement réprouvées ; elles reçoivent seulement une place exacte dans tout ce qui a une valeur. »

Leur indiquer leur place exacte, c'est le mot d'ordre permettant à l'Église de remporter son plus grand succès, où elle dispose de la plus grande expérience, la meilleure, la plus habile et la plus éprouvée. Lorsqu'au cours de toutes les époques, l'Église n'est pas parvenue à réprimer spirituellement ces courants étrangers ou même hostiles à sa nature, parce qu'elle négligea l'instant propice ou n'en avait pas la force, elle garda encore un moyen qui lui permit presque toujours de triompher : l'assimilation. Elle accepte simplement les valeurs lui étant étrangères, les inverse et les falsifie jusqu'à ce qu'elles s'adaptent à son propre système, leur confère une place dans son échelle de valeurs et les rend inoffensives, tout en pouvant alors les diffuser comme étant sa propriété spirituelle. Un manifeste de la « feuille cléricale bavaroise » du 23 janvier 1935 offre un témoignage, preuve d'une intuition inégalée :

« La rencontre de la Révélation et de la race appartient précisément au chapitre le plus attrayant de l'histoire de l'Église. La race était l'instrument, la Révélation était la mélodie, le Christ l'artiste. Et ainsi, l'Église enflammée par la Révélation, eut de tous temps, le flair le plus fin pour percevoir toutes les valeurs biologiques réelles. »

(Seul son pape actuel semble avoir perdu ce flair !) Après avoir lu cela, on ne peut qu'être stupéfaits !

Nous ne voulons pas clore ces témoignages sans avoir au moins encore cité un propos épiscopal. À l'occasion du discours à la mémoire de l'évêque Bares tenu dans l'église Hedwig à Berlin, l'évêque Machsen de Hildesheim exposa ce qui suit sur la place exacte de la raciologie :

« Il est absolument impossible pour un évêque catholique de nier tout ce qui se rapporte aux notions de peuple et de patrie, toutes les valeurs du sang et du sol. Le savoir religieux nous donne la certitude que la chair ressuscite et ainsi confère à notre corps et à ses valeurs une dignité qui les fait approcher le divin. Selon l'enseignement de l'Église, la nature est la base de la foi – et ainsi à partir de la supra-nature, nous posons les fondements non seulement des questions biologiques et ethnographiques, mais aussi sociales... Ce point de vue de la foi nous fournit ainsi une vue exacte de la noblesse et de la dignité de la nature humaine. Les notions de sang et de sol trouvent une place hiérarchisée et ainsi ont la possibilité de s'épanouir de façon organique. »

Tous ces exemples démontrent clairement que l'Église romaine est incapable de se soustraire à l'influence de la raciologie en Allemagne. En dehors de l'Allemagne, dans un monde où dominent soit l'Église elle-même, soit le libéralisme au moins apparenté sur ce point par sa doctrine égalitariste, soit le marxisme, se font entendre les rejets de la raciologie confinant jusqu'à des manifestations de haine surenchérissantes qui témoignent d'une impuissance rancunière.

Nous renonçons à citer les articles des journaux d'immigrants catholiques anti-allemands mais nous donnons à la place deux exemples extraits d'un ouvrage paru en Suisse en 1935 dans lequel, ne se préoccupant d'aucun fait, s'exprime une démagogie purement politique, bien que des évêques romains comptent parmi ses collaborateurs. Dans cet article, l'évêque de Debreczen invite la théorie raciale à « se maintenir dans les limites étroites de sa nature puérile », et dans l'article de N. Berdiajev, il est dit :

« La théorie raciale et celle de classes – signifient toutes deux l'intrusion d'un polythéisme dans la vie sociale ; elles – la théorie raciale à un degré plus élevé que celle de classes (!) – sont incompatibles avec la doctrine chrétienne et conduisent à l'affrontement avec le christianisme. Ces deux théories ne sont pas des hypothèses scientifiques mais des mythes idolâtres au sein d'un monde athée et impie. »

Nous citons le passage suivant tiré de cet ouvrage surtout à cause de sa bêtise indicible et de sa maladresse, de son effet humoristique plaisant, plutôt que pour son importance pratique. L'auteur tire la conclusion effarante de l'affirmation erronée que Zoroastre fut un prophète oriental, auquel Nietzsche fait dire dans son œuvre du même nom la célèbre parole « Je vous en conjure, mes frères, restez fidèles à la terre... » :

« Les théories raciales représentent donc (!!!) uniquement une phase de l'orientalisme ; elles doivent être considérées comme une attaque menée contre le cœur de la culture occidentale, contre la croyance en la puissance de l'esprit sur le corps et doivent être combattues. »

À la vue de telles énormités que l'on ne peut interpréter que comme politiques et qui sont compréhensibles de la part des partisans romains, on doit affirmer avec étonnement que même les offices du Vatican, qui montrent d'ordinaire un peu d'habileté, d'adresse et de souplesse diplomatique aussitôt qu'ils se croient incités à s'exprimer sur la raciologie, adoptent un ton qui ne se différencie guère de celui de leurs collègues émigrés hors d'Allemagne.

Le cardinal et secrétaire d'État du pape a eu l'occasion de se prononcer deux fois en 1935 sur la raciologie, une fois dans son discours de clôture pour les fêtes de Lourdes, lieu de pèlerinage français, l'autre fois dans son texte de félicitations adressé au cardinal Schulte pour son 25· anniversaire épiscopal. À Lourdes Pacelli exposa :

« Avec leur prétention à proclamer une nouvelle sagesse, ils ne sont en réalité que des plagiaires déplorables qui affublent les antiques erreurs de nouveaux vêtements... Qu'ils soient obsédés par la superstition du sang ou de la race, ces deux philosophies reposent toutefois sur des principes qui sont contraires à la foi chrétienne. »

Et il est dit dans le texte de félicitations au cardinal Schulte :

« Lorsque surgissent de faux prophètes à l'orgueil luciférien prétextant : être les porteurs d'une nouvelle foi et d'un nouvel évangile qui n'est pas celui du Christ, alors l'heure a sonné où l'évêque, ni pasteur ni mercenaire, fort de sa fonction et de son serment l'unissant depuis le jour de sa bénédiction aux âmes fidèles, doit élever sa voix et répéter sans peur et inexorablement la parole de l'apôtre devant le Haut Conseil :

« Jugez vous-mêmes s'il est juste de vous obéir à vous plus qu'à Dieu ! »

Ce ton trahit une nervosité traduisant un trait de caractère que l'on retrouve aussi dans le discours précédemment cité du pape ; cette nervosité provient du fait que l'Église soupçonne la conception du monde raciale capable de changer l'image du monde et de l'histoire encore plus fortement et radicalement qu'autrefois par les résultats des recherches de Copernic. En tout cas, elle est ainsi atteinte plus gravement et en profondeur.

Dans une lettre de la congrégation du séminaire et des universités de la curie romaine à Rome envoyée aux recteurs des instituts catholiques qui lui sont subordonnés, le Vatican retrouve certes son ancien ton judiciaire et doctrinaire, mais il demeure en la matière absolument intraitable. Dans cette lettre qui est un règlement invitant à lutter contre toutes les doctrines de la raciologie et ses applications, il est dit :

« Ce qui touche notre Saint Père de façon extrêmement douloureuse, c'est le fait qu'on rapporte des blasphèmes impudents pour excuser cette injustice, et que par la diffusion de doctrines très pernicieuses présentées comme science, quoiqu'elles portent à tort ce nom, on cherche à embrouiller les esprits et à extirper des âmes la véritable religion. »

Voici les principes cités devant être particulièrement condamnés :

2. La force de la race et la pureté du sang doivent être conservées et entretenues de toutes les manières possibles ; tout ce qui conduit à cet objectif est donc bon et valable.

3. Le sang contenant le type racial livre toutes les qualités spirituelles et morales à l'homme à titre de source principale.

6. La première source et la mesure absolue de toute règle juridique est l'instinct racial.

L'ouvrage date d'avril de cette année. La profession de foi du fascisme pour la raciologie n'a encore rien pu changer à cette prise de position. L'Église cherche encore à maintenir sa vieille position. Elle cherchera à la maintenir désespérément jusqu'à ce qu'elle doive rétrograder d'une place. Mais il n'est pas douteux qu'un jour elle doive alors rétrograder sur toute la ligne.

SS-Schaf. Horst Pabel

IV. Paysannerie, économie, peuplement

Cahier de la SS n°3. 1939.

La grande question posée à la jeunesse allemande

C'est un fait que toutes les réalisations d'un peuple, sa culture et ses œuvres, ne lui profiteront et ne lui demeureront propres que si des créateurs historiques de ces réalisations subsistent. Des œuvres d'art d'une grande civilisation peuvent encore exister : qu'on se rappelle seulement l'histoire de l'Égypte. Ce n'est alors qu'une question de hasard si on retrouve ces documents historiques quelques siècles plus tard. Même si le peuple, en tant que tel, concerné par ces œuvres d'art ne vit plus parce que son sang est tari, des hommes peuplant le pays et se sentant ses héritiers peuvent encore exister sous son nom. Ils ne sont cependant pas les descendants physiques des créateurs d'alors, mais au mieux, les détenteurs d'un nom ; ils ne possèdent plus la puissance créatrice du sang d'origine et ainsi ne sont donc souvent plus en mesure de gérer leurs traditions, à plus forte raison de les comprendre et de les perpétuer.

Les Hellènes en sont un bon exemple. Bien sûr, nous les connaissons encore aujourd'hui par leurs œuvres d'art. Nous savons, grâce à celles-ci, que le peuple des Hellènes a existé autrefois, mais malgré des institutions étatiques parfaites, ils n'ont pas réussi à empêcher le tarissement de leur sang : les Hellènes de l'ère classique n'existent plus aujourd'hui, leur sang a disparu ou s'est fondu dans un sang étranger. Du fait que les Hellènes commencèrent à mépriser la procréation, ils n'ont aujourd'hui plus de descendants témoignant des actions de leurs ancêtres charnels. Seul le sang apparenté de la sphère germano-allemande a su redécouvrir les documents culturels des Hellènes et comprendre leur sens antique. *Sans le sang frère de la civilisation allemande, l'Hellade serait depuis longtemps tombée dans l'oubli.*

Le peuple chinois nous donne l'exemple contraire. *La religion de ce peuple lui prescrit de conserver de son sang par une nombreuse descendance :* Elle est la base même de sa religiosité. Malgré toutes les catastrophes nationales et naturelles, le peuple chinois traverse les millénaires et contredit par son existence même toutes les considérations intellectuelles de l'Occident sur la naissance ou la disparition d'une nation. Toute idée de décadence fatale, dans le sens où l'entend Oswald Spengler, vole en éclats dans le cas du fait chinois et de sa vitalité.

Peut-être expliquerait-on mieux l'opposition qui existe dans l'évolution de ces deux peuples, chinois et hellénique, si on se remémore que Lycurgue, certes mythique mais cependant génial créateur de l'une des législations helléniques les plus parfaites, de l'État spartiate, n'a pu sauver Sparte et la/aire durer jusqu'à nos jours parce que le sang spartiate entre-temps tarit. À l'opposé, les descendants de Confucius vivent encore aujourd'hui ; et on peut le considérer comme *contemporain de Lycurgue ;* il a influencé de façon décisive l'attitude spirituelle et morale des Chinois. Ceux-ci vivent aujourd'hui au même endroit, à la même cour où Confucius a vécu et travaillé à son époque. À la 77ᵉ génération, le descendant de Confucius témoigne encore des exploits de son génial ancêtre alors que des non-Hellènes – des chercheurs allemands – essayent, par des travaux délicats et minutieux, de recréer la législation d'un Lycurgue et les survivances de celle-ci. *Confucius n'entendait certes rien à la construction d'un État, mais il insufflait dans l'âme de son peuple la volonté de vivre éternellement, proclamant que l' accomplissement de sa foi religieuse résidait dans l'enfant et que l'éternité serait sienne, non seulement dans ses œuvres mais dans son identité vivante et dans ses descendants :* Lycurgue construisit certes l'État de Sparte, unique dans l'histoire, mais il oublia d'imposer à son peuple la volonté de vie éternelle par une descendance et en conséquence de cette loi vitale, de perpétuer la création de son État par la pérennité du sang.

La question de la survivance d'un peuple de par les lois de la vie est essentiellement celle de savoir si un peuple a « la volonté de survivre à jamais en donnant la vie à une nouvelle génération et dans sa descendance future ; il s'agit aussi de savoir si le peuple se soumet à cette loi vitale du sang ou s'il n'a plus la force spirituelle, morale ou physique de le faire.

Il est remarquable, mais historiquement irrécusable et probant, que tous les peuples de caractère indo-germanique ou germanique n'ont survécu que dans la mesure où, en plus de leur connaissance des lois du sang, ils n'ont pas négligé leur appartenance à leurs propres terres et biens-fonds et qu'ils n'ont survécu que tant qu'ils pouvaient rester paysans et se reconnaissaient comme tels.

Les Germains entrent dans l'histoire européenne en tant que paysans et leur mode de vie paysan est tellement caractéristique qu'ils ont évité de coloniser les villes romaines pour s'établir hors des cités en rase campagne. Dans le monde athée de l'Empire romain décadent, tombé entièrement sous la coupe d'une ploutocratie enjuivée, les Germains ont créé un nouveau droit du sol de type paysan. Si quelque chose est en mesure de prouver l'origine paysanne des Germains, c'est bien ce droit du sol germain à l'intérieur de l'Empire romain.

Ces considérations et constatations nous montrent notre devoir d'aujourd'hui. Nous autres Allemands, sommes entrés dans l'histoire sous l'égide des lois germaniques. Nous devons en conséquence respecter les lois de la vie du sang germanique si nous voulons survivre et ne pas nous condamner à mort nous-mêmes. Mais la légitimité de la germanité prend ses racines dans la paysannerie. À l'aube de l'histoire, la germanité est née de la paysannerie et c'est dans la paysannerie qu'elle a puisé la force sacrée de la vie éternelle. C'est la loi fondamentale de la légitimité germanique.

Si nous sommes aujourd'hui confrontés au problème de l'exode rural, *ce n'est pas tellement la question de notre politique alimentaire*. Ce n'est pas davantage une question agricole. L'exode rural constitue tout simplement le problème de *l'existence et du destin m mes de notre nation*. Car pour la première fois dans son histoire, notre peuple doit décider s'il veut se séparer de sa paysannerie ou s'y reconnaître. Le problème de la paysannerie n'est pas un problème social, ni même un problème corporatif comme beaucoup le pensent, mais une question de sang et donc de la pérennité et de l'avenir de notre peuple. Seule la jeunesse pourra résoudre ce problème car elle seule l'affrontera et devra savoir si elle veut seulement profiter des années historiques actuelles ou en être la gestionnaire fidèle. *La jeunesse allemande doit décider clairement ce qu'elle veut et peut faire en ces circonstances. Il lui faudra avancer avec une rigueur et une détermination inflexibles sur un chemin clairement défini. Mais la jeunesse nationale-socialiste d'Adolf Hitler a été habituée à le suivre jusqu'à présent en ce qui concerne d'autres questions de notre existence politique nationale.* Voilà tout ce que l'on peut dire à la jeunesse allemande à propos de la désertification des campagnes si l'on veut encore faire confiance à son âme et à son dynamisme.

(Avec l'autorisation de la rédaction de *Volonté et puissance*, cahier 6 du 15mars 1939).

SS-Obergruppenführer R. Walther Darré

CAHIER DE LA SS N°3. 1939.

LA LOI FONDAMENTALE DE LA PAYSANNERIE ALLEMANDE

« Réaliser la pensée fondamentale de la politique nationale réveillée par le national-socialisme, qui trouve son expression dans la théorie du « Sang et du Sol », signifiera la plus profonde transformation révolutionnaire qui ait jamais existé ! » Ce sont les paroles du Führer quelques semaines avant la victoire décisive du mouvement de libération national-socialiste, le 3 janvier 1933, dans son discours au congrès de politique agraire du NSDAP. Les prémices de cette réalisation furent la mise en vigueur de la loi sur le domaine héréditaire le jour de la fête de la moisson du peuple allemand réunifié par le national-socialisme. Le travail avait déjà été préparé en gros et en détail du temps de la lutte pour le pouvoir, par R. Walther Darré et ses collaborateurs au service national pour la politique agraire du NSDAP. C'est ainsi seulement que fut rendue possible, deux mois à peine après la nomination de Darré au ministère, en plus des projets fondamentaux concernant la réglementation du marché, la présentation au Führer de la loi sur le domaine héréditaire.

Le jour de la mise en vigueur de cette loi est plus important qu'on ne peut le penser. Ce jour-là, le Führer déclara devant une délégation de paysans à Berlin : « La condition de paysan allemand n'est pas seulement pour nous un métier, mais la représentation de la vitalité allemande et donc aussi de l'avenir allemand ». Ces mots sont la clef permettant de comprendre la loi sur le domaine héréditaire. Pour donner à tous ceux qui ont recours à cette loi agraire fondamentale une image nette des buts et de ses idées directrices, le gouvernement du Reich fait précéder cette loi d'un avant-propos si impressionnant qu'il vaut tout résumé ou toute exégèse. Le voici :

« Pour protéger les vieilles traditions héréditaires, le gouvernement du Reich veut conserver la paysannerie en tant qu'origine raciale du peuple allemand.

Les fermes devront être protégées de l'endettement et du morcellement par héritage, de façon qu'elles restent toujours héritage du clan, dans les mains de paysans libres.

Il faudra opérer un partage équitable des grands domaines, car un grand nombre de petites ou moyennes fermes viables, si possible réparties dans tout le pays, sera la meilleure défense de la santé du peuple et de l'État.

Le gouvernement du Reich a donc promulgué la loi suivante. Voici son idée principale :

Un domaine agricole ou forestier de la taille d'un acre et de moins de 125 ha est une ferme héréditaire s'il appartient à un professionnel de l'agriculture.

Le propriétaire d'un domaine héréditaire s'appelle un paysan.

Seul un citoyen allemand (de race allemande ou équivalente) et de bonnes mœurs peut être paysan.

Le domaine héréditaire est légué sans partage à l'héritier principal. Les droits des cohéritiers sont circonscrits aux autres biens du paysan.

Les descendants non-héritiers privilégiés recevront une formation professionnelle et un équipement proportionnels à la dimension de la ferme. S'ils étaient victimes de la fatalité de façon injustifiée, l'État leur viendrait en aide.

Le droit d'aînesse ne pourra être supprimé ni restreint pour cause de mort.

La ferme familiale est fondamentalement inaliénable et ne peut être hypothéquée. »

Cet avant-propos, de même que la remarquable, très claire et compréhensible lettre d'introduction du Dr Harald Hipfinger (Reichnährstand-Verlag, Berlin 1938) *Du droit successoral fermier dans le Reich*, sont plus importants qu'une proclamation de programme. D'après une formulation précise de la loi sur le patrimoine agricole et s'il y a quelque doute quant à l'application de cette loi, ils devront servir de guide pour la conduite à tenir dans les décisions importantes.

Il ressort clairement de l'avant-propos que les chefs de l'Etat national-socialiste ont élaboré consciemment la loi sur le patrimoine agricole du Reich à partir du vieux droit héréditaire qui trouve son origine dans le droit odalique. R. Walther Darré a démontré dans son ouvrage fondamental *La paysannerie comme source de vie de la race nordique* que cet ancestral droit héréditaire ancestral de la race nordique assurait un lien vital entre le sang et le sol, qu'il a toujours été la loi des peuples paysans du Nord et que sa violation signifiait à la longue la mort de la nation. Cette vérité a évité au gouvernement national-socialiste de se contenter seulement de généraliser les coutumes d'héritage encore existantes dans de nombreux districts d'Allemagne. C'eût été une demi-mesure dangereuse, car ces usages signifiaient déjà, dans un domaine décisif, une altération capitaliste du droit héréditaire ancestral.

L'idée fondamentale du droit héréditaire, la transmission unique de la ferme agricole en tant que base même de la famille paysanne, de génération en génération, n'a souvent été maintenue qu'arbitrairement dans les usages héréditaires. En fait, la ferme a été considérée comme un capital dans l'héritage et partagé entre les héritiers de façon que l'héritier principal qui se chargeait de la ferme devait verser de substantiels dédommagements aux autres héritiers, ou bien hypothéquer lourdement sa ferme. Il est caractéristique que dans les régions aux coutumes prévoyant un héritier préférentiel, plus d'un tiers de la dette agricole était à mettre au compte d'engagements à la suite de démêlés d'héritage. Les cas n'étaient pas rares où une conciliation ne pouvait avoir lieu à cause des trop grandes prétentions des cohéritiers au moment de la succession, obligeant ainsi à surévaluer la ferme. La paysannerie a essayé en d'autres endroits d'éviter les effets destructeurs de cette aliénation du sol en capital en revenant de plus en plus souvent au système de la double progéniture, voire de l'enfant unique. La loi du Reich sur le domaine héréditaire a fait table rase de cette possibilité en assurant une succession non grevée, totale, à l'héritier privilégié, en empêchant les autres enfants de demander un dédommagement, sous forme de terres, d'hypothèques, ou d'argent.

La fermeté de cette solution écartant tout compromis a été interprétée comme une sévérité injuste envers les cohéritiers par ceux qui n'ont pas compris le sens profond de la loi du Reich sur l'héritage domanial : la nécessaire assurance, pour la paysannerie, d'une raison de vivre fondamentale, forte et intangible comme source raciale de la nation. Un examen rapide montre que cette critique est erronée. Il faut d'abord reconnaître qu'en aucun cas les autres enfants ne sont privés de droits par rapport à l'héritier principal, comme l'affirment ces critiques. La loi agraire du Reich leur accorde au contraire explicitement les droits importants suivants :

1. Droit à une éducation et un entretien convenable dans la ferme jusqu'à la majorité.
2. Droit à une formation professionnelle dans la spécialité de la ferme.
3. Droit à un mobilier qui sera fourni au moment de leur installation, en particulier pour les descendantes féminines à l'occasion de leur mariage.
4. Droit au recours à la nation en cas de détresse imméritée.

Ces exigences sont naturellement limitées par la taille et la capacité de production du domaine hérité et ne dépendent donc en aucune façon de l'arbitraire de l'héritier principal. En règle générale, ce n'est pas lui, mais le père lui-même qui satisfait ces exigences. Le grand progrès de la loi successorale agricole par rapport à la législation antérieure réside justement dans le fait que l'absence de toute charge financière dans la succession permet au paysan de pouvoir travailler pour ses enfants dès ses premières années d'activité. Il n'est plus obligé, comme auparavant, de consacrer ses meilleures années créatrices à régler des dettes contractées lors de la succession. Toute son énergie est librement employée pour le bien de ses enfants. L'affirmation qu'on entend encore parfois aujourd'hui selon laquelle la loi sur l'héritage agraire à cause du prétendu handicap qu'elle inflige aux cohéritiers, entraîne pour le paysan pauvre l'obligation d'avoir un enfant unique, est insensée ou malveillante. C'est le contraire : seule la loi successorale agraire garantit à la paysannerie la pleine affirmation de son énergie vitale.

Tout aussi aberrante est cette affirmation qui apparaît de temps à autre disant que la loi agraire du Reich empêche l'attribution de la ferme au plus méritant des héritiers. Cette loi n'est en rien une réglementation rigide et schématique. Elle tient compte sciemment des différentes vieilles coutumes du terroir. En aucun cas le pouvoir de décision du paysan n'est exclu, si celui-ci, après mûre réflexion, est arrivé à la conviction qu'un autre fils serait plus apte à reprendre la ferme que l'héritier légal. Dans des régions où règne, en vertu de vieux usages, le droit d'aînesse ou le droit du cadet, le paysan devra en tout cas, pour désigner un autre fils que l'héritier principal, demander l'accord du tribunal des successions. Si son projet est fondé sur des faits établis, il recevra l'entière approbation du tribunal, car celui-ci est composé de juges paysans comme lui.

Les autres autorités publiques supérieures régissant les questions successorales sont également des tribunaux de paysans. Ainsi, l'application de la loi successorale agricole est, dans une large mesure, dans la main des paysans eux-mêmes, d'autant plus que les dirigeants agricoles ont été engagés délibérément dans le processus. On est ainsi assuré que l'application pratique de la loi successorale sera conforme au sentiment de justice des paysans et tiendra compte des contingences de la vie paysanne. Ceci est d'autant plus important que la loi successorale n'est pas un ensemble rigide de paragraphes, mais pose uniquement les fondements d'après lesquels les juges agraires définiront, formeront le droit et contribueront ainsi à la création d'un statut paysan réaliste. Cette loi signifie ainsi, à cet égard, la renaissance de la vieille conception du droit allemand qui écartait le règne de la lettre morte et rendait le juge entièrement responsable de l'application à la lettre de la loi.

Le fait que les tribunaux agraires travaillent en coordination avec les dirigeants agricoles pour veiller à ce que des paysans oublieux de leurs devoirs ou incapables soient ramenés dans le droit chemin ou condamnés, montre bien à quel point les juges-paysans sont conscients de leur responsabilité. La fermeté d'acier de la loi successorale, sur ce point justement, est caractéristique de la conception nationale-socialiste de la propriété. La loi successorale prend toutes les mesures imaginables pour sauvegarder la propriété agricole. C'est pourquoi, si elle ne veut pas dégénérer en octroi de privilèges, elle doit faire respecter avec fermeté le principe du droit. La possession comporte une double obligation : l'entretien du domaine héréditaire comme moyen de vivre suffisant pour une nombreuse famille, ainsi que sa meilleure utilisation comme source de ravitaillement du peuple allemand. Un paysan coupable d'abandonner et de laisser dépérir sa ferme, manque de fidélité tant à son clan qu'à son peuple. Il n'y a pas que ceux se plaignant de la restriction de propriété entraînée par la loi agraire qui négligent ce fait, mais aussi ceux qui parlent au contraire d'un privilège accordé à la paysannerie. Dans la conception allemande de la justice, le droit et le devoir se conditionnent réciproquement, si bien que le droit paysan est inconcevable sans son corollaire, le devoir paysan. Le droit d'héritage a été érigé en tenant compte de l'importance vitale de la paysannerie en tant que source raciale de la nation. C'est pourquoi on a mis sur pied une forte protection des domaines héréditaires, fondement de familles paysannes saines. Le paysan oublieux de son devoir ou incapable met cet objectif en péril, lèse sa famille et son peuple. Qu'il néglige en même temps son devoir de nourrir la nation aggrave encore sa faute. Si donc le national-socialisme ne veut pas mettre en péril son objectif consistant à protéger la source raciale agricole, il lui faut, dans de tels cas de manquement au devoir, s'occuper de rétablir la notion du droit et du devoir. Le mode d'action de la loi successorale indique qu'elle a su, par ses mesures punitives, combiner défense et création.

Ainsi, la loi sur l'héritage domanial apparaît être en tous points la loi fondamentale de la paysannerie allemande. La critique qui se fit jour au moment de sa présentation est devenue très discrète. Le bon sens de la paysannerie a depuis longtemps compris ce que signifiait pour lui la loi successorale. Il eut été par ailleurs bien étonnant que la vue limitée et l'incompréhension, toujours présentes, n'aient cherché querelle à une loi aussi bouleversante et fondamentale, que cette loi sur la succession agraire. Après tout, le chœur des critiques a permis, quoique involontairement, de mettre encore en évidence l'importance de cette loi. « Le solide fonds de petite et moyenne paysannerie a encore été, de tous temps, la meilleure protection contre les maladies sociales. » Ainsi parle le Führer dans son ouvrage Mein Kampf. La loi successorale a posé le principe du développement de la force paysanne dont Walther Darré a souligné la caractéristique par ces mots très justes : « Est paysan celui qui, enraciné héréditairement au sol, cultive sa terre et considère son activité comme un devoir envers sa génération et son peuple ».

Günther Pacyna

Cahier de la SS N°5. 1942

Paysannerie

Même si le paysan se conduit extérieurement comme un citadin, porte du linge blanc tous les jours, a un piano et des meubles dans une belle pièce, cela ne change pas grand-chose à sa nature la plus intime. Il n'en demeure pas moins un paysan, il pense en paysan et agit de même. Même s'il entretient des relations avec les citadins, a des parents et des amis en ville, il les considère tous comme des hommes d'une autre espèce, d'une autre nature, non comme des prochains. Cette notion ne concerne que les hommes qui se trouvent sur la même glèbe, qui pensent et qui vivent comme lui. Dans le meilleur des cas, il devient un bon ami, de même que nous pouvons l'être avec un représentant particulièrement distingué d'une race étrangère. Mais entre lui et tous les concitoyens qui ne brisent pas la terre avec le soc de charrue, ne fauchent pas les tiges de blé, persiste toujours un mur qui ne peut être abattu. Même là où, comme dans les environs des grandes villes, les paysans et les citadins habitent pêle-mêle dans les villages, il n'y a aucune relation entre les deux. La fierté paysanne est trop grande ; même le domestique est plus fier que le citadin qui habite dans une villa multicolore et possède un attelage et une voiture.

Cette fierté est bien fondée, car le paysan forme le peuple ; il est le détenteur de la civilisation et le gardien de la race. Avant que la ville n'existât avec son vernis, le paysan était là. Son arbre généalogique remonte aux temps où la pioche de pierre ameublissait le sol. Le paysan fit germer la première culture et établit ses coutumes là où, jusqu'ici, des hordes de chasseurs et de pêcheurs semi-sauvages menaient une existence comparable à celle du loup et de la loutre.

Puis vint le paysan avec ses pâturages, traçant l'emplacement de la maison, enfonçant des poteaux dans le sol, la couvrant et la reliant par des murs solides. Tandis qu'il faisait jaillir les flammes des trois bois sacrés sur le foyer de pierre, il prit possession du pays au nom de la civilisation. Car ce fut d'abord le paysan qui créa ce que nous appelons ainsi. Les pêcheurs, les chasseurs et les bergers errants n'ont aucune – ou seulement une mince culture. Il était précisément le détenteur de civilisation. L'Edda, Tacite, le riche apogée de l'architecture à l'époque des grandes invasions nous enseignent à quel point sa civilisation était grande. Le mobilier des ancêtres qui, autrefois, ornait le foyer du paysan allemand et maintenant s'amasse dans les musées, en est aussi une trace. Le fondement de toute culture réside dans la paysannerie.

Le paysan sait bien cela, non certes, au niveau individuel, mais en tant que communauté. Car l'individu n'a pas seulement une mémoire ; des couches populaires entières possèdent aussi une faculté de souvenir qui est infaillible, plus fidèle et plus solide que des objets inanimés comme la pierre, le parchemin et le papier. La force de cette mémoire dit :

« Avant que vous ne soyez là, vous gens de la ville, riches ou pauvres, grands ou petits, j'étais là. Je brisais la terre, je semais le grain. je créais le champ grâce auquel vous pouvez vivre et croître avec votre activité, votre commerce, votre industrie, vos relations. J'inventais le droit, je donnais la loi, je repoussais l'ennemi, je portais les fardeaux pendant des millénaires. Je suis l'arbre et vous êtes les feuilles, je suis la source et vous êtes le flot, je suis le feu et vous êtes la lueur. » Telles étaient ses pensées, qu'il pouvait émettre à juste titre.

Où serions-nous si le paysan n'avait pas eu les os forts, les nerfs solides et le sang pur ? La faim, la peste et la guerre nous auraient détruits. Jamais nous ne nous serions relevés de la guerre de Trente Ans. Et qui conserverait notre essence profonde ?, l'esprit allemand aurait-il survécu sans les toits de chaume des villages ?

Hermann Löns

Cahier de la SS n°8. 1939.

Le convoi vers la mort

Celui qui sait interpréter les signes des temps ne saurait envisager la migration hors de la campagne que comme « le convoi vers la mort ». Un écrivain allemand utilisa cette formule frappante, il y a un siècle déjà, pour désigner très justement ce qu'on appelle couramment « l'exode rural », sur lequel le ministre de l'agriculture, le SS-Obergruppenführer R. Walther *Darré* a, il y a peu, attiré avec insistance l'attention du peuple allemand *tout entier*. Dans son grand discours tenu lors de la Journée des paysans du Reich, il s'est adressé à juste titre à *tous* les travailleurs agricoles allemands. En aucun cas, le secteur purement agricole de l'économie politique allemande ne serait seul concerné par cette migration. Il s'agit, bien au contraire, il faut le dire ici très clairement, *d'un problème qui décidera du sort de toute l'Europe.*

Qu'est-ce exactement qu'un « exode rural » ?

Depuis longtemps, la science s'est penchée sur ce problème ; des experts en politique agricole en ont parlé et ont écrit aussi sur ce sujet. On a donné les réponses les plus diverses à la question de savoir ce qu'était, en fait, l'exode rural. Les uns y ont vu une migration, d'autres n'y ont vu qu'un *problème de main-d'œuvre agricole*. Le ministre a pris fermement position contre cette dernière opinion, rappelant qu'il fallait voir que « le problème concernait tout autant les fils et les filles de paysans ». De 1885 à 1910, sur une migration de 3 578 000 paysans, 2 019 000, c'est-à-dire 56,4%, étaient des indépendants, alors que 43,6% (1 559 000) seulement étaient des ouvriers agricoles.

À l'affirmation que *toute* migration ne saurait être considérée comme un exode rural, il faut opposer avant tout la mission qui a été donnée à la paysannerie d'être la source du sang allemand. Nous savons en effet depuis longtemps que les villes sont condamnées à mort sans le courant ininterrompu de population venant de la campagne. Berlin ne fournit que 43% des naissances nécessaires à sa survie. La moyenne pour les villes allemandes est de 58% et même, pour les petites et moyennes villes, elle n'est que de 69%. À la campagne, il y a dix ans encore, naissaient 13% d'enfants *en plus* de ce qu'il fallait pour le renouvellement naturel. Seule la campagne enregistre donc une véritable croissance, et seul le courant venant d'elle préserve les villes du dépérissement et de la mort. On connaît le calcul de Burgdorfer selon lequel, sur les 4 000 000 habitants de Berlin, il en resterait à peine 100 000 après la cinquième génération dans la capitale du Reich. On connaît moins le calcul qui a été effectué, suivant lequel après cinq générations, sur 750 000 habitants, il n'en resterait que 20 400. L'exemple de Vienne ne nous apprend pas autre chose. Il y est né pendant ces cinq dernières années (1933-1937) 58 000 enfants, *mais* 122 000 habitants sont morts. Donc, tant qu'on ne voudra pas abandonner les villes à leur propre sort en ce qui concerne leur survivance, il faudra permettre une certaine migration en provenance de la campagne.

On devrait se méfier, d'ailleurs, de cette idée de « fuite » qu'inclut le mot exode, car l'exode est compris comme une fuite désordonnée, sans but et devant provoquer la défaite. Jamais la puissance débordante du *surcroît* de naissances rurales ne peut être considéré comme funeste. Ne doit être considérée comme exode rural, dommageable à la fois pour l'économie politique et rurale, dommageable pour le peuple entier, qu'une migration *démesurée* de la population de la campagne vers la ville, tant qu'il ne s'agit pas de l'écoulement du *trop-plein* naturel de la population rurale, mais bien d'une amputation persistante de cette population.

Une histoire millénaire

Au demeurant, l'exode rural n'est en aucune façon un produit des temps modernes. Autrefois déjà, à Rome, l'exode rural existait. Le Moyen-Âge en a souffert aussi à plusieurs reprises. En tout cas, il n'y a pas une région du territoire allemand dans laquelle la « désertification », c'est-à-dire l'abandon progressif des domaines, ne témoigne d'un véritable abandon de la paysannerie, de la fin du XIVème au début du XVIème siècle. En Hesse, pour ne citer qu'un exemple, 40% environ des localités rurales ont disparu. D'autre part les surfaces labourées et les terres à céréales ont diminué au profit des prairies et des forêts. L'expert, même non spécialisé, sait que le « manque de rentabilité » de l'agriculture, les impôts plus lourds, la différence de prix entre les produits agraires et les produits industriels (on dirait aujourd'hui la sous-évaluation de l'agriculture) ont été la cause du dénuement rural à cette époque. On a connu un exode rural également au cours des siècles suivants. C'est ainsi que les registres des chambres d'agriculture de Prusse font constamment mention de la pénurie d'ouvriers agricoles.

Au Mecklenbourg, au XVIIème et XVIIIème siècles, on entend parler sans cesse des besoins de main-d'œuvre. Cependant, c'est au milieu du siècle dernier que l'exode rural prit une ampleur inquiétante.

Les racines profondes

Il nous faut nommer ici les causes profondes de l'exode rural en Allemagne qui n'a jamais cessé depuis : l'altération de la législation agraire de Stein par le franc-maçon et ami des Juifs, Hardenberg, altération qui arracha à la terre une grande quantité de paysans pour en faire une classe d'ouvriers agricoles sans terres et sans biens ; le morcellement du bien commun qui enleva à beaucoup de petits agriculteurs leur complément de moyens d'existence ; la transformation de la part du fermier en rétribution en nature ou pécuniaire qui ne pouvait rivaliser avec l'essor général du commerce ; les nouvelles techniques d'exploitation agricole, la culture de la betterave à sucre, la batteuse, etc., qui rendirent le travail agricole encore plus saisonnier ; l'emploi de travailleurs étrangers, (il y , en eut 437 000 en 1914) qui envahissent des régions entières, faisant baisser le niveau de culture et de rétribution des ouvriers agricoles allemands. Le Mecklenbourg travaillait avec eux pour les deux tiers ! Mais avant tout, c'est l'esprit capitaliste, le droit foncier libéral, le morcellement et la mauvaise répartition consécutive des propriétés dans certaines régions qui sont la cause première de l'exode rural. La détresse de l'agriculture, qui provenait souvent du fait qu'on la dévalorisait, la prospérité (réelle ou seulement apparente) de l'industrie ont toujours provoqué un fort exode rural car, dans ces cas-là, la demande en ouvriers de l'industrie engloutit la classe ouvrière agricole et, d'autre part, le développement des usines de la grande industrie oblige les paysans à quitter leur terre. C'est ainsi qu'à toutes les époques de nombreuses conditions réunies, différentes selon le lieu et le temps, ou même les migrants eux-mêmes, déterminent cet exode. Questionnés, 50 % des migrants donnèrent un jour comme motif de cet exode les bas salaires, dont la cause était souvent le manque d'argent des employeurs. Le reste des personnes interrogées accusait l'absence de possibilité d'avancement, la difficulté croissante de créer une famille, ce qui entraîne souvent un célibat forcé, la durée et l'irrégularité des horaires de travail, la dureté du travail aux champs. En fin de compte, les distractions propres aux grandes villes ont fait, çà et là, la preuve de leur force d'attraction. Bismarck l'avait dit en quelques mots : « C'est le café-concert qui ronge la terre ».

Des millions sont perdus

Après avoir jeté un peu de lumière sur la nature même de l'exode rural, nous pouvons en donner maintenant une image numérique. Il n'existe pas de chiffres vraiment irrécusables, ni pour le passé, ni pour le temps · présent. Le fait est, cependant, que des *millions de gens ont déserté la terre,* depuis que ce flot humain dévastateur a atteint les paysans. Une comparaison déjà, entre les 15,9 millions d'agriculteurs en 1882 et les 13,6 millions lors de la prise du pouvoir en 1933 nous donne, pour ce demi-siècle, une *perte totale de 2,25 millions,* en vérité bien plus importante puisque l'accroissement naturel de la population n'y figure pas. D'après une autre estimation, 1,5 million de travailleurs agricoles ont émigré en ville depuis 1907. C'est plus que le nombre d'habitants de toute la Thuringe. Comme les régions industrielles sont toujours très attractives et qu'en Allemagne du Nord-Est, l'industrie s'est en général peu développée, l'exode rural se présente souvent comme une *migration est-ouest,* ce qui est significatif en ce qui concerne les chiffres occasionnels concernant cet exode. L'Est de l'Allemagne s'est vu amputé de 3,5 millions d'hommes entre 1840 et 1910 : 730 000 Prussiens de l'Est, 600 000 Prussiens de l'Ouest, 750 000 Poméraniens, 675 000 Silésiens, 880 000 habitants de Posnanie. La Silésie perdit à cette époque plus de 20%, la Prusse orientale même plus de 50% de son excédent de naissances et la perte due à l'exode rural en Poméranie orientale fut de 378 000 personnes.

De même, une comparaison des pourcentages de nos populations urbaines et rurales par rapport à la population globale nous donne une image bouleversante. L'extension de la « ville, machine stérile » montre mieux que toute phraséologie où l'exode rural de notre peuple nous a conduits et nous conduira encore. Du Moyen-Âge jusqu'aux Temps Modernes en effet, 90% et, encore en 1816, environ 70% du peuple allemand vivait à la campagne ; en revanche, la population urbaine représentait en 1871, avec 14,8 millions, près de 36% et en 1934, même 76,5% de notre population ! Le nombre d'habitants des grandes villes passade 1871 à 1932 de 5,5% à 30,4%. En 1871, un Allemand sur vingt habitait une grande ville, en 1933, en revanche, près de un sur trois.

L'exode rural depuis la prise de pouvoir

Le ministre de l'agriculture, dans son discours de Goslar, a insisté de nouveau sur le fait que l'exode rural a persisté malgré toutes les mesures prises pour le combattre ; il a constaté, au vu des chiffres donnés par les statistiques des livrets d'ouvriers : « Il y avait, en 1938, une main d'œuvre agricole disponible inférieure de 400 000 ouvriers à celle de 1933 ».

Compte tenu du fait que Darré n'évaluait qu'à 300 000 personnes les familles d'ouvriers non comprises dans les statistiques ainsi que le surplus dû à l'accroissement de la population, il en arriva à une estimation de *700 à 800 000 personnes, en ce qui concerne la main d'œuvre perdue pour l'agriculture.* Le dernier des citoyens peut donc parfaitement comprendre ce que signifie l'exode rural si l'on veut bien en voir les conséquences.

Les conséquences pour le panier de la ménagère

En fonction des deux missions dévolues à la paysannerie, les conséquences de cet exode rural peuvent se classer en deux grandes catégories. Puisque la paysannerie a reçu un jour la tâche de nourrir notre peuple, des dangers nous menacent, du fait de cet exode, dans le domaine de la politique alimentaire. Danger que la paysannerie a pu écarter jusqu'ici pour l'essentiel grâce à l'inimaginable disponibilité du peuple rural qui a usé ses forces pour remplir cette mission. En effet, rien que pour la « culture à la pioche » il a été fourni, pendant ces deux dernières années, 21 millions de journées de travail de plus, bien que la main-d'œuvre ait diminué en nombre. Cependant, quelqu'un de sensé verra clairement qu'il y a là des limites fixées par le destin. Tout recul dans le secteur de « la sauvegarde de l'approvisionnement allemand » doit saisir chaque citadin à l'estomac et, du fait de l'absence de pain à son petit déjeuner, doit lui rappeler l'existence de l'exode rural, même si sa propre entreprise industrielle et donc sa main d'œuvre « s'intensifie ». Car, « sans le travail des champs, le peuple finit par mourir de faim ». Ou bien, comme l'exprima si bien le représentant du district Hanovre-est : « Chaque citoyen, fut-il millionnaire, mourra de faim s'il n'y a personne pour labourer, semer et moissonner ». Si l'on admet, comme souligné ci-dessus, l'incidence de l'exode rural sur le panier du citadin, la diminution de la main-d'œuvre agricole évoque le *« fantôme de la régression de la production agricole »*. La baisse devenue sensible de la production de lait a, par exemple, montré la force nuisible de l'exode rural. Darré a, de toutes façons, suffisamment attiré l'attention de son auditoire de Goslar quand il a affirmé : « Si le personnel permanent des éleveurs devait un jour être attiré ailleurs par l'exode rural, il deviendrait difficile de former, même avec les volontaires disponibles, un nouveau personnel qualifié ».

Dommages irréparables ?

Qu'on nous pardonne de ne pas continuer à décrire les conséquences dans le domaine de l'alimentation qu'entraînerait un exode rural. Son accroissement empêcherait en particulier la paysannerie d'être la source de vie de la nation. Les grandes villes sont les cimetières du peuple et toute migration dans leur direction représente, au fond, un convoi vers la mort. Une famille de citadins meurt en moyenne en trois générations. Si l'exode rural tarit *indirectement,* en ville, la source de vie de la paysannerie, il constitue en plus un danger *direct* pour elle. Le ministre de l'agriculture a explicité ouvertement ce que nous voulions dire : « La situation des travailleurs terriens, en particulier la pénurie de main d'œuvre féminine dans la ferme, enlève aujourd'hui à la paysannerie allemande, en raison de son surcroît de travail, toute possibilité d'avoir de nombreux enfants. Bien que la campagne, et en particulier la paysannerie, devance toujours la ville pour le nombre de naissances, la situation créée par la surcharge de travail de la paysanne a fait que l'objectif véritable de notre législation agricole, qui veut garantir de nombreuses naissances à la campagne, devient à peine réalisable. Il faut montrer avec la plus grande rigueur que la situation à la campagne prend dans ce domaine une orientation qui peut causer à l'ensemble du peuple des dommages irréparables.

De même que les incidences de l'exode rural du point de vue de la biologie nationale représentent un danger à peine surestimable, de même en est-il, dans l'optique d'une politique nationale pour les régions frontalières. Car une mainmise des étrangers ne se produit que là où le rempart humain paysan commence à se disloquer. Le grand danger que représente un reflux des Allemands hors des zones frontalières ressort du fait que les Polonais, par exemple, dans les villages minoritaires de l'ancienne Marche de Posnanie, en Prusse occidentale, ont augmenté de 7,9% entre 1913 et 1937. En revanche, on a calculé que cinq cantons de cette ancienne province avaient subi une perte, du fait de l'émigration, d'environ 12 000 personnes. On a compté là-bas dans les communes rurales une diminution de 15% de la population. Pour les migrants eux-mêmes, les conséquences de l'exode sont néfastes : le salaire apparemment supérieur en ville ne suffit souvent pas pour les mêmes conditions 'alimentation et se trouve en grande partie dilapidé pour des dépenses inconnues de l'ouvrier agricole (déplacements, distractions, logements, etc.)

Que faut-il faire pour combattre cet exode ?

Nous sortirions du cadre de notre étude en énumérant toutes les mesures prises par la politique agraire du national-socialisme contre l'exode rural. Les racines profondes de ce type d'exode ont été extirpées par la voie d'une consolidation du patrimoine rural (loi sur la ferme héréditaire) et d'une modernisation de la paysannerie. Comme on a cerné, en plus, la relation entre le problème de l'ouvrier agricole et celui de l'exode rural, dans la modernisation de l'agriculture allemande, on a précisément largement favorisé les ouvriers agricoles en leur distribuant 45% des nouvelles fermes créées. L'amélioration des conditions de vie par la construction de logements ouvriers plus salubres, la réglementation de leurs horaires et de leur salaire minimum, la création de possibilités d'avancement, l'élargissement de « l'embauche saisonnière », ces aménagements ont aussi contribué à combattre l'exode rural. L'Année de l'agriculture, le service national agricole, ainsi que l'élévation du niveau de vie culturel ont contribué à contrecarrer l'exode rural. Si, malgré tout, l'appel de la ville s'est montré le plus fort, la faute n'en incombe en aucun cas à la politique agraire du national-socialisme. Elle doit être attribuée aux motifs mentionnés plus haut et que le SS-Gruppenführer Dr Reischle a résumés dans la courte formule « que l'exode rural a été provoqué par la dépréciation actuelle du travail agricole ».

L'exode rural, ennemi du Parti

Une chose est sûre et, là aussi, le ministre de l'agriculture nous a montré la voie : « L'exode rural ne pourra être enrayé uniquement par des mesures économiques ou législatives, mais ne le sera que si le NSDAP, par sa connaissance du sang et de la race, décide inébranlablement de la combattre en toutes circonstances ! » Darré expliqua encore que la victoire sur l'exode rural « serait une épreuve décisive pour le NSDAP » et, désignant les responsables de l'autorité comme étant « les véritables protagonistes de la fin de l'idée même d'exode », il taxa l'exode rural « d'ennemi du Parti » dont la défaite ne saurait plus être une affaire de classe ou d'organisation permanente. Ce combat contre l'exode rural est l'affaire du Parti, comme l'a dit le Gauleiter du Hanovre oriental cité plus haut, et doit être mené par lui avec une grande énergie. Ce sera la réalisation de l'exigence du Führer, que celui-ci a formulée lors de la manifestation du bureau du Parti le 6 mars 1930 : « L'État a le devoir d'élever le niveau économique et culturel de la paysannerie à un degré en rapport avec son importance pour tout le peuple et de supprimer ainsi l'une des causes principales de l'exode rural ». Tout homme de la SS est appelé à combattre dans ce sens, en fonction de ses moyens !

Jost Fritz

Cahier de la SS n°2. 1938.

Économie et idéologie

L'économie a pour tâche de soutenir l'État dans son combat pour la sauvegarde des principes vitaux du peuple.

À l'époque libérale, aucun domaine de la vie ne s'est autant éloigné de notre idéologie que celui de l'économie. Mais comme celle-ci est faite d'actes et de résultats humains, et que tout action valable n'est le fruit que d'une idéologie forte et d'un type de vie responsable, l'activité économique doit aussi être la marque d'une idéologie et d'un type de vie précis. Aujourd'hui encore, de nombreux « praticiens » se moquent de cette exigence. On la considère comme un « idéalisme fumeux » ou du « romantisme », quand on exige l'harmonie entre l'économie et l'idéologie et on affirme que l'économie suit sa « loi interne », qui a très peu de rapports avec l'idéologie.

La « loi interne » de l'économie

Le national-socialisme rejette ce type d'idées parce qu'il a constamment et partout en vue le bien de l'ensemble du peuple. Il a clairement reconnu que l'expression de « loi interne de l'économie » n'a pour but que d'empêcher la gestion politique des tâches économiques de notre époque, considérée comme un « empiètement injustifié de l'État dans l'économie ». *Mais on ne doit pas oublier que cette loi avait pour conséquence l'absence d'autorité politique, l'effondrement de l'économie internationale, la misère de la paysannerie, le fléau du chômage et un anéantissement du pouvoir d'achat populaire, donc la destruction totale de l'économie.*

Quand, à l'inverse, le national-socialisme a déclaré que l'autorité politique nécessaire et la maîtrise de l'économie sont les principes de base de toute politique économique, il a fait table rase de la chimère de la loi interne de l'économie. *L'économie aussi ne peut connaître qu'une seule loi : servir le bien du peuple.* Plus elle suit cette loi, mieux elle se soumet aux nécessités vitales du peuple, et cela permet d'autant plus facilement d'établir une concordance entre l'idéologie et l'économie. *Car servir le peuple est la loi suprême de notre idéologie.*

Quand nous essayons d'esquisser en quelques mots l'ensemble de notre idéologie, il en résulte les principes suivants : *nous croyons en la loi du Sol et du Sang, en la loi du devoir et de l'honneur et en celle du peuple et de la communauté.* Si l'on examine la forme économique passée en la comparant à quelques-unes de nos lois fondamentales, nous devons convenir que la pratique et la science économique n'ont pas reconnu ces lois. Le libéralisme économique dominant correspondait beaucoup plus à la pensée anglaise du XVIIIème et du XIXème siècles. Le fondateur économique de cette vision était *Adam Smith*. Ces idées avaient un effet aussi destructeur en Allemagne que celles de la Révolution française venant de l'Ouest. De même, bien souvent encore aujourd'hui, cette doctrine anglaise est appelée « classique » en Allemagne, ce qui signifie à peu près la même chose que si l'on désignait la démocratie parlementaire de forme de constitution « classique ». Aujourd'hui, cette conception ne peut réellement plus être porteuse d'aucun résultat valable. Hélas, encore actuellement, les idées de l'école anglaise ont cours dans le domaine de la science économique.

Les pionniers d'une économie nationale allemande

À l'époque, on oubliait complètement qu'une conception économique nationale et particulière avait aussi vu le jour en Allemagne. Friedrich List avait désapprouvé Adam Smith de la manière la plus vive. Gustave Ruhland avait fustigé les conséquences destructrices de l'économie exploiteuse capitaliste dans son *système de l'économie politique* édité auparavant par R. Walther Darré. Cependant, Ruhland fut passé sous silence. List fut certes avantageusement cité, mais sa réfutation de la doctrine anglaise ne fut pas prise au sérieux. Finalement, le grand philosophe allemand Fichte, qui avait posé les fondements de la libération patriotique dans ses *Discours à la nation allemande* et qui avait présenté d'importantes suggestions de politique économique dans son « État commercial autarcique », ne fut pas pris en considération.

Mais un style de vie erroné se développe obligatoirement à partir d'une doctrine erronée. *Des idées étrangères ne peuvent jamais produire une forme de vie qui profite au peuple.* C'est ce que montre l'évolution économique avant 1933.

Le déclin de l'économie allemande

Ce fut précisément dans l'économie que l'assimilation des Juifs eut les conséquences les plus funestes. Tandis qu'on doit avoir comme objectif, fierté et devoir, les fondements de toute forme de vie et aussi d'économie vraiment caractéristiques, le type du marchand honorable fut supplanté par celui du commerçant roué. Le paysan, dont le travail nourrit le peuple et représente ainsi la base de toute économie, fut qualifié d'inférieur et méprisé. La situation sociale du travailleur, qui adoptait de plus en plus l'idée de lutte des classes, empirait de jour en jour. Elle fut écrasée par les palais des grandes banques et des grands magasins. Le capital, dont la tâche devait être de servir l'économie, fut confié à ses maîtres et la gestion du capital lui-même fut remise à des puissances anonymes. On parlait de « l'extension infinie de l'économie » et on négligeait les grands immeubles de rapport et les quartiers miséreux des grandes villes qu'elles avaient engendrés. On parlait d'« économie internationale » et on ne voyait pas que les bases internes de l'économie, de la paysannerie et de la classe ouvrière étaient terriblement affectées au niveau économique. Les bases de l'économie allemande d'alimentation et de matières premières à l'étranger avaient été modifiées parce que l'importation et l'exportation ne furent pas effectuées en fonction de points de vue nationaux, mais restaient soumises à l'arbitraire de l'individu. On négligeait le fait que les puissances internationales avaient mis la main sur les matières premières les plus importantes. Mais on négligeait aussi celui de la guerre économique contre l'Allemagne qui avait commencé en 1914 – et qui fut poursuivie sous une forme différente. Les paiements de tribut de l'Allemagne sur la base du plan Dawe et Young, l'endettement privé de ce pays par une politique d'emprunt étranger, la déduction soudaine du crédit étranger à court terme en 1931 firent s'effondrer tout le système de façade. Le boycott de l'Allemagne, mais simultanément l'entrée du capital étranger, représentent en vérité le combat économique le plus considérable de tous les temps.

Le national-socialisme comme fondement d'un nouvel ordre

En sauvant la paysannerie et les travailleurs par le premier plan de quatre ans, le Führer a ainsi posé les fondements d'un nouvel ordre économique allemand qui ne pouvait être créé que sur la terre allemande par le travail allemand. Le deuxième plan quadriennal poursuit logiquement ce travail créateur : accroissement du rendement dans tous les domaines de l'économie, gestion de l'économie extérieure, organisation du travail en fonction des buts nationaux, protection et amélioration du pouvoir d'achat et ainsi du pouvoir national par la gestion responsable de la fixation des prix. Toutes ces mesures sont conçues pour le peuple et pour la protection du pays. Le deuxième plan de quatre ans incite le peuple à travailler et à exprimer sa détermination, fixe de grands objectifs qui suscitent la volonté morale de l'individu et la créativité de la communauté au service de la nation, et montre ainsi que le combat est à l'origine de tout ce qui existe.

Une nouvelle attitude, fruit d'une nouvelle conception du monde, commence aussi à voir le jour en Allemagne dans le domaine économique.

SS-Hstuf. Dr Merkel

CAHIER DE LA SS N°2. 1939.

SOUS-ÉVALUER LE RÉSULTAT AGRICOLE, UN DANGER POUR LE PEUPLE !

Le rôle et l'esprit de la SS est de prendre position de façon claire et distincte sur tous les problèmes décisifs qui touchent à l'avenir du peuple. Cette attitude est nécessaire, même s'il serait peut-être commode de « mettre la tête dans le sable » et de tout ignorer. La tâche de tout SS n'est pas seulement d'être conscient de cette prise de position, mais aussi d'argumenter de son côté à chaque occasion.

Quand le chef de propagande et camarade du Parti, Goebbels, indique que l'une des tâches les plus urgentes du Parti est de s'engager clairement dans le combat contre « l'exode rural » et la « sous-évaluation de l'importance du résultat agricole », la SS reçoit ainsi le signal d'attaquer !

La question de l'exode rural a déjà été étudiée. Des mesures comme la convention du Reichsführer SS et du Reichsjugendführer qui favorise l'implantation de paysans-soldats, la mise en œuvre du *service agricole de la HJ*, l'extension du *service du travail féminin*, les appels des *Gauleiter* de Saxe et de Brandebourg à l'industrie, etc., sont des débuts dans la lutte contre l'exode rural dont on verra peu à peu le résultat. *À long terme, l'éducation idéologique du peuple allemand, en particulier de la jeune troupe, concourra aussi à ce que la jeunesse d'Allemagne considère le travail de la terre comme un service noble et très important pour la nation.*

Mettre fin à la « sous-évaluation de l'importance du résultat agricole » représente bien sûr la condition permettant de résoudre de façon naturelle et appropriée le problème de l'exode rural.

Déjà depuis le milieu du siècle dernier, donc avec l'industrialisation croissante de l'Allemagne, l'agriculture a dû faire face à une sous-évaluation de l'importance de ses résultats. Bien entendu, sans succès. On était habitué, suivant les « principes économiques » libéraux, à « *estimer l'importance de l'agriculture pour l'économie nationale en fonction de calculs* » ! Par cette méthode, l'agriculture allemande devait naturellement péricliter puisque l'étranger, favorisé par un meilleur climat, des salaires et des prix de la terre inférieurs, pouvait fournir des aliments à des prix sans concurrence ! Mais en outre, bien avant la Première Guerre mondiale, l'opinion s'était forgée, grâce à des avis faisant autorité, que l'alimentation du peuple allemand n'avait pas besoin d'être absolument assurée à l'intérieur de ses frontières. La phrase connue de « l'agronome national » munichois Lujo Brentano : « Nos vaches pâturent à La Plata », est typique de l'ancienne attitude irresponsable à l'égard de l'agriculture nationale, et donc aussi à l'égard *de l'une des questions vitales les plus importantes du peuple allemand !* En raison des possibilités d'importation à bon marché des produits alimentaires en provenance de l'étranger, on était prêt à sacrifier la paysannerie allemande aux intérêts d'exportation de l'industrie. *Lors du déclenchement de la Première Guerre mondiale, la conséquence funeste de cette dépendance de l'étranger fut une préparation économique alimentaire totalement insuffisante qui couta au peuple allemand plus de 750 000 citoyens morts pendant la guerre des suites de la sous-alimentation et, en définitive, la victoire finale !*

En refusant de considérer les exigences légitimes de la paysannerie fondées sur la *sauvegarde de l'alimentation* allemande, on ne voyait pas du tout *l'importance politique, pour le peuplement,* d'une paysannerie numériquement forte et performante.

Il n'est donc pas extraordinaire que le gouvernement national-socialiste, partant de la connaissance que, *sans une paysannerie saine, l'avenir national est gravement menacé,* ait étudié de façon globale le problème de la sous-évaluation et dut prendre position par rapport à lui.

Considère-t-on cela comme la notion de « sous-évaluation de l'importance des résultats agricoles » ?

Vu tout à fait froidement, la fixation des prix pour les productions agricoles en relation avec la sauvegarde du travail et des couts, que nécessitait la production de l'agriculture, est insuffisante.

Cette sous-estimation se traduisant par une rétribution insuffisante du rendement agricole, est également mise en évidence par des calculs. Lorsqu'on choisit un type de *bilan de production* fondé sur des points de vue mercantiles en cours, on obtient le tableau suivant :

Bilan de production de l'agriculture de 1936/37
(en millions de RM)

Affectations de l'argent :

Usage personnel (ménage, prestations et autres)	3 033
Salaires et traitements en nature	1 572
L'assurance sociale (participation de l'employeur)	136
Indemnisation du détenteur d'exploitation avec le personnel	4 200
Dépense économique de fait	3 438
Tarif forfaitaire pour les frais généraux	450
Représentation professionnelle	68
Impôts	480
Service de la dette	630
Paiement des intérêts du capital propre	2 440
	16 447

Productions

Production totale : 11 894

Déficit	4 553
	16 447

Le « paiement des intérêts du capital propre » de l'agriculture (autour de 54,3 milliards de RM) avec un pourcentage de 4½% correspond à l'impôt en usage dans le pays. Il est aussi important, puisque le paysan doit en retirer les moyens nécessaires pour développer le domaine (bataille du rendement !) pour l'équipement et l'éducation des enfants, pour l'assurance de la pension vieillesse, etc. Le « salaire pour le travail du détenteur d'exploitation avec sa famille » correspondant aux directives de la législation fiscale, avec 700 RM dans l'année pour la bonne main-d'œuvre, n'est pas trop élevé. L'agriculture renonçait à un paiement d'intérêt du capital propre- exigence du reste injuste qui pouvait inciter à la fermeture chaque exploitation professionnelle pour « rentabilité inexistante » – ainsi le déficit s'élevait à environ deux milliards de RM.

Partant des mêmes bases lorsqu'on calcule le bilan de production de l'agriculture allemande pour la période des années de 1929/30 à 1937/38, on arrive au produit ci-dessous :

L'évolution de production de l'agriculture allemande de 1928-1938 (en millions de RM)

Année	Déficit
1929/30	4 894
1930/31	5 336
1931/32	5 853
1932/33	6 180
1933/34	5 252
1934/35	4 405
1935/36	4 481
1936/37	4 545
1937/38	4 372

On distingue clairement aussi bien les pires années de la crise agricole avant la prise du pouvoir que *l'efficacité des mesures de politique agraire prises par le IIIème Reich*. On peut voir aussi la conséquence de la bonne récolte de 1937/38, mais aussi le fait que l'agriculture recommence à être distancée à cause de la promotion du secteur industriel nécessaire pour assurer la sécurité de l'espace vital allemand, et *malgré des productions supplémentaires importantes obtenues dans la lutte pour le rendement*.

Cela ressort aussi de la répartition ci-dessous du *revenu annuel par tête de la population agricole et non agricole* de même que du travail établi sur d'autres bases de calcul par « l'Institut de recherche sur la conjoncture » sur la question « agriculture et revenu national », qui fut rendu public à la fin du mois de mars de cette année.

| | Revenu annuel par tête | | |
	Pop. agric. En RM	Pop. non agric. En RM	En %
1913/14	1 191	1 665	139,7
1924/25	813	1 953	240,2
1925/26	846	2 006	273,1
1926/27	976	2 058	210,8
1927/28	1 024	2 313	225,8
1928/29	1 171	2 404	205,2
1929/30	1 147	2 404	209,6
1930/31	1 021	2 206	216,0
1931/32	907	1 772	195,4
1932/33	782	1 364	174,4
1933/34	912	1 358	148,9
1934/35	1 084	1 510	139,3
1935/36	1 103	1 687	152,9
1936/37	1 136	1 871	164,7
1937/38	1 172	2 048	174,7

Déjà, lors de la *Journée des paysans du Reich à Goslar en 1938,* le Reichsbauernführer et SS-Obergruppenführer R. Walther *Darré* attira l'attention sur ces faits. Conscient de son devoir envers le peuple allemand, il signala les dangers qui se manifestaient déjà ou qui pourraient encore se manifester si l'agriculture allemande ne bénéficiait pas d'une aide décisive à bref délai.

Ces dangers sont aussi bien de nature économique et alimentaire que concernant la politique des populations. Ainsi, par exemple, on ne peut éviter que se manifeste un début de *recul de la production agricole* constaté aujourd'hui déjà çà et là. Il deviendra de plus en plus difficile à l'agriculture de procéder par ses propres moyens aux *améliorations techniques* exigées par la bataille du rendement (construction de silos pour la fermentation du fourrage, achat de tracteurs), améliorations qui augmenteraient sa capacité de production de manière non appréciable. La situation économique tendue des exploitations ainsi que l'impossibilité de verser des salaires aussi élevés que ceux payés en partie par *l'industrie (la dépréciation du salaire en nature usuelle joue un rôle notable dans l'agriculture !),* encourage l'exode rural. Le résultat est donc qu'à part la surcharge de travail dont est particulièrement victime la femme paysanne qui est non négligeable du point de vue de la santé et de la politique nataliste, on assiste aussi à un *dépeuplement des campagnes.*

Cet *affaiblissement des ressources alimentaires* et cette *menace pour la source de sang* de notre peuple contraint celui-ci à consacrer toute son attention non seulement au problème de l'exode rural mais aussi à la dévalorisation de l'agriculture.

Il ne s'agit pas ici d'étudier les moyens permettant de supprimer cette source de dangers pour le peuple. *Un grand nombre de mesures ont déjà été mises en œuvre aussi bien par le Reich que par le Parti et le service alimentaire du Reich (Reichsnährstand) ou est en préparation (par exemple inciter à construire des logements pour les ouvriers agricoles, des silos de fermentation et d'engrais, fournir des allocations d'État et des crédits à des fins les plus diverses, une exonération d'impôts, un soutien financier important de l'ouvrier agricole lors du mariage, en signe de reconnaissance pour un travail fidèle accompli durant de longues années, etc.). Ce sont, certes, des actions partielles. Mais dans leur ensemble, elles contribuent à aboutir au résultat final, qui bien sûr ne peut être atteint que par une action globale et systématique des services participants et, en dernière fin, de tout le peuple !*

Il est compréhensible que l'économie agricole, grâce à la *loi sur le domaine héréditaire*, doive sa consolidation à *la régulation du marché agricole* et aux autres mesures de politique agraire du III · Reich. Elle sait également *qu'ainsi elle a été sauvée de l'effondrement total risquant de se produire avant le chaos menaçant de 1932.* Il est également compréhensible que l'économie agricole reconnaisse aussi qu'une époque régie par des points de vue politiques supérieurs de nature nationale permet difficilement d'assurer une aide immédiate. *Mais le fait que des services importants aient constaté l'existence des problèmes et pris position à leur égard, lui donne la croyance légitime que le Führer et ses délégués agiront au bon moment.* L'agriculture allemande se trouve aujourd'hui dans la position du soldat au front qui conserva une confiance extrême dans l'autorité et entretint aussi la camaraderie sous le terrible feu roulant de la Grande Guerre !

Pour le 1er mai 1936
« *Le 1er mai Jour du printemps de la nation !*
Jour de la solidarité d'un peuple dans le travail !
Ce jour doit traduire symboliquement que nous ne sommes pas les citoyens d'une ville et d'un pays, que nous ne sommes pas des travailleurs, des employés, des artisans, des paysans, des étudiants, des bourgeois, ni n'importe quels partisans de n'importe quelles idéologies, mais que nous sommes les membres d'un peuple.

Ce que Dieu m'a donné de plus grand ici-bas, c'est mon peuple. En lui réside ma foi. Je le sers volontairement et je lui donne ma vie. Que cela soit notre serment commun le plus sacré en ce jour du travail allemand qui est à juste titre le jour de la nation allemande. »

Adolf Hitler, le 1er mai 1935

Cahier de la SS n°2b. 1941.

À l'Est grandit un nouveau peuple sur une terre nouvelle

Transplantation et installation accomplies de concert

Parmi tous les événements historiques actuels, on discerne un processus d'un caractère particulier : la grande œuvre de transplantation et de colonisation du Führer ! Un an et demi s'est écoulé depuis qu'Adolf Hitler l'a annoncé dans son discours au Reichstag le 6 octobre 1939. Un demi-million d'Allemands sont rentrés au pays. Il ne s'agissait pas d'une migration de *peuples,* mais plutôt de groupes et de petites colonies dont la situation devenait intenable et qui furent de nouveau rattachés au corps populaire et au sol allemands. La possession d'un nouvel espace constituait la condition permettant ce rapatriement. Il s'ouvrait à nous par la récupération d'anciennes terres de population et de culture allemandes. Nous prenions donc possession des aires futures de colonisation destinées à des centaines de milliers de nouveaux colons venant de l'ancien Empire.

Le manque d'espace entraîne toujours la misère du peuple !

Au cours des siècles, notre destin a toujours été déterminé par le fait que l'espace vital trop étroit poussa des milliers d'Allemands à émigrer à l'étranger. Le manque d'espace fut constamment la cause de la misère du peuple !

Depuis un millénaire déjà, des hommes de notre sang sont partis s'installer dans les vastes territoires de l'Est pour conquérir un nouvel espace vital par un dur travail de pionnier.

Leur destinée nous enseigne qu'un grand pays peuplé d'Allemands ne peut subsister que grâce à une exploitation saine du sol par une paysannerie forte, ayant de nombreux enfants.

À l'avenir, il s'agit d'assurer l'espace vital allemand reconquis à l'Est – d'abord par l'apport de groupes populaires allemands venant de l'étranger, ensuite par le peuplement avec des Allemands du Reich. Ce travail ne peut être accompli que de façon centralisée et par une vaste planification ayant pour objectif une totale réorganisation des nouveaux espaces vitaux suivant des principes nationaux-socialistes.

Quand le Führer confia cette tâche au Reichsführer SS nommé commissaire pour la consolidation de la germanité, la SS se vit chargée d'une nouvelle mission. Son éducation orientée dans un sens racial et nataliste offre des conditions et des possibilités tellement particulières que ce furent surtout des officiers et hommes de troupe SS qui œuvrèrent à la réalisation de ce travail avec des camarades d'autres associations et les collaborateurs des divers services du Parti et de l'État.

Maquette de ferme pour les immigrants allemands à l'Est.

*Des SS accomplissent leur service agricole en travaillant aux champs.
La paysannerie, nouvelle noblesse du sang et du sol.*

Tandis que la récupération de populations s'effectue malgré la guerre, la colonisation et l'organisation des nouveaux espaces de peuplement à l'Est ne commencera qu'après la fin de la guerre, conformément à l'ordre du Führer. Le soldat allemand rentré au pays doit y apporter son concours et son autorité. L'appel de l'Est s'adresse aux meilleurs pour garantir et améliorer, par leur travail et leurs interventions, ce qui nous revient par droit d'un vieil héritage. Conformément aux leçons de l'Histoire, le point capital sera atteint, cette fois, par une politique d'aménagement rural. La consolidation et l'accroissement de la germanité détiennent le pouvoir-clé du fait de cette organisation, de même que dans la politique d'organisation générale à l'Est. La séparation et la sélection raciales ainsi que la naissance d'une paysannerie forte et saine se trouvent donc au cœur de cet objectif. Du point de vue territorial, une saine répartition du sol devra permettre d'attacher un maximum d'Allemands à la terre. Des fermes familiales fourniront, tant par leur structure, leur taille que leur situation, une base sûre pour la vie et le développement de familles paysannes ayant de nombreux enfants.

L'installation des Volksdeutsche rentrés au pays est soigneusement planifiée en fonction de ces principes. Tandis que l'organisation générale est effectuée par l'office supérieur d'état-major du commissaire pour la consolidation de la germanité, des états-majors particuliers ont été créés pour effectuer le travail à l'échelle individuelle et faire l'étude pratique de l'implantation, dont dispose le mandataire du commissaire dans les régions orientales.

Il est vrai qu'on a besoin de données approfondies pour mettre au point un plan de travail. On doit savoir combien de terres, de fermes, de villages sont disponibles, quelle est la structure générale et régionale du pays. La terre est-elle bonne, moyenne ou mauvaise ? Quelle est l'aspect des fermes, des villages ? Quelle taille ont-ils en moyenne ? Peut-on y installer des Allemands ? Quels districts sont envisageables pour l'établissement de paysans allemands ? Quelles sont les possibilités de circulation, dans quel état sont les routes ? Ce ne sont là que quelques-unes des nombreuses questions qui surgissent. Il fut souvent difficile de répondre car le pays s'était trouvé sous domination polonaise. Soit on ne trouvait de toute façon aucune information, soit elles étaient inexploitables. De nouvelles données devaient être créées – ce fut un travail énorme ! De même, un plan devait être élaboré pour l'installation, la répartition et le transport des groupes de colons. Les paysans des basses terres revinrent dans le pays plat, les mineurs dans la montagne, les mineurs allemands de Galicie vinrent dans les Beskides de Haute-Silésie.

La colonisation est une affaire de cœur !

Puisque « transplanter » signifie « replanter », diverses choses doivent être prises en compte pour un travail de planification organisée.

Cependant, on doit aspirer à créer des conditions de vie similaires ou équivalentes à celles de l'ancienne patrie pour les gens transplantés ! On doit absolument conserver .la structure communautaire aussi bien que des principaux villages. On tient donc compte des problèmes de voisinage dans les études d'ensemble. Suivant les possibilités, les éleveurs de chevaux reçoivent des fermes entourées de prairies, les jardiniers sont amenés sur des terres appropriées près des villes.

Chaque future ferme doit être sélectionnée, de même que chaque village. Le paysan approprié peut être choisi pour chaque ferme disponible en fonction des enquêtes menées dans l'ancienne patrie du migrant qui indiquent quelle était l'apparence de sa ferme, et de la carte EWZ (Résultat de sélection de la centrale des immigrants).

Lorsque cette planification détaillée est réalisée, on réunit les groupes destinés à s'installer dans les villages à coloniser. On doit alors, dans le cadre de l'étude des transports, fixer un délai pour le départ et l'itinéraire à suivre, garantir le bon déroulement de l'installation pratique. Les groupes, rassemblés sur le papier, doivent être concentrés dans des camps à l'Est, être à nouveau examinés, les listes de transport dressées ; les numéros de fermes doivent être affectés, l'immigrant et ses bagages embarqués, installé en sécurité dans un nouveau foyer et finalement être conduit dans une nouvelle ferme conformément aux plans des villages.

Une fois ce service mis sur pied, 180 familles partent quotidiennement pour l'ultime aventure !

Lors des dix premiers mois, environ 20 000 fermes furent attribuées à des paysans de Volynie et de Galicie, avant tout dans le Wartheland ainsi qu'autour de Cholm et de Lublin.

Parallèlement à cette implantation s'accomplissant aussi dans les villes (les Allemands baltes étaient également majoritaires dans les professions citadines), l'administration allemande commence son entreprise générale de reconstruction. L'aspect du pays que connaît le soldat de la campagne de Pologne, s'est entièrement transformé : le désordre inculte et l'économie polonaise cèdent la place à l'ordre strict, la dignité et une vie économique et culturelle prenant toujours plus d'essor. L'Est n'a plus l'apparence qu'il avait lors de la campagne de Pologne, à savoir le reflet d'un État dégénéré, s'effondrant, et de l'incapacité des Polonais. Il y a certainement encore beaucoup à faire pour définitivement venir à bout de l'héritage polonais et susciter dans chaque circonscription une vie nouvelle, saine et belle. Partout se fait sentir l'élan et le rythme du travail allemand, de l'énergique volonté créatrice. Pour prendre un exemple, le travail qui fut accompli uniquement dans le domaine de la construction de routes, de même que de celle de ponts, dépasse aujourd'hui l'activité de vingt ans accomplie par l'État polonais. Dans les villes, de nouveaux bâtiments ont vu et voient le jour ; le nombre des lieux de culture allemande augmente. On expulse les Juifs des villages et des villes sur une vaste échelle et là où ils se trouvent encore en grand nombre, on leur a attribué leur propre quartier de résidence.

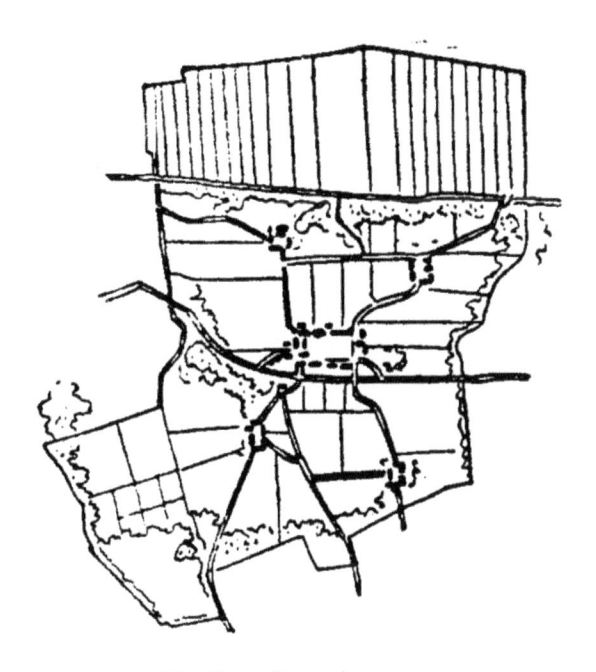

Un village d'un style nouveau
S'éloignant de l'image habituelle de nos villages situés dans le Reich, cette structure se compose d'un centre villageois entouré de plusieurs hameaux, comme le montre l'esquisse. L'avantage est que chaque paysan habite sur sa terre. Le chemin conduisant au centre n'est éloigné que de quelques minutes de marche.

Le travail créateur commencé pendant la guerre sera poursuivi, la paix venue, par une grande restructuration. L'aire de colonisation a été totalement réaménagée suivant un plan qui dut être établi par un travail scientifique minutieux. Les questions comme celles de l'harmonisation entre la ville et la campagne, de l'accès à la circulation et des centres industriels, doivent être résolues d'une façon aussi organique que le problème de l'insertion intelligente des nouveaux villages dans le programme d'ensemble – Cela n'a aucun sens de vouloir uniquement « rapiécer » les conséquences de l'anarchie qui régnait à l'Est. Le pays doit être considéré comme une terre nouvelle. Pour la première fois depuis la période des grandes invasions, nous avons l'occasion d'accomplir un réel aménagement allemand du pays se trouvant à l'Est, cette fois d'après les concepts de 1941. Les villages qui naissent et naîtront, auront des emplacements nouveaux qui ne sont pas déterminés au hasard mais par un choix sciemment fait tenant compte de toutes les lois scientifiques.

Ce travail sera parfaitement réalisé par l'adjonction à un groupe de villages, d'un village principal facilement accessible à pied. Tandis que chaque village (300-400 habitants) doit être pourvu de centres communautaires s'occupant de la vie politique, culturelle et économique, le village principal comprendra des établissements communautaires et administratifs exigeant une coopération plus grande. Chaque village possédera donc une maison du Parti contenant en outre une petite pièce pour les cérémonies et les pièces administratives du Parti et de ses associations, et gérera un jardin d'enfants et un office de santé. Les bâtiments éducatifs et d'entraînement physique, une auberge avec une salle et des bâtiments à buts économiques et communautaires existent déjà dans chaque village. En revanche, de plus grands établissements, des halles et des places de fêtes, des stades, des entrepôts, des ateliers de réparation, un camp de service du travail, devront être construits dans le village principal. Chaque village doit en outre posséder un beau clocher.

La forme et la structure du village doivent correspondre à sa taille et à sa localisation dans la province. On doit attacher une grande importance à l'arrangement des jardins et à l'apparence que le paysage acquiert par la plantation d'arbres, d'arbustes et de haies et du fait du reboisement. La tâche et l'objectif sont de marquer constamment les villages d'un esprit allemand, et cela dans tous les domaines ; de procurer aux Allemands une belle patrie dans un paysage culturel sain, allemand, et d'associer à la fois la beauté et la rentabilité.

Conformément à cela, les fermes doivent non seulement remplir des exigences pratiques à l'Est, mais être aussi la marque visible d'une nouvelle culture paysanne allemande. La technique la plus moderne économisant le travail est utilisée lors de leur construction, et elles sont bâties avec les meilleurs matériaux de construction leur assurant une grande solidité. Cela ne signifie pas que l'on construit sans réfléchir, mais c'est une réalisation qui s'adapte au paysage et à la nature de ses hommes.

On se soucie aussi tout particulièrement - et c'est un fait nouveau – de la condition du travailleur agricole et de l'artisan villageois. La distribution de postes de travailleurs agricoles doit être étudiée avec soin et on doit leur assurer un avenir durable. Ils représentent aussi des formes d'ascension sociale jusqu'à la condition de paysan propriétaire, mais le candidat doit accomplir par principe une activité de plusieurs années dans une exploitation étrangère comme serviteur et ouvrier agricole marié :

L'artisanat villageois indissolublement lié à la fonction paysanne est d'autant plus fortement rattaché au village que l'artisan est enraciné au sein de la communauté villageoise par une allocation de terre correspondante et un domaine héréditaire. Des postes d'artisans nécessaires pour la communauté villageoise doivent être créés dans cet esprit de travail général.

Toutes ces questions révélant l'étendue et la profondeur des tâches à l'Est qui nous sont imparties font comprendre la nature de cet objectif élevé. Il s'agit d'abord de relier de façon organique et sentimentale les émigrants à l'ancienne vie populaire et culturelle allemande. On a fait appel à leur énergie, leur application et leurs capacités mises au service de la terre allemande d'une façon si importante que l'on a la garantie d'un avenir assuré. Leur travail profitera de nouveau à notre peuple et à notre pays, et non plus à un peuple étranger.

Une tâche supérieure subsiste cependant, qui consiste à sauvegarder cet espace dans l'avenir par une œuvre globale de colonisation et de construction réalisée pour la première fois d'une façon centralisée et avec l'objectif clair de renforcer et d'accroître le peuple allemand. Ce que les pionniers allemands obtinrent et construisirent depuis des siècles, ce que l'épée allemande gagna, maintenant la charrue le conquerra définitivement !

Cahier de la SS n°1. 1944.

Villages anciens et nouveaux

...Comment seront les nouveaux villages et les fermes paysannes dont on parle si souvent ces derniers temps ; quelle taille auront les lieux et de quelle manière le travail commencera-t-il ?...

Telles étaient les questions que me posait le paysan que j'aidais l'année passée lors de la moisson. Je lui disais que nous essayons d'abord de comprendre quelle fut l'origine de nos vieux villages et fermes paysannes. Lors de ces recherches, nous avons constaté qu'ils ont toujours été influencés par les conditions locales et se sont développés de façon progressive. La tribu, la nature du sol, l'espace et le climat ont toujours une importance influant sur leur forme. Là où, par exemple, se trouvaient réunies les conditions d'un bon pâturage, naquirent des fermes isolées et autonomes, des groupes de fermes et de rares villages. En revanche, les vallées montagneuses ne permettaient qu'un développement en longueur et là où de plus grandes surfaces pouvaient être labourées, ne naquirent d'abord que des fermes isolées. Mais plus tard, l'extension des superficies ensemencées permit la naissance de groupes de fermes et finalement des villages sans alignement que nous connaissons si bien aujourd'hui. En revanche, des villages aux formes les plus diverses existent encore, ceux des terrains plats. L'eau ou d'autres conditions jouent un grand rôle. Même si beaucoup de ces structures villageoises sont encore présentes aujourd'hui, bien des conditions ont changé depuis leur apparition, rendant nécessaire leur rénovation.

À titre d'exemple, en Prusse, le même sol devait nourrir une population qui avait doublé en l'espace de soixante-quinze ans (1815 à 1898) par rapport au XVIIIème siècle. On devait trouver des moyens permettant d'augmenter la production du sol afin que le ravitaillement du peuple ne dépende pas d'importations étrangères. Nous avons réussi à un point qui aurait semblé autrefois impossible à atteindre. Une exploitation poméranienne de 80 hectares avec quatre ouvriers agricoles fournissait par exemple au XVIème siècle : 9 grandes unités de bétail et 21,6 tonnes de céréales (les produits de culture à la pioche sont convertis en valeur céréalière).

En revanche, aujourd'hui, une exploitation de seulement 15 hectares dans le même village fournit également 9 grandes unités de bétail et 35 tonnes de céréales.

Outre les exigences croissantes auxquelles fut confrontée l'économie agricole durant les derniers siècles, de grands changements se produisirent sous l'effet d'autres circonstances. Des industries et des moyens de transport nouveaux accaparèrent de vastes superficies, eurent des effets secondaires néfastes sur des territoires entiers à cause d'une mauvaise gestion et d'évolutions non prévues à temps, et dégradèrent particulièrement l'ordre social.

Les paysans et paysannes objectent qu'il est difficile aujourd'hui d'accomplir à la ferme les travaux nécessaires par manque de main d'œuvre qualifiée. Un temps de travail régulier comparable à celui d'une entreprise citadine n'est pas suffisant, et donc, le travail agricole en général n'est pas aussi recherché que par le passé. J'attire l'attention sur le fait que depuis l'utilisation des machines, la force de travail purement mécanique a tellement augmenté qu'en moyenne (mondiale) il y a quinze fois plus de machines que de travailleurs manuels.

1. Emplacement du village principal

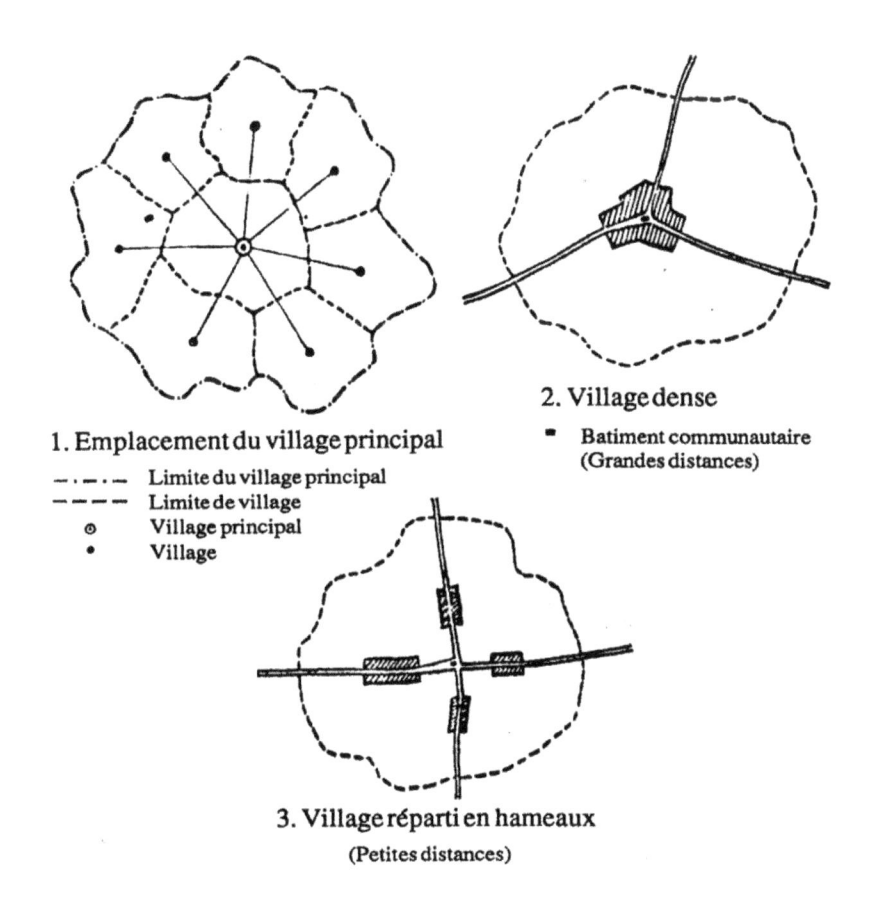

—·—·— Limite du village principal
— — — Limite de village
⊙ Village principal
• Village

2. Village dense

■ Batiment communautaire
(Grandes distances)

3. Village réparti en hameaux
(Petites distances)

Cette comparaison montre de façon particulièrement nette que toutes les entreprises qui doivent effectuer de nombreuses tâches physiques difficiles, sont défavorisées par rapport aux ateliers plus mécanisés. Ceux-ci ont la possibilité de réaliser un travail et des projets de façon relativement indépendante. Les entreprises paysannes doivent, par exemple, compter avec le temps et répartir le temps de travail de façon appropriée.

Quand on considère que 70% de tout le travail paysan est accompli à la ferme, il est prioritaire de construire des bâtiments et de créer des outils permettant d'éviter au maximum le travail inutile.

Mais les champs doivent être également bien situés par rapport à la ferme. Les détours et les obstacles de tout genre comme les dénivelés, de mauvais tracés des limites, des chemins de transport, etc., entre la ferme et les terres doivent être supprimées.

Nos nouvelles fermes paysannes et nos villages sont aussi confrontés à deux exigences importantes :

1. Implantation de bâtiments administratifs qui facilitent, en plus des exigences les plus diverses, le transport de charges lourdes (courtes voies pour transport d'engrais et de fourrage, disposition de grappins, etc.).

2. Réorganisation du sol par une reconception des champs en vue de raccourcir les distances d'exploitation.

Les tracés doivent être prévus pour faciliter un bon travail avec les machines. L'ancien village trop dense doit donc être espacé et le nouveau village doit être construit de telle façon que la meilleure répartition possible du sol soit faite en tenant compte de toutes les données.

Le paysan demande de quelle manière cette réorganisation doit être accomplie.

De même que pour les villes, on réalisa des plans économiques et d'urbanisme. On doit aussi créer des plans de villages fixant les limites de propriétés qui prennent en compte toutes les améliorations concernant la communauté villageoise, l'utilisation de la terre, la circulation et d'autres choses. Modeler le paysage constitue un travail particulièrement minutieux. Il nécessite une prise en compte des différents rapports existant entre le sol, l'eau, l'air, la croissance des plantes et le monde animal. À parties tâches particulières, on doit étudier :

Le reboisement de mauvaises terres et de versants escarpés, l'amélioration de la gestion de l'eau, par exemple par l'emmagasinement de l'eau provenant de la fonte des neiges, la création de haies pare-neige, l'aménagement des rives de nappes d'eau, la suppression des zones froides et humides et beaucoup d'autres choses. La protection des plantations par la création de haies forestières et de buissons est particulièrement importante dans les nouveaux districts de l'Est. Ils offrent une protection face au vent en l'arrêtant, protègent de la neige amassée et luttent contre l'évaporation excessive des étendues de champs et de prairies, empêchent l'appauvrissement du sol et sa dispersion par le vent. Mais ils doivent aussi nous fournir du bois et des fruits, offrir un abri au monde animal et servir à concentrer et détruire les mauvaises herbes. Les plantations protectrices sont d'une grande importance pour les régions orientales dépouillées. Outre des améliorations climatiques, elles nous procurent une grande variété de paysages et modèlent ainsi le visage d'une nouvelle patrie. Pour les concepteurs, l'attrait que constitue la création de nouveaux villages à l'Est réside dans le fait de pouvoir mettre à profit toutes les expériences et les connaissances sans être entravé par des situations paralysantes.

J'attire l'attention sur les directives du Reichsführer SS, commissaire pour la consolidation de la germanité, concernant la taille des nouveaux villages. Elles définissent les modalités d'exécution relatives à leur construction dans les nouveaux districts de l'Est. On doit compter environ 400 à 500 habitants pour un village d'une surface de 10 à 15 km². On obtient un périmètre d'environ une heure de marche. 30 à 40 fermes paysannes de taille différente doivent composer un village, mais ce seront principalement des fermes ou des exploitations familiales. Celles-ci comptent environ 25 à 40 hectares sur un sol léger ou moyen. On prévoit la possibilité de loger une famille de travailleurs agricoles pour chaque ferme. Environ huit à dix villages constituent, avec le village principal, un domaine villageois central. Dans le village principal, on doit prévoir l'existence de toutes les institutions communautaires et administratives ne pouvant exister dans chacun des petits villages, par exemple la nouvelle grande école (voir ill. 1).

La paysanne se demande si le village aura un clocher avec une horloge qui sonne les heures.

Chaque village comporte en son centre les bâtiments communautaires bien visibles et facilement accessibles de tous les quartiers : la maison villageoise avec les pièces communes, l'école, le jardin d'enfants et un clocher, les bâtiments économiques de la communauté avec une blanchisserie, des machines que les paysans ne peuvent se procurer, un petit atelier pour les réparations mécaniques et d'autres aménagements. Au milieu du village on trouve aussi les magasins et les boutiques des artisans. Lorsqu'on étudie toutes les conditions nécessaires régissant la gestion des exploitations et le façonnage du paysage, le nouveau village est mieux organisé que le précédent. Le sol, le climat et d'autres choses déterminent, certes, de façon essentielle la forme du village, et on peut esquisser le schéma suivant (voir ill. 2) :

La structure fortement articulée du nouveau village facilite un bon agencement réciproque des fermes et des champs ; permet un léger élargissement et malgré l'implantation espacée, permet d'établir des relations très riches avec les bâtiments communautaires du centre. La répartition correspond aussi à l'évolution méthodique et à notre représentation spatiale actuelle incitant à créer des contrastes plus forts entre des hameaux construits et délimités, des champs ouverts avec une plantation protectrice et le centre du village. Si l'emplacement est en hauteur, son importance sera encore plus fortement ressentie. Le cimetière doit aussi être bien situé et visible dans le paysage.

Pour conclure notre discussion, le paysan et la paysanne se demandent si la norme prévue pour les fermes ne va pas contribuer involontairement à créer une similitude monotone et ennuyeuse dans le village. Je remarque qu'à toutes les époques et dans les différentes régions les divers types de maisons que l'on connaît si bien et qui nous sont si chers, virent le jour par la similitude des fonctions : par exemple, la maison paysanne de Basse-Saxe, la ferme alpine ou franque et d'autres styles de maisons paysannes. On doit aussi songer au fait qu'aujourd'hui nous produirons peut-être moins de styles différents dans notre patrie qui s'étend au-delà des anciennes et innombrables frontières ethniques. Ce serait même une erreur de vouloir modifier des formes architecturales ayant leur raison d'être pour risquer de créer ainsi des bâtiments peut-être plus inadaptés. La diversité doit plutôt se traduire par l'amélioration de la création artisanale dans un esprit typique qui a déjà produit des choses d'une valeur indiscutable.

Alfred Roth

CAHIER DE LA SS N°9. 1944.

LES VILLES, FORTERESSES DU REICH

« Rien d'autre que les murs ne sépare les bourgeois des paysans » affirme un vieux dicton populaire. Cette phrase recèle indubitablement une profonde sagesse. Le caractère de la forteresse défensive est déterminé par ses murs. C'est l'un des traits essentiels de la ville. L'autre fondement de la ville allemande est constitué aussi bien par le caractère paysan fondamental se manifestant dans une très grande partie de la bourgeoisie agricole que dans l'état d'esprit corporatif émanant des régions paysannes.

Les Germains ne purent pas s'intégrer dans les villes de l'Empire romain, comme le rapporte Tacite. Peu importait la diversité du caractère romain de ces villes du Rhin et du Danube de l'époque. Elles portaient toutes les traits fondamentaux de ce style de vie urbain, par nature étranger aux colonies paysannes, produit par cet esprit de classe particulier. L'héritage de la Cité-État grecque se répercuta sur les villes sœurs de Rome. Ainsi, même les douze grandes villes qui tombèrent entre les mains des tribus germaniques à l'état de vestiges de colonisation le long des anciennes frontières romaines de Cologne à Ratisbonne, furent reconstruites à partir de nouveaux plans et en fonction d'un nouvel état d'esprit. Communes de corporations de marchands allemands, ces premières constructions ressemblant à des villes, installées sur le sol allemand, eurent un plus grand rayon d'action. Puis une chaîne de villes et de forteresses ayant d'autres origines se développèrent ensuite sur l'Elbe et l'Ems, ainsi qu'à la frontière orientale de l'État allemand. Elles abritaient bien une corporation de marchands, mais plus importante était cette garnison paysanne vivant dans les grandes forteresses constituant un rempart face aux attaques ennemies venant de l'Est. Cette épine dorsale de la ceinture défensive dressée contre les hordes de cavaliers était en même temps le point de départ d'une pénétration allemande vers les pays désorganisés les plus proches.

L'histoire de la fondation de ces villes allemandes se rattache particulièrement à la personnalité du roi Heinrich I. Entre toutes, Magdebourg est la fondation la plus rayonnante ; Lübeck, Nuremberg et Vienne ont ensuite entrepris de mettre en valeur des régions à l'Est. En deux siècles, les empereurs saxons et saliens réussirent à développer ces communes bourgeoises, à instaurer un droit municipal sur le sol allemand, qui semble issu de la paysannerie allemande mais avoir été adapté à d'autres usages. Ce droit des villes allemandes du Moyen-Âge fut l'une des forces les plus efficaces qui protégèrent l'installation de citoyens allemands lors de la migration médiévale vers l'Est.

« Sachez que les Allemands sont des gens libres », dit le duc de Bohême dans la charte de la commune bourgeoise allemande à Prague en plein cœur de l'environnement tchèque. Le droit municipal de Magdebourg, de Nuremberg et de Lübeck en vigueur dans les villes de la Hanse le long des côtes de la mer Baltique et le droit municipal viennois dans le Sud-Est, furent à l'origine de relations juridiques élaborées. Ce droit instaura aussi cet ordre grâce auquel prospérèrent non seulement des régions de paysans et de mineurs vivant sur les anciennes terres des tribus germaniques de l'Est, mais qui permit aussi aux Slaves et à d'autres peuples d'acquérir une structure étatique.

« Les villes sont devenues les bourgs les plus fortifiés des temps anciens et les représentantes de l'idée d'Empire. » Dès le tout début, le Reichsführer SS a adopté cette position comme ministre de l'Intérieur pour témoigner son soutien envers les maires. Considérons l'immense résultat de la Hanse et la répercussion de ces implantations dans l'aire de la mer Baltique, ou du travail grandiose des marchands impériaux accompli à l'époque de l'empereur Maximilien Ier grâce aux villes allemandes du Sud. L'aigle impérial fut constamment l'animal héraldique dont les ailes abritèrent les diverses ordonnances. Les Fugger en Hongrie, de même qu'en Espagne, sont devenus les hommes de l'Empire. À part les chefs de paysans et des chevaliers de la trempe des Hutten et Sickingen, ce sont les bourgeois de l'espèce d'un Tilman Riemenschneider à Würzbourg, un Albrecht Dürer à Nuremberg, un Veit StoB à Cracovie, qui ont été les messagers de la foi en l'idée d'Empire. Innombrables sont les maires qui sont devenus des rebelles par fidélité à l'Empire contre les princes.

Durant les siècles où la classe princière allemande accapara progressivement les droits royaux de l'Empire pour en retirer des privilèges, les villes allemandes ne se transformaient pas en de quelconques Cités-États, mais en des villes impériales dans le plus haut sens du terme. Lors des attaques des hussites et des Turcs, de même que plus tard lors de la guerre de Trente Ans, les villes allemandes se sont révélées être les gardiennes armées du sol et du droit impériaux allemands jusqu'à nos jours. Libérées des anciennes frontières et des chaînes princières de petits États oppresseurs, elles accomplirent leur mission et apparurent être les détentrices de l'idée impériale allemande.

« Si les classes, les princes spirituels et laïques représentaient un égoïsme régional ou dynastique et firent leur possible pour briser peu à peu l'Empire au cours des siècles, malheureusement avec succès, les villes allemandes – à part des exceptions précises – furent le rempart de l'idée impériale et les représentantes de la fidélité à l'Empire. Des rangs des maires allemands sont sortis d'innombrables grands hommes qui sont devenus, dans de nombreux cas, les champions et les défenseurs de l'unité et de la grandeur de l'Empire au prix de leur sang et de leur vie. »

Pour reprendre les termes du Reichsführer SS, cette « tradition riche et glorieuse » des villes allemandes représente le fondement de la volonté de résistance soutenant le combat livré au cœur de la patrie. C'est précisément parce que les villes furent le ciment de l'ancienne structure impériale et non les produits de plans nationalistes étroits, qu'elles possèdent aujourd'hui cette force unificatrice. Ni habitations, ni usines et ateliers ne survivent aujourd'hui à la grêle des bombes. Ce n'est que cet attachement, profondément enraciné, pour la ville, qui a fait ses preuves. Représentantes attaquées et défendues de l'Empire, les villes restées intérieurement saines trouvent leur destinée dans cette guerre en accomplissant leurs nouvelles tâches pour l'Empire.

V. Politique générale

« D'estoc et de taille », de Gunther d'Alquen, 1937.

L'idée opposée au système

Depuis le soulèvement allemand s'étant opéré sous le signe de la croix gammée, la notion de révolution apparaît sous un jour totalement nouveau.

Toutes les révolutions des temps modernes, la Révolution française de 1789, la révolution parisienne de juillet 1830, les insurrections de 1848, les jours de terreur de mars à mai 1871 des communards parisiens, enfin la Révolution russe de mars et d'octobre 1917 et la révolte allemande de novembre, mais aussi toutes les révolutions des siècles précédents offrent généralement le même visage défiguré ; elles s'achèvent toujours sur une logique destructrice et non créatrice. Ce sont des manifestations sociales-révolutionnaires mues uniquement par des tendances purement sociales ou économiques, nées d'une doctrine éloignée de la terre et donc hostile à la vie.

Dans toutes ces révolutions, un système froid se rebelle contre la vie. Elles s'appuient, non pas sur les classes liées à la terre, mais sur des masses citadines et sur cette décadence spirituelle qui s'oppose déjà à toute vie authentique.

La populace et une intelligence déracinée ! Tels sont ces groupes au sang vicié qui se rassemblent autour du drapeau de la destruction. La haine de ces dégénérés vise non seulement cet État, l'ordre social en vigueur, mais la vie elle-même. De là s'expliquent aussi les orgies de cette fureur sanglante dans lesquelles se souillaient ces révoltés, car son sens réel résidait dans cette effusion de sang stupide : sacrifier la vie à une idée doctrinaire.

On ne peut concevoir la grandeur de la révolution allemande que face à ce sombre arrière-plan. Elle ne se différencie pas seulement de toutes les révolutions de l'Histoire mondiale par la discipline extrême de son déroulement externe, mais, plus profondément encore par sa forme interne qui n'est pas le produit d'un schéma de pensée inerte mais d'une idée vivante. Elle ne se borne pas à atteindre des objectifs sociaux et économiques. Elle n'aspire pas seulement à faire la révolution, elle veut créer la *nouvelle révolution* de tout un monde. Le renouveau allemand n'a pas choisi par hasard le vieux symbole solaire nordique comme emblème. C'est parce que la vie elle-même marche sous ses drapeaux. C'est le sang de toutes les profondeurs terrestres qui gronde ici et qui veut abolir tous les systèmes pour créer des formes propres à son âme dans l'Etat, le droit, la science, l'art et tous les domaines de la vie économique.

Il n'est pas étonnant que cette révolution du sang et de la terre attira les meilleures forces raciales qui, telle une vague de sang rouge, fait flotter ses drapeaux sur le pays.

Ils sont un symbole, mais pas un système ; ils s'agitent et claquent comme tout ce qui vit. Il ne faut plus que, dans ce peuple, la vie se transforme en système.

Nous voulons sacrifier toutes les doctrines à la vie, en tant que rebelles de la terre allemande.

Celui qui considère que le redressement allemand suit les lois de la logique n'a rien compris. Une révolution interne ne peut se dérouler que d'après les lois de l'évolution de la vie. Car comme l'enseigne l'échec de toutes les tentatives doctrinaires, la vie ne s'organise pas sous la contrainte, et le sang se venge toujours.

Autrefois, le Mouvement a mené son combat légalement en suivant ce grand ordre des lois organiques ; il se purifia des doctrinaires de barricades et resta sur des voies légales jusqu'à ce que l'évolution interne de la vie allemande ait muri en un tournant historique.

Et quand la persécution arracha le cri de représailles sanglantes aux cœurs opprimés, on pardonna et on oublia. Mais une telle force morale est le propre du vainqueur qui considère les cachots et les tombes des héros comme un destin finalement nécessaire. Comment pourrait-il y avoir de bonnes épées si elles n'étaient pas trempées par le feu et les coups de marteau ?

Mais même l'harmonie des grandes lois de la vie se traduit dans la façon mesurée avec laquelle le redressement victorieux de la nation s'engage sur la voie de la construction. Le bouleversement était déjà riche en lui-même. Pendant les révolutions des époques passées, celui-ci n'agit qu'au niveau spatial. Et tandis qu'on détruisait tout pour construire un nouveau système sur la planche à dessin, on remarque l'effort fourni pour laisser les choses se faire et porter leurs fruits. Car comme toute moisson, la création ne s'opère pas d'un coup, mais est engrangée peu à peu.

Rien ne se fait dans la précipitation, rien ne se fait dans l'artifice. Le Führer eut la grande sagesse de n'aborder que les problèmes qui comportent une solution, comme un fruit mûr.

Seul un fou ferait remarquer que les banques et les grands magasins n'ont pas été entièrement nationalisés, qu'il subsiste encore des restes de l'ancien monde et que beaucoup de questions n'ont sûrement pas été résolues. Quel est celui qui voudrait couper le blé au printemps, moissonner en été, alors qu'on le fait en automne ? Les doctrinaires sont impatients. Ils mangent les fruits verts – et ils en meurent.

Le national-socialisme ne s'exprime pas par l'exécution schématique d'un programme, mais s'efforce plutôt de nous faire profiter des expériences de la vie florissante. Actuellement, les objectifs finaux sont encore loin du champ visuel, en tout cas inaccessibles ; ce n'est que grâce à une évolution progressive qu'on s'en rapprochera petit à petit.

Dans le domaine de la politique intérieure, l'évolution a tellement avancé que le redressement allemand, voyant son heure, livra la grande bataille de la percée historique. Il pouvait et devait donc frapper de façon sévère, comme à coups de faux dans le blé mûr. Il ne restait que les chaumes. Et qui pourrait nier que le travail a été fait, que les souvenirs désuets s'envolaient et qu'un objectif élevé avait été radicalement atteint ? La moisson était faite, et l'on envisageait déjà la prochaine.

Ce qui peut être fait aujourd'hui et demain n'exige pas de coups d'éclat. Des mesures et des interventions doctrinaires n'aboutissent à rien, même si sur le moment elles semblent souhaitables à beaucoup de monde. Aujourd'hui, ne peuvent subsister que deux objectifs : la liberté à l'extérieur, le pain et le travail constructif à l'intérieur du pays. Car la querelle académique ayant trait aux devises et au système économique n'est pas importante ; seule la vie est sacrée et 67 millions d'hommes doivent avoir la leur assurée et du pain sur leur table.

Le blé est maintenant levé, mais le temps n'est pas encore venu de le couper. Le paysan aiguise sa faux pour la moisson ; il n'est pas pressé, il observe et attend. Lorsque le moment sera venu, le blé tombera, mais du temps doit encore s'écouler jusque-là. Puis il labourera, hersera et sèmera. Viendra l'hiver puis à nouveau le printemps, comme une marée qui va et vient.

Bienheureux le peuple qui reconnait la force de la terre ! Bienheureux l'homme qui sait agir et se décider au bon moment. Il honore la loi éternelle de la vie.

« D'ESTOC ET DE TAILLE », DE GUNTHER D'ALQUEN, 1937.

Communauté ou collectivité ?

Lorsque les vieux nationaux-socialistes se souviennent des premières années de lutte, ils revoient l'image superbe d'une véritable communauté. Sans aucune contrainte, les hommes de cette époque, qui ne formaient qu'un esprit, s'étaient retrouvés et avaient créé une communauté comme le monde en a rarement vue. Malgré le faible manque d'organisation externe, ces hommes formèrent une force incroyablement solide.

Ils accomplirent de grandes choses qui prirent une dimension presque mystique, exprimant la fidélité de la troupe germanique, et qui culminent dans le sacrifice suprême. Nous constatons que cette force du Mouvement provient directement de cette fusion volontaire qui laisse toutefois l'individu exister en tant que personnalité et lui permet ainsi d'être un combattant indépendant.

Cette communauté de combattants fut la première à conférer une force au Mouvement. Il s'agit de l'entretenir dans l'avenir et de veiller qu'à une époque où le Mouvement devrait user de la violence, jamais ne subsiste le danger que la communauté dégénère en collectivité. Car jamais le rassemblement organisé en masse ne peut, en détruisant les valeurs de la personnalité chez l'homme naturel, accroître ses forces.

Au contraire, il faut une bonne dose de violence pour maintenir la cohésion d'une telle formation foncièrement non allemande. Tout ce qui détruit la personnalité au profit d'une masse n'est pas allemand et celui qui ne pense que par la masse le fait de façon bolcheviste et doit finalement aboutir à cette idée qu'un marxiste exprima un jour quand il préférait « se tromper avec la masse qu'avoir raison en tant qu'individu ».

Mais toute collectivité repose spirituellement sur la vieille erreur marxiste de l'égalité de tous les hommes. Cela n'est pas le cas dans la nature. Au contraire, les hommes sont inégaux. Les uns sont valables, les autres inaptes, l'un est honnête, l'autre malhonnête, de même que l'un est grand et l'autre est petit, gros ou maigre. Les défenseurs spirituels de la collectivité se trouvaient de tout temps confrontés à un combat désespéré d'autant plus difficile qu'il leur fallait nier en permanence la réalité manifeste.

Il ne fait aucun doute que, mis à part ceux qui, en tant qu'ennemis conscients du national-socialisme, défendent la vieille erreur de l'égalité, tous ceux qui, par nature et caractère, ne peuvent comprendre analogiquement le national-socialisme risquent d'agir de façon inconsciente dans un esprit collectiviste.

Ce type d'homme est à la fois dangereux et comique lorsque, pour défendre la vieille théorie marxiste égalitariste, il introduit la notion nationale-socialiste de la communauté, et soupçonne de professer la lutte de classes quiconque constate que, dans un peuple, il y a des gens intelligents et leur contraire.

Non, cela n'a rien à voir avec une division du peuple, car il s'agit simplement de faits naturels. Mais notre vieux point de vue national-socialiste de la « minorité décisive » est aussi bien la traduction politique de ces faits naturels que l'exigence « à chacun son dû » qui a opposé de tout temps le national-socialisme au slogan marxiste « tous égaux ».

Une distinction fondamentale entre communauté et collectivité se manifeste aussi dans le commandement. La communauté a naturellement et nécessairement un chef qui détient le pouvoir sur les âmes et les cœurs de ses camarades. Le despote d'une collectivité est le maître suprême des corps des individus. Sa position se fonde sur la peur, alors que le chef d'une communauté est animé par l'amour des hommes qui le suivent volontairement.

Ce n'est donc pas un hasard si de réelles natures de chefs se considèrent comme les serviteurs de leur communauté du fait de leur sagesse et du sentiment de leur supériorité humaine. Frédéric le Grand se considérait comme « le premier serviteur de l'État ». Adolf Hitler se voit « le mandataire de la nation », et le représentant du Führer attire l'attention des directeurs politiques lors de la prestation de serment, sur leur mission consistant à être les serviteurs de la communauté populaire. Nous constatons donc que les partisans de la collectivité voient leur idéal dans la « domination ». Par leur sentiment d'insuffisance humaine ils tombent dans l'autre excès et sont aussi despotiques envers leurs subordonnés qu'ils feignent la soumission aux échelons supérieurs. Ils ne savent pas que le chef doit avoir une faculté de compréhension supérieure, mais avant tout cette supériorité d'âme et cette force de cœur dont Fichte nous dit que ce sont elles qui font remporter les victoires.

En outre, on constate encore que le chef d'une communauté appelle auprès de lui les hommes les plus capables-et les plus qualifiés, et que le chef d'une collectivité n'a naturellement pas besoin de collaborateurs indépendants, mais seulement de créatures qui sont ses instruments aveugles et qui doivent constamment l'assurer de sa valeur. Ainsi on voit clairement quel danger monstrueux, issu de la pensée collectiviste, pourrait menacer directement notre peuple à l'époque de sa renaissance.

Ici encore, le Mouvement national-socialiste a donné à la nation un principe d'une valeur inestimable en pressentant sous une forme exemplaire la notion de communauté des fidèles compagnons de valeur. Ainsi il a donné pour toujours un exemple du vrai regroupement des forces et a rejeté clairement toute idée collectiviste.

Mais les vieux soldats du Mouvement n'admettront jamais que les puissantes masses humaines de nos manifestations et organisations puissent être considérées, à tort, comme un règne de l'homme-masse, et que la notion nationale-socialiste de la communauté soit ainsi faussée consciemment ou inconsciemment et transformée en collectivité.

Le couronnement de tout esprit de sacrifice réside dans le dévouement de sa propre vie pour l'existence de la communauté.

Adolf Hitler

« D'ESTOC ET DE TAILLE », DE GUNTHER D'ALQUEN. 1937.

RÉFLEXIONS SUR LE PRINCIPE DU CHEF

Plus les tâches qu'une époque donne aux hommes sont grandes, plus se manifeste distinctement le groupe de ceux qui ne sont qu'en apparence qualifiés pour ces tâches. Là où les plus hautes valeurs sont de mise, les inférieurs tenteront toujours de se draper de l'apparence et d'adopter l'attitude des hommes supérieurs de l'élite.

Imaginons un brave concitoyen totalement insignifiant dont le souhait ardent est de pouvoir un jour commander. Il ne veut pas attendre qu'enfin on lui confie une mission qui place sur ses épaules de grandes responsabilités. Car il pourra vraisemblablement attendre longtemps ; à défaut de capacités, il possède une ambition dévorante et seul ce fait l'empêcherait d'y parvenir. Supposons : Le petit Moritz, avec ses complexes de puissance, devient un grand Moritz, et le malheur veut qu'il apprenne d'abord à simuler des aptitudes inexistantes.

Notre ami devient chef dans une fonction quelconque. Il sait que l'importance de sa personnalité est maintenant admise (seulement pour un certain temps). Les camarades d'autrefois qui n'ont pas monté en grade s'imaginent être inférieurs au personnage susnommé. Des discours emphatiques persuadent les concitoyens de l'autorité du grand Moritz. Dans ses nouveaux bureaux, les installations téléphoniques sont transformées. Une table d'écoute est installée dans la pièce du chef pour

« approfondir la confiance », les postes sont réorganisés et une première circulaire remet en cause les compétences bien établies.

Malheureusement, maîtriser le travail ne s'avère pas aussi simple. Le supérieur frais émoulu n'aime pas montrer qu'il n'est pas encore tout à fait qualifié et qu'il doit se laisser conseiller. Il voit son autorité vaciller et ne veut pas manifester les mêmes petites faiblesses que celles de tout le monde, ni également son absence d'expérience de base. Le manque d'assurance interne doit être compensé par une assurance externe d'autant plus grande. La distance envers les anciens camarades croit à vue d'œil. Quel est maintenant son préféré ?

Le « subordonné » est son préféré, car il lui confirme volontiers et souvent de façon publique qu'il est, lui, le « supérieur », un individu particulièrement méritant. Dans sa bêtise il ne remarque certainement pas que le « subordonné » dit exactement le contraire dans son dos. Mais s'il devait noter ici ou là des objections réalistes de la part de l'un de ces « subordonnés » ou même des contre-propositions sur n'importe quelle question, alors le « chef » verrait infailliblement qu'il a devant lui un adversaire dangereux. Donc, on l'abaisse et, si nécessaire, on intrigue secrètement contre lui, étant persuadé de son incontestable valeur et de l'inaptitude de l'autre.

Mais cet homme se trouve toujours au bord du gouffre. Malheur à lui quand arrive le moment où il a besoin que ses collaborateurs corrigent son travail, dans une collaboration joyeuse, avec un sens du dévouement absolu et résolu pour leur chef ! Cette épreuve peut arriver chaque jour, par hasard, lorsqu'une faute, une tâche absolue la nécessitent. Une situation pénible s'instaure lorsque le supérieur n'a plus la confiance de ses hommes. Sa chute est donc certaine. Le destin s'accomplit avec une logique de fer.

Il existe un autre genre, mis à part les ambitieux devenus sauvages, les tyrans format de poche, celui des bureaucrates tatillons. Ils possèdent souvent des connaissances incontestables. Mais ce qui les distingue de vrais chefs, c'est le fait qu'ils ne sont absolument pas disposés à accepter toute responsabilité que ce soit Ils acceptent tout patiemment et exécutent à la lettre les règlements et les ordres. Ils ne voient que l'appareil, l'organisation et ses alvéoles. La façon d'agir d'un York lors des guerres d'indépendance leur est une abomination. Ils n'auraient pas suivi un Hitler, mais un Kahr.

Dans les deux cas, il s'agit de déformations caricaturales de la nature du chef. Le premier ne voit que les hommes. Il voit dans la direction exclusivement un rang de préséance de personnes. Le siècle des démocraties .et du parlementarisme s'était opposé avec un succès total à cette domination des hommes sur les hommes, et avait tout à fait raison face à ces chefs qui ne voient que des prépondérances personnelles dans leurs droits.

L'ancienne autorité avait perdu sa légitimité interne. Les princes égoïstes et ambitieux n'avaient plus aucun droit au pouvoir car ils ne se voyaient plus en serviteurs de l'Etat, mais considéraient celui-ci comme un outil de puissance personnelle. Lorsque cette fausse autorité devint règle et système, l'heure d'une organisation plus structurée du peuple avait sonné. C'est ainsi que chez nous la fausse autorité se détruit dans une logique interne, tandis que l'éducation et la sélection produisent une élite authentique qui se développe de façon naturelle. Il n'est pas question d'abandonner cette mission au millénaire suivant car la création d'une nouvelle classe de chefs ne fut jamais dans l'Histoire une affaire de quelques années. Ce qui importe, c'est la marche de notre peuple dans cette Histoire, et non les petits délateurs et les caractères indisciplinés. Dans le fond ils ne servent ni ne portent préjudice à rien ; notre force va à l'action, à la création et à l'avenir. Les combattants sincères au service d'un idéal bâtissent toujours l'Histoire.

Du caractère est née l'action.

Darré

CAHIER DE LA SS N°10. 1937.

SS-Staf. Kinkelin : Le national-socialisme crée un nouveau monde à partir d'une foi nouvelle

Avec le national-socialisme, le Führer nous a donné une conception du monde nouvelle. Cela signifie que le national-socialiste enseignant la doctrine du Führer se considère, lui et le monde, sous un jour différent. À présent, il a *sa façon de voir* et ne regarde plus à travers des lunettes déformantes que d'autres puissances représentant une idéologie étrangère lui avaient mises.

Le national-socialisme éclaire d'une lumière nouvelle l'ancien système de valeurs et de rapport de forces régissant le monde. Quand il observe le passé récent, il voit que lui-même – mais aussi son peuple, ont été non seulement dépossédés de leurs richesses spirituelles, mis à l'écart, mais aussi réduits à l'état de pions sur l'échiquier de puissances étrangères. Actuellement, il apprend à se différencier des autres en définissant ce qui constitue son essence et ce qui est allogène. Il confronte les anciennes valeurs qu'on lui a enseignées à celles, nouvelles, totalement différentes et inconnues qui se manifestent lorsqu'il suit sa *propre* règle. L'Allemand a appris à différencier *ce qui lui est propre et ce qui est étranger* parce qu'il a d'abord pris conscience de sa nature profonde, chose qu'on lui avait refusée jusqu'ici. Autrefois, on ne le considérait que comme l'un des nombreux moutons vivant dans un vaste enclos. Il s'en est évadé. Il a ainsi reconquis sa liberté en se retrouvant lui-même. Auparavant, lui et son peuple n'étaient que les composantes d'un monde culturel, d'un univers mental dont la source, l'esprit et la ligne directrice sont étrangers au peuple allemand.

Il est donc clair que le national-socialiste considère le vaste monde, lui-même et son peuple, sa destinée, d'un regard entièrement neuf, rajeuni. Depuis lors, il se voit confronté à un monde totalement différent qui n'était plus le sien depuis longtemps, dont il ne faisait plus partie, et auquel il ne pouvait plus appartenir.

Il découvre un nouveau système de valeurs et l'assimile pour rejeter, abolir d'autant plus facilement les anciennes valeurs qui sont précisément celles des autres, parce qu'elles ne lui conviennent plus du tout. Il sait qu'il fait partie d'un groupe puissant, d'une grande communauté dont l'étendue est sans limites : *Il vit enfin son peuple*. Et il sent qu'il constitue un *élément*, un maillon de cette chaîne immense, de la concitoyenneté, de la communauté nationale.

Mille liens le relient et le rattachent à cette communauté. Son avenir est inextricablement lié au puissant courant du sang de son peuple. Il appréhende pour la première fois son peuple en tant qu'immense *communauté raciale*. Autrefois, on lui disait que c'est la langue, la nationalité, la religion chrétienne, etc. qui déterminaient l'appartenance à une communauté. À présent il sait que ces vieilles considérations sont toutes caduques, car il voit chez lui des hommes n'appartenant pas à son peuple et de l'autre côté de ces vieilles frontières, des hommes faisant tout autant partie que lui de son peuple. Les vieilles barrières tombent, les anciennes frontières, les vieilles murailles n'ont plus de valeur. Partout où son regard se tourne, il voit en marche un immense renouveau.

Une nouvelle et grande unité est née de l'effondrement des anciens systèmes : *Le peuple allemand*. De vieux corrupteurs tentent de le débaucher, mais ils n'ont plus aucun pouvoir sur lui. Les prières, les menaces n'ont plus prise. L'Allemand national-socialiste leur a échappé, il s'est débarrassé avec facilité, liberté et naturel, de leur pression comme d'un vieux vêtement. On bat le rappel ! Par milliers, par millions ils se rallient à leur peuple.

C'est ainsi que le citoyen allemand a fait l'expérience du *mystère du sang*. Mais pas uniquement cela. Il considère ce sang comme le véhicule de son essence profonde. Il reconnaît dans le sang l'héritage le plus précieux que ses plus lointains ancêtres lui ont transmis et qui le rattache à eux de façon indissoluble. On imagine mal à quel point, dans le passé, on lui a appris à mépriser, dédaigner, bafouer le sang ! à quel point on l'a éduqué à mépriser et renier les ancêtres au lieu de les vénérer ! De multiples œillères lui sont tombées des yeux. Les ennemis du peuple furent mêmes obligés de diaboliser la doctrine du sang afin de pouvoir maîtriser d'autant plus facilement cette notion dangereuse et de la détruire. Mais à présent, les pressions et les menaces ne prennent plus.

Vivant au cœur de son peuple, l'Allemand éprouve des sentiments différents : il sent qu'il en fait partie et qu'il en est une composante active. Les divisions en classes et en couches sociales d'autrefois ont disparu. C'est une unité vivante, immense, ordonnée et structurée de façon significative, une armée géante d'hommes libres : *le peuple* ; un ensemble vivant qui repose sur des devoirs et des droits. Cette profession de foi active, fervente pour le peuple dépasse aujourd'hui le niveau de la prise de conscience intellectuelle, d'un enseignement sans attaches, d'un sentiment de richesse égoïste. « *Ce qui ne sert pas mon peuple lui nuit !* »

Muni de cette nouvelle échelle de valeurs qu'il a acquis en écoutant le message du sang, l'Allemand s'intéresse maintenant à tous les aspects de la vie. Il est fermement décidé à ignorer toute valeur qui n'est pas la sienne, qui ne recèle pas la vision de son monde, de ne plus accorder de l'importance aux choses qu'il ne juge pas importantes lui-même. Aucun domaine n'est à l'abri de cette inversion de valeurs et de ces nouvelles considérations. L'Allemand national-socialiste restructure donc tout son univers.

Cet Allemand conscient, éveillé, tourne son regard en lui-même. *Une nouvelle foi* vit en lui. Il en retire sa plus grande force. Mais cette foi n'est pas un dogme, ce n'est pas une doctrine d'origine étrangère ; elle est le fruit de son ancien héritage biologique. Le national-socialisme se retrouve en harmonie avec le monde intérieur de ses pères et se rattache *directement* au divin.

Notre foi constitue l'origine et la mesure de toute chose : Toutes les créations spirituelles en proviennent et y retournent. Il est donc compréhensible qu'on fasse un examen général afin de voir si tout ce qui procède des domaines créatifs spirituels de notre peuple, la philosophie, l'art, la science etc., se trouve ou non en accord avec notre nouvelle idéologie, notre nouvelle foi. Plus nous sommes stricts et conséquents, plus notre vision des choses se précise. Il ne fait aucun doute que nous procéderons à un grand nettoyage ! Nous sommes décidés à ne laisser intact aucun aspect de la vie. Nous examinons avec la plus grande attention le moindre élément provenant de l'ancien monde. À notre grande surprise, nous constatons que de nombreux nous appartiennent, que l'ancien système, sous prétexte qu'il s'agit de sa propriété, a accaparé. Nous le réintégrons donc dans notre système. Si tant est que nous ayons encore besoin des anciens éléments, nous les conservons, mais pour créer notre propre substitut. Nous évacuons tout ce qui est étranger et le jetons même à la poubelle. Nous sommes décidés à construire un nouveau monde à partir de notre sang et de tout ce qui s'y rattache, sous le signe victorieux de la croix gammée.

Autrefois on nous considérait comme intellectuellement mineurs et on gérait de façon prétentieuse tout notre patrimoine spirituel. À présent, nous faisons savoir à toutes les puissances ennemies que *le peuple allemand est devenu adulte,* qu'il a l'intention de prendre en charge lui-même tous ses biens spirituels sans exception. Nous exigeons qu'on nous restitue notre héritage ancestral qui fut usurpé par des mandataires indignes et infidèles. Dans ce domaine aussi, il faut mettre en vigueur un plan de quatre ans pour reconstruire l'esprit du peuple.

Rien ne peut nous empêcher de concevoir un nouveau droit, une nouvelle morale ou toute autre règle de vie nationale. Notre conception du monde considère que l'économie est une composante du nouvel ordre, qui doit servir le peuple et non l'asservir.

De même que l'économie, bien d'autres vieilles idoles subissent la loi du renouveau et de l'ordre national-socialiste. Aucune œuvre, si menaçante, monstrueuse ou respectable qu'elle puisse paraître, ne nous effraye. Même si l'époque vaincue continue de nous adresser des mises en garde menaçantes, ces tables de la loi ne terrifient plus aucun national-socialiste. Ils ont été exorcisés. Non pas parce qu'un national-socialiste ne respecterait rien, comme on le déplore volontiers en s'offusquant bigotement. Mais simplement parce qu'il a acquis une nouvelle foi, une nouvelle échelle de valeurs définissant ce qui lui est sacré et ce qui ne l'est pas, ce qui est divin et ce qui représente des idoles arrogantes, étrangères. De nouvelles bases, un sens extrême du divin ressenti dans son peuple, dans son sang, lui confèrent l'assurance et l'invincibilité. L'appréhension divine de son propre peuple, de son sang et de cette nouvelle foi, a développé chez le national-socialiste un sens du sacré qui l'incite au respect. Nous savons aujourd'hui que notre sang, notre pays sont sacrés à nos yeux, parce que ces deux noms sont d'essence divine.

En considérant ce fait, le verbiage de « néo-paganisme » ou même d'« athéisme » paraît mesquin, faux, trompeur et, finalement, représente une illusion dangereuse pour nos adversaires. Ils apprendront que c'est notre foi qui nous permet de terrasser le vieux monde et de construire un nouveau monde plus beau.

Le peuple allemand s'est libéré politiquement de toutes ses chaînes, de la dictature économique, et il a purifié sa race de l'invasion. Dans l'avenir, il mettra aussi fin à ces tutelle, suzeraineté et autorité spirituelle étrangères au peuple et ne le servant pas. Le peuple allemand va bientôt reconquérir sa liberté dans tous les domaines. Être au service du peuple pour suivre la loi divine, retourner aux principes originels de notre sang et du monde divin, tel est le sens du national-socialisme.

Celui qui est, ne se préoccupe pas de paraître.

Rückert

CAHIER DE LA SS N°5. 1943.

NOTRE MISSION RÉVOLUTIONNAIRE

Nous autres Allemands, avons toujours joué un rôle particulier dans le monde. Nous étions l'élément agité et tourmenté au sein des peuples. Même aux époques de notre prospérité commerciale la plus grande, nous étions mécontents de notre destin. Le déclenchement de la Première Guerre mondiale fut ressenti comme une libération. La cause de ce phénomène ne résidait pas dans une exaltation guerrière et fanatique qui nous a été si souvent imputée par nos ennemis, mais dans le sentiment libérateur d'avoir une nouvelle vocation décisive. L'Allemand ne peut s'accommoder d'une vie de boutiquier. L'état de repos et de satiété est contre sa nature. Il se sent appelé à des missions plus élevées que de pratiquer un commerce lucratif de produits agricoles ou industriels. On a décrit cette manière d'être comme une caractéristique faustienne de l'Allemand. On peut l'interpréter comme une chance ou une malédiction ; elle détermine en tout cas en bien ou en mal le renom du germanisme. Ce fut le destin originel de tout le monde germanique. Sans cette obsession de se déplacer, les Germains n'e0ssent été qu'un peuple insignifiant de paysans du nord de l'Europe. Ils ont versé leur sang dans tout l'Occident dans des combats constants, mais ils ont aussi façonné le visage de ce coin du monde. Aujourd'hui encore, ils semblent appelés à accomplir la destinée de ce siècle.

***

Les gigantesques batailles de cette Seconde Guerre mondiale marquent la fin de l'une des grandes époques de l'humanité. La domination de l'or est arrêtée, les peuples recouvrent leurs droits, l'homme mesure à nouveau la valeur des choses. Cette guerre est menée pour d'autres raisons que des modifications de frontières ou des sphères d'intérêts. Il s'agit du sort d'une culture millénaire qui a donné au monde les magnifiques expressions du génie humain. La plus grande révolution de tous les temps s'accomplit dans la tempête des batailles : la révolte des paysans contre les commerçants, du travail contre le pouvoir de l'or. Le même processus que nous avons vécu il y a des années, dans la lutte pour le pouvoir, en Allemagne, se reproduit aujourd'hui à l'échelle mondiale, et nous sommes confrontés aux mêmes adversaires. Nous connaissons trop bien leurs méthodes de combat pour pouvoir en être encore étonnés. Nous sommes maintenant au cœur de la lutte, et cette guerre ne s'achèvera pas avant que le continent ne soit débarrassé de ses bourreaux. Quoi que puisse nous apporter l'avenir, Il est de notre devoir, pour nos camarades morts, de résister, d'attaquer sans cesse, jusqu'à l'anéantissement de la force ennemie. Il ne peut y avoir de compromis dans cette lutte car la poursuite de la situation antérieure se solderait par de terribles bouleversements qui en fin de compte anéantiraient l'Occident. L'Allemagne est devenue le rempart de la liberté de l'Europe. Les ennemis de notre pays sont aussi ceux de l'Europe. Il ne s'agit plus d'une querelle entre peuples et États mais de divers principes de configuration dont la réalisation définitive décide de la mort ou de la vie. Par-là, notre combat dépasse la sphère du pouvoir et des intérêts pour atteindre celle de l'esprit. Il ne s'agit pas, en premier lieu, de sources de pétrole ou de gisements de minerais mais du maintien de toutes les valeurs spirituelles qui permettent à la présence humaine de magnifiquement se concrétiser. Qu'ont à voir les magnats des chemins de fer américains et les despotes bolcheviques avec l'Europe et sa culture multimillénaire ? L'Angleterre s'est tournée depuis longtemps vers ses possessions d'outre-mer et ne considère le continent que comme le jouet de ses intérêts. L'Allemagne, en revanche, est restée liée au destin occidental, si douloureux que cela puisse être. Il n'y a plus maintenant de choix possible pour les peuples européens s'ils veulent croire à leur destin. Les fronts sont plus nets que jamais, la divinité elle-même juge les nations sur leur force et leur valeur.

La guerre se révèle à nouveau, comme autrefois, être un jugement de Dieu. Dans le fracas des batailles de notre époque, l'aspect du monde sera remodelé et personne ne reconn3.l"tra son ancien visage. Quelle que soit l'issue du combat, il ne restera rien du monde d'antan. Les vieilles forces primordiales de la vie sont en mouvement et ne s'arrêteront plus avant que les puissances de dégénérescence et de destruction ne soient finalement écrasées. Depuis trente ans se développe le plus gigantesque processus de transmutation que l'Histoire du monde ait vécu. Les forces vives exigent leurs droits. Les peuples se pressent hors de l'atroce exiguïté de leur espace vital vers la lumière et le soleil. Une nouvelle migration des peuples est en route. Avec les vieilles puissances, s'écroule tout un monde spirituel qui a bridé l'Europe pendant deux mille ans. L'alliance des démocraties avec le Kremlin a mis fin aux derniers doutes sur la nécessité de notre combat. La vérité, la justice et la vie sont avec nous.

* * *

L'Occident se trouve encore engagé dans un combat décisif pour son avenir. L'horizon semble souvent obscurci par des événements terribles mais, au plus fort du danger, la force du cœur humain fait ses preuves. Il existe encore de vastes parties d'Europe en situation de tranquille contemplation, qui ne se préoccupent pas de la gravité menaçante de leur situation. Des fous aveugles se retournent contre la seule puissance qui puisse les protéger de la destruction et de l'anéantissement. Ces choses-là ne nous touchent plus. Nous sommes habitués à combattre seuls, environnés par la haine et le mépris car nous avons conscience de notre mission. Le destin du monde s'accomplit par notre action et par la volonté de la divinité. Même si des milliers d'hommes meurent, si des dizaines de milliers reviennent infirmes, l'Idée vivra aussi longtemps que l'Allemagne verra naître des hommes. Nous sommes invincibles parce que nous avons une foi inébranlable. Cette foi nous a soutenus dans toutes les circonstances de notre existence ; elle nous a donné les précieux instants du triomphe et nous a accompagnés dans la peine et la misère ; elle nous conduira un jour à la victoire. Les dieux ne font pas cadeau de leur grâce, ils n'accordent leurs faveurs qu'aux braves qui résistent à toutes les violences. Le destin nous a accordé des missions particulières. Il ne tient qu'à nous de les remplir. Un peuple n'est au regard de Dieu qu'un outil de Sa toute-puissante volonté. Il fait perdre impitoyablement ce qui se révèle inapte. Nous, debout, nous combattons, car l'Empire, la force et la splendeur sont nôtres.

Hans Henning Festge

L'homme est supérieur à la matière quand il est confronté à la nécessité d'une grande attitude, et on ne peut concevoir aucun pouvoir externe, de quelque type que ce soit, auquel la force spirituelle ne soit pas supérieure. Donc, celui qui en est capable peut tirer la conclusion que dans l'homme, dans l'homme réel, vivent des valeurs qui ne peuvent être détruites ni par des projectiles, ni par des montagnes d'explosifs.

Ernst Jünger

CAHIER DE LA SS N°7. 1943.

IDÉE ET ASPECT DE L'EMPIRE

L'idée de l'État nationaliste doit être vaincue

Si claire que se présente la lutte pour la défense de notre patrie contre l'assaut de l'Est, tout aussi clairement se dégagent les contours d'une nouvelle organisation de l'Europe, ces contours qui ne suivent plus les frontières que leur assignait une conception nationaliste. Ce qui appelle aujourd'hui en Europe des millions d'hommes sous les armes, ce n'est plus seulement la lutte pour les matières premières et l'espace vital, c'est aussi la volonté d'une réorganisation radicale de ce continent pour laquelle il vaille la peine de vivre et de mourir. Le fait que des milliers de Norvégiens, de Néerlandais, de Flamands et de Wallons se battent sur le front oriental dans les rangs des Waffen SS ne peut être considéré que comme le symptôme d'un réveil de l'énergie chez des peuples germaniques qui, par-delà les frontières de l'ordre politique dans lequel ils ont vécu jusqu'à présent, cherchent la voie d'un nouvel avenir. Plus aucun doute ne peut subsister sur le fait que la représentation que nous nous faisons de ce qui sera un jour l'Europe lorsqu'aura pris fin cette dure et implacable mêlée, nous porte déjà bien au-delà des limites de la vieille conception nationaliste. Aucun esprit réfléchi d'Europe ne croit qu'à la fin de cet âpre combat, comme le destin en décidera pour toujours, le rétablissement de l'ancien ordre politique puisse se faire. De même que les sacrifices de la présente guerre légitiment, dès sa conclusion, la création d'un ordre qui réponde à l'ampleur et à la profondeur de la révolution nationale-socialiste accomplie au cœur du continent. Ce nouvel ordre ne peut s'établir que sur l'idée de la *race*. Les Néerlandais, les Flamands, les Wallons, les Scandinaves qui, aujourd'hui, combattent à côté de nous dans les rangs de la Waffen SS ne défendent pas uniquement leurs foyers contre la vague asiatique, ils sont aussi les pionniers d'une *réorganisation de l'Europe sur les fondements de l'idée germanique*. Ainsi s'accomplit sur l'aire du territoire européen un processus analogue à celui qui, il y a soixante-dix ans, a conduit à la création du Reich de Bismarck.

À gauche, jeune volontaire danois dont le visage est encore celui d'un enfant. À droite, Heinrich Himmler rend visite à ses SS sur le front oriental en 1941.

La SS réunit sous son emblème runique de multiples nationalités européennes.

En ce temps-là, les principautés allemandes, sous l'effet du principe nationaliste, se sont groupées pour former un Empire. La révolution nationale-socialiste a résorbé l'idée nationaliste et l'a remplacée par l'idée de race. C'est pourquoi, il faut qu'à la fin de cette guerre un nouvel ordre européen s'érige sur la base de la solidarité germanique. L'idée nationaliste s'est épanouie dans le Reich de Bismarck. Au moment où les flots innombrables de l'Asie se lancent à l'assaut des frontières européennes, le continent se retourne vers cette grande construction historique que des siècles plus tôt il avait élevée déjà alors sur l'assise de la germanité. Nous sommes arrivés à un point de l'évolution où le concept de la race commence à devenir une réalité historique et politique. Le peuple et la nation apparaissent de plus en plus comme des expressions particulières de ce concept. La révolution de la pensée politique qui s'est tout d'abord opérée à l'intérieur de notre Empire a étendu bientôt ses effets au-delà des frontières de l'ancien Reich. Il n'est plus possible de la contenir, elle balaie les vieilles erreurs de l'ancienne doctrine libérale avec la même inflexible rigueur qu'elle met à culbuter les petits États artificiels créés par la politique anglaise de l'équilibre. L'épreuve que constitue la guerre contre l'ennemi asiatique ne permet plus la survie du système des États qui est né à Versailles. Et nous nous trouvons maintenant à l'heure du combat et du danger en face d'une nouvelle organisation européenne ; nous assistons à la *naissance d'un Empire racial.*

C'est cela le but de notre lutte. Sont appelés tous ceux qui dans leur attitude sont influencés par un sang identique. L'Allemand se sent, bien entendu, être le cœur de cet Empire qui doit embrasser toute l'aire de notre race. Mais il ne doit pas considérer cet Empire comme une extension de l'idée nationaliste. L'idée nationaliste allemande a acquis une nouvelle dimension en 1938. *Nos adversaires veulent persuader les peuples d'Europe de l'idée que tout ce qui a suivi n'a été que la conséquence d'un impérialisme allemand.* Sur ce point également, ils n'ont pas compris la révolution nationale-socialiste. Elle ne peut conduire à un impérialisme mais doit, selon ses principes, intégrer l'État national des Allemands dans un vaste Empire germanique. Toutes les tentatives faites pour définir en termes juridico-politiques le rapport dans lequel se trouveront à l'avenir les États germaniques en fonction de l'Empire, ne peuvent qu'échouer parce que les concepts existants comme ceux de fédération, système fédéral, fédéralisme appartiennent au domaine du passé et passent à côté de la révolution opérée dans notre pensée par le concept de la race. La révolution allemande est en passe de devenir une révolution germanique. Sur les champs de bataille de la plus terrible des guerres qui ait jamais été menée contre un monde hostile tentant d'étouffer le germe d'un nouvel ordre vital accompli par la révolution allemande, retentit un puissant appel aux peuples germaniques pour qu'ils constituent *un* Empire germanique qui soit le leur.

L'Empire éternel

L'idée d'un Empire nordique n'est pas le fruit de notre époque. Elle accompagne toute notre existence historique comme l'image d'un monde ordonné qui invite l'homme de notre race, sur la foi de sa puissance de création artistique, de ses dons d'inventions.de ses capacités à fonder un système organique soudé, sur le modèle de l'Empire. Les siècles orgueilleux de l'histoire de l'Empire allemand sont encore assez proches de nous pour nous rappeler que tous les États doivent leur fondation à l'énergie de chefs nordiques : l'État du Chérusque Armin, du Batave Civilis, de Marbod, celui des Burgondes, des Vandales, de Théodoric et de Charlemagne, le créateur de l'Occident germanique, l'État des Varègues qui s'étendit de la Baltique à la mer Noire, celui des Vikings et celui des Normands. L'histoire de ces peuples germaniques est notre propre histoire. Nous pouvons expérimenter aujourd'hui ce fait que, dans les rangs des Waffen SS, il y a des représentants éminents de l'ethnie germanique qui, des siècles durant, ont mené un combat difficile et solidaire contre les forces de l'étranger et qui parlent de l'Empire comme d'une idée qu'ils ont défendue par les armes et sauvegardée. Voici une preuve de l'influence toujours active des structures historiques du passé et qui témoigne que l'idée d'Empire en dehors de l'État allemand s'est maintenue bien vivante. Il s'agit maintenant de réviser cette image historique qu'une propagande hostile et une fausse éducation scolaire ont suscitée chez les populations germaniques de l'ouest et du nord et de rétablir des rapports historiques comme ceux qui ont concédé aux Néerlandais, Flamands, Wallons, et Scandinaves pendant des siècles alors qu'ils étaient membres du Reich, une vie civilisée, libre et florissante. Nous devons penser en termes de siècles. La propagande ennemie a profondément modifié le visage original de ces pays. Les organisations étatiques que la Révolution française et la politique anglaise de l'équilibre ont édifiées avec tant d'artifices et de ténacité sont condamnées par la loi d'airain de l'Histoire. Les créations politiques du XIXème siècle s'écroulent aujourd'hui définitivement. L'idée d'Empire, en revanche, renaît, comme le phénix de ses cendres ; elle renaît chez tous les peuples qui sont de sang germanique et qui ne croient plus en la possibilité d'une existence politique distincte du Reich, sinon dirigée contre lui. L'idée d'Empire est la tradition la plus forte du continent et, par le fait même, la force réelle la plus déterminante pour un ordre historique durable.

L'Empire et l'Europe

Nous sommes d'accord aujourd'hui pour reconnaître que les créations politiques des Germains par le passé ne pouvaient être qu'éphémères, car l'énergie de la race, un sentiment de richesse intarissable se diluèrent dans une ethnie étrangère. L'idée de la race nous fait un devoir devant l'avenir de *conserver et de concentrer notre énergie de la manière la plus sévère*. De son éparpillement et d'une conscience souvent déficiente ou trop étroite est née la tragique division qui a dominé l'Empire du Moyen-Âge. Cela seul explique que l'Europe d'alors, déjà structurée selon le principe germanique, ait succombé à *l'universalisme de la Rome impériale et du christianisme* et qu'un sang précieux ait été versé pour des idées qui se trouvaient en contradiction avec son histoire et sa manière de penser ; Il est nécessaire de reconnaître les fautes du passé si l'on veut que l'avenir prenne forme. C'est pourquoi il convient de spécifier qu'un ordre durable en Europe ne peut être instauré que par l'Empire. Le destin de l'Europe sera à l'avenir comme il le fut par le passé, déterminé par le destin de l'Empire. L'Europe constitua une unité, le centre de la civilisation humaine, aussi longtemps que l'Empire fut grand et puissant. À l'époque où il atteignit l'apogée de sa puissance, les rois d'Angleterre et de France se considéraient comme les vassaux de l'Empire allemand. Mais l'Europe fut troublée et livrée à l'agression de puissances étrangères à son aire, lorsque l'Empire se décomposa. Nous devons nous souvenir que le nom aussi bien que la réalité historique que nous impliquons dans le mot « Europe », sont une création de la race nordique. C'est pourquoi l'Empire fait aussi figure à l'avenir de *cœur et de tête de pont européens,* ce centre magnétique qui attire et maintient réunis les peuples germaniques. Notre tâche à nous n'est pas de définir les *modalités de la structure politique* que l'avenir réserve à la communauté des peuples européens. La réponse à la question que pose la situation des Néerlandais, Wallons, Scandinaves, par rapport à l'Empire, ne peut être donnée qu'à la fin de la guerre et compte tenu de la décision du Führer. Elle résultera certainement d'un examen de la participation de ces peuples à la lutte pour la régénération de ce continent. Elle ne se formera en aucun cas sur un schéma fixe, valable pour tous ; elle ne procédera pas non plus des méthodes et du vocabulaire des théories libérales nationalistes et juridiques. Ce qui verra le jour sera un *véritable ordre communautaire,* à l'intérieur duquel chacun aura une place et un rang en fonction *des résultats et sacrifices consentis pour l'ensemble* et de la spécificité et des particularités de son être propre. La position de telle ou telle unité germanique populaire au sein de cet Empire sera fixée conformément à l'énergie politique et spirituelle qui rayonne d'elle. L'ultime décision ne sera pas prononcée à une table de conférence, mais sur les champs de bataille où les peuples germaniques sous la direction de l'Allemagne combattent pour leur avenir, membres égaux du futur Empire. La Waffen SS a reçu du Führer la mission de cultiver l'idée germanique. Il est de son devoir immédiat de préparer les voies au nouveau Reich pour lequel combattent et meurent dans ses rangs des membres de tous les peuples germaniques.

Tout Empire qui est divisé s'affaiblit. Donc aucun Empire ne disparait sans division interne. La construction d'une maison et la création d'un Empire nécessitent la mime unité.

Paracelse

Cahier de la SS N°9/10. 1943.

La solidarité germanique de l'Europe

Une voix de Hollande

Quand on réfléchit ou que l'on veut écrire sur un sujet, il est nécessaire de voir clairement quel objectif on poursuit. Et il se peut que l'on se rende alors compte que l'on n'a pas posé la bonne question et que l'on s'est écarté de l'objectif initial.

C'est ce qui m'arriva avec cet article. J'en avais déjà choisi le titre ; je savais où je voulais aller et pourtant, ce que je veux exprimer dépasse le cadre de la simple solidarité.

Il est toujours utile de donner une définition exacte d'un mot. Quand, par exemple, nous ouvrons la page du Brockhaus linguistique au mot « solidarité », nous trouvons : « Sentiment d'une même appartenance ». Devons-nous donner un nom étranger à ce qui représente le plus grand idéal à atteindre ? N'existe-t-il donc aucun mot germanique ? Pas besoin de chercher longtemps : « Unité » ! Mais que signifie l'unité ? Le Brockhaus dit : « Quelque chose d'assemblé fortement, d'inséparable ». La différence n'est donc pas grande, et pourtant, le mot étranger résonne différemment à nos oreilles et a donc aussi un autre contenu. Songeons maintenant à la langue courante. Nous parlons d'une unité organique, de l'unité de l'Allemagne. Un être vivant représente une unité, solide ; elle se compose d'organes, mais ces organes, si différents qu'ils puissent être, ne sont pas « solidaires », ils forment précisément une unité. Une « solidarité organique » est une absurdité. Nous nous rapprochons donc du sens de notre question.

Nous sentons clairement que nous ne pouvons pas considérer l'Allemagne seulement comme une simple unité. Le mot solidarité convient à l'Europe. Celle-ci forme un tout, a des ennemis communs, ne peut exister que si se manifeste un sentiment de cohésion et qu'elle commence à devenir solidaire. La composition raciale du sud de !'Europe est différente de celle de l'Europe du Nord. En revanche, l'enrichissement mutuel est ancien, nous pouvons même dire aussi ancien que la civilisation européenne, et un ensemble a surgi de par la situation géographique et l'Histoire. Mais l'unité de l'Allemagne représente quelque chose de différent. Il est question réellement d'une unité organique, d'une forme qui est aussi une unité raciale parce que la race nordique imprègne le tout depuis les temps les plus reculés et le marque de son empreinte.

Nous sommes donc arrivés où nous voulions précisément aller. Si l'Allemagne est quelque chose « d'assemblé fortement, d'inséparable » parce qu'elle est racialement homogène, alors nous pouvons dire que l'unité de tous les peuples européens devrait aussi reposer sur ce principe. Nous autres, Germains qui n'appartenons pas au peuple allemand, nous pouvons pour cette raison entretenir un autre rapport avec l'Allemagne que celui de la solidarité. Et cette autre relation, cette unité organique qui représente pour nous ce qu'il y a de culminant et d'absolu, nous l'appelons « l'Empire ».

Ce titre est-il inexact ? Oui et non. Oui, si nous pensons à une solidarité du chacun-pour-soi de tous les peuples de l'Europe auxquels nous, peuples germaniques, appartenons aussi. Non, si nous comprenons que l'unité de la Germanie est solidaire de celle du restant de l'Europe. Cela s'exprime clairement dans la politique. Il existe beaucoup de gens dans les régions limitrophes germaniques qui comprennent et pensent loyalement que la solidarité est nécessaire. Ils parlent aussi volontiers d'une « Europe ». Ils pensent en « européens » et se sentent « nationalistes », ce qui est tout à fait compatible. Pour eux, cette solidarité représente le point de départ et l'aboutissement de toutes leurs réflexions. Il en existe d'autres qui parlent rarement de « l'Europe », qui ne sont même pas nationalistes dans le sens le plus étroit du terme ! En disant cela, je suis conscient d'ouvrir la porte à quelques malentendus.

Il est faux de dire que ces hommes ne sont pas fortement attachés à leur peuple, à ses coutumes et à son art, à son pays et à sa façon de vivre ; mais ils aspirent à quelque chose qui est supérieur à cette patrie, qui n'est pas le simple produit d'un vulgaire sentiment de solidarité, mais a une cause plus profonde : le grand réveil germanique, la conscience du lien racial, l'expérience de ce que nous nommons « l'Empire ». Quand nous parlons d'Empire, nous ne pensons pas principalement ni secondairement à la solidarité. L'Empire représente pour nous la conscience d'une unité organique simplement présente, mais qui avait disparu de l'horizon, de la conscience de notre peuple et qui attend de prendre forme. Nous sommes, certes, « nationalistes » mais d'une façon différente des autres.

Tout ce qui veut devenir une unité organique doit prendre le temps de grandir et ne peut être décrété. Nous ne pouvons pas professer l'idée de l'Empire sans un arrière-plan idéologique et une conception du monde ne peut être l'affaire de règlements. Seule cette unité créée peut être définie comme « fermement cohérente et indissoluble ».

Le chemin qui y conduit est long. Nous ne voulons pas refuser à la solidarité le caractère de sentiment de cohésion. Elle peut aussi aboutir à l'Empire mais nous devons voir clairement qu'il y a une grande différence.

La SS est la première organisation qui s'efforce consciemment de réaliser l'idée d'« Empire » reposant sur cette importance de l'unité, non pas sur la solidarité mais sur une conscience raciale interne.

Nous *avons la foi* en l'Empire. Nous voulons combattre pour lui.

Nous savons qu'il représente plus qu'une simple construction étatique, qu'il incarne l'ensemble de la civilisation germanique réunie dans le cadre d'une forme étatique externe.

Celui qui accomplit le sacrifice le plus lourd doit avoir le poste de direction, mais non par sentiment « nationaliste » car « l'Empire » existera partout là où il est consciemment vécu comme étant au-dessus de tous les petits nationalismes, même si ceux-ci pouvaient être estimables en eux-mêmes.

Après une longue division historique, la naissance de l'Empire est difficile. Nous pouvons déjà dire qu'il n'a jamais existé car des pays germaniques n'en ont jamais fait partie. L'Empire n'est donc pas une reprise du passé mais un *devenir*, aussi bien pour l'espace central que pour les peuples limitrophes.

J. C. Nachenius, Hollande

En tant que nationaux-socialistes, nous voulons réunir les autres peuples germaniques par la force de notre cœur et en faire nos frères.

Heinrich Himmler
(devant les Junkers à Brunswick le 12décembre 1940)

Cahier de la SS n°9. 1944.

Le réveil de notre race

écrit par un Néerlandais

La mission confiée par l'Histoire aux peuples germaniques est aujourd'hui inflexible. Le monde occidental des idées dans lequel nous avons si longtemps vécu, a sombré. De nouvelles forces s'affrontent. L'Europe est aujourd'hui concurrencée par des puissances qui veulent la réduire à l'état de colonie. Cette Europe ne pourra affirmer son autonomie, son espace et sa haute culture que si elle combat unie pour cela. C'est de cette pensée continentale, de cette conscience du caractère commun des communautés germaniques, que sont nées les premières alliances politiques. Les conséquences politiques ont suivi le réveil de la race. Tous les pays germaniques ont rassemblé dans l'Ordre de la SS une sélection de leur jeunesse.

Que l'Allemagne soit en avance sur nous dans l'accomplissement de sa mission de redonner une vigueur politique à la race et à l'esprit nordique, résulte du fait que nous autres, peuples germaniques, avons trop longtemps sommeillé à l'ombre de l'Angleterre.

La Norvège a sa flotte, les Pays-Bas ont leurs colonies, la Lituanie, l'Estonie, la Lettonie, libérées avec l'aide de l'Allemagne et de l'Angleterre, balancent entre les deux. Maintenant, pour nous tous, l'affaire est sérieuse. On dit souvent trop facilement que nous vivons l'une des plus grandes révolutions de l'histoire du monde, une époque située à la fin de nombreux siècles. D'une façon générale, on n'est pas du tout conscient de la dimension de cette époque où il n'est pas question d'un simple changement de régime de gouvernement. Le bouleversement s'étend sur un siècle et ce que nous vivons aujourd'hui est la relève de la Révolution française par la Révolution nationale-socialiste. Il s'agit du commencement d'une époque où ne dominent plus les idéaux d'une prétendue démocratie dominée par le grand capital international, mais d'un tournant de l'histoire au cours duquel le renouveau de notre sang, la révolte de notre race influent sur notre vie. Ce n'est qu'ainsi que l'on peut comprendre la prestation surhumaine fournie depuis quatre ou cinq ans par les soldats de sang allemand. Les hommes et les femmes n'auraient pas enduré avec une telle grandeur d'âme les effrayants bombardements des villes s'ils ne savaient pas que leur existence même était en jeu. Tous ces millions d'êtres humains agissent, combattent, et meurent dans un nouvel essor religieux. De leur sang est née une nouvelle foi qui enrichit les forces naturelles et saines de la vie. Cette loi du sang est à la fois la loi de la même race. Celui qui trahit son sang se trahit lui-même. Tout mélange mène à la destruction. Si une race veut survivre, les hommes doivent se battre pour la conservation de l'espèce et les femmes être prêtes à assurer la survie de cette espèce pendant des générations, grâce à leurs enfants.

Nous combattons en tant que nationaux-socialistes et hommes de la SS pour une vie conforme à notre espèce, contre toute intrusion psychique étrangère et contre le mélange des races. Nous cherchons à retourner aux sources de notre vie et de notre espèce. La loi selon laquelle les sangs de peuples apparentés s'attirent, exige le combat contre toutes les puissances qui veulent nous abâtardir et nous morceler. Ce sont ces mêmes puissances pour lesquelles, dans leur plan de domination mondiale, les peuples et les races ne sont que des objectifs à exploiter. Ce sont également elles qui veulent empêcher que des hommes de même sang se rassemblent. C'est la puissance bolchevico-ploutocratique avec ses nouveaux agents dans le monde entier, le grand capital international, la puissance du judaïsme, de la franc-maçonnerie internationale et comme troisième puissance, l'Église chrétienne politisée avec sa soif de puissance politique. À l'opposé se trouve le mot d'ordre qui veut la réunification du monde germanique : le combat pour le grand Empire allemand.

Nous combattons aujourd'hui en étant souvent incompris de nos propres concitoyens et désignés comme traîtres à notre patrie. On dirait que ces gens ont repris le rôle des Juifs et des francs-maçons dans les années 30 et agissent en leur lieu et place. Les peuples et les races ne s'éteignent pas dans les guerres s'ils restent fidèles à leur sang, mais par la décomposition interne, au cours d'une paix longue.

Les guerres ne sont toujours que des épreuves que l'Histoire impose aux peuples. Nous honorons, en la personne d'Adolf Hitler, le chef de tous les Germains et quand nous, volontaires germaniques, parlons de Germanie, c'est parce que nous croyons que dans l'avenir, notre propre survie n'est garantie que dans l'ensemble des intérêts du monde germanique.

Les petits pays germaniques à la périphérie de l'Empire grand-allemand veulent œuvrer dans un dessein général européen. Le sang appelle le sang. Nous devons apporter notre force et notre volonté à un grand Empire germanique parce que, plus que l'Allemagne, nous sommes tombés dans la désunion et sous la domination étrangère. Même s'il n'y avait pas eu d'Empire germanique dans l'Histoire, il serait encore temps d'en bâtir un. Non seulement nous suivrions alors une loi de la nature, mais notre survivance et notre liberté menacées par l'Union soviétique, les États-Unis et les Anglais seraient assurées.

Nous devons adhérer à cette future communauté de tous les peuples germaniques avec des droits égaux, mais on ne peut parler de droits égaux que si l'on a satisfait à des devoirs égaux. C'est, un principe national-socialiste pour la vie en commun des peuples. Égalité des droits présuppose égalité des devoirs et des prestations. Nous sommes persuadés que, dans dix, vingt ou trente ans, cette grande communauté germanique deviendra une réalité et que dans le gouvernement de cette grande Germanie siégeront des hommes des différentes régions germaniques qui aujourd'hui combattent dans la SS. De même qu'aujourd'hui combattent ensemble les hommes des Pays-Bas, de la Norvège, du Danemark et de la Suède, de même ils travailleront dans la nouvelle communauté des peuples, soutenus par la fidélité de leurs concitoyens, pour l'ensemble de la nation. Les petites mésententes qui se sont manifestées de temps à autre ne peuvent détruire cette vaste fresque, cette ouverture pleine d'espoir sur l'avenir. Adolf Hitler en est le guide et le garant.

Ouvrons encore une parenthèse importante au sujet de l'Empire germanique. Mon père a servi dans l'armée néerlandaise mais n'a jamais eu à risquer sa vie, ni mon grand-père, ni mon arrière-grand-père. Et puis, tout à coup, me voilà moi-même soldat en première ligne et cette vie de clan paisible et bourgeoise est pour la première fois interrompue par ma montée au front. Cet acte est une contribution importante à la formation du futur Empire germanique. En outre pour la première fois, dans notre clan, mon fils aura un père qui fut soldat au front. Ainsi nous accédons à la tradition héroïque telle qu'elle vit en Allemagne.

Cette nouvelle tradition naissante comporte en outre une fière génération de femmes de soldats. Ainsi nous sommes assurés de l'avenir, car le national-socialisme, dans son expression guerrière, ne peut se fonder que sur des soldats de première ligne.

Dans l'un de ses derniers discours, le Führer a dit : « Aucun État bourgeois ne survivra à cette guerre ». Cela a eu une grande importance pour beaucoup de travailleurs mais doit aussi en avoir pour nous. Aucun État bourgeois ne survivra à cette guerre ; ce qui signifie qu'une société totalement révolutionnaire va surgir. Le combat ne prendra pas fin avec notre victoire et les hommes du front de tous les pays germaniques devront aussi, après la guerre, se mettre au travail pour que le national-socialisme devienne une réalité. La SS doit être l'élément moteur de la Révolution nationale-socialiste. La SS n'est pas le Parti, mais seulement la troupe d'assaut de l'idéologie nationale-socialiste.

Elle est, en outre, une communauté de l'Ordre dont le but, après le combat, est de transmettre sans discontinuité le patrimoine idéologique de génération en génération.

Comme nous le constatons, il n'y a presque rien qui sépare le Néerlandais de l'Allemand ou du Norvégien. La grandeur qui nous est commune à tous est l'héritage sublime de la race nordique et le national-socialisme en tant qu'idéologie conforme à notre espèce. Nous considérons la combinaison de ces deux choses comme la plus importante et nous surmonterons les petites divergences. Dans la foi en notre mission historique, nous voulons, avec tous les hommes germaniques, construire la nouvelle Europe. Nous ne sommes pas seulement des soldats, mais aussi des pionniers et, à ce titre, les garants de la race et de l'avenir de l'Europe.

La réalité de l'engagement héroïque d'une élite des peuples germaniques sur tous les fronts d'Europe prouve de façon éclatante la valeur du sang nordique en général.

« AUX ARMES POUR L'EUROPE ». DISCOURS PRONONCÉ À PARIS, LE 5 MARS 1944, AU PALAIS DE CHAILLOT PAR LE SS-STURMBANNFÜHRER LÉON DEGRELLE.

LA SANTÉ DU PEUPLE

L'unité là-bas est faite, et c'est la seule unité qui triomphera. L'Europe ne se fait pas uniquement parce qu'elle court un danger, mais parce qu'elle possède une âme. Nous ne sommes pas seulement unis par quelque chose de négatif, comme de sauver notre peau. Ce qui importe sur la Terre, ce n'est pas tant de vivre que de bien vivre. Ce n'est pas d'avoir traîné cinquante années d'inactivité, c'est, pendant un an, pendant huit jours d'avoir mené une vie fière et triomphante.

Les intellectuels peuvent développer leurs théories. Il en faut. Ce sont là jeux innocents, souvent d'ailleurs des jeux de décadences. Combien de Français se complaisent dans ces subtilités ! *Combien de Français croient qu'ils ont fait la révolution quand ils ont écrit un bel article sur la révolution !* L'Europe est le vieux pays de l'intelligence, et les grandes lois de la raison sont indispensables à l'harmonie européenne. Mais tout de même, notre siècle signifie autre chose que le réveil des seules forces de l'intelligence. Il y a eu tant de gens intelligents qui furent des êtres stériles. En réveillant toutes les forces instinctives et grondantes de l'être humain, en rappelant qu'il y a une beauté du corps et une harmonie, qu'on ne conduit pas les peuples avec des nains, des gringalets et des êtres difformes, en rappelant qu'il n'y a pas d'action sans joie, ni de joie sans santé, le racisme, réveillant ces grandes forces qui viennent du fond du monde, ramène à la tête de l'Europe une jeunesse saine et indomptable, une jeunesse qui aime, une jeunesse qui a de l'appétit. Aussi, quand nous regardons le monde, n'est-ce plus pour l'analyser... mais pour le prendre !

L'Allemagne aura rendu ce service inestimable à une Europe décadente, de lui avoir apporté la santé. Quand nous regardions l'Europe d'avant-guerre, quand on allait dans ces ménageries qu'étaient les assemblées parlementaires, quand on voyait toutes ces faces grimaçantes, tous ces vieux messieurs abêtis, leurs ventres qui tombaient, comme si ces hommes avaient eu trop de grossesses, leurs visages fatigués, leurs yeux pochés, on se demandait : « C'est ça notre peuple ? ». Le peuple français savait encore faire des traits d'esprit, qui étaient au fond une forme de ricanement et de révolte, mais il n'avait plus cette grande joie innocente de la force, alors que l'Allemagne, elle, possédait ce réservoir de forces sans limites. Qu'est-ce qui vous étonnait, hommes et femmes de France, quand vous les avez vus arriver en 1940 ? C'est qu'ils étaient beaux comme des dieux, avec des corps harmonieux et souples, c'est qu'ils étaient propres. Vous n'avez jamais vu un jeune guerrier, vous ne le voyez pas encore à cette heure en Russie, avec une barbe démocratique. Tout cela est net, tout cela a de l'allure, de la race, de la gueule.

Avec le racisme, avec ce réveil de la force saine, l'Allemagne a rendu la santé à son peuple d'abord, et puis à l'Europe entière. Quand nous sommes partis pour la Russie, on nous a dit : « Ah vous allez souffrir là-bas, vous serez des hommes vieillis prématurément ». Quand rentrés du front, nous regardons les autres, c'est nous qui leur trouvons à tous de vieilles bobines, alors que nous sentons dans nos veines une force que rien n'arrêtera.

Révolution du peuple

Partout en Europe, le peuple était malheureux, partout le bonheur était monopolisé par quelques dizaines de monstres anonymes – bonheur matériel enfermé dans les coffres-forts des banques, bonheur spirituel étouffé par toutes les formes de la corruption. L'Europe était vieille parce qu'elle n'était pas heureuse ; les peuples ne souriaient plus parce qu'ils ne se sentaient plus vivre.

En ce moment même, que se passe-t-il encore ? Que l'on regarde Paris, ou Bruxelles, on trouve en banlieue le même peuple humilié, avec des salaires de famine, avec un ravitaillement de lépreux. On arrive sur les boulevards et on trouve ces gros pachas indolents, lardés de beefsteack et de billets de mille, et qui vous disent : « C'est pratique la guerre : avant la guerre on gagnait, pendant la guerre on gagne, après la guerre on gagnera ». Ah ça, qu'ils comptent à la fin, ils gagneront nos décharges de mitraillette, ils gagneront la corde des pendus !

Car ce qui nous intéresse le plus dans la guerre, c'est la révolution qui suivra, c'est de rendre à ces millions de familles ouvrières la joie de vivre, c'est que les millions de travailleurs européens se sentent des êtres libres, fiers, respectés, c'est que dans toute l'Europe le capital cesse d'être un instrument de domination des peuples, pour devenir un instrument au service du bonheur des peuples.

La guerre ne peut s'achever sans le triomphe de la révolution socialiste, sans que le travailleur des usines et le travailleur des champs, soient sauvés par la jeunesse révolutionnaire. C'est le peuple qui paie, c'est le peuple qui souffre. La grande expérience du front russe le prouve encore. Le peuple a montré qu'il était capable de faire sa révolution sans les intellectuels. Dans nos rangs, quatre-vingt pour cent de nos volontaires sont des ouvriers. Ils ont montré qu'ils avaient la tête plus claire et qu'ils voyaient plus loin que des milliers d'intellectuels qui n'ont plus que de l'encre dans le porte-plume, plus rien dans la tête et surtout plus rien dans le cœur, des intellectuels qui se prétendent l'élite. Tout cela est bien fini.

Les véritables élites se forment au front, une chevalerie se crée au front, de jeunes chefs sont nés au front. La véritable élite de demain est là, loin des potins des grandes villes, loin de l'hypocrisie et de la stérilité des masses qui ne comprennent plus. Elle se crée pendant des combats grandioses et tragiques, comme ceux de Tcherkassy. Ce fut pour nous une joie souveraine que de nous trouver là entre jeunes gens venus de tous les coins de l'Europe. Il y avait là des milliers d'Allemands de la vieille Allemagne, des hommes de la Baltique – et notamment le Bataillon Narva avec les Lettons – il y avait là les grands garçons blonds des pays scandinaves, les Danois, les Hollandais, nos frères d'armes les Flamands, des Hongrois, des Roumains. *Il y avait, aussi quelques Français, qui vous représentaient dans cette mêlée, alors que tant de vos compatriotes se trouvaient engagés dans d'autres secteurs du front de l'Est. Et là entre nous tous, s'établissait une fraternité complète, car tout est changé depuis la guerre. Quand nous regardons dans notre Patrie un vieux bourgeois avachi, nous ne considérons pas que cet homme fait partie de notre race, mais quand nous regardons un jeune révolutionnaire d'Allemagne, ou d'ailleurs nous estimons que celui-là est de notre Patrie, puisque nous sommes avec la jeunesse et avec la Révolution.*

Nous sommes des soldats politiques, l'insigne de la SS montre à l'Europe où est la vérité politique, où est la vérité sociale et, rejoignant de partout cette armée politique du Führer, nous préparons les cadres politiques de l'après-guerre. L'Europe aura, demain, des élites comme jamais elle n'en a encore connues. Une armée de jeunes apôtres, de jeunes hommes mystiques, soulevés par une foi que rien n'arrêtera, sortira un jour de ce grand séminaire du front. *C'est là aussi, Français, qu'il s'agit d'être présents.*

Chaque peuple doit mériter sa place

Dans les partis nationaux, il y a maintenant en France, des hommes qui ont compris qu'il faut travailler avec toute l'Europe, qui ont compris surtout que l'unité révolutionnaire de l'Europe, c'est la SS. La première, la SS a eu le courage d'aller tout droit, de cogner fort et de vouloir la vraie révolution socialiste. Depuis un an ou deux, au front, on a vu la France. Et maintenant à l'intérieur, on voit la France : la France des de Brinon, des Déat, des Doriot, des Darnand, et surtout la France de la jeunesse. On y voit autre chose que des petits types au coin des bars, avec la cigarette qui tombe et le pernod prêt à être avalé. On voit des grands garçons bien bâtis, capables de faire la révolution et de choisir après cela une belle fille en France, pour lui donner des enfants vigoureux.

Vous avez fait depuis des années, proportionnellement trois fois moins d'enfants que les Russes, deux fois moins que les Allemands. On se demande d'ailleurs pourquoi dans ce pays de l'amour. L'amour ça ne peut aller sans les enfants ! Ne sont-ils pas la poésie et la résurrection de l'amour ?

Cette dénatalité était un des symptômes de l'impuissance générale des peuples démocratiques, impuissance à penser loin, impuissance à avoir de l'audace, impuissance devant la ferveur révolutionnaire et impuissance devant les privations, devant les souffrances même. Il faut vous dire, Français, que vous avez perdu cinquante ans dans une Europe de soldats, qui lutte, qui montre son courage, qui a besoin d'être héroïque, mais qui prépare une révolution sociale et des assises morales pour chaque peuple. Il n'est plus possible que ces centaines de milliers d'hommes soient morts, portés par les vertus les plus sublimes, pour que l'on revienne ensuite dans le fumier de la médiocrité, de la bassesse, de la veulerie. Le front a créé non seulement des forces de salut sur le terrain militaire, des forces révolutionnaires qui demain passeront à travers tout, mais il prépare la révolution qui est la plus nécessaire à l'Europe : la révolution spirituelle. Il nous faut des hommes droits et purs, qui sachent que les plus hautes joies de l'homme sont dans l'âme. Nous n'admettrons plus la médiocrité des âmes, nous n'admettrons plus que des hommes vivent pour des joies sordides, pour leur égoïsme, dans une atmosphère étriquée. Nous voulons élever les peuples, leur rendre l'appétit, la grandeur. Nous voulons que les peuples aient ces joies souveraines de s'élever au-dessus de la vie quotidienne.

Voilà pourquoi, mes chers camarades, nous devons être unis. L'Europe dressée contre le communisme, pour défendre notre civilisation, notre patrimoine spirituel et nos vieilles cités, doit être unie, et *chaque peuple mériter sa place, non pas en faisant l'addition du passé, mais en donnant le sang qui lave et qui purifie. L'Europe doit être unie pour réaliser, sous le signe de la SS, la révolution nationale-socialiste, et pour apporter aux âmes, la révolution des âmes.*

On ne mendie pas pour un droit.
On se bat pour lui.

Adolf Hitler

Cahier de la SS n°6. 1943.

Le respect de la personne

Le Mouvement doit veiller par tous les moyens au respect de la personne ; il ne doit jamais oublier que la valeur de tout ce qui est humain réside dans la qualité personnelle, que chaque idée et chaque résultat est le fruit de la force créatrice d'un homme et qu'en admirer la grandeur ne représente pas seulement un droit qui lui est dû mais que cela l'unit aussi à ceux qui en bénéficient.

La personne est irremplaçable. Elle doit l'être car elle incarne l'élément culturel créateur de nature non mécanique. De même qu'un maître célèbre ne peut être remplacé par un autre qui reprend sa toile inachevée, de même un grand poète et penseur, un grand militaire et un grand homme d'État sont uniques. Car leur activité se situe toujours dans le domaine de l'art ; elle ne peut être inculquée mécaniquement et représente une grâce divine innée.

Les plus grands bouleversements et les conquêtes de cette Terre, leurs plus grands résultats culturels, les actes immortels dans le domaine de l'art étatique etc., sont indissolublement attachés à un nom qui les représente. Renoncer à rendre hommage à un grand esprit signifie perdre une force immense issue des noms de tous les grands hommes et femmes.

De *Mein Kampf* d'Adolf Hitler

Cahier de la SS n°8. 1938.

Le livre, cette épée de l'esprit

Sans doute y a-t-il eu en Allemagne une époque où l'on surévaluait l'importance du livre.

La bourgeoisie, de plus en plus déracinée et intellectualisée, n'a pas échappé au danger de le considérer comme un fétiche que l'on devait adorer, une clef magique qui ouvre toutes les portes, en particulier celles menant à une carrière rapide et réussie. C'était l'époque où des adolescents dégingandés et binoclards ne sachant rien faire de leurs dix doigts, dévoraient des livres jour et nuit, étaient choyés et adulés à cause de leurs résultats scolaires. L'attitude des parents restait inchangée, bien que ces primés très érudits aient en majorité fui en geignant devant la dureté de la vie. La majorité des gens omit le fait qu'une génération casanière et pâlotte grandit allaitée par une lecture ininterrompue, que l'esprit fut comblé et qu'on négligeait les forces et les qualités du corps. L'esprit, ou ce que l'on considérait comme tel, triomphait La jeunesse allemande courait de plus en plus le danger d'ignorer ce qu'était réellement la vie et de se faire une idée de deuxième main par l'intermédiaire d'instruments- ou de façon encore plus néfaste – d'écrivains, de vies vécues dans des ouvrages littéraires ou de simulacres de vies dans des romans superficiels.

La transformation générale des choses concerne aussi ce domaine. Le danger de surévaluer le livre a disparu. L'esprit se cantonne dans ses limites et le corps reprend son droit Le livre et le savoir livresque ne représentent plus un objectif absolu. Ils doivent servir la renaissance de notre peuple allemand par la formation harmonieuse de l'individu, par la définition et la mise en place des tâches générales.

Mais puisque l'évolution ne suit jamais une ligne droite, le balancier de l'événement revient avec d'autant plus de force dans l'autre sens. Et ainsi, le danger précédent a été remplacé par son contraire. Une surévaluation n'est plus à craindre actuellement. Il s'agit plutôt de prévenir une sous-évaluation du livre.

Le livre de valeur définit le mieux ce qu'est la réalité de la vie ; il a pour mission de communiquer de nouvelles expériences à ceux qui y sont disposés par la vision spirituelle qu'il suscite en eux et les émotions issues de son art. Un livre vraiment digne de ce nom ne doit pas détourner l'homme de ce qui lui est propre mais déceler ce qu'il a de plus profond, s'il possède la force magique de concrétiser sa volonté sous forme d'actes. Un tel livre survit à l'instant éphémère et constitue aujourd'hui le ferment, une matière de réflexion extrêmement importante.

En conséquence, après avoir surestimé le livre pendant des années, il faut, à l'époque d'un réel danger, prévenir par tous les moyens sa mise à l'écart. À cet égard, la semaine du livre, etc., représente une aide notable. L'individu qui prend un livre dans sa bibliothèque et communique son expérience aux autres membres de la communauté, accomplit toutefois l'action la plus importante. Conjointement avec eux, il souhaite concrétiser ce qu'il a lu et retrouver ce qui inspire tous les livres importants : la vie vécue de façon exemplaire, enracinée dans le sol, riche.

Hans Franck

« D'ESTOC ET DE TAILLE », DE GUNTHER D'ALQUEN, 1937.

L'HUMOUR, UNE NÉCESSITÉ !

Malheur au peuple qui n'a pas d'humour !

Malheur à celui qui ne peut pas rire de bon cœur jusqu'à en avoir les larmes aux yeux. Malheur à celui qui craint l'humour, qui le décèle d'un air soupçonneux dans tout cerveau méfiant et ne peut avoir une attitude spontanée par manque d'assurance intérieure et de maîtrise. Malheur, trois fois malheur, car il montre qu'il est faible et pharisien.

On nous écrit beaucoup, des centaines de lettres, exprimant une grande joie et qui nous parlent de la façon dont nous traitons les différents problèmes de la vie quotidienne ou des questions qui n'en sont pas. Et la masse quotidienne toujours plus abondante de courrier nous montre que notre peuple comprend de façon enthousiaste qu'il ne faut pas observer, les sourcils froncés, les petits grains de sable occasionnels qui font légèrement grincer la machinerie géante de notre État.

Nous les observons de haut avec le sourire et ne les grossissons pas jusqu'à laisser croire que les petits grains de sable pourraient arrêter la machine.

Un bon ami nous donne le conseil de ne pas tirer au canon sur les moineaux. Nous ne « travaillons » à l'arme lourde que dans de très rares cas qui l'exigent. Les moineaux croient que les rires menaçants sont des tirs de barrage et ils se rengorgent déjà considérablement, sauf lorsqu'ils remarquent que nous ne les prenons pas pour des aigles royaux ! Nous ne tirerons pas sur les moineaux avec des canons mais avec des arbalètes parce que nous ne voulons pas salir les façades de nos bâtiments- donc plus pour des raisons esthétiques que par peur que ne chancellent les fondements du national-socialisme.

Personne ne pourra nous obliger à prendre les armes avec une mine grave, même pour de petites choses insignifiantes. Mais nous ne tolérons pas de voir des taches salir un beau verre en cristal. Il est vrai qu'un simple coup de chiffon suffit à le rendre étincelant !

Pour nous, l'humour est devenu l'une des armes essentielles dans le combat pour la prise du pouvoir. Il doit rester une arme. Nous nous sommes moqués de tout un système avec des rires sonores, mis sous la loupe chaque responsable de la clique de Novembre avec un humour terrible et ôté le faux nez de sa « dignité ». Le crayon acéré de Mjölnir (caricaturiste célèbre du journal SS *Das schwarze Korps*) se moquait d'eux et ridiculisait un système policier mauvais et dangereux. Nous tous qui connaissons Mjölnir, nous l'apprécions et l'honorons pour son humour, comme étant un artiste sérieux mettant cette arme au service de la lutte.

Plus notre rire était confiant, plus le combat devenait dur. Lors des pires moments, les visages rieurs de nos compagnons de combat indiquaient au Führer que sa troupe était intacte et pénétrée par une foi indomptable en la victoire. Car les sceptiques ne rient jamais.

Devrions-nous arborer des mines d'enterrement alors que nous sommes aujourd'hui au pouvoir et que le national-socialisme a conquis sa position inexpugnable parce que le peuple lui fait confiance ?

Le national-socialisme n'est pas une institution médiévale. Il a conquis le cœur de la jeunesse allemande. Cette jeunesse qui regarde l'avenir joyeusement avec sa force indomptable et débordante a incarné le nouveau Reich. Cette confiance consciente et fière suscite un optimisme joyeux, heureux. C'est une source inépuisable d'humour contemplatif.

Un jour, nous aimerions « faire du tapage » et provoquer le mécontentement des uns et des autres. Mais nous ne ferons rien d'autre que d'aérer fréquemment les réduits remplis de poussière de la bourgeoisie asthmatique. Ce n'est pas notre poussière que respire l'intéressé. Car quel est celui qui se sent insulté lorsqu'on attire l'attention sur le point noir se trouvant sur son nez ? ! Seulement des petits-bourgeois et des pharisiens qui croient que l'heure de l'évolution allemande s'arrête parce qu'ils ont des œillères, qu'ils sont stupides et ne veulent rien voir.

Mais le temps avance sans cesse. On ne peut rien y changer. Un peu plus d'humour balaye les pensées graves et le rire soulage et libère. Un

peu plus d'humour tous les jours ! sinon vous deviendrez acariâtres, vieux et grisonnants et ne vous supporterez même plus vous-mêmes.
Mais nous...

CAHIER DE LA SS N°9. 1944.

DIS-LE À TOUS

Que chacun se dise à lui-même
au plus profond de son cœur,
à chaque minute :
Quand je suis faible, mon peuple est faible.
Quand je suis hypocrite, mon peuple est hypocrite.
Quand je défaille, mon peuple défaille.
Quand j'abandonne mon peuple, je m'abandonne moi-même.
Quand je m'oppose à mon peuple, je m'oppose à moi-même.
Perdre le courage et l'esprit d'initiative
signifie perdre la vie,
signifie trahir son père et sa mère, ses enfants et ses petits-enfants.

Il n'existe qu'un moyen
contre la guerre : la guerre !
contre les armes : les armes !
contre la bravoure ennemie : sa propre bravoure !
et contre le malheur : l'esprit de sacrifice.
Contre la haine du monde, le seul secours,
c'est l'amour de notre peuple,
prêt à tous les sacrifices.

La faiblesse du cœur dévore tout autour d'elle
comme la pourriture,
comme parmi les fruits,
où une pomme gâte les autres.
Ce que tu te permets, ton voisin se le permet aussi.

Quand tu trompes, il trompe aussi.
Quand tu te plains, lui aussi se plaint.
Quand tu jases, il jase aussi sur toi.
Et quand l'un de nous trahit, finalement,
chacun se trahit lui-même.

Nous en appelons à la justice.
Mais il faut mériter aussi son destin.
Celui qui est indigne récolte l'indignité,
celui qui est courageux le courage,
les meilleurs le meilleur.
Et même lorsque les dieux refusent leur aide,
l'homme droit obtient tout de même leur bénédiction.

Toute vie est dangereuse.
On ne meurt pas seulement au feu.
Chaque mère risque son sang pour la vie de son enfant,
perpétuant ainsi son peuple.

Pour préserver la vie
tous risquent leur existence,
les uns pour eux-mêmes, leur faim,
leur propre nécessité,
les autres pour beaucoup,
et un homme pour tous :
le héros sur le champ de bataille.
Il accorde la vie à tous. Il vit en eux.
Par sa mort
les lauriers éternels couronnent son sommeil
survit la patrie.

Ce qui a eu lieu, demeure actif,
le bon comme le mauvais.
Que nul n'aille croire
qu'il pourrait dissimuler quelque chose,
et faire secrètement le mal.
Ce qui est sain engendre le sain,
le pourri la pourriture.

Rien ne peut nous trahir — sauf notre propre bouche.
Rien ne peut nous perdre — sauf notre propre cœur.
Rien ne peut nous frapper — sauf notre propre main.

Personne ne peut nous délivrer — sauf nous-mêmes.

Wil Vesper

Chapitre II

I. Histoire

Cahier de la SS n°8. 1938.

Le serment des éphèbes athéniens

« Quel que puisse être notre objectif, je ne veux pas souiller les armes sacrées et abandonner mes camarades. Je veux combattre pour ce qui est grand et sacré, seul ou avec beaucoup d'autres. Je ne veux pas trahir ma patrie pour quelque avantage que ce soit. Je dois constamment écouter les chefs et obéir aux lois actuelles et futures, car c'est le peuple qui les crée. Et si quelqu'un entreprend d'abolir les lois ou de ne pas obéir, je ne peux l'admettre sans intervenir, seul ou avec tous. Je dois honorer les croyances des pères. Que les dieux en soient témoins ! »[3]

Cahier de la SS n°2. 1944.

La naissance de l'Europe germanique vers 500 après Jésus-Christ

Lorsqu'au Vème siècle après J.-C. les peuplades germaniques assénèrent des coups violents provoquant la désintégration de l'Empire romain en Europe – en Italie, en Gaule et en Espagne – elles créèrent simultanément les fondements de l'Europe actuelle. Une nouvelle époque commença avec elles. L'Imperium Romanum se trouvait déjà dans un état de décadence interne lorsqu'en ces jours de janvier de l'année 406 les armées germaniques abattirent définitivement ses frontières sur le Rhin et en France. Elles n'agrandirent pas seulement le territoire germanique par une incessante colonisation, mais fondèrent aussi des villes lors d'expéditions de conquête hardies. Quelques dizaines d'années plus tard, un Romain raconte :

---

[3] Tiré du « bréviaire du soldat », édité par Bruno Brehm.

« Les fonctionnaires, non seulement des villes, mais aussi des communes rurales et des villages, sont tous des tyrans. On prend tout aux pauvres, les veuves gémissent, les orphelins sont foulés aux pieds. La pression des impôts et les extorsions pèsent sur tous d'une façon terrible. Beaucoup d'entre eux, même des hommes d'origine noble et des gens libres, s'enfuient chez les Germains pour ne pas être victimes des poursuites du pouvoir public et être massacrés par lui. Ils cherchent donc une humanité romaine chez les barbares parce qu'ils ne peuvent plus supporter l'inhumanité barbare des Romains. Ils préfèrent être libres sous l'apparence de la servitude que mener une vie d'esclave sous l'apparence de la liberté. Et même les Romains vivant sous la domination des Goths, des Vandales et des Francs n'ont qu'un vœu, c'est de ne plus retourner vivre sous la législation romaine. Le peuple romain tout entier supplie le ciel de pouvoir continuer à vivre chez les Germains. »

Là où les Germains établirent leur règne, le droit et l'ordre remplacèrent le despotisme des grands propriétaires terriens et des grands financiers.

Ces nouveaux États germaniques implantés sur le sol de l'Imperium eurent un destin riche en péripéties. Ce furent en majorité des peuplades germaniques orientales qui s'établirent là dans le sud. Elles étaient venues de Suède et du Danemark vers le début de l'ère chrétienne et s'étaient fixées entre l'Oder et la Vistule-les Goths, Vandales et Burgondes et aussi bien d'autres comme les Ruges, les Hérules, ou les Gépides. Ils prirent la patrie des Bastarnes et des Skires qui, mille ans auparavant, s'étaient installés sur les côtes de Poméranie. Depuis le IIème siècle les convois conquérants des Germains orientaux partirent de cet espace est-allemand. Tandis qu'une partie des Vandales s'emparait de la Hongrie, les Goths fondèrent un Empire puissant au sud de la Russie et en Roumanie. À partir du IIIème siècle, ils entreprirent simultanément de constantes expéditions guerrières contre l'Imperium romain. Les Romains, si fiers autrefois, ne pouvaient se défendre que péniblement contre les troupes assaillantes et, dans ce cas, uniquement grâce aux troupes auxiliaires germaniques présentes dans l'armée romaine. Mais lorsque vers 370, les Huns surgirent d'Asie et vainquirent l'Empire goth en Russie, les Visigoths quittèrent leurs foyers. Ils dévastèrent les Balkans, entrèrent en 410 en Italie sous la conduite de leur roi Alaric, conquirent Rome et consolidèrent leur règne après la mort de leur glorieux roi dans le sud de la France, d'où ils gagnèrent l'Espagne vers 460.

D'une manière analogue, les Vandales et les Suèves avaient atteint le Rhin en 406, attaquant le long du Danube ; ils avaient traversé la Gaule et conquis l'Espagne. Tandis que les Suèves restèrent au nord-ouest de la péninsule, les Vandales allèrent un peu plus tard vers l'Afrique du Nord et soumirent cette riche province. Mais leur force guerrière s'affaiblit bientôt sous le climat amollissant de la Méditerranée. Et leur force numérique ne suffit pas à instaurer une suprématie durable sur les habitants du pays issus d'autres peuples – le peuple vandale en entier ne se composait que de 85 000 hommes. Il ne resta plus aucune trace de lui lorsqu'un siècle plus tard, il fut détruit par les armées de l'empereur de Byzance.

Apparemment, le destin des Ostrogoths en Italie fut similaire. Ils étaient partis vers 470 de Hongrie sous le règne de leur grand roi Théodoric – où ils habitaient depuis l'effondrement de leur Empire russe du sud – et avaient conquis en peu de temps avec leurs épées la péninsule italienne. Théodoric surpassait en pouvoir, en renommée et en influence tous les autres rois germaniques de son époque. Et pourtant, son peuple ne fut pas non plus assez nombreux et fort pour pouvoir conserver le pouvoir. En vingt ans de combat, ils durent finalement succomber face à la supériorité de l'Empire romain oriental en 553. Les restes du peuple demeurant en Haute Italie s'assimilèrent aux Lombards qui reçurent leur héritage et érigèrent en Italie septentrionale et centrale un pouvoir fort traversant les siècles.

Ainsi était née dans le sud de l'Europe une zone où des peuplades germaniques dominaient la population romaine – en Espagne, les Visigoths et les Burgondes, puis aussi les Francs, en Italie les Ostrogoths et, plus tard, les Lombards.

Dans tous ces pays, les Germains migrants s'étaient installés avec femmes, enfants, domestiques et servantes en tant que noblesse combattante qui exerça le pouvoir sur les autochtones vaincus par eux. Ceux-ci durent céder une partie de leurs propriétés et de leurs esclaves aux nouveaux seigneurs afin que chaque famille germanique pût posséder son domaine. Les hommes germaniques étaient donc à la fois des paysans et des guerriers. Dans les périodes de paix, ils vivaient pour la plupart en paysans disséminés dans tout le pays, tandis que beaucoup des plus jeunes constituaient la suite du roi à sa cour ou combattaient dans des unités groupées qui servaient de garnisons dans les châteaux forts frontaliers et les villes pour sauvegarder la paix les armes à la main. Mais en cas de danger, ils rejoignaient de nouveaux les anciennes unités militaires et saisissaient leur épée d'un cœur joyeux.

La description que donne un contemporain des Goths régnant en Espagne révèle quelle était la nature des conquérants germaniques : « Les Goths ont des corps agiles et forts, des esprits vifs et pleins de confiance en eux. Ils sont de taille grande et élancée, pleins de dignité dans l'attitude et le geste, prompts à l'action et insensibles aux blessures. Ils se vantent même de leurs blessures et méprisent la mort. »

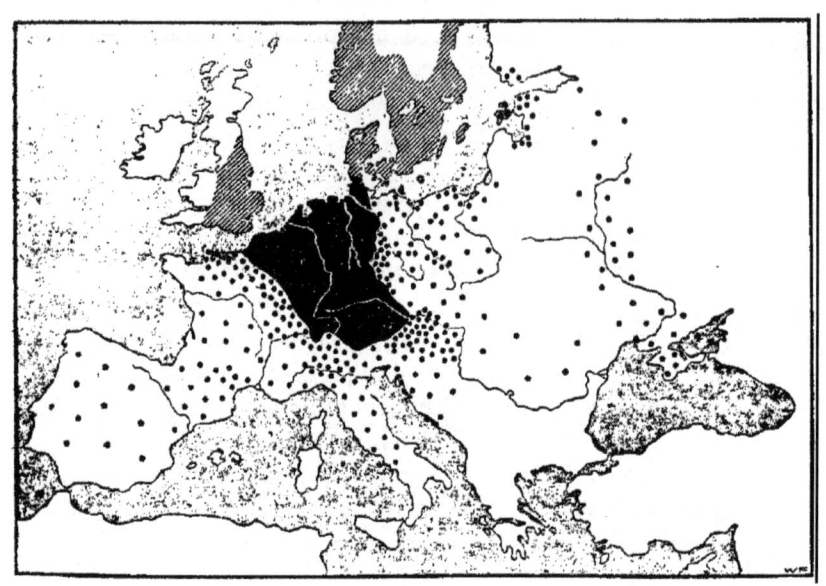

L'Europe germanique vers 900.
Dans l'aire allemande, le cœur de l'Europe, naquit le centre vital de l'Europe germanique. Les Germains du Nord fondant des États dans le sud de l'Europe permirent aussi au sang germanique de s'imposer chez les peuples romains. Vers l'an 1000, les Germains du Nord devinrent également une composante de la culture germanique continentale, dont le Reich allemand fut l'expression la plus pure. Ainsi, le sang germanique de tous les peuples européens s'unit et donna naissance aux traits fondamentaux communs de sa culture, à une époque où l'Empire allemand était la puissance dirigeante en Europe.

Mais à la longue, ces nombreuses tribus numériquement faibles ne purent pas se maintenir à distance des peuples dominés. Au cours des siècles, elles durent fusionner toujours plus étroitement avec eux. Les chefs des autochtones accédèrent d'abord à des postes dirigeants et bientôt, les seigneurs germaniques apprirent aussi la langue de leurs sujets et portèrent des costumes méridionaux. Ils perdirent progressivement leur caractère germanique et se fondirent ainsi peu à peu dans les peuples indigènes. On peut déplorer que tant de sang germanique ait été perdu. Mais cela, d'autre part, conditionna la naissance d'une Europe homogène. Car pendant des siècles encore, même jusqu'aux temps modernes, l'héritage de sang germanique survécut dans les classes dirigeantes de ces peuples romains.

L'influence dura longtemps, même jusqu'au Moyen-Âge. Le personnage clef du Moyen-Âge, le chevalier, était totalement animé dans son attitude par l'esprit germanique. Ce fut donc aussi l'héritage de sang germanique qui se traduisit dans les grandes œuvres de ces peuples lors des siècles suivants. L'héritage germanique se perpétua dans les nobles Espagnols qui, à partir du XIIème siècle, chassèrent les Arabes d'Espagne et partirent en conquérants vers l'Amérique. Il vécut dans les chevaliers provençaux qui contribuèrent à protéger l'Europe sur le front de la Méditerranée orientale de l'assaut de l'islam. Il s'exprima de même dans un Léonard de Vinci et d'autres grands de la Renaissance qui, vers 1500, créèrent les réalisations culturelles sans lesquelles notre vie actuelle serait inconcevable.

L'annexion du sud européen à la communauté des peuples germaniques, cette création d'une base avancée au sud de l'espace vital germanique fut de la plus grande importance pour le devenir global de l'Europe. Ce n'est que grâce à la classe dirigeante de type germanique que ces peuples purent coopérer à la civilisation chevaleresque du Moyen-Âge – dans laquelle se révéla la première Europe, telle que nous la connaissons aujourd'hui.

Mais cette Europe « à nous » ne fut fondée réellement que par cette partie du peuple germanique qui fit de l'Europe centrale, le cœur allemand, – y compris les Pays-Bas, la Belgique et le nord de la France – un territoire ethnique germanique. Les réalisations des Francs en furent à l'origine. Au VIIIème siècle, ils purent dire à juste titre, et clairement conscients de son importance historique, que l'Europe est la terre de l'Empire franc. Peu de temps avant l'ère chrétienne, les peuplades germaniques avaient quitté leur ancienne aire de peuplement pour aller vers le sud et l'ouest et avaient colonisé toute l'Allemagne jusqu'au Danube, aux Vosges et à la Meuse. Le territoire allemand était devenu une « Germanie ». Durant des siècles l'Imperium romain avait contenu ces peuplades, principalement les Francs du Bas-Rhin, les Alamans du Haut-Rhin et du Danube, les Bavarois en Bohême, même s'il ne put empêcher l'installation toujours plus importante de ces colons germaniques à l'ouest du Rhin. Mais après l'effondrement de l'Imperium peu après 400, ces populations progressèrent aussi ; cependant elles ne soumirent que le pays qu'elles pouvaient coloniser entièrement. Ainsi, l'Allemagne devint germanique jusqu'à la crête des Alpes y compris la Suisse et l'Alsace, tandis que les Francs traversèrent le Rhin de la Moselle jusqu'à son embouchure et envahirent en un siècle toute le pays s'étendant jusqu'à la région de la Seine (un peu au nord de Paris) avec des implantations germaniques denses. Simultanément, les Frisons et les Saxons avaient occupé les Pays-Bas au nord des bouches du Rhin. Plus loin au nord, les Angles et les Saxons commencèrent à coloniser l'Angleterre à partir de l'embouchure de l'Elbe.

Ainsi, l'espace de vie germanique situé au centre de l'Europe était devenu un bloc puissant, qui s'étendait à l'ouest et à l'est du Rhin jusqu'à la Manche et jusqu'à l'Oder. Y vivaient à présent la plus grande partie des Germains qui, dans les siècles suivants, devaient s'unir pour constituer le peuple des Allemands. Et c'est de là que se développa le centre de l'Europe germanique.

Les Francs réalisèrent une œuvre majeure en créant une puissance politique homogène avec les tribus jusque-là indépendantes des Bavarois, des Alamans, des Saxons et Thuringiens. Pendant des siècles, ils furent le seul peuple d'Europe réellement dominateur. Leur roi Clovis fonda cet État lors de sa prise de pouvoir vers 500. Il souda tout d'abord les différentes régions franques en un État franc puissant. Par cette unification, les Francs devinrent si puissants que Clovis et ses fils réussirent à intégrer les autres tribus – les Alamans, les Thuringiens et les Bavarois – à l'État franc et à créer ainsi un grand bloc germanique au centre de l'Europe. Il devait être parachevé plus tard par Charlemagne qui rattacha encore les Saxons et les Bavarois au Reich. Charles acheva donc l'œuvre de Clovis qui avait déjà commencé le rattachement du sud de la France après son triomphe sur les Visigoths et les Burgondes : ainsi, après avoir soumis l'Italie lombarde, – à l'exception des Espagnols – les peuples romains dirigés par une autorité germanique furent étroitement liés politiquement au puissant Empire germanique central.

De même que le roi Clovis, d'une main de fer, avait élargi son pouvoir, Charlemagne créa aussi les bases futures de la structure interne de la France. Il brisa toute résistance s'opposant à lui, consolida et étendit son pouvoir royal. Il dota de pouvoirs spéciaux des chefs de régions, de tribus et des juges – qui dépendaient de lui et devaient appliquer ses décisions et non celles des assemblées populaires. Ainsi, le roi conquit le pouvoir de conduire le peuple et de diriger l'État par sa volonté.

Grâce à ses capitulaires put naître peu à peu sous ses successeurs une classe de chefs francs liés au roi par la règle germanique de la fidélité de la troupe, et dont les valeurs de l'honneur et de la fidélité déterminaient leurs actes. Se préoccuper de leurs subordonnés, de ceux qu'ils devaient protéger, et l'application juste du droit étaient leur loi suprême. Ils maintenaient l'ordre et la justice au nom du roi.

L'Empire franc permit ainsi la création d'une structure interne nationale comparable à celle qui exista ensuite à l'époque impériale allemande où les valeurs de l'âme germanique déterminaient la vie de tout le peuple ainsi que de chaque individu.

La marque des traits fondamentaux de la vie nationale donna naissance au principe de l'Europe germanique, du fait que cet Empire comprenait la plus grande partie des peuples germaniques et qu'il devint une réalité politique européenne.

Cette Europe unifiait en son sein le peuple germanique entre la Manche et l'Oder. Les classes dirigeantes germaniques chez les peuples romains d'Italie, de France et aussi d'Espagne s'y trouvèrent liées. La culture germanique de l'époque impériale médiévale put s'épanouir et imprégner également les peuples germaniques du Nord et d'Angleterre. Ainsi l'unité de sang germanique des peuples européens, à laquelle, vers l'an 500, les peuplades germaniques avaient donné son impulsion, fut à l'origine de l'évolution de l'actuelle Europe et de sa culture.

Hans fürg Boecker

Cahier de la SS n°8. 1939.

Les lois anti-juives modernes, déjà existantes du temps des Germains !

Prélèvement sur la fortune juive, il y a 1300 ans

Il est aujourd'hui universellement connu que la question juive ne se pose pas seulement depuis la naissance du national-socialisme mais que, déjà au Moyen-Âge, des paysans et des citadins allemands durent se défendre contre le judaïsme destructeur des peuples. Mais très peu de gens savent qu'une tribu *germanique* dut livrer, il y a plus de 1300 ans, une lutte à mort contre le judaïsme international.

Nous ne possédons malheureusement que peu d'archives nous relatant ce conflit entre Germains et Juifs. Elles sont toutefois suffisantes pour que nous puissions nous faire une image des événements qui se déroulèrent dans l'Empire espagnol des *Visigoths*. Nous constatons avec étonnement que les lois et décrets contre les Juifs ressemblent d'une façon frappante aux lois et décrets anti-juifs du IIIème Reich – en particulier les derniers promulgués en ce qui concerne le prélèvement sur la fortune.

Comment les Visigoths en vinrent-ils à la promulgation de ces lois anti-juives ? Du temps de l'Empire romain, l'Espagne avait été une citadelle pour les Juifs. La pieuvre juive avait collé ses ventouses sur tous les centres commerciaux, les voies de communication et charges publiques. Cette prépondérance avait été abolie avec la fondation de l'Empire goth en Espagne. Les Visigoths eux-mêmes ne considérèrent d'abord les Juifs que comme un peuple parmi les nombreux autres vivant alors sur la péninsule ibérique. Les Juifs furent donc au début traités avec beaucoup de bienveillance. Les rois visigoths durent cependant bientôt constater qu'ils avaient affaire ici à une race d'hommes tout à fait particulière qui se distinguait du restant de la population, non pas seulement par ses croyances, mais encore avant tout par ses prédispositions délictueuses. C'est pourquoi le roi visigoth *Rekkared I er* fut le premier, en 590, à promulguer une loi interdisant aux Juifs de posséder des esclaves, de tenir des emplois publics et de contracter des mariages mixtes avec des non-Juifs. Son successeur, *Sisibut*, fut plus sévère encore. Naturellement, ce ne fut pas comme le prétendent les Juifs et les chrétiens, la conséquence d'un zèle religieux chrétien, mais parce que ce chef germain prévoyant, décrit par ses contemporains comme exceptionnellement érudit, généreux et tolérant, en particulier quant au traitement des prisonniers de guerre, était persuadé du danger représenté par les Juifs et de leur nocivité. Sisibut promulga deux décrets anti-juifs dont nous donnons ci-dessous les dispositions les plus importantes :

1. Les Juifs ne devront plus engager de domestiques ni de servantes. S'ils en ont encore, ceux-ci devront être congédiés après un délai légal.
2. Les Juifs ne devront avoir d'employés que juifs.
3. Les mariages entre Juifs et chrétiens seront dissous sur le champ.
4. Les chrétiens se convertissant au judaïsme seront sévèrement punis.
5. Toute activité politique ou publique est interdite aux Juifs.
6. Tout Juif désirant voyager devra se procurer un laisser-passer qu'il fera viser par un ecclésiastique dans toutes les villes où il aura séjourné et qu'il devra rendre à son retour au domicile.
7. Il est défendu à tout chrétien d'acheter un médicament à un Juif ou d'être traité par un médecin juif.

En conclusion de cette loi, Sisibut, le roi des Visigoths, ajouta : Mes successeurs sur le trône goth qui lèveraient ces interdictions seraient condamnés, avec les Juifs coupables, à la damnation éternelle.

Sisibut ne régna que huit ans. *Il mourut soudain en l'an 620, empoisonné* par un inconnu !

Son fils *Rekkared II* renforça encore les lois anti-juives de son père. Il ne régna que quatorze mois, car le 16 avril 621, on le retrouva, *lui aussi, empoisonné !* Nous qui avons vécu le meurtre de Guillaume Gustloff, d'Ernest von Rath, de Codréanu et d'autres adversaires du judaïsme, nous nous doutons bien qui furent les instigateurs de l'assassinat de ces deux rois des Visigoths. Cependant, *Svintila*, qui monta sur le trône après Rekkared II, abolit les lois anti-juives de Sisibut !

Il est vrai que certains des rois visigoths suivants prirent de sévères mesures contre les Juifs, surtout contre ceux qui étaient baptisés. Il semble cependant que ces prescriptions ne furent pas suivies avec la rigueur nécessaire par le bas-clergé chargé de leur application. En effet, l'influence démoralisante du judaïsme ne faiblit pas mais au contraire se renforça pendant les années qui suivirent. Au cours des désordres intérieurs qui secouèrent l'Empire visigoth et amoindrirent l'autorité du royaume au détriment du clergé catholique, les Juifs furent en mesure de reprendre leurs activités subversives. Cependant, la résistance contre les Juifs s'accrût aussi sous le règne des meilleurs rois visigots : le roi *Egika (687-702)* invita en 693, le concile de Tolède où il vint en personne, à *extirper entièrement le judaïsme !* Il demanda en outre une nouvelle loi *interdisant aux Juifs de pénétrer dans les ports pour commercer avec des chrétiens*. Dans un autre concile (Tolède 694), il dévoila le *plan de haute trahison des Juifs contre l'Empire des Visigoths : les Juifs de l'Empire visigoth étaient entrés en relation avec les Juifs d'Afrique du Nord. La révolte ourdie par les Juifs devait éclater en 694. Les Juifs nord-africains débarqueraient en Espagne et ce serait le signal de l'attaque contre la petite classe sociale des Visigoths germaniques !* Après la découverte de cette machination juive menaçant la stabilité du royaume, le roi Egika adopta les conclusions du concile, à savoir que *les Juifs seraient avec leurs femmes, leurs enfants et tous leurs biens, considérés comme faisant partie du trésor public, dépouillés de leurs demeures et habitations et placés individuellement, en tant que valets du roi, au service des chrétiens.*

Nous constatons là, avec une précision bouleversante, combien les méthodes et les buts des Juifs sont restés les mêmes, mais aussi avec quelle perspicacité ce roi germanique avait percé à jour les projets juifs et avait en parfaite connaissance de cause, pris des mesures dont beaucoup aujourd'hui, nous semblent banales.

Le rame de l'Empire visigoth fut que le travail d'agitation subversive des Juifs s'était trop étendu dans un État désorganisé et que le roi manquait d'autorité pour faire vraiment appliquer ses lois. Le sort de cet État fut tragique et inévitable. Les Juifs commencèrent alors leur œuvre vengeresse contre cet Empire germanique qui avait osé lever la main contre « le peuple élu ». Le premier plan de haute trahison avait été découvert par Egika lui-même. Le deuxième plan visant à l'anéantissement de l'Empire germanique des Visigoths réussit : *Les Juifs appelèrent en Espagne les Arabes d'Afrique du Nord*. Ils les flattèrent en leur promettant de se convertir à l'islam. Comme les Arabes demeuraient sceptiques, ils leur citèrent de vieilles prophéties dans lesquelles on pouvait lire que c'était justement à cette époque précise que les Juifs devaient retourner à l'islam. *Les Arabes débarquèrent en Espagne et les Juifs leur ouvrirent les portes des places-fortes. La capitale Tolède elle-même tomba par trahison aux mains des Arabes.* Partout, les Juifs accueillirent l'ennemi en libérateur. Celui-ci se montra reconnaissant en leur abandonnant « en gardiennage » les villes de Cordoue, Séville, Tolède et Gharnatta. Avec l'aide des Juifs espagnols, le général musulman Tarik débarqua en Andalousie et battit avec son armée, à Jerez de la Frontera, lors d'une bataille qui dura sept jours en l'an 711, Roderich, le roi antisémite des Visigoths. L'Empire des Visigoths s'écroula et les derniers Visigoths se réfugièrent dans les montagnes des Asturies.

Un passage d'une œuvre du Juif Rosenstock écrite en 1879 nous montre avec quelle jubilation les Juifs saluent les « prouesses » de leurs' pères : « La cruauté des persécutions augmente sous Erwig et Egika, non moins cependant que la résistance des Juifs et des faux-convertis (c'est-à-dire des Juifs baptisés), et la domination visigothe finit par s'effondrer quand les Juifs accueillent en libérateurs les envahisseurs arabes commandés par Tarik, font cause commune avec eux et les aident à conquérir tout le pays. Ils ont combattu pour la conquête du pouvoir des uns comme pour la chute des autres ». La chute des Visigoths fit de l'Espagne un paradis pour les Juifs qui remplirent bientôt les plus hautes fonctions à la cour et dans les emplois publics.

SS-Uscha. Büttner

Cahier de la SS n°6b. 1941.

L'Empire germanique de la mer Noire

Discussions sous le ciel de Crimée

Un doux soleil de septembre rayonne dans un ciel sans nuages. Sous lui s'étendent les vastes steppes de la mer Noire parsemées à l'infini de petites collines. Nos colonnes en marche semblent également être sans fin et, s'étendant au loin, atteignent le proche point de passage sur la rivière. Peu de temps auparavant, les mains habiles des pionniers ont construit un passage de fortune. À présent, les colonnes grises couvertes de poussière s'amassent... les mitrailleuses et les canons de D.C.A. envahissent la voie. Après les marches forcées des derniers jours, un repos, certes bref, mais doublement bienvenu, s'impose.

« Comme lors des grandes invasions..., seulement, nous portons des mitrailleuses à la place de lances..., pense tout haut un jeune soldat élancé.

— Tu penses encore à tes Germains, en particulier à tes Vandales bien-aimés ? le taquine son ami rhénan.

— Cette fois plutôt aux Goths, rie l'apostrophé. Ils avaient édifié un Empire puissant, ici en Ukraine, il y a bientôt deux mille ans.

— Mais, se mêle un jeune Rottenführer, intervenant dans la discussion, les Goths vivaient pourtant sous le grand Théodoric en Italie et sombrèrent dans la décadence après vingt ans de combats héroïques.

— Naturellement, tu tires cela de ton Frédéric Dahn, *Combat pour Rome !* lui répliqua-t-on.

— Laissons parler notre « troubadour de la préhistoire » – tel est le surnom de notre Silésien dans sa compagnie-, dit le Rhénan amusé en frappant sur les épaules du jeune. Bientôt, encore quelques camarades intéressés s'approchent du groupe pour écouter aussi.

— Je vous ai souvent raconté, commence le Silésien, que bien longtemps avant la fondation de Rome (753 av. J.-C.) nos propres ancêtres, les Germains, ont atteint un niveau de grande prospérité culturelle plus que millénaire. Mais vers la fin de cette ère (vers 800 av. J.-C.) un changement climatique si brutal se produisit dans notre patrie que des tribus se virent de plus en plus contraintes de quitter leur pays natal pour chercher des terres plus favorables. Elles ont vécu la même catastrophe que celle qui nous touche actuellement : un peuple se trouvant sans territoire !

Naturellement, les paysans du grand Nord furent particulièrement touchés. Pour cette raison, cette émigration énorme conquérant des terres durant de nombreux siècles fut surtout l'œuvre de peuples scandinaves. On les appelait aussi les « Germains orientaux » parce qu'au début, ils s'établirent sur les terres allemandes orientales et dans les régions frontalières de la mer Baltique. Les plus connus d'entre tous sont les *Vandales* déjà cités, les *Burgondes,* qui, plus tard, établirent leur Empire près de Worms sur le Rhin – vous les connaissez tous par notre chant des Nibelungen ! – et les *Ruges,* qui donnèrent son nom à notre belle Rugie.

Vers le début de notre ère, les *Goths* vinrent en derniers de Suède par la mer Baltique. Là-bas, les provinces suédoises se nomment encore aujourd'hui Gotland oriental et occidental, de même que l'île de Gotland, par référence à ceux-ci. Ils prirent possession du territoire situé à l'embouchure de la Vistule, s'étendirent bientôt sur toute la Prusse occidentale jusqu'à la Poméranie et dans l'est jusqu'à l'Ermland et au Samland. Le commerce et les transports prospérèrent tant grâce à eux qu'ils dominèrent bientôt toutes les régions baltiques. Notre Führer a donc baptisé Gdingen libérée « Gotenhafen », en leur honneur et à juste titre. Quelques-uns d'entre vous se rappellent-ils notre dangereuse campagne au travers du Tucheler ? Je vous y ai montré les pierres crayeuses et les tertres près d'Odry, de vieux sites goths datant du premier siècle de notre ère.

Un convoi de voyageurs parti il y a 2000 ans

Mais la région de la Vistule devint bientôt également trop étroite face à l'expansion du peuple goth. Sa légende tribale, transcrite plus tard en Italie, raconte qu'un grand nombre d'entre eux se remit en route sous le roi Filimer (IIème siècle), pour s'emparer de terres plus loin vers le sud-est. Cette légende gothe décrit aussi très précisément les difficultés rencontrées par les émigrants. Nous autres soldats, pouvons parfaitement les comprendre. Ils durent également traverser les terribles marais du Pripet, jeter des ponts et installer des chemins de madriers. Et s'il n'y avait eu que des hommes, des soldats ! Mais non ! Semblables à nos Volksdeutsche, les Allemands de Russie, les paysans goths partirent avec des sacs et des paquets, avec femmes et enfants, des chariots, des harnais et tout le nécessaire. Malgré tout ils furent des créateurs. Ces damnés gaillards ont fait plus que nous ne les en croyions capables. Vous savez bien vous-mêmes quelle éducation et quelle discipline sont nécessaires pour parvenir à ce genre de résultats, mais aussi quel sens du commandement et de l'organisation !

— Mais comment ça ? les paysans n'émigrèrent pas à l'aveuglette avec tout leur harnachement ? Comment les Goths connaissaient-ils donc ces pays du sud ? N'avaient-ils pas des cartes, par hasard ?

— Naturellement non ! – Les Goths ne sont pas non plus partis au hasard. Mais trois ou quatre siècles avant eux, déjà d'autres Germains orientaux, les Bastarnes et les Skires, parvinrent jusqu'à la mer Noire. Bien sûr, ceux-ci se trouvaient encore en liaison avec leur ancienne terre natale du nord. Par leur intermédiaire, les Goths apprirent l'existence de la fertile Ukraine. De nombreuses routes commerciales ainsi que celles de l'ambre allaient aussi vers le sud. Lorsqu'ensuite il y eut de nouveau trop d'hommes, certains s'installèrent systématiquement dans les riches champs du sud-est.

— Mais, dis-moi, comment peut-on connaître tout cela avec autant de précision ? Il y a plein de vieilles légendes partout.

— Ne dis pas cela. Elles sont authentiques. En ce qui concerne les Goths et leur expédition du sud-est, nos chercheurs ont démontré leur authenticité grâce à leur infatigable travail de mise à jour effectué dans des centaines de fouilles. Dommage que notre offensive n'ait pas été jusqu'à Kowel ! Dans les environs, on a découvert une pointe de lance superbe portant une inscription runique et un ornement à croix gammée. Elle fut vraisemblablement perdue par un chef goth. C'est une preuve indiscutable de la route suivie par nos « précurseurs » en Ukraine.

— Ça alors ? Tout cela aurait donc été autrefois une terre allemande ?

— Non, pas exactement. Les Goths ne s'installèrent dans cette région qu'à titre de classe seigneuriale assez disséminée. Mais elle devint si puissante que vers l'an 200 de notre ère ils purent fonder un véritable État. Leur seigneur d'alors était le légendaire roi Ostrogotha. Il fut le dernier chef de tout le peuple des Goths. À l'ouest, son Empire s'étendait jusqu'à la Roumanie et la Hongrie, sur toute l'actuelle Bessarabie, la Moldavie, la Valachie et la Transylvanie, à l'est encore au-delà de l'Ukraine jusqu'au Don.

— A la longue, cet Empire géant eut du mal à se maintenir car il n'était peuplé que de façon clairsemée par les Goths. La légende veut qu'Ostrogotha lui-même ait disséminé son peuple chez les Visigoths ou Terwingen (Goths occidentaux) entre le Dniestr et le Danube et les Ostrogoths ou Greutungen (Goths orientaux) entre le Dniestr et le Don, donnant naissance à l'Ukraine. Encore sous son règne, la péninsule de Crimée dans la mer Noire fut aussi annexée à la région de peuplement gothe.

— Mais, dis-moi, cela se passa-t-il de façon aussi simple ? Ce pays n'était pourtant pas dépeuplé ?

— Bien sûr, pendant le IIIème siècle la Gothie fut encore secouée par des troubles. Il y avait toujours des heurts avec le puissant voisin méridional, l'Empire romain. Les nouveaux seigneurs durent aussi s'imposer aux indigènes. Dès le IVème siècle l'apogée était atteint.

Sous la conduite de son roi Ermanaric de la lignée glorieuse des Amelungen qui dura presque une génération, l'Empire ostrogoth n'embrassait pas seulement l'immense région du sud de la Russie. Les pays slaves du nord et de l'est, même des Aestis et des Finnois s'étaient déjà soumis auparavant, tant et si bien que la domination gothe comprenait finalement l'énorme espace allant de la mer Noire jusqu'à la mer Baltique. L'historiographe goth Jordanes rapporte avec fierté qu'Ermanaric fut maintes fois comparé à Alexandre le Grand.

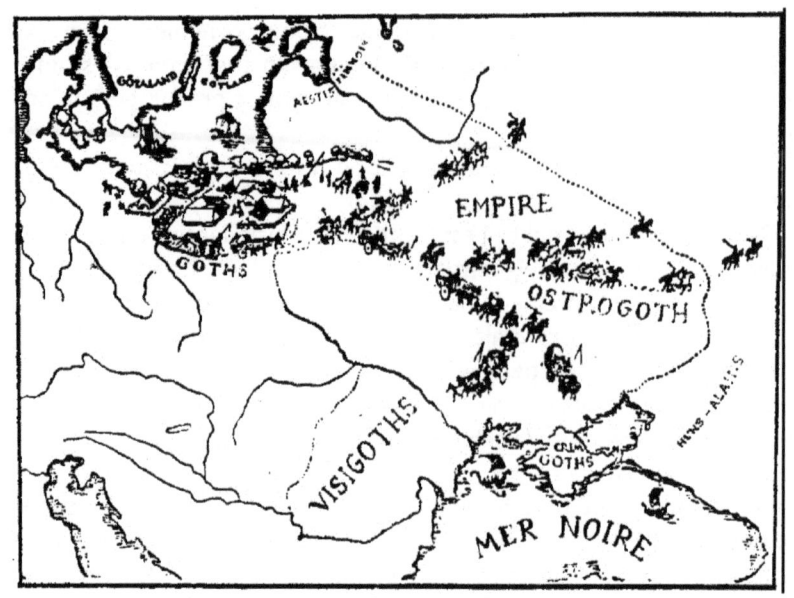

Venant du Nord, de leurs domiciles en Suède, les Goths franchissent la mer Baltique et s'installent dans les territoires de la Vistule. Mais ils émigrent aussi en convois vers l'Est et le Sud-Est. Ils fondèrent un Empire fier dans les régions où l'on se bat actuellement.

Mais ce déploiement de puissance politique allait naturellement de pair avec l'expansion culturelle des Goths. Les centres commerciaux et industriels grecs, autrefois célèbres, situés à l'embouchure du Dniestr et du Dniepr, Tyras et Olbia, étaient tombés entre leurs mains. Les deux sites connurent un essor nouveau et constant car l'artisanat d'art goth se trouvait en pleine prospérité. Les Goths se révélèrent être aussi des maîtres incomparables dans la métallurgie, et particulièrement dans l'orfèvrerie. Stimulés par le contact avec les peuples frères aryens grecs et scythes, ils développèrent en Russie du Sud un style artistique d'un genre nouveau qui exerça même une très forte influence sur le reste de la Germanie et également sur les arts décoratifs locaux. Les créations de ce « style coloré », une technique cloisonnée d'or souvent compliquée avec des incrustations de pierres multicolores, constituent ce qui a été créé de plus beau par l'esprit humain. De magnifiques agrafes de vêtements aux formes superbes et divers autres bijoux naquirent sous leurs mains habiles.

L'art goth- preuve de civilisation !

Les boucles à aigle gothes, les fermetures de ceinture portées par les femmes, avec des plaques de ferrure se terminant par une tête d'aigle sont tout à fait originales. Ces boucles furent décorées avec élégance de façon artistique et également ornées de pierres de couleur. L'une des plus magnifiques provient de Nokopol, sur le Dniepr. En vérité, ces boucles à aigle datent d'une époque déjà quelque peu plus tardive, vers les VIème, VIIème siècles.

En revanche, la couronne de Kertsch en Crimée devenue techniquement aussi célèbre semble avoir été produite du vivant du vieil Ermanaric. C'est un diadème d'or en forme de bande richement décoré d'incrustations de pierres avec une garniture centrale arquée que forment apparemment deux têtes d'aigles, cette fois opposées l'une à l'autre. – L'aigle jouait autrefois un rôle important dans l'artisanat d'art goth. Même des pommeaux d'épée en furent décorés, et plus tard, on créa même des boucles de vêtement magnifiques en forme d'aigle. Nous devons donc reconnaître dans ce dernier l'animal héraldique goth qui est aujourd'hui aussi le symbole de notre propre unité impériale. Les Goths ont dû voir et chasser cet oiseau royal dans les grandes steppes de leur Empire- encore aujourd'hui c'est un spectacle fréquent dans ces pays.

Les résultats culturels uniques des Goths dans le sud de la Russie ont d'autant plus de poids que les découvertes des fouilles faites jusqu'ici sont plus ou moins l'effet du hasard. Les travaux méthodiques se raréfièrent de plus en plus. Ils furent accomplis par les chercheurs allemands, surtout dans la boucle du Dniepr et en Crimée. Des murs d'enceinte et de sites funéraires furent surtout mis à jour. Ils démontrent à nouveau que les seigneurs goths surent aussi assimiler les influences étrangères sans jamais renier leur propre faculté créatrice et leur indépendance.

Pour la première fois dans l'histoire, les Goths suscitèrent une force organisatrice du plus haut niveau dans l'Est européen jusque-là impénétrable et demeuré vierge. Cependant, cette évolution pacifique et heureuse fut victime d'une catastrophe brutale venant de l'Est – comme ce fut si souvent le cas au cours des siècles : l'attaque des Huns (375). Ces hordes de cavaliers venant des steppes asiatiques submergèrent l'Empire goth, apportant le meurtre et l'incendie, et finissant par le détruire. D'après la légende, le vieil Ermanaric ne survécut pas au malheur de son peuple et se suicida après avoir été gravement blessé dans la bataille. Des chantres germaniques suivants composèrent à ce propos un chant sur une tragique lutte de clans que l'on compte parmi le précieux trésor de la vieille Edda islandaise chantée (Hamaismal).

Les Germains-autrefois déjà le rempart de l'Europe !

L'écroulement du brillant Empire goth en Russie eut des conséquences historiques internationales. Le puissant rempart s'étendant loin vers l'est qui avait protégé une riche et grande culture prospère, était démoli. L'Europe gisait soumise à l'attaque des Asiates. Nous, contemporains d'Adolf Hitler, sommes particulièrement bien placés pour savoir ce que cela signifie !

Pendant près d'un siècle, les expéditions de pillage et les dévastations des Huns ravagèrent l'Europe occidentale même éloignée, répandant partout la terreur et l'épouvante. Naturellement, les tribus germaniques orientales les plus rudement touchées tentèrent de les esquiver. L'Europe vécut donc un tournant fatal de son destin. Du fait de la décadence suivante de l'Imperium romain, le trajet des Germains conquérants fut détourné ainsi de l'est vers le sud et l'ouest de notre continent.

Certes, les découvertes faites des boucles à aigle déjà citées, attestent encore pour une longue période la présence de vestiges ostrogoths considérables en Ukraine. Le gros de leur armée était cependant parti. Des groupes plus importants doivent même être retournés au bord de la Vistule et en Prusse orientale, comme la boucle à aigle trouvée dans la région de Sensburg le prouve.

En revanche, une population gothe subsista encore bien plus de mille ans dans la péninsule fermée de Crimée. Les objets déterrés remontent jusqu'à l'an mille. Des traditions orales et écrites subsistent encore jusqu'aux XVème et XVIème siècles, ensuite le nom de Goth se perd définitivement, ici en Russie du Sud, de même qu'il disparut un millénaire auparavant en Italie et en Espagne, souvent après des luttes héroïques contre la supériorité numérique »...

Un camarade voulait encore poser quelques questions, mais les ordres retentirent. Les colonnes se formèrent et s'apprêtèrent alors à gagner la rive opposée. Mais dans plus d'un cœur vibraient ces paroles. Involontairement, les bustes des hommes se raidissaient, conscients d'être les dépositaires d'un héritage et d'accomplir une grande mission germano-allemande en Europe.

G.M.

Cahier de la SS n°2. 1943.

L'Ordre teutonique en Prusse

Le 14 septembre 1772, les portes de Marienbourg s'ouvrirent devant le général prussien Thadden qui prit possession de la forteresse à la tête du régiment de Sydov. Ainsi s'achevait une domination étrangère plus que tricentenaire. Cependant, l'aspect du château fort avait bien changé ! La brique claire était cachée sous un enduit gris, les surcharges faites par les jésuites d'un baroque importun troublaient la solennité grave et la pureté stricte du vieil édifice de l'Ordre ; des baraques crasseuses s'entassaient à ses pieds. Les Polonais avaient construit des murs minces entre les piliers du château parce qu'ils doutaient de la hardiesse de la voûte. Même les dépouilles des jésuites avaient remplacé celles des maîtres dans leurs caveaux !

Cependant, une nouvelle règle s'instaura avec la venue du régiment prussien. Après les guerres d'indépendance, on commença à restaurer le vieux château : les travaux ont duré un siècle. Aujourd'hui, il rayonne à nouveau de sa beauté immortelle, en témoignage unique de cet esprit de l'Ordre qui fit de ce pays une terre allemande.

Il est remarquable de voir avec quelle certitude la Prusse de Frédéric Guillaume Ier et de Frédéric le Grand vit que sa destinée résidait dans la *mission orientale* ! Déjà, le prince Électeur de la Prusse de l'époque, qui n'incluait pas totalement l'actuelle Prusse orientale, avait vaincu le joug polonais. Frédéric Guillaume procéda à un assainissement politique et économique et le grand roi unifia le pays en y associant la Prusse orientale. La Prusse démontrait sa vocation allemande autant par cette reprise de l'antique politique orientale allemande que par sa tâche de surveillance sur le Rhin ! Nous savons que le jeune Frédéric se préoccupa vivement du sort de l'Ordre et que le déclin de l'État teutonique le contraria. Ce n'est pas sans raison que l'ordre de fidélité marienbourgeois exigeait une fidélité inconditionnelle à l'autorité rétablie !

Salle des chevaliers de Marienburg.

L'Ordre des Teutoniques constitua l'une des grandes références historiques de la SS. Ci-dessus, Hermann von Salza, grand maître de l'Ordre des Teutoniques.

Le rôle des SS était aussi de garder les symboles de l'Empire.

On a rarement eu une satisfaction aussi profonde en considérant l'histoire allemande, qu'à la vue de la reconquête de la terre prussienne au profit du peuple allemand ! Car, comme l'a prouvé l'histoire de l'État teutonique durant les trois-cents ans de son existence, ce fut un acquis définitif ! Et, de même que le nom du pays de l'Ordre, l'esprit de l'État teutonique apposa aussi sa marque sur la grande puissance devenue allemande, comme la Prusse du Brandebourg. On a bien dit de la Prusse des Hohenzollern qu'elle devait être le marteau ou l'enclume ; ce qui veut dire qu'elle devait frapper pour s'imposer ou alors être brisée. Le roi prussien devait donc être un roi-soldat ; car le bonheur de son peuple résidait à la pointe de son épée. L'Ordre avait donc également choisi l'idéal de vie guerrier et était régi par la *loi du combat*.

Déjà en Occident, la fraternité qui s'était fixé comme objectif de soigner les malades s'était transformée en un ordre chevaleresque. C'était en l'an 1198, durant cette année tragique où l'empereur allemand Henri IV trouva la mort et perdit donc le pouvoir. En l'an 1230 le maître du pays, Hermann Balk, accomplit avec sept frères un voyage dans le territoire sauvage de la Prusse, entamant ainsi le grand chapitre de l'histoire de l'Ordre qui ne pouvait s'écrire qu'avec du sang. À peine les Prussiens eurent-t-ils été vaincus et rattachés au nouvel État teutonique que l'Ordre se heurtait aux Lituaniens lui barrant la route vers la Livonie. Un ordre similaire, l'Ordre des Porte-glaive, y avait acquis la souveraineté de haute lutte : mais en 1237 celui-ci fut absorbé dans l'Ordre des Teutoniques. Ainsi la revendication souveraine de l'Ordre atteignait désormais Narva. Cependant, les Lituaniens avançaient entre les parties occidentale et orientale du territoire de l'Ordre, et tout le XIVème siècle est rempli d'incursions guerrières vers Schamaiten et le Memel, allant au cœur de la Lituanie. La branche de la Vistule ne pouvait pas non plus demeurer dans les limites occidentales. La Poméranie orientale et Dantzig devaient retourner à l'Ordre. Lors de la conquête de la Poméranie orientale, il devint clair que l'Ordre ne poursuivait pas l'idée d'un combat anti-païen mais luttait pour des *revendications spécifiques parfaitement légitimes*. La Poméranie orientale avait une grande importance en tant que tête de pont vers l'espace central allemand de l'ouest. Pour la première fois, l'Ordre se heurtait sérieusement à la politique polonaise qui ne devait devenir dangereuse qu'en 1386 avec l'union de la Pologne et de la Lituanie. Au XIVème siècle, l'Ordre livra une joute aux côtés de la Hanse contre le Danemark afin que la Baltique pût demeurer une mer allemande. L'Ordre devint donc aussi une puissance maritime. En 1398, il prit possession de l'île de Gottland dans la lutte contre les frères Vitalie.

Le XVème siècle n'est fait que de combats et de retraites face à l'étreinte polono-lituanienne. Abandonné par le Kaiser et par l'Empire, l'Ordre perdit en 1410 la grande bataille de Tannenberg contre les Polonais et après 1466, lors de la deuxième paix de Thorn, totalement abandonné, il livra un combat désespéré pour conserver le reste de son État jusqu'à l'ultime bataille en 1519. Les derniers chevaliers, sous la conduite d'un Brandebourgeois, affrontèrent encore une fois les Polonais. Hans, le fils de Franz von Sickingen, mit à leur disposition une petite armée sur l'ordre de son père, mais cela ne les aida pas non plus beaucoup. La perte de cette bataille entraîna la transformation de l'État teutonique en un duché occidental.

Il est admirable de voir toutes les solutions que sut trouver l'Ordre à ses problèmes militaires. Il est également étonnant de voir que la conquête de la Prusse fut accomplie avec peu de moyens, grâce à un élan méthodique et une action opportune. Avec une clairvoyance et une hardiesse singulières, l'Ordre exerça son pouvoir limité au service d'une politique de grande puissance souveraine. Il se défendit avec ténacité et acharnement face à la supériorité de nombreux adversaires tant externes qu'internes ! Seule une élite allemande en fut capable. Il est totalement faux de dire que *l'Ordre trahit la loi du combat*, et fut victime du relâchement interne, même si des hommes voulaient se distinguer malgré le pacte de certains avec les Polonais, 'ce qui arrêta net Heinrich von Plauen.

L'esprit combattant de l'Ordre était supérieur, de même que son *sens de l'autorité étatique*. Et c'est ce dernier qui unit la nouvelle Prusse à l'ancienne. Cet État teutonique se distinguait par son administration menée de main de maître, mûrement pensée et contrôlée jusque dans les plus petits détails. Tandis que d'un côté, toutes les forces du pays œuvraient pour des buts communs, de l'autre, les taxes étaient réparties de façon si souple sur l'individu que toutes les classes s'épanouissaient harmonieusement dans le pays. Dans sa rigueur et sa justice, l'administration de l'État teutonique constitue l'une des plus belles créations de l'esprit volontaire et structuré des Nordiques. Nous pouvons encore examiner les comptes de l'Ordre puisque tous les documents de sa gestion financière ont été conservés jusqu'à aujourd'hui. Et nous constatons qu'il n'y a eu aucun détournement jusqu'à la fin du XV- siècle ! Cela ne peut être le fait que d'un ordre d'hommes sélectionnés. La règle que les frères s'étaient donnée de ne pas fermer les armoires à clef en est l'illustration ! La vie de cette communauté combattante d'hommes nordiques se fonde sur une confiance mutuelle inconditionnelle.

Une troisième idée rassemblait les hommes de l'Ordre, les rois et les hommes d'État de la nouvelle Prusse : la *volonté colonisatrice*. Là où flottaient les étendards de l'Ordre, des marais furent asséchés, des forêts quasi impénétrables furent déboisées, des digues construites, des routes tracées et des champs et prairies luxuriants faisaient leur apparition là où, auparavant, régnaient des déserts et des marais. La terre de l'Ordre devint une terre de paysans allemands. Son plus grand succès fut d'attirer dans le pays des paysans allemands. Il conféra à sa conquête une stabilité et une valeur historique. Puis, les paysans allemands furent suivis par les artisans et les marchands, et des villes naquirent, protégées par les forteresses de l'Ordre. Jusqu'en 1410, l'Ordre créa 1400 villages et 93 villes ! Ce travail obtenu par la colonisation est l'unique justification possible mais évidente de l'intervention allemande à l'Est !

La mise en valeur de la terre prussienne au profit de la culture allemande est donc l'œuvre de l'Ordre teutonique, une œuvre communautaire dans le meilleur sens du terme. L'Ordre comptait certainement toute une série de grands esprits dans ses rangs : des personnalités hors du commun étaient pour la plupart des frères de l'Ordre. Mais l'histoire ne retient que quelques noms. Tout le monde connaît Hermann von Salza, le conseiller et ami de Frédéric II, qui conduisit l'Ordre vers l'Est et influença l'avenir allemand. Peut-être a-t-on entendu parler de Winrich von Kniproche, qui, en tant que grand maître, mena l'Ordre à son apogée et sous lequel fut achevé Marienbourg. Peut-être connaît-on aussi Heinrich von Plauen qui, après la défaite de Tannenberg, partit avec le reste de l'Ordre à Marienbourg et le défendit victorieusement. Mais à part ces trois grands noms, connaître les autres relève de l'érudition. Personne ne connaît les noms des nombreux chevaliers de l'Ordre abandonnés à eux-mêmes, dans de durs combats d'hiver et qui tenaient les bases avancées en pays prussien, des retranchements misérables en bois et en terre, face au flot déferlant de la Prusse attaquante et qui se battaient souvent durant des mois. Mais tous ont contribué à l'union des forces qui se réalisa à la lumière de l'histoire, et l'ensemble du travail accompli par leur ordre les rendit immortels. Il est dans la nature d'un ordre que la *communauté bénéficie de la renommée, et non l'individu.*

Interrogeons-nous encore brièvement sur les *raisons de la décadence*. La première, c'est que l'objectif idéologique de l'Ordre était conditionné par *l'idée de christianisation* Lorsque cette idée perdit de sa force en raison de la conversion volontaire de la Pologne et de la Lituanie, l'Ordre se trouva face à une situation totalement nouvelle. Mais nous ne doutons pas qu'il aurait surmonté cela – des prémisses existaient – si ne s'était ajoutée la deuxième raison qui était *salorme de vie monastique*. Et, conséquence néfaste du vœu de chasteté, l'Ordre décida de combler ses vides en pratiquant une immigration externe au Reich. Avec chaque chevalier teutonique qui mourait, disparaissait un fruit noble du grand arbre représentant le peuple allemand et qui devait germer sur cette terre. L'Ordre ne pouvait donc pas survivre par sa force propre puisqu'il n'avait plus de fils. On ne reconnaissait pas non plus les fils secrets nés lorsque le vœu de chasteté avait été rompu, et l'entrée dans l'Ordre était également refusée à la noblesse prussienne. Une troisième raison était que l'Ordre fit son apparition dans l'Histoire à *l'époque de la décadence de l'Empire*. L'empereur et le roi avaient parrainé la création de l'Ordre, mais l'Église pontificale l'abandonna bientôt car il était trop indépendant. Finalement, elle eut même partie liée avec la Pologne. Après le décès de Frédéric II, aucun empereur ne s'intéressa plus à l'Ordre. Les intérêts de la politique de la maison habsbourgeoise s'étendaient jusqu'au nord-est de l'Empire, et il n'y avait là-bas personne avec qui s'allier. L'Ordre affronta donc seul l'attaque lituano-polonaise tandis que les vagues de la lutte des États – aussi une conséquence de l'écroulement de l'Empire- minèrent ses fondements. Si l'Ordre avait eu des fils, il aurait brisé ses liens sans l'empereur et sans l'Empire.

Bien que l'Ordre se soit effondré, ses réalisations font partie de l'histoire allemande. Après une longue domination étrangère, il ressuscita dans la Prusse de Frédéric le Grand. L'empereur conféra au grand maître *l'aigle noir du Reich* comme blason, comme prince de l'Empire, que la Prusse a conservé. Et lorsque les Hohenzollern devinrent rois, ils reçurent l'aigle noir tandis que l'aigle habsbourgeois était devenu rouge. L'aigle noir devint aussi le lien avec la Prusse de Frédéric le Grand comme animal héraldique du nouveau Reich allemand. Pourrions-nous y voir un symbole du fait que l'œuvre authentique accomplie est immortelle ?

Heinrich Gaese

Cahier de la SS n°10. 1938.

L'université allemande dans le combat de la Contre-réforme

(Un chapitre sur la tragédie spirituelle
de l'Église catholique romaine)

Si aujourd'hui nous ne pouvons plus vivre la révolution religieuse que la Réforme déclencha contre l'asservissement spirituel romain, il reste cependant le gain historique qu'apporta *Luther* lorsqu'il incita les gens à se libérer de l'emprise spirituelle de Rome. L'appel de Luther rencontra un écho puissant chez les Allemands, car peu de temps après, de vastes régions se libérèrent de la tutelle du pape, mais il est vrai qu'elles furent à nouveau partiellement perdues par la suite. *L'histoire de l'université allemande* nous montre aussi avec quelle préméditation intelligente la tentative de récupération fut menée au moyen de la Contre-réforme.

À la fin du Moyen-Âge, la vie spirituelle allemande était concentrée dans les universités. Les écoles ecclésiastiques et monastiques avaient perdu de leur importance et les châteaux forts – autrefois détenteurs de la culture médiévale – étaient pour la plupart tombés en ruine ; d'autre part, les villes devenaient prospères et abritaient les nouveaux centres de la vie spirituelle, les universités.

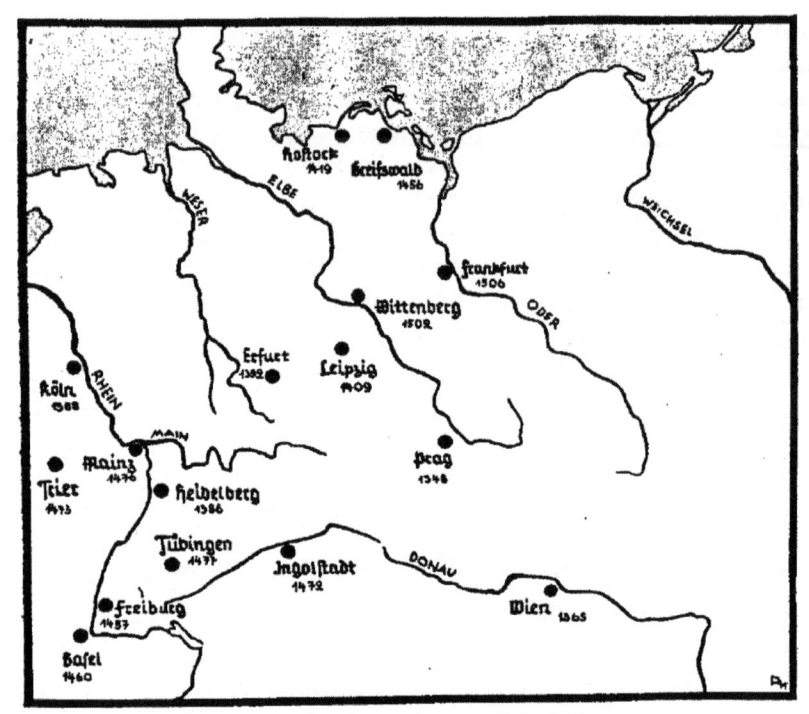

Les universités allemandes jusqu'à la Réforme

Dès le commencement, même si elles devaient encore bénéficier du consentement papal pour être ouvertes, les universités allemandes étaient animées par un esprit germano-allemand s'opposant au type roman français dont la Sorbonne à Paris était l'exemple-type. Il y régnait encore la scolastique, cette philosophie qui estime que sa mission est d'être l'outil de la théologie. Certes, au début, les premières universités allemandes ne pouvaient pas encore se libérer de l'influence de la scolastique. Tandis que la Sorbonne continuait de suivre pendant des siècles l'ancien schéma, les universités allemandes suivaient leur propre évolution et, après l'appel de Luther, se libéraient presque toutes du joug spirituel romain, témoignant ainsi du refus magnifique de l'âme allemande de se laisser asservir. Mais le point important, lors de la création des universités allemandes, fut que, grâce à la naissance de ces centres spirituels, la science abandonna les vieilles écoles ecclésiastiques et monastiques engourdies dans des mesquineries scolastiques et dans une stérilité spirituelle pour aller dans ces nouvelles universités.

Au début de la Réforme, nous voyons un ensemble d'universités dispersées en Allemagne (v. carte I). Lorsqu'on considère que seulement un siècle et demi sépare la fondation de la première université allemande (Prague 1348) de la Réforme, on constate l'importance de cette date. La Réforme elle-même fut à l'origine d'encore toute une série de nouvelles institutions, comme Marbourg (1529), Königsberg (1544), Iéna (1558), Helmstedt (1576) et Altdorf (1578). Marbourg fut la première université réformatrice créée, de même que le premier institut allemand qui ne demandait plus l'accord papal et encore moins celui de l'empereur, mais commençait à donner des cours. Du reste, le consentement de l'empereur se fit attendre douze ans. Mais le fait que l'université prit un grand essor à cette époque jette une lumière significative sur l'autorité réduite de l'Empire.

À part ces nouveaux centres protestants, la plus grande partie des universités déjà existantes passèrent à la Réforme, en tête de toutes, Wittenberg dirigée par Luther. Ces instituts se réclamant de la Réforme devinrent alors les foyers de rayonnement les plus importants de la doctrine non romaine.

Les jésuites perçurent clairement ce danger et engagèrent la lutte contre la « décadence protestante de Rome ». Casinius, le plus intelligent et le plus important des jésuites, essaya d'agir sur ces foyers de pensée « hérétique » par un « plan de barrage » typique de la stratégie raffinée des jésuites.

Coup sur coup, des centres catholiques adverses s'installèrent à côté des régions passées à la Réforme (v. carte 2). Une ceinture d'universités jésuitiques en forme de fer à cheval entoura la partie de l'Allemagne devenue protestante, qui allait d'Olmütz (1573) à l'est, Graz (1585), Innsbrück (1606), Würzbourg (1582), Paderborn (1614) jusqu'à Osnabrück (1630). Le collège des jésuites fondé en 1636 à Breslau devint une université en 1702 et ainsi un pilier angulaire de l'attaque jésuite.

Le cercle n'aurait pas été fermé si l'on avait oublié Dillingen (aux environs d'Augsbourg) qui fut le premier institut de Contre-réforme créé dès 1554-donc avant l'apparition des jésuites en Allemagne.

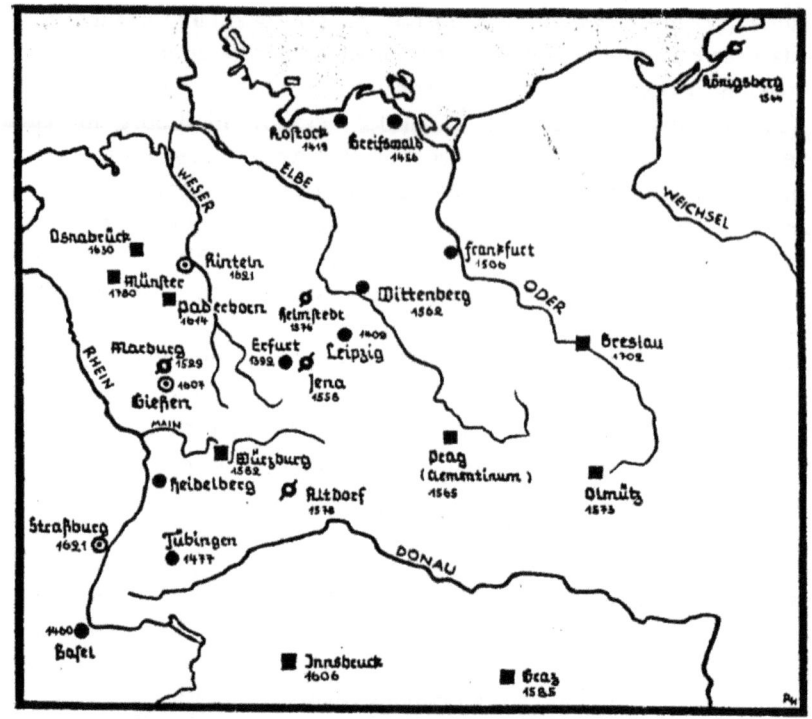

Les universités allemandes dans le combat pour la Réforme.

- ● · Fondations antérieures à la Réforme
- ∅ · Fondations protestantes avant la Contre-réforme
- ■ · Fondations adverses jésuitiques
- ⊙ · Fondations adverses protestantes

Le schéma montre comment la région passée à la Réforme fut méthodiquement encerclée par une ligne de centres jésuitiques adverses ; on suit la ligne des universités indiquées par un carré d'Osnabrück à Münster, Paderborn, Würzburg, Innsbrück, Graz, Prague et Olmütz jusqu'à Breslau ! À cela s'ajoutèrent encore Fribourg, Dillingen et Vienne qui furent reprises par Casinius au profit de la Contre-réforme jésuitique. Les fondations protestantes de Rinteln, Giessen, Strasbourg, et d'un certain point de vue aussi, Altdorf, retirèrent leur importance politique du contexte de la politique de barrage et d'encerclement jésuitique : elles constituent des percées dans cette « barrière spirituelle ».

Il existe encore un événement qui ne peut être négligé dans ce contexte ! À Prague, dont la première université allemande était à la pointe du combat pour la liberté de recherche et de conscience, les jésuites contre-attaquèrent d'une façon dont l'effet se fait encore sentir aujourd'hui et qui détruisit la vie spirituelle de cette ville. Depuis 1565, l'académie clémentienne commença à être favorisée à Prague. En 1618, les jésuites sortirent vainqueurs de la querelle qu'entraîna cette usurpation de droit et occupèrent la faculté de théologie et de philosophie. Aujourd'hui, nous savons que derrière la querelle des nations se cache un combat d'idéologies déterminées *par la race*. À ce titre, Prague nous fournit précisément un exemple instructif du combat perpétuel livré par l'esprit germano-allemand contre les prétentions impérialistes allogènes.

Cette attaque enveloppante menée contre la vie intellectuelle et spirituelle libérée par la Réforme devait être repoussée. Cela grâce au combat renforcé des vieilles universités et aussi des nouveaux centres passés du côté protestant s'opposant aux fondations jésuitiques. Les universités à Giessen (1607), Strasbourg (1621) et Rinteln (1621) durent leur naissance à cette initiative.

Lorsque ces derniers centres protestants naquirent en réponse à la politique jésuitique de barrage, la guerre de Trente Ans grondait déjà depuis trois ans en Allemagne. Le combat ne fut plus livré avec des armes spirituelles. L'Allemagne devait être mise à genoux dans une guerre ; la semence des jésuites levait terriblement ! Les deux tiers de la population allemande devaient y laisser la vie. Le traité d'Osnabrück scellait alors la division et l'impuissance de l'Allemagne.

L'actuelle université catholique à Salzbourg prouve que les « actions spirituelles » des jésuites prises à la base demeurèrent toujours les mêmes. Ici aussi, un centre de résistance spirituelle, une place forte catholique doit naître aux frontières directes du Reich. Un coup d'œil dans l'Histoire explique la portée que Rome attend de cette nouvelle « implantation jésuitique adverse » contre une libération allemande du joug spirituel romain.

Dr H. W. Hagen

Cahier de la SS n° 10. 1936.

SS-Ostuf. Dr Walter Bohm : La croyance aux sorcières

Même si l'inquisition n'a pu causer de trop grands dégâts en Allemagne – le pire promoteur d'autodafés, saint Conrad de Marbourg ayant été tué à temps par nos ancêtres – l'Église fut cependant à l'origine d'un autre grand malheur en Allemagne, qui fut pire, bien pire que l'autodafé : la chasse aux sorcières. La doctrine péremptoire de l'Église, la catholique comme la luthérienne, affirme que le diable existe. Il séduit l'homme et la femme pour pratiquer la luxure avec eux et ensuite leur confère en guise de remerciement la nature de sorcière pour les femmes et de sorcier pour les hommes. On ne doit pas sourire de telles stupidités.

Des centaines de milliers de gens du meilleur sang, en particulier des femmes et des jeunes filles, périrent sur les b0chers pendant la Renaissance, et non pas sous le « sombre » Moyen-Âge. Saint Augustin, un Africain, et saint Thomas d'Aquin ont colporté la croyance aux sorcières pour les catholiques ; pour les luthériens, ce fut Martin Luther, s'appuyant sur la Bible. Voici ce qu'il prêcha à la chaire de l'église du château de Wittenberg : « On doit tuer les sorcières parce qu'elles causent des nuisances de toutes sortes. On ne doit pas seulement les tuer parce qu'elles sont nuisibles, mais d'abord parce qu'elles ont commerce (ce qui veut dire : pratiquent la luxure) avec le diable. »

De même que le concile, donc le nouveau pape, détient la vérité suprême aux yeux des catholiques, de même la Bible l'a pour les luthériens. Ni le pape, ni Luther ne reconnaissent la liberté de croyance. La Bible enseigne que la femme est inférieure, que son sein est insatiable (Proverbes 30, 15-16), qu'elle se commet avec le diable (Genèse 6, 1-7). L'Église enseigne que, pour séduire l'homme, le diable peut aussi se transformer en une belle femme. Martin Luther n'abandonna jamais ses conceptions datant de son séjour monacal, ni sa croyance littérale en la Bible.

L'inquisition conduisit les procès des sorcières. Le chevalet de torture extorqua n'importe quel aveu que des calotins lubriques-pensons aux constants procès de moralité faits à notre époque contre les franciscains – mettaient dans la bouche des pauvres victimes. Le feu en était la conclusion. Dans les procès de sorcellerie, il était impossible d'obtenir le pardon commué en emmurement ou en peine de galères comme pour les hérétiques. Un corps qui s'était donné au diable devait brûler. Seule l'âme pouvait être sauvée. Les jésuites et les pasteurs luthériens se préoccupaient ensuite avec empressement de l'éternelle félicité de la victime.

Les chasses aux sorcières débutèrent vers 1454 où, pour la première fois, on prétendit qu'il existait une « secte de sorcières », donc de gens qui se trouvaient être les alliés du diable dans sa lutte contre les enseignements de l'Église, et qui étaient donc considérés comme des « hérétiques » devant être poursuivis comme tels. Sprenger et Institor font apparition en Allemagne à titre d'inquisiteurs pontificaux pour supprimer ces hérétiques. En tous lieux ils se heurtent à une résistance, le peuple ne comprenant pas leurs allégations et suspicions, et les autorités laïques ne supportant pas qu'ils mènent ou seulement entament des procès. En particulier, on affirme que l'évêque de Brixen les expulsa de son diocèse et soutint l'avis qu'ils étaient fous.

En 1484, ils se procurèrent auprès du pape Innocent VIII la « bulle des sorcières » connue aussi sous le nom de bulle Summis Desiderantes (premiers mots de cette bulle). La bulle affirme qu'il subsiste des sorciers dans certaines régions d'Allemagne – des précisions sont données – mais que le clergé et le pouvoir laïcs firent des difficultés aux inquisiteurs. On prescrit aux inquisiteurs d'employer tous les moyens leur paraissant appropriés, en particulier prêcher de la chaire de toutes les églises paroissiales. Personne ne pouvait leur faire obstacle dans l'exercice de cet enseignement ou de son application sous peine d'excommunication et de peines sévères. Un édit impérial de Maximilien 1er accorde toute validité à cette bulle face aux autorités laïques.

En 1487, parait le *marteau des sorcières* de Sprenger et Institor, qui reparut jusqu'en 1500 sous neuf éditions successives, ensuite d'autres éditions en 1511, 1519, 1520, puis il y eut une pause en 1580, et ensuite d'autres éditions à de brefs intervalles.

Pour donner crédit au *marteau des sorcières* lors de sa première parution, Sprenger et Institor sollicitent un rapport de la faculté théologique de Cologne, mais ne le reçurent pas sous la forme qu'ils espéraient Ils n'obtiennent qu'un texte très réservé de seulement quatre professeurs. Ils font paraître uniquement des extraits de ce compte rendu qui se rapportent à l'édition de Cologne. En ce qui concerne les extraits diffusés hors de Cologne, le rapport est tellement falsifié qu'il contente les magistrats pontificaux et reçoit – ainsi faussé – l'approbation écrite de toute la faculté.

En 1487 eut lieu la première grande crémation de sorcières à Strasbourg où, déjà un siècle auparavant, les premiers bûchers d'hérétiques avaient vu le jour sous Conrad de Marbourg (80-100 victimes). Pour briser la résistance des gens de loi et des autorités laïques, Sprenger et Institor confièrent aux tribunaux locaux la conduite des procès de sorcières afin que les hommes de justice portent la responsabilité du procès. Comme toute la fortune des condamnés est saisie, les procès de sorcières représentent des sources de recettes inespérées pour les autorités locales, ce qui explique en grande partie leur ampleur : Des régions entières sont brûlées afin que tous les biens fonciers reviennent aux seigneurs des lieux ! Le nombre des sorcières brûlées à Strasbourg en 1489 est de quatre-vingt-neuf.

Mais Sprenger et Institor connurent leur « succès » le plus éclatant lorsqu'ils répandirent cette croyance dans le peuple par leur *marteau des sorcières* et facilitèrent ainsi la chasse aux sorcières. Dès 1515, les bûchers brûlèrent tous les jours : Dans les vingt années qui suivirent, 5 000 personnes furent brûlées uniquement dans ce lieu. Les mêmes événements se reproduisaient là où le *marteau des sorcières* commençait à faire son œuvre. Nous constatons donc que les procès de sorcières débutèrent à la même époque où Christophe Colomb découvrait l'Amérique (1492) et où le Dr Martin Luther chercha à réformer l'Église (1516). Les procès de sorcières n'étaient donc pas un fait propre au Moyen-Âge mais commencèrent au début de l'époque que nous avons l'habitude d'appeler Renaissance ! Cette peste fit de terribles ravages ! Le nombre des victimes à Strasbourg en dit déjà suffisamment long : 5 000 personnes en vingt ans. Il en allait de même dans les autres contrées ecclésiastiques : On ne mentionne aucun chiffre officiel pour la région de Trèves mais la *gesta Trevisorum* (histoire de Trèves) nous apprend par exemple qu'en 1588, il ne restait plus que deux femmes dans deux localités parce que les autres avaient toutes été brûlées comme sorcières. Par « femmes » on doit considérer toutes les personnes du sexe féminin de plus de huit ans. « Il n'y avait plus de paysans, plus de vignerons. Aucune peste, aucun ennemi farouche n'a autant dévasté la région trévire que la terrible Inquisition. Pas une des personnes qui se trouvaient accusées n'échappait à la mort ; les enfants des exécutés furent brûlés, les domaines annexés... » La chambre capitulaire acquit ainsi 1 000 arpents de bonne terre (vignobles !) Dans l'évêché princier de Breslau, la principauté de NeiBe, plus de 1 000 personnes furent brûlées en neuf ans – parmi celles-ci, des enfants de 1 à 6 ans parce que leurs mères avaient « avoué » sur le chevalet de torture que leurs enfants avaient été engendrés par le diable. En 1539, uniquement à Zuchmantel, Freiwaldau, Niklasdorf, Ziegendals et NeiBe furent brûlées effectivement deux-cent quarante-deux sorcières, et en 1551 la fondation religieuse de Zuchmantel possédait huit bourreaux en activité. Dans le diocèse de Bamberg moururent de 1625 à 1630 – donc cent ans après la Réforme – six cents personnes par le feu, en 1659, mille-deux-cents. Le diocèse ne comptait alors que 100 000 habitants, donc en 1659, plus d'un pour cent de la population fut victime de la croyance aux sorcières. Dans le diocèse de Würzbourg, à Gerolzhofen, le nombre s'éleva en 1616 à quatre-vingt-dix-neuf, en 1617 à quatre-vingt-huit, en 1623 à quatre-vingt-dix, de 1627 à 1629, pour la seule ville de Würzbourg, à cent-cinquante-sept sorcières brûlées.

Mais ce serait une erreur de croire que cette horreur n'aurait été commise que par les autorités catholiques. Les régions protestantes n'étaient pas épargnées. Sous les yeux de Luther s'installèrent des bûchers de sorcières à Wittenberg. Luther a donné une impulsion particulière à la chasse aux sorcières par son traitement de la question des sorcières, enseignant que c'est une juste loi que de les tuer. À Mecklenbourg, en 1532, les chasses aux sorcières débutèrent par la crémation d'une femme et d'un homme supposés d'avoir pratiqué la magie pour contrecarrer l'extension de- la Réforme ! Il y eut une telle augmentation – malheureusement peu de données peuvent être vérifiées – que d'après les historiens contemporains, des villages entiers furent dépeuplés parce que tous les habitants finirent au bûcher. Le couvent luthérien de Quedlinbourg fait bruler à partir de 1569 environ soixante sorcières en 1570, quarante en 1574, cent-trente-trois en 1589, et cela sur un nombre d'habitants d'environ 11 000 à 12 000 âmes. Donc ici aussi, en une année, plus d'un pour cent de la population fut assassiné à cause de cette folie. De 1589 à 1613, le duc de Brunswick-Wolfenbüttel acquit une triste célébrité comme chasseur de sorcières : Il avait pour habitude d'assister aux tortures et fit souvent bruler en un seul jour plus de dix sorcières. Finalement, les bûchers étaient si nombreux sur le lieu du supplice faisant face au bois de Löcheln que l'on croyait se trouver devant une forêt. D'ailleurs, les régions calvinistes réformées vivaient le même drame : Uniquement à Genève, entre 1512 et 1546 Calvin fit arrêter environ neuf-cents personnes pour sorcellerie. Leur sort reste un mystère mais il ne fait aucun doute que la plupart furent brûlées. Mais le pire survint dans la région d'origine de la Réforme elle-même, en Saxe orientale. Le prince Électeur Auguste participait aussi aux tortures. Il édicta une loi qui dépassait encore en démence ce qui existait déjà : peine de mort également pour des alliances diaboliques qui n'avaient nui à personne ! En Saxe orientale vécut le plus « brillant » juge de sorcières, le célèbre juriste Carpzow qui, jusqu'à sa mort en 1666, a prononcé ou confirmé, de façon certifiée, environ vingt-mille condamnations à mort.

Les bûchers de sorcières se généralisent jusqu'au XVIIIème siècle. Par la suite, ils ne diminuent pas parce que l'Église ou ses prêtres et prédicateurs le demandent, mais parce que les maitres absolus ne pouvaient plus à la longue admettre que des hommes dont ils avaient besoin comme soldats, ou que les femmes et les jeunes filles qui les mettaient au monde fussent mis à mort. Le dernier bûcher officiel, par procès et malgré la protestation du gouvernement – cinq sorcières – eut lieu le 20 août 1877 – donc il y a à peine soixante ans – à San Jacob (Mexique) et il y a eu des bûchers de sorcières dans ce pays jusqu'à aujourd'hui. Encore à notre époque, on connaît des crémations illégales de sorcières, commises en Italie et en Irlande, par exemple. En conséquence, on ne peut affirmer que la chasse aux sorcières soit assurément terminée.

De vastes régions d'Allemagne furent massacrées et dépeuplées du fait des bûchers.

Mais depuis toujours, l'Église tient à sa vocation missionnaire qui produisit les croisades, à sa dictature religieuse d'où surgit l'inquisition, à sa croyance au diable et aux sorcières pour laquelle furent sacrifiés des millions de gens dans le monde entier jusqu'au XXème siècle inclus.

Cahier de la SS N°5. 1938.

Les lansquenets

Presque tout le Moyen-Âge fut dominé par la chevalerie portant l'épée. L'infanterie jouait un rôle accessoire au niveau général : la noblesse et ses troupes équestres cuirassées dominaient sur les champs de bataille et revendiquaient l'honneur de pouvoir seules porter les armes.

Georg von Frundsberg.
Créateur et organisateur des lansquenets allemands. 1473-1528.

Avec le début de la Renaissance, vers le XVIème siècle, leur hégémonie sur les champs de bataille fut définitivement brisée. La période romantique chevaleresque s'acheva non seulement à cause de l'invention de la poudre à canon en Occident par le moine Berthold Schwarz, mais aussi de la mise sur pied d'une armée composée de paysans et d'artisans ayant déjà conscience de se défendre avec succès contre les empiètements de quelques despotes dominateurs.

Comme cette restructuration définitive se produisit précisément à une époque où de géniaux artistes flirtaient avec l'Antiquité et furent ainsi à l'origine d'une époque que nous nommons Renaissance, on pouvait aussi parler d'une renaissance guerrière. En effet, l'infanterie romaine fut prise en exemple avec quelques variations et prouva à nouveau la grande valeur des fantassins dans de nombreuses batailles pour frayer un passage à la cavalerie.

Différents types de lansquenets. Lansquenet avec un « estramaçon », à droite avec une hallebarde, au milieu avec une flûte, un tambour et un porteur de drapeau. (Dessin de Daniel Hopfer, milieu du XVIème siècle).

Quoique l'art fut proche d'égaler celui de l'Antiquité, et spécialement en peinture, les nouvelles armées créées n'y réussirent pas dans leur domaine ; la *discipline* qui rendit les légions romaines invincibles, manquait presque à l'ensemble. La force de frappe de l'infanterie, décisive dans de nombreuses batailles, ne se maintint que parce qu'un amour ardent de la patrie animait chaque soldat ; de la sorte, l'absence de discipline militaire fut compensée par la combativité.

La sagesse tactique dans la mise sur pied de troupes s'exprima principalement dans les *détachements en carré*. 5 000 à 8 000 hommes furent réunis en un carré compact, dans les premiers rangs duquel se trouvaient déjà des combattants éprouvés. Des piques longues de plusieurs mètres formaient les armes principales qui furent levées vers l'ennemi et devant lesquelles les chevaliers capitulèrent puisqu'ils étaient hors d'état d'enfoncer ces « hérissons ». Dans la bataille de *Granson* en 1476, le chevalier *Chateauguyon* se fit ainsi une renommée immortelle parce qu'il poussa témérairement son cheval dans un « hérisson » suisse et défit cette formation combattante. Son audace n'a toutefois pas influencé essentiellement le cours du combat. Lui-même trouva la mort sous les coups de l'infanterie. Ce fut le dernier « coup audacieux » couronné de succès de la fin du Moyen-Âge.

*Combat de lansquenets. Tiré du livre de guerre de Frondsberg de 1565.
Gravure sur bois du graveur suisse Jost Amman.*

La première forme de combat utilisée par les Suisses fut rapidement adoptée par les Espagnols et les Allemands. En Italie on essaya à la même époque de faire avancer l'infanterie *en lignes séparées,* par lesquelles les fosses, les murs et les haies furent utilisées comme abris, ce qui réduit à néant la supposition que la ligne d'infanterie est une invention du siècle dernier.

Les guerres constantes de l'époque ancienne eurent comme conséquences que beaucoup d'hommes, par goût de l'art de la guerre, abandonnèrent leur profession pour autant qu'ils en avaient une et se consacrèrent entièrement à cette nouvelle branche d'activité. Ainsi naquit *l'armée de mercenaires* dont nous appelons aujourd'hui chaque *lansquenet,* (c'est-à-dire serviteur du pays). Ce n'étaient pas seulement la cupidité, la perspective de faire de riches butins par le pillage des villes, qui étaient le ressort principal de l'engagement dans ces unités redoutées. Le goût de l'aventure, la joie de se mesurer dans des combats ouverts avec l'adversaire, la vie libre et variée étaient suffisants pour pousser des milliers d'hommes à suivre les divers chefs de guerre.

Cortège d'une armée de lansquenets en marche. Les lansquenets avaient l'habitude de se faire accompagner de leurs femmes et enfants. Un fonctionnaire particulier devait tenir en ordre les divers cantonnements. (Tiré du livre de guerre de Frondsberg de 1565.) Gravure de Jost Amman.

Le plus renommé des chefs de lansquenets fut sans doute *Georg von Frundsberg*. Les guerriers expérimentés s'engageaient avec fierté dans son détachement d'armée, se trouvant en première ligne dans plus d'un combat avec le puissant estramaçon et frappaient avec une force herculéenne des coups enfonçant le front hérissé dépiques de leurs ennemis. Cependant il n'était pas si facile d'être accepté dans sa troupe restreinte ; Frundsberg préférait les gens qui avaient déjà fait leurs preuves dans quelques batailles et faisait passer une épreuve des armes à celui qui voulait se faire recruter.

Ce fut aussi Frundsberg qui, à son époque, essaya de résoudre d'une nouvelle façon le problème de briser les détachements ennemis.

Il s'était rapidement aperçu que la victoire dans le combat dépendait uniquement des six premières rangées du « hérisson » et le reste du carré ne faisait rien d'autre que de mettre en avant la première ligne combattante. Par-là, les lansquenets se trouvant dans le combat perdaient leur liberté de mouvement et étaient mis ainsi hors d'état de parer les coups de lances donnés habituellement par la troisième rangée. Lorsque deux « hérissons » étaient en effet entrés l'un dans l'autre, alors commençait une poussée puissante dont le but était de faire éclater le détachement militaire adverse qui était alors habituellement inexorablement perdu.

Frundsberg élargit le rigoureux carré au prix de la profondeur pour pouvoir présenter à l'ennemi un *front plus grand*. Ainsi s'offrait la possibilité de pouvoir gagner plus tôt les flancs de l'ennemi, mais simultanément aussi de conjurer le danger de succomber précisément à une attaque de flanc. Il plaça les quelques porteurs d'armes à feu existants à ce point sensible puisqu'il ne réussissait pas exactement, par des mouvements avec ses lansquenets, à modifier rapidement le front. Le courageux Frundsberg ne pouvait pas réaliser ses idées favorites de fronts longs avec seulement quelques rangs parce qu'il *manquait* dans son armée *la discipline nécessaire* et *l'entrainement individuel,* deux conditions qui ne permirent qu'aux soldats modernes d'obtenir des résultats avec des lignes de troupes dispersées.

La valeur combative des lansquenets résidait donc principalement dans leur esprit risque-tout et dans l'ambition de pouvoir combattre au premier rang au sein de détachements militaires renommés. Comme ils n'avaient à exécuter aucun maniement d'armes, ils disposaient de beaucoup de temps libre quand ils ne partaient pas directement en campagne. Leur style de vie était une inactivité forcée dans une certaine mesure puisqu'ils ne pouvaient jamais rester longtemps en un lieu qui, quelques temps après, était rasé par les gaillards de Frundsberg, vu que ce dernier n'était pas en mesure de faire suivre le ravitaillement nécessaire pour les troupes. Ajoutons aussi que les salaires des soldats se faisaient trop souvent attendre. Pour cette raison, les gouvernants d'alors leur permirent aussi de se livrer au pillage pour calmer leurs révoltes.

Cependant, l'armée elle-même ne constitua pas le principal danger pour les régions parcourues ; nettement plus dangereux était *le train des équipages* qui lui emboîtait le pas. Il ne se composait pas seulement des femmes des lansquenets qui cuisinaient pour leurs maris, tenaient les vêtements en ordre et, en outre, veillaient sur une famille par nature nomade. Le sens péjoratif pris dans le langage populaire par le mot « adjudant » vient du rôle de surveillance de ce dernier sur le train des équipages.

Le lansquenet lui-même avait l'impression d'être un seigneur dans le pays. C'était lui qui donnait le bon ton dans la mode et que les bourgeois imitaient, qui indiquait comment le pourpoint doit être taillé et comment les plumes doivent être portées sur la toque. Les transformations radicales dans la coupe du costume ne vinrent cependant pas toujours des caprices du goût des mercenaires. Les vêtements collants devinrent même démodés en un seul jour.

Lorsque, sous le gouvernement de l'empereur Maximilien, la forteresse *StuhlweiBenburg* fut prise d'assaut par des lansquenets, ils ne réussirent pas à gravir les hauts murs, leurs vêtements étroits les en empêchant. Sans hésiter, ils entaillèrent avec leurs couteaux les pantalons aux genoux et les pourpoints aux coudes pour donner aux membres la liberté de mouvements nécessaire. Et, lorsque l'assaut eut lieu, les assaillants mirent avec une satisfaction fière aux endroits fendus de leurs costumes de la soie jaune safran et posèrent ainsi la première pierre de la mode des « crevés » qui régna bientôt sur toute l'Allemagne.

*Lansquenets séduits par la volupté et menacés par la mort.
Gravure sur bois du graveur suisse Urs Graf vers 1520.*

Cependant, des progrès furent réalisés aussi au niveau militaire, et de véritables troupes d'assauts formées. L'expérience guerrière s'était améliorée dans tous les camps au même degré et il devint de plus en plus difficile de rompre le « hérisson adverse ». Ici aussi, ce fut la science stratégique de Frundsberg qui conçu pour l'époque une transformation bouleversante dans la manière de combattre.

Il divisa son ban en un détachement « perdu » et un « de réserve » et épuisa ainsi – sauf en cas d'innovations techniques – les possibilités d'attaque de l'infanterie, qui, au cours des siècles, avait abandonné le type de combat de ses ancêtres. Cependant durant la Grande Guerre, elle l'avait réadopté et il offrit la seule possibilité de mener victorieusement des attaques avec un nombre réduit de pertes en matériel humain.

Le « détachement perdu » dont les mercenaires s'appelaient les « *échangeurs de coups* », armés de courtes épées et de bâtons solides, avaient pour tâche d'assaillir le « hérisson » ennemi, de se glisser sous les lances et de permettre, par un corps à corps, que plusieurs camarades de combat écartent avec des gourdins les lances peu maniables des deux côtés. Lorsque ce tour était réussi, arrivait le gros du « détachement de réserve » qui pénétrait par la brèche ainsi créée dans le carré ennemi pour le disperser.

Après la victoire, se manifestait le terrible danger auquel une troupe ans discipline est exposée. Incapables de se regrouper en peu de temps ou d'accomplir un combat en retraite ordonné, tous prenaient leurs jambes à leur cou et étaient poursuivis par la cavalerie légère puis abattus.

L'expérience de deux ans de guerre n'aurait pas été nécessaire pour comprendre l'importance d'avoir des troupes d'assaut si l'on avait retenu quelque chose de l'histoire des lansquenets. Des milliers des meilleurs Allemands d'Autriche ne se trouveraient pas enterrés dans les steppes désertes de Russie pour avoir essayé de briser la résistance de l'ennemi par des attaques massives suicidaires. Ou peut-être que nos vaillants soldats de troupes de choc étaient-ils autre chose que des « échangeurs de coups » qui, au Moyen-Âge, pénétraient dans le trou de l'adversaire, pourvus de la « technique moderne » des masses d'attaque et des poignards et préférèrent dans une mêlée les redoutables bêches de campagne au fusil ? La compagnie aussi les suivait après des surprises réussies – le « détachement de réserve » – qui attaquait et maintenait la position acquise en totalité.

Les lansquenets étaient de rudes compagnons ; plus d'une ville fut pillée par eux et plus d'un paysan torturé. Leurs chefs furent coupables de la plupart de ces excès, embauchant plus de mercenaires que ne le supportait leur bourse et abandonnant donc des étendues entières de pays en guise de compensation. Mais c'étaient tous des gaillards courageux et ils se battaient bien quand les choses tournaient mal et mettaient leur honneur à se faire confier le sort d'une bataille, même si depuis des mois ils n'avaient pas touché leurs soldes.

V. J. Schuster

Cahier de la SS n°2. 1939.

La Terre promise

Les ombres sont marquées dans ce pays : il n'existe pas du tout d'état intermédiaire entre la clarté aveuglante et l'obscurité profonde ; le jour ne se lève pas, mais fait irruption, soudainement, rayonnant. Le soir ne tombe pas lentement et doucement comme là-bas en Allemagne ; la boule de feu descend rapidement derrière les montagnes rocheuses dépouillées, le désert et les steppes desséchées plongent dans des teintes pourpres-bleutées, la nuit surgit brusquement sur le paysage sombre, s'étendant au loin.

C'est donc la Terre promise, le pays promis ! L'empereur Frédéric II regarde la nuit profonde sur laquelle s'étend le ciel étoilé au sud dans une diversité étincelante. Seul Hermann von Salza, l'homme fidèle et discret, le maître de la cour allemande, se trouvait près de lui. L'empereur a des pensées graves. Finalement, il parle, avec calme et circonspection : « Je fais confiance au sultan égyptien : il joue un jeu honnête. Lui et moi, nous sommes un couple de solitaires en ce monde. Nous avons compris que l'on ne peut contraindre personne à adopter une croyance qui ne lui est pas propre. Il veut me laisser Jérusalem et le tombeau, l'accès libre et la route de pèlerinage. Que voulons-nous de plus ? Si je rapporte ces acquis en Allemagne, il n'y aura plus de croisades. Le Saint Siège romain cessera finalement d'envoyer chaque année des milliers de gens de guerre dans ce pays, d'obliger les princes à abandonner leurs tâches importantes et de chercher à libérer un tombeau qu'en réalité personne n'a troublé. »

Hermann von Salza a fait un signe de la tête : « Je crois que cela ne plairait pas du tout au pape si un jour il n'y avait plus de raison de faire des croisades en Palestine. Nous, Allemands, ne gaspillerons plus notre force dans ce pays étranger, mais nous édifierons un grand Empire au nord et à l'est, beaucoup plus grand que ne le veulent les papistes. J'ai des nouvelles selon lesquelles l'Ordre du temple et l'Ordre johannite veulent tout faire pour que ce projet impérial échoue et que le traité avec le sultan égyptien ne soit pas conclu. »

L'empereur ne dit rien ; il épie la nuit. Dans le lointain résonnent de légers bruits de sabots de cheval. La forme d'un cavalier s'approche du camp, traverse les lignes des avant-postes. Deux hommes de guerre conduisent le cavalier sur son petit cheval à la tente de l'empereur. L'Arabe saute, croise les mains sur la poitrine, touche le front et le sol de la main droite. C'est un homme de belle apparence, élancé, jeune avec un nez fin et des yeux très grands en forme d'amande. Il sort de sa veste brodée de couleurs un rouleau de parchemin et le tend à l'empereur avec une révérence mesurée, puis reste muet. Frédéric a répondu au salut, formellement, poliment, mais cependant avec l'attitude de celui qui se tient à un rang plus élevé, comme l'exige la coutume en Orient. Il ouvre le rouleau – il contient une lettre en langue arabe, tend une deuxième lettre en caractères latins.

L'empereur lit en premier le texte arabe, puis la lettre latine, saisit spontanément à son côté le poignard garni de pierreries et le tend au cavalier arabe : « Présente au sultan Malik al Kamal mon remerciement impérial – puisse l'Éternel lui accorder la vie pendant cent ans ! Il s'est comporté avec moi comme un adversaire chevaleresque. Prends ce poignard de ma part comme souvenir, car le message que tu m'as apporté m'a peut-être sauvé la vie. »

Le messager s'incline. Deux des plus jeunes chevaliers allemands le conduisent à une tente pour lui permettre de se désaltérer.

Mais Frédéric II, parlant de façon saccadée avec une profonde excitation, saisit la main du maître des chevaliers de la maison allemande : « Hermann-sais-tu ce que c'est ? Les supérieurs de l'Ordre du temple et les johannites ont écrit en commun au sultan et lui ont fait part que j'avais l'intention, dimanche, de me rendre à cheval au Jourdain pour faire le pèlerinage habituel vers l'eau dans laquelle le seigneur Jésus-Christ a été baptisé. Ils ont conseillé au sultan de me supprimer lors de ce pèlerinage et de me laisser pour mort. Le sultan m'envoie la lettre et me prévient personnellement C'est le résultat de ce que le pape Grégoire a tramé contre moi ! »

Le vieux caravansérail est bondé de pèlerins allemands allant à Jérusalem. Le sultan a rendu visite à l'empereur. Avec seulement quelques conseillers, ils sont assis tous les deux depuis quatre heures déjà dans la grande chambre décorée de tapis – mais dehors attendent les chevaliers allemands, et se trouvent les compagnons du sultan, ses nègres géants, immobiles dans leur armure perse, des seigneurs arabes élégants avec de petits casques pointus, des boucliers ronds, de longs vêtements blancs, des chefs de cavalerie kurdes dans leurs costumes sombres, avec de longues moustaches tombantes teintes en rouge, des cheiks avec des turbans verts qui les distinguent comme lointains descendants du Prophète et des barbes vénérables. Les dominant tous, élancé, au visage couleur d'ivoire, avec une courte barbe pointue noire comme du jais et de grands yeux en forme d'amande, le général du sultan, l'émir Said, qu'ils nomment « Rukned Din », « le pilier de la loi ».

Les hommes de guerre des deux seigneurs se sont rapidement réunis. L'un des chevaliers allemands a esquissé sur une vieille dalle avec du sable le plan d'un château fort, et à présent, on joue au siège ; on examine comment on pourrait bien détruire les tours, allumer des incendies sous les murs et des contre-passages. Le grand émir observe, intéressé.

De temps en temps, les uns ou les autres regardent en haut vers la fenêtre où l'empereur est en pourparlers avec le sultan.

Lorsqu'un vieil Arabe à la tête blanche descend, l'émir l'arrête :
« Dois-je monter ?

— Ta présence n'est plus nécessaire. Le traité est prêt depuis deux heures ; l'empereur obtient Jérusalem sans la mosquée et, de plus, le chemin de pèlerinage s'y trouvant. La ville demeure non-fortifiée. L'empereur n'y mettra aucun homme de guerre.

Entre-temps, l'un des chevaliers allemands questionne gauchement en arabe : Si le traité est déjà prêt — que font-ils encore là-haut ?

Le cheik rit un peu, en partie par politesse et en partie par joie d'avoir percé les secrets des grands hommes : Tu ne le croiras pas. Ils parlent de mathématiques et du sens profond des nombres. »

Le chevalier teutonique secoue la tête.

À ce moment se produit de l'agitation à la porte ; le patriarche Gerold de Jérusalem entre entouré de ses gens d'Église et de quelques hommes armés. L'entretien cesse alors comme sur un signal. C'est comme si arrivait un esprit semant la discorde. Le patriarche, un homme grand, va parmi les hommes, distribue ici ou là sa bénédiction. Une partie des chevaliers s'incline, l'autre fait comme si elle ne voyait pas la bénédiction. Ce sont les vassaux de l'empereur et le patriarche est le représentant du pape qui a banni ce dernier. Les Arabes se tiennent immobiles ; seul l'un d'eux, un homme à la longue barbe au visage tailladé de cicatrices fait lors de la bénédiction du patriarche le signe de défense contre le « mauvais œil » et murmure : « J'en appelle au dieu unique face aux mensonges de ceux qui servent les trois dieux ! » Sans que le patriarche ait dit un mot, ce fut comme si l'esprit de la haine religieuse, qui a déjà bu tant de sang ici-bas, marchait incarné au travers des rangs. Le patriarche traverse l'entrée étroite et voûtée de la maison où l'empereur discute encore avec le sultan. Seuls, deux de ses prêtres le suivent, les autres se tiennent serrés à l'entrée. Dans la cour, les discussions se sont tues, également celles des chevaliers au sujet du jeu. On entend en haut les voix grossir – et alors, la silhouette du patriarche apparaît à l'une des fenêtres. Il s'est appuyé à l'arrondi de la fenêtre ouverte, il parle à l'empereur, mais si fort que tous dans la cour l'entendent Voici ce qu'il dit :

« ... Cette paix, empereur, est une trahison pour toute la chrétienté, un compromis insultant, mais ce qui est plus grave, c'est une vente du Saint Sépulcre aux infidèles. Tu as toléré avec indifférence que cette ville reste sans protection. Sans murs, sans garnisons, seulement sur la parole d'un sultan incroyant, tu veux accepter cette ville, pour le cadeau ridicule de cette possession trompeuse, te laisser racheter le privilège sacré qu'a la chrétienté de combattre avec l'épée pour le Saint Sépulcre et de glorifier le nom du Christ dans le sang des païens ! »

Le patriarche marche tandis que l'empereur lui tourne déjà le dos avec mépris : « Au nom du Saint Père de la chrétienté, je prononce l'interdit sur Jérusalem, aucune cloche ne sonnera, aucune sainte messe n'aura lieu où le pied banni de cet empereur s'est posé, lui qui a conclu un traité insultant avec les incroyants, qui a dépouillé l'Église de son privilège illustre d'appeler au combat contre les incroyants pour le Saint Sépulcre ! Maudit soit celui qui se tient au côté de l'empereur banni, maudit chacun de ses pas, maudite son amitié avec les mécréants, avec leur faux prophète ! »

La voix perçante résonne jusque dans la cour. C'est la voix de la haine qui a dévasté ce pays depuis plus d'un siècle. Toutes les images horribles des luttes des peuples pour ce tombeau resurgissent. Les émirs et les guerriers arabes ont l'affreux souvenir transmis de génération en génération de la première armée de croisés attaquant Jérusalem et massacrant la population islamique à tel point que le sang dans les ruelles atteignait les articulations des jambes des chevaux. Chez les croisés se réveillent toutes les choses effrayantes qui leur sont racontées sur la cruauté des mahométans, les cachots secrets où l'on torturait les prisonniers, la barbarie sanglante des Turcs. Naturellement, les deux groupes se sont séparés. Lorsque le patriarche acheva sa discussion venimeuse et perçante, l'un des chefs de cavalerie kurde hurle vers la fenêtre l'une des malédictions arabes les plus vulgaires qu'utilisent les âniers et les chameliers. Déjà ici et là, les mains se portent aux armes. Lorsque le patriarche suivi de ses ecclésiastiques avance vers la porte de la cour, les guerriers d'Occident et d'Orient forment comme une haie, les uns à sa gauche et les autres à sa droite. Mais le patriarche lève la croix sur sa poitrine face aux guerriers de l'empereur : « Bénis sont ceux qui n'ont de cesse de lever leur épée contre les incroyants ! »

Une étincelle minuscule suffirait à ce moment pour faire se déchaîner les deux troupes l'une contre l'autre. Lorsqu'arrive sans armes, dans son vêtement de soie multicolore, avec seulement un petit poignard léger au côté, l'un des valets de l'empereur. Presque involontairement, les regards se tournent vers lui. Un Arabe, le jeune messager qui apporta la lettre à l'empereur, marche vers lui. Les deux hommes se saluent, l'Allemand un peu plus gauche que l'autre qui a grandi sous le climat de l'Orient : « Tu te rappelles que tu m'as donné du pain et de l'eau dans votre tente lorsque j'ai chevauché vers votre empereur !

— Ce ne fut que peu de choses, mais que cela soit un signe de paix ! » dit l'autre, retrouvant rapidement ses connaissances linguistiques.

La tension est donc tombée. Les mains quittent les aimes – comme si l'esprit des deux hommes qui discutent là-haut ou qui peut-être sont absorbés déjà depuis longtemps dans une conversation amicale et profonde se transmettait à la troupe.

Le grand émir Said se dirigea aussi vers le valet : « Je veux aussi te remercier que tu aies reçu mon fils comme un hôte. Ma maison est la tienne, elle t'est ouverte pour toujours.

— Je me réjouirai de pouvoir la voir — l'empereur dit que nous pouvons nous fier à votre amitié, malgré les différences de croyance. »

L'émir lève un peu les sourcils, peut-être surpris que le jeune homme aborde des questions si graves avec lui. Ensuite, il fait signe à l'un des plus vieux chevaliers teutoniques et dit : « Cet homme de ton armée dit aussi que l'empereur veut mettre un terme aux luttes de croyance ! »

L'Allemand aux cheveux gris incline la tête : « Sans préjudice naturellement pour la vérité de notre foi, qui nous est révélée par Jésus-Christ.

L'émir le contemple, réfléchit un moment : Tu sais que notre foi nous est aussi révélée, même si elle l'a été plusieurs siècles après votre Christ.

— Vous savez, dit l'Allemand, que nous possédons la parole de Dieu écrite dans la Bible.

L'émir sourit légèrement : Vous savez que nous possédons par écrit la parole de Dieu dans le Coran — comment voulez-vous démontrer que vos révélations et votre message sont exacts ?

— Nous le croyons, émir ! Nous croyons que nous possédons l'exact message de Dieu !

— Nous le croyons aussi, seulement, notre message divin est plus récent. Tu as vécu suffisamment longtemps dans ce pays et tu sais que tout ce que vos prêtres racontent sur notre prophète sont des mensonges, qu'il fut plutôt un homme estimable réellement persuadé à l'époque de sa vie que Dieu lui parlait. Comment veux-tu démontrer que nous n'avons pas la juste parole ? »

Le vieux chevalier le considère, pensif. Oui, c'était exacte — et on ne pouvait simplement repousser cette objection par des rebuffades sonores sur les « faux prophètes » comme le firent volontiers les prédicateurs, peut-être avait-il aussi raison ? Dieu aurait donc parlé deux fois ? Finalement, le vieux chevalier se ressaisit : « Alors Dieu a dû parler effectivement, puisque tu invoques Dieu et moi également, et que nous avons chacun un livre saint et une révélation qui nous est propre.

— Dieu a parlé à ma façon de ressentir les choses, dit l'émir. Tu connais ce pays. Lorsque l'homme est seul dans le désert, il entend des voix dans le sable et le vent, il les entend en lui-même. Et lorsqu'un homme est élu, alors Dieu l'appelle à sa vue et lui parle de la solitude du désert et le fait participer à ses mystères qu'autrement il ne peut découvrir. Car vois-tu, l'homme est minusculement petit devant Dieu, un grain de poussière dans la main de l'Éternel. Il ne peut savoir ce qui est bien ou mal. Mais dans la solitude du désert, dans le grand isolement, Dieu l'appelle à lui, lui qui est un véritable prophète. Et ainsi, il a aussi donné sa vérité par miséricorde à un mahométan – que son nom soit loué –, qui était un homme comme nous. Il lui a révélé ce que l'homme ne pouvait savoir ; car personne n'est grand en dehors de Dieu. »

Il y eut beaucoup de hochements de têtes enthousiastes dans le cercle des hommes de guerre arabes, comme si l'émir de grande taille avait exprimé ce que tous ressentent.

Les deux hommes se considèrent, le jeune Arabe a une expression émue sur son visage.

Le vieux chevalier a réfléchi : « Nous ne le ressentons pas ainsi. Nous n'avons pas de désert et nous n'y entendons pas non plus de voix ; nous n'avons pas de sables morts, de vent mort. Tout vit chez nous. La graine vit dans la terre, encore sous la neige, au printemps, la forêt est verte là-bas en Allemagne, le champ est verdoyant, toutes les fleurs éclosent ; en été, les champs de blé frémissent, en automne la forêt est rouge foncé mais tout vit toujours en nous. Dieu se trouve aussi dans les plus petites graines de semence. Dieu est dans la forêt et dans l'année, il est dans toutes les choses qui portent la vie. Dieu est aussi en nous. Tu vois, je ne suis même pas un prêtre, je dis seulement ce que je pense. En chaque homme se trouve une petite étincelle de Dieu. L'homme n'est donc pas du tout petit, mais petit et grand à la fois. Il est une partie de Dieu... Mais comment puis-je t'expliquer cela ? – Dieu est précisément tout ce qui vit, il est dans notre conscience, dans notre cœur.

L'émir le considère très pensivement : Dieu est le créateur de toutes choses, ainsi pourrais-je résumer tes pensées. Mais je sais que je te ferais ainsi du tort. Plus au nord, en Perse, j'ai rencontré beaucoup d'hommes qui professent la foi de notre prophète et pourtant pensent comme toi. Il y avait beaucoup de blonds parmi eux ; peut-être que les peuples aux cheveux clairs pensent tous comme toi. Mais est-ce que tout ce que tu m'as dit se trouve dans la Bible, et qu'enseignent les prêtres par rapport à cela ?

Le vieux chevalier le regarde étonné, surpris et un peu décontenancé. J'ai exprimé seulement la façon dont je me représente Dieu et comment je le ressens – non, nos prêtres n'en disent pas grand-chose !

— Alors vous avez donc deux fois — d'une part vous êtes chrétiens ; mais si vous voulez être fidèles à vous-mêmes, vous devez penser tout à fait différemment et vous avez une deuxième foi. Voyez, c'est la différence entre vous et nous. Vous êtes partis conquérir le Saint Sépulcre et avez toujours voulu y croire dans la bataille — mais votre cœur s'est toujours rapproché de l'autre foi. Nous avons une foi provenant du meilleur homme de notre peuple dans laquelle Dieu nous parle réellement comme nous Le ressentons et nous Le comprenons ; pour cette raison toutes vos armées ont été incapables de nous ravir ce pays. On ne peut convaincre qu'avec son propre Dieu. »

À ce moment, l'empereur et le sultan passent la porte de la maison — les discussions s'arrêtent et les guerriers les saluent.

Une lumière émane des visages des deux souverains. En accompagnant le sultan jusqu'à la porte, Frédéric II dit encore une fois : « Il y a plus de piété dans les mathématiques que dans tous les patriarches de Jérusalem et les derviches qui pesteront maintenant contre toi. Les mathématiques sont éternelles et valent pour tous les peuples — mais Dieu parle cependant à chaque peuple dans sa langue.

Le sultan hoche la tête : Puis-je dire quelque chose et savoir si cela ne te blesse pas ? Pourquoi vos prêtres parlent à votre peuple en latin et pourquoi le pape ne pourra jamais être un gibelin ?

L'empereur sourit : Oui, c'est un monde à l'envers. Les prêtres doivent chercher la paix de Dieu et prêchent la guerre des religions, mais les souverains qui devaient conduire les guerres de religion, concluent la paix à leur place, s'occupent de mathématiques et se demandent pourquoi il y a tant de conceptions différentes de Dieu. »

Mais dans sa chambre, le patriarches' assied et écrit au pape : « Et d'une telle relation blasphématoire avec les Sarrazins ne peut rien sortir d'autre que le doute. C'en est déjà à un tel point — c'est terrible à dire ! — que les hommes partis libérer le Saint Sépulcre, se demandent aujourd'hui si la révélation de Mahomet n'est pas préférable à celle du Christ, ou même si les deux révélations sont justes ou non, ou même horreur suprême – dans les combats ils en appellent à la raison et laissent celle-ci décider quelle religion est la meilleure. Saint Père, je vois avec effroi un nid d'hérésie surgir de ce pays, je ne peux m'imaginer qu'avec crainte ce qu'il adviendra de Toi, de Ta puissance et de Tes rentes si se trouve propagé cet appel à la raison, et même la terrible doctrine erronée disant que chaque peuple vit son dieu à sa manière... »

Une race est une unité du corps et de l'âme, de qualités physiques et spirituelles. Le sentiment religieux le plus profond d'un homme est, en dernière fin, conditionné par sa race. C'est donc pour cette raison que l'on ne peut pas du tout contester la valeur des religions pour les membres de différentes races. Il faut simplement que chaque peuple vive en conformité avec son espèce. Le danger réside uniquement dans le fait qu'une religion universaliste revendique le pouvoir de violenter spirituellement des hommes de différentes races et de fanatiser un clergé ambitieux dans des desseins souvent très laïcs.

SS-Stubaf. Dr Johann v. Leers

Cahier de la SS n°1. 1944.

Les Cosaques

Vestiges germaniques à l'Est

L'histoire des Russes est souvent pleine de lacunes parce que les historiens étaient tenus aux ordres et aux consignes soit des maîtres tzaristes, soit des tyrans soviétiques. C'est ainsi que les historiens russes affirmaient que les Ostrogoths sont partis vers l'ouest après la mort d'Ermanerich. Ils ne connaissent pas les trois batailles des Goths et des Colches contre les Huns dans la région de Colchide, le fait est qu'une grande partie des Goths demeurait encore loin dans la région du nord du Caucase et dans le Caucase même. Ils étaient si affaiblis qu'ils ne fondèrent plus d'État. Un mémoire des Colches dit que plus tard un Goth devint évêque de l'Église orthodoxe de la Colchide. Melanchton rapporte aussi que des témoins lui ont raconté que les Turcs trouvèrent une Gothie dans les environs de Colchus, lors de la conquête de la Crimée. Il dit en outre que les habitants de ce pays parlent une langue germanique. Ainsi, il est prouvé que les Goths sont partis seulement en petit nombre vers l'ouest après la mort d'Ermanerich.

Les Varègues et les Vikings ont fondé l'Empire de Kiev. Vers l'an 1000, une partie de ceux-ci alla vers le sud-est et créa vraisemblablement la principauté de *Tumtarakan* sur la mer Noire. Ces hommes du Nord ont pénétré de force dans l'Empire byzantin. Le prince Mistislav de Tumtarakan nous apprend qu'il soumit les Cosogues (Cosaques) vers 1022 et que les Cosaques se mélangèrent avec les habitants de Tumtarakan. Il existe aussi à cette époque l'Empire des Kazars dans la région située à l'est de la mer Noire. Dans les vastes espaces où les peuples de l'est mongol luttèrent souvent contre l'ouest aryen, où se rencontrent la race nordique et la race dinarique, le Russe pense avoir effacé toutes les traces des peuples germaniques comme les Baskares, les Skires, les Ruges, les Goths et les Normands. Ce n'était pas le cas.

Au IIème siècle, les Cosaques surgirent dans la région de Zaporogue et sur le Don. Qui sont leurs ancêtres ? On ne le sait pas. Les historiographes russes affirment parfois que ce serait une pure tribu slave, ou que ce sont les descendants des Huns ou des Petchènes – mais les caractéristiques raciales externes nous indiquent que nous avons affaire ici à un peuple mélangé de Nordiques et de Dinariques. Il est certain que ces restes de peuples germaniques qui disparurent dans la steppe, se mêlèrent aux Tchetchènes slaves et à d'autres peuples aryens caucasiens. Ce peuple de cavaliers combattants de la steppe, repoussant tous les envahisseurs, entreprend aussi volontiers des razzias dans d'autres pays.

Les Cosaques durent subir de dures représailles après l'assaut des Mongols. Une partie d'entre eux s'enfuit dans les montagnes, une autre partie se rendit chez les grands-ducs à Moscou où ils vécurent dans des forteresses (Gorodnoje) ou en tant que Cosaques libres (Wolnje).

Un auteur génois raconte qu'au xv• siècle les Cosaques, appelés Brodnikis par les Turcs, parlaient une langue mélangée. Cela ne coïncide pas avec le fait qu'ils auraient depuis toujours parlé l'ukrainien ou le russe. Dans les querelles entre la Pologne, Moscou et la Turquie, on les trouve tantôt du côté de Moscou, tantôt du côté de la Pologne. Il arrive aussi qu'ils combattent seuls contre les Turcs.

En 1654, le tsar réussit à gagner les Cosaques du Don grâce à un traité d'amitié. Ils obtinrent des droits et des privilèges particuliers et, depuis lors, mènent une vie qui a beaucoup de similitude avec celle du paysan soldat germanique. Ces paysans soldats libres de la steppe ne prirent pas seulement plus d'une caractéristique de la chevalerie occidentale, mais aussi des princes aryens du Caucase. Ils furent toujours en lutte contre les peuples envahisseurs de l'est de l'Asie Intérieure et protégèrent l'Europe occidentale à une époque où celle-ci s'affaiblit elle-même dans les luttes religieuses (les croisades, la Réforme, la Contre-réforme).

En dehors des Zaporogues et des Cosaques du Don, existent aussi les Cosaques du Kouban, du Terek, des montagnes, d'Orenbourg, de Semir, de Sibier, de Saheikul, du Iénissei, de l'Ousour et de l'Amour.

Les Cosaques vivent dans des villages fermés et les nomment stanizas. Une petite colonie s'appelle chuter, plusieurs chuters peuvent se réunir en une staniza. Au sommet d'une staniza se trouve l'ataman. Il est choisi dans une assemblée d'hommes. En signe de son rang, lors d'occasions solennelles il porte un sceptre en argent sur lequel est sculptée une tête de mort. À l'époque des tsars, les mots suivants ont été gravés sur le sceptre : « Pour Dieu, le tsar et la patrie ! » Dès que l'ataman levait son sceptre lors d'un rassemblement, il donnait ainsi à entendre que le silence devait se faire. Les Cosaques ont librement obéi à cet ataman élu. Les grandes décisions concernant la tribu sont prises lors des rassemblements populaires des hommes. On discute de la guerre et de la paix, d'attribution de terres, mais on rend aussi les jugements. Trois Cosaques se tiennent comme conseiller, secrétaire et trésorier aux côtés de l'ataman, et dix Cosaques armés forment les policiers. Il se charge aussi de juger les fautes bénignes. L'honneur et la fidélité sont les principes fondamentaux, non seulement enseignés dans la famille, mais aussi au jeune soldat. Les voleurs sont exclus de la communauté. Les femmes n'ont pas accès aux réunions populaires.

Les femmes s'occupent du ménage et sont l'objet d'une grande considération. Une sévère sélection est effectuée lors du choix de l'épouse. Quand un Cosaque veut se marier, il ne peut épouser qu'une Cosaque, ou alors il doit voler de jolies jeunes filles d'un peuple caucasien voisin. Quand il prend une Cosaque, le père de la jeune fille doit donner son consentement au mariage. Il n'y avait pas de divorces. Quand une femme était infidèle, elle était punie par son propre mari. Dans ce cas, il avait le droit de la battre. Le Cosaque ne pouvait pas contracter de mariage avec des Mongoles, mais aussi par la suite avec des Juives. Lors des fêtes comme les noces, on pouvait boire durant des journées entières. Généralement, le couple était accompagné à l'église par les camarades à cheval.

Après leur conversion, ils adhérèrent à l'Église orthodoxe. Ils vivent strictement suivant les règles de leur foi ; lors des fêtes de Noël et de Pâques, ils je0nent, c'est-à-dire qu'ils ne mangent ni lait ni viande durant de longues périodes. Ils sont les défenseurs de l'Église. À 19 ans, les Cosaques de Zaporogue, du Don et du Terek étaient rassemblés dans un camp militaire se trouvant sur une île. Un ordre et une discipline sévères y régnaient. Les Cosaques de Zaporogue avaient leur camp militaire sur l'île de Kortiza, les Cosaques du Don sur l'île du Don, dans les environs de la ville de Novotcherkask ; Les Cosaques du Terek sur l'île de Tchetchen (embouchure du Terek dans la Volga). Les Varègues normands se retrouvaient aussi dans ces camps militaires. L'armée familiale des Cosaques est aussi germanique.

À l'époque du tsar, le Cosaque de 19 ans se présentait pour le service militaire. Lors de l'inspection, il était dirigé suivant son degré d'aptitude soit vers la cavalerie, soit vers l'artillerie ou encore l'infanterie. Il prenait part à une formation de neuf mois. En décembre de la même année, le jeune Cosaque riche entrait dans son régiment avec un cheval, une selle et une épée. Il devait les fournir à ses frais. Le Cosaque pauvre entrait soit dans l'infanterie, soit dans un régiment de cavalerie avec une épée. Il y recevait aussi un cheval et une selle, un manteau, deux uniformes, trois assortiments de linge, une casquette, un fusil, un pistolet et une épée.

L'équipement était toujours vérifié par des commissions militaires. Le service actif durait trois ou quatre ans. Le régiment se divisait en centuries (centuries germaniques). Elles étaient assemblées suivant les couleurs des animaux. Une grande importance était accordée à la discipline et à la camaraderie. Des prix étaient distribués pour les performances en équitation et en tir. Les plus méritants allaient dans les écoles d'officiers. Après la période de service actif, le soldat retournait à la maison. Après cinq ans dans la réserve où il devait souvent se présenter avec son équipement, il allait dans la deuxième réserve. Alors il avait le droit de vendre son cheval.

Après le service militaire, il avait le droit d'apparaître armé lors des rassemblements des hommes, et pouvait aussi voter. Il avait aussi le droit de demander une terre et devenait ainsi un paysan indépendant. Il pouvait disposer comme il voulait du surplus de ses revenus. Lors des rassemblements populaires, l'ataman devait faire un compte rendu sur la propriété commune de la communauté villageoise. Comme chez les tribus germaniques, il existait aussi un bien communautaire : les pâturages, l'étalon, le taureau du village, la pêche et la chasse.

Ils avaient aussi une école commune. Les enfants de peuples étrangers ne pouvaient pas aller à l'école cosaque. La propriété commune était administrée par l'ataman. Durant ses loisirs, le Cosaque s'occupait volontiers de chasse et de pêche.

Comme on l'a déjà dit plus haut, les Cosaques de Zaporogue avaient leur camp militaire sur l'île de Kortiza. Pour des raisons politiques, ils furent déplacés par Catherine II et établis sur la mer Noire où, depuis, ils s'appellent les Cosaques de la mer Noire ou du Kouban. Par égard pour cette grande impératrice, ils fondèrent la ville d'Iékatherinenbourg (aujourd'hui Krasnodar), où ils érigèrent un monument en son honneur. Les Cosaques ne recevaient pas seulement des privilèges économiques de la part du tsar, mais aussi militaires. Ils représentaient la garde du corps du tsar. Les hommes les plus grands, les plus forts et les plus beaux furent choisis pour cette unité. L'un de ces fidèles reçut aussi l'ordre de garder les enfants du tsar. Aujourd'hui encore les Cosaques montrent avec fierté la photo d'un Cosaque du Kouban avec l'ancien fils du tsar.

Les Cosaques du Don avaient leur camp militaire sur l'île du Don. Ce n'est qu'en 1624 que le tsar conclut des contrats d'amitié avec les Cosaques du Don, puis, plus tard, avec les autres Cosaques au sujet desquels on peut remarquer qu'ils sont réellement des paysans et des guerriers libres. Ils devinrent les plus fidèles défenseurs de l'Empire tsariste.

Les Cosaques du Terek vivaient sur le Terek et avaient leur forteresse militaire sur l'île de Tchetchen. Ils ne voulurent pas se soumettre au tsar Ivan Net, pour cette raison, furent attaqués par lui sur leur île. Après de durs combats, ils cédèrent face à la supériorité adverse. Les survivants s'enfuirent dans les montagnes et se nommèrent donc les Cosaques de la montagne. Peu de temps plus tard, ils reconnurent le tsar qui les envoya lutter contre les Tatars. Après une victoire sur ces derniers, il leur donna l'autorisation de retourner s'installer dans les plaines. Pour augmenter leur nombre, il fit installer mille familles de Cosaques du Don et cinq-cents familles des régions de la Volga sur le Terek.

Il n'y a pas de très grande différence entre les us et coutumes et le mode de vie de chaque tribu. Les coutumes sont adaptées aux particularités provinciales. Comme traits de caractère on peut citer le courage, la bravoure, un grand sens de l'honneur et la fierté. La démesure et l'inconsistance sont les défauts des Cosaques. Une grande hospitalité est une particularité remarquable chez eux. Personne n'est mis à la porte. Si un visiteur trouve un objet extraordinairement beau, alors on le lui donne. Les Cosaques des montagnes et de l'Oural se sont adaptés aux conditions de vie de la montagne. Toutes les tribus des Cosaques proviennent des Cosaques du Don, du Kouban et du Terek. Les tsars implantaient des Cosaques partout où l'Empire était menacé par des ennemis ou quand des conquêtes devaient être faites. Les Cosaques ont largement participé à la conquête de l'Asie orientale et occidentale. Comme troupes de choc, ils envahirent les pays ennemis, s'y installèrent et fondèrent des petites forteresses, les « Ostrogi » et ensuite pacifièrent le pays. Ces troupes de choc s'élevaient de cinquante à cent hommes et se nommaient une centurie. Le commandement du peuple étranger était destitué, le reste de la population vaincu et politiquement mis au pas. Mis à part leur caractère de guerriers, les Cosaques font faire leur travail agricole par les serfs qu'ils ont reçus du tsar. À l'apogée du servage, ils accueillirent un afflux de paysans fuyant de toutes les régions de l'Empire. Ceux-ci furent admis dans la communauté de la tribu après la prestation de serment. Lors du rassemblement stanize, on leur donnait aussi des terres. Le tsar fit établir des soldats à la retraite dans les régions cosaques pour renforcer l'implantation des Cosaques. En 1835, les Cosaques du Don furent contraints de demander au tsar un ukase qui promulguait l'interdiction de coloniser ultérieurement dans la région des Cosaques du Don.

Après l'effondrement de l'Empire des tsars, les Cosaques combattirent pour une république libre. En 1917, ils la proclamèrent dans l'espace nord du Caucase. Les bolchevistes tentèrent par tous les moyens de détruire l'Empire nouvellement fondé. Après quatre ans de combats, les

Cosaques furent vaincus par les bolchevistes. Ils racontent que les commissaires juifs auraient traité le peuple de façon cruelle. Ceux qui survécurent furent envoyés dans l'intérieur du pays ou au bagne. En 1929, les Cosaques se soulevèrent encore une fois et devinrent des contre-révolutionnaires. Ils refusaient la kulakisation. Le soulèvement fut écrasé. Ils durent abandonner leur indépendance ainsi que leurs particularités au profit de l'État bolcheviste. L'irruption de la guerre en 1941 a incité les bolchevistes à rendre aux Cosaques leur indépendance. Désormais, ils peuvent de nouveau porter leurs costumes et leurs armes, et ils ont une personnalité nationale. On espérait ainsi gagner ces courageux guerriers. Mais la plus grande partie des régiments cosaques a saisi la première occasion pour passer du côté des Allemands en espérant ainsi remporter la victoire avec eux. Ils rêvent aussi qu'après la guerre, il leur sera permis d'édifier un État indépendant sous la direction des Allemands.

C'était bien le sang germanique qui motiva les paysans-soldats amoureux de liberté à faire cette démarche.

Je n'ai jamais entendu parler du droit matriarcal slave ni des coutumes slaves ou même hunniques chez les Cosaques. Dans aucun récit on ne trouve de particularismes étrangers.

N'existe-t-il pas d'analogie entre la description des Chattes germaniques et des Cosaques quand Tacite dit de ceux-ci : « Chez cette nation, corps plus durs, membres nerveux, visage menaçant et plus grande vigueur d'âme. Pour des Germains, beaucoup de raisonnement et d'habileté : prendre pour chefs des hommes d'élite, écouter leurs chefs, garder leurs rangs, reconnaître les occasions, différer leurs attaques, ordonner leurs journées, fortifier leurs nuits, tenir la chance pour incertaine, la vertu pour sûre, enfin, ce qui est très rare et n'a été accordé qu'à la discipline romaine : attendre du chef plus que de l'armée. »

ANNALES N° 1. JANVIER 1944.
EDITION DE LA BRIGADE SS WALLONIE.

LES BÂTONS DE BOURGOGNE

Bien avant leur arrivée aux Pays-Bas, les ducs de Bourgogne avaient comme emblème des bâtons croisés en forme de croix de saint André. Ce choix d'une telle croix n'avait pas été fait à la légère, mais bien en opposition avec celles des Rois de France et des Anglais, la Croix de Saint-Denis et celle de Saint-Georges.

Un saint patronnait les ducs de Bourgogne : Saint André. Était-ce là une preuve de cléricalisme ? Non. Car chaque pays a son saint-patron.

C'est avec Philippe le Hardi que nous voyons pour la première fois les bâtons de Bourgogne dans nos provinces, bâtons qui devinrent noueux sous Jean sans Peur. Depuis lors ils restèrent le symbole des provinces de l'Ouest et cela notamment sous l'Empire. Nos deux premières pages d'illustration sont un exemple de la façon dont les bâtons noueux étaient considérés. Ces pages extraites du magnifique manuscrit de la Toison d'Or, propriété de M. Léon Degrelle, montrent les armes de Charles Quint dans lesquelles on peut distinguer quatre fois les bâtons noueux et les briquets de la Toison d'Or, et d'autre part un portrait du même empereur. Sur son vêtement d'apparat, il porte les bâtons brodés ; son col s'orne d'une guirlande de briquets et de la Toison d'Or.

On sait que les villes de Wallonie ne furent jamais faciles à gouverner et souvent les ducs de Bourgogne durent sévir contre elles. Cependant, de leur plein gré, elles inscrivirent sur leurs monuments les bâtons noueux. Nous ne pouvons citer plus bel exemple que celui que l'on peut contempler dans Liège, la ville indisciplinée par excellence. Dans la vieille cheminée de l'hôtel de ville, le vieil emblème des ducs de Bourgogne fut fièrement gravé.

Sous l'Empire, de nombreux Wallons se mirent au service armé de l'Empereur. Le Prince Eugène, glorieux par plus d'une bataille, n'était pas peu fier de combattre avec, à ses côtés, les drapeaux militaires à la Croix de Bourgogne, mêlés aux drapeaux portant l'aigle. Toujours les Wallons eurent les bâtons noueux sur leurs drapeaux militaires et l'on peut voir à la suite de la page 84 des Batailles du Prince Eugène, éditées à la Haye, une grande planche représentant le Prince au combat à côté d'un drapeau à la Croix de Bourgogne lors de la bataille d'Audebarde.

D'autre part, les pièces de monnaie de l'Empire frappées pour les provinces occidentales, de Charles V à Joseph II, furent régulièrement marquées des bâtons noueux en même temps que de l'aigle.

À la Révolution française, des milliers de Germains de nos provinces se révoltèrent par fidélité à l'Empire contre la France jacobine. Leurs étendards portaient la Croix de Bourgogne rouge sur fond blanc.

Ainsi donc, les derniers soldats wallons fidèles à la Communauté Germanique, résistèrent héroïquement à l'invasion française sous les plis des vieux drapeaux aux bâtons noueux.

Jamais nos provinces n'eurent d'autre symbole. Il fallut les entreprises forcenées de la propagande française pour faire oublier à certains les bâtons noueux et pour qu'apparût un nouvel emblème : le coq, symbole des visées annexionnistes de la France en Wallonie. Il n'apparaîtra d'ailleurs qu'aux environs de 1913 comme insigne anti-flamand et antiallemand.

Maintenant encore, c'est sous le signe des bâtons noueux de Bourgogne que se battent les meilleurs des fils de la Wallonie au côté des aigles germaniques.

Dp.

II. Histoire culturelle

Cahier de la SS n° 10. 1937.

Formation d'un groupe de travail sur l'ethnologie nationale

Les Reichsleiter Darré, Hierl, Himmler, Rosenberg et v. Schirach ont formé, début janvier, un groupe de travail concernant l'ethnologie nationale allemande.

Quels buts se fixe la formation du groupe de travail sur l'ethnologie nationale ?

Encore aujourd'hui, nos adversaires idéologiques des divers camps de la réaction comme des Églises, tentent, aussi bien de façon potentielle qu'effective, de détruire notre travail et de le dénigrer, de même que les ennemis du peuple s'attaquèrent à son héritage le plus sacré durant le dernier millénaire.

Ce groupe de travail doit agir avec la plus vive énergie pour mettre hors d'état de nuire ces ennemis. Il doit, de plus, permettre au travail ethnologique de trouver des applications au sein du Parti et de ses associations en raison de sa grande importance pour l'éducation et la formation.

Que signifie l'ethnologie nationale ?

L'ethnologie nationale, c'est « la science étudiant ce qui constitue le peuple ». Le mode de vie du peuple allemand est donc le centre d'intérêt de l'ethnologie nationale scientifique, par exemple les croyances populaires, les chansons, les danses, le langage, les coutumes, les symboles, l'ensemble des récits (contes, légendes, histoires drôles, devinettes, proverbes, etc.) l'artisanat, l'habillement (costumes), les meubles, la construction, l'habitat.

La récente science nationale-socialiste qu'est l'ethnologie nationale fonde la protohistoire de notre peuple sur les connaissances de la raciologie et de la psychologie raciale. Elle considère que l'une de ses missions principales est de soustraire le patrimoine traditionnel aux influences étrangères introduites lors du dernier millénaire.

Quelle importance a pour nous l'ethnologie nationale ?

Contrairement à la science « objective » et « absolue » du passé, nous considérons l'ethnologie nationale, non pas comme un but en soi et pour elle-même, mais dans l'optique de la conception du monde nationale-socialiste, qui est de servir le peuple. L'exploitation des résultats scientifiques sert à éduquer idéologiquement ce dernier car le patrimoine traditionnel populaire exprime et met parfaitement en évidence la conception du monde propre à notre sang.

La religiosité germanique et la croyance au Dieu nordique sont autant disséminées dans le monde traditionnel des contes, des légendes et des chants que dans celui des coutumes. On peut les distinguer dans les signes sacrés et les symboles que nous trouvons partout dans nos maisons paysannes et dans les créations de notre art artisanal.

Il ne s'agit pas du tout, en recourant à des interprétations précipitées, d'élaborer un système religieux à partir de ces restes d'une vision du monde précédente. Ce serait là suivre un processus non organique provoquant la naissance d'un nouveau dogmatisme. Mais connaître l'histoire de l'évolution mouvementée suivie par l'univers traditionnel spirituel et matériel de nos ancêtres peut aiguiser nos sens afin de nous permettre de discerner ce qui nous est propre de ce qui est allogène. Ainsi nous saisissons mieux les interactions et effets des forces spirituelles de notre peuple qui ont traversé la nuit des temps et qui s'expriment aujourd'hui de façon pure dans les fêtes des organisations combattantes du Mouvement et dans les grandes fêtes de la nation. Ces dernières expriment la nouvelle unité recouvrée par notre peuple.

La grande parole d'Ernst Moritz Arndt exprime cette volonté de concrétisation : « Être un peuple, telle est la religion de notre époque ; par cette foi il doit être uni et fort, et grâce à elle, vaincre le diable et l'enfer. Abandonnez toutes les petites religions et suivez le grand message de celui qui est supérieur au pape et à Luther, réunissez-vous en lui en une nouvelle foi. »

Les tâches pratiques d'une ethnologie nationale allemande.

Elles concernent avant tout la conception des fêtes et le style de vie quotidien. Les fêtes rythmant la vie, l'année et les grandes fêtes de la nation représentent avant tout un champ d'activité étendu pour une science consciente de l'importance de son travail national-socialiste. Étudier la préparation des soirs de fêtes dans toutes les grandes organisations du Mouvement et de l'État pose de nombreuses questions à l'ethnologie nationale. Elle détient donc une responsabilité fondamentale et doit étudier les domaines de l'architecture, de l'habillement et de la création artisanale.

SS-Ostuf. Ziegler,
directeur du bureau spécialisé de la commission de travail.
SS-Hstuf. Strobel,
responsable du service éducatif du bureau.

CAHIER DE LA SS N°3. 1944.

NAISSANCE ET FIN DU MONDE DANS LE MYTHE ARYEN

D'où viennent les mondes, les dieux, les hommes et toutes les choses se trouvant entre ciel et Terre ? Et quelle est leur destinée, avant tout celle des dieux et des mondes, même s'ils survivent à la vie terrestre de l'homme et se trouvent soumis à une grande loi cosmique ?

Telles sont les questions éternelles que s'est toujours posé l'homme, à toutes les époques et chez tous les peuples. L'étude comparative des mythes et des légendes révèle une concordance étonnante, aussi bien dans les questions que dans les réponses. Mais il ne s'agit pas simplement de constater une différence raciale dans l'étude des mythes. Pourtant, elle existe ; le mythe aryen de la naissance du monde est par principe différent des mythes chinois, babylonien ou aztèque. Quoique les représentations d'un ordre cosmique semblent, à première vue, être aussi divergentes dans l'aire raciale aryenne, il existe, malgré des différences spatiales et temporelles, une structure de base commune que l'on reconnaît. On distingue l'existence de la même connaissance d'une loi universelle éternelle dans l'expérience naissante du Nord germanique, dans celle des penseurs de l'Inde védique et dans les prières du grand Aryen mystique Zarathoustra.

Le Rig-Veda et l'Edda livrent les témoignages les plus magnifiques des mythes de la naissance du monde qui nous viennent de la sphère raciale aryenne. Près de deux mille ans avant que ne commence la perception philosophique du monde en Grèce, la sagesse aryenne indienne atteint les limites des connaissances humaines au-delà desquelles règne l'ignorance. Aujourd'hui nous ne pouvons qu'éprouver un grand respect pour la pureté impérieuse de la sagesse aryenne qui manifeste toute sa profondeur dans le dixième livre du Rig-Veda, chapitre 129 :

1. « *Autrefois il n'y avait pas le non-être, ni l'être non plus. Il n'y avait pas d'espace ni de ciel au-dessus. Qu'est-ce qui se mouvait ? Où ? Dans quelle étendue ? L'eau était-elle d'une profondeur insondable ?*

2. *Autrefois il n'y avait pas de mort, ni d'immortalité, aucune différence entre la nuit et le jour. L'Un respirait sans vent de sa propre force ; il n'y avait rien d'autre que cela.*

6. *Qui sait avec certitude, qui peut ici annoncer d'où elle est née, d'où elle provient, cette création ? Les dieux sont de ce côté de la création de l'univers. Mais qui sait d'où il provient ?*

7. *D'où est-elle issue, cette création ; si elle est créée ou non créée. Celui qui du haut des cieux veille sur elle. Celui-là le sait bien ! ou ne le sait-il pas davantage ?*

Aux yeux de la pensée chrétienne, cette dernière question pourrait sembler constituer un sévère outrage et un reniement de la toute-puissance divine. L'esprit aryen de l'Inde ne connaît pas ce genre d'entraves, ni aucune révélation divine absolue qui maudit a priori tout idée humaine relative à cela. Comme les Grecs d'Homère, comme les Germains des chants héroïques de l'Edda, l'indien se présente à ses dieux avec une fière conscience de soi et un calme presque serein. Il sait aussi que les dieux sont « de ce côté de la création de l'univers » et que, comme l'homme, ils sont soumis à un ordre du monde supérieur. Et, pour comprendre textuellement cette ultime cause du monde, il s'investit entièrement en lui-même, isolé dans les champs attirants et prometteurs de l'esprit. Il n'était pas capable non plus de définir ce qui n'existait pas au début. Mais tel un vagabond qui ne peut plus rien expliquer, il cherche et lutte pour la connaissance, explore la parole dans ses bases les plus profondes et trouve longtemps avant un Platon et un Aristote la notion fondamentale absolue : Atman et Brahman – l'un et le tout– sat et âsat – être et non-être. Ainsi, notre texte illustre de façon exemplaire le fait que l'Inde aryenne a transformé la création multiple et imagée de l'expérience poétique en une raison qui réfléchit, en une notion abstraite.

Dans l'Edda, le destin des mondes est demeuré un mythe authentique, structuré, de la prédiction profonde des Nornes et des sages voyantes aux visages imprégnés de mystère. Là où l'Inde manifeste déjà le caractère sacré d'une pensée abstraite, la prédiction de la Volva germanique enveloppe le pays nordique de son chant murmurant, où chaque mot reflète l'environnement terrestre.

On trouve certainement de multiples questions et réponses, cependant le « visage de la voyante » agit comme une puissante musique, mugissante en des accords fatals, puis chuchotant à nouveau et parlant tout bas des choses éternelles – alors qu'en Inde aryenne, le langage nu et brut est seul explicite.

L'Edda commence par la prédiction de la voyante. On peut déjà y voir l'importance qu'on lui attribuait autrefois. Les tentatives faites pour trouver dans ce poème du destin des mondes une finalité religieuse de nature étrangère ont toujours échoué. La prédiction de la Volva n'est pas une religion et ne veut pas l'être. C'est une vision de grand style, mythique, d'une époque qui savait encore retirer un enseignement de l'étude du monde extérieur, qui s'entendait à épier les multiples secrets des forêts et des mers.

La voyante exprime sa science mystérieuse d'une voix qui fait cesser tous les bruits et impose un silence solennel :

Silence je demande à tous
Les êtres sacrés,
Petits et grands
Fils de Heimdall ;
Tu veux, Valfüdr, que moi
Je révèle
Les anciens récits des hommes,
Les plus reculés que je me rappelle,

Je me rappelle les géants
Nés à l'origine,
Eux qui, il y a bien longtemps,
Me mirent au monde ;
Neuf mondes je me rappelle,
Neuf étendues immenses
Et le glorieux arbre du monde
Enfoncé dessous la terre.

C'était au premier âge
Où il n'y avait rien,

Ni sable ni mer
Ni froides vagues ;
De terre point n'y avait
Ni de ciel élevé,
Béant était le vide
Et d'herbe nulle part

Quel abîme entre « l'être et le non-être » du Rig-Veda et le « Ni sable ni mer/ Ni froides vagues » de notre poème ! Là les limites des réflexions solitaires de l'esprit, ici les traits vécus du pays nordique ! D'un côté s'exprime la première grande tentative de l'aryanité, toujours restée étrangère à cet environnement, de comprendre les choses de façon purement rationnelle ; de l'autre, le vu et le vécu se transposent en paroles mythiques et également poétiques, ce qui révèle une relation extrêmement vivante avec cet environnement. On distingue les failles particulièrement flagrantes qui ont fait suivre différents chemins à l'esprit aryen durant l'évolution.

Le mythe germanique de la naissance du monde est un témoignage immortel de l'interaction vivante existant entre l'expérience et la création. Et lorsque la voyante évoque d'abord les temps anciens du souvenir mythique, elle déploie immédiatement après devant nos yeux une image grandiose du monde qui fait la synthèse du passé, du présent et de l'avenir avec une nécessité inflexible. Les dieux et les hommes naissent, c'est une création, une construction, et « vint aussi la guerre dans le monde », un fait que l'on doit affronter héroïquement.

On a l'impression d'assister à un processus d'évolution du monde présenté comme une grande symphonie en ton majeur, mais la voyante maudit bientôt les premiers accords mineurs. Elle pressent le malheur que personne ne peut éviter. Le crépuscule des dieux et des mondes se dessine. Les dieux se préparent et les hommes aussi. D'une façon inévitable, la Volva interprète les signes infaillibles de la fin imminente :

Les frères s'entrebattront
Et se mettront à mort,
Les parents souilleront
Leur propre couche ;
Temps rude dans le monde,
Adultère universel,
Temps des haches, temps des épées,
Les boucliers sont fendus,
Temps des tempêtes, temps des loups
Avant que le monde ne s'effondre ;

Personne
N'épargnera personne.

Le soleil s'obscurcit,
La terre sombre dans la mer,
Les luisantes étoiles
Vacillent dans le ciel ;
Ragent les fumées,
Ronflent les flammes.
Une intense ardeur
Joue jusqu'au ciel.

Le crépuscule des dieux et des mondes – voici la pensée aryenne la plus hardie. Il conclue le mythe de la naissance des mondes et le début grandiose s'achève en une fin aussi puissante. L'esprit aryen ne connaît pas de monde parfait, né et ensuite s'effondrant, pas plus qu'un jugement dernier. Le monde constitue plutôt « une roue tournante sur elle-même » symbolisé par la croix gammée. Les textes védiques nomment souvent l'ordre cosmique « la grande roue du devenir » qui roule irrésistiblement en suivant le destin. La décadence des dieux et du monde n'est pas non plus la fin ultime qui se poursuit par une vie dans un au-delà éternel.

Depuis Nietzsche, la notion de « l'éternel retour de toutes choses » traduit une grande pensée en devenir. L'enseignement du retour trouve sa forme la plus sublime dans la Völuspa. Oui, le crépuscule des dieux est tout à fait absurde sans un nouveau matin des mondes dans l'optique germanique. La transformation victorieuse des mauvais en bons s'accomplira lorsque « les mauvais deviendront meilleurs et que Baldr reviendra ». La certitude aryenne la plus sacrée veut que la lumière triomphera finalement des ténèbres, le bien du mal. Elle trouva sa manifestation atemporelle dans l'enseignement du grand Perse aryen Zarathoustra lors d'une époque illustre.

Fritz Reich

Cahier de la SS n°3. 1938.

Vision germanique du ciel

Depuis des millénaires, la Terre tourne autour du Soleil, des étoiles et porte l'humanité devenue consciente de son existence propre. Et elle le fera encore durant des millions d'années, mais ce n'est que depuis à peine un million d'années que les yeux humains se tournent consciemment vers le Soleil et les étoiles les plus proches de « leur ciel ».

À part l'adoption d'un type de vie extrêmement simple, nous ne connaissons rien des premières lignées humaines se développant il y a des centaines de milliers d'années. Ce n'est que vers 100 000 ans avant J.-C. que les traces de leur migration terrestre deviennent distinctes, et vers 30 000, 20 000 ans avant notre ère nous commençons à trouver quelques détails. Cependant, ce n'est que vers 10 000 ans que l'homme apparaît sous *la lumière de l'Histoire* et, dès cette époque, nous commençons à mieux le connaître, ainsi que sa vie quotidienne et spirituelle et aussi ses rapports avec les astres. Car après l'assurance des besoins quotidiens, il n'y a rien auquel l'homme serait plus intimement et originellement lié qu'au Soleil et aux étoiles. Les poètes, qui expriment le conscient populaire, chantent et parlent toujours des étoiles. L'homme apprit à toujours mieux les connaître et il se créa son image du monde, son *image du ciel*.

Les astronomes nous décrivent ces visions terrestres et célestes des peuples – que ce soient les Grecs, les Romains, les Égyptiens et les Babyloniens. Nous trouvons des ouvrages d'astronomie très détaillés des cinquante dernières années - l'astronomie des Arabes n'est pas non plus absente – seulement, il n'y a rien sur la vision céleste des Germains ! À la rigueur quelques remarques sur le site de *Stonehenge*, parce qu'un astronome anglais a écrit quelque chose là-dessus- mais là aussi les savants ne furent pas longtemps d'accord.

Dans la littérature spécialisée, on trouve une nouvelle histoire très approfondie de l'astronomie, qui, sur six-cent-cinquante pages, consacre sept pages à l'astronomie des Germains. L'auteur y fait des affirmations telles que : « Les Germains apprirent des Romains l'usage du mois et de la semaine de sept jours », et dans le reste, ne fournit prudemment que quelques maigres renseignements. Des œuvres de jeunes chercheurs les contredisent, mais on ne va pas loin quand par exemple l'un d'eux soutient le point de vue suivant :

« Dans les sites d'origine des Germains, en Allemagne du Nord, au Danemark et dans le sud de la Suède, le temps a à peine varié par rapport à l'âge du bronze, à l'âge de fer et plus tard. Le plus souvent, à cause du ciel couvert et des pluies fréquentes, il est exceptionnel de pouvoir observer chaque nuit le ciel et ses manifestations et de constater des changements, hormis chez un corps céleste aussi clair et brillant que la Lune. »

Non, on ne peut accréditer cet avis parce que le ciel de l'âge du cuivre (vers 5000 à 2000 avant l'ère chrétienne) et celui de l'âge du bronze (vers 2000 à 500 avant J.-C.) étaient différents du ciel de l'âge du fer (de -500 à aujourd'hui, où l'âge du métal léger a déjà commencé). Car une ère chaude plus ensoleillée et moins pluvieuse, a progressivement, depuis -3000, cédé la place à un climat plus froid et plus pluvieux.

C'est précisément au début de l'âge de fer que disparurent les modifications climatiques et que s'instaura la situation que l'on connaît encore aujourd'hui. On ne peut ignorer ce fait. Donc, pendant l'âge de bronze et bien avant, a régné dans l'espace germanique au début du néolithique un climat essentiellement plus favorable, surtout pour l'observation du ciel.

Les dessins rupestres du sud de la Suède nous décrivent la pluviosité durant toute cette époque.

Ces gravures se rapportent principalement à l'observation du Soleil et aux fêtes solaires. Leur richesse indique qu'un examen minutieux et constant du ciel a été effectué et ne concerne pas seulement la période diurne. On ne peut s'intéresser à l'année solaire, à ses causes et ignorer le ciel nocturne ! En effet, les traces d'une connaissance astronomique datant de cette époque nous confirment tout à fait cela.

Si nous revenons de onze siècles en arrière, nous pouvons lire la prière du cloître de Wessobrunn :

Dat gafregin ih mit firahim firiwizzö meistä,
da ëro ni was noh ufhimil...

Cela me paraissait être la sagesse des hommes la plus profonde,
Qu'autrefois ni la terre n'existait, ni le ciel au-dessus,
Encore aucun arbre, aucune montagne,
Pas d'étoile luisant ni de soleil resplendissant
La Lune ne brillait pas, la mer n'existait pas.
Le néant régnait-il n'y avait ni fin ni devenir...

Gravure du Moyen-Âge
« Que je connais le monde dans sa nature la plus intime ».
Goethe

Viennent encore trois autres versets dans lesquels « le dieu tout puissant est appelé le plus clément des hommes », attitude purement germanique et totalement non chrétienne envers Dieu ! Là-dessus, la prière proprement dite se termine par de la prose. Malgré le remaniement chrétien à la fin de la prière, une trace de tradition brille dans cette première partie par sa description spirituelle qui laisse songeur. Cela devient encore plus frappant lorsqu'on fait une comparaison avec l'*Edda* et sa *Völuspa* plus récente de trois siècles :

C'était au premier âge
Où il n'y avait rien
Ni sable ni mer
Ni froides vagues ;
De terre point n'y avait
Ni de ciel élevé,
Béant était le vide
Et d'herbe nulle part.

Dans les deux poèmes, la description est équivalente, donc qu'autrefois « il n'y avait pas de terre, ni de ciel au-dessus. » Par ailleurs, nous trouvons aussi la même chose dans la prière de Wessobrunn lorsqu'elle dit qu'il n'y avait pas d'arbre tandis que la Völuspa rapporte que le vert – littéralement l'herbe – n'était nulle part. L'Edda, de même que la prière de Wessobrunn, furent transcrites par une main chrétienne et on pourrait généralement penser que cette concordance dérive peut-être d'une conception chrétienne. Mais nous avons encore d'autres sources indo-germaniques qui sont largement plus anciennes – de presque 3000 ans. Ainsi dans le Rig-Veda il est dit :

> Autrefois il était (l'univers),
> Ni non-être ni être ;
> Il n'y avait pas d'espace
> Ni de ciel au-dessus...

Dans la deuxième moitié des lignes du Rig-Veda, on constate une concordance presque littérale avec les deux autres textes. On reconnaît donc le paganisme germanique. Les mots du Rig-Veda de l'être et du non-être sont parfaitement équivalents et analogues aux lignes dernièrement citées de la prière de Wessobrunn.

Cette prière fut écrite vers 800 dans un cloître bavarois et l'Edda date du Xème siècle. Mais le passage de la conception du monde germanique commune correspond à l'époque germanique et, comme le Rig-Veda nous le prouve, remonte à des millénaires en arrière. Mais même la tradition transcrite dans le Rig-Veda fut introduit en Inde en provenance de la patrie originelle et ne semble pas avoir été créé en Germanie immédiatement avant le départ des migrants vers l'Inde. Donc, cette idée de création du monde est certainement encore plus ancienne.

Voici comment nos ancêtres se représentaient l'état original et la naissance de l'univers et de la Terre. Suite à cela, on peut aussi mentionner le récit postérieur de la création dans l'Edda. Citons une strophe du *Wafthrudnismal* qui raconte le destin du géant des origines, *Ymir*. Il avait été tué par *Odin* et ses frères, les fils de *Burr*, et il est dit plus loin :

> De la chair d'Ymir
> La terre fut façonnée,
> Et de ses os, les montagnes,
> Le ciel, du crâne
> Du géant froid comme le givre,
> Et de son sang, la mer.

Ainsi, le pauvre Ymir fournit avec son corps la matière première de l'édification du monde. Retournons de nouveau à la Völuspa :

> Puis les fils de Burr suscitent la terre ferme,

Eux qui créèrent Midgard le glorieux ;
Du sud brillait le soleil
Sur le pavé de la salle,
Alors la terre se couvrit
De vertes feuilles.

Le soleil du sud,
Le compagnon de la lune
Étendit la dextre
Vers le bord du ciel ;
Le soleil ne savait
Où il avait sa place,
La lune ne savait
Quelle force elle avait,
Les étoiles ne savaient
Où elles avaient leur site.

Alors tous les dieux montèrent
Sur les sièges du jugement,
Divinités suprêmes,
Et se consultèrent ;
A la nuit et à l'absence de lune
Ils donnèrent un nom, Ils donnèrent le matin
Et le milieu du jour,
La fraîche et la brune
Et comptèrent le temps par années.

La création est donc accomplie et comporte ses lois. Il est clair que l'instauration de cette législation mythique ne pouvait se faire qu'après que l'homme ait observé avec minutie ces lois de la nature. Cela prouve encore l'ancienneté des connaissances astronomiques des Germains.

D'après le témoignage des dessins rupestres du sud de la Suède, nos ancêtres connaissaient parfaitement le cours de l'année, non seulement durant l'âge du bronze mais aussi bien avant, durant *l'âge de pierre*. Leurs constructions de pierres, ces lieux de culte solaire énormes qui remontent à cette époque, nous le prouvent aussi. Il ne subsiste aucun doute sur le fait que de telles connaissances ne furent pas amassées en deux décennies ni même en deux siècles, et que cela a nécessité une période beaucoup plus longue.

De plus, nous savons que l'acquisition de ces connaissances ne fut pas le fait du pur hasard, mais que nos aïeux ont agi de façon absolument systématique *parce qu'ils étaient déjà des paysans en ces temps éloignés !*

Toutes ces connaissances fleurirent du travail du paysan qui cultive son champ, peut-être à l'origine avec une houe sur de la terre fertile.

CAHIER DE LA SS N°6. 1944.

ARBRE DE VIE ET ARBRE DU MONDE

Transformation d'un symbole aryen

Dans différentes régions d'Allemagne, il existe des monuments funéraires en pierre datant du XVIIème siècle dont la facture matérialise la mort du gisant de façon caractéristique et significative.

On voit, par exemple, dans le bas-relief de la plaque mortuaire, un bouquet de belles grosses roses. La mort, figurée par un squelette, est assise nonchalamment et cueille ironiquement les plus belles d'entre elles. Personne ne saurait se tromper sur le sens de cette image : La fleur étant brusquement coupée, le fluide vital ne passe plus en elle, ni dans le bouquet ; telle fut la destinée du mort de ce tombeau.

La douce mélancolie et le ton subtil qui émanent de cette illustration ont cédé la place sur d'autres monuments funéraires à une violence sauvage hautaine presque brutale. On y voit la mort, toujours représentée par un horrible squelette, abattre un arbre d'un seul geste ample. L'entaille est déjà profonde ; le résultat foudroyant est distinct.

Dans d'autres représentations, l'arbre est déjà tombé sous ses coups ; parfois un éclair destructeur jaillit des nuages. Mais partout on entend ces mots aux paroles très nettes : « Comme tombe l'arbre, tu tomberas aussi, enfant des hommes ! » Il ne fait donc aucun doute que l'arbre représente l'arbre de vie du mort, que sa vie symbolise celle de l'homme.

L'homme et l'arbre sont présentés ici en profonde symbiose intérieure. L'arbre n'est pas une image de la réalité, ni le reflet de la nature, ni une œuvre d'art devant être appréciée de façon esthétique. Il y a là une signification, sans doute inconsciente, pour le sculpteur du XVIIème siècle, enracinée dans la profondeur de nos croyances. Nous ne pouvons ici qu'évoquer l'ampleur de l'utilisation de cet « arbre de vie ». La mythologie du frêne prend ses sources aux débuts de notre tradition indo-aryenne. L'arbre vit dans les légendes sous la forme d'arbre de maison, d'arbre protecteur, d'arbre planté pour un nouveau-né. On le devine dans les contes de fées comme celui du *Machandelboom* ou celui des pommes de la vie. On le trouve dans les chants et les coutumes de l'arbre de mai et de celui de Noël, cloué au sommet des maisons et conservé pendant un an. Partout, la vie de l'homme ou de la famille est secrètement liée à la bonne santé de cet arbre. C'est donc vraiment un « arbre de vie ».

Ce ne serait qu'illusion de croire que ces représentations d'un arbre abattu seraient nées au XVIIème siècle, ce siècle si triste et si douloureux qui fut marqué si souvent et si durement par la hache de la mort. Il n'en est pas ainsi. C'est bien plus tôt qu'apparaît l'idée de la mort abattant l'arbre à la hache. Une estampe gravée dans les chants de Sébastien Brant, édités vers l'an 1500, reproduit déjà une image comparable. Plus significatif cependant est le fait qu'il ne s'agit pas ici d'un seul homme mais de plusieurs, assis dans l'arbre tombant dans une fosse avant qu'il ne soit abattu.

Plus caractéristique encore, la scène finale de la danse de la mort, de Nicolas Manuel Berner. Dans l'arbre attaqué à la hache, on voit beaucoup d'hommes que la mort abat avec des flèches. Comme nous l'avons déjà laissé entendre, il ne s'agit pas de l'arbre de vie d'un seul homme, mais de celui de tout le genre humain. C'est encore plus clair dans une gravure du maître tiré d'un ouvrage des années 1470 : l'arbre de vie est vraiment un arbre du monde, car on y voit les hommes en bon ordre et sur trois rangs, symbole d'un monde bien structuré.

Au-dessus, nous voyons le clergé, en-dessous les seigneurs, les empereurs, les rois, les princes et les comtes, puis, plus bas, les bourgeois et les paysans. À l'époque du Moyen-Âge déclinant, nous constatons l'existence de cette ancienne subdivision de l'humanité en trois classes différentes connue par la poésie et la philosophie des Indo-Germains. Cependant, l'arbre n'est pas entaillé ; il est rongé nuit et jour par deux bêtes et placé dans un bateau qui vogue sur les vagues, symbole du temps qui s'écoule. La mort lève son arc et tire sa flèche sur les hommes assis dans l'arbre.

En tant qu'individus, nous ne sommes rien d'autre que les feuilles de l'arbre ; aujourd'hui elles sont vertes, une feuille est plus grande, l'autre plus petite. L'une se flétrit, puis l'autre. Tout cela est sans importance tant que l'arbre reste vivant.
Adolf Hitler

Cet arbre est donc bien plus qu'un arbre de vie, plus aussi qu'un « arbre de classes » comme on l'a appelé à tort ; c'est à la vérité l'arbre du monde qui embrasse tous les hommes dans un ordre précis. Nous pouvons nous référer au frêne nordique qui abrite dans ses branches les dieux et les hommes et aussi à d'autres arbres du monde indo-germanique. Ils ne fournissent pas seulement un abri mais dispensent également joies et bonheur. Nous ne pouvons aujourd'hui que soupçonner ce que fut, dans la lointaine obscurité du passé, ce grand mythe issu des profondeurs de notre race. On peut cependant suivre son évolution grâce aux quelques témoignages que nous venons d'apporter.

Dans cette gravure de la fin du Moyen-Âge revivent encore quelques traces de la grandeur nordique et l'on sent la cosmologie mythique émaner de la représentation de l'arbre sacré. Les formes suivantes du livre de Sébastien Brant comme de la danse de la mort de Berner sont plus simples, plus flagrantes, plus crues, mais encore pleines de symbolisme. À cette époque le sens change beaucoup. Le général laisse la place au particulier que l'on ne trouve que rarement au Moyen-Âge dans les représentations d'arbres de vie. Du fait de ce particularisme, les images deviennent plus simples et plus compréhensibles ; elles perdent leur sens caché et leur grandeur mythique ; elles deviennent sensibles, voire sentimentales, et suscitent l'émotion, la mélancolie et la pitié.

Mais finalement, le contenu symbolique disparaît et le lecteur ne considère plus ces images que comme des allégories ou des œuvres d'art dont il admire la beauté et l'efficacité esthétique. Ainsi s'achève l'évolution du vieux symbole de l'arbre du monde et de l'arbre de vie. Il ne nous reste plus qu'à nous pencher avec précaution, par le truchement des témoignages, sur la profondeur du passé et ressentir cette marque de majesté.

Cahier de la SS n°4. 1942.

Tumulus et dessins rupestres

Une contribution à la foi germanique

Dans la région d'origine du peuple germanique ont été conservés jusqu'à notre époque les monuments culturels les plus impressionnants de son lointain passé – les dolmens et les gravures rupestres. Il y a presque 4 000 ans, un peuple paysan fort honorait ses morts dans le nord de l'Allemagne et en Scandinavie en érigeant des sites funéraires monumentaux auxquels se rattachent encore aujourd'hui des légendes et des coutumes préhistoriques étranges pour la pensée chrétienne. Les tombes témoignent de la force morale de ces hommes et de leur sentiment communautaire développé. À une époque aussi ancienne, nous rencontrons déjà, non sans émotion, l'idée de famille qui acquit une grande importance quant à la notion de devoir des vivants envers les morts. Elle avait sanctifié le rythme vital éternel, immuable, de la naissance et de la mort. Ils le vivaient dans le cours inconcevable des astres et s'y sentaient rattachés en tant que paysans. Ils avaient une perception intérieure des puissances de la vie. Ainsi naquit leur sens du devoir à l'égard de la vie, de leur monde moral. C'était un monde absolu et homogène qu'on ne pouvait concevoir que de façon spirituelle.

Le mort quitte la vie d'ici-bas, pourtant il continue de vivre, non physiquement de façon terrestre, mais dans une unité de l'âme et de l'esprit semblable au corps, comme les descendants de son clan. Il avait même besoin de ses armes, de repas, de boisson, du souvenir et de la sollicitude des humains. Il devenait un exemple et certainement même, un protecteur de son clan.

Pour nos ancêtres païens, les pierres et les arbres exprimaient la puissance et la sagesse des dieux.

La chambre funéraire de Kivik.

Armes alémaniques provenant du cimetière de Gültlingen.

Sous cette apparence sévère, il se trouvait en liaison avec les puissances du destin et influençait la vie des vivants.

Les hommes de cette époque mystique des dolmens traduisaient leurs sentiments religieux dans des symboles, au même titre que l'Allemand aujourd'hui. Nous trouvons ciselés sur des plaques tombales la roue solaire et le signe de la hache comme signe des puissances dispensatrices de vie. Nous trouvons la hache cachée sous le foyer de la maison. Ce n'était pas de la magie, mais seulement la croyance en la force des puissances dont l'homme avait besoin.

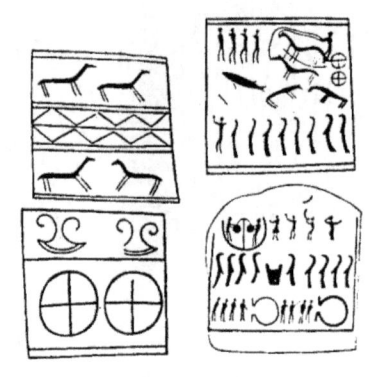

Représentations symboliques des puissances de la vie (à gauche) et des coutumes religieuses du culte des ancêtres (à droite) sur les plaques tombales de la tombe de Kivik.

L'univers religieux et aussi les lois morales des paysans nordiques étaient enracinés dans ce monde. Les puissances étaient accessibles à leurs sentiments religieux sains car elles agissaient sur la vie et ne se retranchaient pas dans un « au-delà sans substance ».

À Kiwik-sur-Schonen (sud de la Suède) fut découvert en 1748 un tombeau de pierre sous un dolmen, qui nous donne un aperçu nouveau de l'univers de représentation religieuse de nos ancêtres. Il date du début de l'âge du bronze (vers 1800 av. J.-C.) et est une forme perfectionnée de tumulus. Les murs intérieurs des dalles de la chambre sont ornés différemment, de façon artistique et ornementale, en partie avec des signes symboliques, en partie avec des scènes illustrées devant sûrement relater des événements culturels. La relation avec les puissances vitales, le Soleil (la roue solaire), l'éclair (la hache), la terre (la bande en zig-zag comme signe simplifié du serpent) avec le culte des ancêtres est ici tout à fait claire. Elles sont toujours conçues comme une unité – comme le grand cosmos insondable.

À droite :
Représentations symboliques des coutumes religieuses de nos ancêtres germaniques.
En haut : porteurs de roues solaires, bateaux solaires tirés par des chevaux, le serpent dans le bateau. Au milieu : le dieu à la hache et à la lance, symbole des puissances vitales. Le cours de l'année du dieu à la hache contre l'archer. L'arbre de vie comme symbole de la vie éternelle. En bas : la charrue sacrée tirée par des bœufs. Le dieu à la hache qui porte en lui la force dispensatrice de vie (la roue solaire).

Les images rupestres scandinaves parlent des représentations religieuses de nos ancêtres germaniques d'une façon encore plus pénétrante. Gravées sur des protubérances rocheuses nues, elles se trouvent au milieu de terres arables fertiles. Une étrange coutume préhistorique s'est aussi conservée jusqu'à notre époque. Ce sont les symboles de la croyance et des représentations de la coutume religieuse. Les hommes n'attachaient pas du tout d'importance à une représentation hyperréaliste de ce qui contenait le fond de leurs conceptions. Nous sommes ici donc en présence de divinités à forme multiple, personnifiée ou abstraite : le Soleil au travers du symbole de la croix dans la roue ou du dieu porteur de lance qui a survécu jusqu'à l'époque chrétienne sous la forme du mystérieux Wotan-Odin, l'éclair comme dieu à la hache, qui était considéré simultanément comme le dispensateur de vie et de fertilité et qui apparaît sous les traits du dieu germanique tardif Thor-Donar. La terre, vraisemblablement aussi l'eau, sont aussi symbolisées par un serpent ou un zig-zag. Dans leur ensemble, les images rupestres illustrent les fêtes cultuelles du passage d'une année à une autre. Sur un char tiré par des chevaux, ou sur un bateau, le Soleil traverse l'univers et féconde la Terre de ses rayons. Il est le centre de la pensée paysanne. Après la fin de l'hiver dans le Nord, le jour de son retour, était célébré par des fêtes religieuses. La terre était défrichée avec la charrue sacrée comportant le symbole du Soleil.

La vie se rapporte au monde de représentation terrestre et ne se perd pas dans des « spéculations transcendantales ».

Derrière ces symboles des puissances fondamentales de la vie se cache la conscience de l'essence du monde. La conscience de l'homme allemand mit longtemps à parcourir ce long chemin. Mais ce n'est pas cela qui est important. Seule compte l'attitude face à la vie. Les racines de la force morale de l'ancienne germanité ne sont ni la magie, ni toute autre forme primitive de l'esprit ou de l'âme, mais la foi et le culte.

Werner Mahling

Un peuple vit heureux dans le présent et dans l'avenir aussi longtemps qu'il est conscient de son passé et de la grandeur de ses ancêtres.

Heinrich Himmler

Cahier de la SS n°4. 1942.

De l'origine religieuse des runes

Peu de gens s'imaginent que la langue que nous parlons quotidiennement n'est pas seulement un moyen de communication dans les relations entre les hommes, mais qu'elle est l'expression de l'âme dans ses plus profondes racines. La langue du poète exprime les plus grands mystères et il influence toujours la création linguistique. Le son d'un mot, sa nuance, son contenu musical, expriment souvent plus de choses que des concepts logiques. Finalement, la langue et l'écriture ont une origine religieuse au même titre que l'art. Nos ancêtres en étaient conscients. Dans le chant de l'Edda sur le réveil de la Valkyrie, la création des runes, c'est-à-dire des signes que nos ancêtres gravaient en petits caractères, est attribuée à Odin : « Les interpréta/ Les grava/ Les conçut Hopt ». Mais à l'époque viking, Odin était le dieu des guerriers et des scaldes et donc également le détenteur de la mystérieuse sagesse originelle. Le mythe de l'essence des runes nous est livré dans deux strophes de l'Edda. Odin y parle de lui-même :

Je sais que je pendis
Al 'arbre battu des vents
Neuf nuits pleines,
Navré d'une lance
Et donné à Odin,
Moi-même à moi-même donné,
...
Je scrutai en dessous,
Je ramassai les runes,
Hurlant les ramassai,
De là, retombai.

Dans sa détresse extrême, Odin se délivra en ramassant les caractères runiques. Dans le sublime poème de l'Edda, « La prédiction de la voyante », se trouve le verset « Les Ases se rassemblent.../ Se remémorent/ Les grands événements/ Et les runes anciennes/ De Fimbultyr ». Fimbultyr est Odin.

La pierre de Nobely, datant d'environ 600, atteste la même conception de l'origine des runes par le truchement de l'inscription : « Je peignais les runes provenant du conseiller » (Odin). Pour les Germains, les runes sont une partie de la création, de la puissance guidant le monde.

Les mots « runes » n'évoquent pas uniquement les caractères de l'écriture runique, mais les signes de force sacrés, mystérieux, donnant la grâce divine, protégeant de tous les dangers menaçant le corps et l'âme, pouvant aussi nuire et détruire. La croyance populaire en la force immense des signes runiques s'est maintenue dans les pays du Nord jusqu'aux temps modernes, en particulier pour les cas de maladie ou de déceptions amoureuses. Mais elle vécut et régna aussi dans l'ancienne Allemagne. C'est ce que nous enseigne le verbe « becheren » (faire un cadeau). Son sens originel était : créer ou faire quelque chose pour quelqu'un par la taille de runes. Le nom de la racine de mandragore (Alraun) magique, pourvue de forces mystérieuses, est aussi à mettre en relation avec cela. La clé pour comprendre cette croyance populaire germanique réside dans l'interrogation du destin par le lancer de petits morceaux de bois dont parle Tacite. Les marques entaillées par le sort étant si puissantes que les dieux eux-mêmes y étaient assujettis ; elles devaient donc être puissantes, sacrées et provenir précisément des puissances du destin.

Les anciennes runes utilisées par les vieilles tribus germaniques.

ᚠ	f	bétail, richesse	ᛈ	p	
ᚢ	ur	Auroch	ᛉ	z	élan, défense
ᚦ	th	Thurse, géant	ᛋ	s	Soleil
ᚨ	a	Ase, dieu	ᛏ	t	Tiu, dieu de la victoire, la rune de la victoire la plus ancienne
ᚱ	r	course, mouvement continu	ᛒ	b	branche de bouleau, nouvelle vie
ᚲ	k	maladie	ᛖ	e	cheval (ehwaz nordique original)
ᚷ	g	cadeau	ᛗ	m	homme
ᚹ	w	joie, pâturage	ᛚ	l	poireau, prospérité
ᚺ	h	Hagel, corruption subite	ᛜ	ng	
ᚾ	n	nécessité	ᛟ	o	Odal
ᛁ	i	glace, corruption sournoise	ᛞ	d	jour

Ces caractères susciteront déjà le respect par leur grand âge. Car la recherche de la dernière décennie a vraisemblablement découvert que, parmi les runes du Futhark germanique commun, au moins un quart, si ce n'est la moitié, remontent à des symboles préhistoriques disparus.

Les caractères du Futhark cité dérivaient des noms embrassant le monde conceptuel entier des Germains : ils reflétaient le monde des paysans germaniques dans l'aire de peuplement germano-nordique. Chaque marque correspondait donc à un mot particulier, par exemple la quatrième rune au mot « anzuz », c'est-à-dire Ase. Lors du tirage au sort, trois petits bâtons étaient ramassés et un vers était écrit à la main à partir des mots-signes qui représentaient la réponse du destin. Mais on ne pouvait le faire que lorsque le signe était considéré à la fois comme signe au son initial, donc comme caractère, dont le son initial « anzuz », par exemple servait de lettre « a ». Ce double aspect des runes n'a été clairement perçu que depuis la dernière décennie.

Les Germains possédaient aussi, au travers de leurs caractères de prédiction, un ensemble de lettres qui pouvait leur servir à communiquer de façon écrite. Qui eut l'idée créatrice de cette utilisation et où cela eut-il lieu, voilà pour l'instant des questions qui demeurent encore sans réponse. Quelques indications données par les auteurs romains laissent conclure que cet art fut pratiqué très tôt par les chefs spirituels des tribus germaniques.

Cependant, il ressort de tout cela que nos ancêtres étaient conscients de l'origine religieuse de l'écriture runique et donc aussi de la langue. En 1938, les recherches permirent de conclure sur une opinion sans doute fondée : « À l'origine, les runes étaient plus qu'un simple moyen de communication. Leur gravure a un fondement religieux et un but analogues aux anciens dessins rupestres : renforcer et immortaliser. »

Edmund Weber

Cahier de la SS n°2. 1939.

Autorité germano-allemande

Le destin d'un peuple est lié à la grandeur et à la valeur de sa classe dirigeante. En elle s'exprime la puissance révolutionnaire du courage, de la volonté et des aspirations. Les lois dont elle dépend, qui régissent ses actes, sont atemporelles et éternellement valables. Seuls sont appelés à être des chefs les hommes aimant le risque et le danger, ses promoteurs inlassables ne se satisfaisant jamais d'objectifs faciles ; ils ne perdent jamais la fièvre créatrice, mettent leur casque après chaque victoire et recherchent constamment des épreuves plus difficiles et plus attirantes dans de nouveaux combats. Par le passé, l'histoire de notre nation fut modelée par ces forces. Des périodes de faiblesse et de vide historique pour notre peuple régnèrent lorsqu'elles firent défaut et avec elles cet esprit courageux. Mais après cette décadence et bien avant que la force populaire ne dépérisse dans un renoncement désolant, la nation fut reprise en main par un chef fort, redressée par une nouvelle volonté. L'histoire de notre peuple, c'est l'histoire de ses chefs. Celui qui veut la comprendre et en retirer un enseignement doit remonter à ses sources.

L'association de toutes les forces populaires et leur regroupement dans le but de servir une communauté supérieure fondée sur l'idée de classe dirigeante et de troupe, ne sont pas des inventions de l'idéologie nationale-socialiste, surgies après la période d'impuissance politique et de morcellement interne de l'après-guerre. Elle les a plutôt ressuscités. Car la notion de chef est une composante essentielle de la nature de l'homme germano-allemand. C'est pour ainsi dire une loi inhérente au sang, une expression vitale liée à l'essence raciale qui aspire à instaurer un ordre au sein de la communauté et correspond au besoin le plus intime d'engager sa vie pour une cause ou une œuvre. Elle ne donne un sens à la vie de l'individu qu'au sein du groupe et lui permet, en tant qu'élément de la communauté, de faire œuvrer les valeurs nationales dans un sens créateur. Sans l'unité organique des chefs et de la troupe, on ne pourrait espérer aucune réalisation nationale et sociale de la part des hommes germaniques, existant déjà autrefois. Toutes les époques d'expansion nationale trouvaient à leur tête ces figures que nous pouvons regarder avec fierté et admiration. Mais leur résultat se fondait toujours sur une reconnaissance volontaire et fidèle de leur aptitude à diriger la communauté.

Elite de chefs

Toute classe dirigeante authentique dans l'esprit germano-allemand s'est élevée du bas, du peuple, vers les hauteurs, et cela par la force de la personnalité, par ses prédispositions et sa valeur. Ce processus sélectif naturel remonte loin dans l'histoire récente de notre peuple et correspond au concept politique du paysan germanique comprenant l'individu et son économie jusqu'à la commune, s'étendant en des cercles toujours plus larges jusqu'aux peuples et aux groupes ethniques. L'intelligence d'un jeu organique entre toutes les forces présentes au sein des blocs communautaires organisés nés des besoins quotidiens fut suscitée par la particularité de l'exploitation paysanne dans laquelle tous les membres travaillent en commun. Comme le paysan dirigeant l'exploitation qui est une partie d'un ensemble, un chef se trouvait à la tête de communautés et groupes populaires plus grands, concentrant toutes les unités sur la base de la subordination volontaire. Cependant, la volonté du chef n'influait pas sur l'ordre communautaire ; seule l'autonomie des membres libres était déterminante. Le peuple détenait tous les droits, le chef n'avait aucun pouvoir juridique propre. Il était le simple délégué du peuple et avait des devoirs à remplir envers son groupe.

Le choix ou l'acceptation du chef germanique se faisait en fonction de son origine et de sa valeur personnelle. Le Germain considérait que son aptitude à diriger la communauté provenait de la qualité du sang, du clan dont est issu l'homme. À cette sélection raciale s'ajoutait le jugement de la personnalité : ce que l'origine raciale promettait en vertu, caractère et valeur de l'individu, était estimé dans ses réalisations et son approbation se faisait par le clan et la communauté. C'est d'après ces deux principes que les hommes germaniques cooptaient leur chef. On a dit à juste titre que la vie germanique était une « évaluation des hommes » où furent jugés réciproquement l'aptitude et les actes dans le but de déceler les meilleurs éléments de la communauté. Seul le meilleur, le plus noble, le plus brave et le plus fier pouvait être élu comme chef, le premier de tous.

Le chef et la troupe

Le chef germanique ne régnait pas sur des sujets. Sa relation se fondait sur une alliance fidèle et un pacte d'assistance entre les hommes libres et les égaux en droits ; ce pacte s'établissait sur un sentiment volontaire, la dignité, l'amour de la liberté, la fierté et le sens de la responsabilité. Tous les droits et les devoirs entre le chef et la troupe étaient réciproques et déterminés par des aspects de la vie purement pratiques, juridiques, économiques et politiques, suscitant ainsi une morale élevée. Le chef considérant le droit de sa troupe comme le sien, sa détresse comme la sienne, elle voyait aussi son honneur, sa renommée comme les siens, et son affront ou son outrage étaient ressentis comme ceux de toute la troupe. « Sur le champ de bataille », écrit l'écrivain romain Tacite dans sa Germanie, « il est honteux pour le chef d'être vaincu en courage, il est honteux pour les compagnons de ne pas égaler le courage du chef. Mais surtout c'est une flétrissure pour toute la vie et un opprobre d'être revenu d'un combat où son chef a péri ; le défendre, le sauver, rapporter à sa gloire ses propres exploits, voilà l'essence de leur engagement : les chefs combattent pour la victoire, les compagnons pour leur chef. »

Le clan détenait la source de vie terrienne alimentée par la position héréditaire indissolublement liée à la lignée. Le produit du champ, l'Odal, constituait la base vitale de chaque Germain légitime, du chef comme de l'homme de troupe. Puisque les communautés ethniques ne se composaient que de paysans, les chefs paysans étaient aussi des chefs de peuples. Ni l'affrontement avec le monde romain et les troubles des grandes migrations, ni la gloire et la joie de combattre ne détruisirent les racines paysannes des Germains. Leur objectif était de conserver à tout prix la liberté du foyer et de la terre, de protéger le travail et l'effort paysans. Lorsque Bojokal, le chef des Angrivariens rencontra les monarques romains dans le dessein de trouver une terre, il se répandit en paroles, regardant vers le soleil avec les bras levés : « Comme le ciel aux dieux, la terre est aussi donnée au genre humain, et toute terre abandonnée doit devenir la possession de quelqu'un. » Le légat romain se trompa sur la demande légitime des Angrivariens ; il ne voulait donner la terre arable qu'à leur chef, dans l'intention de s'en faire un allié. Cependant, Bojokal refusa une telle absurdité, « comme un gage de trahison », en ces termes : « La terre peut nous manquer pour vivre, mais pas pour mourir. » La fidélité du chef germanique lié à sa troupe pour le meilleur et pour le pire s'exprima par cette attitude et il préférait la mort plutôt que d'accepter un avantage dont son peuple devait être privé.

Sentiment de liberté

Les noms des grands chefs germaniques et leurs actes politiques sont inoubliables. Les paroles de Hermann le Chérusque expriment à quel point ils avaient une forte conscience ethnique : « S'ils (les Germains) préféraient la patrie, les ancêtres et les antiques coutumes aux despotes et aux nouvelles colonies romaines, alors ils devaient le suivre comme chef pour acquérir la renommée et la liberté. » Et, lorsque plus tard, il rencontra son frère Flavus (le blond), engagé chez les Romains, il se moqua de « la basse récompense pour sa servitude » et parla « des droits sacrés de la patrie qu'ils héritèrent de leurs ancêtres ». La dignité et l'attitude d'homme d'État avec lesquelles Arioviste, le chef germain, fit face au général en chef César, est exemplaire : « Je ne dicte pas au peuple romain la façon dont il doit utiliser son droit. je n'ai donc pas non plus à être entravé dans l'exercice de mes droits par le peuple romain... Si César the déclare qu'il ne considérera pas sans réagir l'hostilité des Éduens, alors il doit savoir : personne n'a encore lutté avec moi sans tomber. Si César en a envie, il peut combattre : il verra que les Germains invincibles sont des héros. » Ces mots expriment la même fierté nationaliste que le discours du Führer à Wilhelmshaven sur la politique d'ingérence insolente des Anglais dans les questions relatives à la vie et au territoire allemands.

Bien qu'il manquât à l'idée d'État germanique un cadre externe solide – le concept de frontières- étant ainsi privée d'une force de frappe homogène, elle se distinguait par une justice élaborée et une bonne structure. L'élargissement de l'ordre communautaire à plusieurs tribus et peuplades dépendait encore plus de la capacité de chaque chef à créer un État que du sentiment de parenté. Ainsi, l'historiographe romain Velleius Paterculus rapporte que Marbod, le chef des Marcomans, « ne gagna pas le pouvoir parmi ses compatriotes par un coup de force ou la faveur du destin ; après avoir fortement consolidé son Empire, il prit le pouvoir royal et ensuite fit sortir son peuple de la sphère d'influence romaine. Des peuples ayant cédé devant la supériorité des armes, il décida plutôt d'avancer là où il pouvait rehausser son pouvoir personnel. Il prit possession des... champs entourés par la forêt hercynienne... et soumit tout le voisinage par la guerre ou des traités. Sous son autorité, la masse de ceux qui protégeaient son Empire et qui avaient failli acquérir par l'entrainement constant la forte structure de la discipline militaire romaine, atteint en peu de temps un grand niveau de développement, dangereux pour notre Empire (romain) ».

Mais lorsque Marbod, de chef ethnique et paysan, se transforma en un souverain obstiné et s'allia aux Romains « pour accroître leur tyrannie », son fier Empire marcoman entra en guerre contre les Chérusques luttant « pour leur vieille renommée et la liberté tôt recouvrée ». Tacite en parle (Annales II) : « La force des deux peuples, la valeur de leurs chefs étaient équivalentes, mais le titre de roi rendit odieuses celles de Marbod, tandis qu'Armin (Hermann) remportait toutes les faveurs en tant que combattant de la liberté ». La résistance du peuple ne se dirigeait pas contre la royauté en soi, qui est une forme d'expression germanique, mais seulement contre les abus du pouvoir royal et pour cette raison, la plupart des troupes de Marbod passèrent chez son ennemi Hermann afin de lutter sous son commandement pour leur ancien droit et la liberté. Au cours de toute la période germanique jusqu'au Moyen-Âge, on voit des mouvements de soulèvement menés par la classe dirigeante unie au peuple contre les souverains considérés comme dégénérés parce qu'ils ne voulaient plus être des chefs de peuple, les premiers de tous, mais les maîtres de sujets et museler ainsi l'ancien ordre et la liberté. Julius Civilis, le chef des Bataves, traduisit ce sentiment de liberté germanique par ces mots : « Puissent la Syrie, l'Asie mineure et l'Orient acquis au roi, rester dans leur servitude : en Gaule vivent encore beaucoup de gens qui sont nés avant qu'un tribut ne soit imposé au pays... la nature confère aux animaux muets le sens de la liberté. En revanche, la vertu virile est le propre du genre humain. Et les dieux sont favorables à celui qui a le plus grand courage. » (Josephus, Bell. Jud. IV).

Exemple et attitude

Le cadre de l'ordre communautaire germanique n'apparut que lors d'événements extraordinaires. Il se manifesta le plus lors d'événements politiques externes, lors de colonisations et d'expéditions guerrières. Les tâches du chef dépassèrent alors largement celles du quotidien et nécessitèrent, parallèlement au courage et à la bravoure, un don, une intelligence et un sens de la prudence politiques particuliers. Dans les assemblées nationales, le plus valable des innombrables petits chefs de tribus était élevé sur le pavois. « On choisit les rois d'après leur noblesse, les chefs d'après leur courage », rapporte Tacite « mais le pouvoir des rois n'est pas illimité ni arbitraire et les chefs, par l'exemple plus que par l'autorité, s'ils ont de la décision, s'ils attirent les regards, s'ils se battent en avant du front, s'imposent par l'admiration. »

Dans la guerre comme dans la paix, le chef germanique était l'exemple de la valeur et de l'action. Quand sa compétence était mise à l'épreuve lors d'époques agitées et pleines de combats, la troupe serrait les rangs autour de lui et exigeait qu'il exprime son sens du devoir sans réserve jusqu'à la mort. Le pouvoir souverain du chef n'était toutefois pas illimité ; un droit plus élevé impliquait seulement de plus grands devoirs. L'homme de troupe devait moins obéissance que fidélité à son chef. Celle-ci était le lien, la base du rapport de responsabilité réciproque. Si le chef trahissait, il perdait le droit à l'obéissance de sa troupe, car l'homme germano-allemand ne doit obéissance que tant que la fidélité l'exige. Le despotisme et l'obéissance aveugle lui sont étrangers.

La relation purement humaine entre le chef et la troupe n'est saine et naturelle que lorsqu'elle est déterminée par l'amitié et la camaraderie et n'enfreint pas la distance naturelle conditionnée par la valeur et son respect. Mais une erreur serait commise si on confondait cette distance prise par tout véritable chef par rapport à la troupe avec un manque d'esprit de camaraderie. L'absence de distance et la familiarité grossière excluent aussi toute notion d'autorité ; celui qui se trouve à cette position est un individu parmi d'autres. Le chef doit partager les joies et les peines avec sa troupe dans les bons comme dans les mauvais jours, ne faire qu'un avec elle dans la prospérité comme dans le malheur. Il doit cependant constamment conserver sa dignité, être un exemple dans le meilleur sens, empêcher les excès et les débordements, garder la mesure et respecter les bonnes mœurs. Ces qualités sont une manifestation de la nature de l'homme germano-allemand, principalement du paysan qui ne peut conserver que par la distance, le pouvoir et la dignité, son autorité sur les membres et les subordonnés avec lesquels il cohabite étroitement sous un toit. Chez une authentique classe dirigeante, le sentiment de distance traduit l'héritage vivant du sang germanique. Il ne doit être perdu sous aucune circonstance et interdit même la manifestation d'émotions devant la troupe.

Toute communauté juridique germano-allemande authentique se caractérise par la participation de tout le peuple libre à la vie politique et par le faible écart social existant entre les chefs et ce dernier. L'élargissement de ce principe élémentaire se révèle actuellement dans le caractère naturel de notre système étatique national-socialiste dont la structure interne se fonde sur la claire reconnaissance de notre particularité. Quand le paysan nordique Aki réplique à son roi dans le Heimskringla : « Si je suis ton homme, roi, tu es donc aussi le mien », il exprime la même chose que ce que nous ressentons encore aujourd'hui, à savoir que la relation entre le chef et la troupe repose sur le devoir mutuel de fidélité et d'assistance.

Missions pacifiques

La classe dirigeante germanique ne participait pas seulement de façon efficace à la guerre et au combat, mais influait aussi sur la paix régnant dans la patrie, sur le droit et la civilité, sur l'honneur, le calme, l'ordre et la prospérité. Il manquait encore de cadre externe à cette époque, car « durant la paix », dit César (B. G. VI), « il n'existe pas d'autorité commune, mais les chefs de tribus des provinces et des districts discutent avec leurs gens, de droit et de querelles bénignes... » Le fait que ces chefs de communautés restreintes aient appartenu à des communautés raciales nobles ou qu'ils aient été de grands paysans libres détermine de façon essentielle leurs particularités et leurs tâches. Dans les anciens textes nordiques, ils sont tous généralement désignés chefs de tribu ou de clan, « les premiers de la région » ou ceux qui « ont la direction de la province », contrairement à leur troupe dénommée « gens du Thing ». De telles communautés du Thing constituaient des unités juridiques et administratives ; leurs chefs étaient considérés comme « les premiers de tous » sur la base de leur origine, de leurs réalisations, de leur honorabilité et formaient le pilier porteur de l'ordre politique et de la structure communautaire. Cette relation entre le Thing et la classe dirigeante à l'origine de l'ordre politique de la communauté, peut être définie dans le meilleur sens comme une heureuse liaison entre un principe démocratique (souveraineté populaire) et aristocratique (souveraineté noble).

À part cette autorité militaire agissant en cas de guerre, les tâches du chef germanique s'étendaient à l'exercice de la foi religieuse, à la sauvegarde du droit et de l'administration. Comme leader, le chef était aussi le plus habilité à accomplir les cérémonies religieuses en public et dans la communauté et à présider les grandes fêtes culturelles. Car la classe dirigeante touchait à tous les domaines de la vie qui formaient encore un tout, comme la foi, les mœurs et le droit. La connaissance du sacré n'était pas monopolisée par des sorciers mais constituait le bien commun de tous, et les actes de consécration étaient exécutés aussi bien par chaque paysan dans sa communauté domaniale que par le chef du Thing.

Concernant la sauvegarde du droit, le chef ne détenait que la faculté de pratiquer le droit d'assemblée, la convocation et la tenue de l'assemblée du Thing. Il n'avait que peu d'influence sur la jurisprudence en elle-même, car prononcer, édicter le droit et arrêter des lois était l'affaire de l'assemblée du Thing. « Puis le roi ou le chef », dit Tacite,

« chacun selon son âge, selon sa noblesse, selon la gloire de ses campagnes, selon son éloquence, se font écouter par l'ascendant de la persuasion plutôt qu'en vertu de leur pouvoir de commander. Si l'avis a déplu, ils le rejettent par des murmures ; s'il a plu, ils agitent leurs framées : l'assentiment le plus honorable est la louange par les armes. » Seul son grand savoir juridique permettait au chef de s'imposer, de sauvegarder le droit de ses gens du Thing et de garantir leur protection. Dans les vieux textes nordiques, on met surtout l'accent sur la connaissance du droit, par exemple dans le Njala : « Il y avait un homme du nom de Mörd… un puissant chef de tribu et un grand conseiller juridique, si instruit dans la loi qu'aucun jugement n'était considéré comme légal s'il n'y assistait pas. » « Skapti et son père étaient de grands chefs de tribu et de grands connaisseurs du droit. »

Le savoir juridique, la serviabilité, la droiture et la perspicacité avaient autant de valeur que la renommée guerrière. À cette époque où il n'y avait pas encore de traités et de juridiction neutre mais seulement la légitime défense et le droit de la querelle, elles formaient le meilleur instrument à disposition du chef pour régler de façon pacifique les problèmes et maintenir l'ordre communautaire par des accords honorables et des arbitrages. Les paroles du grand chef juridique nordique Njal expriment l'importance attachée à conserver le droit et les lois pour assurer la paix : « Notre pays est bâti par la loi, mais dévasté par l'illégalité. »

Les Germains se plaçaient volontairement sous la protection et l'autorité du chef ; ils attendaient de lui une aide amicale, non seulement en paroles et en conseils, mais aussi un soutien social énergique quand ils subissaient l'effet de mauvaises récoltes et d'anciennes nuisances. Dans les sagas nordiques, le chef généreux est désigné comme « l'homme le plus aimé de la région » ou comme « l'un des plus nobles de l'époque païenne ». La relation humaine entre le chef et la troupe correspondait à un pacte d'assistance qui était animé par un authentique esprit de camaraderie et imposait au premier homme de la communauté le sentiment de devoir apporter son aide lorsque la misère frappait. « L'usage est », dit Tacite, « que les cités, par contributions volontaires et individuelles, offrent aux chefs du gros bétail et du blé, qui, reçu comme un hommage, subvient à leurs besoins. » Le chef recevait autant qu'il donnait ; les présents lui étant faits étaient considérés comme un capital coopératif pour les secours qu'il distribuait de façon patriarcale. Pour l'homme de troupe, ses contributions étaient volontaires, il ne fournissait au chef aucun service ou contribution imposés mais une aide et des dons amicaux comme il est d'usage entre des hommes libres et égaux.

La loi de l'honneur

La classe dirigeante germanique ne s'occupait pas seulement de la « direction de la province », de l'ordre juridique et de l'administration à un niveau externe, mais aussi de la définition des bonnes mœurs. Les lois qui étaient généralement reconnues comme des valeurs morales représentaient le fondement. La loi morale suprême, c'était la « vie dans l'honneur », à laquelle le chef était encore plus fortement soumis que tout autre. Pour l'homme de l'ancienne époque germanique, l'honneur était d'une importance décisive, lui permettait de juger la valeur de sa vie et de son caractère. Au niveau du jugement public, l'honneur donnait aussi la preuve de son aptitude et de sa valeur pour la communauté. De l'honneur dépendaient l'amour-propre et l'engagement de l'individu, la conscience de sa propre valeur. Il fixait son autorité aussi bien que sa position politique et sociale. Il se rattachait aussi bien à la fierté personnelle qu'au jugement public et était généralement considéré comme la loi reconnue régissant la vie des hommes et d'après laquelle le jugement était rendu.

La communauté se sentait mandatée comme juge pour appliquer la loi de l'honneur concernant le chef. Ce dernier devait faire preuve de son honorabilité et la défendre. Car l'honneur du chef était aussi celui de la troupe. Si l'honneur d'un citoyen ou le sien était lésé, alors celui de la communauté entière l'était aussi, et tous avaient le devoir de le blanchir. Le chef manifestait un sens de l'honneur, une vertu extrêmes devant la troupe et exerçait son influence morale sur la communauté. Ces valeurs morales comprenaient l'attitude héroïque, la bravoure et la volonté d'auto-affirmation, le sentiment de dignité, la responsabilité individuelle et communautaire, l'accomplissement inconditionnel du devoir envers la communauté se fiant à lui. En dehors de cela, d'autres vertus particulières du chef furent célébrées comme la magnanimité, la générosité, la largesse et le constant dévouement pour soutenir en actes et en paroles ceux qui ont besoin d'aide.

Toutes ces qualités et vertus de chef ne sont pas l'apanage d'une époque. Elles ne caractérisent pas seulement la structure communautaire interne de nos ancêtres germaniques mais déterminent constamment les traits de nature de l'authentique classe dirigeante, principalement de type nordique. Y participer, en être les émules constitue pour nous l'action la plus noble, car on manque toujours de chefs, d'hommes qui ne peuvent vivre sans but ni combat, sans désir et fièvre d'action, d'hommes habités par une force créatrice et que leur maîtrise d'eux-mêmes appelle à diriger les autres.

Notre génération est seule dans le présent fugitif. Nous devons réapprendre à connaître les lois de la vie les plus caractéristiques de notre existence populaire, ce qui nous fut refusé par la voie directe de la transmission naturelle. Le passé récent allant jusqu'au déclenchement de la Grande Guerre ne nous montre que des générations satisfaites et ramollies qui manifestaient leur propre inculture et participaient de loin au combat. Nous ne pouvons retirer aucune force du vide de leur existence car nous nous trouvons aujourd'hui au seuil d'un nouveau monde. Nous devons chercher un chemin vierge et marcher avec courage dans la pénombre de l'avenir. Nous devons trouver notre propre échelle de valeurs dans la source non troublée de notre histoire, dans l'histoire germanique ancienne, et choisir les modèles de ses combattants et de ses chefs pour guider notre existence dangereuse. Nous sommes une génération éveillée et créatrice qui ne peut vivre sans ses attaches historiques et ses frères du passé.

Celui qui aujourd'hui prétend diriger, doit connaître ce qui fut à l'origine de la classe dirigeante au cours de l'Histoire, doit être conscient des grands devoirs qu'il doit accomplir à tous les niveaux, envers le passé et l'avenir. Il doit se méfier de l'esprit d'autosatisfaction et être rempli d'une fierté germanique enflammée qui surmonte et abat tous les obstacles.

SS-Hstuf. Ernst Schaper

Cahier de la SS N°11. 1943.

L'honneur de la femme germanique

À juste titre on a considéré que l'axe de la morale et de la vie germaniques était le sens et la conscience de l'honneur. Pour l'homme de l'antiquité germanique, l'honneur est la loi qui régit son existence, l'échelle de valeurs lui permettant de se juger. Mais il est aussi – pour autant qu'il soit constamment soumis au jugement extérieur – la pierre de touche de sa confirmation, de son mérite et de sa valeur pour la communauté. La position sociale et politique dépend aussi de l'importance accordée à l'observation de la loi de l'honneur par l'individu.

L'honneur implique une fierté et un dynamisme intérieurs personnels et une valeur personnelle et communautaire. Le sens de l'honneur est proportionnel à la considération que l'individu a de lui-même. Mais l'honneur signifie aussi la considération et la position sociale. Par son caractère bilatéral, lié à la fierté aussi bien qu'au jugement de l'entourage, l'honneur se révèle être la loi généralement reconnue à laquelle se soumet la vie humaine germanique et qui fait office de référence au niveau juridique. Mais cela ne signifie rien d'autre que le fait que l'homme germanique se subordonne complètement à une idée, à une valeur supra-matérielle, spirituelle, que l'esprit germanique a établie. L'honneur est le plus grand bien de l'homme. C'est ce qui lui confère d'abord de l'autorité, ce qui en fait pour ainsi dire un homme. L'homme sans honneur ne compte pas dans la communauté germanique. L'honneur a plus d'importance que la vie, pourtant si appréciée par le paysan. « Plutôt mourir avec honneur que vivre dans la honte. » « Je préfère te perdre que d'avoir un fils déshonoré. » « Les biens disparaissent, les clans disparaissent, toi aussi tu meurs. je ne connais qu'une chose qui jamais ne périt : la renommée que le mort a acquise. »

L'union étroite de tous les parents biologiques impliquant des devoirs et des droits, veut que ce qui concerne l'individu, concerne le clan et inversement. Dans son principe, il acquiert un caractère de loi générale. L'honneur de l'individu devient celui du clan, de même que celui du clan est aussi celui de l'individu. Si l'honneur de tout membre du clan est lésé, celui des autres l'est aussi et ils ont tous le devoir de se disculper. La femme aussi, qu'on reconnaît comme membre du clan autant que l'homme et dont on respecte la personnalité, est une partie intégrante de ce grand patrimoine de l'homme germanique. Nous ne pouvons cependant pas nous contenter de cette constatation générale évidente pour l'homme vivant dans l'antique monde germanique mais qui est incompréhensible pour l'homme entravé par une vision du monde orientale. Nous nous intéressons surtout à la question de savoir dans quelle mesure la femme a contribué à l'élaboration de cette loi de la vie germanique et à ce principe de toute moralité, comment elle l'a concrétisée, défendue et perpétuée durant son existence ; comment elle a vécu l'honneur.

L'honneur est l'idéal commun à la femme et à l'homme
Nos textes parlent aussi bien du sens de l'honneur de la femme que de celui de l'homme. Il est significatif que le même terme soit employé pour une femme consciente de son honneur que pour l'homme, ne faisant donc aucune différence de nature, là non plus, entre l'honneur de l'homme et celui de la femme. L'homme et la femme sont désignés par le « drengr-godr », « l'honneur de l'homme » (littéralement un individu droit et fier) du vieux Nord. Nous constatons donc que l'idéal drengrgodr a des racines plus profondes que la surévaluation de soi-disantes « qualités masculines ». Mais il nous semble avant tout important que cet idéal du sens de l'honneur, l'Être-en-possession-de-l'honneur, nécessaire aux deux sexes, s'incarne dans les deux individus

qui l'ont mis en valeur, A nous qui nous efforçons d'ôter l'étiquette allogène classant toutes les manifestations vitales en « masculin » ou « féminin », de notre usage linguistique comme de notre pensée, cette formulation nous paraît pour le moins dangereuse. Il est de notre devoir d'agir avec sérieux et d'en finir avec cette conception qui considère la bravoure, la discipline, la sélection et l'honneur, comme des vertus « masculines ». Seules des habitudes de pensée orientale et occidentale nous ont inculqué cette vision limitée. *L'antiquité germanique montre que les paysannes germaniques sont animées du mime courage, de la mime bravoure, amour de la liberté, discipline de soi, que leurs hommes, qu'elles sont prêtes aussi à mettre leur vie enjeu pour ces valeurs.*

Ce ne sont pas seulement les femmes des Cimbres et des Teutons, des Ambrores et des Tipuriniens, dont la bravoure intrépide dans les guerres romaines, un amour sauvage de la liberté et un ardent sens de l'honneur ont été pour toujours immortalisés même par une main ennemie, qui ont fourni les preuves de leurs qualités « masculines ». Les paysannes germaniques, qui restèrent dans l'ombre des grands événements politiques, se trouvaient dans la même situation ; leur style de vie, l'attachement indissoluble à la communauté et au clan ne connaissant aucun répit guerrier, les poussaient à penser et à agir pour le clan avec bravoure et fermeté. Elles ne devaient aspirer qu'au bien du clan et suivre une discipline. Nous n'affirmerons pas que la bravoure, la discipline et le sens de l'honneur sont des vertus masculines ou féminines puisqu'elles sont fortement présentes chez l'un comme chez l'autre sexe. Nous ne ferons pas non-plus l'affront à nos vieilles mères de dire qu'elles ne sont pas féminines si elles possèdent ces vertus « masculines ». Mais nous ne pouvons pas non plus accréditer ces assertions qui attribuent l'esprit drengrgodr uniquement à l'homme. Connaissant la vision du monde germanique, la structure de la communauté, l'évaluation de la personnalité indépendamment du sexe, il n'est pas étonnant de voir constamment des paysannes germaniques côtoyer des hommes mourant pour l'honneur, et animées du même sens de l'honneur. Il est naturel qu'un peuple considérant que ses femmes sont « sacrées et mystérieuses », ne leur conteste pas ce qui rend pleinement humain aux yeux germaniques, c'est-à-dire l'honneur. En revanche, il nous semble important de constater qu'au cours de l'évolution, une vision du monde orientale a peu à peu étouffé le caractère germanique du sens de l'honneur de la femme ou lui a substitué un autre contenu. L'honneur féminin devient- conformément à un type de vie oriental – uniquement et seulement une affaire physico-sexuelle et en fin de compte ne signifie plus qu'une virginité et une pureté physiques. Les concepts sont ici intervertis.

Le plus grand honneur de la femme réside dans la maternité

En Germanie aussi, la chasteté est naturellement prescrite ; mais cette exigence se rapporte premièrement aux deux sexes et deuxièmement elle a une autre motivation que celle de la règle de vie orientale : « Avoir commerce avec une femme avant d'atteindre la vingtième année était considéré comme extrêmement honteux.... Ceux qui sont restés chastes très longtemps reçoivent le plus grand éloge chez les leurs ; ils pensent qu'est ainsi favorisée une bonne stature et que cela accroît les forces et le désir. »

Le texte de César met en évidence que le Nordique a attaché une valeur à la chasteté pour éviter le danger des excès sexuels – auxquels est plus soumise la mentalité orientale que la nature réservée du Nord – et en outre, il ne l'a pas confondue avec l'idée de l'honneur. L'absence de chasteté à partir d'un certain âge, ou plus précisément, les rapports sexuels trop précoces sont considérés en Germanie comme un danger pour le psychisme et le physique de l'homme. Ils signifient une perturbation de l'idéal de perfection de l'homme et une menace pour d'autres principes de vie germaniques. L'exigence de pureté sexuelle du jeune homme, physiquement et spirituellement immature, se fonde sur la volonté de ne pas menacer la pureté du sang d'un côté, et de l'autre comporte le principe moral général de l'autodiscipline qui régit la vie entière du Germain.

En Germanie, on exige la chasteté d'hommes immatures afin de préserver le sang que l'on doit transmettre intact au descendant et par devoir envers soi-même, de sa valeur fondée sur l'amour-propre et la dignité. En revanche, lorsque l'homme germanique est devenu pleinement adulte physiquement et moralement, il est naturel qu'il ne contrevienne pas, à cause d'une inversion maladive due à des esprits déformés, à la loi de la création et aux dispositions que la nature lui donna, en entravant sa fécondité et sa volonté de reproduction par une chasteté trop prolongée. Le Germain ne vit pas contre la nature et ses lois mais en harmonie avec elle. Il ne laisse pas dépérir, en s'avilissant de façon humaine, les dons qu'elle lui a donnés pour penser, mais il considère que l'homme s'accomplit en les mettant en valeur ; que la nature veut des hommes et des femmes, et non des êtres asexués et neutres. Donc l'exigence d'une chasteté trop longue, le choix d'une vie célibataire et abstinente produisant une humanité « supérieure » ne sont pas du tout naturels en Germanie. Ils sont même considérés comme une contradiction et une offense à la loi de la vie éternelle elle-même. Pour les Germains, la chasteté n'est donc qu'une nécessité conditionnée par la règle de vie, et non une valeur morale absolue qui régit inflexiblement la conduite de l'homme. *La vierge et le moine ne sont pas des exemples germaniques ni des êtres supérieurs mais plutôt le contraire puisqu'ils n'ont pas totalement mis en valeur les forces présentes en eux.*

En Germanie, cette conception de la valeur précise de la chasteté imposée uniquement à l'être immature, s'applique aussi bien à l'homme qu'à la femme. Les ordonnances prescrivant les peines pour concubinage et homicide de femmes démontrent de façon frappante que la virginité, la pureté de la femme ne sont absolument pas fondamentales, et même pas prises en compte pour juger la valeur de la Germaine libre. Le droit populaire souabe prescrit que le concubinage avec une femme mariée (mulier) doit être puni deux fois plus sévèrement que celui avec une vierge (virgo). Ce n'est donc pas la virginité, la chasteté et la pureté qui déterminent la valeur. Les livres juridiques saliens, ripuaires et thuringeois prescrivent que la peine pour homicide d'une femme apte à enfanter ou de celle qui a déjà enfanté vaut le triple de celle pour une vierge n'ayant pas encore d'enfants. Ce type de droit marquant une différence entre la vierge et la femme (virgo et mulier) montre distinctement que la notion de virginité n'est pas fondamentale pour juger la valeur de la femme. Elle est tout simplement ignorée car l'assassinat d'une femme est considéré comme trois fois plus grave que celui d'une vierge ! Ce n'est pas la chasteté mais la valeur biologique qui, contrairement à la condition de vierge, est lié à l'accomplissement de la maternité, et est fondamental pour apprécier la femme. L'idée germanique de la valeur uniquement déterminée par la chasteté ne peut être plus claire qu'ici. La femme enfantante, la mère dont la conception n'est jamais une souillure, jouit en Germanie d'une plus grande considération puisqu'elle suit la loi de la vie, tant sur le plan individuel que dans l'esprit du peuple. Mais la valeur de la femme dépend, comme on l'a déjà dit, de ses qualités, de ses réalisations, de l'âme et du cœur, de l'esprit et du caractère.

Comment se fait-il que la chasteté ait été considérée comme un concept moral ? Comment la pureté a-t-elle pu être assimilée à « l'honneur de la femme » dans la conception morale ? Nous nous rappelons que l'idéal féminin germanique, la « sainte germanique », était toujours représenté par les mères, les mères originelles (Frigg, Dame Holle) ; que, d'après le sentiment germanique, la conception n'était pas une tare, une souillure et un avilissement. Au contraire, une telle idée aurait été considérée comme une offense faite aux mères germaniques. Dans les sagas, nous voyons des centaines de fois que les veuves sont autant convoitées que les vierges, et qu'aucun Germain ne penserait qu'une veuve est inférieure parce qu'elle n'est plus pure.

En revanche, l'esprit judéo-oriental considère la vierge comme plus désirable que la femme : on choisit intentionnellement le mot

« désirable » car il est à peine question d'une évaluation morale de la chasteté dans la valorisation de la vierge par l'esprit oriental. Lorsque le livre saint de l'islam, le Coran, promet au musulman orthodoxe dans le jardin du paradis « des jeunes femmes qu'aucun esprit ni aucun homme n'a encore touchées », comme récompense pour son usage personnel, on voit que la chasteté féminine doit effectivement avoir une valeur particulière pour l'Oriental puisqu'elle constitue, pour ainsi dire, une récompense et une joie paradisiaque.

La virginité et la pureté régnant dans le « jardin des délices de l'Éden « ne purent absolument pas comporter de valeur morale, mais en revanche une valeur sensuelle. Car la chasteté de la femme n'a un sens que si elle est promise à l'homme qui la détruit dans cette vie paradisiaque. La possession de « la vierge aux yeux noirs comme les perles d'un coquillage », l'amour de Dieu des adeptes du paradis, révèlent clairement que la chasteté de la femme orientale n'est exigée que pour le plus grand plaisir de l'homme.

Nous avons donc vu quelle race accorde un rôle si évident à la pureté de la femme et ce qui se cache réellement derrière l'exigence de chasteté. Le Germain n'aurait pas pu concevoir une vierge mère et ne lui aurait pas accordé non plus une valeur supérieure. Ses déesses et les femmes lui étant chères présentent des traits maternels et sont des mères. La maternité est le propre de leur nature. Puis la Vierge mère de Dieu remplaça la divinité maternelle de la Germanie du fait de l'intrusion d'un système de valeurs étranger. Les nonnes furent privilégiées par rapport aux mères de clans germaniques et un plus grand respect de la virginité plutôt que de la maternité fut enfoncée dans le crâne de l'homme germanique jusqu'à ce qu'il l'admette dans sa conception morale. Nous pouvons donc apprécier quelle fut la profondeur du bouleversement violent qui toucha la vision du monde germanique et l'ébranlement énorme que subit l'instinct du Germain. Les jeunes filles d'un village entier en étaient la preuve. Elles avaient toutes pris le voile, révélant à quel point cette idée avait perturbé leur être en leur ôtant la sérénité de leur conception du monde saine et pieuse.

La conception de l'honneur survit dans la morale paysanne

La morale paysanne campagnarde ne ressemble pas, même encore aujourd'hui, à ce que la nouvelle doctrine pourrait souhaiter. Aujourd'hui encore, certaines coutumes sont animées d'une force antique. Un sens moral les avait instituées, qui ne correspondit plus à l'enseignement étranger ultérieur. Malgré les menaces encourues de tourments infernaux et de purgatoire, le « rendez-vous à la fenêtre » a survécu chez les tribus allemandes du Sud comme le droit reconnu des jeunes hommes, et personne n'aurait eu l'idée de le considérer comme un péché. Même les pouvoirs publics se croyant mandatés pour être les gardiens et les juges des bonnes mœurs, ferment les yeux impuissants, bien qu'ils soient réticents. Malgré que le christianisme stipule une exigence absolue de chasteté hostile à la maternité, il n'est pas rare que de jeunes femmes paysannes offrent déjà un enfant à leur futur mari avant la bénédiction chrétienne et le mariage. Mais elles ne sont pas frappées de honte et d'infamie par les paysans chez lesquels elles vivent et les enfants prénuptiaux ne sont pas considérés comme des enfants du péché atteints d'une tare. Cela n'arrive que lorsqu'une jeune fille manifeste une faiblesse de caractère, qu'elle est rejetée par l'esprit moral de la communauté, mais pas du tout quand elle épouse le père de son enfant juste après sa naissance. L'appréciation étrangère, orientale de la chasteté, entre peu en compte, mais plutôt l'antique loi morale germanique de la conservation du sang et de la discipline intérieure. Encore aujourd'hui, perdre la chasteté n'est pas considéré comme une perte d'honneur, pas plus que ça ne l'était dans l'antique Germanie. En Germanie, l'exigence de chasteté est une valeur en soi, complémentaire de l'honneur, un bien dont la perte ne peut, dans certaines circonstances, dévaloriser la femme, mais qui n'équivaux jamais à la perte de son honneur. Qui aurait eu l'idée de réprimander une fille de Thordis Sur pour s'être déshonorée !? Le jugement de la communauté germanique n'est pas aussi dogmatique mais dépend de circonstances particulières. Les livres juridiques attestent aussi ce fait lorsqu'ils ne fixent les peines de concubinage que lorsque une femme s'est commise avec quatre ou cinq hommes et que sa faiblesse morale est ainsi prouvée. Dans le même esprit, on peut constater que la virginité dans l'ancien temps n'était jamais considérée comme un idéal, même pas un concept, car il n'existe pas de mot pour la définir. C'est aussi une autre preuve de l'importance attachée à une vie féminine qui se réalise dans la maternité considérée comme une mission et un idéal. Avant tout, il est clair que la chasteté de l'homme immature forme l'une des nombreuses valeurs ayant cours en Germanie, mais l'honneur est la loi absolue de la vie.

La chasteté ne constitue pas l'honneur de la femme. Cette restriction, conséquence d'un sens des valeurs étranger et nuisible pour la féminité germanique, produit ces visions bouleversantes de bastonnades données par les maris et qui hantent les anciens textes du Moyen-Âge. Mais cela permet aussi de comprendre les signes de décadence que présente la vie féminine de l'époque moderne. Car que reste-t-il de la femme si l'on dévalorise de prime abord sa personnalité, si comme instigatrice du péché, comme incarnation charnelle et matérielle du mauvais principe, elle est opposée au bon pôle masculin spirituel ?! Que lui reste-t-il si, en outre, on l'écarte du cadre du clan uni et qu'on culpabilise son ego de péchés, ou bien qu'on l'asservisse à l'homme considéré comme son « maître » ? ! A-t-elle encore conscience d'elle-même, de sa liberté et de sa responsabilité, les premières conditions de toute moralité ? !

La phrase « Il doit être ton maître » ne signifie rien d'autre que la destruction de toute valeur féminine germanique, de toute possibilité de collaboration constante au travail de la communauté, et implique une altération pathologique de la communauté pour autant que la femme en est l'autre composant. Cela signifie plus particulièrement que l'homme s'arroge aussi le monopole de la morale, devient pour ainsi dire le maître de la moralité. Il détient en effet un poids décisif dans les questions morales, de l'éthique, ou comme on disait autrefois, il les « enseigne » d'après des principes dogmatiques écrits. Tandis qu'on a supprimé chez la femme la sûreté de son sens du bien et du mal, qu'on l'a plus ou moins convaincue de son infériorité et qu'on a qualifié de mauvaise sa moralité liée au sang, il n'est évidemment plus très difficile de l'exclure des questions de morale.

Margarete Schaper-Haeckel

Cahier de la SS n°8. 1943.

Amour et mariage

« Jeune, je fus donnée à Njal, et je lui promis : nous devons vivre un destin comparable. »

La paysanne Bergthora

Lorsque nous désirons parler de l'amour et du mariage, nous devons fuir l'esprit des grandes villes pour aller vers le Nord, dans les montagnes remplies d'air sain et pur où vivent les anciennes lignées sous les chênes et les frênes. De la patrie de la paysanne Bergthora nous regardons le vaste pays, ancien et vénérable, digne et florissant dans lequel la jeunesse entonne à nouveau les vieux chants d'amour :

Ton cœur veux-tu me donner,
alors cela se fait en secret,
et notre pensée commune
personne ne peut la deviner
et

Connaître un cœur fidèle,
vaut le plus grand trésor.
Il est bien heureux à saluer,
Celui qui connaît un cœur fidèle.

C'est notre patrie qui, souvent souillée, parle constamment de la pureté de l'amour et du mariage dans les magnifiques œuvres de son art. Nous revoyons Njal et Bergthora en Heinrich et Mathilde de Brunswick. Mais nos parents à la maison nous donnent déjà l'exemple d'une vie digne.

Dans ce beau pays dont Walther von der Vogelweide chanta autrefois la « vertu et le pur amour courtois », le peuple mène encore aujourd'hui son combat contre le poison de l'impudeur judéo-libérale avilissant l'amour et le mariage, agissant depuis des dizaines d'années. Dans ce domaine, une éthique nationale ne s'est pas du tout imposée au niveau public. Ce n'est pas la dignité et la tenue, ni la conscience vive d'avoir un devoir sacré envers nos ancêtres et l'avenir de notre peuple qui influencent la vie amoureuse, mais plutôt la voix de « la muse légère ». On verra toujours s'exprimer des sens superficiels et un sang chaud. Mais nous ne remarquons pas que le Juif peut les utiliser pour influencer notre peuple, et ainsi nous atteindre dans notre substance.

L'amour et le mariage sont la source de la vie culturelle et populaire de notre nation. L'amour entre les sexes n'engendre pas seulement la vie mais aussi l'art, la vraie connaissance, la religion et l'ordre de la société (morale). Mais si tout provient de l'amour, le destin d'un peuple dépend aussi de l'éthique amoureuse qui règne dans son État.

Considérons deux aspects dans l'amour et le mariage : L'*expérience amoureuse* et la loi *naturelle* qui régit l'amour.

En quoi consiste l'expérience amoureuse ? Les deux sexes s'attirent, s'émeuvent, s'enflamment réciproquement et se sentent mus l'un l'autre par un abandon tel qu'on ne le rencontre nulle part ailleurs dans la vie. Cette expérience amoureuse est générale. Mais en dehors de cela, nous nous interrogeons sur le comment. Comment aime l'Allemand, comment aime l'homme nordique ? Quelle valeur attache-t-il à l'amour ? Ou bien, qu'est-ce qui, à ses yeux, confère du prix à l'amour ? À chaque fois, cela dépend étroitement de la valeur personnelle de celui qui recherche l'amour ou de l'amoureux lui-même. Sa nature influence aussi sa façon d'aimer. Il peut parfois oublier complètement son origine, considérer la civilisation judéo-américaine du tango (nous dirions aujourd'hui du rock) comme une création culturelle nordique et ne pas remarquer entre quelles mains il est tombé. Mais il peut aussi réussir à manifester complètement sa valeur raciale personnelle au travers de son amour. La valeur d'une personnalité se révèle dans sa façon de penser, dans son penchant et ainsi dans ses sentiments. Chacun exprime son véritable caractère en amour, s'il se « laisse aller », s'il est entrainé, devient prisonnier des pulsions sexuelles élémentaires et ne considère plus l'union amoureuse que comme la satisfaction du plaisir sensuel. En revanche, son caractère peut conserver sa dignité dans l'amour. Il vénère alors la valeur personnelle du partenaire aimé. Il peut aussi rechercher l'aspect religieux de l'événement amoureux, l'expérience d'une volonté divine de création. Il est alors capable, par l'intermédiaire du plaisir et du bonheur de l'union amoureuse, d'éprouver le souhait divin de voir procréer de nombreux enfants. Et puis, pour certaines personnes, le sens de l'honneur est aussi en rapport avec l'amour. Quand le sentiment d'honneur est lié à celui d'identité, alors l'homme noble ressentira un puissant sens de l'honneur dans son amour, car l'amour n'est pas ce « péché secret », mais une relation personnelle faite d'honneur réciproque. Au-delà du domaine de la vie amoureuse, l'honneur masculin doit aussi être conscient qu'il doit faire respecter la dignité et la culture de l'amour dans le peuple en entier. Ce ne sont pas les femmes qui sont coupables quand leur charme et leur grâce sont avilis et rendus impudiques. Ce ne sont pas les danseuses qui sont coupables lorsqu'elles exhibent leurs jambes à l'occasion d'un spectacle, mais l'homme auquel il revient de diriger la communauté où la vie amoureuse a son importance.

Lorsqu'on nomme *mariage* cette liaison entre les sexes qui est déterminée par la valeur et non par la folie sensuelle, et qui veut s'incarner dans des enfants et est donc vertueuse, alors on peut dire : « l'amour » de certains n'en mérite pas le nom ; il peut d'autant moins être considéré comme une union, même si elle était célébrée par dix prêtres. Mais l'amour des autres en est un au vrai sens du terme et constitue une union, même si elle n'avait jamais été bénie et consacrée. Le divorce représente alors un grand malheur.

Interrogeons-nous maintenant sur la loi naturelle régissant l'amour. Ce qui est à l'origine de ce que nous ressentons comme étant l'amour, l'attrait des sexes, est tout à fait subtil. Cette loi ne fait naître l'amour qu'entre des êtres précis. Nous disons alors que les conjoints sont égaux. Les époux amoureux s'étreignent en un acte créateur. Une nouvelle vie nait dans l'œuf fécondé où les parties maternelle et paternelle s'« accouplent » dans l'embryon. Ils s'aiment jusque dans leurs goûts réciproques. Ceux qui cherchent l'amour pratiquent donc le choix. Ils recherchent ce qui satisfera leurs yeux, leur sentiment et leur esprit critique. Pour l'homme – seul un certain rapport de proportions physiques chez la femme et un type déterminée de formes lui plaira. On a tous une préférence marquée pour une certaine allure, une gestuelle particulière. Le regard, la force des traits du visage, la courbure des lignes de la bouche, du nez et des yeux, du menton, des oreilles, des tempes et du front concourent à se forger une opinion. Déjà à ce stade on sent naître de l'affinité ou de l'antipathie. Mais ce sont d'abord les qualités du caractère qui sont déterminantes, qui ne se manifestent pas dans l'apparence pure mais uniquement par la connaissance approfondie de la personne, placée dans diverses circonstances de la vie ou de l'histoire des clans : son sens du beau et du bien, ses jugements sur des questions importantes, sa dignité, sa conséquence, sa serviabilité et son tempérament, la preuve de sa confiance inébranlable en un dieu, sa foi et un amour pur et désintéressé de Dieu. Les valeurs auxquelles les hommes cherchant l'amour « attachent un prix » révèlent la plupart du temps, comme on le disait déjà, quelque chose d'estimable. Nous sommes cependant tous plus ou moins attirés par ce qui a une valeur incontestable, ce qui est pur, même si nous ne le valons pas. La plupart des gens admirerons avec respect une Vénus grecque, une statue féminine de Kolbe, de même que leurs incarnations vivantes. Plus d'un d'entre nous souhaiterait aimer un être proche de la perfection, bien qu'il lui soit cependant inférieur. Il le désire même au cas où il devrait se tromper et ne pas être aimé. La nature elle-même veille à ce que l'amour ne repose pas sur la réciprocité. En dehors de cela, le clan influence encore le choix conjugal de sa jeunesse. Une authentique relation amoureuse ne naît que là où des qualités décisives forgeant un caractère trouvent leur équivalence chez d'autres personnes. Donc, qui se « ressemble », « s'aime ».

Nous devons aussi voir que cette loi naturelle de l'amour est celle qui régit le mariage car celui-ci tend précisément à la procréation d'enfants héréditairement sains et à une bonne éducation suscitant un fort sentiment familial entre des caractères semblables. En conséquence, on aspire à ce que les descendants aiment toujours à se réunir. C'est ainsi que naît l'esprit de la lignée.

Aujourd'hui l'amour (le plus souvent confondu avec la vie sexuelle qui n'est que l'aspect organique de l'amour) est considéré comme un moment agréable (« L'amour apporte grande joie, et tout le monde sait cela... ») par opposition au mariage digne de pitié (« mariage = corde au cou »). Cela est dû à la méconnaissance générale de la nature profonde de l'amour qui provient de l'état d'esprit artificiel, égoïste et avide de jouissances des hommes d'aujourd'hui. Le problème « amour et mariage » se résout aussi lorsqu'on sait quel est le but ultime de l'amour. Tout amour authentique aspire au mariage. Des mariages respectant la loi naturelle sont des mariages d'amour, qui sont consolidés par un bon patrimoine héréditaire. On peut vraiment parler du paradis sur Terre. L'association des objectifs se trouve ainsi réalisée : *L'événement* procréateur souhaité s'unit à *l'expérience* amoureuse heureuse.

Puisque d'un côté le bonheur, la paix et le salut du peuple résident dans le plus grand nombre possible de mariages, mais que d'un autre côté il est extraordinairement difficile de rencontrer un bon époux dans notre vie moderne et dans la masse du peuple, la tâche fondamentale d'un État ethniste sera de créer les conditions permettant de trouver un conjoint sain. Tel est aussi le but pratique le plus important de tout notre travail culturel.

J. Mayerhofer

L'amour absolu ne réside que dans une force absolue.

Hölderlin

Cahier de la SS n°3. 1943.

Sigurd, le chevalier Georges et le combat avec le dragon

La lutte pour la patrie nous contraint tous à retourner à une existence naturelle. Tous ceux qui avaient perdu leurs attaches avec la terre, ressentent à nouveau l'appel de l'héritage du passé, un héritage paysan qui incite à aimer la patrie.

Dehors, la nature est encore en sommeil. Mais la lumière du jour grandit déjà, le printemps n'est plus très loin. Ce mot émeut tous les cœurs car il signifie la fin du combat annuel pour la renaissance de la vie.

L'esprit paysan a produit de merveilleuses allégories sur la lutte des saisons, qui en outre sont les symboles d'une conception du monde caractéristique de la race. Ce sont des symboles que l'on ne peut parfaitement définir par des mots et des concepts, car ils comprennent le monde global de l'existence. Ils sont parfois nouveaux et pourtant se relient, quelle que soit l'apparence qu'ils revêtent, à un proche ou lointain passé, au passé germanique de notre peuple. Les contes et légendes, même les légendes chrétiennes, renferment des symboles de sagesse et de connaissances anciennes. Lequel de nos enfants, dans les durs temps de l'hiver, refuserait de recevoir les hôtes du pays des légendes ? Quel authentique cœur juvénile ne battrait pas fièrement en écoutant pour la première fois le récit d'un combat héroïque ?

Heureux est le monde dont les coutumes et l'art ont conservé des symboles de la lutte pour la vie. Dans maints endroits, l'hiver est encore mis à mort sous la forme d'un dragon, la douce reine du printemps libérée et unie au roi de mai. Derrière ces figures imagées se cache le mythe antique du renouveau de la vie. Seule l'éternel qui-vive vient à bout de la mort. Partout le destin, le dragon monstrueux, se place sur notre chemin et nous interdit l'accès à la fontaine de jouvence, nous défend la conquête de la boisson vitale, du « trésor étincelant ».

Le dieu solaire Wotan.
Plaque ornementale sur un casque de Vendel en Suède.

Les deux aspects de la vie, naissance et mort, jour et nuit, été et hiver, se rencontrent sous diverses formes et notre patrimoine populaire les a conservés dans sa richesse imagée, même sous le vêtement chrétien qui ne pouvait vaincre autrement la force de l'âme populaire germanique qu'en la mettant au service de l'Église. C'est ainsi que le chevalier St Georges, le tueur de dragon, est resté la plus germanique de toutes les figures héroïques. C'est de la force d'âme d'essence germanique que Bernd Notke a tiré son saint Georges. Un document ancien dit : « C'est justement à cette époque – Pâques – que l'on doit triompher avec Georges quand l'hiver est chassé par le vent du sud, que la terre entre dans son adolescence et donne naissance aux plantes et aux fleurs. »

Et lorsque nous cherchons dans le passé germanique des symboles de cette vie assurée, nous sommes surpris par l'abondance des témoignages et la franchise de l'expression. Voyons avant tout le sublime symbole de vie qu'est l'Edda : « Je sais que se dresse un frêne/ S'appelle Yggdrasill/ L'arbre élevé, aspergé/ De blancs remous/ De là vient la rosée/ Qui dans le vallon tombe/ Éternellement vert il se dresse/ Au-dessus du puit d'Urd. » Mais en son fond habite Nidhögrr, l'horrible destin qui garde la fontaine de la boisson de l'immortalité et ronge les racines de l'arbre de vie. « Arrive en volant/ Le ténébreux dragon/ La vipère étincelant, descendue/ De Nidafell ;/ Il porte en son plumage/ – Plane au-dessus de la plaine-/ Des cadavres, Nidhôgg/ À présent, elle va disparaître. » Et le dragon dit de lui-même : « Je soufflais du venin/ Quand gisais sur l'héritage/ Immense de mon père/ Plus fort à moi seul/ Je me croyais, que tous/ Insoucieux du nombre de mes ennemis. »

Ornement avec un dragon et la roue solaire.
Motif d'une vieille porte islandaise.

Odin et Thor, les dieux magnifiques, participent eux-mêmes au combat contre ce sombre dragon pour la survie du monde. Leur force divine se perpétue en des héros comme Sigurd et Dietrich, dont les faits d'armes ont été chantés dans les cours royales germaniques. « O puissant serpent ! / Tu fis grands crachements/ Et sifflas d'un rude cœur ;/ Haine monte d'autant/ Parmi les fils des hommes/ Quand on a ce heaume en tête. » La vie ne pouvait être gagnée sans la mort : « Je te conseille à présent, Sigurdr/ Et toi, retiens ce conseil :/ Va-t'en d'ici ! / L'or sonore/ Et l'argent rouge comme braise/ Les anneaux, te mèneront à mort. »

Cette attitude germanique est déjà attestée par les plus anciens témoignages que nous possédons datant du IIIème millénaire avant J.-C. Sur les pierres gravées de Suède – symbole des anciennes coutumes – apparaissent le serpent Midgard, l'arbre de vie, le combat de Thor et du dragon. Mais c'est surtout à l'époque des grandes invasions, le temps de la grande percée politique de la germanité, connue déjà à l'ère du bronze – que les forces spirituelles issues d'une conception de vie intacte ont animé l'artisanat d'art. Avec l'art des Vikings du Nord, cette force a trouvé un grand renouveau et a survécu jusqu'aux époques chrétiennes.

Le combat de Sigurd avec le dragon.
Motif sur un montant de porte de Hyllestad, en Suède.

Sûr et maître de lui, le dieu du Soleil représenté sur la pierre du cavalier de Homhausen, chevauche à travers le monde, sans craindre les puissances funestes de l'abîme. Le motif du dragon apparaît sous des formes diverses même dans les ornements vestimentaires et les gravures sur bois des premières églises du Nord. Des mains d'artistes ont figuré le combat de Sigurd avec le dragon sur la porte de Hyllestad. Un motif d'Islande illustre magnifiquement le triomphe de la vie sur la mort. Dans ce symbole apparaissent les deux aspects de l'univers, l'essence du dieu mythique Odin nous est expliquée. Il transparaît constamment dans toutes ces personnifications, que la germanité était consciente que la destinée divine de la vie reposait en elle-même, en sa foi, en sa force d'action. De tout temps, sa puissance sut relever les défis divins. Seul le faible succombe aux forces obscures.

Nos récits, contes et légendes, notre art populaire sont des symboles de la vie spirituelle et morale des ancêtres de notre peuple. Nous ne devons pas prendre la simplicité et la clarté de ses représentations psychiques pour de la naïveté. N'aspirons-nous pas pareillement à retrouver cette unité de vie qui rayonne de l'ancienne tradition, de laquelle même l'Église moyenâgeuse a tiré son énergie pour renforcer sa doctrine étrangère ? Les fondements moraux de notre volonté ne sont-ils pas les mêmes qu'aux temps anciens ?

Nous ne connaissons pas encore les forces profondes qui ont conduit la germanité à adopter une pensée chrétienne qui lui était étrangère. Peut-être était-ce au moment dangereux où elle acquérait une nouvelle conscience d'une vie plus élevée. Elle a découvert des concepts séduisants, presque similaires, mais figés dans la perspective formelle d'une vie romano-chrétienne.

La connaissance de notre identité nous a ramené à l'ordre divin dont nous sommes un élément, dont plus aucune transcendance spirituelle ne peut nous séparer. Corps, âme et esprit constituent à nouveau une unité. Le rythme éternel de la vie bat en nous, aujourd'hui comme avant, et la vie apparaît être la manifestation divine présente en toutes choses.

Dr Mähling

Cahier de la SS n°3. 1944.

Comment Loki et Heimdal luttèrent pour le collier de Freya

Les légendes germaniques ont beaucoup perdu de ce qu'elles racontaient des actions et des souffrances des dieux.

Dans un poème célèbre, le scalde Ulf Uggissohn chantait le duel de Heimdal avec Loki pour le beau collier étincelant de la déesse Freya. De ce poème et de la légende qui célébraient ce duel, il ne reste plus que deux lignes nous apprenant que Heimdal remporta la victoire sur le méchant compagnon des dieux. Le sage Islandais Snorri nous dit aussi qu'ils avaient tous les deux l'apparence de phoques lors de ce combat.

Accordons au poète la possibilité de recomposer une vue générale à partir de ces quelques débris.

« Une fois, Loki, le rejeton instable d'un géant que les dieux avaient accepté inconsidérément dans leur communauté, s'envola au-dessus de la mer sous la forme d'un faucon, il vit un gros poisson sous la surface dont les écailles et les nageoires étincelaient d'or.

Dans sa convoitise de prendre le bijou, Loki fonça vers les vagues mais au moment où ses serres plongeaient dans l'eau pour saisir le précieux poisson, le filet invisible de la géante des mers Ran les entoura. Avec ruse, lui faisant miroiter des illusions, elle avait attiré l'être cupide dans ce piège et l'emmena alors au fond de la mer dans son sombre royaume.

Elle le tint en prison pendant neuf jours parmi les marins noyés dans les profondeurs ternes jusqu'à ce qu'il promît par le serment le plus sacré sur la tête de sa fidèle femme Sigrun, d'apporter le splendide collier de Freya comme rançon à l'affreuse souveraine des mers.

Ce collier d'étoiles de la déesse qui resplendit chaque nuit claire dans le ciel, était la fierté des dieux et le bonheur des hommes. Jamais Freya ne le quittait de son cou. Mais Loki, le très habile fils du géant Laufey, savait quel langage lui tenir pour qu'elle lui confie la parure céleste.

Freya, la déesse rayonnante de beauté qui enflammait le cœur des dieux et des hommes, et dont la grâce faisait se consumer de désir les géants lourds, était elle-même malheureuse en amour. Elle avait donné son cœur à un homme nommé Od et se maria avec lui ; cependant, il l'abandonna et elle cherchait en vain sa trace dans tous les pays. Lorsque Loki fut revenu à Asgard, dans le château des dieux, il alla voir Freya et lui parla : « J'ai trouvé Od que tu réclamais. Ran, la géante voleuse l'a attiré dans son nid mortel et le retient prisonnier au fond de la mer. Toutefois, elle veut bien te le rendre si tu lui accordes ton scintillant collier comme rançon. »

Freya ne se serait jamais séparée de sa parure magnifique, mais l'amour exigeait le plus haut prix. Des larmes de joie dorées coulèrent sur son visage. « Prends le joyau ! » dit-elle. « Aucun bijou ne m'est trop précieux pour la vie d'Od, l'aimé. Conduis l'époux près de mon cœur et je te serai éternellement reconnaissante ! »

Loki, exultant, détacha le joyau de son cou et plongea sous la forme d'un phoque dans la profondeur des mers pour apporter à l'impitoyable Ran la parure soutirée.

Mais quelqu'un avait entendu les paroles du fourbe, Heimdal, le grand gardien du ciel dont l'œil scrutant tout jour et nuit ne s'assoupissait jamais et dont l'oreille était si fine qu'il percevait chaque bruit. Lui qui voit jusqu'au cœur de la Terre, était au courant de la captivité de Loki chez Ran et perçait la tromperie. Avec la vitesse de l'éclair, il prit l'air d'un phoque et plongea vers Loki.

Dans les flots marins, un combat furieux s'engagea entre la force de Heimdal et la ruse perfide de Loki qui échappait toujours à la prise étouffante du gardien du château céleste. Ran, l'horrible, voulait aller au secours de Loki, mais les neuf vagues mères de Heimdal, l'enfant de la mer, la saisirent et l'en empêchèrent. Gjalp, la mugissante, Greip, la saisissante, Eistha, l'assaillante, Eyrgjafa, la créatrice de sable, Ufrun, la louve, Angeyfa, l'oppressante, Imd, la murmurante, Atal, la périssable, Iarnsasea, celle au couteau de fer, toutes qui ont donné naissance à Heimdal, se précipitèrent sur la géante voleuse et l'empêchèrent d'intervenir dans le combat.

Ainsi les vagues roulaient avec furie, tellement en colère que l'écume blanche volait vers le ciel, que les bateaux des hommes se fracassaient sur les flots marins et qu'elles élevaient même des terres aux alentours.

Finalement, Heimdal réussit à saisir Loki et à lui ravir le bijou brillant. Loki, sans force, s'enfonça sous l'eau, mais Heimdal le souleva et s'envola sous la forme d'un aigle vers les sommets divins. « Comment as-tu pu faire confiance au corrupteur ? » réprimanda-t-il Freya en lui rendant le joyau étincelant. « Tu sais, tu ne reverras pas Od avant que le Ragnarök, le crépuscule des dieux, n'arrive. Tu le cherches en vain chez Ran. Odin seul et moi connaissons le secret qui le dissimule. Mais tu le reverras au jour du combat des mondes, avant que le nouveau monde ne surgisse des flots dans les larmes et le sang. Et alors, Loki recevra son châtiment, lui dont la malice nous a si souvent causé du tort, à nous les dieux. »

Lorsque l'Ase blanc retourna sur les ponts célestes, veillant à ce que les géants ne prennent d'assaut le château des dieux avant l'heure, il prit le bâton en bois entaillé et y fit une encoche à côté des nombreuses autres qui gardaient en mémoire les méfaits de Loki, le méchant. Lui qui gisait chez lui sur son lit avec un sourire amer, il sentit soudainement une douleur dans la poitrine et gémit dans un supplice qu'il avait pressenti ; cependant sa femme, Sigrun, sa fidèle épouse, le réconforta. »

Hermann Harder

III. Coutumes et religion

« D'estoc et de taille », de Gunther d'Alquen, 1937.

La forme et le contenu

L'une des questions les plus importantes que l'on se pose à notre époque concerne l'attitude religieuse. Par besoin moral durant ces dernières années, dans la recherche d'une voie conforme à la conception nationale-socialiste, un nombre extraordinaire de citoyens allemands s'attaqua spontanément à ce difficile problème en trouvant les solutions les plus diverses.

Notre rôle n'est pas de nous définir pour ou contre tels ou tels genres de solutions. Mais il est de notre devoir d'apporter des éclaircissements sans prendre parti sur l'ensemble de ces questions.

Comme toujours, lors d'un tel examen, notre but n'est pas négatif : Une expérience religieuse ne doit jamais reposer sur un conflit avec une autre conception religieuse. Cette attitude serait en contradiction avec l'esprit du programme du Parti, avec notre éthique. Donc, lorsqu'on examine le problème, on doit répéter qu'en tant que nationaux-socialistes, la substance de l'une ou l'autre de ces doctrines ne doit pas nous intéresser ; mais l'important est uniquement de savoir dans quelle mesure elle correspond au principe de notre vue du monde, car la religion est une affaire privée.

Le nouvel État a défini clairement au moyen de deux déclarations fondamentales sa position à propos de la question religieuse. L'article 24 de notre programme garantit : « la liberté de toutes les confessions religieuses au sein de l'État, pour autant qu'elles ne compromettent pas la stabilité de celui-ci ou ne contreviennent pas au sentiment moral et aux bonnes mœurs de la race germanique. » Donc un instinct racial devient le critère absolu relativement à la conception religieuse.

Dans la loi sur ladite liberté de conscience, l'État national-socialiste a clairement défini comment ce sentiment doit être interprété : « Croire est l'affaire la plus personnelle et on n'en est responsable que devant sa conscience. » Il en résulte que :

L'État national-socialiste se refuse à toute ingérence dans les questions religieuses tant que leurs représentants n'interviennent pas dans le domaine politique.

Cette attitude seule peut permettre à un chrétien, catholique ou protestant, ou à un adepte d'une autre religion, de vivre sa foi au sein du Parti et de l'Allemagne s'il le fait par conviction et par choix personnels.

Mais cela ne doit pas impliquer que cette liberté puisse faire l'objet d'une interprétation négative et malveillante.

Le Reichsführer SS a dit clairement lors d'un discours sur les tâches de la SS :

« Mais pour cette raison, nous ne tolérons pas d'être traités d'athées du fait de la mauvaise utilisation du mot païen, parce qu'en tant que communauté nous ne dépendons pas de telle ou telle confession, ou de quelque dogme que ce soit, ou que nous n'exigeons pas que nos hommes y soient attachés. »

Nous aspirons à un sentiment et à une rénovation d'ordre religieux et cela signifie que nous n'avons rien à voir avec cette conception historique matérialiste qui rejette par principe toute religiosité, parce qu'elle nie l'existence du métaphysique en raison de sa sujétion au monde terrestre. D'après le Reichsführer SS, nous considérons ceux qui ne croient à rien comme des gens « présomptueux, mégalomanes et bêtes ».

En conséquence, notre position n'a rien à voir avec ceux qui, dépourvus de toute religion, sont déliés de liens spirituels. Les Églises confessionnelles n'ont pas totalement tort quand elles constatent qu'on ne pouvait attendre de ces milieux le moindre éveil ou la moindre rénovation de nature religieuse car la négation seule ne constitue pas un terrain valable permettant l'émergence d'idées nouvelles. Une expérience religieuse vécue et réellement originale ne peut provenir que d'une volonté de concrétisation positive qui incite à tenter de créer un nouveau contenu religieux.

Mais, suivant des lois naturelles, seul un individu peut accomplir cette œuvre – un homme qui doit avoir en lui l'étoffe d'un réformateur ou d'un prophète, sans qu'il soit à vrai dire nécessaire qu'il se conduise comme tel.

Nous ne comprenons pas non plus pourquoi des Allemands qui, pour des raisons idéologiques, ne veulent rien savoir du christianisme parce qu'ils refusent d'admettre comme loi morale les éléments de la morale chrétienne leur paraissant de nature étrangère, ne devraient pas s'organiser sous la forme d'une communauté publique et légale.

En soi, ce serait souhaitable, parce que c'est la seule manière de traiter sur un pied d'égalité les intéressés et leurs familles, ce qui est nécessaire et même urgent.

Pour ces raisons, nous croyons aussi qu'à la longue on ne pourra exiger de tous ceux de nos concitoyens qui sont attachés avec fidélité et conviction à la loi morale de notre race, que leurs descendants et fiancés soient privés de toute bénédiction publique et, en fin de compte, leurs inhumations de toute solennité. Mais nous savons aussi qu'une nouvelle forme de religion, pour éviter de se transformer en bouffonnerie, doit s'élaborer progressivement et s'enraciner organiquement dans des vieilles coutumes authentiques existant encore aujourd'hui, et ne peut donc être « créée » soudainement par n'importe quelle organisation.

Mais nous pensons avant tout que ces coutumes qui justifient seules une réglementation, ne doivent jamais déboucher sur une « organisation idéologico-religieuse ». Car ne tolérer dans ce domaine une tutelle d'aucune sorte ou une conception collective est le signe typique d'une attitude religieuse réellement germanique.

Pour les Germains, la religion était et demeurait une affaire privée. Les chefs de familles germaniques faisaient aussi office de prêtres et ne toléraient aucune classe sacerdotale.

Ce dont nous avons besoin, ce n'est pas d'un vague enthousiasme pour une pseudo-religiosité de société secrète ou sectaire, mais d'épouser de façon franche et de bonne foi ces conceptions religieuses et 'avant tout morales de nos ancêtres.

Ce fut l'une des erreurs les plus funestes commises par ces multiples petites ligues qui voulaient rénover la religion de notre race en se rattachant à la tradition vivante que la christianisation violente avait jadis muselée.

Il est impossible d'effacer un millénaire d'évolution humaine et nationale et de la considérer comme inexistante.

Wotan et Thor sont morts – et ces esprits rêveurs qui sacrifiaient un cheval sur une vieille pierre de sacrifice il y a une douzaine d'années étaient de tristes fous qui compromettaient inutilement la bonne cause. On ne peut utiliser ni la coutume religieuse préchrétienne, ni les représentations se trouvant à sa base. Si on cherche à exprimer notre propre conscience morale dans des formes religieuses externes, il faut essayer de se reporter au livre sacré de nos ancêtres, l'Edda, comme le fit le christianisme avec les livres de l'Ancien Testament. Si l'on veut créer une sorte de loi morale, on doit s'inspirer des beaux passages poétiques et en particulier de ceux qui expriment la vision du monde. Mais n'essayons pas d'aller trop loin.

La religion est une affaire spirituelle et ne peut reposer que sur le spirituel. Notre tâche est uniquement d'agir afin de ne pas heurter un Allemand qui a renoncé aux doctrines orientales et s'efforce par lui-même de reprendre l'héritage ancestral.

« D'ESTOC ET DE TAILLE »,
DE GUNTHER D'ALQUEN, 1937.

LA CRISE SPIRITUELLE

Lorsque les adversaires du national-socialisme comprennent qu'une résistance ouverte ou occulte sur le plan politique est sans espoir, ils se drapent d'une apparence convenable et réapparaissent pour essayer de faire front d'une façon encore plus camouflée. Ce camouflage peut être très différent : il est purement religieux ou bien teinté de « science ». Cependant, cela ne nous fait pas perdre de vue que ce sont toujours les mêmes milieux qui, comme autrefois, cherchent à entraver le national-socialisme dans son évolution.

« Dans son nouvel ouvrage *Le socialisme allemand*, Werner Sombart a essayé de revoir totalement la situation actuelle et d'éclairer ainsi les causes de la crise dans laquelle se trouvent plongés notre patrie et le monde civilisé tout entier. Il cherche à juste titre- les causes ultimes de l'énorme chaos qui ébranle et menace toute notre existence – dans le domaine de la conception du monde plutôt que dans les événements politiques et économiques. »

C'est par ces mots que le Deutsche *Bergwerkszeitung* à Dusseldorf commence on ne peut plus clairement son éditorial. Nous sommes, certes, habitués à toutes sortes d'attaques haineuses contre notre conception du monde – mais on nous a rarement déclaré avec une telle impertinence que nous ne sommes pas seulement responsables de l'actuel affaiblissement du christianisme, mais aussi de la décadence future du monde entier.

L'auteur, qui se nomme Spitama, sait jusqu'où il peut aller sans tomber sous le coup de la loi avec son amas d'insultes habilement camouflées contre le national-socialisme. Il oublie que nous ne jugeons pas les mots mais l'esprit, et, qu'en outre, nous ne sommes pas stupides au point de ne pas considérer cette « discussion scientifique » pour ce qu'elle est, c'est-à-dire un texte politique.

Mais une réaction autoritaire de notre part servirait aussi bien M. Spitama que le *Deutsche Bergwerkszeitung* qui a laissé ce mépris insolent de la vision nationale-socialiste s'exprimer sur ses deux premières pages sur huit colonnes. Une sphère spirituelle attaquée ne peut être assainie par n'importe quelle mesure coercitive. Nous tenons absolument à montrer avec clarté et détermination à ces citoyens allemands auxquels s'adresse de *Deutsche Bergwerkszeitung* que la « crise spirituelle actuelle » se différencie totalement de ce que présente Monsieur

Spitama, et en particulier que ce qu'il considère comme une « cause de maladie » est l'unique remède et la seule issue pour l'avenir allemand.

Nous ne savions pas du tout que nous vivons dans un « chaos effrayant, qui menace et ébranle toute notre existence ». Nous avions l'impression que des citoyens ne partageant pas encore notre idéal (au cas où il y en aurait encore parmi les lecteurs du *deutsche Bergwerkszeitung*) sont d'accord avec nous sur le fait que le national-socialisme a mis précisément fin à ce « chaos effrayant » et lui a substitué un ordre aussi productif que fertile. Mais l'évolution de la dernière année n'a manifestement pas été perçue par Monsieur Spitama et son collègue, car ils présument que le peuple allemand vit toujours dans l'enfer de la destruction qu'ils présentent- tel est le vrai sens de leur article – comme le résultat inévitable d'un abandon du christianisme.

Au moyen de justifications objectives de haute volée, Monsieur Spitama démontre en effet dans son article qu'il nomme « la cause de la maladie » que le marxisme s'est fixé comme but de détruire la religiosité dans la pensée occidentale. Il prouve par de nombreuses citations que l'abandon effectif du christianisme ou plutôt de l'Église chrétienne, notamment dans la dernière moitié du siècle précédent, était un événement concomitant évident de la conception du monde matérialiste.

Il n'y aurait guère à redire à ces exposés, pour autant qu'ils relèvent des domaines historique, religieux et philosophique, si le sens de la dissertation ne visait pas à attribuer des tendances semblables précisément au national-socialisme dans ce domaine. La sagesse de monsieur Spitama culmine en effet dans sa conclusion : « Le salut et la délivrance pour l'Allemagne ne peuvent résider que dans le retour à Celui qui est le chemin, la vérité et la vie. (Donc le Christ !) Seule cette voie permettra à l'Occident d'échapper à la décadence prédite. »

Nous y voilà donc ! Le national-socialisme, auquel on attribue une hostilité évidente envers l'Église, est responsable de la disparition éventuelle de l'Occident. Car la déchristianisation « est la maladie dont nous sommes atteints et dont nous devons périr si nous ne réussissons pas à la vaincre ».

La démonstration est faite avec, à l'appui, toute la gamme des arguments cléricaux. Le naïf et poussiéreux professeur Sombart est cité par l'intermédiaire d'une phrase un peu obscure, que Monsieur Spitama considère comme « pleine de caractère » :

« Ce que nous avons vécu ne peut être expliqué que comme l'œuvre du diable. On peut voir distinctement les chemins sur lesquels Satan a amené les hommes à lui : il a entamé toujours plus largement la foi en un monde de l'au-delà et a ainsi lancé les hommes dans la perdition de ce monde. »

Pour un peu, Monsieur Spitama, nous qualifiant de grands et de petits diables, nous aurait rendus responsables du fait qu'aujourd'hui sa « croyance en l'au-delà » effectivement disparue n'a plus cours auprès de la majorité de nos concitoyens. Car comme le dépeint l'écrivain, c'est la plus horrible des terreurs :

Les hommes modernes ne sont plus soumis à la crainte d'enfers menaçants et la promesse d'une récompense dans l'au-delà ne les consolent plus du caractère désagréable de ce monde.

Il n'était certes pas nécessaire de nous tendre un piège en mobilisant nul autre que Heinrich Heine à l'appui de ces thèses, comme si la pensée juive, donc retorse, avait prévu exactement le cours de l'évolution en estimant qu'on pouvait abandonner de bon cœur le ciel aux anges et aux petits oiseaux.

Assurément, notre religiosité, donc notre foi en notre peuple et en son avenir, se trouve solidement ancrée dans le réel. Mais que l'on ne vienne pas nous rétorquer que ces visions « s'efforçaient de remplacer le dieu présent dans la conscience ».

Nous ne tolérons pas que notre conviction la plus sacrée soit traitée de pseudo-religion parce que notre foi serait inférieure à celle des milieux confessionnels. Nous croyons en l'éternité au même titre que les chrétiens religieux. Nous croyons que les forces qui ont permis à notre peuple d'échapper à la mort, sont tout aussi « religieuses » que ces représentations très diverses qui, presque ensevelies sous les dogmes médiévaux, forment le véritable cœur de l'actuelle doctrine religieuse. Si nous le pouvons, c'est justement parce que nous sommes capables de voir et de vivre l'éternité dans ce monde – une faculté que le christianisme, partout où il vécut et vit, a cultivée et entretenue.

« La croyance en Dieu et en l'au-delà est en vérité le fondement de la morale dont elle tire sa force d'action. La morale autonome qui ne veut plus voir en Dieu un législateur et un juge, est le produit de réflexions intellectuelles. Elle ne peut subsister et résister face aux attaques des grandes tentations de la vie. L'autonomie morale, ce produit du subjectivisme moderne, aboutit à une adoration de l'homme. » Le voici, le coup de poignard sournois !

Pour nous, cette moralité qui vient d'en haut et qui est imposée au peuple est aussi condamnable que ces manières hypocrites qui, par exemple, utilisent, grâce au secret de la confession, les fautes les plus compréhensibles pour dominer politiquement les faibles d'esprit.

La doctrine abstruse du péché originel rend nécessaire une rédemption. La chute, et même la notion de péché selon la conception chrétienne, avec une récompense et une punition dans l'au-delà, est insupportable aux gens de notre race parce qu'elles ne sont pas compatibles avec la conception du monde propre à notre sang.

Survolant toutes les controverses confessionnelles – et il ne peut guère y avoir en Allemagne de débats sur des problèmes religieux – nous considérons de façon irréfutable qu'il est important pour l'avenir de notre peuple que la religion au service de l'État crée de nouvelles formes spirituelles appropriées afin que puisse se réaliser l'idéal de vie héroïque de notre race. Alors – et alors seulement – le christianisme, malheureusement toujours influencé par le Sud, pourrait s'implanter réellement dans notre peuple, ce dont il ne fut pas du tout capable, on le sait, mille ans après la christianisation forcée.

C'est pourquoi Spitama est insolent lorsqu'il définit précisément la forme catholique dogmatique du christianisme comme étant « la foi de nos pères » ; comme s'il n'avait pas fallu des siècles de durs combats pour imposer à nos pères, par l'épée et la torture, cette religion de l'amour !

En outre, nous savons aujourd'hui à quel point le sentiment religieux du germanisme imprègne fortement le christianisme « allemand », et que la morale sociale, que l'Église voudrait considérer comme sa création la plus fondamentale, se fonde plus sur les qualités éthiques de notre race que sur la doctrine de chaire des siècles médiévaux.

Finalement nous ne devons pas oublier que les dernières mille années ont constitué une aliénation du principe de notre être et de notre espèce, sous tous les rapports. Nous ne voulons certes pas les ignorer ou les éliminer complètement de notre conscience, mais nous ne voulons pas oublier que ce millénaire ne représente qu'« un jour et une nuit en comparaison de Dieu – de l'éternité que nous ressentons en ce monde », qui est à l'origine de notre être et de notre religion.

Face aux millénaires d'existence de notre peuple et aux dizaines de millénaires d'existence de notre race, les erreurs orgueilleuses d'une doctrine fausse et étrangère au peuple ne comptent pas beaucoup. Cela devait être dit à ceux qui, ayant une mauvaise volonté et étant affublés d'oripeaux d'emprunt, s'imaginent pouvoir calomnier impunément notre sensibilité religieuse.

« D'ESTOC ET DE TAILLE », DE GUNTHER D'ALQUEN, 1937.

LE POUVOIR ET LE CŒUR

La Trinité du corps, de l'esprit et de l'âme, forme une unité harmonieuse et vivante chez les hommes sains. Mais on peut évaluer différemment ces trois essences qui pour nous sont parfaitement équivalentes. Au cours de l'Histoire, cela a toujours été préjudiciable aux hommes.

Par exemple, on connaît le point de vue médiéval religieux qui ne procurait une légitimité qu'à une soi-disant « âme », tentant ainsi de détourner les sphères intellectuelles de l'homme vers l'au-delà et n'accordant plus d'intérêt au corps. Nous connaissons aussi ces tendances qui ne prenaient en compte que l'esprit, la ratio, et ramenaient tout à un pur mécanisme, à une causalité sans âme.

Ces positions partiellement fausses sont malsaines lorsqu'elles heurtent de front la réalité pure. C'est une vision qui n'est pas aussi forte que la réalité et ne coïncide pas avec celle-ci. Elle est inadaptée et non viable.

On est en droit de parler d'une sur-affirmation de l'aspect « moral » en ce qui concerne le principe national. Quand autrefois le libéralisme ne mettait l'accent que sur le matériel, on voit la même erreur opposée surgir en réaction contre le libéralisme, étant seulement de nature plus exclusive au niveau conceptuel et idéologique. Dans ce cas en effet, la réalité nationale, l'idée raciale et, somme toute, notre amour de ce monde deviennent une illusion sans fondement et cèdent la place à des considérations qui analysent le peuple de façon métaphysique ou bien scolastique, des spéculations chimériques et une falsification du sens mystique de la réalité nationale.

Nous voyons cette mystique « nationaliste » agir çà et là. Leurs représentants sont aussi calotins et intolérants que les dominicains du Moyen-Âge ; leurs conceptions traitent de la « coutume », la gymnastique runique et la magie mystérieuse. Ils se réunissent en sectes et croient que combattre d'autres calotins leur donne un alibi. Ils détestent les concepts clairs. La science et l'économie ne représentent pour eux a priori que des domaines libéralistes et des inventions du diable.

Le nationalisme se considère comme une réalité populaire. Il insiste sur la primauté de la conception du monde, mais sans négliger les autres aspects de notre existence.

La décomposition de l'ensemble de l'humanité et la dissociation des domaines physiques, spirituels et moraux se sont aussi manifestées du point de vue étatique. Ce n'est pas seulement l'individu qui s'est trompé ni l'essence populaire qui fut violée, cette authentique harmonie a aussi manqué à l'État et à l'autorité. De plus l'art fut astreint à se limiter aux nécessités politiques du pouvoir, et ce dernier ne possédait plus ces valeurs spirituelles et morales qui sont le propre de la véritable humanité.

L'Allemagne a donc trouvé en notre présence, à la fois le pouvoir et l'esprit, le pouvoir et l'âme. Ainsi l'art devient indépendant et le pouvoir fait de même. La raison de cette séparation des deux domaines repose finalement dans cette hostilité et cette nature étrangère. Un art ne peut pas prospérer durablement sans pouvoir politique et un État se figera et deviendra réactionnaire si l'esprit et l'âme ne lui procurent pas une vie intérieure.

Nous avons dépassé l'idéal d'un appareil d'État purement actif, car tout le peuple influence aujourd'hui l'État et ainsi l'esprit et l'âme de la nation. Pour cela, la spiritualité allemande n'évolue plus sans entretenir un contact positif avec le pouvoir. Elle ne court donc plus le danger de tomber, comme autrefois, entre les mains des Juifs. Mais, contrairement à autrefois, l'État ne considère plus l'esprit comme un ennemi délibéré, indésirable et interdit, mais comme une manifestation vitale de la nation.

Notre tâche est de faire la synthèse entre le pouvoir et l'esprit qui régna il y a longtemps. L'art trouva souvent protection auprès de petits princes puissants mais les grands restaient souvent muets. Pour cela, pouvoir et esprit doivent aller de paire. On évoque les données morales dont le peuple allemand dispose en surabondance. Ainsi le problème le plus sérieux n'est pas seulement d'instaurer une harmonie entre le pouvoir et l'esprit, mais de faire la synthèse perpétuelle du pouvoir et de l'âme.

La plus grande mission qui est été donnée à notre peuple aujourd'hui, c'est d'associer et de maintenir continuellement ainsi ces principes. Alors le pouvoir ne se figera pas ; il ne se transformera jamais en façade et sera toujours en étroite liaison avec les Allemands.

Mais l'âme allemande fera un retour sur elle-même et se libérera de ces rêveries étrangères parce qu'elle prendra comme point de départ la réalité.

Elle s'efforcera toujours d'observer la réalité la plus élevée qui existe sur cette Terre : un peuple heureux et sa pérennité.

CAHIER DE LA SS N°4. 1942.

PIÉTÉ GERMANIQUE

Au travers de leur religion, nos ancêtres ont honoré des forces surnaturelles dont ils croyaient sentir l'action et le pouvoir dans les champs et la forêt, dans le ciel et sur la Terre, certes, mais avant tout sur leur propre existence. Ce fut toujours l'aspect essentiel. L'homme est aussi un enfant de la nature, mais en tant qu'être doué de parole et d'esprit, son lien avec la communauté est totalement différent de celui de l'animal. Les relations originelles avec la famille, le clan et le peuple dans lesquels il est né, influencent sa vie à un niveau beaucoup plus grand que ses relations avec la « nature » qui est le champ de son activité. La communauté populaire lui procure aussi sa religion – comme sa langue ! Par l'intermédiaire du culte et du mythe qu'il apprend, elle lui transmet la spécificité de son rapport avec la divinité. Mieux : Il distingue la volonté de la divinité elle-même qui s'exprime dans l'action et la motivation de cette communauté, dans les lois et les règles qui la régissent, dans les valeurs morales qui lui sont inhérentes. Il la discerne d'abord dans la communauté car ces règles et ces relations retirent leur force sacrée du fait qu'elles sont établies, suivant l'ancienne croyance, par les dieux eux-mêmes, sont soumises à leur surveillance et leur protection.

Dans ce contexte, les sagas islandaises décrivant la fête de sacrifice des Norvégiens sont particulièrement instructives. Nous y apprenons que lors des grandes fêtes annuelles, on sacrifiait d'un côté « pour la moisson » (ou une « bonne année ») et la « paix », de l'autre pour la « victoire » et le règne du roi. Il en ressort que le sacrifice organisé par la communauté populaire représentée par le culte communautaire était lié à la vie et au destin de cette communauté. Une bonne récolte et la paix d'un côté, la victoire et la souveraineté de l'autre ; tels sont les deux pôles autour desquels la vie d'un peuple se meut : l'aspect biologique naturel et l'aspect politico-historique. D'une part la paix qui comporte le travail du paysan et culmine dans la moisson, de l'autre la guerre qui, couronnée par la victoire, procurait l'honneur et la puissance. Si l'on demande ces choses aux dieux lors des fêtes de sacrifice, cela montre qu'on les considérait comme les dispensateurs et les protecteurs de ces biens, c'est-à-dire de tout ce qui constitue l'âme et la raison d'être de la communauté ethnique. Le Germain croyait que les dieux décidaient aussi bien de la prospérité de son travail pacifique – cultiver son champ – que de la conquête de la victoire dans la guerre assurant la survie du peuple.

Mais la formule « til ärs ok fridar » comporte un plus grand enseignement que la traduction « pour une (bonne) année et la paix » ; car le mot « paix » ne caractérise pas seulement l'état de paix, par opposition à la guerre, mais aussi l'ordre moral et juridique sur lequel repose la vie commune pacifique de la communauté humaine. Rien ne peut mieux exprimer le sens religieux de cette vieille formule que les mots de Schiller :

« Ordre sacré, fils céleste apportant la bénédiction qui unit toute la communauté dans la liberté et la joie. » Les dieux sont les dispensateurs du bien, des biens de la vie ; ils sont les maîtres de la guerre, les souverains de la victoire et ainsi déterminent le destin des peuples. Ils sont aussi les gardiens de la paix sacrée qui se fonde sur le droit et la loi.

En comparaison des connaissances que l'on a du culte et de la répercussion de la religion sur la vie publique, on se représente plus difficilement l'attitude religieuse intérieure du Germain, sa piété. Le caractère sacré et la puissance de la divinité suscitent chez les croyants le sentiment de la dépendance. Mais pour le Germain, ce sentiment de dépendance envers son dieu était exempt de toute soumission servile. En revanche, il était soutenu par une confiance forte, courageuse. Dans le Nord, trua (« confiance ») est l'expression de la foi religieuse et du dieu sur lequel l'islandais comptait avant tout autre chose lors des misères et des difficultés de la vie. Il le nommait son « Fultrui », c'est-à-dire celui qui mérite la pleine confiance. Comme le Norvégien Thorolf Mosterbart, beaucoup d'hommes germaniques ont cherché leur salut auprès de leur dieu lorsqu'ils avaient des décisions difficiles à prendre et ont demandé son conseil. Se savait-on en sûreté sous la protection du dieu puissant, était-ce seulement une réaction instinctive de voir en lui « l'ami » sûr ? Nous avons de nombreux témoignages selon lesquels Thor jouissait en premier de cette considération. Il est nommé Astvinr (« l'ami aimable »), dans la saga. Une relation aussi belle et digne n'amoindrit pas l'écart entre l'homme et Dieu sur lequel repose toute croyance pieuse ; en résultait une piété qui conférait à l'homme l'assurance et la force ; c'est la caractéristique la plus noble présente dans la conception de la religion germanique.

Walter Baetke

L'homme doit saisir Dieu au cœur des choses.

Maitre Eckhart

Cahier de la SS n°6. 1942.

Corps et âme

L'ancienne conception de la basse Antiquité et du christianisme établit une différence de nature entre le corps et l'âme. Ils ont tous deux une origine différente : le corps est d'origine terrestre et matérielle, l'âme d'essence divine et spirituelle. Chacun suit un destin différent : le corps meurt et se décompose, l'âme est immortelle et continue à vivre après la mort. Ils ont également une valeur très contrastée : le corps est source d'instinct, de bassesse, d'infériorité et de vilenie ; l'âme est le support de ce qui est grand et beau, et donc de valeur absolue. Un fossé infranchissable les sépare ; hostiles, ils se font face. Le corps, profane, est la chaîne qui retient l'âme dans son envol immatériel et divin vers les hauteurs. Il en est le carcan terrestre, impur.

Notre vision du monde et la croyance propre à notre ethnie contredisent ces principes d'un monde décadent et agonisant.

Nous savons que ces deux aspects, âme et corps, nous ont été accordés par le Créateur. Tous deux sont pour nous la manifestation de la divine nature toujours créatrice, éternelle et merveilleusement active.

Nous savons que nos ancêtres nous les ont transmis et qu'ils revivront dans nos enfants. Nous savons que nous sommes nous-mêmes responsables de leur survie ou de leur mort. Nous sommes pleinement conscients que notre mission est de poursuivre l'œuvre du Créateur et de la valoriser au cours du temps.

Nous savons que la noblesse et la pureté de notre corps constituent aussi celles de notre âme et inversement Celui qui corrompt son corps, corrompt aussi son âme. L'éducation de notre âme et le développement de notre corps vont de pair.

Nous savons que notre corps et notre âme, en fin de compte, ne sont qu'un et que honorer l'un, c'est aussi honorer l'autre.

L.E.

Cahier de la SS n°8a. 1941.

Que signifie le « solstice » ?

Le Soleil, père de l'univers,
crée le printemps et l'hiver, la chaleur et le froid

Être de garde loin à l'Est n'a franchement rien à voir avec l'astronomie. Pourtant le soldat qui se trouve là-bas, face à l'ennemi, peut devenir un « expert confirmé en questions astronomiques », surtout s'il observe le lever du Soleil.

Le lever de Soleil sur les vastes plaines orientales est un spectacle inoubliable pour celui qui y a assisté ! Un rouge clair annonce l'événement dans le ciel matinal, puis les rayons apparaissent au-dessus de l'horizon ; un Soleil hivernal pâle se lève et prépare un nouveau jour. Telles sont les choses que chacun peut voir tous les jours.

Mais à présent, nous aimerions étudier ce spectacle naturel d'un point de vue astronomique. Nous n'avons pas besoin de télescope, ni de compas ou de montre – seulement d'un point fixe durant plusieurs jours et de quelques bâtons. Chaque jour, lorsque le Soleil se lève, nous marquons notre repère au point de lever en plantant un bâton quelques douzaines de pas devant nous dans la neige.

Le jour suivant ou quelques jours plus tard nous allons à la même place. Le lever de Soleil est imminent- et c'est là que la plupart des gens sont surpris ! Il n'apparaît pas derrière notre bâton comme autrefois, mais un peu plus au sud, donc à droite. Comme nous avons commencé à faire nos observations début décembre, le Soleil se déplacera à chaque fois plus loin vers la droite lors du lever... jusqu'au 22 décembre. Les 21, 22, et 23 décembre, même si l'on n'est pas de service, cela vaut la peine de se faire réveiller avant le lever du Soleil et d'observer ce lever à l'est à partir d'un point déterminé à l'avance.

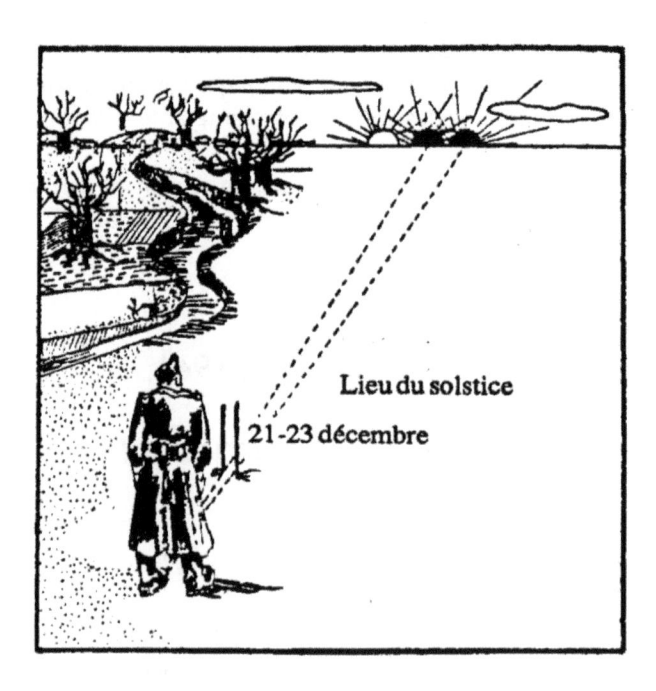

Que se passe-t-il durant de ces trois jours ? Le Soleil qui, au 21, part encore du point est vers le sud, atteint son point de lever extrême au sud le 22 et *repart* de nouveau le 23 décembre vers le nord. Le fait de s'être dispensé de sommeil nous permet d'assister réellement au déroulement du *solstice*. Nous avons vu cet événement se produire deux fois par an – avec une admiration pieuse – comme nos ancêtres germaniques car ils se levaient tôt, comme tout paysan, et qui déterminait leurs fêtes les plus sacrées. Car le changement de la marche du Soleil leur promettait – et nous promet aussi – une clarté du jour et un rayonnement solaire croissants ! Il indique aussi que le sombre hiver est vaincu et qu'il y aura encore un printemps. Considérons maintenant notre dessin qui traduit cette observation.

Mais on se demandera peut-être pourquoi le solstice d'hiver annonce un jour si court, tandis que le solstice d'été indique précisément le plus long jour ? Pour Berlin, la différence dans la durée des jours est effectivement de 7 heures en hiver contre 17 heures en été.

Notre deuxième dessin en expliquera la raison. Imaginons que nous puissions monter au-dessus de la Terre dans un ballon stratosphérique, et admettons en outre que ce que nos yeux verraient serait exact : la surface terrestre aurait la forme d'un disque et le ciel d'une demi-boule.... On pourrait donc suivre la trajectoire du Soleil sur cette demi-sphère, car nous resterions un jour entier avec le ballon à cette hauteur. Si nous montions exactement le 22 décembre, nous verrions le Soleil apparaître au sud, raser le sud pendant le jour en arc-de-cercle vers l'ouest et de nouveau se coucher au sud-ouest. Mais le 21 juin nous verrions le lever de Soleil haut au nord-est, ensuite l'arc montant directement au-dessus de la voûte céleste vers l'ouest et le coucher de Soleil au nord-ouest. Le dessin révèle que ces arcs quotidiens ont une longueur différente, et que le rayonnement du Soleil peut avoir une durée variable.

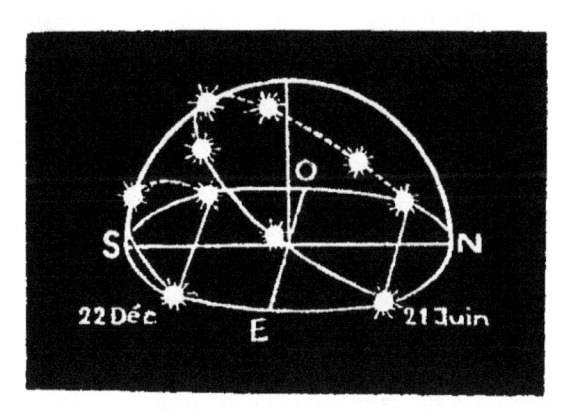

Mais, peut-être que cela ne répond toujours pas à notre question. On se dit à juste titre que la Terre n'est pas un disque et que le Soleil ne se déplace pas du tout de cette façon dans le ciel. Pénétrons-alors avec notre ballon stratosphérique encore quelques milliers de kilomètres dans l'univers et contemplons, de cette distance énorme, quelle apparence revêtent l'été et l'hiver dans l'univers. Il nous faut partir une année entière, sinon nous ne pourrions distinguer les différences avec autant de netteté.

Lorsque nous nous trouvons suffisamment loin dans l'espace, nous apercevons le Soleil. Là où il est réellement : – au centre des ellipses décrites par les planètes du système solaire. En compagnie de Mercure, Vénus, Mars et des autres planètes, notre Terre gravite autour du Soleil, tourne autour de son axe quotidiennement et, pendant un an, exactement une fois autour du Soleil. Les pôles glacés de notre Terre nous apparaîtraient sous la forme de calottes claires, mais curieusement, le pôle nord et le pôle sud ne se trouvent pas aux points le plus élevé et le plus bas du globe terrestre mais latéralement décalés, de sorte que l'axe de la Terre est *oblique* dans l'espace.

Cette inclinaison de l'axe terrestre, ou écliptique, fait que nous éprouvons une douce chaleur sous nos latitudes tempérées en été, en hiver, en revanche, le froid, en été de longs jours, en hiver des jours courts. L'axe terrestre incliné explique nos saisons. Notre troisième image en donne l'explication.

ÉTÉ   *HIVER*

Au milieu se trouve le Soleil rayonnant, à droite et à gauche, notre Terre en ces deux points qui désignent le 21 juin et le 22 décembre. À présent, avec une lampe de poche et une pomme ou une pomme de terre ronde que vous aurez transpercé obliquement avec un fil de fer, vous devez imiter ces deux positions. L'axe terrestre indique constamment le même point dans le ciel (vers l'étoile polaire), et le Soleil reste aussi constamment à la même place. Ses rayons illuminent donc une plus grande surface au nord, et six mois plus tard une plus grande surface au sud. Nous pouvons reproduire le phénomène complet avec la lampe de poche.

La partie médiane de la Terre, la zone située vers l'équateur, reçoit constamment la même quantité de lumière. Donc, chaque jour dure exactement douze heures, et le Soleil passe tous les jours verticalement au-dessus des têtes des hommes vivant sous les tropiques. Mais durant l'été, on voit le Soleil briller beaucoup plus au-dessus de la partie nordique du globe terrestre. Dans le grand Nord, le Soleil ne se couche tout simplement pas et nos camarades de Narvik connaissent même le Soleil de minuit, le grand émerveillement de cette région. Plus loin au sud, le lever de Soleil monte haut vers le nord, le jour est long et le coucher de Soleil se fait à l'ouest. A la même époque, la moitié sud de la Terre vit des jours plus courts et la nuit hivernale règne constamment au pôle sud. Après un an, quand chez nous les jours se sont peu à peu raccourcis, la moitié sud terrestre vit les phénomènes exactement inverses.

Nous autres, humains, sommes donc soumis ainsi que toutes les planètes, la Terre et tous les êtres vivants, à la grande loi divine et solaire. Telle est aussi l'idée qui nous traverse l'esprit le jour du solstice.

CAHIER DE LA SS N°7. 1938.

SOLSTICE

Le paysan marchait d'un pas lourd dans la neige profonde. Sa haute et large silhouette se détachait, noire, sur le blanc bleuté du paysage hivernal et sur le ciel étoilé de la nuit. L'homme qui l'accompagnait était sec et décharné. Il laissait flotter au vent son manteau de fourrure et s'avançait si gaillardement qu'on aurait dit qu'il sortait à peine de l'adolescence. Le froid cassant qui avait hypnotisé et pétrifié la lande et la forêt ne semblait pas le toucher, car son gilet de laine était entrouvert. De temps à autre, de la main gauche il grattait sa barbe grise dans laquelle son haleine se condensait sans cesse en petits cristaux. Derrière les deux hommes, à une certaine distance, comme il convient pour le respect dû à l'âge, suivait Eib, le fils aîné du paysan. Il portait, comme les autres aussi, ses armes : la longue épée, la dague et la lance. Il avait rejeté son bouclier dans le dos et, à sa hanche droite pendait une trompe artistiquement travaillée, conservée depuis des générations et transmise de père en fils.

Les marcheurs franchirent en silence des collines où se trouvaient inhumés leurs ancêtres. C'est là que devaient dormir des rois et des princes qui, jadis, avaient été puissants et dont les chantres ont célébré la valeur guerrière. L'ancien, décharné, devant lui à la droite du père était lui aussi un initié qui errait de ferme en ferme racontant des histoires et qui « en savait plus que son bréviaire ». Eib vit que l'homme grisonnant, quand il passait devant un gros tumulus, le saluait de la lance. Au cours de cette marche solitaire, sans doute dialoguait-il en secret avec les morts ?

Le jeune paysan se souvint des histoires que le commerçant aux cheveux noirs venant du Sud avait racontées, quelques lunes plus tôt. Il y aurait là-bas des peuples qui évitaient les séjours des morts parce qu'ils avaient peur des défunts. À ce souvenir, Eib secoua la tête. Pourquoi craindre les morts alors qu'ils faisaient quand même partie du clan ? Les liens qui unissaient les générations ne remontaient-ils pas si loin dans le passé que personne n'en savait l'origine, et ne continueraient-ils pas au travers des générations futures dans un avenir dont personne ne connaissait la fin ? Les morts n'avaient-ils pas transmis leur patrimoine aux vivants comme un legs sacré qui demandait qu'on le respecte ?

D'antiques symboles païens ont été remis à l'honneur par la SS. Ici, le célèbre chandelier de lui qui était offert à chaque nouveau couple SS lors du solstice d'hiver.

La SS fête le solstice d'hiver, la nuit qui annonce le retour du Soleil.

L'homme du Sud avait parlé de démons et de fantômes, d'êtres inquiétants dans le corps desquels vivaient les morts, des êtres qui jouaient un vilain jeu avec les hommes, ne songeant qu'à leur nuire et leur porter malheur. La mort aurait-elle tellement changé les pères qui reposaient sous ces collines ? Incroyable, non, impossible : le jeune paysan répondit lui-même à sa propre question. Celui qui était resté naturel dans la vie ne pouvait être différent dans la mort. Celui qui avait travaillé au bien et à l'avenir de son clan et de son peuple ne pouvait, une fois ses cendres enfouies au sein de la terre, devenir l'ennemi de sa propre race.

Il est possible que chez les peuples du Sud, ils effrayaient les vivants au cours des nuits solitaires. Les hommes aux cheveux noirs étaient d'une nature tellement différente, de caractère si sombre ; peut-être leurs morts étaient-ils différents des nôtres. Le jeune paysan résolut de questionner à ce sujet l'ancien aux cheveux gris, depuis quelques jours hôte de son père. Il savait que cet homme si maigre avait vu beaucoup de pays et de peuples.

Les trois hommes avaient maintenant atteint le plateau central de la lande qui était le but de leur voyage. La nuit glaciale semblait s'être éclaircie. Les cercles formés de blocs verticaux massifs se dessinaient nettement et le paysan et son invité s'en rapprochaient. Il s'arrêta face à un bloc au milieu du cercle. Cette pierre avait un plan sécant qui semblait dirigé vers un point de la voûte céleste. D'un geste tranquille de la main, le paysan repoussa la couche de neige coiffant la pointe de la pierre.

Il savait ce qu'il avait à faire. N'était-il pas venu en ce lieu depuis des années avec son père, à l'époque du solstice, en été comme en hiver ? Il se tourna vers le nord, s'avança entre deux cercles de pierres jusqu'à un troisième au centre duquel deux blocs se dressaient près l'un de l'autre. Il en enleva soigneusement la neige qui l'enrobait comme un manteau et retourna vers son père. Entre-temps, celui-ci avait soigneusement inspecté le ciel étoilé et tourné ensuite vers le sud-est où brillait une faible clarté annonçant l'aube d'un jour nouveau. Le sud devint de plus en plus clair alors que le Nord dormait encore dans le bleu le plus sombre.

Alors le paysan leva la main. « L'heure est arrivée » dit-il solennellement. « L'étoile du jour (Arktur) s'incline vers la Terre ». Il s'agenouilla derrière le menhir de façon que l'arête vive de sa surface plane ne fasse qu'un trait devant son œil. Ce trait semblait passer dans l'étroite brèche entre deux blocs de l'autre cercle et atteindre la brillante étoile scintillant juste au-dessus de l'horizon. Puis il se leva et fit place au vieux qui, tout aussi soigneusement, visa à travers la brèche l'étoile qui disparaissait de plus en plus dans la vapeur du nord à mesure que le ciel s'éclaircissait au sud.

« Tu as raison » constata le plus maigre « l'étoile du jour se couche dans la direction qui annonce la fête : dans trois jours, nous célébrerons le milieu de l'hiver ».

L'ancien se leva et, sur un signe du père, prit la trompe d'Eib, la porta à ses lèvres et lança sur la lande le signal traditionnel. Il sonna trois fois et trois fois l'appel résonna. Les hommes prêtèrent alors l'oreille dans le matin naissant. Peu après, l'appel reçut une réponse. On avait bien entendu le son de la trompe dans les villages bordant la lande car il semblait maintenant qu'à tous les horizons les trompes s'éveillaient, qui reprenaient l'appel et le répercutaient de ferme en ferme, annonçant la fête du solstice à laquelle se rassembleraient dans trois jours les clans et populations des villages.

(Ces observatoires qui servaient à étudier les astres pour déterminer les jours de fête, en particulier les solstices d'hiver et d'été, étaient très nombreux dans les contrées allemandes. Ils furent détruits par les moines et les zélateurs chrétiens. Nous en avons cependant conservé un. Ce sont les cercles de pierres de la lande de Tuchel près de l'embouchure de la Vistule. Ces cercles de rocs avec leurs pierres de visée sont en partie orientés nord-sud et est-ouest, en partie vers les deux solstices. Une cinquième ligne pointe vers le coucher de l'étoile fixe Arktur, appelée « étoile du jour » par nos ancêtres, par laquelle le solstice est annoncé trois jours à l'avance. Cet observatoire stellaire et solaire des anciens Germains a été étudié par le professeur Rolf Müller de l'institut d'astrophysique de Potsdam et certifié scientifiquement comme étant un poste d'observation).

Rangés par clans et villages, les hommes bien armés, comme s'il s'agissait d'une bataille, les femmes dans leurs plus beaux atours et tous leurs bijoux, ils entouraient tous la haute colline du Thing sur laquelle brulait un grand feu. Les flammes s'élevaient dans la nuit qui enveloppait la terre. Les anciens des clans se rapprochèrent du feu et écoutèrent, comme leurs compagnons de clan, les mots prononcés par le vieillard grisonnant, expliquant à nouveau le sens de la cérémonie.

Le jeune Eib avait souvent entendu le père parler de cette pierre, mais il lui semblait ne comprendre que maintenant le sens de ces mots traditionnels. À présent l'hôte du paysan, que tous les clans vénéraient et dont ils reconnaissaient la sagesse, parlait de l'ordre éternel qui régit le ciel et la Terre, le Soleil et les étoiles, les arbres, les animaux et les hommes, le symbole séculaire de cet ordre éternel, c'est la course du Soleil. En hiver, il s'enfonce toujours plus profondément dans le sein de la Terre. Il retrouve la Terre mère qui lui donne à nouveau la vie et remonte toujours plus haut dans le ciel jusqu'au jour du solstice. Une mort et une renaissance éternelles.

Il entendit parler l'ancien : « La mort n'est pas la fin de la vie : c'est le début d'un nouveau devenir. Le Soleil fait surgir une nouvelle vie du sein de la terre. L'herbe et les fleurs, les feuilles et les arbres verdissent et fleurissent à nouveau. La jeune semence lève, le bétail se fortifie sur la lande, une nouvelle génération grandit dans les fermes. L'année des hommes passe comme l'année solaire de la croissance. La neige des cheveux pèse sur les vieillards, semblable à la neige sur les champs. Mais comme renaît la lumière, ainsi renaît génération après génération. La flamme que nous honorons comme image du Soleil et à laquelle nous confions le corps des morts, purifie et éclaire. Elle libère l'âme de ce qui est mortel et la conduit à nouveau à une renaissance dans la lumière éternelle. Ce qui sort du sein de la mère n'a jamais de cesse, comme jamais ne s'arrête la nature qui accomplit son cycle au même titre que le Soleil ».

Eib méditait encore ces paroles alors que l'ancien s'était tu depuis longtemps. Autour du foyer lumineux, constamment alimenté par quelques jeunes gens, les jeunes filles entamaient leur ronde. Elles deviendraient mères et donneraient la vie, comme le sein de la terre aux plantes et aux animaux. Trois femmes se détachèrent du cercle. Elles allaient de clan en clan, offrant quelques cadeaux.

« Sais-tu ce que signifient ces trois femmes ? », entendit Eib murmurer auprès de lui.

Il regarda autour de lui et contempla les yeux clairs du vieillard grisonnant.

« Ces trois femmes sont les Nornes », dit la voix de l'ancien. « Urd, Werdandi et Skuld. Urd, l'ancienne, qui repose en terre, Werdandi, le présent, le sang qui bat dans nos artères, Skuld, le devoir, cette destinée que chaque être porte en lui et qui se transforme en faute lorsqu'on déroge et ne lui obéit pas. »

La ronde des danseurs s'était agrandie, leurs pas et leurs gestes mimaient le jeu du bien et du droit contre le mal et la méchanceté. Puis vinrent des figures emmitouflées qui symbolisaient la lutte entre la lumière et les ténèbres, et derrière elles, une troupe tapageuse qui, à chaque claquement de fouet, vacarme et tintamarre, chassait l'hiver afin que le grain devienne herbe verte et que toutes les créatures terrestres soient en bonne santé.

La stricte ordonnance des clans et des villages se relâcha ; d'un côté les vieux, réservés et taciturnes, de l'autre les jeunes, enjoués, dont les premiers couples, s'étant fiancés pendant les tièdes nuits d'été, se lancèrent et sautèrent par-dessus les flammes.

Quand alors le matin parut, les clans se rangèrent à nouveau et allumèrent leurs torches à la flamme du feu du solstice qui mourait, afin de raviver dans leurs foyers les âtres morts. Le paysan, lui aussi, se retourna vers ses compagnons de clan, surveillant soigneusement la sainte flamme qu'il portait.

Eib savait que les compagnons trouveraient dans la haute salle le repas bien préparé. Il s'en retourna derrière les siens, vers la ferme, serrant à la dérobée le bras de la jeune fille qu'il s'était choisie depuis longtemps, avec laquelle il avait sauté par-dessus les flammes et que maintenant, suivant la vieille coutume, il menait à la ferme dont un jour il serait l'héritier. Lié à la nature et à la terre, comme tous les paysans du Nord, il s'était uni dans cette nuit des mères à celle qui porterait ses enfants et prolongerait le clan. Ce qui n'était que symbole serait bientôt la vie, comme le commandait l'ordre éternel. Une vive joie emplissait son cœur quand il pensait que sa promesse de mariage serait validée par les membres du clan dans la grande salle, à la maison, devant le feu nouveau de l'âtre et sous le rameau vert, symbole de la vie éternelle et des arbres immenses qui se dressent vers le ciel. Les compagnons du clan ne s'opposeraient pas au bonheur que la flamme du solstice d'hiver avait déjà béni.

Attachés à la nature comme l'étaient nos ancêtres, ils voyaient en cette fête du solstice d'hiver la loi divine de la mort et de la naissance.

La nuit des mères, nuit sainte, était, plus que tout autre fête, celle du clan comme elle est encore aujourd'hui la plus sainte et la plus majestueuse des fêtes de famille. Quand nous allumons les lumières sur l'arbre, savons-nous encore que c'est le symbole de la lumière et de la vie qui se renouvelle éternellement ? Quand nous sommes réunis autour du sapin toujours vert, nous doutons-nous encore que nos ancêtres y voyaient autrefois le symbole de la continuité de notre race ? Savons-nous encore que nous avons devant nous le grand arbre dont les racines reposent dans le passé, dont le tronc représente la vie intense et dont les branches se dressent vers le ciel, vers l'avenir ?

Les vieux contes et les coutumes de tous nos peuples aryens témoignent de ce que représentait cette fête pour nos ancêtres. Il nous faut bien tendre l'oreille pour participer à cette vieille sagesse.

Kurt Pasternaci

Cahier de la SS n°3a. 1941.

Solstice dans le cercle sacré

Les cercles de pierres célèbrent le Soleil

Lever de Soleil dans le sanctuaire d'Odry

Près du village d'Odry en Prusse occidentale, au cœur de la vaste lande de Tuchel se trouvent une dizaine de cercles de pierres qui, malgré de multiples saccages, présentent encore une forme parfaite. Il est vrai que l'emplacement des cercles nous semble choisi de façon anarchique et accidentelle. Certains sont alignés dans une direction, mais ces directions s'entrecroisent en fonction d'axes dont on perçoit difficilement la signification.

Peut-être ne s'agit-il ici que d'un site funéraire ? Nous trouvons en effet des tumuli qui sont entourés de cercles de pierres. On a dit des sites d'Odry qu'ils étaient des champs funéraires de tribus de Goths, sans leur attribuer aucun autre rôle.

Il n'y a que deux jours dans l'année où Odry révèle son sens profond : c'est le jour du solstice d'été et son opposé -le solstice d'hiver.

Quand, le 21 juin, nous contemplons le lever de Soleil dans le cercle de pierres le plus à l'ouest du groupe nord et que nous regardons au-delà des deux cercles vers celui qui est le plus à l'est, comportant en son milieu deux blocs erratiques massifs l'un à côté de l'autre, alors notre regard atteint l'horizon. Quand le Soleil se lève, – c'est un moment d'une grande intensité- nous le voyons apparaître exactement derrière les deux pierres du cercle le plus éloigné. Un angle de vue direct traverse, donc les quatre cercles de pierres jusqu'au Soleil levant où, placés au milieu du premier cercle, nous formons le « cran de mire », les deux pierres centrales du dernier cercle formant le « point de mire ».

Des mois plus tard, le 21 décembre, nous pouvons, placés dans un autre cercle, regarder également le Soleil le jour du solstice d'hiver vers le cercle situé le plus au sud. Nous en concluons que les cercles de pierres d'Odry n'ont pas été disposés par hasard mais « repérés » exactement sur le solstice d'été et celui d'hiver.

Les Germains étaient-ils de mauvais observateurs ?

Mais, l'observateur critique rétorquera que le matin du solstice à Odry, le Soleil ne se lève pas tout à fait derrière nos pierres repères : Les premiers rayons solaires devraient apparaître exactement au milieu de l'ouverture, du « double point de mire » des pierres centrales.

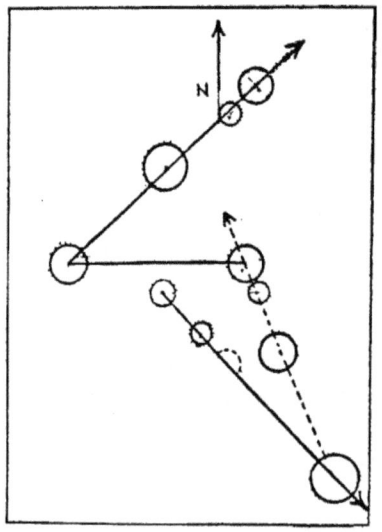

L'orientation des cercles de pierres d'Odry
Les lignes relient les centres des cercles. La ligne supérieure vers la droite indique exactement le solstice d'été. La ligne inférieure vers la gauche le solstice d'hiver. La ligne en pointillés indique peut-être la direction d'une étoile.

Ce n'est pas le cas. Ils apparaissent derrière l'une des deux pierres. Et lorsque nous déterminons l'angle exact vers la direction nord avec un compas et des lunettes de pointage, nous obtenons, lors du solstice d'été, un angle de 48,1 degrés que l'on appelle en astronomie l'« azimut ». Nos ancêtres ou les bâtisseurs germaniques des cercles de pierres semblent avoir commis ici une erreur. Ou peut-être étaient-ils si mauvais observateurs qu'ils ne purent pas placer les pierres exactement à l'endroit où se lève le Soleil ?

Il est à peine concevable qu'ils aient fait un « faux repérage ». Des hommes si proches de la nature, surtout des paysans, savaient prendre des mesures parfaitement exactes. Mais un désaccord pouvait naître sur ce que l'on entendait autrefois par « lever de Soleil » : étaient-ce réellement les premiers rayons du Soleil, ou l'apparition du disque solaire en entier, ou même l'instant où le Soleil quitte totalement la ligne d'horizon ? Il est clair qu'on obtient ainsi des différences angulaires déjà importantes. Quand par exemple, nous considérons à Odry le moment où le

Soleil atteint précisément le sommet des deux pierres repère, la ligne de visée semble plutôt exacte.

Mais les astronomes s'immiscent dans notre discussion et nous signalent qu'aujourd'hui, le Soleil ne se lève pas au même endroit qu'au solstice d'il y a 2 000 ou 3 000 ans. Ils ont fait des calculs précis et même si les différences ne sont pas énormes, elles sont cependant mesurables. Pour Odry par exemple, l'« azimut » s'élève pour l'année 0 à 47,4 degrés et pour l'an 1 000 av. J.-C. à 47,1 degrés. Il n'est donc plus étonnant que notre angle de visée ne concorde pas, mais nous nous demandons plutôt quelle fut la date correspondant à l'alignement exact. Elle nous permettra ainsi de déterminer facilement la date de l'érection de ces groupements de pierres. Le Soleil apporte la réponse lorsqu'il se lève !

Ce serait certainement possible si nous savions seulement à quel moment les astronomes d'Odry ont pris leur point de repère. Nous pouvons établir une valeur moyenne en fonction des différentes possibilités et nous obtenons environ l'année 0 comme date d'érection du sanctuaire d'Odry. Il se peut naturellement que ce fut aussi quelques centaines d'années avant et les fouilles faites dans la région des cercles de pierres indiquent effectivement l'année 150 avant l'ère chrétienne. Donc ils seraient l'œuvre de tribus de Goths qui, autrefois, peuplaient la Prusse orientale.

Stonehenge – sanctuaire solaire

D'après les connaissances fournies par Odry, nous pourrions conclure que beaucoup – si ce n'est tous les cercles de pierres de la région nordique – étaient orientés en fonction du Soleil. Mais l'impossibilité de procéder à des mesures exactes, les confusions dont nous avons parlées et la destruction de nombreux cercles de pierres permettent difficilement de le confirmer. Par exemple, les célèbres Externsteine et la grotte s'y trouvant comportant un trou mural dirigé vers le nord ont posé à la science encore beaucoup d'énigmes, bien qu'il semble s'agir ici manifestement d'un sanctuaire de culte solaire.

Les choses sont tout à fait claires en ce qui concerne le magnifique site de Stonehenge en Angleterre. L'emplacement des pierres est circulaire et était entouré à l'extérieur de remparts et de fossés sur un diamètre de 100 mètres. Vers le nord, les fossés laissent passer une route en ligne droite d'une longueur de 400 mètres. Le cercle extérieur du sanctuaire se composait autrefois de trente pierres géantes, disposées en colonnes, qui étaient reliées au sommet par des consoles. À l'intérieur se trouvaient cinq paires de pierres en forme de fer à cheval ouvert dans la direction de la voie nord-est.

La route elle-même est artificielle et au-delà, à 33 kilomètres, se trouvent de longues constructions de terres linéaires placées exactement dans le prolongement d'une ligne allant du centre du site de pierres à celui de la porte de pierre et se dirigeant du milieu de la route vers le nord-est. Le Soleil se lève aujourd'hui sur cette ligne lors du solstice, ou du moins variant d'à peine un degré. L'« azimut » s'élève à 49,34,3 degrés aujourd'hui sur cette ligne, mais l'azimut de l'année 1900 était de 50,30,9 degrés lorsque Stonehenge fut étudié d'un point de vue astronomique. La différence de 56 minutes et 6 secondes est due à l'âge du site et indique, avec une variation de 200 ans en plus ou en moins, qu'il fut construit vers 1700 avant notre ère.

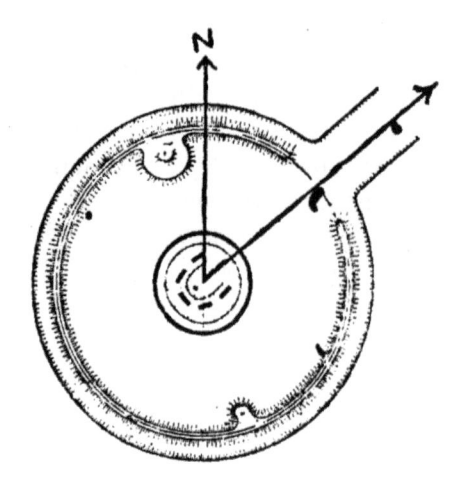

L'orientation de l'observatoire solaire de Stonehenge

Les cercles majestueux du site s'ouvrent sur une direction centrale qui se traduit également par une route et une pierre repère : la direction exacte du solstice d'été.

Stonehenge est un site immense, bâti avec des roches qui ont dû représenter un travail considérable et furent transportées sur une distance de cent lieues. Mais même des petits sites comme Odry n'ont pas été construits en deux jours. L'Allemagne du Nord, qui est « riche en pierres », ne dispose pas partout de blocs erratiques aussi grands permettant de construire dix cercles de pierres avec environ 178 pierres de 80 centimètres de hauteur en moyenne. Une forte volonté et une foi encore plus grande sont à l'origine d'un tel effort. Le culte du Soleil universel est aussi quelque chose de naturel pour nous, hommes actuels, comme pour nos ancêtres qui érigèrent leur sanctuaire...

W.J.

CAHIER DE LA SS N°7. 1942.

LA NUIT DES MÈRES

Partout où des Allemands vivent et s'enracinent sur la vaste Terre, on allume l'arbre de Noël au solstice d'hiver. L'arbre toujours vert qui fleurit de lumières au cœur de la nuit sacrée, est devenu le symbole de la germanité et l'archétype de sa présence. L'aire de peuplement s'étend loin à l'est et au sud-est du Reich. Les Allemands détenteurs de charrues ont fait irruption dans le chaos des tribus et des peuples étrangers ; mais partout, dans la forêt de Bohême, dans le Zips, dans les habitats disséminés des Carpates et loin dans l'outre-mer flamboyant, à Noël, les lumières sur l'arbre qui est devenu l'arbre des Allemands.

Lorsqu'un peuple agrandit son espace vital, il emporte ses dieux domestiques pour rester fidèle à lui-même ; ce peut être la terre du sol natal sacré, les colonnes de la grande halle ou les coutumes solennelles recelant la sagesse populaire. De multiples précurseurs et de nombreuses traditions équivalentes ont adopté le symbole de l'arbre du monde. C'est l'arbre-cime que les vaillants Vikings emportèrent de leur patrie nordique vers l'Islande et au-delà des océans dans le lointain Vinland. La flamme bleue que nous allumons aujourd'hui sur l'arbre pour tous les frères proches et lointains de la Terre est intimement apparentée à la flamme que l'on allumait autrefois pour la « minne » de ceux qui séjournaient au loin, lors de navigations dangereuses, ou qui cherchaient au-delà des Marches de nouvelles terres pour y faire naître la lumière de la vie populaire.

C'est le même événement qui se répète aujourd'hui, comme lors des temps anciens. Messagers joyeux issus de notre Histoire antique, d'anciens auteurs nous parlent de la coutume et de la croyance de nos ancêtres ; ce qui nous émeut tous parce que, au-delà des millénaires, vit le même sang, la même âme. Les peuples germaniques ont voyagé loin et avaient conquis, grâce à leurs épées et leurs charrues, de nouveaux territoires au-delà des limites de l'Empire romain. Mais ils y ont fidèlement conservé ce qui avait vu le jour autrefois dans leur patrie. Les Angles avaient quitté leur patrie du Holstein pour se sédentariser en Grande-Bretagne et devenir finalement chrétiens ; mais vers l'an 700, le prêtre chrétien Beda décrivait encore leurs coutumes de Noël :

« Ils nommaient autrefois du mot païen « Modranicht » qui signifie « nuit des mères », la nuit qui est si sacrée à nos yeux ; sans doute à cause des coutumes de bénédiction qui se célébraient durant toute la nuit. »

Ce nom de « nuit des mères » datant de l'adolescence de notre peuple ne nous touche-t-il pas, nous rappelant notre propre enfance ? C'est la nuit qui est dédiée au mystère de la maternité, laissant pressentir cette grande expérience de la renaissance du Soleil sortant de l'abîme du monde, du sein maternel de tout être. Si la mère à l'enfant constitue aujourd'hui en grande partie l'objet de la fête, c'est aussi un héritage ancien, car le couple à l'enfant sous l'arbre du monde est une représentation se trouvant certainement en étroite relation avec ces coutumes de bénédiction de la nuit des mères. Mais le nom est encore plus significatif : à travers les nombreuses œuvres, (nos coutumes populaires et nos légendes en témoignent encore aujourd'hui), nous savons que les trois mères font partie des figures les plus familières de nos croyances locales. À cette époque, elles voyageaient dans le pays, détentrices de la sagesse féminine et des biens maternels, distribuant des dons, donnant de bons conseils aux hommes – surtout là où un enfant dort dans un berceau.

Il y a déjà deux mille ans, cette pensée était si profondément ancrée dans notre peuple que même les Germains, devenus des employés romains gouvernant le Rhin allemand, firent ériger des pierres sacrées en l'honneur de ces trois mères qui protégeaient les nouveau-nés. Les Romains cédèrent la place et de nouveaux Germains arrivèrent. Même mille ans plus tard, eux aussi connaissaient toujours les trois mères. Les ménagères se faisaient un devoir, les nuits sacrées, de couvrir la table, d'y mettre à manger et à boire et de disposer trois couteaux afin que les trois sœurs, comme on les nommait, puissent se restaurer. De pieux zélateurs les ont fustigées ; mais les sœurs maternelles étaient trop fortement présentes dans le cœur du peuple et on leur a même construit un monument dans la cathédrale de Worms, sous les noms de Einbede, Waebede et Willibede.

Les légendes germaniques et les contes allemands ont conservé leurs traits encore plus fidèlement. Les saintes nuits qui voient naître la nouvelle lumière et la nouvelle année leurs sont aussi consacrées ; elfes s'approchent du berceau du nouveau-né et lui apportent leurs dons. En Bavière, elles s'appellent les « grandes conseillères », encore plus fréquemment les « Perchten », cela signifie les lumineuses parce qu'elles accompagnent la lumière lors de sa naissance. Elles sont invitées par les hommes et se révèlent être amicales et serviables envers ceux qui sont bons. Elles apparaissent – certainement ailleurs aussi – dans le conte de la Belle au Bois Dormant à qui elles font le don de la vie. Malgré la mauvaise influence de la treizième fée, elles demeurent les plus fortes. Dans le vieux récit nordique de « l'hôte des Nornes », les bonnes sœurs allument la flamme de vie de l'enfant ; on perçoit de façon particulièrement claire la relation profonde existant avec notre fête lumineuse de Noël. Et comme elles se manifestent depuis les temps les plus anciens sous la forme du ternaire sacré, apportant à l'enfant leurs dons, pleines de sagesse, elles ont pu transmettre beaucoup de leur caractère aux sages de l'Orient dont on ne connaît ni le nombre, ni le nom, et même avoir été à l'origine des innombrables jeux des trois rois.

Les mythes originels et les légendes sans âge nous parlent des trois mères qui sont assises au pied de l'arbre du monde et filent tous les devenirs. La nuit de Noël, que nous célébrons comme le faisaient les ancêtres, leur est consacrée. Comme l'exprimait un grand poète, pourvoir ces mères, il faut faire un retour sur soi-même, aux racines vivantes de notre existence populaire qui a trouvé aujourd'hui un symbole universel dans l'arbre rayonnant du monde.

J.O. PlaBmann

Cahier de la SS n°4. 1943.

Coutume de printemps et abondance d'enfants

Quand le Soleil de printemps illumine le ciel, que les jours rallongent et se réchauffent, quand sur les arbres les bourgeons s'enflent et que les premières fleurs apparaissent timidement, les villages sont traversés de joyeuses bandes d'enfants, apportant le bonheur, la bénédiction et demandant des présents aux paysans. À cette époque, notre Mardi gras est terminé depuis longtemps ; le vêtement de carnaval pend à nouveau tranquillement dans l'armoire ; les feux sur les montagnes sont éteints ; les roues enflammées, aux étincelles jaillissantes, dévalant jusque dans la vallée ne sont qu'un souvenir familier.

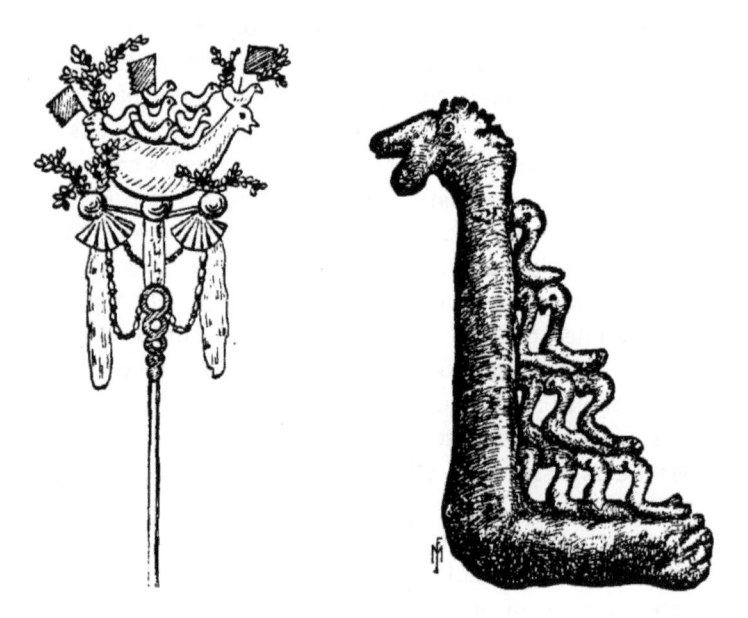

À gauche, Bâton à palmes de Meppel, aux Pays-Bas.
À droite, Cygne avec des palmes et de nombreux jeunes, symbole de fertilité qui est cuit pour Pâques aux Pays-Bas.

Mais Pâques arrive. Le cortège des enfants passe de maison en maison avec un chant sonore et des bâtons ou des arbustes printaniers décorés. On rencontre cette coutume dans toute l'Allemagne centrale à partir de la Silésie jusqu'au Palatinat à l'ouest et des Pays-Bas vers le sud jusque dans la région des Alpes. Certes, chaque région a une façon personnelle de l'exprimer ; c'est parfois le dimanche de mi-carême, le « dimanche de Laetare » ou un dimanche lui étant proche. Ce cortège peut aussi se dérouler uniquement à Pâques ou la semaine précédant cette fête ; le dimanche saint est aussi très apprécié, mais il s'agit toujours de la même coutume. Des cimes de sapins décorées avec du papier multicolore et des gâteaux ou, suivant d'anciennes coutumes, avec des coquilles d'escargot peintes, sont portées comme symboles du printemps. Les bâtons sont décorés avec du papier plissé multicolore et de la verdure fraîche. De grands bretzels y sont suspendus, en signes de bénédiction, de chance et de fécondité. Ceux-ci sont souvent délicatement garnis, embellis avec des tresses et amoureusement fixés avec des brindilles de buis vertes. Les pommes, le symbole antique de la fécondité, ne sont pas non plus absentes. Malgré la différence de caractère extrême entre les individus, les feuilles de palme se ressemblent, révélant ainsi leur authentique origine populaire et non chrétienne. Qu'elles soient grandes ou petites, modestes ou riches, elles portent des pâtisseries et de la verdure, des chaînes multicolores et des petits drapeaux, des pommes et un ensemble de paillettes vives. En Basse-Allemagne et aux Pays-Bas, ces feuilles de palme sont particulièrement chargées de sens. De merveilleuses pâtisseries en forme de roues, souvent richement et très artistiquement tressées, jouent ici un rôle important. Les oiseaux cuits, dont les tailles sont très variables, qui ornent et décorent la pointe de ces bâtons à palmes, ne sont presque jamais absents.

Malgré le christianisme, bon nombre de coutumes païennes ont été conservées dans le monde paysan. Ci-dessus, pain décoratif.

À gauche, symbole de fertilité, lors de la fête du printemps à Questenberg dans le Harz. À droite, runes Hagal sur une chaise paysanne.

Danses pour La fête de mai dans la forêt de Bregenz.

Ce sont des coqs ou des cygnes, donc des animaux qui proviennent des mythes de notre préhistoire et qui ont conservé un écho de leur profonde signification dans ces pâtisseries, mais avant tout dans les contes et légendes. Une espèce, la poule, revêt une apparence particulièrement amusante et pourtant riche d'un sens tout à fait profond et délicat. Le boulanger dispose sur le dos de cet oiseau trois, quatre, même huit, neuf, dix jeunes faits en pâte, mêlés en une foule dense, si jolis et vivants que l'on croirait pouvoir les entendre piailler. Existe-t-il de plus beau symbole de l'abondance de joie, de l'année pleine de richesse, du grand printemps riche de fécondité, que cette représentation de la mère et de ses petits ? La croyance populaire lui érige ici un monument évident. On voit s'exprimer le symbole de la vie que l'homme allemand porte en lui. C'est la croyance vivace que de nombreux descendants constituent une chance, une richesse et une véritable bénédiction. Des enfants joyeux, aimant la vie, rieurs, apportent ce bonheur de maison en maison. Heureux et souriants, ils acceptent les dons qui leurs sont distribués de bon cœur. Le bon vieil esprit de notre peuple survit ainsi dans cette modeste coutume printanière.

Ce que suggèrent ces pâtisseries néerlandaises à forme d'oiseaux, ne constitue pas un cas unique, une exception ou une rareté ; d'autres pâtisseries expriment des idées comparables. Au Tyrol, à Noël, on offre ici et là comme étrennes pour les jeunes filles une grande poule cuite qui porte sur ses larges ailes, tels des poussins, de nombreux escargots. Il peut y avoir jusqu'à trente petites coquilles. L'enfant est fier de détenir cette richesse, que l'on perçoit aussi comme le bonheur et la chance d'avoir de nombreux enfants. La poule, par l'attention fidèle qu'elle porte à ses petits, symbolise parfaitement la véritable maternité. Elle promène ses jeunes, les protège du danger, les prend sous ses ailes. En Suède la poule d'or dans les gâteaux de Noël est aussi entourée de nombreux poussins jaunes, rassemblés autour d'elle comme autant d'enfants. Cet événement nous ramène loin dans le passé. Il y a plus de 1300 ans, la reine lombarde Theudelinde fit envoyer à la cathédrale de Monza une poule en or avec sept poussins en or. Le travail d'orfèvrerie couteux qu'a demandé cet oiseau picoreur qui nous a été conservé, a sans aucun doute une profonde signification. On peut encore le voir aujourd'hui, à côté d'une couronne d'ordination et d'autres présents, dans l'arc se trouvant au-dessus de la porte de la cathédrale. Considérant l'actuelle coutume encore vivace dans bien des régions, on est certain que la reine a voulu transmettre quelque chose de particulier et qu'elle suit ainsi une coutume germanique. Citons une autre tradition qui se pratique en Saxe encore aujourd'hui : les parrains offrent à leur filleul une tirelire d'argile en forme de poule qui porte sur son dos de nombreux poussins. Au travers d'une symbolique facilement compréhensible, on fait le vœu que l'argent abonde et prospère durablement. L'oiseau avec ses jeunes est donc censé apporter la chance, comme dans les fêtes de printemps. Avoir de nombreux enfants est un signe de bonheur immense, qui garantit une vie éternelle, un bourgeon dans le printemps de la vie. Tel est le sens du joyeux cortège de nos enfants passant à l'époque de Pâques. Les rubans voltigent au vent, les branchettes craquent, les bretzels, les roues et les oiseaux exhalent un doux parfum. Mais l'observateur attentif perçoit un sens plus profond, immémorial, derrière ces choses.

Friedrich MöBinger

Cahier de la SS n°5. 1943.

Fiancée de mai – Reine de mai

Le mois de mai ensoleillé réveille partout dans l'Allemagne traditionnelle tout un ensemble de belles coutumes ayant un sens très profond qui est encore perceptible de nos jours. L'arbre de mai s'élève dans le ciel bleu que le Reich ressuscité conserve toujours aussi beau et fort. A la nuit tombée, les feux de mai, bouture tardive des feux de printemps, flambent dans de nombreuses régions et apportent la félicité. Enveloppé d'un épais feuillage, l'homme de mai, le « Maimann » traverse les villages silencieux de nos montagnes de la Sarre jusqu'à la forêt de Bohême, et aussi un peu au Nord de l'Allemagne. Il porte aussi d'autres noms. Les fiers lutteurs de mai et de Pentecôte et les multiples jeux de cette période se sont raréfiés. Avec des bruissements et des craquements, les couronnes de mai et de Pentecôte se balancent, suspendues à des cordes dans les rues des villages et des petites villes. Durant le jour, les enfants se prennent par la main sous leur garde et la nuit, les garçons et les filles font des rondes joyeuses durant lesquelles les anciens demeurent dans la joie du foyer et échangent des souvenirs.

Une coutume de petites filles persiste toujours, souvent oubliée et négligée. Elles se rassemblent sans bruit et décorent l'une des leurs d'une couronne de fleurs comportant une multitude de couleurs vives et chatoyantes. Elle représente la fiancée de mai conduite par deux jeunes filles décorées de la même façon et accompagnée par de nombreux camarades, sans ornements, qui amorcent une ronde dans le village. Le cortège va de maison en maison. Partout la troupe entonne un chant joyeux, et de nombreux présents leur sont distribués. Souvent, pendant le chant, la petite fiancée de mai est entourée par tous les autres dans une ronde solennelle et, ainsi qu'il est pratiqué en Alsace, elle porte souvent un arbre de mai élégamment décoré autour duquel on danse trois fois.

Les deux filles responsables tiennent quelquefois un arc décoré de nombreux rubans noués au-dessus de la petite fiancée, mais très souvent aussi, la fiancée est assise dans un petit chariot richement décoré. Elle est entièrement dissimulée sous un feuillage vert ; la procession prend un caractère solennel et mystérieux. C'est plus qu'un simple jeu d'enfants. On en retrouve la trace dans les chants. À titre d'exemple, dans une rime du Bas Rhin il est question d'un chariot doré et d'un manche de fouet argenté.

Ce que les jeunes filles du village accomplissent en toute simplicité et avec fantaisie, semble être une distraction joyeuse pour l'actuel observateur, mais c'est en réalité le maigre résidu d'une ancienne coutume chargée de sens, pratiquée à l'origine par les garçons et les filles adultes. Aujourd'hui encore, la petite fiancée n'est souvent pas seule, mais elle est accompagnée par un garçon qui est le fiancé de mai.

Autrefois, un garçon et une fille jouaient le rôle de ce couple de mai. La jeunesse se rassemblait en un grand et riche cortège de noces traversant tout le village, avec des danses joyeuses accomplies sous l'arbre durant presque toute la nuit et à l'occasion duquel on le décorait de lumières qui le faisaient resplendir d'une beauté merveilleuse. La reine et le roi de mai, la comtesse et le comte de mai, servent souvent de modèles aux deux jeunes enfants qui représentent le printemps du pays, la nouvelle croissance et la prospérité, la renaissance de la nature par leur union nuptiale symbolique. De même que l'union heureuse de deux êtres produit de nombreux enfants, de même la plénitude des dons de la nature est provoquée par l'union des deux sexes. On a donc un aperçu profond et clair des phénomènes naturels du monde, et l'on voit à quel point l'homme est inscrit dans la nature, à quel point ces représentations sont anciennes et enracinées. Déjà au XII**ème** siècle on parle de la tournée d'une reine de Pentecôte richement décorée. Le récit que fait Tacite du voyage du chariot de la déesse Nerthus de la fertilité et de la Terre procède sans nul doute du même esprit. Cette vieille description et celle utilisée dans le Nord démontrent que déjà chez les Germains, les mêmes pensées animaient les hommes lors du printemps ; celles du souci de l'avenir, de la puissance de la vie, des forces du clan et aussi du peuple.

Dans la plupart des cas, il est bien clair qu'aujourd'hui nos coutumes de mai transmises à nos enfants n'ont plus conservé ce vieux sens, eux qui, seuls, les perpétuent. Mais celui qui sait regarder, perçoit les liens qui le rattachent au passé et aux croyances de ses aïeux.

Friedrich MöBinger

CAHIER DE LA SS N°5. 1942.

COUTUMES DE MOISSON

La fête de la moisson commence dans les fermes lorsqu'en automne le vent passe sur les chaumes frais et emporte des brins de paille dans les derniers champs de pomme de terre. Avec elle se clôt une année riche en labeur et la joie est grande, car le paysan a conscience, par son travail, de participer au grand cycle naturel de la vie et de la mort, de la croissance et de la récolte.

Cette communion avec l'événement naturel caractérise toutes les coutumes des fêtes et travaux paysans. Ces traditions nous démontrent que le paysan est non seulement animé par le souci de se nourrir, grâce au bénéfice de son travail, mais qu'il est intimement lié à la terre qu'il travaille. Quand il « couronne » le champ lors des Pâques avec la branche de la vie et en fait le tour à cheval, il souhaite que la semence soit bonne. C'est pour cette raison que l'on met souvent dans le champ un arbuste décoré, un « arbre de vie », et pour les mêmes raisons, on voyait briller autrefois des « feux de Hegel » apportant le bonheur sur les terres.

Le paysan parle du blé en floraison, dit qu'il « wodelt » dans les champs, que le « bouc » ou le « verrat » passent dans les blés. Ces expressions curieuses ne reflétaient pas seulement l'image du champ de blé ondoyant dont les épis sont chassés par le vent, mais s'associaient aux forces divines dont dépend la fertilité du sol.

Le paysan commence avec faste la période des récoltes, le couronnement de son travail, avec le même sentiment de gratitude.

Les moissonneurs et les glaneuses sortent décorés de fleurs et on commence la récolte en récitant un dicton ou un chant. Le plus souvent, le paysan du domaine coupe lui-même les premiers brins qu'il distribue ensuite à l'assistance. Parfois, c'est un enfant qui le fait aussi et qui donne le premier épi au paysan. Ces premiers brins sont souvent conservés et – comme les grains de la « dernière gerbe » – sont mélangés aux semences de l'année suivante car ils symbolisent la fertilité de la terre. On nourrit aussi avec, le coq de la maison, ou les oiseaux, comme en Transylvanie.

Le travail de récolte difficile qui commence représente toutefois une période joyeuse. Les moissonneurs et glaneuses échangent souvent leurs bandeaux et leurs fichus avant que la fauchaison ne commence et le soir, quand la première tâche du jour est faite, ont lieu au Mecklenbourg et en Poméranie un festin solennel, la dégustation de la « bière à la couronne » et une danse. Le paysan, ou une autre connaissance, arrive à l'improviste dans le champ. Il est alors « lié » par surprise, en général de nos jours avec des rubans et des nœuds verts, à l'origine avec deux épis.

Il n'est libéré que contre une rançon destinée aux moissonneurs. Cette coutume doit porter symboliquement chance, ce que traduisent plusieurs dictons prononcés par la moissonneuse-lieuse :

J'attache le bandeau d'épis
Le lien qui ne fait de honte à personne.
Vous n'avez pas besoin de le porter longtemps,
Je n'ai pas non plus à vous dire de l'enlever.
Cependant, comme le veut la vieille coutume,
Écoutez d'abord le souhait que je fais :
Que le ciel vous accorde le bonheur et la joie

Tout au long de votre vie !

C'est la même pensée qui s'exprime dans le « Henseln » des jeunes mariés en Hesse, auxquels on attache un épi aux bras, ou dans la décoration des arbres fruitiers avec des épis, à Noël, afin qu'ils puissent porter de beaux fruits l'année suivante.

Le travail des semaines de récolte suivantes ne laisse pas de place aux fêtes. Il n'y a que la « coupe de la nuit » en Carinthie, à laquelle un paysan surchargé de travail invite des moissonneurs et des glaneuses, qui s'achève aussi par un repas et des danses solennelles. Cette coutume carinthienne a trouvé son pendant plus sérieux en Souabe et en Suisse dans la tradition des « garçons de nuit » qui, en cachette, viennent la nuit aider à la récolte lorsqu'un paysan a été victime d'un malheur ou qu'une veuve ne peut venir à bout de son travail. Cet exemple *illustre particulièrement* l'esprit communautaire du monde paysan.

Les coutumes s'enrichissent et se diversifient à la fin de la période de la récolte. Les épis tombant sur le dernier champ, le « loup » (ou le « bouc », le « verrat » ou le « coq ») « est acculé ». Les gerbes sont enlevées avec ardeur et la moissonneuse-lieuse qui a achevé la dernière gerbe, est attachée à celle-ci comme « fiancée du blé ». Mis à part ces jeux amusants, dans d'autres régions règne une grande piété populaire lorsque, aujourd'hui encore, le moissonneur et la moissonneuse dansent autour de la dernière gerbe liée, particulièrement volumineuse, du « bouc de moisson », du « coq de moisson », des « anciens » ou du « bonhomme de paille ». Ils l'amènent ensuite à la ferme avec la dernière charretée de la récolte.

La dernière gerbe est décorée, recouverte de vêtements. Un arbuste vert, un bâton orné de fleurs y est enfoncé. À sa place on met parfois un arbre décoré, un noyer, en Westphalie, un petit sapin, sur les bords de la Moselle. Dans plus d'une contrée, un bouquet d'épis peut aussi être confectionné en fin de récolte et placé dans le lieu sacré de la maison ou de la ferme.

Souvent, on laisse la dernière gerbe dans le champ, parfois aussi les « derniers blés » qui n'ont pas été coupés, le « seigle-Waul » comme dans le pays de Schaumberg où un enfant y plante une baguette décorée de fleurs ou de rubans, la « baguette-Waul ». Les moissonneurs dansent alors autour des blés en criant neuf fois « Wold » ou « Wauld », ou ils les attachent en un bouquet et sautent par-dessus. Non seulement l'appel au Wode ou Wold démontre que cette coutume est une marque de respect et de reconnaissance des forces divines, mais les vers traditionnels démontrent également la même chose :

Wode, hal dynem Rosse nu voder (Futter),
Nu Distel und Dom,
Thom andern Jahr beter Korn.

(Du Mecklenbourg)

Fru Gode, haletju Feuer (Futter)
Dat Jahr upden Wagen,
Dat andre Jahr upde Karr (Karren).

(De Basse-Saxe)

Pour cette raison, on dit aussi que les derniers épis sont pour le « cheval de Wode » (Wotan), pour « madame Gode » ou « madame Holle », pour les « petits oiseaux du Seigneur » ou aussi – en langage religieux – « pour les pauvres âmes ». Les fruits et les fleurs qui décorent la pièce de l'autel, ne sont également rien d'autre – actuellement repris par l'Église – que des dons faits pour remercier le Seigneur.

Mais le retour de la dernière charretée représente le point culminant et la clôture solennelle de la moisson : chevaux et charriots sont couverts de fleurs, les moissonneurs vont à la ferme en chantant où le paysan ou l'héritier du domaine les y attend. La paysanne asperge d'eau la charretée, par référence aux forces bénéfiques de l'eau de la vie. Au sommet de la charrette se trouve la couronne de la moisson fabriquée avec art, décorée de toutes les sortes de céréales. La guirlande ou la couronne que l'on remet au paysan exprime à nouveau le souhait de bonheur :

À présent nous souhaitons du bonheur au paysan
Et lui apportons la guirlande.
C'est le chef-d'œuvre du moissonneur,
Qui a plus de valeur que l'éclat de l'or.

Dans la ferme paysanne, le travail des semaines de récolte s'achève par une fête joyeuse, qui commence avec un copieux festin et la « bière de la moisson, de Wodel ou des anciens ». Les compétitions et les jeux, les batailles de pots et de coqs, des courses, courses en sacs, la pêche dans le Buntwater (Basse-Allemagne), jeux hippiques comme la pique de Goliath silésienne ou la course de coqs dans le Waldeck alternent avec la danse de la moisson qui dure souvent jusqu'au matin. La fête célébrée dans une seule ferme s'est transformée en une fête de la communauté villageoise qui débute par un joyeux cortège et la remise de la couronne de moisson aux maires des villages. Au printemps, les habitants de la commune rurale chevauchent autour des champs, et les communautés fermières retournent encore une fois sur les champs où elles ont semé et récolté.

La guerre a mis fin à toutes ces fêtes sonores. Mais l'union du paysan avec les puissances est trop profonde pour qu'on l'empêche de les remercier. Le peuple allemand tout entier l'accomplit avec lui. Comme dans tant d'autres domaines de la vie, la guerre purifiera aussi la coutume de moisson. Seules les choses porteuses d'un sens profond peuvent subsister dans les usages. Ce qu'il y a de plus antique peut reprendre vigueur à travers cette guerre nécessaire, se réactualiser. La grande fête de la moisson, qui fut célébrée solennellement par le Führer sur le Bückeberg, concrétise ce renouveau, puissant comme la communauté populaire, aussi riche et bigarré que les fleurs et les fruits de la terre allemande, que les particularités des ethnies et paysages allemands.

J. Kern

(Note de l'auteur : les animaux cités comme le bouc, le verrat et le coq, sont d'antiques symboles païens de la fécondité qui ont été maudits par l'Église chrétienne. Les termes de Wode, wauld, ou wodelt font référence au dieu nordique Wotan qui présidait aux destinées du monde. Les feux de Hegel dérivent de la rune Hagal, symbole de chance, de bonheur et de l'ordre du monde.)

Cahier de la SS N°5. 1942.

Le pain sacré

Notre enfance a été bercée par la vieille légende de la femme orgueilleuse Hitt qui méprisa le pain, le maudit, et fut punie en étant changée en pierre géante. Comme dans la plupart des légendes allemandes, un mythe datant des temps les plus reculés s'est aussi perpétué dans celle-ci. Le pain porteur de vie et de salut était sacré dans le Mitgard, dans le monde humain protégé des dieux. Celui qui élevait la voix contre lui devait retourner à Udgard, le monde désert des géants de pierre dans esprit, on mettait un peu de blé dans la tombe des morts ; l'endroit de la maison dans lequel le blé était conservé était une pièce sacrée, et les halles germaniques recelaient un sanctuaire où habitait la vie divine elle-même. De très anciens mythes de peuples nous étant apparentés parlent de la souffrance et du sacrifice vécu par le détenteur du salut divin ; l'un de nos contes parle de la fille du roi, la vie nouvelle, qui doit être libérée en souffrant constamment toutes les injustices. Les Grecs racontaient que Dionysos, le fils de Zeus, fut déchiré et dévoré par les Titans ; mais les Titans fracassés engendrèrent la lignée des hommes qui tous portent en eux des parcelles de Dionysos. Les Germains ont créé le mythe du pain sur une base tout à fait similaire ; Wodan, qui vit encore aujourd'hui chez nos paysans, s'offre lui-même en sacrifice, de même qu'il prend aussi la vie des hommes quand c'est nécessaire. Mais il survit sous des formes différentes : dans le pain sacré comme dans la boisson enivrante, étant honoré comme son inventeur, et par laquelle il transmute et élève l'esprit de l'homme.

Le vieil esprit du blé vit encore aujourd'hui dans notre croyance populaire à travers divers symboles ; que ce soit le bonhomme de paille qui chasse les enfants hors du blé pour protéger les fruits sacrés ; que ce soit le « coq de seigle » ou le « cochon de seigle » qui représentent les images de l'esprit vital et donnent aussi leur nom à la dernière gerbe. Une idée mythique très ancienne s'incarne dans le coq de moisson, qui décore la dernière charrette dans de nombreuses régions allemandes et qui est disposé sur la porte de la grange sous forme d'un symbole de bois.

Le pain et tous les gâteaux sont donc sacrés ; déjà lors des temps archaïques on donnait au pain la forme des symboles du cercle représentant le monde sacré, la forme du dieu de l'année ou de ses victimes, mais surtout du signe de la renaissance éternelle et de la vie victorieuse, la croix gammée. À chaque nouvelle année, ces gâteaux étaient mangés en honneur de la divinité dispensatrice de vie. Manger le pain concrétise de façon symbolique la réunion de Dieu et de l'homme ; les morts du clan et du peuple y participèrent donc aussi. Encore aujourd'hui lors de la fête des morts, on distribue le « pain de toutes les âmes », car ils sont aussi soumis à la grande loi de l'univers.

La paysannerie est donc noble et elle accomplit l'œuvre la plus sacrée : elle est la gardienne et la protectrice du pain sacré dans lequel vit le divin. Le respect du pain sacré signifie celui des lois de la vie, sources d'immortalité.

J.O. Plaßmann

IV. Art

Cahier de la SS n°6. 1943.

Le commandement suprême dans toute appréciation artistique

Seul ce qui est véritablement grand est éternellement conservé et assuré de trouver une considération durable. Le fait que les grandes œuvres soient innombrables ne constitue même pas un inconvénient !

C'est une erreur d'opposer aux grandes créations culturelles de héros artistiques éminents le barrage très souvent conditionné par le temps de conceptions artistiques dominantes et éphémères. Seule une nature totalement insensible à l'art peut concevoir un tel procédé. En vérité, c'est une erreur et un manque de respect pour notre grand passé et, de plus, une stupidité historique. Seul quelqu'un d'irrespectueux condamnera la « flûte enchantée » de Mozart parce que le texte va à l'encontre de ses conceptions idéologiques. De même seul quelqu'un d'injuste rejettera le « Ring » de Richard Wagner parce que cela ne correspond pas à sa vision chrétienne ; ou « Tannhauser », « Lohengrin » et « Parsifal » de Wagner parce qu'il n'est pas capable de les apprécier sous un angle différent. La grande œuvre comporte une valeur absolue en soi. Cette valeur ne peut être jugée à partir d'une conception extérieure à l'œuvre artistique elle-même et conditionnée par une époque !

Si du reste chaque génération revendiquait le droit de se débarrasser des œuvres artistiques issues d'un passé politique, idéologique ou religieux différent, alors à chaque bouleversement politique cela signifierait la destruction de la culture étrangère à l'environnement politique du moment.

C'est pour cette raison que le commandement suprême, dans toute appréciation artistique, prescrit d'avoir la plus grande tolérance envers les véritables créations culturelles du passé. Une grande époque ne pourra se permettre de respecter le travail des ancêtres (qu'elle souhaite également pour elle-même) aussi bien politiquement que culturellement, que si son ère trouve du crédit auprès des descendants.

Adolf Hitler, au Reichsparteitag du travail de 1937.

« Le baiser », d'Auguste Rodin.

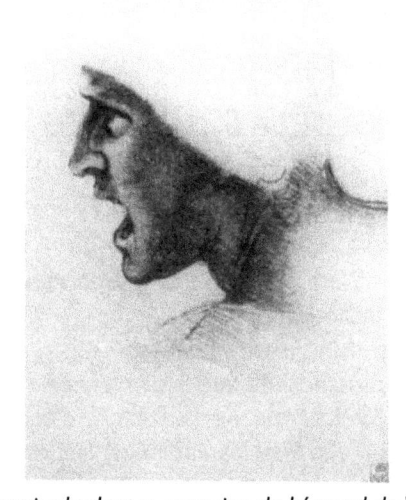

« Guerrier hurlant », sanguine de Léonard de Vinci.

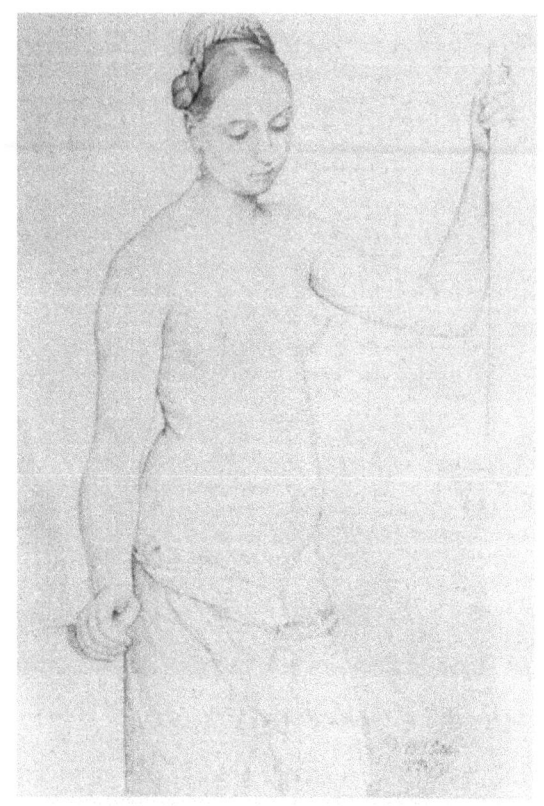

« Jeune fille méditative », de Schnorr v. Carolsfeld.

Celui qui veut créer doit être joyeux.

Goethe

Cahier de la SS n° 1. 1943.

Artiste et soldat

Chaque cahier de la SS est régi par une idée directrice déterminée. En cela nous avons une intention précise.

Notre propos n'est donc pas seulement de rendre les cahiers intéressants. Celui qui ne recherche que la distraction ne la trouvera pas dans les cahiers de la SS. La voie de la facilité, c'est-à-dire réclamer l'approbation de tous par des articles aimables, faciles à digérer, serait aussi beaucoup plus aisée et agréable. Mais il existe d'autres livres et d'autres cahiers à cet effet.

Dans les cahiers de la SS nous ne voulons pas disperser et distraire le lecteur mais au contraire concentrer ses meilleures forces et l'amener à réfléchir sur lui-même, c'est-à-dire sur sa vraie substance. Ce n'est qu'ainsi que nous pourrons aider les camarades à se réaliser eux-mêmes et à accomplir leur mission au sein de la communauté de clans de la SS et du peuple. Quand nous voyons toujours la même phrase ressortir dans les lettres sous des formules analogues : « Pour moi les cahiers SS sont un réconfort avant chaque nouveau combat », ou quand un jeune artiste nous écrit : « ... Cet article m'a fait ressentir pour la première fois ce que je dois encore trouver en moi pour devenir artiste », de tels exemples indiquent clairement la voie que nous suivons.

Le présent cahier se trouve régi par l'idée directrice « Dureté ». Le soldat sait combien la dureté est nécessaire pour tenir dans le combat et supporter les revers de fortune. Et il sent aussi que c'est la dureté qui permet d'accomplir tout travail que ce soit.

Mais il ne lui saute pas aux yeux que pour comprendre l'art, il faut pareillement franchir le seuil de la dureté.

Les uns prennent pour art tout ce qui leur plait au premier coup d'œil. Sans fatigue, ils pensent avoir déjà pénétré dans le sanctuaire et se réfèrent souvent à la parole du grand maître : « Sérieuse est la vie et joyeux est l'art ». Ils ne savent pas justement qu'un art joyeux fut souvent le résultat d'une lutte difficile, tel par exemple celui dont Mozart nous a fait don.

Les autres disent : « Je n'y comprends rien », quand il est question de l'art. Avant de pouvoir apprendre l'enrichissement que l'art pourrait apporter à leur vie, ils ferment la porte à ses forces. À la place, ils se contentent d'ersatz, d'une nourriture plus facile à digérer, d'insipides et superficiels ouvrages sans valeur. Ils préfèrent une photographie à une œuvres d'art dont la profondeur n'apparaît pas au premier coup d'œil. Ils avalent par douzaines des bouquins à trois sous, tandis qu'ils n'ont soi-disant pas le temps de lire un livre de valeur. Ce ne peut être notre position.

Celui qui a pris part à la rude guerre à l'Est, sait aussi qu'il y a des temps de recueillement où, justement, on recherche la simplicité dans l'art et on y puise des forces cachées.

Pourtant beaucoup disent : « Comment peut-on comparer notre sens du combat et notre sens artistique ! Le combat est travail, fatigue, douleur et sacrifice. Mais de l'art, nous attendons détente et distraction. »

Vous dites « détente et distraction » ? Pourquoi êtes-vous si modestes, vous qui pouvez exiger de lui ce qu'il y a de plus grand ? Pourquoi demandez-vous si peu à l'art ? Pourquoi n'exigez-vous pas de lui force créatrice, vie éternelle et joie divine ? Ne savez-vous pas que l'art peut donner tout cela ? Mais vous ne connaissez peut-être pas la véritable signification de l'art. Depuis trop longtemps il a perdu sa juste place dans la vie. Il n'était, comme la religion, qu'un bel accessoire pour soir de fête et dimanche. C'était un oiseau multicolore, un luxe dont on pouvait se passer en cas de besoin.

Mais qu'est en réalité l'art véritable ? Il est la plus pure-incarnation de l'appréhension du monde. Par le don de l'art, Dieu a accordé aux hommes la faculté de représenter Sa loi.

Un exemple : Par l'observance des lois raciales nous pouvons, par le juste choix conjugal, rapprocher notre race de l'image qui correspond à la volonté divine. En sport nous pouvons faire travailler le corps afin de lui donner la forme appropriée au but qui lui a été prédestiné. Dans l'art cependant, le génie peut façonner un corps humain idéal conforme à la loi naturelle.

Un autre exemple : À l'origine, les paysages ne reflètent que de façon grossière l'empreinte du Créateur. Ceux modelés par des races pures s'en rapprochent. Pourtant, refléter l'image de ce paysage dans toute sa splendeur, c'est à l'artiste que Dieu a accordé ce don, c'est-à-dire à cet artiste (un autre n'en mérite pas le nom) qui, lui-même, oblige le Créateur à se manifester à lui.

Le fait déterminant, c'est que l'artiste ne parvient à ressentir Dieu que par un travail extrême sur lui-même. Il restitue Son image dans le corps humain ou dans le paysage qu'il représente. Capturer cette image dans la pierre ou sur la toile lui demande encore un travail difficile.

On ne peut juger de façon habituelle la difficulté que représente pour un créateur l'accomplissement de sa grande mission. Lisons les biographies d'un Rembrandt, d'un Andréas Schlüter, d'un Tilman Riemenschneider, d'un Schiller, Mozart, Beethoven. Ils ont dû lutter contre eux-mêmes afin de se débarrasser de tout obstacle, de toute entrave extérieure ou intérieure pour libérer l'œuvre, afin que ne subsiste que l'âme créatrice libre de percevoir et d'exécuter la mission divine. Il n'y a qu'une seule comparaison qui puisse se faire, celle de la dureté du soldat qui risque consciemment sa vie.

Dans ce domaine, soldat et artiste sont parents dans le succès obtenu au prix d'un effort ardent.

Lors du danger extrême, lorsque toutes les faiblesses sont vaincues, beaucoup d'entre vous n'ont-ils pas ressenti cet instant où, subitement, des forces auparavant inconnues sont libérées ? C'est comme si éclatait une enveloppe dans laquelle on avait toujours été enfermé. On en jaillit et l'on se sent comme un dieu ou un enfant. Il n'y a plus ni hésitation, ni réflexion, ni doute, ni considération. On agit de façon libre et juste, et on peut faire tout ce qui, dans l'instant, doit être fait. C'est là le sentiment dont parlait Schiller quand il écrivit : « Celui qui peut regarder la mort en face, le soldat seul est l'homme libre ».

Un jeune poète de notre époque a dû ressentir de façon particulièrement nette cette parenté de nature créatrice entre le soldat et l'artiste. Il nous écrivit, il y a peu, au milieu des plus ardents combats du front de l'Est : « Je ne peux dire quelle allégresse et quelle fierté je ressens. J'aimerais raconter une légende où un peuple entier verrait le jour, vivrait durant des générations. Je sais qu'un jour je pourrai exprimer ce que mon cœur recèle en cette heure guerrière. Je veux devenir un chercheur d'or dans mon propre cœur, transmettre tout ce que je vis et enrichir tous les hommes. »

Bien sûr, la dureté *seule* ne peut apporter la connaissance ni au soldat, ni à l'artiste. Il faut encore d'autres vertus et d'autres dons. La dureté est, toutefois, un facteur non négligeable.

Et c'est de ce sujet que traite mon article. C'est justement cette connaissance du caractère commun existant entre les artistes et les soldats qui doit vous permettre d'accéder, camarades, à une nouvelle relation avec l'art véritable, qui est seul digne de vous. Le chemin n'est pas facile. Mais qui pourrait y parvenir si ce n'est vous qui êtes venus à bout des plus durs combats et de la supériorité des bolchevistes ? Comprendre l'art n'est bien sûr pas ce que beaucoup d'entre vous imaginent encore aujourd'hui. Cela ne s'oppose pourtant pas à l'expérience que vous avez vécue en tant que soldats et combattants. Au contraire, c'est en étroit rapport.

En dépit de tout, vous y êtes parvenu plus facilement que les artistes eux-mêmes. Ils vous précèdent sur le chemin ; ils cherchent la pente escarpée et vous l'indiquent. Mais eux-mêmes doivent la suivre. Cela coûte sueur et persévérance.

En retour, la divine récompense vous fait signe du plus haut sommet.

Vous la trouverez certainement car elle est en vous-mêmes. Certains ont déjà réussi « par hasard ». Ayant tout épuisé, ils ont dû se résoudre à lire des « choses sérieuses », par désespoir, tout d'abord à contrecœur, puis avec enthousiasme. Au bout du compte, ils ont compris qu'on ne peut ingurgiter une poésie classique comme un roman de Kolbenheyer, mais qu'une véritable œuvre poétique peut procurer plus de force et de joie de vivre qu'un tas de littératures superficielles. Celui qui en a été conscient dans un moment de lucidité, doit aussi trouver la force de mettre en valeur les principes supérieurs.

Il en récoltera un jour les fruits féconds après avoir vécu les instants difficiles où il s'efforçait de comprendre le grand art, qui sont comparables aux moments les plus dangereux des combats. Il trouvera des trésors qu'il ne soupçonnait pas jusqu'alors et devant lesquels il est passé en aveugle.

Hans Klöcker

Cahier de la SS n°5. 1944.

Les artistes allemands et la SS

Exposition artistique à Breslau

Il était une fois une époque où l'esprit militaire et l'art se tenaient pour réciproquement incompatibles. C'était lorsqu'on considérait le premier comme une affaire de traîneur de sabre et l'autre comme une impulsion bohémienne d'habitant de mansarde. En réalité, ces formes d'expression de deux mondes n'en étaient que leur caricature. Les véritables natures des mondes militaire et artistique sont totalement différentes, car au fond, ils ont beaucoup de choses en commun. Ils ont la même origine, c'est-à-dire la race qui enfanta de son sang les soldats et les artistes. L'observateur attentif ne s'étonnera pas du fait que nos soldats les plus géniaux aient possédé une nature d'artiste et que nos plus grands artistes aient aussi eu une nature de soldat. Frédéric le Grand n'a pas seulement créé Sans-Souci, il a aussi fécondé tous les arts de son époque par ses idées propres. Citons aussi le grand empereur Frédéric II de Hohenstaufen. Le prince Eugène n'a pas conseillé par hasard les plus grands artistes et architectes de son temps lorsqu'il chargea Lukas von Hildebrandt et Fischer von Erlach de construire le belvédère de Vienne. Lui-même était artiste. Léonard de Vinci, l'artiste le plus polyvalent de tous les temps, travailla pour ses princes aussi bien comme architecte, inventeur d'armes et conseiller en plans d'opérations militaires nouveaux que comme artiste. On peut aussi citer ces nombreux exemples où un talent militaire n'était pas directement perceptible. Nous ne pouvons-nous représenter les œuvres de Goethe, Schiller, Lessing, Kleist, contenant des scènes guerrières, sans qu'un vif intérêt et une familiarité authentique pour le monde militaire ne les aient animés. Cependant, dans les deux cas, aussi bien quand de grands soldats manifestent un génie artistique que quand de grands artistes se révèlent être des soldats éminents, ce ne fut jamais le fruit d'un intérêt particulier unilatéral. Pour ces hommes créateurs, ces deux mondes n'étaient que des formes d'expressions différentes d'une grande idée. Les idées ne sont rien d'autre que les reflets de l'âme, l'expression d'une essence. La grande idée qui va régir le millénaire qui commence, c'est le national-socialisme. Son créateur, le Führer Adolf Hitler, un soldat et un artiste, en a déjà gravé les contours avec un stylet d'airain au seuil de la nouvelle ère – l'esprit militaire et artistique. La SS, l'Ordre du Führer qui, en tant que Waffen SS, doit représenter l'aspect militaire de notre conception du monde, se sent aussi appelée à participer de façon active et stimulante à la création artistique de l'époque future. La raison en est que la nature du national-socialisme est créatrice et celle de la SS, c'est d'être le fer de lance de cette idée. L'exposition « les artistes et la SS » à Breslau n'est qu'un début. Ce qu'il y a de plus important, c'est que cela se déroule en cinquième année de guerre. Un appel est fait à tous les artistes actuels et futurs du Reich pour qu'ils choisissent comme thème de leurs œuvres l'idée d'Empire et l'ordre toujours plus puissant afin que l'expression militaire du Reich sur tous les fronts trouve son équivalent sous une forme artistique.

Cahier de la SS n°2a. 1941.

La beauté sous le signe des runes SS

Allach, tâches et objectif

Aucun peuple ne vit plus longtemps que les documents de sa culture !

Point de référence pour toutes les questions de nature culturelle concernant le peuple allemand, cette parole du Führer régit l'esprit de la manufacture de porcelaine d'Allach, à Munich.

Beaucoup de gens se demanderont pourquoi la SS produit de la porcelaine. L'explication est simple. Déjà depuis longtemps, le Reichsführer avait prévu d'intensifier l'action de l'esprit SS sur le travail culturel, ce qui ne fut pas vraiment possible avant la prise du pouvoir. Il fonda donc en 1935 la manufacture de porcelaine d'Allach à Munich ; outil principal de sa volonté dans ce domaine.

Pour le Reichsführer, il ne s'agissait pas de fonder une nouvelle manufacture de porcelaine dans le dessein de produire des valeurs économiques – donc, pour faire de l'argent. Dès le début, Allach avait d'abord la tâche, à partir de la matière la plus attrayante qui existe, la porcelaine, de créer des œuvres artistiques et des objets d'un usage quotidien correspondant à l'esprit de notre époque et qui témoignent pour les générations à venir du sentiment artistique et de la volonté créatrice de notre temps.

Chaque époque produit les formes d'expression lui étant propres et les adapte à son style culturel. Il en est de même pour la nôtre. Les grandes constructions du Führer nous font assister à la naissance d'un – notre – nouveau style dont l'art décoratif comporte aussi l'élaboration de nouvelles formes de céramiques.

Dans cet esprit, le Reichsführer SS chargeait Allach d'être un exemple dans la création artistique, dans la qualité du matériel, dans l'exécution et la facture, et dans la fixation du prix.

Une rétrospective peut montrer quel était l'esprit qui animait la production de porcelaine : Autrefois, presque toutes les manufactures de porcelaine furent fondées par des princes (celle de Berlin par Frédéric le Grand, Meißen par Auguste le Fort, Sèvres par la marquise de Pompadour, pour ne citer que quelques exemples). À part quelques rares exceptions, elles avaient pour mission de produire, pour la gloire de leurs fondateurs, des porcelaines nobles d'une grande valeur artistique, négligeant tout bénéfice économique que ce soit. De grands artistes furent engagés et pouvaient réaliser leurs projets dans le calme et l'isolement, libérés de tous les soucis matériels. Ainsi naquirent de merveilleuses porcelaines traduisant l'esprit de leur époque, du rococo et de l'Empire – des œuvres artistiques qui conservèrent toujours leur valeur et qui méritent la plus grande admiration car elles expriment le sentiment artistique de leurs créateurs.

Exemplaires uniques et articles de masse

Mais les temps changent. Pour presque toutes les manufactures de porcelaine (on remarque le nom significatif « manufacture » [manu= avec la main], dont le travail nécessite encore aujourd'hui la main artiste de l'homme), les questions financières et économiques devinrent de plus en plus importantes. Le profit fut bientôt déterminant Les mécènes et les commissionnaires princiers laissaient la place aux marchands. Trop souvent l'art fut alors considéré comme une valeur négligeable. Des articles de masse à bon marché prédominaient À cette époque de déclin artistique, quelques manufactures renommées réussirent à rester fidèles à leur esprit.

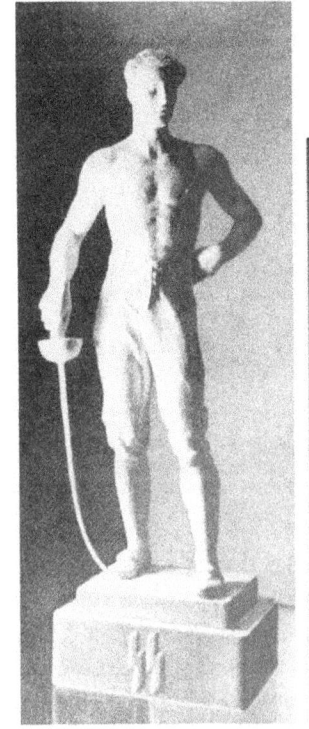

L'aryanité représentative d'un certain type de valeurs devient la référence absolue dans l'art. Porcelaines de La manufacture SS d'Allach.

Différentes porcelaines d'Allach : A gauche, vase avec des motifs protohistoriques. À droite, chandelier remis à la naissance de chaque enfant dans les familles SS.

Amazone.

Il y a d'abord la sculpture. Bien souvent, elle donna naissance à des horreurs domestiques par manque d'esprit artistique ou à la suite d'un travail bâclé. Allach considérait donc que sa première tâche était d'aider à concrétiser le véritable sens artistique national. À vrai dire, ce n'était pas facile et tous les projets ne purent pas encore voir le jour. On devait d'abord trouver et engager des artistes qui créeraient des œuvres artistiques grâce au génie de leur inspiration et à leur talent de créateurs.

Mais le Reichsführer disait : *L'art doit être présent dans chaque maison, mais avant tout dans la maison de mes SS !* Chaque table doit être garnie de vaisselles élégantes, non seulement dans les habitations mais aussi – et d'abord – dans les cantines afin que le travailleur allemand et le combattant puisent de nouvelles forces à leurs heures de repos grâce à l'harmonie de leur environnement. Il est incontestable que le plat le plus simple se trouvant dans une belle vaisselle a meilleur goût que le rôti le plus cher servi dans une gamelle ! Allach veut servir au mieux ce projet du Reichsführer SS.

Durant les quelques années écoulées depuis la fondation de la manufacture d'Allach, cette dernière acquit une position privilégiée dans le domaine de la production de porcelaines. Des *figurines de jeunes hommes héroïques* de la Wehrmacht ou des associations du Parti, des *figures folkloriques paysannes* étonnamment véridiques et surtout de *nobles sculptures animales* qui montrent l'animal dans toute sa beauté, furent produite grâce à notre sensibilité actuelle. Ce sont des œuvres qui doivent être considérées comme les témoignages d'un sentiment artistique naturellement fort et d'une volonté créatrice consciente de son devoir.

Les céramiques, les cruches, les vases, les chandeliers renferment une beauté qui profite à chaque foyer allemand. Ainsi fut donc magnifiquement atteint le but du Reichsführer SS étant que chaque objet utilitaire – que ce soit la plus simple cruche d'eau – soit d'une beauté irréprochable. Les grands trésors culturels découverts dans de nombreuses fouilles fournirent des inspirations pour la création et la décoration traduites dans le style de notre époque. Un pont fut donc jeté, reliant les créations naturelles de nos ancêtres au sentiment artistique actuel.

Des objets utilitaires furent créés – et vont voir le jour – qui balayent déjà toute critique par leur beauté et leur utilité. Au cours du temps, toutes les formes laides et inadaptées devront être finalement éliminées et remplacées par de la belle vaisselle utilitaire.

Conscient du fait que l'environnement exerce une énorme influence sur le bien-être et l'attitude de l'homme, le Reichsführer a donné l'ordre à sa manufacture de porcelaine d'Allach d'agir dans cet esprit. Le foyer de chaque SS, ou simplement de chaque Allemand, ne doit posséder que des objets artistiques et de la vaisselle du meilleur goût. Allach offre ainsi à l'homme travaillant dans son environnement quotidien la beauté qui le régénère et le rend digne d'accomplir les grandes tâches qui lui sont données par notre époque héroïque.

W.

Cahier de la SS n°4. 1938.

La loi de la beauté

Tout ce qui a pour nous une valeur éternelle se trouve soumis à des lois d'airain. Même si nous voulions arrêter le cours des étoiles, elles poursuivraient leur route d'après des lois éternelles, de même que la nature suit aussi la loi rythmée de la naissance et de la mort. Les lois éternelles refusent le chaos, la décomposition et la destruction de toutes les valeurs.

Bien avant que l'homme n'ait reconnu le bien fondé des choses, il obéissait déjà à sa loi dans son activité créatrice. Celui qui a parcouru nos riches galeries d'art avec recueillement comprend pourquoi les statues classiques en marbre des anciens Grecs le frappent par leur charme autant que les plus belles œuvres contemporaines. Trois mille ans se sont écoulés sans entacher l'idéal de beauté animant les Grecs et auquel nous témoignons également une admiration profonde.

À une certaine époque, il était de mode de considérer l'art comme quelque chose de mort, ce que l'on colporte toujours aujourd'hui dans ces cercles ennuyeux qui s'intéressent aux choses « du bel esprit ». Ils se préoccupent beaucoup du prétendu manque d'idées créatrices nouvelles et cherchent ainsi à démontrer que les artistes de notre temps ne peuvent que copier l'antique.

Mais aucun artiste créateur ne peut créer véritablement en s'écartant de la loi classique de la beauté. Comme autrefois, la Vénus de Milo reste un idéal de formes et les œuvres immortelles d'un Michel-Ange ne cherchent pas à imiter celles des grands maîtres grecs Polyclète ou Lysippe, mais sont des créations intuitives faites d'après les lois éternelles de la beauté.

Léonard de Vinci fut le premier à avoir reconnu le principe de la beauté. La formule du « nombre d'or » lui est attribuée : $a : b = b : (a+b)$. Cela signifie que le corps humain, du sommet de la tête jusqu'au nombril, se trouve soumis au même rapport de proportion que les autres parties inférieures, et inversement avec le corps entier. Négliger la règle du « nombre d'or » ne peut aboutir à une nouvelle forme d'art mais bien à la négation de la loi de la beauté et ainsi au chaos.

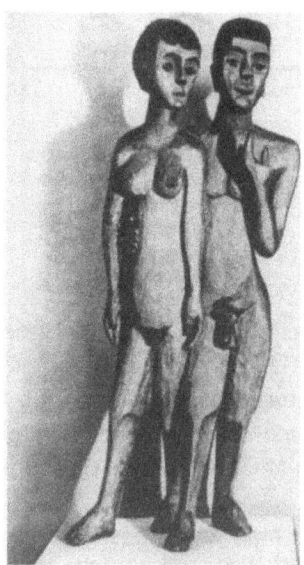

Sculpture de l'exposition « l'art dégénéré ».

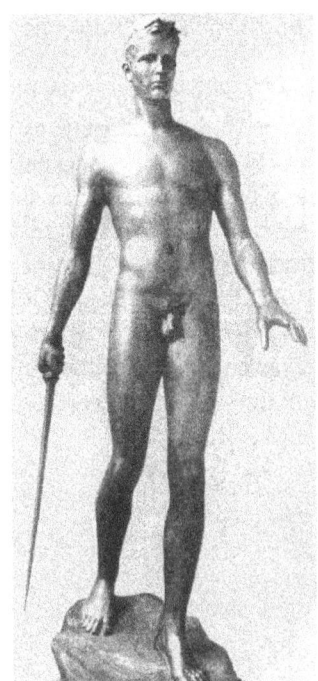

La sensibilité artistique traduit l'incompatibilité entre certaines conceptions de l'homme. À gauche, « jeune garçon », de Fritz von Grävenitz. À droite, « couple » de Josef Thorak.

Rappelons-nous seulement ces « révolutionnaires » qui se plaisaient à nier le « nombre d'or ». C'étaient les artistes dadaïstes et tous ceux qui se comptaient à juste titre parmi les « primitifs », et qui pensaient être les précurseurs d'une nouvelle époque. Ce qu'ils nous ont laissé représente des monstres et nullement des portraits humains dont la vue doit nous élever et non pas nous horrifier. Quel peintre peut négliger impunément les règles de la perspective sans produire des œuvres factices que nous considérons à juste titre comme un art dégénéré ? L'architecte devra toujours prendre en compte deux éléments fondamentaux, les parties porteuses et portées, afin de les assembler en un tout harmonieux.

En architecture également, on croyait devoir contredire les exemples classiques en remarquant que la façade doit s'adapter à l'organisation de l'espace et non l'inverse. La construction fut divisée en deux parties opposées et incompatibles. Mais l'art architectural réside dans le fait d'associer ces deux éléments de façon harmonieuse. La dégénérescence des règles d'or s'exprime dans ces maisons dont les murs ont des fenêtres asymétriques et de tailles différentes, ce qui ne fait que prouver l'incapacité de ce style d'architecture qui croit pouvoir omettre les lois de la beauté.

Il y a peu de temps, nos galeries d'art furent enrichies d'une pièce unique acquise par le Führer : le discobole de Myron. Nous y constatons la présence de toutes les lois de la beauté, y compris en ce qui concerne l'harmonie parfaite du corps. Il est représenté à l'instant précis où il balance le disque pour le lancer ensuite. C'est cet instant où deux mouvements différents se relayent ; le balancement du bras, le « point mort » avant le lancer proprement dit.

On ne peut choisir au hasard n'importe quel instant se trouvant circonscrit dans le mouvement. Qu'il s'agisse d'un cheval qui saute ou d'un homme qui court, on peut toujours trouver un « point mort » au sein des mouvements qui composent l'action.

« Sankt Georg », gravure sur bois de Lucas Cranach (1472-1555).

Aujourd'hui, nous connaissons la règle de la beauté régissant les œuvres artistiques, leur construction et la composition. Les artistes antiques ne connaissaient certes rien de la formule du « nombre d'or », mais un sentiment artistique sain les guidait.

Pendant longtemps, on pensait qu'aucune loi absolue et éternelle régissait l'art. On songeait au goût de l'époque et l'on croyait que chacune possédait son propre idéal de beauté. On confondait ainsi l'art et la mode. Lorsqu'on visite une galerie d'art où sont rassemblées les plus belles œuvres des derniers siècles, on constatera qu'il n'y en a pas une qui correspondait au « goût du public », donc qui était « à la mode ». Nous sommes confrontés aujourd'hui à ce type d'œuvre, sans les comprendre, car le spectateur doit ressentir au travers de la création ce sentiment qui animait l'artiste lorsqu'il la créa. En effet, aucune œuvre d'art ne peut être comprise si on doit l'expliquer auparavant de façon intellectuelle. Une œuvre d'art parle pour elle-même, sinon ce n'en est pas une. Et il est remarquable que tous les « artistes » qui, pour dissimuler leur incapacité, suivent de nouvelles voies en croyant pouvoir ainsi se soustraire aux lois de la beauté, sont hostiles à tout véritable art qu'ils considèrent comme poussiéreux. Ils essayent de mettre à l'écart celui qui respecte les lois éternelles de la beauté en le taxant de vulgaire imitateur de l'antique.

L'art donne tout à celui qui respecte ses lois. Lorsqu'on regarde aujourd'hui un homme qui trempe et endurcit son corps par des exercices physiques, il peut s'approcher de l'idéal et ressembler au discobole de Myron.

La beauté est une notion exactement tracée qui a prouvé sa raison d'être au cours des siècles. Chaque race peut posséder son propre idéal de beauté, mais celui-ci reste unique et absolu pour cette race.

On voit donc que l'artiste aussi est lié à des lois d'airain dans sa liberté créatrice, qu'il ne peut contourner s'il ne veut pas sombrer dans le chaos, la décomposition et le bolchevisme culturel nihiliste.

SS-Ustuf. V. J. Schuster.

L'œuvre d'art, c'est la religion matérialisée.

Wagner

Cahier de la SS n°3. 1938.

L'architecture, expression de la communauté

On essaie toujours de diviser l'architecture en deux formes d'expression : l'architecture sacrée et profane, confondant en cela l'objet et la fin qu'elle peut servir. Une cathédrale gothique n'est pas l'expression d'une volonté de culture chrétienne parce que des messes y sont dites. Sinon le gothique ne s'exprimerait que dans la construction d'églises. Mais lorsqu'on circule en Allemagne aujourd'hui, on contemple avec autant d'admiration des hôtels de ville que des tours municipales gothiques. Tous ces bâtiments ont été, construits *par la communauté pour la communauté*. *Ils* lui ont servi de lieux d'assemblée, d'administration ou de défense. Ils se dressent devant nous comme des monuments témoignant de la grandeur de la communauté.

Celui qui regarde aujourd'hui le temple d'Athéna, le Parthénon sur l'Acropole d'Athènes, ressent une profonde admiration pour l'architecture des Grecs et ne songe sûrement pas au rite religieux qui rassemblait la communauté dans ses salles. Dans bien des cas, nous ne sommes absolument pas sors de savoir à quelle fin a pu servir un monument. Les spécialistes n'ont pas encore tranché unanimement la question de savoir si la plus grande pyramide de Giseh a été conçue comme *tombeau* pour le roi *Chéops* ou a été construite sur son ordre pour transmettre aux générations suivantes des *formules et des règles mathématiques* au travers d'un monument défiant les millénaires ; même si la plupart de ces savants la considèrent comme un site funéraire géant.

Seuls des gens manquant d'esprit ou animés d'intentions spéculatives parlent d'une architecture « chrétienne » et considèrent comme style le plus inhérent à une confession, le bien culturel de notre peuple qui s'exprime dans les cathédrales. En partant de cette considération, l'Occident aurait dû être franchement pauvre en monuments architecturaux avant que le christianisme ne se soit répandu en Europe.

Mais c'est précisément la « ville éternelle » près du Tibre qui contient un grand nombre de constructions « païennes », et le Colisée égale au moins en beauté architecturale l'église Saint-Pierre ; encore qu'il soit mal venu de comparer deux constructions d'époque différente dont l'une a été érigée 1500 ans plus tard que l'autre.

Quoiqu'il en soit, les deux bâtiments n'avaient *qu'un seul* but : servir la communauté populaire en tant que lieu de réunion. Mais lorsqu'on évoque « l'art chrétien », on constate que celui-ci était extrêmement primitif, comme en témoignent les fouilles qui ont extrait des

« catacombes » différents ustensiles appartenant aux premiers chrétiens.

Les papes eux-mêmes, appréciant la construction, n'étaient pas de bons maîtres d'œuvre. *Bramante* à qui l'on confia la réalisation de la basilique de Saint-Pierre, avait prévu la forme grecque de la croix pour donner à la plus puissante cathédrale du monde l'imposante masse qu'elle devait aussi avoir en perspective. Après la mort de Bramante et de ses successeurs, c'est le vieux *Michel-Ange* qui prit la direction des travaux.

Cet homme génial voulut améliorer les plans de Bramante et donner ainsi plus de force à l'impression d'ensemble que l'on désirait obtenir. Il suréleva la coupole pour la mettre en valeur, simplifia le plan en raccourcissant les bras de la croix.

Pourtant son plan ne fut pas suivi. Après sa mort, le pape exigea de *Maderna,* son successeur, en dépit de diverses objections, qu'il prolonge le bras ouest en une longue nef rappelant un peu trop le plan de la Rome orientale, Byzance.

Le résultat fut que la conception unique de Michel-Ange perdit tout son effet. L'architecte Maderna essaya bien de « sauver » ce qui pouvait l'être. Mais c'est seulement Bernini, le créateur de la colonnade, qui donna tout son sens à la façade, et cela en utilisant un effet de perspective créant volontairement une place ovale que le spectateur pense ronde. On peut à peine croire que le pape d'alors, son bailleur de fonds, ait eu conscience de cet artifice optique. En tout cas, trois générations d'architectes se sont vues contraintes de corriger les désirs architecturaux des papes par des constructions non prévues à l'origine.

La plus grande partie des monuments architecturaux a servi et sert encore des buts « profanes ». C'est ce que démontre l'hôtel de ville d'Alstadt dans le Brunswick : ce bâtiment gothique, en effet, n'a rien à envier à aucune cathédrale. La communauté a construit une « maison administrative » qui correspondait au sentiment qu'elle avait d'elle-même et à sa volonté culturelle. On doit encore tenir compte du fait que les membres du conseil ne possédaient pas de pouvoirs illimités mais qu'ils avaient reçu des habitants pour ainsi dire, par leurs représentants, la mission d'édifier un hôtel de ville qui devait extérieurement symboliser la communauté.

La place manque ici, ne serait-ce que pour ne citer que les noms des nombreux hôtels de ville, entrepôts, maisons de drapiers, maisons de pesée etc. Il est certain que les constructions d'église ne sont supérieures aux constructions publiques ni dans l'art architectural, ni dans le type d'exécution. Au contraire : on ne s'adressait qu'à des « maîtres-bâtisseurs de cathédrale » qui s'étaient *déjà fait* un nom par leurs œuvres. C'était donc la *communauté nationale* qui employait les maîtres constructeurs, possédant grâce à ses représentants assez de sens de style pour distribuer à l'aide de plans de grands contrats architecturaux.

On ne trouve aucun homme parmi les bâtisseurs de cathédrales qui n'ait déjà fait ses preuves auparavant et aucun pape et évêque bâtisseur ne peut s'attribuer la *découverte* d'un architecte.

Michel-Ange était au zénith de sa gloire quand on lui confia la construction de Saint-Pierre et Fischer von Erlach serait entré dans l'histoire architecturale sans la Karlskirche de Vienne, bien que nous soyons heureux d'avoir cette construction baroque, l'une des plus belles de son temps.

Parmi les monuments, nous trouvons aussi de nombreuses « portes ». Ce sont ces fortifications, « points d'appui stratégiques » dans les habituels remparts d'une ville, qui n'avaient d'autre but que de protéger la communauté. La plupart sont maintenant au cœur d'une ville qui a dépassé les limites de ses anciens remparts et n'en édifie plus parce qu'ils n'auraient plus de raison d'être à notre époque(!)

En effet, jamais un bâtiment n'a été construit pour lui-même et presque aucun n'est entré dans l'histoire de l'architecture en ne servant que l'individu et non la communauté. Si l'on pense pouvoir objecter qu'il y avait châteaux et burgs, il faut remarquer ici que tous les empereurs, rois, princes et chevaliers personnifiaient symboliquement une communauté et qu'aucun peuple fier n'aurait souffert que son représentant vive dans un lieu non conforme à ce que la dignité et le niveau culturel du peuple exigeaient de lui. Et, quand la communauté s'élevait avec colère contre un souverain, ce n'était pas parce qu'il faisait ériger trop de « constructions d'apparat » pour son usage, mais parce qu'il n'était *pas digne* de représenter le *peuple*.

C'était l'argument de propagande à bon marché du marxisme que de comparer la magnificence architecturale des classes dirigeantes aux « logements casernes » des travailleurs. Ce sont justement les travailleurs qui font preuve, dans l'histoire de l'architecture, d'un désir de créer des valeurs culturelles durables ; ceci trouvant sa plus belle expression dans les magnifiques maisons des corporations à Gand, Bruges et Memel.

Les tailleurs, forgerons, bouchers, poissonniers et tisserands n'étaient pourtant que des *travailleurs* qui s'étaient rassemblés en corporations et avaient payé de leur poche la construction des maisons corporatives. Elles constituaient l'édifice représentatif de leur corporation, le foyer de leur communauté professionnelle où ils se rassemblaient pour passer des soirées en commun et y cultiver la camaraderie. Dans ces bâtiments, leur conscience de classe était mise en valeur, leur sens de l'union et leur entraide ne connaissaient qu'une loi, celle du « tous pour un, un pour tous » qui régissait leurs actes et leur conduite. Leur sentiment communautaire était si fort qu'en temps de guerre, c'est en qualité de *corporation* qu'ils participaient à la bataille, remportant plus d'une fois la victoire.

L'architecture n'est pas seulement une musique devenue pierre, elle reflète aussi l'esprit de la communauté populaire. Même le plus talentueux des bâtisseurs ne peut réaliser ses rêves les plus audacieux sans la communauté qui fournit des travailleurs manuels qui réalisent ses plans. Et quand nous contemplons aujourd'hui avec respect nos cathédrales, on ne les doit pas à « l'art chrétien » mais bien à la performance culturelle des milliers de mains qui les ont créées. Les tailleurs de pierre n'étaient, d'ailleurs, pas toujours des « chrétiens craignant Dieu » comme en témoignent encore aujourd'hui de nombreuses gargouilles franchement compromettantes pour la gent monacale.

Les villes qui possèdent le plus de cathédrales n'étaient pas non plus « les plus chrétiennes ». Il y eut même en vérité un temps où les villes riches, pour montrer à Rome que ce n'était ni l'envie, ni l'avarice qui les poussaient à refuser de payer tribut au pape, fournissaient généreusement aux moines mendiants les moyens de se construire des églises, comme ce fut le cas à la fin du XIIème siècle. Une grande partie de l'architecture « franciscaine » lui doit sa naissance. Lorsque le pape voulait bâtir en tant que « représentant de la chrétienté », les villes lui en refusaient les moyens car elles ne le trouvaient pas digne de parler au nom de « leur » chrétienté. Même les cathédrales ne sont rien d'autre que l'expression de la volonté devenue pierre de la communauté populaire.

L'histoire architecturale de tous les peuples civilisés nous enseigne que l'architecture, en tant que forme d'expression d'un peuple créateur de valeurs, a été négligée ou même s'est éteinte lorsque la communauté elle-même a dégénéré et a disparu de l'Histoire. En vérité, nous avons nous-mêmes vécu le chaos architectural quand la communauté populaire s'est déchirée. Impuissante et sans vitalité, elle a donc assisté sans y prendre part à la tentative faite par des éléments allogènes de monopoliser la forme d'expression artistique pour en faire un moyen égoïste de gagner de l'argent.

Mais l'art ne peut provenir que de la communauté et d'un style de création qui embrasse l'univers. C'est pourquoi l'architecture est aussi le reflet d'un peuple homogène, de la communauté populaire.

SS-Ustuf. V. J. Schuster

Cahier de la SS n°2. 1938.

Remarques sur le style

Deux hommes se trouvaient devant l'un de nos nouveaux bâtiments et s'entretenaient d'un air pensif sur les valeurs culturelles de notre nouveau style. Ils se demandaient si on pouvait réellement le qualifier de *style allemand* conforme à la nature de notre peuple et y trouvant des racines profondes.

C'étaient deux critiques.

Le critique a l'habitude de regarder le monde de façon ouverte et avec un avis sûr. Mais des jugements portés du premier coup d'œil ne peuvent être que des préjugés, ce que le critique superficiel contestera résolument. Néanmoins, il n'existe pratiquement pas de domaines dans l'art et dans l'histoire qui n'aient pas encore été jugés par les critiques. Jusqu'à maintenant, encore aucun critique n'a déploré le fait qu'il y ait plus de critiques que d'artistes. À cela s'ajoute le fait que c'est précisément l'artiste créateur qui demande au critique d'émettre un jugement. Car c'est un fait que par son activité, le critique encourage l'œuvre.

Nous ne disons pas qu'il faut accepter sans mot dire tous les arguments explicatifs qui sont avancés. Il est indubitablement beaucoup plus difficile de créer une œuvre que de la critiquer. L'art nécessitant du temps, il est tragique que la critique n'en ait jamais.

Au pays de la « critique classique », à Paris, les critiques d'art se permettent de rendre visite aux peintres dans leur atelier pour contempler l'œuvre qu'ils se proposent ensuite d'exposer dans les salons. L'artiste objectera en vain qu'elle n'est pas totalement achevée. Le critique le rassure ; il s'en satisfait et cherche à exprimer de façon rationnelle ce qu'elle évoque déjà. Son opinion est déjà faite lorsqu'il descend l'escalier, même si le peintre travaille derrière son chevalet encore durant trois semaines.

Ci-dessus, rosace de la Cathédrale de Strasbourg.

Nef centrale du cloître de Chorin.

La chancellerie à Berlin. Quand l'art sacré et l'art profane se rejoignent dans la même aspiration à l'élévation.

    Que l'on ne vienne pas dire que cet exemple est excessif. Les deux hommes se trouvant devant le nouveau bâtiment en font autant lorsque après un jour d'analyse, ils ne parviennent pas à définir que le style est allemand. Leur jugement ne s'est en rien amélioré lorsqu'ils nous le soumettent après trois mois d'une more réflexion.

    Le baroque a régné il y a deux cents ans et nous l'avons ressenti comme étant un style. Les connaisseurs d'art parlent de bâtiments baroques sacrés et profanes, de meubles baroques, de vases, de sculptures en bois, de vaisselles et de chenets de cheminées baroques. Il est impensable qu'à l'époque, un orfèvre se soit mis à sa table de travail avec l'intention de travailler une coupe à fruits dans le style baroque. Il n'avait pas non plus conscience de s'asseoir sur une chaise baroque. Mais le spécialiste qui prend en main aujourd'hui cette coupe à fruits la datera de l'époque baroque.

Le style exprime l'attitude spirituelle d'un peuple à une époque déterminée de son histoire. Nous ne sommes qu'au début de *notre* nouvelle époque et nous devons laisser aux générations futures la possibilité d'apprécier les biens culturels que nous avons créés. Le national-socialisme ne serait pas une conception du monde s'il croyait avoir atteint son objectif en ayant pris le pouvoir. Notre mission est de lutter pour tous les hommes et d'éduquer un peuple qui n'a plus besoin de ligne idéologique pour la simple raison qu'il a intériorisé la conception du monde nationale-socialiste. Pour peu qu'ils s'expriment de façon artistique, ces hommes créeront des valeurs typiquement allemandes et personnelles parce que telle est leur nature et que c'est là précisément leur style.

Nous trouvons partout les traces d'un style qui l'ont rattaché à une autre époque culturelle. On ne peut donc pas parler d'influence notable quand de géniaux maîtres d'œuvre le personnalisent et l'influencent. Il est donc impossible de juger un style architectural seulement sur ses valeurs créatrices sans prendre en considération les forces qui en sont à l'origine. Car l'histoire des peuples nous le prouve de façon visible : les grandes époques de l'architecture coïncident avec le niveau d'évolution des peuples. Les peuples en voie de *dégénérescence* ne nous ont laissé aucun style. Ce qui exprime leur grandeur, ce sont les résultats de leurs ancêtres dont ils éparpillent l'héritage.

L'histoire artistique est indissolublement liée à l'histoire mondiale, l'architecture à l'essor puissant d'un peuple. Durant l'Antiquité, les valeurs guerrières déterminaient le destin et l'avenir d'une communauté populaire. Nous ne connaissons aucun peuple qui nous ait laissé un style architectural classique et qui a joué un rôle secondaire sur les champs de bataille. C'est la meilleure preuve que des peuples de soldats ne sont aucunement hostiles à la culture, mais apparaissent plutôt dans l'histoire comme des éléments de civilisation.

Le style est aussi un bien dont nos ancêtres nous transmettent la gestion. Et nous laisserons un style architectural à nos descendants. Nous devons donc éduquer la jeunesse dans l'esprit de susciter un nouveau style. Elle en prendra soin parce qu'il représentera pour elle un signe de son union avec son peuple durant toute l'Histoire.

Les voitures circulent bruyamment dans les villes d'Allemagne. Les treuils grincent et raclent la pierre. Des bâtiments s'élèvent, dont l'utilité et la dimension ne sont pas seulement dictées par les exigences du moment mais qui doivent témoigner aux générations futures de notre volonté de créer des valeurs durables, même si nous ne pouvions pas profiter de leurs fruits. Plus tard, on ne devra pas pouvoir nous reprocher d'avoir été animés des meilleures *intentions* mais de n'avoir jamais pu les réaliser. La postérité est impitoyable et n'admet que ce qui *perdure*. Donner de bons conseils ne signifie rien d'autre que rendre les descendants responsables de nos péchés par omission.

Nous savons aujourd'hui même ce que cela signifie. L'architecture n'est pas épargnée. De grandes artères sont la preuve de ce que les maîtres d'œuvre concevaient lorsqu'ils ne s'efforçaient que de satisfaire le goût de *l'individu* et construisaient ces maisons individuelles. On n'essayait pas de s'imposer aux autres, mais plutôt de se *surprendre*. C'est la seule chose qui peut expliquer les alignements de maisons construits lors des tristes années où a été fondé l'Empire. Dominé par l'éphémère, on faisait primer la « touche personnelle » et l'on évitait curieusement tout ce que nous nommons aujourd'hui style. On était plutôt « moderne », on « marchait avec son temps » et l'on s'imaginait innocemment que la génération suivante suivrait également cet esprit.

À présent, cette génération détruit à coups de pioche le stuc et le plâtre sans âme, et personne ne ressent cela comme un manque de respect à l'égard de nos ancêtres. Nous avons besoin d'espace pour ces tâches que l'histoire nous confie. Ce qui a de la valeur, parce que nous le *ressentons* comme tel, nous le conservons à titre d'élément du patrimoine culturel avec lequel nous nous trouvons en relation sentimentale et idéologique. Et c'est pourquoi l'homme qui insuffle à notre peuple cette conscience d'une identité nationale est aussi notre premier maître d'œuvre.

V.J. Sch.

« D'ESTOC ET DE TAILLE », DE GUNTHER D'ALQUEN, 1937.

L'HOMOSEXUALITÉ ET L'ART

Il n'est pas nécessaire de démontrer que l'homosexualité a joué un rôle important dans la vie artistique allemande de la décennie passée. Pour ceux qui l'ignoreraient, il suffit de dire qu'il existait des scènes de théâtre où plus de 50 % des artistes revendiquaient le « droit de mener cette existence singulière ». En revanche, c'est le silence total sur les femmes. Malheureusement ce n'étaient pas des cas isolés.

Pour le national-socialisme, les manifestations de la vie ne sont pas considérées comme une problématique comportant ses lois. Tout « problème » du passé entre dans le champ de la décision politique par les rapports organiques qu'il entretient avec la communauté. Le national-socialisme a rendu à la politique son sens originel ; ce n'est donc pas une œuvre restreinte en soi qui peut côtoyer d'autres valeurs égales ou supérieures. On doit en tirer la conclusion dans tous les domaines de la vie que seules ses valeurs font l'objet d'une réalisation politique. Toute autre échelle de valeur ne peut logiquement conduire qu'à la notion.de libéralisme, c'est-à-dire qu'elle aboutit à la reconnaissance du caractère anarchiste.

Notre politique actuelle s'appuie clairement sur ces constatations fondamentales et l'art y trouve sa juste place. Quand aujourd'hui la meute d'écrivains émigrés fulmine contre la prétendue « violation politique de l'art » en Allemagne, ces hurlements démontrent aux plus durs d'oreille quelle est l'importance de la nouvelle orientation nationale-socialiste.

Il n'y a plus lieu de se plaindre que l'intervention policière menace l'existence de l'art. En revanche, la destruction d'un principe artistique de signification internationale fera toujours beaucoup plus de bruit. Nous ne calmerons sûrement pas l'hystérie des combattants de barricades littéraires du Kurfürstendamm, mais en revanche, ils nous montrent que nous suivons la bonne voie.

Les constatations de base de la politique culturelle nationale-socialiste sont simples. Elles ont cette simplicité atemporelle propre à toutes les exigences du national-socialisme. Elles ont ramené l'art à un processus créateur et replacent les artistes dans la légitimité de l'ordre divin qui, seule, concrétise le sens de la vie, la conserve et la transmet dans l'avenir.

Vu ainsi, l'art retrouve dans notre peuple ce qui lui a procuré son dynamisme à toutes les époques et au sein de tous les peuples, c'est-à-dire la polarité naturelle, donc divine de la création.

Si le national-socialisme affirmait avoir découvert cette loi fondamentale, il nierait les créations éternelles des générations passées. Non, elles lui ont transmis directement cette loi indestructible. Mais il peut revendiquer à juste titre le fait d'y avoir découvert une détermination artistique- on pourrait presque dire : systématique. Et grâce à celle-ci, il peut se targuer d'avoir procédé à une interprétation unilatérale de toutes les créations artistiques et d'avoir défini leur unique échelle de valeur.

Ainsi, la notion éternelle de liberté de l'art a été trouvée par le national-socialisme. Car notre conception artistique a définitivement libéré l'art. Elle a triomphé du concept d'individualité.

Les générations suivantes jugeront ce que cet événement signifie pour la création artistique.

Un art est régi par la loi originelle de création, mais cette impulsion ne doit pas être freinée en se limitant à une forme ou une valorisation individuelles. Elle ne doit pas non plus être isolée d'un domaine de réalisation artistique authentique, ni de l'aire de la communauté nationale, donc de l'ordre divin, du fait de l'instabilité d'une volonté individuelle représentant aussi bien le goût du temps qu'un caractère solitaire. Un tel art exprime de façon inconditionnelle la personnalité propre de l'artiste dans la création de valeurs éternelles les plus pures. Car l'« ego » de l'artiste se traduit par l'expérience significative (pas exceptionnelle et transitoire) de la polarité créatrice masculin-féminin dans l'interprétation de l'ordre divin, et cette expérience fondamentale devient le point de départ de toute création communautaire dépassant l'individu.

Ainsi l'art a été purifié des impulsions instinctives pures, d'une problématique érotique parfaitement stérile, de toutes les idéologies d'autosatisfaction et d'auto-délivrance. Il se fonde résolument dans l'expérience amoureuse qui n'est pas un but en soi mais appréhende l'ordre divin grâce à ses forces de création et de protection de la vie.

L'homme n'est pas violenté par un tel art, ni par une idéologie hostile à la vie ou par des formes instinctives et anarchiques. Il se trouve libéré parce qu'il prend ce qu'est l'accomplissement de sa destinée dans sa grandeur divine.

Seul ce qui a un sens parle la langue de l'éternité. L'incohérence représente une source de troubles causée par toutes les forces asociales et destructrices. Le Führer a défini les fondements de l'art en disant que la santé est le seul terrain pouvant produire un art véritable.

La santé nationale est la seule garante de la vie du peuple. C'est l'objectif de l'hygiène et de la politique raciales nationales-socialistes. Elle-seule peut assurer la survie du peuple à travers toutes les vissicitudes de l'Histoire. Tel est le sens profond de la politique de défense allemande. Les principes vitaux sont servis par l'économie et l'industrie, et non par des buts égoïstes. Tel est l'héritage dont chaque jeune génération est responsable et qui représente la plus grande richesse nationale issue du passé.

L'art allemand se trouve immuablement inscrit dans ce programme qui est créateur de culture allemande.

Car il n'a un sens que s'il est le reflet d'une époque dont l'objectif a fait éclater tous les obstacles temporels des anciennes factions politiques ; mais il n'est toléré que s'il a perçu et réalisé dans ses créations la grandeur de cet objectif et s'il sert un ordre mondial éternel par son principe moral. Le sens de l'art, le sens de la création culturelle dans le nouveau Reich expriment la volonté de modeler cet avenir. Il s'est donc transformé en un rejet historique de l'individualisme, du libéralisme et de l'internationalisme, en un rejet total de toutes les idéologies hostiles à la vie.

Le lecteur superficiel attiré par le titre de l'article, aura vu avec un certain étonnement que jusqu'ici on n'a parlé que de l'art, et pas du tout de l'homosexualité, alors que c'en était le thème.

Mais à présent, c'est nous qui sommes gênés de critiquer pour critiquer mais nous nous arrogeons ce droit car nous considérons que cela permet d'écarter tout ce qui peut entraver notre volonté et notre créativité. Nous voulons définir ce que signifient pour nous l'art et la culture. Nous combattons ainsi les forces dissolvantes en partant du point de vue que la connaissance du vrai permet de mieux détruire le mensonge.

Le lecteur agacé et lassé parce qu'il a déjà compris qu'un tel art ne peut rien produire de pathologique ou d'anormal, est notre meilleur ami. Il faut, cependant, rajouter une chose. De même que l'on peut aborder la question de l'homosexualité sous l'angle criminel mais avant tout sous l'angle politique, de même la question de l'homosexualité et de l'art constitue pour nous un problème clair.

Elle comprend deux aspects dont-on tire la même conclusion.

Lorsqu'on considère l'évolution de l'art du XIXème et XXème siècles, nous pouvons dire que la progression des homosexuels dans le domaine de l'art et de la création artistique appartient assurément au chapitre de la question juive.

Après la mainmise des Juifs sur le domaine de la culture allemande, on fit aussi de la propagande en faveur des homosexuels. C'est un instrument très profitable dans le cadre de cette action, car pour autant qu'il comprenne des gens doués, il représente un caractère asocial ; au même titre que le Juif dans le domaine de la culture allemande.

Jamais l'homosexuel ne peut être un créateur ou véhiculer un art issu d'aptitudes créatrices car il manque à ces gens d'une autre espèce l'expérience créatrice d'une nature biologique pure. Un homosexuel est ainsi exclu des lois éternelles de la vie. Ce n'est donc pas un hasard que le principe de « l'art pour l'art » (en français dans le texte) et son esthétique deviennent le domaine des homosexuels. Ce n'est pas non plus par hasard que le dégénéré adopte logiquement l'idéologie juive de destruction de la vie, le bolchevisme ; plus d'un émigrant actuel en étant le témoignage vivant.

Nous constatons que la gestion de l'art faite par des homosexuels ne peut aboutir qu'à un strict refus de la communauté de vie naturelle.

Mais ces constatations sont purement politiques dans leurs effets car elles révèlent des conséquences qui vont à l'encontre de la communauté de par les bases de cet « art ». Pour notre sensibilité saine, il n'existe malheureusement aucun degré dans le concept d'hostilité à l'État ; tous ceux qui ont l'intention de s'exprimer dans ce domaine doivent s'accommoder des faits. L'ordre divin de la nature immuable procède avec la même rigueur et nous ne nous permettons pas de juger le Créateur et Ses lois.

C'est justement parce que nous considérons l'art comme un dépassement du réel et l'expression d'idéaux atemporels que nous devons rejeter énergiquement des œuvres d'êtres humains incapables de s'adapter aux lois de la vie et qui veulent pourtant violer celle du peuple à titre de critiques ou de créateurs. Ils produiront le même processus de dégénérescence que les résultats des artistes bolchevistes juifs dont les œuvres sont devenues les éléments formels et thématiques de la décomposition.

L'autre aspect du problème est typiquement individualiste. Provenant de l'esprit d'indépendance de l'individu, il se manifeste dans le domaine de l'homosexualité comme une reconnaissance inconditionnelle de la nature différente.

On peut dire tout simplement qu'il s'agit d'un crime de l'individualisme intellectuel qui, par ses conceptions fondamentales de l'homosexualité, a produit la meilleure incitation dans ce sens. Car de la revendication au droit à une individualité sans entraves, le chemin n'est pas loin qui mène à « être différent ». Il n'est donc pas difficile de comprendre l'instauration de la notion de « l'homme artiste », qui représente la somme des spécialisations individualistes. Aux « hommes collectifs », à la masse qui est « caractéristique » dans sa légitimité, s'oppose l'artiste qui doit être différent pour pouvoir véritablement créer. On constatera que beaucoup d'artistes allemands adoptent ce type de discours cynique de maîtres artistiques :

« Êtes-vous juif, homosexuel ou viennois (c'est-à-dire une variété spéciale d'artistes juifs) ? Alors, que venez-vous faire au théâtre daitsche ? (Note de l'auteur, déformation yiddish de deutsch).

Nos affirmations idéologiques se trouvent donc être démontrées. L'être différent, au niveau racial comme au travers des dispositions sexuelles, devient le point de départ du fait artistique. L'odeur forte des animaux étranges composant le bestiaire de la production artistique judéo-bolchévique est suffisante pour attirer la curiosité de la masse.

Le concept de différence se relie à la notion d'artiste pour finalement s'en détacher. Les instincts primitifs des directeurs de foires, qui montrent des nains bossus et une femme à barbe, avaient été complètement libérés dans le domaine de la création artistique. En conséquence, les attractions devaient se renouveler pour maintenir un chiffre d'affaires positif. Car cet artéfact étranger à tout sentiment populaire.

Ce qui est hostile à la communauté, donc asocial, devint l'archétype ! La bolchévisation des concepts culminait dans la notion de « troisième sexe ».

Mais cette conséquence directe comporte une deuxième inversion non moins dangereuse. L'existence de la femme ne pouvait pas être totalement désavouée dans le cadre de cette ligne « politico-culturelle ». Rappeler que l'homosexuel est étranger à la femme dont, par nature, il ne saisit pas l'essence, nous permet de comprendre l'émergence d'un nouveau type féminin et son affirmation. Ce n'est pas seulement la « lesbienne » qui correspond au goût homosexuel, mais aussi toutes ces natures féminines qui sont fondamentalement incapables de suivre leur vocation authentique. Ne nous intéressons pas à cette catégorie ; nous avons une conception claire et nette de la femme par le national-socialisme. Sans manifester une étroitesse d'esprit et une pruderie, nous devons faire abstraction dans ce chapitre de la masculinisation de la femme telle qu'elle s'est produite lors des années passées. Car la notion de la camaraderie entre l'homme et la femme devient évidente si entre ces deux êtres, un enfant symbolise l'ultime abnégation en amour, en devoir et en sacrifice.

Les destins humains sont donc tragiques quand ils ne peuvent ou ne veulent pas se rencontrer en ayant le désir de fonder une vie naturelle ; lorsque cette grande expérience est refusée au couple.

Le droit à l'existence que possède la communauté historique de notre peuple exige la mise à l'écart de tous les éléments qui troublent cette communauté. Telle est la politique d'hygiène.

Cette loi fondamentale n'épargne aucun domaine.

L'art non plus !

V. SCIENCES NATURELLES ET PHYSIQUES

CAHIER DE LA SS N°8. 1939.

LES LOIS ÉTERNELLES DE LA VIE

Comme l'a dit le Führer, « le national-socialisme enseigne de façon rigoureuse la réalité des connaissances scientifiques les plus précises et les exprime clairement ». Notre piété s'incline inconditionnellement devant la grandeur des lois divines de la vie. Nous n'avons qu'une prière : Accomplir courageusement les devoirs qui en découlent.

Le national-socialisme tire sa vérité de l'observation du monde. C'est donc une véritable philosophie. Mais posséder une philosophie signifie aussi avoir un comportement envers la vie et les valeurs de la vie qui soit en harmonie avec la vision que l'on a du monde. Chaque être humain voit le monde à travers *ses propres* yeux et il vit le monde au rythme de *son propre* sang. La vision du monde est donc toujours spécifique à chaque peuple.

Comment voyons-nous le monde, nous autres Allemands ?

Quand un Allemand se promène dans les champs par une belle journée d'été ou une blanche nuit d'hiver, il contemple avec respect la beauté du monde : la clarté du ciel bleu et du Soleil, ou la légion des étoiles éternellement scintillantes, la sombre course des nuages, autour de lui les moissons mûrissantes et les vastes prairies d'herbes et de fleurs, le lac resplendissant, la douce chute des flocons de neige. Et quand il entend, durant les nuits d'automne, le tambourinement de la pluie, les forêts dans les tempêtes, le combat des dunes contre les vagues le long de la mer, il comprend alors que le monde est un lieu de beauté, en même temps que l'immense champ de bataille de l'éternel combat.

L'homme fort prend le monde comme il est.

Jamais ne naîtrait dans le cœur d'un Allemand la pensée que la Terre ne serait qu'une « vallée de larmes ». La divine force de création dans ce monde est, d'après notre croyance, trop noble et trop riche pour avoir créé une « vallée de larmes ».

L'Allemand se promenant au printemps dans les sentiers fleuris et qui entend le doux chant d'un oiseau niché dans la ramure où cinq petits vont suivre leur destinée, ne pourrait jamais imaginer que ces oisillons seraient éclos avec la malédiction du péché originel. Mais en écoutant le beau chant de l'oiseau, il ressent la joie de la nature qui proclame que la procréation et la naissance sont applications de lois divines. Dans notre peuple, une mère n'obéit-elle pas, elle aussi, à une loi divine quand elle donne des enfants à la nation ? Jamais des parents ne pourraient croire que le bonheur paternel ou maternel soit entaché de la malédiction du péché originel. Jamais des enfants ne sont venus au monde ainsi souillés !

Les choses de la vie naissent de la procréation et de l'enfantement et s'en vont avec la mort. Quand les feuilles tombent en automne, quand le vieil arbre s'abat sous le vent, c'est le destin. La mort de l'être vivant n'est cependant pas la « rançon du péché ».

L'observation du monde nous fournit donc la certitude que l'environnement dans lequel nous vivons n'est pas une vallée de larmes, c'est la terre de notre patrie. La procréation et la naissance ne sont ni péché ni faute, mais accomplissement de la volonté divine. La mort n'est pas la conséquence du péché, mais loi de la vie, nécessité et destin. Le Führer a dit un jour :

« En tête de notre programme ne se trouve pas d'intuition mystérieuse mais le savoir lucide. Il y a eu des époques où l'obscurité était la condition nécessaire de l'efficacité de certaines doctrines ; nous vivons aujourd'hui à une époque où la lumière est le fondement de la réussite de nos affaires. »

La lumière de la science éclaire donc les vérités éternelles de l'idéologie nationale-socialiste. C'est l'aboutissement du combat mené pour la science ainsi que l'affirmation de notre nature spécifique.

Lutter pour la connaissance, pour la lumière et la vérité a toujours été considéré par le monde des obscurantistes comme une hérésie. C'est ainsi que la connaissance et le respect des lois de l'univers a souffert de la malédiction des prêtres et que, encore aujourd'hui, l'anathème de l'Église ne les épargne pas.

Giordano Bruno fut brûlé vif comme hérétique pour avoir proclamé avec une passion héroïque, totalement dans l'esprit de notre foi : « Nous cherchons Dieu dans la loi inaltérable et inflexible de la nature, dans l'harmonie respectueuse d'une âme se soumettant à cette loi. Nous Le cherchons dans un rayon de Soleil, dans la beauté des choses issues du sein de notre mère la terre, dans le vrai reflet de Sa création, dans la contemplation des innombrables étoiles scintillant dans le ciel immense... »

Dès le début, l'âme allemande a appréhendé Dieu directement : respectueuse et pieuse, cette âme se complaisait dans la loi de la terre, dans le bruissement des forêts, le grondement des mers et des orages, la contemplation du ciel étoilé. C'est ce respect qui l'incitait à suivre les lois naturelles. Respecter celles-ci, c'était affirmer Dieu. Les transgresser, c'était s'éloigner du divin.

Nous savons aujourd'hui à nouveau que la loi du monde est aussi celle de notre vie d'homme. Comme la Terre reste dans l'orbite du Soleil, de même, nous les hommes, nous devons rester fidèles aux lois de la vie. De même que nos ancêtres possédant le merveilleux instinct de notre race vivaient à l'unisson avec les lois de la nature, de même pouvons-nous, enrichis par l'expérience et la science, mettre consciemment notre vie en accord avec les lois du monde.

Le respect de la vie constitue toujours le fondement d'une foi vivace et d'une véritable piété. Celui à qui le monde apparaît comme divin parce que créé par Dieu, celui-là ne perdra jamais son respect de la vie et de ses lois. La séparation de Dieu et du monde provient d'une façon de penser étrangère. Nier le caractère divin de la nature, c'est mépriser le monde et la vie sur Terre. Alors que l'homme primitif, conscient d'être détenteur de vie divine, se respecte lui-même ainsi que la vie, l'homme qui ne se représente Dieu que dans l'au-delà, ne connaît ni véritable respect pour sa propre personne, ni respect pour ce qui pousse et fleurit sur la Terre. Il ne respecte que ce qu'il imagine être au-dessus du monde et de lui-même, que par le détour du sentiment d'être une créature, c'est-à-dire une création de Dieu.

Nous voyons le paradis dans la beauté de la Terre mille fois bénie et sacrée. À l'aube de l'année, des millions de fleurs, l'or frémissant des champs d'épis, l'éclat de la neige et la pureté des flocons à Noël, la naissance de la vie dans le sein maternel, sont pour nous une manifestation du ciel.

C'est là que s'applique la parole de Rosenberg : « Si l'on considère cette grande vénération comme impie et athée, on peut répliquer à cette affirmation sans fondement que si, en effet, on enseigne l'existence d'un Créateur et qu'on Le célèbre dans des cantiques et des prières, on ne peut ensuite considérer le respect et l'application de Ses lois comme sacrilèges et leur transgression comme un devoir sacré. »

L'examen de l'histoire de tous les peuples de la Terre nous apprend que tout peuple a le destin qu'il mérite. Depuis que, par la volonté de la vie, les peuples sont nés, ils sont responsables de leur destin. On constate donc la justesse de l'adage suivant : Il n'y a pas de Dieu qui décide du droit et de l'injustice dans l'Histoire : les peuples sont maîtres d'eux-mêmes.

La fin d'un peuple est la conclusion naturelle de sa transgression insouciante des lois naturelles. Seule l'acceptation respectueuse et l'observation consciente des lois divines de l'existence assurent la pérennité d'un peuple. La vie éternelle de notre peuple constitue l'objectif de nos travaux et de tous nos combats. En effet, la « victoire de la vie est la raison d'être de l'univers ».

Partout où nous constatons la présence de la vie, nous reconnaissons la volonté de maintenir et de conserver l'essence de l'espèce. « La loi sacrée de chaque être est de sauvegarder et défendre son caractère propre » (H. St. Chamberlain). Chaque organisme lutte donc pour sa vie et le monde devient un lieu de combats perpétuels. La lutte est le moyen utilisé par la nature afin d'entretenir une vie vigoureuse. Il assure au monde sa « Grande Santé », car ce qui ne peut vaincre doit nécessairement périr.

« Aux regards initiés, toute chose indique la trace d'un dieu ».
Schiller

La « maison de la nature » à Salzbourg avait pour tâche de permettre d'acquérir et de développer une meilleure connaissance de la nature, que l'on qualifierait aujourd'hui d'« écologiste ». On y étudiait la naissance et l'essence du milieu naturel sous ses multiples formes, les interactions dans la vie de l'homme, sa position dans la nature et aussi par rapport à elle.

La nature est l'éternel précepteur des peuples, enseignant sans cesse le caractère éphémère de l'individu mais aussi la pérennité du groupe et l'éternité des rapports de la vie. Elle indique aussi comment assurer sa survie.

La nature est infiniment variée et se présente unique sous des millions d'aspects différents, mais chaque organisme et chaque événement de la nature impliquent des lois spécifiques. Elles sont nécessaires car sans cette légitimité, la nature ne serait pas structurée. L'ordre fait partie de l'essence de la vie. Il est du devoir des hommes de comprendre l'ordonnance de la nature et de reconnaître sa légitimité.

Le respect des Germains pour la vie a ressuscité par le truchement du national-socialisme. Luttant pour notre propre image du monde, nous avons pris conscience du fait que nous n'honorons Dieu qu'en respectant les lois éternelles qui, émanant de Sa volonté, régissent le monde.

SS-Hscha. Dr Schinke

Cahier de la SS N° 10. 1938.

Camarade à mon côté...

Quand on marche dans la neige on ressent – selon les individus – ou bien de la peine à marcher ou bien de la joie à contempler le merveilleux paysage hivernal.

Nous ne savons pas qu'il existe aussi une logique dans la structure de la neige. Mais lorsqu'on regarde des flocons de neige à un fort grossissement, on remarque à quel point la nature est une grande artiste.

Voici, camarade, quelques illustrations montrant la beauté avec laquelle les cristaux de neige sont ramifiés, digne d'un patron de broderie. La structure se décompose toujours en six parties. Dans toutes les illustrations on retrouve la rune Hagal, la rune du monde, le symbole de l'organisation du monde, la roue à six rayons. Ces cristaux sont si beaux qu'on pourrait les prendre comme modèles de dentelles, d'ornements, etc. Imaginez du fer forgé semblable à la première illustration. Et la deuxième image n'a-t-elle pas la forme d'une rose-la troisième n'est-elle pas constituée de six petits arbres de Noël ?

Pourquoi nous intéressons-nous à ces choses ?

Parce que toi, camarade, tu dois apprendre qu'un *ordre divin,* que nous pouvons également appeler *loi du monde,* régit même les plus petites choses naturelles – que nous jugeons aussi insignifiantes qu'un flocon de neige.

Chaque chose a sa règle. Chaque chose a sa loi qui détermine son essence, son existence, – comme toi ! Nous reconnaissons la grandeur de la création au travers de l'ordre, de la raison d'être et de la beauté de la nature qui nous environne.

SS-Standartenführer Dr J. Caesar

Cahier de la SS n°4.1938.

Notre connaissance moderne de la structure de l'univers

La science qui étudie la structure de l'univers est une branche de l'astronomie. C'est cette partie qui s'intéresse à l'organisation de la matière dans l'espace immense que nous nommons univers, à l'emplacement des étoiles, la grosseur et l'éloignement des corps célestes. Dans ce qui suit, on présentera sous une forme concise ce que nous connaissons actuellement de cette construction de l'univers.

Chacun sait que notre habitat étroit dans l'espace cosmique est le *système planétaire* se composant de corps centraux, le *Soleil,* et de neuf grosses planètes tournant autour de lui : *Mercure, Vénus, la Terre, Mars, Jupiter, Saturne, Uranus, Neptune et Pluton.*

La dernière, Pluton, fut supputée il y a peu dans des calculs théoriques effectués par les Américains et découverte effectivement grâce à eux. Mercure est la plus proche du Soleil, Pluton la plus éloignée des neuf planètes. Ces dernières ont des tailles qui sont très variables. Les petites planètes, Mercure jusqu'à Mars y compris tiendraient largement dans les grandes planètes Jupiter jusqu'à Neptune. Jupiter, par exemple, est plus de dix fois aussi grosse que la Terre, qui a un diamètre de presque 13 000 km.

Même s'il a rapetissé du fait de la technique et de la circulation, le globe terrestre est pour nous, hommes, déjà une figure énorme ;

cependant, il ne représente rien face au corps central de notre système, le Soleil. Son diamètre s'élève à 1,3 millions de kilomètres. On peut se le représenter si l'on pense que le corps céleste se trouvant le plus près de notre Terre, la Lune, est éloignée de celui-ci en moyenne de 384 500 kilomètres. Le Soleil est si grand que le système entier Terre-Lune tiendrait facilement en son sein. Lorsqu'on imagine la Terre avec la Lune transposées dans le Soleil, que le centre de la Terre coïncide avec celui du Soleil, la superficie de ce dernier dépasse largement l'orbite lunaire. La taille de notre système solaire lui-même est caractérisée par le fait que par exemple Neptune, l'avant-dernière des neuf planètes en partant du Soleil, se trouve en moyenne à 4,5 milliards de kilomètres de notre étoile centrale, alors que la Terre n'est distante en moyenne que de 149 millions de kilomètres du Soleil.

Si nous quittons le système solaire pour aller dans *l'espace,* la mesure en km adaptée à notre échelle humaine ne suffit déjà plus à définir l'environnement proche du Soleil. Si on voulait exprimer en kilomètres les dimensions présentes, cela créerait un handicap insurmontable empêchant la communication des informations astronomiques et scientifiques à cause du nombre des chiffres. Les astronomes ont donc pris une autre unité de mesure, l'année lumière. Comme on le sait, la lumière parcourt 300 000 km/sec. Une année-lumière signifie donc la distance parcourue en une année par la lumière à 300 000 km à la seconde. Exprimée en kilomètres, l'année lumière correspond à une distance de 9,4 billions de kilomètres. (Un billion est un million de fois un million).

L'étoile fixe la plus proche de notre Soleil est distante de quatre années-lumière ; sa fumière a besoin de quatre années pour parvenir jusqu'à nous. On peut concevoir une telle distance en faisant la comparaison suivante. Imaginons toutes les distances et les rapports de grandeur de l'univers si réduits que le diamètre du Soleil, qui en réalité s'élève à 1,3 millions de km, soit de *40 m* ; dans ce cas, cette étoile fixe serait encore plus éloignée du Soleil que la distance effective Terre-Lune, c'est-à-dire qu'elle serait encore plus distante de 380 000 km de lui. Et c'est la même chose pour les étoiles fixes les plus proches de nous !

Il en découle que les étoiles sont réparties de façon si clairsemées qu'il est pratiquement impossible pour le Soleil de heurter d'autres étoiles. Cela est confirmé par le fait que ce que nous désignons comme plus « proche » environnement du Soleil, c'est ce bout d'univers que la lumière parcourt depuis le Soleil en 70 ans de tous côtés, donc une boule d'un rayon de 70 années-lumière. *Dans cette énorme partie de l'espace ne se trouvent que deux-cents étoiles.* Si on imagine cela en taille réduite de telle sorte que les étoiles forment des têtes d'épingles, ces dernières seraient encore éloignées de 60 à 100 km l'une de l'autre en distance réelle. Les étoiles et toute la matière de l'espace sont si clairsemées qu'elles se répartissent en tant que têtes d'épingle sur des distances de 60 et 100 km. Il en résulte qu'un choc entre deux étoiles dans l'univers n'est que très rare ou même impossible.

La taille des étoiles, qui ne sont rien d'autre que des Soleils éloignés, d'énormes boules de matière à un état de température extrêmement élevé, varie beaucoup. Il y a des étoiles qui sont beaucoup plus petites que le Soleil et d'autres dans lesquelles entre tout le système Terre-Soleil et qui sont donc si grosses que leur superficie dépasse son orbite si l'on pouvait faire coïncider leur centre et celui du Soleil. En conséquence, les étoiles se divisent en *géantes* et en *naines*. Malgré cela, en comparaison avec notre espace de vie étroit, le système solaire, le Soleil constitue déjà quelque chose de géant. Il appartient cependant au groupe des *étoiles naines*. Dans l'univers règnent des dimensions totalement différentes de celles en cours dans le grand système planétaire déjà énorme par rapport à la Terre.

Notre système solaire et son environnement proche cité ci-dessus ne sont eux-mêmes qu'une petite partie d'un système stellaire plus grand, à savoir *la Voie lactée*. Elle se manifeste indirectement à nous par le biais de la lumière floconneuse et vaporeuse qui traverse le ciel durant les nuits claires. Cette bande est produite par un nombre quasi infini d'étoiles, donc de Soleils lumineux qui sont tellement éloignés que seul le plus grand télescope est capable de décomposer les nuages de la Voie lactée en une foule de points lumineux. Beaucoup d'étoiles sont regroupées dans l'espace autour d'une surface plane et se trouvent très éloignées l'une de l'autre, dont la lumière s'additionne à celle de la Voie lactée ainsi que nous la voyons à l'œil nu. On peut estimer le nombre total des étoiles de la Voie lactée – en ne faisant que des estimations car les dénombrements dépassent l'entendement humain- à dix milliards, en notant que ce chiffre est encore inférieur à la réalité. L'étendue de notre Voie lactée est de 60 000 années-lumière. La lumière a donc besoin de 60 000 ans pour atteindre l'autre bout.

Les frontières de notre propre Voie lactée ne constituent pas encore les limites pouvant être atteintes par la science moderne. En dehors de notre Voie lactée, il en existe bien d'autres qui se regroupent comme un nombre quasi infini d'étoiles. On nomme ce système extragalactique c'est-à-dire hors de la Voie lactée- une nébuleuse, quoique ce type de désignation ne corresponde pas à la véritable nature de cette image. Elle date encore de l'époque où l'on ne savait pas que ces images sont en réalité des *conglomérats d'étoiles*.

Jusqu'à maintenant, on connaît approximativement deux millions de « voies lactées ». Celle se trouvant la plus proche de nous est *la galaxie d'Andromède*, qui est distante d'un million d'années-lumière. Les nébuleuses extra-galactiques sont réparties de façon très disproportionnée dans l'univers. On ne sait pas encore si ces systèmes de voies lactées, ces îles de mondes, sont liés entre eux ou se disséminent au hasard dans l'espace. Ce qui est sûr, c'est que la nébuleuse est un conglomérat. La plus éloignée de ces nébuleuses qui représente à la fois la limite atteinte par l'esprit humain est distante de *180 millions d'années-lumière*. La lumière que nous percevons aujourd'hui est partie lorsque notre Terre était à l'apogée de l'ère des sauriens et que l'homme n'existait pas encore.

Tel est l'aspect de l'univers d'après ce qu'on en sait actuellement. Essayons encore de réduire à une échelle humaine pour concrétiser. Les dimensions sont tellement réduites que la distance Soleil-Terre qui, en réalité, s'élève à 149 millions de kilomètres est grande d'un millimètre. Le Soleil devrait avoir un diamètre d'$1/100$ de mm, notre Terre $1/10\,000$. Ils ne pourraient plus être vus à l'œil nu. Combien l'homme serait petit à cette échelle ! – Le système solaire, notre habitat, serait grand de six centimètres. L'étoile fixe la plus proche se trouverait à 260 m, les nuages de la Voie lactée entre 80 et 100 km (!). Le point le plus éloigné de notre propre Voie lactée serait à 13 000 km, c'est-à-dire se trouverait à l'autre bout de la Terre. La Voie lactée se trouvant tout près de nous, la galaxie citée plus haut se situerait à une distance de plus de 20 millions de km – et tout cela à une échelle où l'éloignement Soleil-Terre est de 1 mm.

Telles sont donc nos connaissances, aujourd'hui, relatives à la nature de l'univers et il ne fait aucun doute que des recherches futures révèleront des choses encore insoupçonnées.

Mais il ne nous reste qu'à nous incliner avec respect devant cette œuvre prodigieuse et son créateur.

Joseph Meurers

Cahier de la SS n°4. 1943.

Combat dans la nature

À part tous les autres cadeaux douteux offerts par l'asservissement presque bi-millénaire du Proche-Orient, l'homme nordique a aussi hérité de la représentation forcée d'un pays imaginaire lui faisant miroiter un monde nommé « paradis » n'ayant jamais existé et qui n'existera jamais.

La fadeur et le ramollissement sont les accords majeurs de cet ensemble d'idées sémitiques qui parle de l'amour, de l'indolence propre à la faiblesse de l'homme du Sud et qui fait côtoyer des lions féroces pleins de douceur et un âne patient.

De telles chimères sont l'expression d'un caractère étranger et décadent. Jamais l'intelligence saine et vive d'un Allemand n'aurait pu inventer une telle absurdité car il est encore trop proche de la nature, se tenant avec ses deux pieds sur terre dans le combat avec – et dans – la réalité brute. Nous vivons donc à une époque où nous faisons définitivement table rase de ces fardeaux étrangers qui entravent notre spiritualité aryenne et nous retrouvons la vérité issue de notre âme.

Sur cette Terre, tous les événements et toutes les forces de la nature reposent sur le pour et le contre. Chaque poussée rencontre une réaction opposée, toute évolution exige un déclin correspondant. La vie de l'un implique souvent la mort de l'autre. Il en fut toujours ainsi et il en sera toujours de même, du moins tant que la Terre portera la vie. Du fait de cette loi naturelle, chaque être vivant doit constamment lutter pour son existence, que ce soit une plante, un animal ou un homme. Ce combat peut varier beaucoup, de même que les armes d'attaque et de défense. On pourrait presque dire qu'il existe autant de méthodes de combat que de formes de vie et d'espèces. En outre, la lutte pour la vie d'une nature évoluée est plus dure que celle d'une simple cellule. Un homme de valeur a plus d'adversaires qu'un être insignifiant Il n'y a pas d'homme sans ennemi ; dans le cas contraire, c'est une nullité qui doit être mise à l'écart. En conséquence : plus un peuple est grand, plus nombreux sont ses envieux et donc ses ennemis.

Le combat naturel s'étend à toutes les phases de la vie. Le premier instant de la vie d'une créature constitue déjà une forme de lutte pour l'air et la nourriture. La recherche de nourriture se prolongera durant toute sa vie jusqu'à son dernier souffle. Mais suit encore toute une série d'autres combats qui s'expriment aussi bien par l'attaque que par la défense ; le combat contre l'environnement, contre les intempéries, la chaleur et le froid, contre la sécheresse et l'humidité, l'ombre et la lumière ou pour la lumière. À cela s'ajoute la lutte pour le partenaire sexuel, pour la reproduction, pour l'enfant, le foyer, l'espace vital et finalement contre l'ennemi personnel. Les formes de lutte peuvent être directes ou indirectes. Elles peuvent résider dans la force physique et dans la forme du corps, dans la couleur, la rapidité, le type de mouvement, l'endurance, la grandeur ou la petitesse, le nombre de descendants ou d'innombrables formes particulières, mais aussi dans les facultés spirituelles.

Dans le corps de chaque être vivant, qu'il soit amibe unicellulaire ou plante pluricellulaire, ou qu'il soit animal ou homme, s'effectue continuellement une assimilation de l'air ; du sol ou de l'alimentation qui est restituée sous forme de matière énergétique. En outre, chaque être vivant est soumis à un processus d'évolution constante. Il n'y a pas de temps mort. Il grandit dès sa naissance pour atteindre sa maturité ; mais il se transforme aussi continuellement, de façon rétrograde. Il dépérit, vieillit, une fonction s'éteint après l'autre pour finalement ne plus offrir aucun sol nourricier à la force motrice de la vie et s'éteindre.

Et ainsi, la communauté se transforme continuellement, comme l'individu. La seule grande différence réside dans le fait que la durée de vie de la communauté est beaucoup plus longue que celle de l'individu. Un peuple, par exemple, est capable de vivre des millénaires, même si ses membres, les concitoyens, ne vivent que le temps de leur brève existence. Mais comme ils sont constamment remplacés par de nouveaux venus, la stabilité et l'homogénéité populaire est garantie sur un laps de temps immense. La durée de vie d'une génération, d'une ethnie ou d'un peuple dépend en première ligne des circonstances internes et externes qui sont liées pour une bonne part aux principes vitaux. Un peuple clairement conscient du lien naturel humain, qui n'abuse pas excessivement de ses possibilités d'évolution civilisatrice, ne vieillit et ne s'affaiblit jamais. Mais par l'application exacte des lois de la nature, et donc du Sang et du Sol, il se renouvelle continuellement et est largement supérieur en valeur et en durée de vie au peuple qui ne remplit pas ces conditions préalables. En effet, cette règle nécessite un combat perpétuel revêtant de multiples formes. C'est avant tout celui pour la conservation de la race, pour le territoire et pour la survie.

La lutte pour la reproduction forme le point culminant du combat naturel. Elle existe également dans le monde des plantes. La magnificence des fleurs en est un élément. Une fleur surpasse une autre par la beauté de ses couleurs, sa forme bizarre ou son parfum pour provoquer la fécondation et ainsi assurer sa multiplication. La famille bigarrée des papillons, mais aussi d'innombrables autres insectes, accomplit cette tâche, certes involontairement mais par instinct naturel. Sous les tropiques ce sont aussi de nombreux oiseaux, notamment ces petites boules de plumes que sont les colibris, les oiseaux mouches aux couleurs superbes et beaucoup d'autres. Les mammifères aussi peuvent être des ambassadeurs entre les fleurs mâles et femelles.

Cependant, la plus belle forme de lutte amoureuse a lieu lors des époques de rut ou de parade où se livrent souvent des combats acharnés. Ils se déroulent aussi bien chez les mammifères que chez les oiseaux, les reptiles et même les insectes. Souvenons-nous, durant notre enfance des combats entre mâles lucanes et aussi des duels entre les cerfs.

Ce combat est l'expression la plus manifeste du puissant instinct de reproduction. Ceux qui l'ont entendu n'oublieront jamais le brame des cerfs retentissant dans la forêt d'automne enveloppée de brouillard. C'est un appel. Deux puissants guerriers se rencontrent et tout alentour résonnent les chocs des bois puissants. Deux vieux combattants pleins de force et d'expérience se mesurent dans un duel chevaleresque. La lutte reste longtemps indécise, la femelle se tenant à l'écart et suivant l'action virile de ses prétendants avec des sens aiguisés. Finalement, arrive l'issue du combat. Le vaincu se retire et abandonne au vainqueur l'accomplissement de son suprême devoir. Mais ce n'est pas encore tout car le naturel féminin existe aussi chez le gibier. Le combat pour la femelle est suivi du combat pour gagner sa docilité. La vie des animaux ressemble beaucoup à celle des êtres humains. Le comportement de la femelle mante religieuse après l'acte d'amour est déroutant mais toutefois plein de sens. C'est une cousine de notre sauterelle qui vit dans le Sud mais aussi dans quelques contrées plus chaudes de notre Empire. Après sa fécondation, elle assassine son mâle. Ayant suffisamment accompli son devoir de procréation et rempli son but, il est alors saisi par la femelle plus grosse et dévoré dans les règles. C'est un bon exemple montrant que la nature tend à la conservation de l'espèce et non à celle de l'individu.

La survie de l'espèce-dépend du taux d'accroissement. Plus le nombre des descendants est faible, plus l'existence de l'espèce est mise en péril. C'est pourquoi les espèces animales dont les jeunes vivent dans des conditions particulièrement dangereuses, procréent un grand nombre de descendants. Les poissons ne sont pas les seuls dont les femelles de nombreuses espèces pondent des centaines de milliers, même plus d'un million d'œufs. C'est une forme de défense face aux innombrables dangers qui menacent la progéniture dans l'eau. D'un autre côté, il existe des animaux comme le gypaète ou le gypaète barbu dont la période d'accouplement n'a lieu que tous les deux ans et ne donne qu'un oisillon. Chez une telle espèce, le danger de disparition est naturellement grand, notamment quand un autre péril surgit dans la vie de cet animal. Ce fut le cas pour le gypaète barbu, dont la survie fut menacée par les fusils à longue portée des hommes. La conséquence en fut que cet oiseau puissant disparut malheureusement de toutes les régions des Alpes il y a environ cinquante ans. L'homme a détruit toutes sortes d'animaux, non seulement pour des raisons de conservation ou d'utilisation, mais souvent par insouciance. Dans ces tristes cas, la lutte pour la vie a largement dépassé sa limite naturelle. Du reste, l'homme se trouve en permanence confronté à son environnement vivant et inanimé. Songeons seulement à la lutte contre les êtres nuisibles. Mais la prolifération des dits animaux nuisibles, que ce soient les souris, les rats ou les insectes de toutes espèces possibles, est presque dans tous les cas la conséquence d'une action humaine unilatérale. La plupart des insectes se multiplient et deviennent nuisibles précisément parce que l'homme cultive leurs plantes nutritives dans des champs clos de façon anti-naturelle. C'est la même chose pour les campagnols vivant dans des champs de céréales. Les souris des villes et les rats, au contraire, doivent leur surpopulation aux stocks alimentaires humains. Mais les rats ne sont pas seulement nuisibles à l'économie, ils transportent aussi des bactéries. La lutte de l'homme contre le monde vivant microscopique est tout simplement effrayant. Beaucoup de petits êtres invisibles à l'œil nu représentent un danger constant pour les plantes, les animaux et l'homme. En conséquence, de nombreux chercheurs s'occupent exclusivement de la lutte contre les bactéries pathogènes.

Ces quelques exemples nous montrent à quel point l'existence dépend du combat et qu'une vie sans lutte est absolument inconcevable.

Cahier de la SS n°8. 1944.

La forêt comme communauté de vie

Les peuples germaniques ont un amour fort et profond pour la forêt. Comme un souvenir de l'ancien cadre de vie forestier dans lequel vivaient leurs ancêtres, il résonne toujours dans les chants et les légendes, les mythes et les contes. L'homme nordique a un sens inné pour appréhender l'essence et la particularité de la nature et aussi pour comprendre de façon pure et directe le miracle de la vie qui se révèle à celui auquel il est donné de le percevoir. Nous voyons en elle un tout vivant, même si nous ne discernons pas chaque aspect particulier de l'harmonie avec ce grand hymne vital. Dans ses chants régionaux et traditionnels, l'homme nordique a toujours essayé de définir la façon dont il ressentait le mystère de la « forêt ». Qu'il parle des « forêts éternellement chantantes », raconte sa « patrie forestière » ou chante les « forêts et les lacs sacrés », « qui s'étendent au-delà des frontières des hauteurs calmes jusqu'à la mer verte », on perçoit constamment la même expression d'union caractéristique avec la nature. Nulle part l'homme nordique n'éprouve mieux le sacré que dans les forêts de sa patrie.

Une vive conscience de la nature de la forêt, de sa composition changeante et de sa structure locale imprègne celui qui quitte la plaine pour la montagne, ou monte des étendues basses de la terre vers les hauteurs. Le sol est généralement apte à nourrir une forêt. Deux facteurs particuliers concourent à la naissance de forêts dans des circonstances naturelles : la température et l'humidité. La chaleur et la pluviosité ont une influence sur la croissance et la vie d'une forêt. Lorsque la Terre vivait des périodes plus chaudes de son histoire, la forêt comptait un certain nombre d'espèces mais n'était pas dense. Elle ne le devint que lorsque l'âge de la pierre polie et celui du bronze, le temps évoluant, se rafraîchirent et s'humidifièrent, favorisant ainsi la naissance de la *forêt nordique*. Autrefois, il y avait des hêtres rouges et des charmes, dans les sites les plus élevés des sapins et des épicéas ; ils rendaient la forêt plus dense et plus impénétrable qu'auparavant La forêt nordique développe toute sa force et sa magnifique beauté sous un temps qui lui est favorable. C'est ainsi qu'elle fit son apparition sous notre ère.

Le sol de la forêt permet d'empêcher le ruissellement de l'eau de pluie, entretient et conserve la fertilité de ces régions dont elle forme les tapis de plantes naturelles. Par le sommet de sa couronne arborifère, la forêt recueille déjà la pluie afin qu'elle tombe de façon clairsemée, ne lave pas et n'envase pas le sol. La frondaison elle-même favorise la formation de rosée et de givre. Les tempêtes et le vent sont arrêtés par la forêt, leurs effets desséchants et bientôt préjudiciables pour le paysage sont réduits. Le sol forestier boit l'eau de la fonte des neiges, de la pluie et des autres précipitations comme une éponge et peut en recevoir une énorme quantité sans qu'elle s'écoule superficiellement. L'eau fluide peut aussi bien ruisseler que stagner sur la surface dure du sol de la forêt. Même en suspens, l'écoulement de l'eau dans la forêt est très fortement freiné. Le sol est constamment parcouru par des sources et des eaux souterraines dans le but de dispenser la vie et de permettre la croissance. Les couches supérieures du sol irriguées sont retenues largement et profondément par la forêt grâce aux racines de ses plantes. Agités par la tempête, les arbres bougent à la jonction du sol : ce dernier s'élève et s'abaisse sous l'effet du grand levier constitué par le tronc et les racines. C'est ainsi que la forêt effectue son « travail du sol » qui lui est propre.

La couche supérieure imprégnée de vie du sol forestier, que nous nommons la terre mère ou humus, est formée par le feuillage de la forêt tombant chaque année au sol. Ainsi la terre mère, la couche riche d'humus et vivante, est la source de vie du sol forestier. Lorsque le paysan transforme une parcelle de forêt en champ, comme c'était la règle lors des temps anciens dans les régions paysannes de l'Europe centrale, cet humus produit la récolte. Le paysan la considère comme son présent. En général, on renonce à transformer la forêt en champ et le paysan accomplit lui-même la fertilisation du sol autrefois obtenue par la forêt.

On oublie facilement que la grande majorité des sols d'Allemagne utilisés à des fins agricoles sont, à l'origine, d'anciens sols forestiers. Seules les terres noires ou de lœss sont des sols à céréales et non de type forestier. Mais sur tous les sols restants, la forêt produisit autrefois la terre mère et leur procura ainsi la vie et la fertilité. Le paysan a respecté cela et l'ensemble des êtres vivants jusqu'à aujourd'hui. Nous sommes donc également un peuple forestier !

Actuellement, la forêt est fortement repoussée hors de l'habitat des peuples nordiques, généralement sur ces superficies qui ne peuvent être rentabilisées que par l'économie forestière. À la fin du XIXème siècle, il était à peine question d'envisager la création d'un droit de la forêt permettant de conserver la caractéristique de son essence et de sa force dépendant du site. C'était un placement à faibles intérêts. Telle était la façon de penser à cette époque et l'on mettait fin d'un cœur léger à l'existence d'une forêt – souvent pour réinvestir le produit acquis dans d'autres opérations. De grands espaces de terres ont ainsi définitivement perdu leurs forêts, y compris leur fertilité et finalement aussi la possibilité de vie pour de vastes implantations humaines.

Ci-dessus, « La forêt », de Fr. Karl.

Ci-contre, « Escherndorf sur le Main », de Bodo Zimmermann.

« Printemps allemand », gravure de Hennemann.

La position profondément écologiste de l'Allemagne nationale-socialiste met tout en jeu pour permettre l'entretien d'une forêt saine. L'époque précédente considérait les mesures de création et de renouvellement des forêts uniquement dans le dessein de produire du bois, suivant ce que ces surfaces laissaient espérer, et ne prenait en compte que les avantages des investissements forestiers. Bien que la production de bois soit également indispensable à notre économie et notamment à l'économie de guerre, elle n'est cependant qu'une manifestation secondaire dans la vie de la forêt. Dans le système naturel, la forêt n'a pas seulement la tâche de procurer du bois à l'homme. Nous en avons bien plus besoin pour qu'elle nous permettre de développer et d'entretenir une vie riche et saine. Une forêt ne recouvrant que partiellement le pays remplit cet objectif sous nos latitudes. Il suffit d'un réseau étendu de superficies ayant des forêts bien réparties. Alors la forêt et sa richesse persistera, restera fertile et dense. Par un vaste ensemble de surfaces boisées, comme il y en a aujourd'hui dans l'aire d'Europe centrale, le pays possède aussi le caractère d'un paysage forestier et s'harmonise ainsi à la nature de l'homme nordique.

Cahier de la SS n°5. 1938.

Cycle éternel

Nous nous trouvons sur la rive d'un fleuve et regardons le jeu des tourbillons, nous réjouissant de voir le bleu du ciel se refléter dans l'eau. Nous sommes fiers que l'homme ait reconnu la grandeur de la nature, soit capable de conduire des navires sur le large dos des flots, que sa force anime des moulins. Songeons aux époques lointaines où nos ancêtres se tenaient sur la berge de ce fleuve dans lequel ils pêchaient et qu'ils remontaient avec leurs barques.

Durant des siècles, des millénaires, ce flot s'étire à travers sa vallée, emporte ici un bout de terre, là un autre, et change son visage presque de seconde en seconde.

Une rivière éternelle ? – Oui, pour autant que nous puissions parler d'une éternité, c'est une rivière éternelle. Elle déverse son eau en aval dans la mer et s'y perd. Mais cette dernière restitue l'eau dans l'air qui, saturé, monte de nouveau au-dessus des mers. On parle alors de nuages dans le ciel ! Ils emportent au-dessus de nous l'air plein d'eau et avancent loin dans les terres- produisant ainsi du brouillard.

Et puis, quelque part au-dessus de la terre, les nuages rencontrent des couches d'air plus froid, ou bien ils heurtent le sommet recouvert de neige des montagnes. Ils ne peuvent plus porter leur charge d'eau et l'abandonnent. Et il neige quand en hiver l'air est froid, ou il pleut en été.

L'eau qui s'est frayé un chemin des hauts sommets montagneux, d'abord sous forme d'un petit cours d'eau puis de ruisseaux, de rivières et de fleuves, et finalement de mer, est retournée à son point de départ.

C'est *l'un* des cycles de l'eau.

Un *autre* est plus modeste, pourtant tout aussi important.

Lorsqu'il pleut, la terre assoiffée boit avidement l'eau et l'emmagasine en son sein. Les plantes absorbent ce dont elles ont besoin pour vivre, et l'homme aussi par l'intermédiaire d'une source. Puis l'eau se diffuse dans le corps de l'animal, de l'homme ou de la plante. Elle apporte la substance nutritive aux feuilles de cette dernière puis s'évapore et retourne dans l'atmosphère, s'élève dans l'air chaud ou tombe en rosée.

Elle s'écoule sans cesse par tous les pores des animaux et des plantes et retourne à la terre. Nous ne pourrions pas vivre sans eau. Sans le cycle perpétuel de l'eau, il n'y aurait bientôt plus qu'un grand océan et des terres stériles, infertiles comme le Sahara ou d'autres contrées présentes partout dans le monde où il pleut si peu qu'aucun être vivant ne survivre.

Quand l'homme perturbe sottement cet ordre terrestre, il ne peut se produire que des catastrophes qui détruisent inévitablement toute vie. Celui qui déboise les montagnes dont les arbres retiennent l'eau ne doit pas s'étonner que les sources cessent de sourdre. La vie s'éteint parce que l'eau emporte la terre à laquelle la forêt autrefois offrait prise et laisse les rochers à nu. À l'époque de la fonte des neiges des inondations ravagent alors la plaine. La montagne a disparu du cycle de l'eau. Elle n'emmagasine plus, ne restitue plus lentement ; ce n'est plus qu'une zone de précipitation.

Donc, nous protégeons la forêt montagneuse parce que nous ne voulons pas suivre la voie que d'autres peuples ont suivie. Leur terre est devenue stérile, détruite du fait de l'intrusion stupide dans le cycle de la vie (de la nature).

Celui qui trouble inconsidérément l'ordre naturel périt par le pouvoir originel de la nature.

SS-Staf. Dr Caesar

Cahier de la SS n° 1. 1943.

Les limites de la vie

Il y a peu de temps encore, les bactéries étaient considérées comme les plus petits êtres vivants connus. Se composant d'une seule cellule, elles atteignent des tailles qui les rendent invisibles à l'œil nu. Seul l'univers du microscope nous donne un aperçu des processus vitaux de ces microorganismes. Les découvertes novatrices d'un Pasteur et d'un Robert Koch ont apporté la preuve qu'un nombre immense de ces petits êtres vivants sont à l'origine d'épidémies terribles et de maladies graves. Mais aujourd'hui, nous savons qu'il existe également de nombreuses bactéries utiles sans que leur existence détériore le processus nécessaire à la préservation de la vie.

D'après les derniers résultats des recherches, il semble exister parallèlement à ces bactéries des formes de vie encore bien plus petites. On en conclut donc qu'en fonction les grands succès de la recherche bactériologique, presque toutes les maladies des hommes, des animaux et des plantes sont dues à ces « microbes ». Cependant, dans de nombreux cas aucun résultat positif ne fut obtenu bien que le caractère contagieux de la maladie fut incontestable. Ainsi se renforçait toujours plus l'hypothèse que seule l'incroyable petitesse de ces êtres vivants mettait un frein à la recherche.

Depuis seulement quelques années, on a réussi à faire un peu le jour dans toute cette obscurité. La « maladie mosaïque » devint une maladie redoutée par les agriculteurs, du fait qu'elle attaque de nombreux végétaux comme la pomme de terre, la rave, la tomate, le tabac, etc. Outre l'énorme réduction du rendement, les feuilles des plantes attaquées sont colorées comme une mosaïque et couvertes de taches blanches et jaunes. Les pucerons se révélèrent être les véhicules de cette maladie. Suçant le microbe avec la sève des plantes, ils le transportent ainsi sur une autre plante saine. Le microbe de cette maladie demeure invisible. La science lui donna le nom de « virus ultravisible », ce qui signifie « poison au-delà des limites du visible ».

Entre-temps, en quelques dizaines d'années, la recherche virale est devenue une science très vaste. Aujourd'hui, on connaît plus de deux cents espèces de virus.

Mais c'est avant tout en connaissant la nature du microbe que le chercheur acquiert la possibilité de découvrir le moyen et les méthodes pour lutter contre son action destructrice agissant dans un organisme vivant. Ainsi la redoutable poliomyélite, la variole, la rage, la rougeole, la maladie des perroquets et beaucoup d'autres très graves sont causées par des espèces de virus, et le combat contre elles gagne chaque année du terrain.

Dans quelques cas, on parvint à percer le mystère de l'invisibilité des virus. Le chercheur allemand Paschen réussit à découvrir le microbe de la variole qui compte parmi l'un des plus grands de son espèce et atteint environ la taille de cent cinquante millionièmes de millimètre. Les bactéries nous semblent géantes, alors que jusqu'à présent elles nous paraissaient être les plus petites unités de vie connues et, pour ne citer qu'un exemple, le microbe de la tuberculose atteint 1,3 à 3,5 millièmes de millimètre. À titre de comparaison, la différence de tailles entre les virus et bactéries est la même que celle entre une puce et un éléphant.

Les espèces de virus parasitent seulement des cellules vivantes. Ils se multiplient énormément et détruisent certains tissus ou causent des enflures. Il est très difficile de mettre au point un sérum pour les maladies virales humaines. Ainsi, le traitement de la poliomyélite réussit grâce à un sérum extrait du sang humain qui a vaincu cette maladie et en conséquence détenait « l'anticorps » approprié.

La recherche virale n'a pas seulement mis à jour des considérations totalement nouvelles dans la lutte contre certaines maladies, elle se trouve surtout en passe d'élargir en profondeur notre vision de la nature de la vie. Un chercheur réussit même à conserver le microbe de la maladie monarque sous forme de cristaux. D'autres résultats démontrent que nous avons affaire chez plus d'une espèce de virus à des formes qui sont des milliers de fois plus petites que les bactéries. Les anciennes conceptions faisant de la cellule le plus petit élément constitutif du vivant sont donc périmées.

Comme pour bien d'autres choses, l'homme se trouve particulièrement embarrassé lorsqu'il se trouve sur le seuil qui mène de l'inanimé à l'animé. Passer de l'étude d'un amas des plus petites particules, des molécules, à celle de l'organisme en entier nous réserve de multiples surprises. Elle nous montre le métabolisme et le développement de formes de vie que nous, hommes, pouvons à peine soupçonner. L'esprit humain réussira bien à élargir et à approfondir sa découverte des mystères de la nature. Mais lorsqu'il parvient, grâce à sa compréhension de la vie, à surprendre l'une de ses lois éternelles, il n'en ressent que plus de respect pour la grandeur de la création.

Karl Weiß

Cahier de la SS n° 11A/B. 1941.

La vie dans le bourgeon

Un chapitre traitant du début du printemps

Chaque année, il serait impossible de prévoir l'arrivée du printemps en fonction du calendrier si celui-ci était aussi rare qu'une éclipse de Soleil ou l'apparition d'une grosse comète. Les hommes se réuniraient et s'émerveilleraient devant ce prodige !

N'est-ce pas un miracle ? À travers le blanc de la neige et le noir de la terre dégelée poussent des pointes vertes qui déploient vers la lumière des boutons de fleurs. De l'écorce inanimée des branches, des boules apparemment sans vie que nous appelons bourgeons pointent vers la lumière après de nombreux mois passés dans le calme hivernal sous la gelée rude et le vent glacé. De la verdure tendre et des feuilles variées pleines de fleurs s'épanouissent. Mais d'où vient cette verdure, où se forme-t-elle, comment peut-elle se développer aussi vite, d'où viennent les couleurs et – question difficile – comment l'arbre sait-il que l'hiver est terminé, alors que sévissent les giboulées de mars ?

Pour ceux qui sont cartésiens et qui ne réalisent pas parfaitement l'aspect, étonnant que présente ce processus, citons quelques chiffres tels qu'ils furent établis par nos scientifiques sur des cerisiers en fleurs. Un cerisier de taille moyenne possède sur ses branches environ 40 000 à 50 000 bourgeons, certains pour les fleurs et d'autres pour les feuilles.

Le cerisier fleurit avant que ne se développent les feuilles et nous pouvons donc compter environ 20 000 à 30 000 fleurs. Le temps de maturation du bourgeon dans sa capsule fermée jusqu'à la fleur resplendissante dure en moyenne de trois à quatre jours. Cela signifie, en durée de croissance, un segment d'environ 2 cm par jour, c'est-à-dire l'augmentation de milliards de cellules qui doivent en outre, lors de la croissance, se diviser en cellules de tige, en sépales, en pétales : étamines. Et même si ces cartésiens n'ont pas été convaincus par la blancheur splendide des ceriseraies en fleur, ils seront du moins admiratifs devant le nombre de ces fleurs nées en trois jours en trente mille endroits à la fois : ce sont presque 50 kilos, un demi-quintal de fleurs !

Comment l'arbre réalise-t-il cette performance ? La nature utilise pour les plantes les mêmes procédés que pour les animaux et les hommes, qui ont aussi leur répercussion dans le domaine spirituel – les procédés de sélection par la valeur et l'évolution. Les bourgeons que l'arbre crée de façon lente et minutieuse déjà durant l'été précédent ne sont pas des boules mortes mais un assemblage de cellules qui n'ont d'abord aucun but mais qui se structurent conformément à la nature de l'essence mère. C'est cet ensemble minuscule qui constitue le bourgeon. Au printemps, une loi naturelle fait monter la sève dans tous les bourgeons qui vivent alors leur développement : les cellules se multiplient grâce à la sève nourricière emmagasinée qui afflue.

La plante a donc surmonté la période difficile de notre climat par l'hibernation des bourgeons, mais n'a rien perdu durant l'hiver de sa force et de sa vitalité. Cela nous enseigne également que nous devons souvent « mettre au repos » nos désirs et notre besoin d'action afin qu'ils puissent s'épanouir avec force lors d'époques plus favorables.

Cahier de la SS n° 1. 1944.

La terre recèle les forces de salut et de mort

Les paysans des petits villages de l'Alb en Souabe avaient toujours pensé qu'une piqûre d'abeille était quelque chose de bénin. Un professeur qui avait mis deux ruches dans son jardin fut souvent piqué sans qu'il lui arrivât quoi que ce soit. Mais il y avait l'histoire du jeune Stiegele – un essaim d'abeilles avait attaqué sa voiture et mis les chevaux dans un tel état que l'un d'eux en mourut. Quelques abeilles le piquèrent lui aussi, et on le trouva haletant, agité de convulsions à côté de la voiture renversée, gisant sur le bord d'un champ. Lorsque le médecin arriva, il s'aperçut qu'il était mort Une paralysie d'ordre respiratoire avait mis fin à son existence.

Les paysans du coin hochaient la tête. Si les abeilles peuvent tuer les hommes, on doit protéger ceux-ci de leur venin. Le fait que l'héritier du domaine Stiegele avait perdu la vie pouvait-il être compensé par l'utilité trouvée à féconder les fleurs et à récolter le nectar ? Ce qui est venimeux doit être supprimé, disaient les paysans. Et l'accident du jour précédent leur avait prouvé que les abeilles sont parfois diaboliquement venimeuses.

*

Citons aussi une autre histoire des pays souabes. En longues files, des jeunes filles s'asseyent devant des ruches spécialement construites, saisissent les abeilles avec une pincette et les font piquer dans un papier spécialement préparé. Elles prennent le venin – le même venin qui tua le jeune paysan de l'Alb souabe. On soigne des hommes avec ce venin, principalement des rhumatisants. Il est autant bénéfique que nuisible.

Paracelse disait qu'il n'existe pas de poison en soi, que seule la dose est dangereuse. N'en est-il pas de même pour les abeilles ? Le professeur de ce village souabe avait des rhumatismes avant de s'offrir une ruche et d'être piqué. À présent, ils ont disparu – un « dosage » des piqûres d'abeilles occasionnelles avait montré son effet bénin. Cependant, deux abeilles avaient piqué le paysan Stiegele directement dans les artères, le venin étant ainsi conduit par le courant sanguin jusqu'aux nerfs. La dose avait été trop forte.

Les choses ne sont pas dangereuses en elles-mêmes. Deux lettrés allemands Arndt et Schultz ont établi une loi il y a des années qui précise la formule de Paracelse. Ils disent que toutes les irritations, donc aussi les poisons, stimulent les activités vitales, en moyenne quantité elles les favorisent, en grande elles les paralysent et les plus fortes les interrompent. En ce qui concerne les poisons, il faut dire qu'on ne doit utiliser le mot poison au sens strict qu'à partir d'une certaine dose.

*

À vrai dire, cette dose est souvent faible. Le venin que le cobra inocule dans une morsure par l'intermédiaire de ses crochets suffit pourtant à tuer un homme. Par un moyen détourné on peut utiliser le venin du serpent pour le bien de l'homme. Les lépreux souffrent souvent de douleurs atroces qui ne peuvent être soulagées que par la morphine. Un lépreux fut piqué par une araignée tropicale, l'araignée minière, il y a environ quinze ans. La conséquence remarquable fut que les fortes douleurs nerveuses du malade cessèrent rapidement et pour une longue durée. Les médecins qui découvrirent ce cas suivirent l'affaire et firent des essais. On savait que le venin du cobra et du serpent à sonnettes devaient produire le même effet que celui de l'araignée minière. Les serpents étant plus faciles à obtenir, on les préféra aux araignées.

Entre-temps, on recueillit du venin de serpent dans maintes régions du monde. En Allemagne aussi on s'est intéressé à cela, et de façon particulièrement intensive. Le venin du serpent fut utilisé en très petite quantité surtout pour calmer les douleurs et donc pas directement à titre de remède. Néanmoins, on a constaté récemment l'amélioration de certains états pathologiques, sans pouvoir en tirer des conclusions précises. Le plus grand succès fut jusqu'ici obtenu dans la lutte contre les états douloureux, par exemple le mal de Pott – que l'on dénomme « tabès » – et certains cas cancéreux.

Cependant, nous pouvons constater avec beaucoup plus d'intérêt que le venin de l'inquiétant serpent à lunettes peut être une bénédiction pour certains malades. On place dans un laboratoire un serpent à lunettes qui mord furieusement dans un verre recouvert de mousseline, à la place de la chair de la victime, et laisse égoutter longtemps le suc mortel. Les mâchoires de l'animal sont prudemment desserrées pour ne pas briser les crochets à venin et, pour le bonheur du reptile martyrisé, on le laisse tranquille durant une période de deux semaines afin qu'il reconstitue son venin.

*

Les pharmacies des époques anciennes et modernes sont pleines de ces venins qui se sont transformés en bienfaits grâce à une sage restriction des doses. Le grand jardin médical de la nature est riche en poisons guérisseurs : la belladonne, le muguet, la digitale, la jusquiame et bien d'autres. Parmi elles, les matières curatives pour le cœur que l'on trouve dans la digitale, le muguet, les roses d'Adonis, le laurier-rose, l'oignon géant d'Afrique et bien d'autres ont livré de nouvelles connaissances. Nous les devons à un cardiologue, le IY Karl Fahrenkamp. Ses malades lui permirent de découvrir des solutions d'un type totalement nouveau.

Après avoir réalisé des milliers d'expériences, il sut, comme tous les cardiologues, quel bienfait peut provenir de la digitale quand il s'agit d'empêcher une attaque dangereuse de faiblesse cardiaque. Le pouls retrouve son rythme naturel, la force de pulsation cardiaque répond de nouveau aux demandes du corps. On dit que le cardiaque est « compensé ». C'est une vieille expérience clinique qui est à la base de toutes nos connaissances sur la digitale et ses variantes agissant de façon comparable, comme le muguet, l'oignon géant d'Afrique et les espèces tropicales de strophantus. La strophante ou digitale est devenue un outil indispensable du médecin moderne qui lui permet d'écarter temporairement un danger mortel pour d'innombrables personnes. Mais la durée de cette compensation, donc de l'équilibre entre la force et l'effort cardiaques, reste incertaine. On devait se borner à reprendre de la digitale lorsqu'on était victime d'une nouvelle crise de malaise cardiaque. Ne pouvait-il être possible de prévenir l'attaque ? Karl Fahrenkamp suivit cette voie et s'attaqua à un vaste problème biologique tout à fait fondamental. Il expérimenta qu'il existe des différences fondamentales entre les solutions produites à partir de la plante entière ou de sa partie active, et le « poison » purifié, cristallin. Dans certains cas le poison était le plus efficace, dans d'autres cas de maladies cardiaques, c'était à nouveau la solution.

Il donna donc à ses malades déjà compensés certaines solutions à faible dose à titre préventif. Il obtint de bons résultats et conclut que manifestement il avait affaire à une insuffisance à laquelle on peut remédier de la même façon qu'à un manque de vitamines ou d'hormones. On ne crut pas en ses résultats et il chercha donc un test, une preuve. La recherche animale telle qu'on l'avait tentée jusqu'ici avec des substances actives sur le cœur, ne donna rien. Fahrenkamp commença alors à expérimenter sur des plantes. Les résultats, obtenus à présent après de nombreuses années de travail tenace, sont si importants qu'ils connaîtront une extension jusqu'ici imprévue. Leur véritable importance se révèle surtout depuis que les expérimentations ont été menées sur une vaste échelle durant les quatre dernières années. Elle réside dans ce qui suit :

Quand, en automne, d'innombrables digitales, muguets et roses d'Adonis, lavés par la pluie, restituent à la terre leurs substances actives pour le cœur, leur carrière n'est pas finie. Au contraire, elle ne fait que commencer. Les plantes restantes, qui sont touchées par l'écoulement des substances, en reçoivent une partie et sont activées. Quand on active artificiellement des légumes, des fleurs, des céréales avec ces sucs de plantes, on peut tout simplement observer la différence. Nous l'avons vu des centaines de fois dans des champs et des parterres d'expérimentation : en un mot, les plantes deviennent plus saines. Elles supportent mieux le vent et les intempéries, se conservent plus longtemps, demeurent-comme les pommes de terres et les carottes – fraîches plus longtemps. Beaucoup sont plus succulentes, d'autres sont plus fortes. Bref, l'impression que l'on retira de ces recherches est que la substance produite par ces plantes actives pour le cœur renforce l'état de santé. Certaines expériences animales aboutissaient aussi aux mêmes conclusions.

Fahrenkamp nomma cette substance la fonctionne. Il estime avec raison que d'authentiques substances vitales se manifestent ici, qui prennent part de façon décisive à l'élaboration du vivant. Les humains en ont aussi besoin, comme ses malades le prouvent, afin que ne surviennent pas des troubles de la circulation. Mais comme ces plantes ne poussent pas sur les terrains de culture intensive, nous devons les ranger dans la catégorie des plantes médicinales. Ces substances ont en outre la particularité de ralentir le vieillissement. On ne perçoit pas encore pleinement l'étendue des conséquences importantes pouvant en résulter pour la conservation de la fraîcheur des légumes et de la viande. Notre travail scientifique intensif montre que ce vaste problème sera étudié avec une plus grande intensité et acuité au cœur de la guerre. Mais le plus important reste d'avancer avec précaution dans le domaine de la santé nationale, c'est-à-dire à partir des substances alimentaires, jusqu'à ce que tous les travaux pratiques et théoriques préalables soient terminés. Les poisons deviendront alors des bienfaits.

*

Maîtriser un poison ne signifie pas pour autant devoir extrapoler directement au niveau de la santé. Les calices violets de la colchique peuvent aussi remplir des taches inattendues sur le plan scientifique. On a expérimenté ce poison sur des plantes, et les résultats obtenus sont remarquables et prometteurs.

Comme on le sait, chaque cellule d'un organisme possède un noyau qui contient des chromosomes constamment présents en un nombre déterminé propre aux espèces animales et végétales. Chez les êtres humains, ils s'élèvent à 48, chez le moucheron à 8. Avec l'aide de la colchicine, le poison extrait de la colchique, on réussit à doubler le nombre des chromosomes chez les plantes. Ceci va également de pair avec une augmentation de la croissance qui, bien des fois, peut aboutir à une forme géante. Cela signifie, le cas échéant, que nous pouvons obtenir à partir de plantes médicinales, des nouvelles plantes plus grandes et aussi à rendement élevé. Des essais pratiques, particulièrement sur les arbres, semblent être très prometteurs.

Mais la colchicine a également pris une autre importance, il est vrai provisoire et encore théorique. Nous sommes redevables de ces recherches au cancérologue de Göttingen, Lettré. À une certaine dose, la colchicine freine la division cellulaire que la science nomme mitose. On met parfaitement en évidence ce processus retardant la partition cellulaire dans les cultures de tissus animaux. À partir de substances chimiques apparentées, on a découvert un grand nombre de ces poisons de mitose et on a recherché celui qui empêche uniquement la partition des cellules cancéreuses. Tout le monde perçoit clairement l'importance universelle d'une telle découverte- à vrai dire encore hypothétique.

En présence de ces éclaircissements que nous pouvions faire sur le rôle des poisons et de leurs variantes dans la nature, il est évident que ce que dit Paracelse, c'est-à-dire qu'aucune chose n'est un poison en soi, semble acquérir une grande signification pour la nouvelle recherche qui est de la plus haute importance pour la destinée du genre humain. La guerre ne doit pas nous obliger à fermer les laboratoires et à attendre les jours de paix. La santé générale, qui est l'objet de la plupart de ces recherches, exige donc également du chercheur une grande ardeur au travail au cœur du conflit international.

Heinz Graupner

CAHIER DE LA SS N°8. 1944.

L'ORIGINE DE TOUTES CHOSES

Sous le ciel repose la chaîne bleue des montagnes, et la patrie familière se trouve aussi en lisière d'année. Les visages de la jeunesse lui faisant face, elle émane de l'écorce des rives.

Les étoiles s'élèvent au-dessus des champs, dans l'épaisseur des forêts respire toujours la légende, de la bouche des sources parlent les esprits : le sentier s'achève dans un enchantement antique.

Les villes deviennent plus denses, mais au-dessus des montagnes tonnent les vagues des tempêtes, les plaines reposent riches en fleuves trainants.

L'homme chante partout ses racines, mais la patrie est son bien le plus précieux. Elle est le calice des siècles et l'origine de toutes choses.

Kurt Heynicke

Chapitre III

I. Biographies

Revue « Histoire du Reich ».

Charlemagne, le fondateur d'Empire

Dans le chaos des grandes migrations, seule une tribu germanique occidentale, celle *des Francs,* avait pu développer sa propre structure étatique. Les Francs n'avaient pas émigré très loin et recevaient constamment des renforts provenant de la mère patrie. Sous *Charles Martel* l'Empire franc possédait encore une forte empreinte nordique et avait atteint les grands centres culturels du Rhin et de ses régions affluentes. Il protégea l'Occident des attaques des *Maures* lors de la bataille de *Poitiers* en 732. La donation de son fils *Pépin* au pape, par laquelle il confirmait à celui-ci la possession des régions de Rome, Ravenne et Ancone, permit de fonder les *États de l'Église,* donc de justifier la revendication séculière du pape, et eut les conséquences les plus néfastes sur la politique religieuse allemande.

Le royaume franc atteignit l'apogée de sa puissance sous *Charles Ier*, le petit-fils de Charles Martel. Il parvint à unifier les tribus allemandes de Bavière, de Saxe, de Thuringe et des Alamans, à les unir dans le royaume franc et à créer ainsi une grande puissance. Mais son Empire ne réalisait pas une unité entre le peuple et le territoire. Dans le fond, il ne gouvernait déjà plus un royaume franc mais un Empire franco-allemand, ce dont témoignait le lieu de sa résidence à Aix-la-Chapelle.

Charles et Widukind

Pourtant, ce grand Empire devait acquérir des traits germaniques principalement du fait de la volonté de Charles, et en effet, Charlemagne fut pour la première fois le maître d'un grand Empire de type germanique. Il organisa aussi les premières mesures d'expansion vers l'Est.

Lors de la poursuite de ses plans politiques impérialistes, il ne recula devant aucun moyen pour obliger les tribus rétives à se rassembler. Et le duc saxon Widukind, le plus grand adversaire de Charles, dut s'incliner face à cette dure fatalité. Autant nous désapprouvons ses méthodes violentes, autant on doit reconnaitre que Charlemagne fit de l'Europe d'alors une unité puissante. *Widukind,* le défenseur de l'âme germanique et Charles, le grand créateur d'États, témoignent de la grandeur et de l'atrocité des débuts de l'histoire germanique et allemande.

Toutes les régions de l'Empire carolingien réunies et gérées de façon centralisée eurent ainsi une vie florissante. Grâce à sa personnalité éminente, Charles maintint la cohésion de l'Empire et dicta à l'Église sa volonté. Mais sous ses successeurs, les puissances tendant à la division de l'Empire s'imposèrent de plus en plus. L'Église soumise à l'État céda la place à l'Église romaine politique, et le fils de Charles, Louis le « Pieux » devint l'instrument docile de ce nouveau pouvoir. Avec le temps, les parties romaines de l'Empire se séparèrent de plus en plus des régions germaniques. Les héritiers incapables placés sur le trône suivirent la pire des politiques et on aboutit au partage de l'Empire lors des traités de Verdun en 843et de Mersen en 870.

À Niedersachsenhain, près de Verden, monument érigé par la SS à la mémoire des 4500 Saxons décapités sur ordre de Charlemagne.

SS de garde devant la tombe du roi Heinrich I.

Pour la cérémonie en l'honneur de Heinrich I, le Reichsführer Himmler dépose une couronne sur la tombe de la reine Mathilde.

Discours du Reichsführer SS Himmler dans la cathédrale de Quedlinbourg, le 2 juillet 1936.

Heinrich Ier

Souvent, il est dit dans l'histoire des peuples que l'on doit honorer les ancêtres, les grands hommes et ne jamais oublier leur legs, mais cette sagesse est trop rarement respectée. Aujourd'hui, 2 juillet 1936, nous nous trouvons devant la tombe du roi allemand Heinrich I, décédé il y a exactement mille ans. Nous pouvons affirmer d'avance qu'il fut l'un des plus grands fondateurs de l'Empire allemand, et à la fois l'un de ceux qui furent les plus oubliés.

Lorsqu'en l'an 919, Heinrich, alors âgé de 43 ans et duc des Saxons issu de la noblesse paysanne des Ludolfinger, devint roi, lui fut transmis l'héritage le plus terrible qui soit. Il devint roi d'un Empire allemand qui n'en avait que le nom. Au cours des trois siècles passés et en particulier sous la décennie du faible successeur de Charlemagne, tout l'est de l'Allemagne avait été abandonné aux Slaves. Les anciens territoires de peuplement germanique sur lesquels avaient vécus durant des siècles les plus grandes tribus germaniques étaient occupés par des peuplades slaves combattant l'Empire allemand et contestant son autorité. Le Nord était acquis aux Danois. À l'ouest, l'Alsace-Lorraine s'était séparée de l'Empire et avait été rattachée à l'Empire franc occidental. Durant une génération, les duchés de Souabe et de Bavière avaient combattu et contesté les rois fainéants allemands – en particulier Louis le Puéril et Conrad Ide Franconie.

Les blessures causées par l'introduction brutale et sanglante du christianisme étaient encore ouvertes un peu partout. L'Empire était affaibli de l'intérieur par les éternelles revendications des princes évêques et l'ingérence de l'Église dans les affaires internationales.

L'événement historique que constituait la création par Charlemagne d'un pouvoir impérial unifiant des tribus germaniques rivales était proche de l'échec total, et cela par sa propre faute puisque le système de ce pouvoir central purement administratif et allogène ne s'appuyait plus moralement et biologiquement sur les paysans germaniques de Saxe, de Bavière, de Souabe, de Thuringe et aussi de l'Empire franc.

Telle était la situation lorsque Heinrich I eut la lourde charge de devenir roi. Heinrich était le fils authentique de sa patrie paysanne saxonne.

Comme duc, il avait déjà fait preuve d'un caractère tenace et énergique mais ce n'est que lorsqu'il devint roi qu'on en eut la confirmation.

Lors de son investiture royale en mai 919 à Fritzlar il refusa- mais sans avoir de mots blessants – l'onction par l'Église et témoigna ainsi devant tous les Germains qu'il avait une juste perception des données politiques de l'époque et ne tolérerait pas que, sous son règne, le pouvoir ecclésiastique intervienne dans les affaires politiques allemandes.

En l'an 919 le duc souabe Burkhart se soumit au roi Heinrich et celui-ci rattacha la Souabe à l'Empire allemand.

En l'an 921 il alla en Bavière avec une armée et, là aussi, ne s'imposa pas par le pouvoir des armes mais par la force persuasive de sa personnalité, et le duc Heinrich de Bavière le reconnut comme roi des Allemands. La Bavière et la Souabe, qui menaçaient d'être perdues à l'époque, furent ainsi annexées à l'Empire allemand par le roi Heinrich et y demeurèrent jusqu'à nos jours et, nous en sommes persuadés, y demeureront dans l'avenir.

L'année 921 apporta à Heinrich, ce politicien expérimenté, prudent et tenace, la reconnaissance de l'Empire franc occidental aujourd'hui français, encore gouverné par un Carolingien. L'Alsace-Lorraine réintégra l'Empire dans les années 923 et 925.

Mais ne nous imaginons pas que cette reconstruction de l'Allemagne se soit faite facilement et sans obstacles de l'extérieur. Chaque année depuis une génération, la nation allemande, faible jusqu'à présent, était constamment victime des rapines et des *raids des Hongrois* presque toujours fructueux et victorieux. Dans toute l'Allemagne, je dirais dans toute l'Europe, les régions et les gens étaient soumis au vol de la part de ces hordes et de ces armées de cavaliers remarquablement dirigées tant sur le plan politique que stratégique. Les annales et les chroniques de l'époque nous relatent aussi bien l'attaque de Venise et le pillage de la Haute-Italie, l'attaque de Cambrai, l'incendie de Brême, que la destruction toujours répétée des régions bavaroises, franques, thuringiennes et aussi saxonnes. En soldat lucide, Heinrich constata que le type d'armée existant chez les tribus germano-allemandes et les duchés, ainsi que la tactique employée à l'époque, ne convenaient pas pour se défendre contre ces ennemis ou même pour les détruire. La chance lui vint en aide. En l'an 924, il parvint à capturer un important chef d'armée hongrois lors d'une irruption des Hongrois dans les régions saxonnes aux environs de Werla près de Goslar. Les Hongrois offrirent des sommes fabuleuses en or et des trésors pour racheter leur chef. Malgré les avis contraires des contemporains stupides et bornés, déjà nombreux à l'époque, le fier roi échangea le chef d'armée hongrois contre un armistice de neuf ans de la part des Hongrois, d'abord pour la Saxe et ensuite pour tout l'Empire et s'engagea à payer durant ces neuf années de modestes tributs aux Hongrois.

Il eut le courage d'adopter une politique impopulaire, ayant le prestige et le pouvoir nécessaire pour l'accomplir. Il commença alors sa grande œuvre créatrice qui consistait à lever une armée et à permettre au pays de se défendre grâce à la création de forteresses et de villes permettant de risquer un combat définitif avec l'adversaire jusque-là invincible.

À l'époque, il y avait deux sortes d'unités militaires : d'une part le ban germanique des duchés de tribus qui était convoqué dans les temps de crise, et d'autre part la première unité militaire allemande se composant de guerriers professionnels et de mobilisés qui avait été créée par les Carolingiens. Heinrich Ier réunit ces deux unités en une organisation militaire allemande. À partir des mobilisés des cours royales et ducales, il décida en outre qu'un homme sur neuf devait aller dans les forteresses pour former un élément d'une garnison. Pour la première fois en Germanie, il fit véritablement s'entraîner les unités de ses mobilisés et fit perdre aux combattants belliqueux leurs habitudes de combattre de façon isolée. Il organisa la cavalerie suivant une volonté tactique et les corps de troupe furent structurés et soumis à la discipline.

En moins d'un an, à la frontière orientale allemande de l'époque, le long de la ligne de l'Elbe et en particulier dans tout le territoire du Harz, naquirent une infinité de petites et de grandes forteresses entourées de remparts et de fossés faits en partie avec des murs de pierre et en partie avec des palissades. Ils renfermaient des arsenaux et des maisons de ravitaillement dans lesquelles un tiers de la récolte du pays devait être stocké conformément à un ordre royal. Déjà à l'époque de Heinrich Ier, ces forteresses donnèrent naissance à des *villes allemandes plus tard célèbres* comme Mersebourg, Hersfeld, Brunswick, Gandersheim, Halle, Nordhausen, etc.

Après ces préparatifs, Heinrich Ier commença à mettre au point les conditions propices à un combat définitif avec les Hongrois. De 928 à 929, il entreprit de *grandes expéditions contre les Slaves*. D'une part il voulut entraîner sa jeune armée et l'endurcir pour la grande bataille, et d'autre part soustraire aux Hongrois leurs alliés et les ressources guerrières mobilisées contre l'Allemagne afin de les anéantir.

Durant ces deux années de guerre qui lui permirent de soumettre sa jeune armée aux épreuves les plus difficiles, il vainquit les Havolanes, les Rédariens, les Abodrites, les Daléminzes, les Milzes et les Wilzes. Au cœur de l'hiver il conquit le bourg de Brennabor apparemment imprenable, l'actuel Brandebourg ; après trois semaines de siège en hiver, il conquit la forteresse de Gana et fit construire la même année le bourg de Meissen qui conserva une grande importance stratégique les années suivantes.

En l'an 932, lorsque le roi, poursuivant son but de façon inflexible, considéra que toutes les conditions étaient remplies, il convoqua les princes *évêques* à un *synode* à Erfurt, le peuple à une assemblée nationale, dans lesquels il les exhorta par un discours persuasif à refuser désormais de payer le tribut aux Hongrois et à accepter la guerre nationale pour se libérer définitivement du péril hongrois.

En l'an 933 les *Hongrois attaquèrent* et subirent une défaite écrasante à Riade sur le Unstrut du fait d'une contre-offensive allemande menée de main de maître au niveau stratégique.

L'année 934 trouva Heinrich en campagne contre le Danemark pour défendre la frontière nordique face à l'attaque des Danois et des Slaves et pour rattacher à l'Empire les territoires du nord perdus par le passé par la faute de ses prédécesseurs. La ville commerçante de Haitabu, dans l'ancien Schleswig, à l'époque importante au niveau international, fut annexée à l'Empire.

De 935 à 936, Heinrich I qui était un souverain européen célèbre et extrêmement estimé, surtout dans sa *patrie saxonne*, fidèle à sa nature paysanne et sentant sa fin approcher, rédigea son testament et recommanda comme successeur son fils Otton aux ducs et aux grands de l'Empire lors de la Diète d'Erfurt.

Le 2 juillet, il mourut à l'âge de 60 ans dans son château impérial de Memleben dans la vallée du Unstrut. Il fut inhumé à Quedlinbourg, dans cette crypte de l'actuelle cathédrale.

Cette vie bien remplie est riche d'enseignements. Bien d'autres ont régné plus longtemps et ne peuvent se vanter d'avoir accompli une si grande œuvre pour leur pays et comparable à celle de Heinrich I. Et maintenant nous, hommes du XXème siècle, qui vivons l'époque de la grande reconstruction allemande menée par Adolf Hitler après une période d'effondrement effroyable, nous aimerions savoir ce qui a permis à Heinrich I d'accomplir ce qu'il a fait. La réponse nous est donnée si l'on s'efforce de connaître Heinrich I en tant que personnalité germanique. Comme ses contemporains l'ont relaté, c'était un chef qui surpassait sa cour par sa force, sa grandeur et sa sagesse. Il dirigeait par la puissance de son cœur fort et généreux et l'obéissance qu'on lui témoignait était absolument sincère. Il réintroduisit l'ancien mais éternel principe germanique de la fidélité entre le duc et l'homme de troupe en opposition violente avec les méthodes de gouvernement religieuses chrétiennes des Carolingiens. Il était aussi intraitable envers ses ennemis que fidèle et reconnaissant avec ses camarades et amis.

Ce fut l'une des plus grandes personnalités dirigeantes de l'histoire allemande et il savait parfaitement que, malgré la force et le tranchant de l'épée, la victoire est plus grande et plus durable lorsqu'on intègre d'autres Germains dans la communauté par une discussion franche plutôt que de se heurter mesquinement à des préjugés et de tuer des hommes précieux pour la germanité toute entière.

Pour lui, la parole donnée et la poignée de main étaient sacrées. Il honora fidèlement les traités conclus et jouit durant les longues années de sa vie de la fidélité respectueuse de ses partisans reconnaissants. Il respectait tout ce qui est sacré pour les autres hommes, et il connaissait si bien les principes de l'Église recourant même au meurtre, qu'il refusa donc avec mépris son ingérence dans les affaires de l'Empire et n'intervint pas dans les questions religieuses. Il refréna la tendance pieuse de sa femme aimée qui l'accompagna toute sa vie, la reine Mathilde, l'arrière-petite-fille de Widukind. À aucun moment de sa vie, il n'oublia que la force du peuple allemand dépend de la pureté de son sang et que l'enracinement paysan odalique est lié à la liberté du sol. Il savait que le peuple allemand, s'il voulait vivre, devait rester fidèle à ses origines et agrandir son espace vital. Cependant, il connaissait les lois de la vie et savait que l'on ne pouvait espérer que d'un côté le chef d'un duché soit capable de repousser les attaques menées contre les frontières de l'Empire si, d'un autre côté, on lui ôtait tous ses droits et sa souveraineté comme le voulait l'administration carolingienne. Il voyait grand, édifia l'Empire et n'oublia jamais qu'une force issue d'une tradition millénaire sommeillait dans les grandes tribus germaniques.

Il exerçait son autorité d'une façon si avisée que les qualités naturelles des tribus et des régions devinrent des auxiliaires fidèles et dociles pour unifier l'Empire. Il créa un puissant pouvoir impérial et sauvegarda de façon intelligente l'indépendance des provinces.

Nous devons lui être profondément reconnaissants de n'avoir jamais commis la faute que les homme d'État allemands et aussi européens ont commise au cours des siècles jusqu'à notre époque : considérer la destinée de son peuple en dehors de son espace vital – nous disons aujourd'hui l'espace géopolitique. Il n'a jamais succombé à la tentation de franchir les limites dressées par le destin des aires de vie et d'expansion de la mer Baltique à l'est, de la Méditerranée au sud et de franchir les Alpes. Comme nous pouvons bien le supposer, il renonçait ainsi consciemment au titre sonore « d'empereur du Saint Empire romain germanique ».

C'était un paysan noble issu du peuple. Ce dernier était toujours librement reçu chez lui et voyait en personne avec lui les mesures d'administration étatique.

Il était le premier entre ses semblables et on lui témoigna un plus grand respect humain et sincère qu'aux empereurs, princes et autres rois exigeant le cérémonial byzantin étranger. Il se nommait duc et roi et fut un chef il y a mille ans.

Je dois, à présent, révéler un fait humiliant et profondément triste pour notre peuple : les ossements du grand chef allemand ne reposent plus dans leur lieu d'inhumation. Où sont-ils, nous ne le savons pas. Nous pouvons seulement faire des suppositions. Il se peut que de fidèles partisans aient enterré son corps, pour eux sacré, dans un endroit sûr, de façon digne mais secrète ; il se peut que, poussé par une haine rancunière, un dignitaire ennemi dispersa ses cendres à tous les vents. De la même manière, les ossements misérables des hommes les plus fidèles torturés à mort ont été enfouis à la sortie de cette crypte, ce que prouvent les fouilles devant la cathédrale, et que nous nous faisons un devoir d'honneur d'inhumer avec dignité. Aujourd'hui, devant le tombeau vide, nous représentons le peuple allemand tout entier, le Mouvement et l'État, par délégation de notre Führer Adolf Hitler et nous avons apporté des couronnes, symboles du respect et du souvenir. Nous déposons aussi une couronne sur le tombeau de la reine Mathilde, la noble compagne du grand roi inhumée à côté de son époux il y a plus de neuf siècles et demi. Nous croyons honorer aussi le grand roi en pensant à la reine Mathilde, ce grand exemple de dignité féminine allemande.

Située sur la colline habitée depuis des millénaires par des hommes de notre sang, cette tombe ancienne avec la splendide halle religieuse de type germanique, doit être un lieu de recueillement où nous, Allemands, venons faire un pèlerinage pour nous souvenir du roi Heinrich, pour honorer sa mémoire et nous engager sur ce lieu sacré à suivre les vertus humaines et de commandement grâce auxquelles il a rendu notre peuple heureux il y a un millénaire ; et pour nous engager de nouveau à honorer ainsi au mieux, à servir fidèlement en pensée, en parole et en acte, pour l'Allemagne et la Germanie, l'homme qui, après mille ans, a repris l'héritage humain et politique du roi Heinrich, notre Führer Adolf Hitler.

Celui qui veut sauver son peuple
ne peut avoir qu'une mentalité héroïque.

Adolf Hitler

Cahier de la SS n°4. 1938.

Johann Gutenberg

L'époque de grand bouleversement dans laquelle nous vivons serait à peine pensable sans le fonctionnement de la radiodiffusion. Elle permit à un seul homme de s'adresser à des millions d'autres et de faire partager les grands événements qui constituent son destin. Sans la radio, nous n'aurions certainement pas pris conscience *en si peu d'années* d'être un peuple et celui-ci n'aurait certainement pas mûri aussi vite. D'un autre côté, la radio serait restée un jouet pour gens aisés si elle ne s'était pas développée à une époque où les peuples voulaient devenir de véritables communautés.

Le progrès de l'esprit humain n'est pas un produit du hasard. Le *besoin* le précède toujours. C'est à ce moment que nous ressentons, de façon consciente ou non, la nécessité d'un progrès, d'une invention et alors, un homme doué – un inventeur – sort de notre peuple et réalise nos désirs.

« *L'art noir* » *Atelier d'imprimerie au XVII*ème *siècle.*
(Gravure sur bois d'Abraham von Werbt, 1676.)

Benz et Daimler inventèrent l'automobile lorsque les moyens de transport existants *ne suffisaient plus* à satisfaire notre désir de voyager. *Lilienthal* s'éleva dans les airs alors que des générations entières avaient déjà *tenté de faire* le vol humain. *Marconi* créa les principes de la radio lorsqu'il était déjà flagrant que le procédé de transmission des nouvelles par câbles télégraphiques *ne satisfaisait plus* les demandes. Aujourd'hui, nous *avons besoin* d'une automobile accessible à tous · et le constructeur

Porsche réalisa ce qui était impossible hier. Le génie humain constitue la meilleure motivation pour celui qui se dit en lui-même : « *Je dois créer cela parce que mon peuple le demande* ».

Nous devons donc voir en tout inventeur un *exécuteur de la volonté de ses contemporains*. Ce n'est qu'ainsi que nous pouvons le comprendre, de même que sa lutte, ses sacrifices surhumains et l'obsession avec laquelle il poursuit son but.

Johann Gutenberg. Craie noire, XVIème siècle.

Voici donc *Johann Gensfleisch zu Gutenberg*, nommé plus brièvement Johann Gutenberg, l'inventeur de *l'imprimerie*. Il vivait aussi à une époque de grand bouleversement et devait faire face à ses exigences. Le XVème siècle, durant lequel il vécut à Mainz (il est né en 1400 et mourut en 1468), vit disparaître rapidement le « sombre » Moyen-Âge, car l'Église considérait d'un œil soupçonneux la vie spirituelle comme son monopole, et s'efforçait d'empêcher les peuples d'avoir leur spiritualité, leur identité populaire et leur culture spécifique.

Au XVème siècle, des *marins* audacieux découvrent le Nouveau monde, infirmant ainsi le dogme de la science biblique. À l'est, l'islam cogne à la porte de la chrétienté autocrate. Les hommes émettent des doutes sur la toute-puissance du pape, sur les doctrines morales absolues et les visions scientifiques des Églises. Partout se manifeste une aspiration au savoir et à *l'échange de nouvelles et de connaissances*. La transmission orale ne suffisait déjà plus depuis longtemps. Les hommes devaient accéder au savoir – ce qui, jusqu'à maintenant, n'était réservé qu'à quelques moines et grands clercs. Mais quel est l'homme qui utilisera la lecture s'il *n'y a rien à lire* et si l'on ne possède des livres et des brochures qu'à quelques exemplaires manuscrits, naturellement hors de prix ?

Johann Fust, qui ravit à Gutenberg les fruits de son invention géniale.

Gutenberg, un petit artisan que nous nommerions aujourd'hui un technicien, vivait à cette époque et dans l'univers de ses besoins. Il s'interrogeait sur la mise au point d'un procédé d'impression qui pourrait assouvir l'aspiration des Allemands sortant du sommeil du Moyen-Âge tardif. Il voulait imprimer des *livres* et des *brochures* – les plus *nombreux* possible et le plus *rapidement possible*.

La notion de l'impression existait déjà. On sculptait des illustrations dans des tables de bois, on les enduisait de couleur et on les imprimait (pressait) sur du papier. On faisait aussi des lettres, des mots, des phrases, des pages entières de livres dans du bois et on réalisait ainsi des livres entiers, mais en combien de temps et à quel prix ! Un tailleur sur bois habile avait besoin de deux semaines pour fabriquer une seule page ! C'était un art qui ne pouvait profiter qu'à quelques privilégiés.

Gutenberg a deux tâches à accomplir – nous dirions aujourd'hui : deux problèmes techniques à résoudre. D'abord, au lieu de pages entières de livres, il s'agit d'utiliser des petits plots constitués *d'une seule lettre* que l'on peut ensuite assembler à son gré. Puis rendre ces petits plots si solides qu'ils puissent être réutilisables. Il trouva la solution aux deux problèmes. Il mit au point un procédé de fonte des lettres en *plomb* et il développa une presse d'imprimerie comportant tous les outillages nécessaires avec une telle perfection que les principes de son « art noir » demeurèrent inchangés au cours des siècles, et même à notre époque, on peut les déceler sous le manteau magique de la technique moderne.

Atelier d'imprimerie datant de 1440.

On pourrait croire que tout cela est très simple. Et pourtant, cette invention a nécessité l'abnégation sans réserve de Gutenberg, toute sa force de travail, sa joie de vivre et ses espoirs. Comme tous les grands hommes et comme la plupart des inventeurs, il se heurta à l'incompréhension, à la sottise et à la malveillance de ses prochains. Un boutiquier misérable nommé Fust qui l'avait « financé » le frustra des fruits de son travail, se couronna de la gloire usurpée et contraignit l'homme qui avait forgé pour les générations suivantes *l'arme de la libération spirituelle* à mener jusqu'à sa mort une vie pauvre et misérable ; une vie qui, pourtant, fut consacrée jusqu'au dernier jour au perfectionnement de son art.

La véritable grandeur des inventeurs importants se révèle dans leur destin, dans leur ténacité inflexible, leur foi dans leur vocation, leur mépris pour toutes les choses matérielles.

Une page de la bible de Gutenberg comportant 42 lignes.

Nous sommes facilement portés à ne les juger qu'en fonction de leurs inventions et ce qu'ils nous ont transmis de bien et d'utile. Mais ce n'est pas seulement cela qui constitue leur génie, et nous les sous-estimerions en ne voyant que cet aspect. Car il est certain qu'un progrès qui – comme on dit – « est dans l'air » sera réalisé dans tous les cas, si ce n'est par l'un d'eux, alors par un autre. Au XVème siècle, l'imprimerie fut inventée parce qu'un peuple désira voir reproduire des mots sous forme écrite. Et si Gutenberg ne l'avait fait, deux décennies plus tard, un homme d'un autre nom serait apparu. Nous roulerions aussi en voiture sans Benz et Daimler, nous volerions sans Lilienthal. Et si nous voulions nous en tenir au strict résultat, nous pourrions dire à juste titre : Un Gutenberg, un Benz, un Lilienthal ne firent que ce que d'autres auraient fait à leur place s'ils n'avaient pas été là !

Mais ces hommes sont supérieurs à leurs actes, car ils eurent le courage d'être les *premiers*. Ils furent plus visionnaires que les autres. Une vocation plus grande que celle des autres les animait. Ils ne suivaient pas des voies déjà tracées mais pénétraient dans un *no man's land*. Ils *luttaient dans des conditions si difficiles qu'ils durent pour la plupart faire acte d'abnégation au profit de leur travail.* Ils sacrifiaient leur bonheur et leur existence tranquille à leur foi pour que les générations futures pussent vivre de leurs œuvres. Ils ne sont donc pas devenus immortels seulement par leurs actes, mais à un niveau plus élevé par la reconnaissance que le peuple leur doit de toute éternité.

Cahier de la SS n°7b. 1941.

Albrecht Dürer, « correspondant sportif »

Ou comment le grand artiste valorisa la loi du combat

Albrecht Dürer – génie surpassant la masse des artistes allemands ! Prononcer son nom évoque devant nos yeux les superbes peintures aux formes nobles, sublimes, à la gloire de la madone, des saints ou d'autres figures religieuses. Nous autres, hommes d'aujourd'hui, qui ne sommes plus sensibles au christianisme et à la doctrine de l'au-delà, nous admirons pourtant la noblesse de traits émanant des œuvres de Dürer, exprimée intentionnellement par cet homme de la Renaissance déjà distant de la religion. Mais autrefois, tous les arts avaient trait à l'Église ou à Dieu et dans ce domaine aussi Albrecht Dürer a créé des figures d'une grandeur inoubliable.

Si nous voulions nous représenter la vie de l'homme qu'était Albrecht Dürer en fonction de ses « œuvres officielles », alors, comme l'enseignent les livres, nous verrions en lui le génie victorieux, aspirant à la transcendance, le prince, peintre choyé qui, ignorant les misères et les souffrances de son peuple, vit et crée dans un cercle illustre d'empereurs, de princes, de chevaliers et d'évêques, afin de perpétuer leur renommée.

Cependant, certaines œuvres simples, modestes de Dürer, ne s'inscrivant pas totalement dans ce cadre, nous touchent souvent plus que des créations monumentales. Ce sont des aquarelles représentant la patrie de Dürer, les environs de Nuremberg et les paisibles vallées de Franconie. Ce sont des dessins comme le « petit brin d'herbe », le « lièvre » et le « bouquet de violettes ». Dans le passé, ils furent mis à l'écart, présentés comme des « études » du peintre et on ne les considéra jamais comme des éléments représentatifs de sa personnalité.

À Vienne, un nouveau Dürer est découvert

Ainsi passèrent les années et les siècles. Dürer, qui est né en 1471, resta présent dans le cœur des Allemands comme un génie dominant l'art religieux et courtois, mais ils ignoraient tout de la nature réelle de l'homme. Toutefois, un événement survint au début de 1800, trois cents ans après l'époque de Dürer. À l'occasion d'expositions et de transformations faites à la gloire des Habsbourg, les archives des bibliothèques et des bureaux sont mises sans-dessus dessous. Dans la bibliothèque de l'administration fidéicommis, la poussière s'élève en nuages épais, et parmi les trésors entassés et les pandectes, les conseillers d'archive autrichiens extraient des cartes remplies de vieux dessins étranges – des illustrations et des séries de dessins d'hommes luttant et se battant avec différents types d'armes, et également des textes manuscrits écrits avec des caractères courbes caractéristiques du gothique tardif, de l'époque de Dürer.

Cela cause quelque étonnement à Vienne, mais encore plus parmi les scientifiques et les spécialistes d'art qui examinent ces cartes du patrimoine habsbourgeois avec des yeux d'experts. On s'interroge longuement sur la signification de cet ensemble de dessins représentant des escrimeurs et des lutteurs, sur l'identité des commanditaires et du créateur. Car même les esquisses légères faites sur ces feuilles, représentant des centaines de figures et de postures, portent l'empreinte d'une main de maître, lui-même expert en escrime et en lutte.

Albrecht Dürer – impossible ! et pourtant !

Un murmure s'éleva dans la masse des journaux de critiques artistiques. On supposait ceci ou cela, on passait en revue tous les dessinateurs ayant vécu avant et après 1500 et on s'attarda aussi sur Albrecht Dürer. La date et le coup de crayon génial pouvaient le trahir. Mais était-il possible d'attribuer au créateur ascète, amoureux de madones et de petits Jésus, ces images quotidiennes, vulgaires, sentant la sueur et la poussière des salles d'armes ? Non, imaginer même une telle chose semblait dégradant aux messieurs les critiques d'art vivant il y a trois, quatre, cinq décennies. Dürer n'avait certainement rien de commun avec le « peuple » et surtout un peuple aussi querelleur, batailleur et cogneur !

Et pourtant – des experts et des chercheurs apportant d'autres livres d'armes d'une époque légèrement postérieure, prouvèrent que de mauvais dessinateurs et imitateurs s'étaient inspirés de ces dessins viennois. Vinrent aussi des historiens qui avaient établi qu'en 1500, le grand mécène de Dürer, le « dernier chevalier », l'empereur Maximilien Ier, confia la mission à Albrecht Dürer de faire une série de gravures sur bois sur les arts chevaleresques que le maître réalisa vers 1502 dans le traité de « Freydal ». Était-il inconcevable que cet empereur, le dernier rejeton d'une grande époque civilisée, ait aussi voulu qu'une main de maître décrive les arts chevaleresques de l'escrime et de la lutte ? Dürer exécuta cette mission, mais l'œuvre ne faisait pas grande impression ; aussi les dessins du maître furent-ils laissés dans les archives, quelques feuilles semblant même copiées dans d'autres livres.

Mais comment – telle était encore la question importante – Dürer put-il réaliser ces « illustrations manifestement sportives » ? Il montre des hommes de son temps, même si autrefois on peignait les figures de la Bible en costume d'époque, et seuls des modèles vivants purent lui fournirent des exemples d'attitudes précises de lutte. Un art de l'escrime et de la lutte aussi parfait a-t-il existé à cette époque ?

Sur cette question aussi, on s'est totalement fourvoyé depuis longtemps et jusqu'à l'époque la plus récente. Le Moyen-Âge apparaissait comme l'âge sombre fait de guerres de religion, de la persécution de tout ce qui est d'ordre laïc, et surtout de tout ce qui est d'ordre physique. La lumière crépusculaire des vitraux gothiques semblait recouvrir ces siècles et tous les peuples du Moyen-Âge. Ce n'est que récemment que nous savons que le christianisme et l'Église, depuis la nuit des temps germaniques jusqu'à l'époque des guerres de religion, ne constituaient qu'une enveloppe superficielle recouvrant un style de vie national libre et profondément influencé par l'âme germano-nordique. L'hostilité de l'Église envers le corps ne put jamais s'imposer, non seulement chez les paysans, travailleurs infatigables, mais aussi parmi les chevaliers devant lutter physiquement dans la bataille. Ainsi, par exemple, les jeux, la danse, les bains et les exercices physiques ont toujours eu leur place dans la société allemande du Moyen-Âge- et même encore à l'époque de Dürer.

Il est tout à fait concevable que l'empereur Maximilien ait voulu faire réaliser un manuel sur ces arts chevaleresques parce qu'il sentait que les époques menaçantes des guerres de religion se révélaient dangereuses.

Mais il est possible qu'Albrecht Dürer lui-même ait observé dans la ville nouvelle de Nuremberg et dans la bourgeoisie naissante la pratique de ces arts chevaleresques qu'elle utilisait pour défendre ses cités. Dans toutes les villes d'Allemagne de cette époque existaient des écoles d'escrime, des maîtres escrimeurs, des maisons de jeu de paume et des lieux de bain. Albrecht Dürer n'avait donc pas loin à aller pour trouver des modèles appropriés pour ses dessins. Aujourd'hui, d'autres sources nous ont aussi confirmé que c'est Albrecht Dürer qui créa ces « dessins de sportifs ».

LE JIU-JITSU – PAS SEULEMENT UNE INVENTION JAPONAISE !

Nous sommes très heureux de pouvoir feuilleter aujourd'hui ce livre d'escrime et de lutte du grand maître. Mais cela réserve aussi des surprises.

Dans le domaine de l'escrime, les grands porteurs d'estramaçons et les épées courbes, le petit bouclier que nous voyons sur de nombreux dessins, ont certes disparu. Mais ces illustrations nous montrent beaucoup de choses qui ont toujours été conservées dans nos écoles d'escrime. Ce que nous nommions jusqu'à présent les illustrations de lutteurs sont cependant les plus surprenantes pour nous.

Ce n'est pas de la lutte telle que nous la connaissons. Les prises de notre sport proviennent de l'école de lutte gréco-romaine, reposant sur des exemples classiques. Il prend uniquement comme point d'attaque la partie supérieure du corps et rejette les prises « vulgaires » comme la clef de bras et la prise de jambe.

Ces dernières sont précisément très abondantes dans les dessins de Dürer. On saisit, on renverse, la jambe est interposée et l'adversaire dupé, comme dans toutes les prises que nous connaissons dans le jiujitsu. Un dessin comportant une description de la prise de la propre main de Dürer est, à ce titre, exemplaire. « Item so du mit einem ringst, so prich aus mit der rechten hant und far zu stunt damit deinen arm in sein rechten elpogen und fas im den arm starck in dein peid hend und flaipf an seinen arm pis an das gelenk und zuck in starck an dich und ker den dein lingke seiten gegen im an sein rechte seite, als hie stett, und prich im dem arm... » Dans notre langue, cela signifie quelque chose comme :

« Quand tu luttes avec quelqu'un, lance violemment la main droite et jette-toi sur lui en mettant ton bras à son coude droit. Saisis fortement son bras avec tes deux mains et tire-le jusqu'à la jointure de l'épaule, tourne ton côté gauche contre son côté droit de la façon indiquée ici et casse-lui le bras. »

C'est incontestablement du jiu-jitsu, utilisé pour se défendre contre une attaque dangereuse. Pour utiliser un langage moderne, c'est un sport de défense utilisé en cas de dernière nécessité !

Ces arts de défense furent introduits il n'y a que quelques dizaines d'années en Europe par le détour des arts défensifs japonais du judo et du jiu-jitsu. Ce qu'il y a d'incroyable, c'est qu'ils ont été décrits par un Allemand qui vivait il y a 400 ans, et par un artiste allemand que l'on a considéré jusqu'à présent comme un poète peintre de madones.

Cette découverte faite dans un cabinet de débarras viennois eut donc une conséquence doublement positive : On s'aperçut qu'Albrecht Dürer était un solide gaillard vivant parmi la communauté de son temps, et que notre art de défense « récent » se révéla être un vieux sport germano-allemand ne concernant pas le « vulgum pecus » parce qu'il enseigne des choses importantes.

LE VIEIL ART DE DÉFENSE ALLEMAND D'APRÈS LE MANUEL D'ALBRECHT DÜRER

N°19

Albrecht Dürer écrit : Si quelqu'un t'a empoigné, s'est retourné et t'a saisi à l'épaule, alors courbe-toi fortement en avant, saisis-le avec la main gauche derrière la jambe et soulève-le comme l'illustre le dessin. Projette-le face contre terre ou donne-lui un coup de pied à la flexion des genoux.

N°20

Dürer écrit : Quand tu luttes avec quelqu'un, lance violemment la main droite et jette-toi sur lui en mettant ton bras à son coude droit. Saisis fortement son bras avec tes deux mains et tire-le jusqu'à la jointure de l'épaule, tourne ton côté gauche contre son côté droit de la façon indiquée ici et casse-lui le bras.

N°21

Dürer décrit cette prise ainsi : Si tu veux lutter avec quelqu'un qui est très fort, saisis-le gaillardement comme si tu voulais lutter avec lui de toutes tes forces. Mais quand il fait pression sur toi de sa force, place ton pied sur son ventre, laisse-toi tomber sur le dos et lance-le au-dessus de toi en le tenant fermement par les mains. Il tombera alors la face contre le sol.

Voici ce que nous enseigne le livre d'escrime de Dürer. Mais Dürer nous confirme aussi que le peuple physiquement sain est le détenteur d'une bonne race et d'un sang pur, même si les professions et les vocations mènent dans une autre direction, dans le domaine de l'esprit et de l'art. L'homme n'est pas seulement ce que fait de lui sa profession- il doit chercher à devenir ce que la race et le peuple lui ont transmis et ce que la race, le clan et le peuple exigent de lui.

Cahier de la SS n°2. 1939.

L'œuvre des frères Grimm

« Les contes et légendes pour enfants des frères Grimm » – formule magique pour tout Allemand dont l'enfance rattache à ce nom les premières notions les plus pures du récit et de l'expérience.

Dans les diverses régions de notre patrie et partout dans le vaste monde où vit un homme de notre sang et de notre langue, le nom des frères Grimm est respecté, et le livre de contes qui traduit la nostalgie et les rêves de l'âme allemande est généralement considéré comme une œuvre nationale. Il est caractéristique et à la fois significatif que « leur renommée internationale et l'intérêt porté par de nombreuses générations ne soient pas liés au simple produit artistique ou intellectuel mais à l'amour mis dans le recueillement méticuleux et la préservation d'un patrimoine populaire discret et presque méprisé, anonyme ». Car l'œuvre des frères Jacob et Wilhelm Grimm représente plus qu'une simple compilation fervente de vieux contes allemands : *Ils ont réveillé le savoir du peuple allemand* Avec une diligence digne d'abeilles, ils sont allés à la recherche de trésors oubliés, en grande partie délaissés, que représentent les contes et légendes, les jeux d'enfants, les chants populaires, les croyances et le droit national, parce qu'ils y avaient vu les témoignages vivants et rigoureux d'un monde disparu. Ces formes qui ont vu le jour il y a des siècles, purs produits de la culture et de l'art populaires allemands, sont pour eux les sources authentiques de l'histoire de ce peuple mais elles témoignent avant tout de l'évolution qu'a suivi notre chère langue maternelle allemande.

Jacob Grimm naquit le 4 janvier 1785 et, une année plus tard, le 24 février 1786, Wilhelm Grimm à Hanau. Dans un discours qu'il fit peu de temps après la mort de Wilhelm en 1859, Jacob parla de l'entente étroite, fidèle, fervente et fertile régnant entre les deux frères, qui prit fin à la mort de l'un d'eux : « Après les années scolaires, nous nous installâmes dans une chambrette avec un lit, travaillant souvent à la même table. Puis, toujours avec deux tables de travail, nous menâmes notre existence dans deux chambres côte à côte, en partageant fidèlement nos biens et nos livres, excepté seulement lorsqu'on devait avoir sous la main le même ouvrage qui se trouvait donc en double exemplaire. Assurément, nos lits pour le dernier voyage seront aussi l'un près de l'autre. » Quatre années plus tard ce souhait mélancolique s'est également réalisé.

Les deux frères se consacrèrent d'abord à l'étude du droit, par respect pour leur père qui avait exercé cette profession. Savigny était leur professeur de droit à Marbourg, et Jacob collabora en 1805 à la grande tâche d'élaborer *l'histoire du droit romain* dont Savigny s'occupait autrefois. Jacob Grimm lui-même raconte avec quel intérêt il étudia le droit romain : « J'ai étudié le droit à une époque où le gris monotone de l'opprobre et de l'humiliation pesait lourdement sur le ciel de l'Allemagne. Malgré toute sa richesse, le droit romain laissait un vide sensible dans mes espérances et je regrettais que le droit allemand ne fut pas autant enseigné que j'aurais pu le souhaiter. La richesse qu'il (le droit romain) recelait n'étaient pas assez stimulante et attirante pour m'instruire. Je cherchais donc une compensation et une consolation en m'intéressant à l'histoire de la littérature et de la langue allemandes. Le fait que des choses simples mais inaltérables recelassent des qualités et une sagesse que notre conscience pouvait redécouvrir, constituait une arme invincible qui nous protégeait de l'orgueil ennemi. Abandonnant la grammaire et ses pauvres fruits, j'étudiais de façon approfondie la *poésie, les légendes et les coutumes du pays* ; elles ne pouvaient que me conduire au *droit national !* Toutes les choses sont liées par des fils visibles ou invisibles qui nous permettent soit de les expliquer, soit de les comprendre. *L'antiquité du droit et de la religion* est encore imprégnée des vestiges du paganisme ; la *langue* comporte un aspect païen encore plus affirmé et que l'on ne peut comprendre sans son intermédiaire. » Au travers de ces lignes, on perçoit déjà quel était l'objectif des frères Grimm et aussi le trait essentiel de leur méthode de travail.

En 1812 parut le premier volume des « contes pour enfants » que les frères Grimm avaient rédigé en treize ans de recherches de transmissions orales provenant des régions du Main et de Kinzig, l'ancien comté de Hanau. Le deuxième volume put paraître en 1815 ; il contenait aussi l'ensemble des récits régionaux de Hesse. À l'origine les chercheurs ne s'efforçaient pas de transcrire des discussions chaleureuses afin de les vulgariser pour être compris des adultes et des enfants. Leur intention était plus élevée et visait en effet à faire sentir l'âme des contes et légendes populaires encore vivante mais menaçant de s'éteindre, afin d'en percevoir les lois régissant l'évolution de notre peuple.

À vrai dire, l'ethnologie nationale actuelle ne tient plus compte de l'opinion de Wilhelm Grimm disant que l'on peut découvrir dans les contes (dans lesquels il avait également rangé en 1812 et 1815 les sagas, les farces, les histoires d'animaux et les légendes) « des mythes allemands originels perceptibles, que l'on croyait morts mais qui perdurent encore sous cette forme ». Comme la science l'a montré, le conte transmis encore aujourd'hui au sein de notre peuple allemand depuis des siècles est « sûrement un reste de ce qu'il a créé ou hérité de son passé germanique ou indo-germanique. Le patrimoine des contes allemands est un réservoir collecteur dans lequel – surtout à l'époque des croisades durant le haut Moyen-Âge – on a ajouté des récits venus de tous côtés » (Friedrich Ranke). Et pourtant ! « Même s'ils nous sont parvenus de l'étranger à toutes les époques, ils ont perdu cependant depuis longtemps leur caractère étranger en Allemagne : notre peuple les a assimilés depuis des siècles par le truchement de multiples transmissions et les a adaptés à sa façon de voir et à sa conception. Car lorsque nous disions auparavant que les mêmes contes se transmettent chez les peuples les plus différents, le psychologue sait qu'un conte allemand est différent d'un conte français, russe ou même turc. *Chaque peuple a sa propre façon de raconter les légendes.* » Mais même en tenant compte de ce réajustement de la science et de son échelle de valeurs, le travail fait par les frères Grimm de collecter les contes et légendes conserve pour l'avenir une valeur d'une importance inouïe.

Les contes du premier volume (de 1812) proviennent principalement de traditions orales de la patrie hessoise des frères Grimm. Leurs conteurs sont membres de la bourgeoisie- par exemple un conte tiré de Dortchen Wild : « Les gens intelligents » et de Marie (Müller) de la maison Wildschen : « Le Petit Chaperon Rouge », « le Roi des grenouilles », « Petit frère et Petite sœur », « Blanche-Neige », « la Belle au Bois dormant », « le Petit Poucet », « la Jeune fille sans mains », « le Fiancé voleur », « l'Ondine dans l'étang », « l'Oiseau d'or » (Wilhelm Schoof). Cependant, dans le deuxième volume (de 1815) nous rencontrons pour la première fois une « authentique » conteuse de village, la dame « Viehmannin » de Zwehren près de Cassel. Dans la préface à ses « contes pour enfants » Wilhelm Grimm parle d'elle : « Mais ce fut l'un de ces heureux hasards qui nous permit de faire la connaissance dans le village de Niederzwehrn près de Cassel d'une paysanne qui nous raconta la majeure partie des contes du deuxième volume et également les plus beaux. Elle gardait en mémoire les vieilles légendes et disait elle-même que ce n'était pas le lot de chacun. Elle s'exprimait d'un ton posé, sûre d'elle-même, employant un langage alerte, et y prenait un plaisir manifeste. Au début, elle laissait parler sa spontanéité puis, quand on le lui demandait, elle répétait plus lentement, de sorte qu'avec un peu d'entraînement, il était possible d'écrire sous sa dictée. De nombreuses histoires furent ainsi conservées littéralement et ne perdirent rien de leur authenticité. » Parmi les dix-neuf contes cités par la « Viehmannin » se trouvent quelques-uns des plus connus et des plus beaux de l'ensemble, par exemple « le Fidèle Jean », « les Douze Frères », « le Diable aux trois cheveux d'or », « les Six qui viennent à bout de tout », « la Gardeuse d'Oies », « le Docteur omniscient », « le Frère du Diable couvert de suie », « Hans, mon hérisson ».

Les frères Grimm ont travaillé à leur aide-mémoire avec une attention constante. « En ce qui concerne la manière dont nous avons procédé pour réunir ces contes, ce sont avant tout des critères de fidélité et de vérité qui nous ont guidés. Nous n'avons rien ajouté de notre invention, ni embelli aucune circonstance, aucun trait de la légende ; nous contentant de reproduire son contenu tel qu'il nous a été communiqué. Il est bien évident que le style et la manière de traiter les détails sont dus pour l'essentiel à notre intervention, mais nous nous sommes efforcés de conserver chaque détail rencontré afin de conserver la richesse naturelle du récit. » Les contes de l'édition simple furent transcrits de façon toujours plus intuitive, plus simple. Ils reflétaient cependant l'âme du peuple parce que les frères Grimm étaient détenteurs d'un savoir national.

À l'époque lointaine des guerres d'indépendance en Hesse, le code juridique napoléonien devint la valeur absolue ; c'était donc une jurisprudence qui n'avait plus aucun rapport avec la pratique juridique traditionnelle. Cette altération étrangère de la vie juridique détermina les frères Grimm à abandonner définitivement la carrière juridique pour se tourner avec d'autant plus d'enthousiasme vers l'étude de l'antique sagesse qui recelait encore les valeurs populaires nationales. Jacob Grimm rédigea *L'antiquité du droit allemand* en prenant ses distances par rapport à l'érudition livresque courante, s'intéressant à tout ce qui est noble et grand et en comprenant parfaitement les rapports organiques du droit germanique. Il montrait que la poésie est présente dans le droit, il considérait le « merveilleux » et le « digne de foi » comme ses fondements.

Tandis que le travail de Jacob concernait l'étude du droit, l'énergie de Wilhelm se consacrait à la réunion et la sélection des contes et des légendes ; mais la mission des deux frères était *d'explorer la langue allemande*. Dans le cadre d'un simple article, il est impossible d'évaluer leur travail génial et inlassable dans ce domaine. Indiquons seulement que leur résultat principal fut la « grammaire allemande », « où revit toute la culture du peuple et son évolution séculaire dans toutes ses manifestations diverses », et le « dictionnaire allemand » auquel on travaille encore aujourd'hui sans relâche. Toutefois, la langue allemande seule n'était pas quelque chose d'inanimé régi par des théories et des règles mortes, mais une « nature vivante où s'impriment les mouvements et les vibrations les plus subtiles de la vie populaire allemande historique et morale des siècles passés ». Jacob Grimm a aussi interrogé la langue dans sa « mythologie allemande ». Les noms des jours de la semaine, des plantes, des animaux, des montagnes, des lieux, des dictons et des légendes ainsi que des coutumes et des superstitions- mais surtout au niveau grammatical – furent les supports de la mythologie du peuple allemand. Ce que la poésie nordique a conservé de trésors permettant de connaître la religion germanique, furent rassemblés avec quelques belles trouvailles faites dans la littérature et les légendes allemandes pour donner naissance à la « mythologie ».

C'est donc Jacob Grimm qui est devenu le père de ces sciences que nous appelons de façon moderne « germanistique », « ethnologie nationale ». Par ailleurs, ils constituaient un exemple lumineux : Les frères Grimm appartenaient aux « sept de Göttingen », intrépides et fidèles, c'est-à-dire ces professeurs d'université qui opposaient un refus courageux à l'action constitutionnelle réactionnaire du roi de Hannovre.

« Tous les Allemands sont libres et le sol allemand ne tolère aucun esclavage ! » (Jacob Grimm).

Will Erich Peuckert a parfaitement défini l'importance qu'ont les frères Grimm pour nous, Allemands du XXème siècle : « à une époque silencieuse – et cent ans avant la nôtre – ils ont été les premiers à parler du peuple allemand. Ils ont dépeint la grandeur passée de ce peuple et voyaient la grandeur présente qui appelait à la libération du pays. Ils n'ont rien imposé. Pour la première fois, ils redécouvrirent la beauté des choses produites par les époques anciennes. *L'Allemagne en devenir est celle des frères Grimm !*

Walther Ohlgart

Cahier de la SS n° 11 a/b. 1941.

Le mariage du prince Bismarck

Le « chancelier de fer » est ici aussi un exemple

Ils n'entrevoient pas ce que cette femme a fait de moi.

Otto von Bismarck

Bismarck symbolise pour nous tous le « chancelier de fer ». De fer dans son travail, de fer dans sa détermination, de fer dans ses actes, il l'était avant tout dans sa foi dans le Reich.

On connaît bien ce grand homme, mais si peu sa personnalité intime.

Bismarck bâtit sa vie autour d'un axe, peut-être le plus inattendu, qui nous permit de juger ses actes : c'est son mariage !

Bismarck lui-même écrivit à sa jeune épouse Johanna : « Je t'ai épousée pour t'aimer en Dieu, par besoin affectif et pour que mon cœur trouve une place dans ce monde étranger. Je trouve auprès de toi la chaleur d'un feu de cheminée, près duquel je me tiens quand il souffle et gèle dehors. Je veux entretenir ma cheminée, y mettre du bois, souffler sur le feu et la protéger contre les gens mauvais et les étrangers car il n'est pas de choses qui me soit plus proches, plus chères, plus agréables et plus nécessaires, après la miséricorde de Dieu, que ton amour et le foyer natal. » Par ces mots dignes d'un grand poète, Bismarck montre que sa nature géniale cherchait son complémentaire authentiquement féminin.

Notre Führer et le Reichsführer SS nous ont enseigné à penser dans une optique raciale. Pas seulement au niveau politique mais aussi en ce qui concerne notre vie personnelle, dans le choix conjugal. Dans ce contexte, étudier la nature du mariage bismarckien est typique et riche d'éclaircissements pour nous.

Quelles sont les raisons qui concourèrent au bonheur de ce mariage, à son harmonie, sa stabilité, qui triompha de toutes les épreuves ?

Bismarck et Johanna provenaient tous les deux de la même classe – de la noblesse prussienne. Leur façon de vivre révélait un accord parfait. Quoique leur vie prit un grand tournant à la suite de son activité politique, ils restèrent toujours ce qu'ils étaient : des gens simples, naturels, issus de leur patrie rurale, vivant au sein d'un environnement légèrement teinté de mœurs courtoises. Même lorsqu'il était chancelier, Bismarck parlait avec prédilection le bas-allemand dès qu'il se sentait parmi les gens de son cercle de vie. Adolf Willbrandt témoigna lors d'une visite dans la propriété de Friedrichsruhr : « Tout ici est merveilleusement prussien. Rien d'ostentatoire, rien de surfait. » Et un autre, un homme de cour, se plaint en soupirant : « Les Bismarck ne se débarrasseront jamais de l'allure des nobles provinciaux de petite fortune ! »

Il est admirable de voir à quel point Johanna sut s'adapter à l'évolution suivie par la situation de son mari. Lorsqu'en 1851 Bismarck devint ministre et représentant de la Prusse à Frankfort, elle se vit confrontée pour la première fois à ces nécessités. Séjournant encore avec ses enfants chez ses parents, il avertit Johanna de ses tâches futures dans des lettres. « Ma pauvre enfant devra maintenant s'asseoir de façon rigide et respectable dans le salon, dire « excellence », être avisée et sage avec les excellences. » Johanna fut d'abord déconcertée par ces obligations. Cependant, sa faculté d'adaptation naturelle de femme aimante se manifesta de nouveau. Toutefois, une autre question était plus difficile à résoudre que celle de l'attitude extérieure. Bismarck connaissait l'horreur de sa femme pour les Français et savait combien il lui était difficile d'apprendre les langues. Mais il dût la prier d'apprendre le français. La chaleur de sa nature s'exprime dans la forme prise par sa tentative : « En premier lieu, tu es ma femme et non celle des autres diplomates qui peuvent apprendre aussi bien l'allemand, que toi le français. Seulement, si tu as des loisirs ou que tu veux lire, prends un roman français. Mais si tu n'y trouves aucun plaisir, oublie cela. » Johanna pouvait-elle refuser une demande si affectueuse ?

« Mon mari est certes en Bohême… mais… »

Voici encore une anecdote caractéristique : À Petersbourg, Bismarck racontait une histoire et, comme lors de ses discours au Parlement, il fit une pause intentionnelle bien réfléchie. Constamment aux petits soins, Johanna se fit du souci. Le matin, son mari avait eu des douleurs aux pieds et elle croyait que la pause voulue était due à ces douleurs. « Mais, mon petit Otto, pourquoi as-tu mis tes bottes vernies ?, nous sommes en privé ! » Bismarck s'aperçut que Johanna ne l'avait pas compris. Cependant une lueur sereine illumina son visage. Calmement, il dit : « Tu as raison, mon amour, les autres chaussures auraient été mieux. » Et il poursuivit. Quand on pense à ces disputes entre époux provoquées par des paroles ou des allusions mordantes, cela montre la grande unité intérieure du couple.

Johanna s'habitua de plus en plus au rôle que le destin lui avait attribué : être la femme du grand homme d'État, n'avoir aucune ambition propre mais tout faire en tenant compte de sa grandeur. Bismarck appréciait la vie de famille sereine, il aimait plus que tout la sociabilité de son petit cercle. Johanna aussi l'appréciait beaucoup, cependant, son activité ne s'étendait qu'aux devoirs purement ménagers. Elle devait tenir fermement les brides du ménage et de tout ce qui en dépendait. Ainsi, malgré sa modestie, elle ne pensait pas à autre chose qu'à la vie sociale avec Bismarck.

Grâce à ces qualités naturelles, l'homme et la femme se complétaient aussi bien dans leur mariage que dans leur personnalité. La grande clairvoyance de Bismarck, sa dignité, son penchant pour l'indépendance allaient de pair avec la bonté et l'amour de sa femme. La fraîcheur et la franchise de sa nature, son manque total de sensiblerie étaient pour lui, l'homme fort, une compensation, car il avait si souvent à souffrir de la faiblesse sentimentale, et comme il le disait, se trouvait plongé dans une « mer de larmes ». Ainsi, pendant les années de guerre, la femme du Premier ministre, la femme « sans homme » et extrêmement délicate, ne fut jamais faible. Une aventure émouvante en est la preuve : Un soir, elle s'assit seule sur un banc dans le jardin. Elle aperçut soudain un homme d'apparence sombre qui sauta par-dessus le mur du parc. Peu après, résolue, elle saisit une bêche se trouvant dans la plate-bande et mit en fuite l'intrus avec cette « arme » levée en disant : « Mon mari est certes en Bohême, mais... » Une vraie femme n'a pas de raison d'avoir peur.

LE LIEN LE PLUS PROFOND : LES ENFANTS DE BISMARCK

Mais l'un des sentiments les plus forts qui unissaient le couple était l'amour pour leurs enfants. Les relations avec les trois enfants, Maria, Herbert et Wilhelm étaient purement affectueuses, particulièrement lorsqu'ils grandirent. Bismarck lui-même, qui, à la suite de la mort prématurée de sa mère, avait eu une enfance triste et une éducation en internat, défendait le point de vue que ses enfants ne bénéficiaient jamais assez d'amour et d'affection. Ainsi, dès le début, décida-t-il d'adopter plutôt le ton de la camaraderie que de l'autorité. Il n'eut pas de plus grande joie que de faire de son fils le plus âgé son collaborateur. Johanna s'épuisait sans compter dans sa maternité. Elle voyait dans ses enfants le sens de sa vie et de son action, chez qui elle redécouvrait la nature de son mari. Ses forces maternelles naturelles étaient si puissantes qu'elle surmontait facilement les fatigues physiques les plus dures que réclamait un enfant. Sa fille Maria était pour elle son « amie la plus sincère » et sa joie lorsque celle-ci se maria, fut ternie sérieusement quand Maria partit s'installer en Italie.

Les deux époux ne se sentaient particulièrement bien que lorsque la famille entière se réunissait autour d'eux. Ils souffraient d'autant plus des séparations obligatoires en leur sein. Les enfants devinrent donc le lien naturel le plus solide. Dans sa vie privée, le grand chancelier était un père attentionné et exemplaire. Il ressentait toujours très cruellement les séparations dans sa famille. Il lui écrivait des lettres émouvantes entre les cessions du Parlement, entre les comptes rendus importants et sur le champ de bataille. Lorsque, pendant la campagne militaire de 1870n1, elle soigna l'un de ses fils blessés, un visiteur décrivit cela de la façon suivante : « La comtesse Bismarck parlait comme pouvaient le faire les femmes des dieux quand retentissait la corne de guerre contre l'ennemi ; près du lit de son fils elle me semblait incarner la vieille légende : Kriemhild sur le champ de ses héros. »

Mais dans ce contexte on ne pouvait ignorer l'une de leurs relations : celle avec Dieu et la religion. Bismarck était animé par une foi profonde et naturelle, mais il avait peu de penchant pour l'Église et sa fonction. En revanche, Johanna provenait d'une maison paternelle très religieuse. Donc, Bismarck commença, dès ses fiançailles, à amener sa future femme dans sa direction. Il le fit avec humour, connaissance et adresse, n'oubliant pas de respecter sa foi et n'offensant jamais sa piété. Il la confortait réellement de façon « diplomatique » dans le sentiment qu'elle l'avait transformé, lui le junker extravagant et insouciant, alors qu'en réalité il l'éduquait suivant ses désirs.

Il y eut donc un constant échange entre eux durant toute leur vie. Leur instinct moral s'exprimait dans un style de vie harmonieux du fait de leur origine commune. C'est l'une des causes du « bonheur » de ce mariage. D'un autre côté leurs qualités spirituelles et psychiques se complétaient tellement, dans les petites comme dans les grandes choses, qu'ils parvenaient *réciproquement* à la parfaite harmonie sans le savoir.

Bismarck l'a parfaitement ressenti.

CAHIER DE LA SS N°7. 1943.

« TOUTE CHOSE A UN ORDRE »

De l'œuvre et de la vie du médecin et mystique Paracelse

Paracelse fut l'un des guides les plus ardents et les plus géniaux du peuple allemand, et c'est pour cela qu'il nous touche tant. Il suivit son destin, connaissant tour à tour les vicissitudes et les grandeurs, la joie et la peine, l'affront, la diffamation et la misère, mais aussi la puissance et la renommée. Cependant, il resta solitaire. Nulle part il ne put trouver un foyer, commençant à voyager très tôt et accomplissant ainsi sa destinée.

En vagabond il traverse le monde, parcourt presque toute l'Europe, cherche d'un cœur vaillant les derniers secrets de la nature. Il se fie à l'avis du peuple simple : il épie les connaissances du paysan forestier, du charbonnier et de la vieille femme. Il s'assied chez les bergers et les rebouteux qui lui apprennent tant Il élabore ses idées dans la tempête et la grêle. Il traverse la campagne allemande dans la pluie et la neige, voyageur sans repos seulement accompagné de son art, la médecine. Mais ce fut à la fois son destin et sa mission. Ce n'est que dans la mort que ce « voyageur des campagnes et vagabond », comme il s'était appelé lui-même, trouva le repos. La mort le surprit en 1541 à Salzbourg-à 48 ans et bien trop tôt. Le petit peuple ne voulait pas se faire à l'idée que ce grand médecin ne vivait plus, qu'il ne pouvait plus venir le voir pour lui demander de l'aide dans la détresse et la maladie. Cependant, ses pensées et ses idées ont survécu aux siècles et, actuellement, sont plus vivantes que jamais.

Les connaissances acquises par Paracelse, ce médecin et mystique souabe, sont multiples. Son principe décisif dit que seule la nature peut donner une réponse aux nombreuses questions que pose le cœur humain. Il méprise les petits bourgeois et les « docteurs infatués » qui vont chercher leur sagesse dans des livres recouverts par la poussière des siècles. « Les créatures sont comme des lettres, et celui qui veut explorer la nature doit lire ses livres en marchant. On étudie l'écriture grâce à l'alphabet, mais la nature de région en région. » Ses yeux clairs sont ses armes les plus puissantes.

Paracelse a rompu avec les vieilles méthodes de la science. Son approche de la science naturelle était totalement inédite. Jusqu'alors, Dieu était à l'origine de toutes les créations ; à présent, c'est la nature et, avec elle, l'homme. Il est plein de respect pour cette dernière qui est la puissance détentrice de toute vie. Elle se manifestait partout à lui sous forme de mesure, d'ordre et de loi, et il découvrit que la même force divine vit et agit aussi bien dans les pierres du ruisseau que dans les étoiles du ciel, dans la plante de la prairie que dans l'homme. Mais l'homme n'est rien d'autre que le monde en plus petit, le microcosme. Il est donc également soumis aux même lois divines et éternelles que la nature. Les mêmes lois qui régissent le cours des étoiles, qui font pousser les plantes et lutter les animaux pour leur vie, gouvernent aussi les hommes. Tout homme est donc soumis aux analogies inexorables et aux lois de la vie. Les lois humaines et naturelles sont identiques. Mais celui qui dévie de ces règles éternelles de la vie périt, comme périt l'arbre que l'homme déracine. Souvent Paracelse, plein de douleur et d'espoir, a cherché dans les étoiles les réponses à ses questions. La grandeur et l'éternité de Dieu s'expriment si clairement en elles, voyageuses solitaires éloignées de toute humanité. Il se sent lié aux étoiles par le destin. Pour l'homme microcosmique, le destin des mondes devient aussi le sien. Les lois de l'univers deviennent les lois de l'égo.

Cette attitude nouvelle envers la nature et le cosmos conditionne aussi sa relation avec la religion et Dieu. La vie est riche d'étonnements pour l'esprit. Tout est en mouvement, tout est un éternel changement parce que tout est vivant. Mais la vie est l'activité créatrice de Dieu. Ainsi le monde est le grand don de Dieu, et cette terre est aussi animée par Dieu. Il vénère son Créateur dans la beauté et la splendeur de la nature. Il accomplit le service divin en comprenant son sens le plus profond du fait de cette fidélité à la nature. Celle-ci s'exprime de façon sacrée et avec elle l'homme. Pour Paracelse la nature est la règle absolue et profonde. La loi que Dieu a placée dans la nature, il l'a placée aussi dans l'homme, et celui qui vit d'après ces lois naturelles vit de façon morale. Ainsi, être fidèle constitue une exigence et un devoir sacrés pour nous. Cela implique comprendre la richesse de son essence intérieure. « Celui qui reste fidèle à lui-même ne faillit pas. » Telle est la grande loi morale que Paracelse nous a donnée. Il avait la certitude instinctive que la voix du cœur est celle de Dieu. Il se sentait inscrit dans l'univers, en Dieu et ne faisant qu'un avec la nature.

Dans le fond, Paracelse vécut sa conception du monde comme un sursaut héroïque et positif de la réalité divine qu'il portait en lui, qui est présente dans la nature et même dans le monde entier. Dieu n'est pas seulement le créateur du monde, il est aussi à l'origine de l'essence du monde, la puissance qui insuffle la vie et qui structure. « Toute chose a un ordre. » Le monde est donc bon, de même que l'homme, et « nous sortons purs et chastes du corps maternel ». La terre ne mérite pas d'être méprisée, précisément parce que tout est divin. Il est donc constamment en vive opposition avec le christianisme de son temps.

Paracelse suit les lois de la vie mais il reconnaît aussi que le combat traduit l'égoïsme de la vie que l'on rencontre partout. Ce qui s'oppose à la vie ne mérite pas de vivre et doit être constamment éliminé. Il se lance donc à l'assaut de la faiblesse et de la décadence. Il fut le premier à contester le mépris chrétien du corps, et attirait déjà l'attention sur le danger des maladies héréditaires.

Mais en quoi réside le sens de la vie pour Paracelse, et quelle est la vocation de l'homme ? « Personne n'est dispensé de travail, personne n'est ennobli par l'oisiveté. » « Les mains ont été créées pour le travail, et non pour bénir. » Il désapprouve donc les prêtres et les moines. « Ils prêchent pour de l'argent, ils jeûnent pour de l'argent. » « La maison de prière est dans les cœurs. » Il veut que soit accompli un travail productif au service du peuple et de l'État. Paracelse voit dans le travail le sens de la vie et recherche un socialisme concret et non pas des paroles vides.

Paracelse s'est intéressé à presque tous les domaines de la vie humaine. Il réclamait l'instauration d'un droit enraciné dans le peuple et issu de l'ordre vivant.

Il prit position contre le célibat en des termes vifs et durs. Le mariage constitue aussi une loi naturelle ; il est aussi un élément de l'ordre divin du monde. « Le fruit de ton corps est béni, non ta virginité. » Le mariage permet au souhait de la communauté de se réaliser. Nous devons nous incliner avec respect devant la maternité.

Il fit front contre le judaïsme en sachant bien qu'une culture et un esprit étrangers sont nuisibles pour le peuple, prétextant que seul le lien à la terre est fertile. Mais quelle est la patrie du Juif ?

Ce qui aida Paracelse à faire ses grandes découvertes médicales fut la constatation du lien étroit et privilégié unissant l'homme à la nature et au cosmos. Le rythme vital de l'univers et celui de l'homme suivent le même cours. Comme la nature, l'homme aussi possède des rythmes saisonniers, il a aussi ses saisons au sens littéral du terme. Donc, chaque maladie doit être traitée pour elle-même car elle procède d'un caractère unique. Le grand médecin refusait toute généralisation dans le traitement des malades. Les forces psychiques, les rapports humains entre le médecin et les malades et la volonté de rétablissement ont une influence décisive. La connaissance de la maladie et le type de traitement sont intimement liés non seulement à la structure du corps, à la forme et à l'apparence, mais aussi à l'environnement- et pas seulement l'environnement terrestre, mais aussi l'environnement cosmique – dans lequel vit le malade. Paracelse alla même si loin qu'il chercha l'origine de la maladie dans le caractère spirituel-psychique. Mais l'amour était devenu pour lui le meilleur moyen de communiquer avec le malade et ainsi de le guérir.

Paracelse est demeuré un solitaire jusqu'à sa mort. Il a toujours cru que l'on pouvait dominer les esprits mesquins par la générosité et la bienveillance, mais ce n'était là qu'une croyance. En silence, il gardait sa peine au fond de lui. Il s'abandonna à son destin de bonne volonté et humblement. Oui, il l'aimait parce qu'il se trouvait en accord avec les lois de la vie car la naissance et la mort forment aussi la grande loi naturelle à laquelle l'homme est soumis. Il était en harmonie avec l'ordre cosmique éternel, voulant que tous les êtres aient leur moisson et leur automne. L'homme ne prend congé de la vie que lorsque son œuvre est accomplie. « Rien ne meurt avant d'avoir donné ses fruits. » Telle était sa conviction.

Et cependant, bien que son existence fût faite de solitude, de lutte et d'espérance, Paracelse a aimé la vie avec toute la force de son grand cœur. Il se trouvait au cœur de la vie. Il se reconnaissait dans cette belle terre florissante, il l'acceptait malgré toutes les peines.

Paracelse aussi était un fils de son temps – il ne pouvait pas se libérer des multiples superstitions. Il a aussi intégré la magie et la cabbale, l'astrologie et l'alchimie dans son grand système ordonné. Paracelse a toujours été entier, même dans ses contradictions. Il vécut et souffrit pour sa science et avec les hommes de son siècle.

Il ne fut pas un spectateur de son temps ; ce fut un combattant et un créateur, et il était allemand. Là aussi il fut entier et direct. Ce fut le premier professeur qui enseigna en allemand en 1525 dans une université. Il avouait avec fierté : « Je suis un philosophe allemand d'esprit allemand. » Mais sa profession de foi n'était pas seulement allemande, l'étaient aussi le penchant faustien vers la vérité, la soif profonde de connaître le monde, le désir et l'aspiration à comprendre l'infini et la passion avec laquelle il parcourt la profondeur de l'être. Sa vie et son œuvre étaient allemandes, allemand était l'esprit insatiable qui voyageait sans cesse pour rassembler de nouvelles expériences, allemande était son attitude combattante. Il fit partie de ceux qui naviguent dans la tempête et que le calme dérange.

Les forces motrices de sa création fertile étaient le respect des lois éternelles de la vie, l'amour de la nature et de l'homme.

Quand on aura oublié Paracelse depuis très longtemps, alors on se demandera pourquoi ce « prédicateur de l'existence » solitaire a mené une vie riche et nostalgique faite de luttes constantes. Il nous restera son appel à demeurer fidèle à soi-même et à reconnaître la vérité de l'ordre naturel. Ce savoir se traduit parfaitement dans ses mots : « Toute chose a un ordre. »

Friedrich Oesterle

Pensées de Paracelse
Existe-t-il de plus grande joie que de se sentir vivre en harmonie avec la connaissance de la nature ? Est-il d'autre infortune qu'une intrusion contre l'ordre naturel ? Nous avons notre place dans la nature.

Hippocrate donna deux exemples qui permettent de comprendre quelles sont les disharmonies, à savoir : trop et trop peu, dépasser en trop ou dépasser en moins la nature. Cela n'est pas bien, car on doit garder la mesure en tout ; il faut que le vide soit équivalent à l'abondance. Quand l'équilibre est rompu, on porte atteinte à la nature, elle ne le tolère pas. Car quand nous considérons la nature telle qu'elle est dans son essence, alors nous devons ordonner toutes les choses, dans le nombre, le poids, la mesure, la circonférence etc., et rien en dehors de cela, ni en moins, ni en plus. Tout est vain lorsqu'on ne prend pas cela en compte.

Heureux et plus encore est celui qui possède la juste mesure et n'a pas besoin de l'aide des hommes mais suit le chemin que Dieu lui indique.

L'histoire de l'humanité, c'est l'histoire de quelques hommes.
Les autres n'y ont pas plus pris part que les poissons dans la mer.

René Quinton

Cahier de la SS n°5. 1942.

Nietzsche, le prophète

Né à Röcken, près de Leipzig, le 15 octobre 1844, Friedrich Nietzsche appartient à cette génération pour laquelle le déchaînement des guerres d'indépendance n'était désormais qu'un souvenir d'enfance. Mais la mort de son père poussa le garçon de cinq ans à quitter le presbytère du village pour la ville, et le garçon de quatorze ans le foyer de sa mère et de sa sœur pour le cercle de camarades de l'école du village de Pforta. Ses années d'université se déroulèrent principalement dans l'environnement culturel de Leipzig et dans le cercle d'amis de cette région. Avant sa nomination, il est accepté à vingt-quatre ans comme professeur de philologie classique à l'université de Bâle, et ainsi la Suisse devient sa patrie professionnelle pour dix ans. Il ne peut donc participer à la guerre franco-allemande que comme infirmier volontaire, d'autant qu'une blessure avait prématurément mis fin à sa première année de service.

Au cœur de l'esprit de compétition et de la valorisation des succès industriels par ses contemporains, le garçon de vingt-huit ans commença à lutter de façon impitoyable pour le droit à la vie de l'âme allemande, pendant quinze ans, dans une solitude croissante. Au bout de dix années, le front commun de la bourgeoisie replète et du matérialisme libéral, opposé à sa doctrine de la vie fière et dangereuse, finit par avoir raison de sa résistance physique. Dans les Alpes et en Italie, le solitaire médite, en lutte constante avec la douleur qui triomphe en 1889. Le 25 août 1900 le délivre, après des années d'aliénation mentale qu'il a passées, soigné par sa mère et sa sœur.

Étranger dans un siècle qu'il a renié, ennemi de son entourage qui ne l'aimait pas parce qu'il discernait son manque de valeur et l'exprimait sans ménagement, Nietzsche vécut la vie d'un proscrit volontaire scrutant l'horizon à la recherche de temps meilleurs dans l'isolement des hautes montagnes. De ses rochers d'Engadine sur lesquels il s'était retiré, il regardait avec inquiétude l'ouragan de la civilisation, de la démocratie et des conquêtes matérielles dans lequel l'Europe menaçait de sombrer. Ce que ses contemporains prenaient pour une expansion perpétuelle, il y discernait une décadence croissante commençant à dissoudre toutes les existences nobles dans le matérialisme le plus nocif. Plus proche des étoiles que du grouillement de la ville, l'habitant de Sils Maria tournait son regard de visionnaire vers l'avenir porteur d'un type d'hommes plus élevé, sur un âge dominé par un nouvel idéal et de nouvelles valeurs, ce qui ne pouvait être atteint que par un détachement volontaire des égarements du XIXème siècle. Nietzsche voyait le signe le plus funeste dans le manque de motivation général, dans le relâchement croissant, dans l'inertie de l'âme, de l'esprit et de la volonté, dans le bonheur grégaire de l'aisance bourgeoise.

« Je salue tous les signes indiquant le commencement d'un âge viril et guerrier qui remettra en honneur la bravoure ! Car il doit frayer le chemin à un âge encore plus grand et récolter la force dont celui-ci aura besoin – cet âge qui exprime l'héroïsme et incite à la guerre par son idéal guerrier et sa logique. Des hommes qui, en silence, solitaires, décidés, comprennent qu'ils doivent s'accomplir en travaillant de façon discrète. Des hommes qui, par nature, aspirent à tout ce qui constitue une épreuve. Des hommes qui animent de leur esprit les fêtes, le travail et les jours de deuil, étant des chefs solides et prêts quand il le faut, à obéir, de façon fière dans un cas comme dans l'autre, égaux à eux-mêmes : des hommes dangereux, productifs, heureux. Car, crois-moi ! Le secret pour avoir une vie vraiment riche et profitable, c'est vivre dangereusement ! »

Critique et prophète à la fois, Nietzsche montre la décadence menaçante à ses contemporains saisis par l'ivresse du progrès, mais simultanément il pourfend les pessimistes qui se laissent aller désespérément à croire au déclin, à cause de leur résignation accablée, tandis qu'il leur présente sa vision d'avenir pleine de couleurs lumineuses. Nous ne sommes pas les victimes d'une fatalité inévitable, mais seule la volonté décide du redressement ou du déclin. « Vouloir libère, car vouloir, c'est créer. » La création d'une grande culture et la réalisation des aspirations de l'humanité constituent la mission des Allemands. Vers cet objectif, notre effort doit être « de réinstaurer l'unité suprême entre la nature et l'âme de notre peuple. C'est cette unité allemande que nous nous efforçons d'atteindre, même plus ardemment que la réunification politique : l'unité de l'esprit et de la vie allemande. » Nietzsche constatait les lacunes existantes dans l'œuvre de Bismarck. L'unité intérieure du peuple, l'accord entre ses pensées et ses actes devait être retrouvée. « Formez en vous une image qui corresponde à l'avenir et ne soyez plus des êtres superstitieux, des épigones. » Nietzsche a prononcé le mot décisif. Il invite les hommes à se débarrasser de la peur, puisqu'ils ne sont que des épigones, de faibles descendants d'un grand passé qui assombrit tout l'avenir parce que c'est un exemple inaccessible. Ce n'est pas en tant qu'épigones dont l'existence sert de mesure, mais en tant que précurseurs dont la grandeur reste à venir, que nous devons vivre. Commencer un nouvel âge, un âge où règnent la grandeur et la souveraineté, sans se retourner sur le passé, tel est le courage. Pour cela, Nietzsche privilégie le courage, source de toutes les vertus.

« Le courage et l'aventure, le désir de l'incertain, du risque, – le courage me semble être la préhistoire de l'homme. » La guerre est aussi approuvée par Nietzsche. « La guerre et le courage ont fait de plus grandes choses que l'amour du prochain. Ce n'est pas votre compassion, mais votre bravoure qui sauva les victimes. Qu'est-ce qui est bon ? vous demandez-vous. Être brave est bon... Vous devez aller à la rencontre de vos ennemis, vous devez mener votre guerre pour vos idées ! Ainsi, vivez votre vie dans l'obéissance et la guerre ! Qu'importe une vie longue ! Quel est le guerrier qui veut être épargné ? Je ne vous épargne pas.je vous aime foncièrement, mes frères de guerre ! »

Le chef va à la tête de ses guerriers en un renoncement héroïque, sacrifié à lui-même. « Peu importe ce que sacrifient le seigneur, le prince, l'individualiste ! » Ce n'est pas le danger mais ce que nous nous efforçons d'atteindre qui doit nous réunir en un peuple guerrier combattant jusqu'à la mort pour son idéal. « Nous devons avoir un but, et à travers lui, nous nous aimons les uns les autres ! Tous les autres objectifs ne sont bons qu'à être abandonnés ! » L'esprit de soldat doit pénétrer toutes les classes populaires, toutes les professions car c'est lui qui abolit les différences de classes et fonde l'action politique sur l'attitude. « Les travailleurs doivent apprendre à ressentir les choses comme des soldats. Des honoraires, un salaire, mais pas de récompense. Aucun rapport entre le paiement et le résultat ! Mais seulement estimer l'individu d'après ce qu'il peut réaliser de plus élevé dans son domaine. Un jour, les travailleurs vivront comme les bourgeois ; mais au-dessus d'eux, se signalant par son absence de besoin ; la caste supérieure : donc plus pauvre et plus simple mais détentrice du pouvoir. »

Nietzsche se présente comme le messager de la vie avec un enthousiasme pour tout ce qui rend l'homme digne de vivre, ce qui le rend fort et fier, c'est-à-dire ce qui le rend aristocratique. Dans les mains de la nature, la guerre est un moyen de conserver l'ordre vital aristocratique.

« Une société qui, en définitive, refuse et son instinct pour la guerre et la conquête, est en décadence : elle est mûre pour la démocratie et le pouvoir des boutiquiers. » Pour cette raison aussi, il avait une aversion fanatique pour la démocratie s'exprimant dans le parlementarisme européen occidental. « La démocratie européenne n'est pas un déchaînement de forces. C'est avant tout un déchaînement de paresse, de fatigue, de faiblesse. La démocratie fut de tout temps la forme décadente de la force organisatrice. » Nietzsche exprime ainsi ce qui fait le but de l'existence : L'homme ne recherche pas du tout son bonheur-il veut quelque chose de totalement différent. « On ne peut être qu'Anglais pour croire que l'homme cherche toujours un avantage. » Ce n'est pas le libéralisme – l'abrutissement de masse allemand comme disait Nietzsche mais la guerre qui rend l'homme libre. « Car qu'est-ce que la liberté ?

C'est d'avoir la volonté d'être responsable. Que l'on maintienne la distance qui nous sépare. Que l'on devienne indifférent à la fatigue, à la dureté, à la privation même de la vie. Que l'on soit prêt à sacrifier des hommes à son idéal, soi-même y compris. La liberté signifie que les instincts virils, belliqueux et victorieux ont la suprématie sur les autres instincts, par exemple celui de la recherche du bonheur. L'homme devenu libre, et encore plus l'esprit devenu libre, piétinent le genre méprisable dont rêvent les boutiquiers, les chrétiens, les moutons, les femmes, les Anglais et autres démocrates. L'homme libre est un guerrier. » D'après quoi mesure-t-on la liberté chez les individus comme chez les peuples ? D'après l'épreuve qui doit être surmontée, d'après l'effort nécessaire accompli pour rester en tête. On doit rechercher le type supérieur de l'homme libre là où se présente le plus grand défi. Nietzsche parle de philosophie comme aucun autre penseur avant lui, et il sait pourquoi. Il dit prophétiquement dans l'un de ses derniers aphorismes : « La guerre actuelle s'est transformée en une guerre d'idéologies. Notre supériorité ne se fonde pas seulement sur les armes allemandes, elle se fonde aussi sur l'esprit allemand. »

Claus Schrempf

CAHIER DE LA SS N°3. 1942.

RICHARD WAGNER

Les relations du Führer avec le grand Maître

Ce n'est pas un hasard ni un caprice qu'entre tous les grands maîtres de la musique allemande, Hitler voua un respect et une admiration particulière à Richard Wagner. Il eut aussi des égards dignes d'un prince pour le joyau culturel allemand de Bayreuth. Le Maître en fut privé de son vivant par les chefs du Reich allemand sous autorité prussienne de l'époque.

Dès le début, les membres de la famille du Maître de Bayreuth ont manifesté la compréhension la plus profonde et l'espoir le plus fidèle.

Les frères Grimmont su faire revivre l'esprit des vieilles légendes de nos ancêtres.
« Conte », gravure sur bois de Switbert Zobisser.

Dans une lettre ouverte du 1er janvier 1924, à l'époque la plus noire, le gendre de Richard Wagner, H.-St. Chamberlain, l'époux de sa fille cadette Eva décédée récemment, a fait l'éloge de la personnalité et de l'œuvre d'Adolf Hitler d'une façon tout à fait prophétique et pour le plus grand réconfort de milliers d'Allemands. Il se fondait sur la forte parenté de nature des grands hommes, Wagner et Hitler, quand il dit dans cette lettre que le cœur est le foyer où s'enflamme l'enthousiasme forgeant les pensées de Hitler, et que le chef allemand aime son peuple d'une passion ardente. Wagner aussi a aimé passionnément le peuple allemand et n'a rien demandé d'autre que son « amour sincère » pour ce qu'il lui donnait. Il fut récompensé en retour mais peut-être pas d'une façon aussi extrême et débordante que le Führer. Le peuple ne put le remercier qu'avec son amour constant et passionné.

Rencontre de deux grands artistes : Richard Wagner par Arno Breker.

Mais le fait que le Führer se souvienne de la sympathie et de la fidélité témoignées par la maison Wahnfried bien avant 1933 n'explique pas encore sa passion et son respect pour le Maître de Bayreuth : de la même façon qu'il entretient Bayreuth, le Führer veut permettre à des milliers de compatriotes de profiter des plus grands biens culturels de l'humanité non pas en payant des sommes élevées mais gratuitement, comme le souhaitait Richard Wagner dès le début. Ainsi, Adolf Hitler acquitte aussi cette vieille dette envers le Maître de la musique allemande ; car aucun des grands compositeurs allemands ne s'est manifestement autant préoccupé de l'Allemagne. Aucun n'a lutté aussi infatigablement grâce à ses œuvres pendant sa vie entière pour la prédominance de l'Allemagne et aucun n'a vu aussi nettement et clairement que Richard Wagner « où se cachent les véritables ennemis de la germanité ».

Le Führer sait que l'art magnifique et profond de Richard Wagner signifie avant tout pour le visiteur du festival de Bayreuth une valorisation du dynamisme, une élévation de la vitalité lui étant nécessaire et procurant une joie de vivre, un « divertissement de l'existence toujours fondé sur les belles illustrations des forces idéales de la nature humaine ». Le Führer est un fidèle visiteur enthousiaste du festival de Bayreuth, admirant la pureté et la liberté de cet art idéal. Dans la troisième année de ce combat terrible pour la liberté de l'Allemagne et du monde entier, le grand art solennel de Richard Wagner remplit des milliers de gens de l'espoir créateur, ce fils de l'amour éternel qui procure de la force aux hommes qui luttent.

On peut comparer l'expérience mouvementée faite lors de la première représentation de Lohengrin à laquelle assistait le garçon de douze ans Adolf Hitler à Linz et le jour où le chancelier, devenu chef de tous les Allemands, élève sa main protectrice sur l'œuvre du Maître de Bayreuth ! La description faite dans *Mein Kampf* montre le retentissement qu'a causé cette représentation de Lohengrin sur Hitler. Le Führer se souvient des évocations rayonnantes par ces mots : « Je fus ensorcelé par ce chant. Mon enthousiasme juvénile pour le maître de Bayreuth ne connaissait aucune limite. Ses œuvres constituaient pour moi la référence absolue et je considère comme une chance particulière d'avoir pu entretenir une passion croissante du fait de la simplicité de la représentation locale. » On constate l'action de forces mystérieuses lorsque nous pensons à la prédiction faite au roi Heinrich mise dans la bouche de Lohengrin par le poète Richard Wagner :

« À toi, le Pur, une grande victoire t'est accordée. Vers l'Allemagne dans les jours lointains ne doivent jamais les troupes de l'Est aller victorieuses ».

À présent, notre époque difficile professe cet aveu grandiose : *Le combattant* puissant qui, enfant, conservait ces vers en son cœur, arpentera cette planète aussi longtemps qu'elle existera !

Hans Gansser

Cahier de la SS n°7. 1938.

Gustave Kossinna

Le vieux maître de la recherche préhistorique allemande

La préhistoire allemande, considérée sous l'angle de la race, forme aujourd'hui la clef de voûte de notre idéologie nationale-socialiste, et nous avons le devoir de connaître le niveau culturel atteint par nos ancêtres germaniques. Nous apprenons notre passé racial non seulement dans toutes les écoles, mais aussi par l'enseignement que dispense le Parti et ses organisations à tous nos concitoyens. Alors que déjà depuis longtemps, d'autres peuples enseignaient leur passé le plus ancien à leur jeunesse, sous l'influence « d'un idéal de culture humaniste unilatéral » s'est développée en Allemagne une préférence pour l'étude de peuples et de cultures étrangères, en particulier des cultures classiques des pays méditerranéens. Cette optique étroite a conduit nos manuels scolaires à négliger notre propre passé !

La culture des anciens Égyptiens, Grecs et Romains est passée au premier plan, par rapport à laquelle notre passé germanique est présenté comme celui d'une civilisation grossière et barbare. Les Germains n'auraient été libérés de leur barbarie et amenés à un plus haut degré de civilisation qu'au contact des courants venant du Sud ; ceci fut particulièrement marqué à l'ouest de notre patrie lors de l'époque de la conquête et de la domination romaine.

Tandis que chaque année, on mettait en œuvre des moyens considérables pour étudier des cultures étrangères, on ne disposait que de très modestes budgets pour étudier la préhistoire allemande. Voilà qui éclaire le sens des paroles que nous a laissé un poète : « On creuse dans chaque recoin à Rome et chez les Lapons alors que nous marchons à tâtons dans la maison de nos propres pères. »

Nous sommes exclusivement redevables à Gustave Kossinna, le vieux maître de la préhistoire allemande, qu'un tournant ait été pris à ce sujet et que la vraie valeur de notre passé ait pu être mise à jour. Kossinna nous a enseigné : « Nous ne serions rien de ce que nous sommes aujourd'hui si nous n'avions en propre l'immense héritage de nos ancêtres ».

Gustave Kossinna est né le 28 septembre 1858 dans la Marche allemande de l'Est, à Tilsitt. Comme ses ancêtres également originaires de la Prusse orientale, il garda toute sa vie de profondes racines dans sa patrie. Son amour pour elle ressort constamment de toute une série de grands ouvrages qu'il lui a exclusivement dédiés. Ses parents étaient strictement conservateurs ; d'où son sentiment nationaliste très prononcé dès sa prime jeunesse.

De 1876 à 1881, il se consacra à la philologie à Göttingen, Leipzig et Strasbourg et plus tard, plus généralement à l'étude de l'antiquité allemande.

À Berlin, son maître, le célèbre Müllenhoff, eut sur lui une influence décisive et orienta ses études dans une nouvelle direction. Travaillant d'après les recherches de son maître, Kossinna se rend compte bientôt que la science linguistique apporte beaucoup moins à la sociologie, à l'anthropologie et à l'histoire de la colonisation allemande que l'exploration du patrimoine culturel concret de son passé.

Après la fin de ses études à Strasbourg, il fut nommé, en 1881, docteur en philologie ; il se tourna alors vers la profession de bibliothécaire pour gagner rapidement sa vie. Une longue carrière de bibliothécaire le mena de Halle à Bonn et à Berlin. Durant toutes ces années, il se consacra ardemment à l'étude de la préhistoire allemande, acquérant par d'innombrables visites de musées toutes les connaissances nécessaires pour aborder avec une aisance remarquable les questions raciales de l'antiquité. Nous savons qu'il s'échappait souvent de la sphère étroite de son métier pour se consacrer à ses recherches scientifiques. En témoignent à cette époque les reproches de ses supérieurs l'accusant de délaisser son travail professionnel pour ses études scientifiques.

Quand il accéda à la notoriété, à l'occasion d'une réunion d'anthropologues à Kassel en 1895 avec un traité sur « l'expansion préhistorique des Germains en Allemagne », la direction de ses travaux futurs était toute tracée. Dans ce traité qui est une borne dans sa carrière de chercheur, Kossinna présente sa nouvelle méthode archéologique de peuplement qui sera la clef pour connaître la dissémination des tribus préhistoriques.

Il nous faut évoquer rapidement ce moment où est née l'investigation préhistorique nationale annonciatrice d'une science révolutionnaire.

Pour montrer l'importance de ce bouleversement, il nous faut décrire la situation de la préhistoire à cette époque. Elle n'était pas représentée dans l'enseignement supérieur et n'était qu'une science accessoire dans l'ensemble des branches. Les historiens, les archéologues, les anthropologues et les ethnologues l'adoptaient dans leur sphère de travail. Ne s'y intéressaient que de nombreuses et tyranniques sociétés locales et l'antiquité allemande avait été marquée du sceau d'une science de second ordre. Seule la société anthropologique en tant que grande association scientifique s'efforçait de façon remarquable d'étudier le passé. De plus, l'ensemble des recherches était influencé par l'esprit du « romanisme », optique partiale originaire du Sud qui ne laissait aucune place à des conceptions nordiques.

À cette époque résonnèrent les paroles de Kossinna : « Si j'ose mettre en relation l'archéologie de la patrie avec l'Histoire et considérer le manque de rapport des riches trouvailles recueillies par notre travail actuel dans le sol natal... » paroles qui ouvrirent sa déclaration à Cassel et qui retentirent comme un son de trompe révolutionnaire annonçant une étude fracassante de la recherche préhistorique nationale.

L'amour profond de l'ardent et patriotique précurseur de l'antiquité germanique s'exprime ainsi dans sa conclusion d'alors : « Le caractère nationaliste allemand et la civilisation allemande, dans sa vigoureuse suprématie, n'ont nul besoin, pour soutenir leur expansion future ou même pour la sécurité de leur existence, de se référer à des titres de propriété des millénaires passés, comme l'ont fait d'autres nations non sans faire violence aux faits historiques. Nous autres Allemands, et avec nous tous les autres membres des familles germaniques, ne pouvons qu'être fiers et admirer la force du petit peuple nordique, en voyant comment ses fils ont conquis, dans la préhistoire et l'antiquité toute la Scandinavie et l'Allemagne, se sont propagés au Moyen-Âge en Europe et, à notre époque, dans les régions les plus lointaines du globe. »

L'utilisation qu'il fit, dans ce traité, d'une nouvelle méthode de recherche inventée par lui, fut décisive, « la méthode de la colonisation archéologique » qui ouvrit la voie à de nouvelles découvertes. Plus tard, il résuma cette méthode de travail en une phrase : « A des régions archéologiques strictement limitées ont toujours correspondu des peuples ou groupes ethniques bien définis. »

Bien que cette nouvelle méthode d'investigation ait rencontré beaucoup d'hostilité, sa justesse s'est de plus en plus imposée, si bien qu'aujourd'hui encore, elle constitue le fondement de l'étude de notre préhistoire.

Après de nombreux efforts, en 1902, grâce à l'appui de nombreux amis qui avaient clairement reconnu en Kossinna un chercheur remarquable, celui-ci put obtenir la première chaire d'archéologie à l'université de Berlin où il put développer pendant vingt-trois ans une très large activité d'enseignant.

Nous ne comprenons pas qu'il ait dû travailler toute sa vie comme professeur, certes remarquable, et qu'il n'ait jamais pu obtenir une chaire d'université convenable. Il ne faut en voir la cause que dans les grandes difficultés qu'il rencontra déjà durant sa carrière. La forte connotation « nationaliste » de tous ses travaux lui suscita beaucoup d'ennemis, mais lui conquit en revanche quantité d'amis enthousiastes. Par ailleurs, il s'est dressé contre une certaine science « objective » en soulignant dans toutes ses recherches la force imposante des races par le passé.

Seul celui qui connaît les obstacles qu'il rencontra, qui se rend compte comment ce chercheur, pétri d'un sentiment nationaliste ardent, l'un des plus grands de notre peuple, a combattu pour le développement de sa science, celui-là seul peut comprendre totalement l'œuvre de sa vie.

Il ne s'agissait pas seulement de mettre fin au mensonge concernant la barbarie de nos ancêtres, mais en premier lieu d'exorciser l'optique qui, sous couvert de la parole fétiche « ex oriente lux » (la lumière vient de l'Orient) cherchait le point de départ de tout essor culturel. Par ailleurs, la preuve était là : ces cultures orientales avaient souvent pris leur inspiration dans le Nord. De plus, cette branche innovatrice devait absolument être d'abord libérée de l'étreinte néfaste des disciplines voisines afin qu'elle puisse se développer.

C'est en connaissance de cause gue Kossinna a mené ce combat à bonne fin, combat au cours duquel il s'est retrouvé maintes fois seul face à de nombreux adversaires. On comprend bien qu'il se soit fait de nombreux ennemis de tous bords. Nous sommes abasourdis de voir un individu seul, manquant des grands moyens dont disposaient ses adversaires, au milieu des pires épreuves de la guerre et de la décadence nationale, mener son œuvre à bonne fin et, conjointement, fonder la société pour la préhistoire allemande qui lui est liée.

Il comprit clairement qu'au-delà de l'enseignement consacré à ses élèves qui ensuite pourraient lutter pour la vraie valeur de leur propre passé, il devait animer une société importante qui, elle, répandrait les découvertes faites sur le passé allemand dans les sphères populaires les plus vastes.

C'est pourquoi il créa en 1909 la « société de la préhistoire allemande » qui eut comme organe de presse la revue Mannus. Jusqu'à la date de sa mort, il a pu encore publier vingt-trois tomes de cette revue. Cette société est actuellement le noyau du « Reichsbund für deutsche Vorgeschichte » (Ligue pour la préhistoire allemande), organe national-socialiste.

Ses adversaires ont souvent reproché à Kossinna de présenter trop partialement l'aspect germanique de ses découvertes et d'avoir donc dépassé son objectif. Nous devons répondre à cela que le vieux maître a été le premier à nous permettre d'apprécier notre propre culture face aux cultures étrangères européennes. La prise de conscience faite par l'Allemagne des résultats et des exploits de ses propres ancêtres est à mettre au seul crédit du combat incessant mené par Kossinna contre l'ancienne science routinière allemande qui s'enthousiasmait pour les « peuples classiques du Sud », s'opposait incompréhensiblement à la « barbarie » de nos propres ancêtres.

Ses nombreux écrits, parus dans des articles de revues, dans son périodique *Mannus* ainsi que dans sa collection, la « Bibliothèque de Mannus » eurent les effets les plus heureux. Les cinquante-et-un tomes de la collection parue avant la mort de l'auteur témoignent de façon éloquente de l'esprit créateur de Kossinna.

Ses livres : *La préhistoire allemande, science nationale étonnante* (1ère éd. en 1912), *L'âge d'or germanique à l'époque du bronze* (1913), *Les Indo-*

Germains (1921), *La haute civilisation germanique* (1927), *Essor et expansion des Germains* (1928), *La culture germanique du premier siècle après J.-C.* (1931) nous ont livré une source inestimable de documentation sur notre passé.

Quand Kossinna mourut après une courte maladie à soixante-treize ans, le 20 décembre 1931, l'Allemagne nationaliste perdit en cet homme remarquable un pionnier de l'exploration de l'antiquité allemande qui, jamais, même lors des jours les plus sombres qu'a vécus notre patrie, n'a caché ses convictions.

Sa vie fut pauvre en distinctions honorifiques ; on refusa de titulariser son professorat et on essaya souvent de lui imposer le silence. On ne rendit hommage à son activité que peu de temps avant sa mort, quand la grande délégation de l'université de Berlin, sous la conduite du recteur, vint le féliciter pour le jubilé d'or de son doctorat.

Si la valeur de son œuvre avait été reconnue plus tôt et que l'État lui ait accordé l'assistance nécessaire, la découverte de l'antiquité allemande aurait pu se développer dans un cadre tout différent. Nous ne pouvons mieux le remercier pour son œuvre magnifique qu'en poursuivant le travail qu'il avait entrepris, dans le sens qu'il a voulu.

(Voir aussi R. StampfuB : *Gustave Kossinna, une vie consacrée à la préhistoire allemande*. Ed. Kurt Kabitsch, Leipzig 1935, et le catalogue *L'antiquité vue sous l'optique nationaliste*, aux mêmes éditions.)

II. Géopolitique

La maison de la troupe SS n°3 spécial. 1940.

SS-Ustuf. Dr Julius Schmidt, Paris : La France

Quand Laval rencontra le Feldmarschall général von Brauchitsch, il fit la comparaison avec le général Gamelin ; *il comprit alors, c'est lui qui le dit, pourquoi la France avait perdu la guerre.*

Laval a ainsi montré qu'il a discerné les causes du monstrueux effondrement militaire et moral de la France : *À l'heure décisive, le pays ne possédait pas d'hommes ayant une personnalité et une idée, une conception bien définie de l'ordre.*

L'intellect français ne fut prêt à accepter cette vérité que lors des premiers jours de l'effondrement. Aujourd'hui, il ne l'est plus. À cette époque, quand les armées allemandes se ruaient en une course victorieuse de la Moselle jusqu'au-delà de la Garonne, alors qu'à Bordeaux les politiciens préparaient fébrilement leur fuite, que les cadets de l'école de cavalerie de Saumur se jetaient désespérément contre les Allemands le long de la Loire, l'intelligence française, sous la pression des événements, était prête à admettre la défaillance des qualités humaines de la France. Mais maintenant que les routes sont à nouveau vides des milliers de réfugiés ruisselants de sueur, des mères et des enfants errants, des chevaux épuisés à leurs brancards, qu'on boit à nouveau à Paris son apéritif familier et qu'on peut à nouveau, des heures durant, tremper sa canne à pêche dans les rivières sans être dérangé, on ne veut plus le croire. *On a trouvé le temps d'étudier le problème sous un autre angle depuis que la vie a repris son cours normal.*

À présent, on juge les événements d'une façon rationnelle, comme il sied à un Français. Si l'on demande à un officier les raisons de la défaite, il répond : nous n'étions pas assez motorisés. Si l'on pose la question à un civil, il vous explique que les politiciens avaient sous-estimé depuis longtemps les fabrications de guerre. Si on interroge un homme intelligent, il répond : nos politiciens étaient *bêtes*.

Voilà la caractéristique de l'opinion actuelle telle qu'elle se présente du côté français. On croit que du côté allemand, le bon matériel et l'intelligence pure ont remporté la victoire mais on oublie que le matériel reste chose morte s'il n'est pas utilisé par des hommes de cœur, et aussi que là où l'intellect faillit, la foi peut à elle seule forcer le destin. *Si les Français avaient été conscients de cette vérité, ils ne se demanderaient pas aujourd'hui pourquoi leurs chars de 32 tonnes, ces monstres d'acier sur lesquels le commandement français avait placé ses espoirs décisifs, n'ont pu contenir la percée d'Arras.*

On attache de nouveau de l'importance au *sentiment* et à la *tradition française*. Les intellectuels cherchent de nouvelles forces dans une histoire glorifiée par ses monuments sur les bords de la Seine mais ils oublient les enseignements qu'ils pourraient en tirer. Beaucoup de Français lisent aujourd'hui les noms ciselés dans la pierre de l'arc de triomphe en souvenir de l'armée du grand Corse et font de tristes comparaisons avec l'époque actuelle. *Dans leurs commentaires, ils oublient cependant que cette armée emportait son idéologie dans ses cantines, que Napoléon n'a pas entrepris sa marche à travers l'Europe avec seulement son matériel et sa nouvelle ligne de fusiliers voltigeurs,* mais que ses soldats – on peut discuter de la mise en pratique suivante- avaient la foi. Ils négligent le fait que, pour cette armée, « vive l'Empereur ! » et « Guerre aux palais, paix aux chaumières ! » étaient plus que des formules prononcées du bout des lèvres.

Le Français qui esquisse un portrait de la France refuse cette évidence. Le national-socialisme dépasse sa pensée cartésienne. Il ne veut pas comprendre qu'il a abordé cette guerre sans idées et a été submergé par une nouvelle idéologie.

Face à cet arrière-plan spirituel, s'est amorcé l'annonce d'une collaboration franco-allemande. Les Français l'ont acceptée à leur profit. Le peuple dont les chefs sont surtout des avocats et dont la politique des années précédentes portait la marque du « contrat collectif » s'est mis tout de suite à penser en juriste : un contrat de travail avec des paragraphes précis devait naître incessamment. Le maréchal Pétain s'est élevé depuis peu contre l'opinion de ses compatriotes quand il fit observer que l'ère des juristes était révolue et que la « collaboration » devait être considérée comme étant en voie de développement.

On abandonne les vieilles idées et le chaos des opinions pour chercher une nouvelle direction. Des groupes qui appuient leur programme sur l'exemple national-socialiste ou fasciste croient qu'une révolution nationale se fait par la seule uniformisation. Les chefs de ces groupes viennent dans les bureaux allemands pour recevoir de la littérature nationale-socialiste et l'utiliser ensuite dans des buts de formation. *Dans leur ardeur ils oublient une chose : les révolutions sont étroitement liées à la race et au type de vie des peuples.*

Il y a ainsi des partis comme le « Parti Français National Collectiviste » qui ont créé une « Garde Française », une « Garde

Spéciale » et un « Jeune Front » dans l'esprit de la SA, de la SS ou de la HJ. Il y a un « Parti Français National-Socialiste » qui a créé des « Troupes d'Assaut » et un « État-Major ». Ces groupes ont à nouveau, dans leurs rangs, une opposition qui affirme avoir compris le national-socialisme sous sa forme la plus pure.

Doriot écrit dans Le cri du peuple. Ancien communiste, il est passé dans le camp nationaliste. Il affirme que, comme autrefois en Allemagne, les communistes doivent être convertis au nationalisme. Il adhère à la politique du maréchal Pétain, le « Grand Vieux ». Il est à remarquer combien il aimerait dresser un parallèle entre sa position et celle du vieillard d'un côté et l'événement du 30 janvier 1933 en Allemagne de l'autre.

Des puissances se proposent de reconstruire la France, qui joueront difficilement leur ancien rôle dans les révolutions à venir. Les *royalistes* annoncent leurs prétentions et croient pouvoir accéder au nouvel ordre européen par le canal d'une Restauration. Ils ont placé à Vichy leurs hommes de confiance qui doivent préparer le terrain pour le futur royaume de France, pour le comte de Paris. La « haute société », dans les châteaux de la Loire, en zone occupée, semble extérieurement apolitique. *En réalité, l'idée de la Restauration est si vive que les politiciens doivent en tenir compte et le font.*

L'Église propose ses services, dont le développement à éloigné le laïcisme et la franc-maçonnerie. À Vichy, elle exerce une influence prépondérante et attend une protection particulière de la part du Maréchal. Jamais elle n'avait espéré renforcer sa position comme aujourd'hui. Les *communistes* ont aussi leurs places dans ce combat. Certes, ils agissent illégalement, mais ils savent bien quels sont leurs alliés : *la situation sociale tendue qui suit une guerre perdue.* Leur appel s'adresse à la masse, qui souffre le plus des restrictions quotidiennes. On s'interroge au sujet du *paysan*. On trouve la réponse quand on constate que la plupart des *enseignants* n'ont rien appris ni rien oublié non plus.

Au-delà du cours apparemment normal des événements quotidiens, de nombreuses gens tiennent leurs informations d'une prétendue « source sûre » et les colportent dans leurs discussions de famille, de bureau ou de salons parisiens. Le thème de ces informations est toujours le même : *Roosevelt et l'Amérique*. On essaye ainsi de se refaire un moral puisque le coup final n'a pas été porté contre l'Angleterre. Ici, dans ces salons, circulent des idées qui étaient tout aussi valables en 1900 et en 1918. L'analyse du caractère allemand s'en tient aux « contes d'hiver » de Björn ou Heine, analyse qui ne se donne même pas la peine, en l'an 1940, de faire la différence entre « Prussiens » et « Allemands ». Aussi, le slogan usé de Daladier, selon lequel on se battait non pas contre l'Allemagne de Goethe mais contre l'Allemagne de Hitler, hante encore les esprits. On appelle cela avoir de « l'esprit ».

Le vieil *amour-propre* s'inscrit dans les combinaisons politiques. Il ne veut pas reconnaître que le manque d'hommes, dans le vrai sens du mot, d'hommes de qualité, fut la cause essentielle de la défaite. C'est *ainsi, par exemple, qu'on a eu tendance à interpréter les colloques franco-allemands comme une demande de soutien français.*

La France a toujours été connue comme une vieille nation de rentiers et n'a pas perdu, même aujourd'hui aux heures de détresse, cette mentalité de tranquillité bourgeoise et de confort quotidien. Bien sûr, on veut bien tirer les leçons de la guerre, mais non en payer le prix. C'est ainsi qu'on a cru qu'après la première prise de contact entre le Führer du Reich et Pétain, une masse d'avantages allait se déverser sur la France. Comme cela ne se produisit pas, la déception suivit. On ne veut regarder le redressement de l'Allemagne qu'à son point culminant mais on ne veut pas considérer que ce redressement est passé par l'occupation de la Ruhr, par la misère des chômeurs et d'énormes sacrifices personnels et politiques. *La France croit que le destin fera une exception pour elle ; elle ne veut pas croire, dans ses heures douloureuses, que sa renaissance ne se fera que dans la douleur.*

Peut-être cela changera-t-il quelque peu quand la vie de la France ne sera plus influencée par les intellectuels « planqués », mais quand les meilleurs de ses fils qui ont, il y a peu, défendu sur l'Aisne et la Somme la ligne Weygand avec un courage obstiné seront revenus de leurs stalags. Cependant, les pertes humaines ne peuvent être comblées ce qui, pour la France, pays manquant d'enfants, est très inquiétant.

La tentative faite pour trouver de nouvelles relations franco-allemandes se fondant sur la génération des anciens combattants de 14-18 a échoué. Le symbole de ce tragique échec est bien la mort du professeur von Arnim, président de la société franco-allemande, qui avait consacré plusieurs années à la réconciliation franco-allemande ; il est tombé à la tête de son régiment en juin 1940.

On se demande ce que deviendront les jeunes gens de 39-40 qui ont tenu à nouveau un fusil. On ne peut encore rien dire aujourd'hui.

Aux Invalides, à Paris, se trouve le tombeau du maréchal Foch. Des poilus emportent leur commandant en chef sur une civière. On porte au tombeau le respect qu'un soldat doit à son adversaire. Mais on se demande si nous, Allemands, devons considérer ce monument funéraire comme un symbole : A-t-on, avec Foch, enterré aussi certains principes ?

Un tract donne la réponse : distribué, il y a peu à Paris, il évoque le procès de Riom. Sur un dessin, le vieux Clemenceau s'avance vers la table du juge et, se désignant, lui dit : « et moi ? »

L'esprit qui ressort de ce tract nous apprend que nous devons garder les yeux ouverts. Derrière la mine polie que les Français nous montrent tous les jours, peut se cacher la cruauté que nous avons connue un vendredi-Saint, à Essen en 1923.

Ceci nous apprend à ne pas considérer de façon sentimentale le problème franco-allemand ; nous devons garder notre sang-froid, rester *totalement objectifs, purement politique !*

Service politique pour la SS et la police.

Directives pour l'éducation idéologique des Alsaciens

Histoire de l'Alsace
dans le cadre de l'histoire du Reich et de l'Europe

a) Le paysage d'Alsace, ce jardin béni entre le Rhin et les Vosges, correspond en tous points au paysage badois. La nature a créé de chaque côté du haut Rhin deux régions absolument semblables. Le caractère de ce paysage de rivières et de montagnes transformé par l'homme en champs et vignes, villes et villages, est identique dans les deux régions.

Certes, l'Alsace et ses villes apparaît encore plus empreinte de rêves historiques, plus proche du Moyen-Âge et de sa souveraineté que du pays de Bade plus ouvert au trafic et à l'industrie. Pourtant, l'unité de l'espace demeure. Les efforts séculaires des Français pour annexer cette région rurale et « géopolitique » ont donc été visiblement contre nature. Témoignages mémorables du Reich et de sa culture, dans le sud du pays de Bade, la magnifique cathédrale de Fribourg, dans l'Alsace du Nord, le chef d'œuvre unique d'Erwin von Steinbach, la cathédrale de Strasbourg, se font face.

De grandes œuvres dues à l'art allemand sont nées en Alsace (Mathias Grünewald, Martin Schongauer, Baldung Grien).

b) Les gens d'Alsace, comme ceux de Bade, sont issus de la même souche alémanique. Les Alsaciens parlent l'un des plus anciens dialectes allemands l'« Elslisser Ditsch ». En revanche, on ne doit pas négliger le fait que le caractère alsacien a été façonné par l'histoire, par des tempêtes séculaires de son destin vraiment européen, différemment de celui du Badois. Le destin a été plus clément pour ce dernier ; il est plus calme, plus sûr de lui que l'Alsacien plus original, souvent plus mécontent de lui-même et chauvin, qui a su conserver son particularisme pendant des siècles mais a développé aussi un naturel de contradicteur frisant *l'opposition par principe.* C'est ainsi qu'il faut comprendre, du moins partiellement, les contrastes encore vivaces à ce jour, avec ses cousins badois. Il est bien compréhensible que l'Alsacien tienne avec fierté et amour à sa belle patrie et à ses riches traditions culturelles. L'Alsace est depuis 2000 ans dans la sphère germanique. En 58 av. J.-C., le pays fertile est déjà revendiqué par les Suèves, dont le remarquable général *Arioviste* fut vaincu devant Mulhouse par *César*. Plus tard, l'Alsace a fait partie de la province romaine de la *Germanie supérieure*. À l'époque des grandes invasions, l'Alsace a été occupée presque continuellement par les Alamans.

Après la victoire de *Clovis* sur les Alamans à Tolbiac en 496, l'Alsace devient un centre régional de l'Empire franc. Après l'écroulement de l'Empire de Charlemagne, le pays est d'abord rattaché en 843, lors du partage de Verdun, au royaume de *Lotharingie,* puis en 870 à l'Empire franco-allemand oriental ; au *traité de Mersen*.

Depuis Heinrich I, le véritable fondateur de l'Empire allemand et son puissant fils Otton Ier le Grand qui fit de l'Empire une puissance européenne, la France est repoussée jusqu'à la limite des quatre rivières, l'Escaut, la Meuse, la Saône et le Rhône. L'Alsace vécut son essor culturel et religieux déjà avant l'an 900. Après les empereurs saxons, la nouvelle fusion des Alamans avec la lignée des ducs de Souabe et d'Alsace, et la promotion des Hohenstaufen souabes à la dignité impériale furent à l'origine d'une brillante époque pour le pays. Frédéric Barberousse réside dans son château impérial de *Haguenau* et son génial petit-fils Frédéric II considère l'Alsace comme « son bien héréditaire le plus précieux ».

Maintenant, située presque au centre de l'Empire, l'Alsace représente l'axe de l'Europe unie en son sein. De grands historiens et poètes y sont nés (Gottfried de Strasbourg, l'auteur de « Tristan et Yseult », Reimar von Haguenau).

Après la chute des Staufen, la région-frontière passe en 1268 aux mains des comtes de Habsbourg de la future génération des empereurs. Peu après cependant, au cours des siècles suivants, commence à s'exercer la pression de plus en plus forte de la France en direction des frontières occidentales du Reich. Plus l'unité allemande décline au cours de ces siècles, et plus l'Alsace, à qui il manque une dynastie de souche, éclate en une mosaïque de petites principautés. Le labyrinthe de petites villes libres, de principautés, villes impériales, chapitres et monastères, ressemble en plus petit au délabrement de l'Empire lui-même.

Au XVème siècle, une première attaque française est bravement repoussée. Un siècle plus tard, en 1552, la trahison de l'Électeur *Moritz de Saxe,* qui livre les *évêchés* de Metz, Toul et Verdun au roi de France, laisse présager les plus grands dangers pour la région, tandis que depuis le XVème siècle l'ensemble de la vie spirituelle de l'Alsace atteint son apogée. (1439, achèvement de la cathédrale de Strasbourg, 1440, invention de l'imprimerie à lettres mobiles par le Mayençais *Gutenberg,* à Strasbourg).

Le pays vit la Réforme encore sous souveraineté allemande en même temps qu'une puissante révolution scientifique (humanisme du Haut-Rhin) et littéraire. (Butzer et Jacob Sturm, réformateurs strasbourgeois face au grand poète satirique catholique Thomas Murner.) Les efforts réformistes impériaux et sociaux-révolutionnaires du mouvement paysan qui commencent en Alsace avec une forte tendance anti-juive mettent le pays en effervescence ; en Alsace aussi, le particularisme spirituel et mondialiste des princes séculiers et religieux vient à bout des chevaliers fidèles à l'Empire des paysans et des villes. La situation est mûre pour la France, et l'Alsace devient le centre brûlant de la grande politique européenne.

Le XVIème siècle voit une misère extrême toucher le Reich et le peuple allemand. La guerre de Trente Ans scelle le triomphe des féodalités et des divisions religieuses et locales. La dynastie catholique des Habsbourg, de plus en plus distante de l'Allemagne, doit livrer une guerre sur deux fronts, à l'ouest et à l'est, (Turquie, Hongrie, Bohême) et enlisée avec l'Espagne dans une malheureuse politique supranationale. Mais la France, dont le régime royal maîtrise les tensions partisanes et fonde l'État administratif absolutiste, utilise l'opposition politique et religieuse dans l'Empire, et au XVIIIème siècle le dualisme Prusse-Autriche, dans l'optique de son objectif : *l'hégémonie en Europe.* L'Alsace, au point central, sera la position clé de tous ses efforts.

Le grand cardinal de Richelieu rédige, en 1629, son célèbre programme qui est resté jusqu'en 1940, malgré les formes changeantes des régimes politiques, le fondement de la politique étrangère française. Richelieu apprécie d'un coup d'œil acéré la position cruciale de l'Alsace « ... conquérir avec Strasbourg une voie d'invasion vers l'Allemagne, lentement, discrètement, prudemment ».

La France avait déjà réussi, pendant la guerre de Trente Ans, à prendre pied en Alsace. *Le traité de Westphalie en 1648* qui est encore pour les historiens français du XXème siècle la grande charte de la politique étrangère française, transfère à la France (en une terminologie juridique très équivoque) les possessions et les droits de la maison de Habsbourg.

Louis XIV, le « Roi-Soleil », annexe morceaux par morceaux la terre allemande d'Alsace grâce aux édits de ses célèbres « parlements » sous couleur d'une procédure de droit effrontée.

L'Empire réussira à rassembler, contre le brigandage de Louis XIV, avec l'aide du *grand Électeur* de Brandebourg, une armée sur la rive gauche du Rhin. La diplomatie française, très supérieure, abat ses cartes contre l'Autriche des Habsbourg et de Brandebourg en Suède et en Pologne (et plus tard chez les Turcs contre Vienne) pour protéger sa politique de voleuse. Le grand Électeur quitte l'Alsace à la fin de l'année 1674. En 1675, une brillante victoire est remportée à Fehrbellin contre les Suédois, mais la France a atteint son but : en 1681, en pleine paix, une forte armée française s'empare de la ville libre allemande de Strasbourg. La perte de l'Alsace est ainsi scellée pour 189 ans. La grande indignation que ressentit tout le peuple allemand devant cette infamie ne servit à rien, bien que s'élevassent contre l'outrage fait au Reich le *grand Électeur* et d'autres personnalités allemandes de poids comme le margrave Louis de Bade. Le Reich devra conclure en 1684 à Regensburg un armistice de vingt ans avec Louis XIV aux termes duquel il conservait toutes les régions possédées jusqu'au 1er août 1681, également Strasbourg (volée le 30 septembre).

Du reste, *l'évêque* local, *Franz Egon von Fürstenberg*, a joué le rôle pitoyable d'un traître lors de la prise de Strasbourg. Le coup de force fut préparé et mené en accord avec lui et, lorsque Louis XIV fait son entrée solennelle dans l'ancienne ville impériale, le prince de l'Église d'origine allemande le salue dans un blasphème répugnant, et commence son allocution par les mots bibliques : « Seigneur, maintenant laisse aller en paix Ton serviteur, car mes yeux ont vu Ton oint ».

Vers la fin du siècle, la Prusse aussi a trahi par égoïsme les intérêts supérieurs de l'Empire lors du traité de Bâle (1795) et livré l'Alsace à la France. Sous la monarchie bourbonne, il n'y eut pas de romanisation jusqu'à la grande Révolution. Politiquement, c'est bien une propriété de la France, mais elle est traitée comme une province étrangère. De toute manière, culturellement la liaison avec le germanisme est conservée. Lorsque Goethe étudie à Strasbourg, c'est une ville encore foncièrement allemande.

Mais la Révolution française manifeste directement en Alsace, comme dans le reste de l'Europe, sa force centralisatrice supérieure au peuple dans le sens d'une francisation totale. Les vagues du plus grand bouleversement qu'ait connu l'histoire européenne inondent aussi l'Alsace, et avec une grande insistance, la propagande révolutionnaire s'effectue non seulement dans le domaine politico-social mais aussi au niveau culturel. Depuis cette époque, l'embrigadement culturel français en Alsace a incité de façon exemplaire à ce que l'hymne de la France nouvelle, la Marseillaise, soit chanté par son poète enthousiaste, *Dietrich,* pour la première fois dans le salon du bourgmestre de Strasbourg, (le fait que Dietrich dut monter à l'échafaud un an plus tard ne causa pas de préjudice à ce souvenir). Ainsi, le fait que des Allemands d'Alsace accédèrent aux plus haut postes dans les guerres révolutionnaires et les campagnes de Napoléon, a contribué à la francisation.

À l'époque révolutionnaire et durant l'ère napoléonienne s'effectua la refonte politique totale dans le nouveau système centralisé de la France.

Culturellement et politiquement, la grande bourgeoisie alsacienne s'est toujours plus implantée à Paris, et cette évolution devient constante jusqu'en 1870. La classe dirigeante est donc largement romanisée, tandis que le peuple paysan et les classes moyennes restent fidèles à leur langue et à leurs coutumes sous l'influencede courageux meneurs.

Après 1870, lorsque Bismarck réalisa le vieux rêve de la plupart des Allemands et réintégra l'Alsace-Lorraine comme « province impériale » dans le nouvel Empire, cette classe supérieure émigre en France ou suit la voie problématique des « protestataires ».

L'époque de 1870 à 1918 révèle malheureusement, mis à part les résultats éclatants obtenus dans l'administration et la gestion économique, une série de fautes politiques. Déjà l'instauration d'une région impériale, liée en plus à la Lorraine, est considérée comme une mauvaise solution par les Alsaciens qui la tiennent pour une sorte de statut colonial. Les hauts fonctionnaires prussiens ne font pas toujours preuve de l'habileté psychologique nécessaire, ce qui est aussi valable pour l'éducation des Alsaciens dans l'armée. Des propositions culturelles et politiques allemandes de grande envergure sont inexistantes ; certes la ville universitaire impériale de Strasbourg est à l'origine de travaux scientifiques remarquables mais elle a peu d'action en profondeur. L'un des plus grands dangers réside dans le fait que l'administration allemande s'appuie généralement sur cette classe supérieure francophile de notables, au lieu de s'enraciner dans les larges couches populaires en grande partie acquises à la conscience allemande.

On est quelquefois trop faible envers des ennemis et des traîtres publics, tandis qu'on manque du doigté nécessaire lorsqu'on est confronté à l'homme simple, avec ses qualités originales, son chauvinisme. Malheureusement, ces erreurs et ces mauvais raisonnements souvent simples discréditent dans la conscience populaire le grand résultat obtenu par l'Empire dans le domaine politique et économique étant' à l'origine d'une expansion insoupçonnée du pays.

Lorsque l'armée allemande, fatiguée de batailles mais cependant invaincue, doit évacuer le pays en 1918, les Français sont d'abord salués avec des cris de joie comme des « libérateurs ». Cependant, cette attitude ne persiste pas longtemps et bientôt la fidélité à la patrie et à la conscience allemande fait de nouveau entendre sa voix dans le peuple paysan. Le malaise causé par la mauvaise gestion administrative et politique de la Troisième république se répand. Les « autonomistes » aspirent pour le moins – voilà encore une preuve de manque de culture politique – à une sorte de statut indépendant dans l'administration, la jurisprudence et la culture. Plus d'un Alsacien aurait approuvé une indépendance étatique totale comme celle de la Suisse.

Les champions de la liberté sont condamnés dans les grands procès (en hiver 1939, le vieux Karl Roos tombe en martyr à Nanzig (Nancy) pour sa fidélité au sang allemand).

Malgré cela, on ne peut nier que l'influence française était forte sur une grande partie des classes dirigeantes intellectuelles et économiques. Cependant, en 1940, après l'effondrement total de la Troisième république enjuivée, arriva le moment où une grande partie des groupes alsaciens reprit conscience de son identité. Entre-temps l'administration et l'autorité allemandes ont instauré l'ordre dans la région. Il n'est que trop compréhensible que maintenant, dans les épreuves de la guerre, « l'esprit de clocher » des Alsaciens se fasse de nouveau remarquer. On peut l'expliquer par la particularité de leur caractère qui, comme en 1870, témoigne de nouveau de la sympathie pour la France. C'est l'opposition de principe, toujours contre le pouvoir dominant ! On peut citer encore des erreurs psychologiques dans les relations humaines. Mais l'Alsace appartient de nouveau – et cette fois de façon définitive – à l'Empire. Elle doit devenir un membre conscient de la communauté populaire allemande et de l'ordre de la nouvelle Europe.

L'ALSACE ET L'EMPIRE

Vous trouverez, dans l'esquisse historique ci-dessus, suffisamment d'éléments permettant de renforcer et de provoquer chez les Alsaciens le réveil à la fois du sentiment allemand et de la conscience européenne. L'appel à la fierté nationale sera le prologue à la nouvelle Europe.

L'Alsace a plus d'une fois été le point focal de la grande politique européenne et, au temps de l'apogée de l'Empire, le pays formait le centre de l'unité européenne dans le Saint-Empire romain germanique, par ses forteresses, ses châteaux impériaux, ses villes, son esprit fidèle à l'empereur et sa mentalité très occidentale. On peut constater de façon très manifeste par son histoire future, que la désintégration de l'Empire est comparable à celle d'un organisme perdant sa tête et ses membres. L'époque de la domination étrangère française prouve l'impossibilité d'une hégémonie de la part de l'extrémité continentale. L'époque suivant la Révolution française conduit au grand morcellement de l'unité économique et politique, par l'intermédiaire de l'idéologie grande bourgeoise et de l'idée d'État nationalistes 'imposant de plus en plus. Il faut remarquer que la « civilisation » française, malgré un vernis extérieur de « société européenne », n'était pas une idée vraiment unificatrice, ni suffisante pour être à la base d'une réunification européenne.

L'Empire bismarckien, en tant que grande puissance située au cœur du continent, doit être aussi considéré comme le premier pas vers un ordre nouveau, ce qui est prouvé par la politique de paix et d'alliance de Bismarck après 1870. L'Angleterre sera désignée comme l'ennemie d'une société européenne stable, la France comme son arme continentale menaçant l'Empire et sa mission européenne.

La Première et Seconde Guerres mondiales doivent être considérées comme un tout, la tentative de libération définitive et d'indépendance d'une Europe menacée par des puissances surpeuplées. La nouvelle Europe naîtra au sein des tempêtes de la Seconde Guerre mondiale et c'est dans la camaraderie au combat de la Waffen SS qu'elle trouve sa première expression.

C'est justement chez les Alsaciens que doit naître et se fortifier la fierté de fraternité d'armes avec la meilleure jeunesse d'Europe. La Waffen SS, avant-garde des peuples libres contre le bolchevisme (voir aussi l'ouvrage « L'Europe et le bolchevisme »), combat pour le centre vital du continent, l'Empire, mais aussi pour la vie de tous les peuples européens. La nouvelle Europe conservera et renforcera la riche culture de ses peuples et de ses races, leur tradition millénaire, leur diversité et leur individualité, aussi longtemps qu'elles seront fortes et vivaces, en vue d'un avenir meilleur. L'Alsacien ne doit pas être heurté dans son amour pour sa patrie, sa conscience ethnique et sa fierté de vivre. On ne doit pas « l'uniformiser » mais il doit bien comprendre que cette lutte internationale n'est pas livrée pour conserver certaines traditions ni pour retrouver une aisance matérielle et spirituelle, mais pour l'existence même de l'Europe. Cette existence ne pourra se prolonger que dans un ordre de vie nouveau et meilleur, une vraie et forte communauté de peuples sous la direction de l'Empire. Originalité et particularisme provincial à tout prix seraient grotesques face à la terrible réalité des puissances mondiales étrangères, du bolchevisme et de l'américanisme, l'asservissement de l'humanité sous la féroce férule de la puissance juive mondiale.

La vie en commun des hommes et des peuples devra se fonder sur de nouvelles bases. La nouvelle Europe sera forgée de haute lutte sous l'étendard du socialisme révolutionnaire. On comprendra l'importance du socialisme allemand dans son extension européenne par la lecture de la littérature contemporaine. Notre position au sujet de la propriété privée devra être examinée de plus près. Les lignes de base pour la future organisation du continent dans le domaine social ont été fournies par les grandes réalisations socialistes du national-socialisme, entre 1933 et 1939.

En outre, il faut mettre l'accent sur le fait que l'alliance entre la ploutocratie et le bolchevisme ainsi que le judaïsme sous-jacent s'est effectuée suite à la peur provoquée par la volonté révolutionnaire de la nouvelle Europe et du *véritable socialisme* d'Adolf Hitler (comparer avec la première édition de « Service politique pour les officiers SS », pp. 13, 21 et l'ouvrage « L'Europe et le bolchevisme »).

Il faut parler aussi aux Alsaciens du concept du Sang et du Sol, de la haute valeur de la vie paysanne et de l'agriculture en tant que source de vie biologique des peuples, concept prôné par le national-socialisme.

Le concept d'Empire et l'idée d'identité européenne doivent être traités du début à la fin de l'instruction aussi bien dans un esprit de pratique que de connaissance et de formation de la volonté.

Annales n°2. 1944.
Edition de la Brigade SS Wallonie.

Germains et Allemands

On constate chez les historiens allemands contemporains une tendance très nette à l'élargissement de la vision historique.

Et cette tendance n'est nullement ce que l'on pourrait appeler une tendance « annexionniste » basée sur un sentiment allemand nationaliste étroit.

Précédemment, les historiens allemands ont eu tendance à confondre l'histoire des Allemands avec celle des Germains.

Il se fait maintenant des mises au point fort utiles, car elles apportent une grande clarification dans les intentions allemandes au point de vue de la politique européenne.

Dans son remarquable ouvrage *Les grandes Époques de l'Histoire allemande,* l'historien allemand Johannes Haller fait à ce propos ces réflexions fort curieuses :

« Telle est la force de l'habitude, même chez les savants, qu'ils ne font pas attention à cette confusion des termes : ils assimilent Allemands et Germains. De quel droit ? Indiscutablement, les peuples scandinaves sont des Germains ; or, il n'est venu à l'idée de personne d'incorporer leur histoire à la nôtre. Germains aussi, qu'ils le veuillent ou non – à l'époque contemporaine ils ne le veulent pas, mais cela n'y change rien – les Anglais. Pour être honnête, on devrait même dire que, dans l'histoire, les représentants les plus influents du germanisme ont été les Anglais... »

Germains et Allemands ne sont pas synonymes. Tous les Allemands sont des Germains, mais les Germains ne sont pas tous des Allemands. Parmi les peuples germaniques, les Allemands forment un groupe particulier, et – chose d'importance capitale – un groupe originairement morcelé. Ils ne vivaient pas unis à l'origine, absolument pas, ce n'est qu'avec le temps qu'ils se sont rapprochés et se sont développés ensemble. En un mot : le peuple allemand ne résulte pas d'une union naturelle, mais son unité a été forgée par l'histoire. On s'est donné beaucoup de mal pour déterminer le degré de parenté existant entre les divers peuples germaniques, dans l'espoir de pouvoir prouver que certains étaient, par nature, proches les uns des autres ; on a tout particulièrement essayé de prouver que les tribus dont la réunion ultérieure a formé le peuple allemand, constituaient précisément, par nature, un groupe cohérent, une famille spéciale entre les tribus.

Ces efforts sont voués à l'échec. S'il y a eu entre les tribus germaniques un degré plus ou moins grand de parenté, on ne peut absolument pas en dire autant des tribus allemandes postérieures, telles qu'elles apparaissent dans l'histoire : il n'y a pas entre elles de communauté naturelle. On le comprendra aisément par une observation fort simple. Tous ceux qui ont eu l'occasion de comparer des Hanovriens, Hambourgeois ou Brêmois à des Anglais, savent qu'ils sont fort proches, se ressemblent extraordinairement sous maints rapports, bref, sont presque semblables. Est-il possible de discerner le même degré de parenté naturelle entre un Hambourgeois et un Souabe, entre un Oldenbourgeois et un Bavarois, quand on les voit et quand on les entend parler leur dialecte ?

Je me permets d'en douter.

Nous pouvons donc établir ceci : les tribus allemandes ne se sont pas développées sous forme de peuple allemand parce qu'elles étaient unies par des liens naturels, mais elles ont été réunies par la destinée, autrement dit, par l'histoire.

On connaît ces tribus ; elles existent encore aujourd'hui, elles sont vivantes et reconnaissables : Francs, Souabes, Bavarois, Thuringiens, Saxons, Frisons. Leur destinée commune et leurs exploits constituent l'histoire allemande. Par suite, l'histoire allemande ne peut commencer qu'à partir du moment où les six tribus sont réunies.

Cela s'est passé relativement tard, et par étapes. Cette réunion est l'œuvre de l'une de ces peuplades, les Francs. Les rois francs ont soumis les autres peuplades à leur domination, les unes après les autres. Clovis et ses fils, dans la première moitié du VIème siècle, soumirent les Souabes, qu'on appelait alors les Alamans, les Thuringiens et les Bavarois. Puis cela en resta là. Il y eut même une régression au VIIème siècle : les vaincus reprirent leur indépendance. Ce n'est qu'au VIIIème siècle qu'une nouvelle dynastie franque réussit à accomplir l'œuvre interrompue. Charles Martel défait les Thuringiens et les Frisons ; ses fils battent les Souabes ; Charlemagne, les Bavarois (788) et finalement les Saxons après une lutte de trente ans. En l'an 804, le processus est achevé. » C'est un siècle plus tard environ que commencera l'histoire allemande proprement dite. Et toute cette histoire, au cours de mille ans, ne sera qu'un long processus d'unification nationale, avec des alternances de progrès, de retour en arrière, d'intégration et de désintégration.

Il a appartenu à Adolf Hitler de couronner cette œuvre historique grandiose en établissant le Grand Reich allemand.

Mais déjà les regards doivent se porter plus haut et plus loin. Cette unification allemande qui ne fut pas l'effet d'un déterminisme historique, mais bien celui d'une volonté historique, est en quelque sorte la préfiguration de la grande unification germanique et européenne.

Ce que les Francs ont fait au VIème et au VIIIème siècles, parce qu'ils étaient porteurs d'une volonté historique, les Allemands peuvent le faire au XXème siècle parce qu'ils sont eux aussi porteurs d'une volonté historique et parce qu'ils sont le peuple germanique le plus fort et le plus puissant.

Le rythme de l'histoire se précipite, et il ne s'agit déjà plus d'établir la suprématie de l'Empire allemand, mais de construire un nouvel Empire germanique rassemblant tous les peuples de sang germain.

L'Empire germanique n'est pas qu'un simple agrandissement de l'Empire allemand. C'est quelque chose d'autre s'établissant sur un plan supérieur. Ce que sera ce grand Empire germanique des temps nouveaux, nul, pas même en Allemagne, ne peut encore le dire avec précision, car il ne s'agit pas ici d'une construction architectonique selon des plans théoriquement préétablis. Il s'agit du développement d'un organisme vivant animé par une volonté commune de tous les peuples de sang germain.

Mais déjà, dans le fait que l'on fait dès aujourd'hui si bien la distinction entre Allemands et Germains, on peut voir une orientation précieuse et connaître tout au moins ce que ne sera pas le nouvel Empire des Germains.

Ainsi voit-on déjà que, dans ce grand Empire, tous les Germains pourront entrer non pas en vaincus, mais en hommes libres.

CAHIER DE LA SS N°3. 1938.

SS-USTUF. DR KARL VIERERBL : LA TCHÉCOSLOVAQUIE

Résumé historique sur le pays et sa structure politique

Plus de 2000 kilomètres de frontière allemande, de l'Oder par les hauteurs des Sudètes, de l'Erzgebirge et de la forêt de Bohême jusqu'au Danube près de PreBbourg, séparent les États allemand et tchèque. La *frontière étatique* n'est pas *la frontière des peuples*, elle tranche en plein milieu la chair vivante du peuple allemand et fait citoyens tchèques trois millions et demi d'Allemands.

L'histoire des Sudètes, l'ouest de l'État tchèque, montre que ce pays est habité depuis des siècles par des Allemands.

La politique menée par la Tchécoslovaquie indique cependant que celle-ci a été créée pour remplir une mission anti-allemande.

Plutôt lutter
Et mourir honorablement,
Que perdre la liberté
Et corrompre son âme.

Devise de la ville libre de Strasbourg

Le château de Prague, témoignage du génie allemand.

*Tombe viking trouvée dans la région.
Les Vikings furent les fondateurs de la ville de Prague*

Histoire des Sudètes

Le pays des Sudètes faisait partie déjà autrefois de la sphère d'influence de la culture nordique. La première population connue, les Celtes *Boïens,* donnèrent son nom à la Bohême.

Les branches germaniques des *Marcomans* et des *Quades* immigrèrent au pays des Sudètes pendant le dernier siècle avant Jésus-Christ. Sous le règne de *Marbod* y naquit un grand Empire allemand qui défia la puissance de Rome. Après leur départ dans les montagnes, entre la Lech et l'Enns, d'autres branches germaniques les suivirent dans la zone d'habitat abandonnée, telles que les *Lombards,* les *Hermundures,* les *Ruges,* les *Thuringiens* et d'autres.

Ce n'est qu'au début du VII·siècle que nous apprenons l'installation des branches slaves au pays des Sudètes. Ce n'étaient pas des hommes libres, mais *assujettis aux Avars,* dont ils furent libérés par le commerçant franc *Samo* qui prit fait et cause pour eux et les soutint dans leur combat. Ils l'élurent roi à la fin de la guerre, mais, après sa mort, l'Empire se décomposa à nouveau et les *Avars* reprirent leur prédominance sur les branches slaves.

Pour la deuxième fois, ce furent les *Francs* qui délivrèrent les Slaves de leur assujettissement aux *Avars.* C'est sous Charlemagne que le pays des Sudètes fut englobé comme pays vassal dans la sphère allemande. L'unification des branches slaves et la naissance du peuple tchèque sur le territoire allemand, se produisit sous l'autorité de la famille des ducs de *Przemysl.* De même qu'au temps de Samo, le pays et le peuple avaient vécu un essor florissant, de même ils vécurent à nouveau une époque inespérée durant les siècles d'union étroite avec l'Empire allemand.

La venue de princesses allemandes à la cour de Przemysl entraîna l'arrivée dans le pays de nobles allemands, de moines, de bourgeois et de paysans et, avec eux, de *l'art allemand.* Non seulement l'immigration allemande raviva en Bohême et en Moravie le feu de la tradition allemande qui couvait sans interruption depuis l'ère germanique, mais elle influença, par son *modèle* et son *exemple,* le comportement du peuple tchèque et réduisit l'écart entre Allemands et Tchèques.

Les premiers évêques de Prague furent allemands. Les moines et nonnes allemands dans les établissements monacaux étaient non seulement les ambassadeurs de la nouvelle foi mais les hérauts de la culture technique allemande. Ils défrichèrent les forêts, asséchèrent les marais et fondèrent des exploitations agricoles. Les cloîtres devinrent aussi des centres de culture spirituelle et politique, et les châteaux locaux entrèrent en compétition avec eux. Les troubadours allemands y firent retentir leurs chants. La cour de Przemysl était calquée sur un modèle allemand et le roi Venceslas jouait lui-même de la lyre.

Cependant, dans les villes qui naissaient dans le pays, toutes inspirées du modèle allemand, l'artisanat fleurit. Le *droit* de *Nuremberg* et de *Magdebourg* y fut instauré. Rapidement, la tradition et le caractère national allemands eurent une influence primordiale sur le pays et le peuple tchèque. Cette réalité fut reconnue par les ducs et rois de Bohême ; ils accordèrent aux Allemands de grands privilèges dans le pays. Dans le document historique révélateur par lequel le duc *Vratislas* (1061-1062) accordait aux Allemands, dans le pays en général et à Prague en particulier, certains privilèges, document renouvelé cent ans plus tard par le duc *Sobieslas,* on lit textuellement :

« Je prends les Allemands... sous ma grâce et ma protection et, comme ils sont différents, en tant que peuple, des Tchèques, je veux qu'ils soient différents aussi dans leurs droits et leurs coutumes. Je leur accorde donc de vivre selon la loi et le droit des Allemands, qui sont les leurs depuis les temps de mon grand-père. Sachez que les Allemands sont des gens libres. »

Le flot des immigrants allemands appelés dans le pays par les rois et les nobles se renforça au début du XIIème et dans le courant du XIIIème siècle. Plus de 700 villages furent fondés à cette époque.

La lignée de Przemysl s'éteignit en 1306. La personnalité la plus énergique en fut Ottokar II qui, dans un aveuglement sans mesure, attaqua la couronne royale allemande. La couronne et le pays échurent alors à la dynastie allemande luxembourgeoise. En 1310, *Jean de Luxembourg* monta sur le trône de Bohême. Son fils *Charles IV* réalisa le rêve d'Ottokar Ier Przemysl et fit de *Prague* le centre du grand Empire allemand. Les emblèmes de l'Empire seront conservés pendant des dizaines d'années dans la ville de Karlsbourg que Charles IV avait fondée.

Sous ce roi, Prague connaît son *plus grand* essor et aujourd'hui encore, les édifices de cette époque témoignent de la prospérité régnant alors dans le pays. Architectes et artisans allemands modelèrent l'aspect de cette ville. En 1348 naquit à Prague la *première université allemande.*

L'intérieur du pays témoigne aussi de la prospérité de cette époque. Non sans raison, on appelle Charles IV le « père fondateur » du Reich, lui qui avait voué tout son amour à la Bohême.

Après cette période, le pays entra dans une ère agitée. Des forces tchèques se soulevèrent dans le pays et résistèrent à l'influence allemande. Sous le faible roi Venceslas IV, qui perdit aussi le trône allemand, elles reprirent le dessus. Leur porte-parole était le professeur d'université à Prague *Jean Hus,* qui épousait les courants religieux nationaux et sociaux de l'époque et, suivant l'exemple de l'Anglais *Wycliffe,* commença à prêcher son propre évangile.

Quand, en 1415, il fut condamné à mort et brûlé vif comme hérétique par le concile de Constance, le peuple tchèque eut son martyr. La tempête se déchaîna alors au cours des guerres hussites contre tout ce qui était allemand dans le pays et qu'on identifia avec le catholicisme. À la fin des guerres, la prospérité du pays avait disparu, les villes et bourgades étaient appauvries, les champs et les pâturages désertifiés, l'industrie et le commerce anéantis. Le préjudice fut grand pour les Allemands.

Mais ce furent encore ces derniers qui ramenèrent le pays à la vie et à la prospérité du XVIème siècle et pansèrent les blessures que lui avaient causées les guerres hussites. Après celles-ci, les Tchèques placèrent sur le trône de Bohême le plus puissant gentilhomme du pays, *Georges de Podiébrad,* et fondèrent ainsi un royaume national. Le relèvement attendu du pays n'eut cependant pas lieu.

En 1526 le pays des Sudètes, après une période de désastre économique et culturel, revint aux Habsbourg. Les années suivantes, il fut arrêté dans son développement par les troubles religieux de cette époque mais prit, grâce à l'influence allemande, un puissant essor, précurseur de son indépendance en tant qu'État.

Les États tchèques réservaient au gouvernement des Habsbourg les difficultés les plus terribles. Les relations entre le *Hradcany* et la *Hofburg* se tendirent encore à cause des oppositions religieuses. Quand la noblesse de Bohême, après la mort de l'empereur *Mathias*, déclara les Habsbourg déchus du trône des États de Bohême, on en vint à la bataille rangée. Le 6 novembre 1620, à la Weillen Berg, près de Prague, les impériaux battirent les protestants. Les Tchèques, au vu des suites de cette bataille, ont considéré cette défaite comme une victoire des Allemands contre les Tchèques. C'était en réalité une victoire de la puissance centrale impériale contre la domination de classe en Bohême et, si l'on préfère, une victoire de Rome sur Wittenberg. Les biens des insurgés furent confisqués ; toute la population dut se faire catholique. Celui qui ne voulait pas abjurer perdait tout son avoir. Les domaines confisqués à la noblesse allemande et tchèque furent attribués à la noblesse catholique et fidèle à l'Église. Leur nationalité ne jouait aucun rôle. Les nouveaux propriétaires terriens étaient aussi bien italiens, espagnols, français qu'allemands ou tchèques, car comme nous l'avons dit, le critère pour l'attribution de terres étaient la foi catholique et la fidélité aux Habsbourg.

Après la bataille de Weillen Berg, la noblesse de Bohême changea d'attitude. Les rebelles devinrent des courtisans qui transférèrent leur résidence à la cour impériale et menèrent une vie brillante dont la masse du peuple tchèque dut assurer les frais par les corvées et le servage. Les nobles de Bohême devinrent ainsi les oppresseurs du peuple tchèque que le prince allemand *Joseph II*, et le paysan allemand Hans *Kudlich* libérèrent par l'abolition du servage. Les Tchèques ne veulent pas admettre cette réalité. Elle ne cadre pas avec leur mythe historique de l'oppression des Tchèques par les Allemands, et pourtant c'est la vérité historique.

Le combat pour l'indépendance de l'État tchèque

L'éveil des Tchèques à la conscience nationale à la fin du XVIIIème siècle entraîna leur aspiration à un État indépendant. Quand *Napoléon* fit son entrée à Vienne, une délégation tchèque lui rendit hommage et lui remit un *mémorandum* qui démontrait que la création d'un État tchèque indépendant au cœur de l'Europe serait *la meilleure garantie pour sa souveraineté en Europe centrale*.

Ce mémoire fut considéré comme un éclat d'enthousiasme romantique et les entretiens du premier congrès panslave à Prague, qui se tenait au même moment que la rentrée du parlement allemand à Francfort, annoncèrent la réalité politique du combat tchèque pour son indépendance. En politique intérieure, ce fut un combat contre la centralisation de l'État sur des bases fédératives qui devait procurer aux Tchèques *l'autonomie de leur zone d'habitat*. Au même moment, les Tchèques nouent des liens avec *Paris* et *St-Pétersbourg*. Ils n'imaginaient pas cependant encore une destruction de la vieille monarchie danubienne, mais comptaient bien sur son affaiblissement, duquel ils espéraient la réalisation de leurs espoirs en politique intérieure. Leurs calculs en politique extérieure étaient ceux-ci : l'alliance de l'Autriche-Hongrie avec l'Empire allemand signifie un renforcement du gouvernement de Vienne et de sa centralisation. Tout affaiblissement de la puissance allemande signifierait aussi un affaiblissement de la politique des Habsbourg. C'est ainsi qu'ils se réjouirent du rapprochement franco-russe contre l'Allemagne qui aboutit à une alliance militaire, car ils en attendaient un affaiblissement de l'Empire allemand et en conséquence, de l'Autriche-Hongrie. À la fin d'une guerre perdue, on en viendrait à une révolution sociale ou nationale. Dans un cas le résultat en serait un remaniement fédératif de l'Autriche-Hongrie, dans l'autre la naissance de l'État indépendant tchèque.

La Grande Guerre éclata, pour le Reich, sur deux fronts, contre la France et la Russie ; les Tchèques virent que leur heure était arrivée. La politique intérieure tchèque commença son *travail de sabotage* et œuvra à l'affaiblissement de la monarchie danubienne. Les politiciens tchèques à l'étranger, en particulier *Masaryk* et *Benès*, s'efforcèrent de persuader le monde que la libération des petits peuples et, ainsi, la solution du problème des nationalités en Europe *devait être l'objectif de la Grande Guerre*. Ce ne serait cependant pas possible sans la destruction de l'Empire des Habsbourg. La Guerre mondiale serait la grande guerre de démoralisation de l'Europe, la guerre de la liberté contre l'oppression des Habsbourg, des Hohenzollern et des Romanov. Tels étaient les arguments des Tchèques.

Lorsque le président américain, au début de 1918, publia ses 14 fameux points dans lesquels il construisait la future Europe sur la base du droit des peuples et des ethnies à disposer eux-mêmes de leur destin politique, le sort de l'Autriche-Hongrie en était jeté.

Les Tchèques firent connaître leurs visées sur les Sudètes, la Bohême, la Moravie, la Silésie, les Carpathes, la Slovaquie et la Ruthénie. Ils expliquèrent que seule cette étendue leur permettait de remplir leur fonction anti-allemande : le mur contre le « Drang nach Osten ». Le droit à l'autodétermination ne se donne pas à tout le monde. De plus, il serait « *injuste que quelques centaines de milliers de Tchèques soient sacrifiés au pangermanisme* » écrivait Masaryk dans son livre présenté à la Conférence de la Paix : *La nouvelle Europe*, et dans lequel il donnait les raisons d'ériger un nouvel État tchèque indépendant. Que plus de trois millions d'Allemands fussent sacrifiés aux Tchèques ne sembla pas injuste au philosophe humanitaire Masaryk. En dédommagement de leur privation à l'autodétermination, les ethnies incorporées *contre leur gré* recevraient la plus large *autonomie administrative*. Une « *nouvelle grande Suisse* » devait même naître, dans laquelle la spécificité des ethnies serait garantie.

Les Tchèques et les Slovaques qui avaient décidé déjà en 1915 à *Paris*, puis plus tard à *Moscou* et *Cleveland*, de former ensemble un État, signèrent le 30 mai 1918 à *Pittsbourg* un traité dans lequel ils affirmèrent à nouveau leur volonté de fonder un État. Ce traité promettait aux Slovaques la *plus complète autonomie et un parlement indépendant*.

L'ÉTAT INDÉPENDANT TCHÉCOSLOVAQUE

La république tchécoslovaque fut proclamée le 28 octobre 1918 à *Prague*. La vieille monarchie danubienne était à l'agonie. L'Empire des Habsbourg sur lequel autrefois le soleil ne se couchait jamais, s'écroulait. Le front autrichien céda. Deux jours plus tard, les députés de la vieille monarchie danubienne se réunirent et proclamèrent la république austro-allemande à laquelle se joignit la région allemande des Sudètes. Quelques jours plus tard, ils prirent leur décision finale : *L'Autriche allemande fait partie de l'Empire allemand.*

À Prague, on ne reconnut pas la déclaration d'intention des Allemands et des Sudètes. Des hordes militaires tchèques envahirent aussi bien la Slovaquie que la région des Sudètes et occupèrent le territoire. Quand les Allemands des Sudètes manifestèrent à nouveau le

4 mars 1919 pour leur droit à l'autodétermination, la soldatesque tchèque tua les manifestants désarmés.

À Paris, on fit la sourde oreille devant la fusillade et les cris des victimes. Ce n'étaient que des Allemands ! La création de l'État tchécoslovaque fut entérinée le 10 septembre 1919 à Versailles. Pris sur le riche patrimoine de la vieille monarchie danubienne, on lui donna un territoire de 140 493 kilomètres carrés, comportant la riche région de la forêt de Bohême jusqu'à la zone des sources de Theiss, forêts entrecoupées de terres à céréales, même de charbon et de gisements de minéraux, la chaîne des monts métallifères, les sources thermales de renommée mondiale, Karlsbad, Frauzenbad, Klösterle, Giesshuebel etc.

En deçà des frontières de l'État tchécoslovaque, vivent :

3 235 000	Allemands
7 406 000	Tchèques
2 230 000	Slovaques
700 000	Hongrois
550 000	Ukrainiens
82 000	Polonais
187 000	Juifs
50 000	divers

Alors que les Allemands des Sudètes occupent les régions frontières du pays des Sudètes, les Tchèques habitent *l'intérieur* du pays. Exactement 27 000 kilomètres carrés sont zone de vie allemande concentré en Tchécoslovaquie. Les Slovaques, les Hongrois, les Ukrainiens et les Polonais habitent la région des Carpathes et ses abords au Nord et au Sud. Les Juifs peuplent avant tout les grandes villes et sont répartis sur tout le territoire. Ils forment même, dans la partie orientale de l'État, la majorité de la population. C'est dans ces zones d'habitat plus monolithiques que le bolchevisme recueille le plus de voix !

Les frontières actuelles de l'État tchèque ne satisfont pas les vœux des Tchèques. Ils ont présenté à la Conférence de la Paix la carte d'un officier nommé Hanush *Kuffer* qui repousse les frontières de l'État tchèque jusqu'aux *portes de Berlin, Nuremberg* et au *Danube*. Cette carte reflète à nouveau les aspirations de l'impérialisme tchèque, toujours vivantes à ce jour.

LA CONSTITUTION

La Tchécoslovaquie est une république démocratique fondée sur la plus grande centralisation. Les promesses d'autonomie faites aux Slovaques, Allemands des Sudètes et Hongrois *n'ont pas été respectées*.

Elle prévoit bien une solution autonome de l'administration d'État pour les *Ukrainiens,* mais les décrets à ce sujet n'ont pas encore été pris à ce jour. La Constitution a été créée sans la participation des Slovaques ni des autres nationaux et leur a été octroyée.

D'après la Constitution, tout le pouvoir est aux mains du « peuple tchécoslovaque » qui exerce sa souveraineté au moyen des députés élus à la Chambre des députés et au Sénat. Les élections législatives doivent avoir lieu tous les six ans. La Chambre des députés compte 300 députés, le Sénat 150. Les deux chambres élisent le président dont les fonctions durent sept ans.

POLITIQUE INTÉRIEURE TCHÈQUE

La politique intérieure repose sur la fiction d'un État national tchèque. Elle ne reconnaît pas les droits des ethnies à l'identité nationale et essaie, par tous les moyens à disposition du pouvoir, de les dénationaliser, et ceci de différentes façons, par exemple :

Par une « réforme agraire », le pays allemand des Sudètes *fût amputé du tiers de ses forêts et terres cultivables.* La grande propriété foncière *allemande* démembrée et partagée entre colons tchèques. Mais la forêt fut placée sous gestion d'État et les employés des eaux et forêts et bûcherons furent renvoyés de leur emploi pour être remplacés par des Tchèques.

Une loi sur les fonctionnaires remplaça plus de *40 000 préposés allemands* par autant de Tchèques. Les fonctionnaires restants sont constamment déplacés dans la région afin que leurs enfants soient forcés de fréquenter une école tchèque.

L'industrie des Allemands des Sudètes fut contrainte par une série de mesures d'investir dans le capital *tchèque.* Les administrations fiduciaires profitèrent de leur situation pour placer des fonctionnaires et des ouvriers tchèques dans l'industrie privée allemande. Ainsi, les entreprises allemandes devaient, en cas *d'embauche,* donner la priorité aux *Tchèques* et, en cas de *débauche* nécessaire, *licencier d'abord les Allemands.*

On noyauta au moyen des mesures ci-dessus nommées la région des Sudètes avec des éléments tchèques. En même temps cependant, la masse des chômeurs dans les Sudètes prit des dimensions gigantesques à l'occasion de la crise commerciale.

Parallèlement à la dénationalisation du territoire, se fit *la dénationalisation des hommes.* On ferma les écoles allemandes. *Plus de 19 000 écoliers allemands durent fréquenter des écoles tchèques.* Mais dans ces écoles où l'on enseigne en allemand, l'éducation se fait dans un esprit tchèque. À la jeunesse allemande il faut présenter une histoire défigurée du peuple allemand. Il faut leur montrer en revanche les époques de l'histoire tchèque sous les plus brillantes couleurs. La caractéristique la plus percutante de l'éducation tchèque dans les écoles allemandes est la disparition dans les livres des images du château de Sans-Souci et du monument aux morts de la bataille des nations à Leipzig.

À la suite de ces tentatives de dénationalisation fut promulguée *l'interdiction* d'importation, ces dernières années, de *livres et journaux allemands provenant du Reich*. De cette façon, les Allemands des Sudètes doivent être coupés spirituellement du peuple allemand et mûrs pour une « tchécoslovaquisation ».

Politique extérieure tchèque

De même que les Tchèques avaient attendu de l'alliance franco-russe la création d'un État indépendant, de même voient-ils dans cette alliance, la garantie de leur indépendance. La conclusion d'un *pacte militaire avec la France* fut le premier résultat de cette politique. Le ministre des Affaires étrangères de l'époque, Benès, aurait conclu en même temps un traité avec les Soviétiques s'il n'en avait été empêché par l'opposition d'une majorité parlementaire, mais il s'acharna dans ce dessein et l'atteignit en 1935, livrant ainsi la Tchécoslovaquie au bolchevisme. La Petite Entente, c'était l'espoir des Tchèques d'empêcher le *renforcement de la Hongrie et la réunion de l'Autriche au Reich allemand*.

Le combat des nationalités contre la centralisation de Prague

Les Allemands des Sudètes répondirent à la Constitution octroyée de Prague par l'obstruction la plus vive, mais la majorité au Parlement de Prague pouvait passer outre à toutes les protestations des partis allemands des Sudètes et les ignorer. À cette époque se succédèrent toutes ces *mesures légales visant à la dénationalisation du territoire et des hommes*. Ces graves préjudices entraînèrent une certaine nervosité dans la politique des Allemands des Sudètes et les firent céder aux propositions trompeuses de Prague. On fit savoir aux partis allemands que l'orientation dure du gouvernement de Prague serait modifiée si les partis sudéto-allemands mettaient fin à leur obstruction. Il y eut bientôt au cœur du germanisme sudète un conflit d'opinion sur l'attitude future à adopter à l'égard du gouvernement. Les uns étaient prêts à entrer dans le gouvernement de Prague pour repousser les attaques prévues. Les autres restaient méfiants et se gardaient de faire ce pas sans assurance du gouvernement puisque l'expérience avait montré que l'on ne peut se fier aux promesses tchèques.

Malgré cela, en 1926 la *ligue des agriculteurs* et le représentant du *catholicisme politique* firent leur entrée dans le gouvernement de Prague. La participation gouvernementale des partis allemands dura jusqu'aux jours de mars 1938. L'entrée des Allemands en Autriche au printemps balaya Schu8nig et causa ainsi l'échec de cette action allemande au sein du gouvernemental tchèque. Même les marxistes allemands des Sudètes furent contraints de rappeler leurs représentants du gouvernement où ils étaient rentrés en 1929.

Durant les jours de la lutte d'opinion entre l'opposition sudète allemande et les partis gouvernementaux, les nationaux-socialistes sudètes déployèrent les drapeaux du mouvement autonomiste sudète et lancèrent le mot d'ordre : « La région sudète aux Allemands des Sudètes ! » jusque dans le dernier village et la dernière usine. Sous ces drapeaux commença l'unification du germanisme sudète. Lorsque les élections des délégués municipaux en 1931 montrèrent que le Parti national-socialiste des travailleurs sudètes devenait un mouvement populaire, les Tchèques crurent freiner l'évolution par la dissolution du Parti. Les mesures qui furent prises en automne 1933 dans lesquelles l'esprit policier metternichois célébrait une joyeuse résurrection, firent connaître à la germanité sudète qu'elles ne reculeraient pas devant une grande persécution. Déjà, la morosité et le désespoir menaçaient de s'introduire dans ses rangs lorsque un de ses membres sortit du rang et brandit de nouveau le drapeau vacillant : *Konrad Henlein*.

Il appela à la formation d'un front patriotique sudète qui devait s'appeler peu après le Parti allemand des Sudètes. Sous sa direction fut accomplie l'œuvre d'unification du germanisme sudète qui reçut sa confirmation lors des élections municipales de mai et juin de cette année. Konrad Henlein est légitimé comme porte-parole du germanisme sudète et a fait sa demande d'égalité,de droits et d'autonomie. Le gouvernement de Prague crut intimider les groupes populaires allemands par *une occupation militaire des régions sudètes* et leur faire retirer leurs exigences. Ce fut l'opposé. L'unité se renforça précisément ces jours-ci.

Les *Slovaques* suivirent le même chemin. Aussi, à leur égard, les Tchèques ne pensaient pas tenir les promesses faites dans le traité de Pittsbourg et leur accorder l'autonomie. Eux aussi tentèrent d'abord par l'obstruction, puis par une participation gouvernementale, d'inciter les Tchèques à tenir leurs promesses et de les obliger à transformer la Tchécoslovaquie sur une base fédérative. Les événements des derniers mois ont secoué le peuple slovaque qui exige maintenant énergiquement l'observation du traité de Pittsbourg.

Le même destin était partagé par les autres groupes populaires dans l'État qui adoptent aujourd'hui la même attitude envers le gouvernement de Prague que celle des Allemands sudètes et des Slovaques.

*

Le front unitaire des nationalistes envers le gouvernement de Prague montre qu'il est le seul responsable des tensions régnant aujourd'hui dans l'État et troublant toute l'Europe. L'attitude divisée de la politique tchèque annonce les principes qu'elle a pensé ne pas respecter en réalité, caractérise le peuple tchèque qui n'a montré dans toute son histoire, ni un esprit juridique ni un sens étatique.

Le vingtième anniversaire de la fondation de l'État que les Tchèques voulaient commémorer cette année se trouve placé sous le signe d'une *crise étatique*. Un journal hongrois a écrit à cette époque que « le glas sonne pour le grand pécheur européen ». À Prague on semble ne pas vouloir l'entendre.

Le président de la république tchèque a déclaré que les démocraties tendent à l'anarchie et à la décomposition si leur bourgeoisie n'est pas mûre pour cette idée. Les rapports dans son propre État lui montrent à quel point il a raison. Et pourtant, toutes les conditions d'un épanouissement au sein de l'État existaient précisément en Tchécoslovaquie. Car un *philosophe* se trouvait à sa tête depuis plus de 17 ans. Un philosophe grec comme Platon privilégie un État dirigé par un philosophe.

Les réalités en Tchécoslovaquie réfutent les anciens Grecs.

CAHIER DE LA SS N°5. 1944.

LA SAXE, PAYS DU TRAVAIL ET DE L'ART

On peut parfaitement comprendre l'esprit du pays de Saxe si on considère cette région comme un point d'intersection de courants culturels allemands et si on lui attribue une position intermédiaire.

La Saxe exprime d'abord une diversité surprenante et une variété significative. Le paysage saxon ressemble à un jeu de mimiques fortement animé et expressif. La Saxe à l'apparence du Vogtland, du Erz ou de la Lausace selon les parties de ces régions montagneuses et accidentées qu'elle englobe dans ses frontières. C'est le monde agricole avec ses vastes plaines, la région commerciale et économique le long des cours d'eau, dans les ports de l'Elbe et l'animation des foires de Leipzig. C'est le pays d'artisanats à domicile où, depuis des siècles, les mains de femmes et de jeunes filles produisent des fleurs artificielles oµ de la dentelle au fuseau. On fabrique des jouets de bois grâce au génie créateur et bricoleur du peuple, des dons musicaux prononcés et d'autres facteurs externes favorables permirent de produire des instruments de musique locaux. Dans des centres bruyants, on extrait de la houille et de la lignite, on travaille textiles et métaux ; des constructions mécaniques, des industries d'habillement et des centaines d'autres branches d'industrie donnent du pain et du travail à la grande masse des citoyens près des grandes villes comme Chemnitz, Zwickau, Plauen et dans des villages éloignés de l'Erzgebirge, du Vogtland, de Haute-Luzace. Cette variété physionomique du paysage saxon correspond à la variété avec laquelle la Saxe participe à l'histoire de la nation et au développement de l'esprit allemand. Dans d'innombrables cas, on constate la manifestation d'une conjonction de forces multiples et d'un vaste rayonnement d'influence.

Lorsqu'il y avait encore des aires de colonisation préhistoriques, la bataille pour la suprématie en Germanie entre Hermann le Chérusque, et Marbod le Marcoman, fut livrée probablement dans l'une de ses plaines ou près de l'un de ses cours d'eau. Ces paysans germaniques occidentaux, les Hermundures qui, autrefois, habitaient dans l'aire saxonne, se trouvaient aux côtés de Marbod. Après sa défaite, ils bâtirent un royaume puissant. La bataille entre Hermann et Marbod décida du sort de ces innombrables luttes armées, batailles, rencontres, attaques surprises et combats qui eurent lieu au cœur du territoire saxon et qui furent d'une importance majeure pour une partie ou la totalité de la nation. Plus tard, l'autre bataille du même genre, la bataille des Magyars en 933, où le roi Heinrich I défit les bandes de cavaliers hongrois brigands après avoir fondé quatre ans auparavant la Marche de Meiβen, permit de poursuivre la politique de peuplement allemande vers l'Est durant des années. Les Hongrois avaient été appelés à l'aide par une tribu de Slaves entrés dans l'espace vital allemand désertifié, les Daleminzes, qui voulaient s'affranchir de la souveraineté germanique. Au cours des siècles suivants, la jeune Marche de l'Est dut lutter avec ces Slaves venus de l'Est, – c'étaient donc des Sorbes, des Polonais ou des Tchèques. Sa germanisation effectuée vers 1089, causée par la nomination comme margrave du Wettinois Heinrich von Eilenburg par l'empereur Heinrich N qui dura jusqu'en 1423 lorsque la Marche de Meiβen fut attachée à l'électorat de Saxe, se présente comme un acte important de la part des régents de lignée wettine. Dans la période suivante, le pays devint un bastion face au turbulent et rapace voisinage des Tchèques ; il surmonta avec une ténacité exemplaire la misère provoquée par les expéditions hussites. Avant que les frères électeurs Ernst et Albrecht, bien connus à cause de « l'enlèvement » dont ils furent victimes de la part du chevalier Kunz von Kaufungen, n'aient commis la faute de partager leurs domaines en 1485, toute l'Allemagne centrale fut dominée directement ou indirectement par l'Électorat de Saxe. Toujours est-il que, malgré le partage leipzigois, la région du Erz vécut sa grande destinée historique à l'époque de la Réforme. Lors des troubles produits par les guerres de religion, la figure de l'Électeur Moritz s'imposait de façon manifeste car, esprit clairvoyant, il résistait avec les forces de son pays au vorace dominateur catholique Karl V et sauva ainsi la cause du protestantisme. Sous le « père Auguste », la Saxe devint le protectorat du luthérianisme orthodoxe, position que bientôt elle perdit dans la guerre de Trente Ans à cause de l'égoïsme et de l'étroitesse de vue politique de ses princes. Elle perdit sa position prédominante au cœur de l'Empire de Brandebourg du fait qu'elle devint intransigeante concernant les questions religieuses. Le handicap fut compensé par la politique polonaise d'Auguste le Fort. Autrefois, on critiqua vivement cette politique et les moyens utilisés par Auguste le Fort, mais le bon sens politique actuel perçoit que le choix du grand Électeur saxon comme roi polonais signifiait une victoire polonaise du germanisme sur la politique orientale d'intrigues de la France. L'Empire en ressortit grandi par l'élargissement souhaitable de l'aire économique allemand.

La guerre de Sept Ans causa en Saxe un malheur qui se répéta lors des guerres napoléoniennes. Elle devint un centre de déploiement régulier et la base d'opération privilégiée des armées ennemies. Mais à cette époque, les régions allemandes manifestèrent une grande ténacité et une vitalité étonnante, et ce qu'elle avait perdu comme grande puissance politique, elle chercha à le reconquérir dans tous les domaines de la vie culturelle. Elle devint donc un champ d'expérimentation et d'application principalement dans le domaine de l'industrie. Elle contribua de façon essentielle à l'épanouissement du Deuxième Reich. Ici comme partout, on ne pouvait empêcher que l'augmentation de la population et de l'industrie sur un espace fortement limité, la concentration des travailleurs manuels dans les villes et le déracinement consécutif constituent un dangereux terrain nourricier pour des idées corruptrices, étrangères au peuple et hostiles à l'État. Mais ce fut aussi la raison principale pour laquelle la Saxe développa avant bien d'autres régions allemandes la grande idée du national-socialisme et devint un atout majeur pour les forces d'Adolf Hitler.

Lorsqu'on s'intéresse au rôle joué par la Saxe comme point d'intersection dans le développement de la civilisation allemande, la floraison de la poésie des troubadours à la cour de Meißner fut suivie par l'essor de la région résultant de la création de l'université de Leipzig en 1409. Le margrave Friedrich le Belliqueux eut suffisamment de clairvoyance pour offrir la protection et la sécurité dans son pays à la spiritualité menacée à Prague par les Tchèques. Il créa donc l'université de Leipzig qui, parallèlement à l'institut de Vienne, devint à l'Est une pépinière de la culture allemande et un institut travaillant encore aujourd'hui avec le sérieux scientifique et un zèle objectif dans le domaine du germanisme et dans bien d'autres.

On a déjà évoqué le fait que la Saxe acquit une importance historique sans pareille pour tout l'Occident en tant que centre de la Réforme et que scène d'une révolution spirituelle. Au cours de cette mission politique culturelle, elle acquit une force de frappe inhabituelle et une portée significative : L'aspect poétique du luthérianisme s'enrichit d'une première touche artistique provenant de l'Erzgebirge enveloppé de magie. Dans les villes de Zwickau et de Joachimstahl, qui représentent des carrefours d'échanges, fleurissait une mystique doublée d'aspirations sociales qui fut fructueuse à maints égards. Georg Agricola, le recteur de Zwickau né à Glauchau, devint le premier écrivain ingénieur des mines de l'Occident. La nationalisation de tous les biens du clergé accomplie par le prince électeur Moritz eut pour conséquence notable la fondation des écoles princières devenues plus tard si célèbres, Schulpforta, Grimma et Meißen. Nombre de pionniers germanistes ont été envoyés vers les quatre points cardinaux au cours de l'activité de ces trois écoles ! C'est la même chose (outre les universités de l'espace haut saxon s'édifiant parallèlement à Leipzig, comme Wittenberg, Iéna, Halle) pour l'école nationale des Mines et l'école forestière de Tharandt, et montrent que le pays devint une « région pédagogique » surtout à cette époque. On sait que la langue des chancelleries de Meißen prospéra grâce à la traduction de la Bible par Luther en langue académique allemande ; en conséquence de la ligne reçue, la région devint un centre d'éducation de linguistique et d'allemand.

Une influence comparable s'exerça sur toute la civilisation allemande grâce au deuxième essor de l'esprit saxon, la période liée au baroque exubérant d'Auguste le Fort et l'époque suivant immédiatement celle des Lumières. Sous Auguste, qui aimait le faste, Böttger, de Meißen, découvrait la porcelaine, Bach, de Leipzig, nous enchantait grâce à ses oratorios, passions et cantates merveilleux. Le prince hors du commun qui comprit l'importance d'apposer le sceau baroque de son esprit non seulement sur sa capitale saxonne, mais aussi sur sa résidence polonaise, permit au talent des sculpteurs et des décorateurs comme Permoser et Pöppelmann de s'épanouir. Silbermann du Erz trouva ainsi des églises qui étaient dignes de ses orgues. Le donjon, la Hofkirche catholique de Chaiveri, une collection incomparable de porcelaines rares virent le jour grâce à ce prince, la magnifique galerie de peinture grâce à son fils. On termina les voies de communication ; les routes de Saxe étaient déjà réputées à l'époque.

À l'époque des Lumières surgirent encore quelques grandes figures saxonnes dans les domaines intellectuels : Leibniz, qui cerna en tant que philosophie toute la recherche scientifique d'une époque et n'envisagea pas moins qu'une fusion du mouvement religieux catholique et protestant ; Thomasius, le premier professeur d'institut qui tint ses cours en langue allemande, Lessing, le grand poète, animateur, critique, chercheur et défenseur de la vérité qui alluma de nouveaux et brillants flambeaux devant l'autel de l'humanité. C'étaient là quelques-unes des figures spirituelles issues uniquement des villes de Dresde et de Leipzig ! La peinture baroque, qui emplissait les galeries d'Auguste et de ses successeurs et se fondait avant tout sur l'expression intense des sentiments ardents, connut en Saxe une nouvelle prospérité grâce au Romantisme et surtout une transformation interne ; elle est liée aux noms de Philipp Otto Runge, Caspar David Friedrich, Carl Carus, Ludwig Richter et apparaît indissociable de certaines parties du paysage de la vallée de l'Elbe. À côté de Dresde, le vieux MeiBen et ses environs ne sont pas en reste quant à l'influence sur l'arrière-plan d'événements spirituels. Les barons de Miltitz auf Siebeneiche et Schafenberg y jouèrent un rôle important. Le premier fit étudier le pauvre fils de journalier Fichte venant du village du Rammenau de Haute-Luzace qui, plus tard, devait profondément secouer la conscience de la nation ; le même Miltitz est l'ami du poète Friedrich von Hardenberg (Novalis), qui était étudiant des Mines à Freiberg (de même que le héros nationaliste Theodor Korner) et qui, plus tard comme poète, devait révéler les derniers mystères de la mystique allemande.

Aujourd'hui encore retentit un écho romantique de franc-tireur de plus d'un ravin sauvage des montagnes gréseuses de l'Elbe. De nombreux endroits de Saxe vécurent encore des événements musicaux extraordinaires. Dans la salle d'opéra de Dresde eut lieu la première représentation mémorable de « Rienzi », qui dura jusqu'à minuit. Nombre de représentations d'œuvres importantes l'ont suivie ! Et quel mérite dans le domaine de la musique nationale s'est acquis la Maison des Tapisseries de Leipzig ! Leipzig, ville musicale, ville des librairies, ville d'expositions nationale, constitue un chapitre de l'histoire des courants culturels allemands ! Cette ville inspira au Prussien oriental Gottsched ses préoccupations esthétiques. L'art théâtral de la Neuberïn, la première grande actrice allemande, lui procure un élan impétueux et riche de perspectives. Les libraires, imprimeurs et éditeurs, comme Johann Gottlob Immanuel Breitkopf, Karl Christoph Traugott Tauchnitz, Benedictus Gotthelf Teubner, Anton Philipp Reclam, créent les noyaux de leur firmes internationales.

La Bataille des Nations en 1813 qui causa la défaite de Napoléon et entraîna la ville dans son tourbillon ne put entraver le puissant essor de toutes les forces spirituelles et économiques concentrées ici ; mais pour la première fois, elle révéla aux yeux du monde allemand une communauté de combat et de destin constituée par la plupart des ethnies allemandes. Depuis 1833, Friedrich List séjourne à Leipzig et esquisse un réseau ferré de grande dimension dont il prévoit la PleiBestadt comme centre. Le premier grand trajet ferroviaire allemand commence ici ; deux ans plus tard la ligne Leipzig-Dresde peut être ouverte au public. Un nouveau pas décisif est fait pour relier les régions allemandes.

« L'instruction rend libre. L'esprit donne la vie ! » Ces devises illuminent et embellissent tout le pays avec une franchise d'autant plus importante qu'elle peut se réclamer d'une tradition vénérable.

Kurt Arnold Findeisen

Seuls les peuples courageux ont une existence sûre, un avenir, une évolution. Les peuples faibles périssent, et cela à juste titre.

Heinrich von Treitschke

LA MAISON DE LA TROUPE SS N° SPÉCIAL. 1940.

LA NORVÈGE

L'Allemagne manque partiellement de la clarté souhaitable concernant les rapports réels existant dans le Nord ; au lieu de cela dominent souvent des conceptions idéalisées et une illusion optimiste sur la victoire de l'idée nordique chez les autres peuples germaniques nous étant si prochement apparentés. La forte expression de cet idéal incitait de façon très involontaire à commettre l'erreur de croire que les rapports dans le Nord sont meilleurs et plus sains que les nôtres et que ces pays sont tout simplement mûrs pour un nouvel ordre. On croyait que le même sentiment qui nous animait nous-mêmes devait aussi dominer les autres.

Pour la première fois depuis l'époque de la Hanse, l'occupation allemande instaura un étroit contact entre le peuple allemand et le peuple norvégien. Les opinions préconçues que les Allemands nourrissaient étaient tout à fait amicales. Comme elles ne correspondaient cependant pas à la réalité, les déceptions ne se firent pas attendre.

Qu'un conflit puisse se produire entre les deux pays indique déjà que les fondements spirituels d'un travail commun faisaient tout à fait défaut du côté norvégien. La deuxième déception, que chaque Allemand devait éprouver à titre personnel et qui avait pour effet de refroidir ses sentiments, était causée par l'état d'esprit hostile de la population à son égard. Ce n'est que depuis peu qu'il s'est amélioré. La troisième et peut-être la plus forte déception qui s'ajoutait à cela était que les espoirs exagérés que les Allemands avaient emmenés avec eux en Norvège, ne se réalisèrent pas. Les Norvégiens ne correspondaient pas aux représentations idéales imaginées. Ce sont aussi des hommes avec des défauts importants, dont l'apparence extérieure ne s'accorde que partiellement à l'idéal nordique. Même lorsque l'image externe semblait correspondre aux espérances, il manquait à nouveau l'attitude spirituelle et l'expression claire des bonnes caractéristiques qui sont propres à la race nordique.

Les préjugés du côté norvégien étaient totalement différents. On doit d'abord prendre en compte le caractère géographique perdu et l'isolement ayant duré des dizaines d'années de l'évolution du reste de l'Europe. Nous sommes arrivés dans un pays où le libéralisme se trouvait en pleine expansion, où la longue paix et la dépendance envers la conjoncture mondiale avaient transformé le pacifisme en une vision de base presque naturelle. Il n'y avait pas de problèmes aigus qui auraient nécessité une solution immédiate, à l'exception peut-être du problème social. Il n'y avait pas de misère économique et de chômage critiques, pas de menace politique directe venant de l'extérieur, pas de question raciale propre, de problème religieux. Contrairement à l'Allemagne, la Norvège est un « pays sans peuple ». Tous les éléments externes propices à susciter une évolution dans l'esprit du national-socialisme manquaient plus ou moins ; pour cette raison, on ne rencontrait aucune intelligence des processus allemands. En réalité, c'est assurément une imposture car nombre des questions citées existent toutefois. Mais comme elles ne se manifestent pas aussi ouvertement, on pouvait jusqu'ici omettre de les voir. À tout cela s'ajoutait l'impression de la puissance allemande constamment croissante et l'excitation systématique du peuple faite à l'intérieur et à l'extérieur. Le peuple norvégien, dont nous fîmes la connaissance en avril de cette année, avait des buts et aussi des formes de vie totalement différents des nôtres ; personne ne pourra exiger d'un Allemand qu'il considère l'évolution et l'attitude norvégiennes comme justes, mais on doit au moins comprendre les conditions qui les firent surgir.

Pour nous, Allemands, la Norvège ne constitue pas directement un problème économique ou une question d'espace, mais avant tout une question concernant la valeur raciale de ses hommes. Ce serait extraordinairement déplorable si, par de fausse visions de ce point élémentaire, la plus grande partie des Allemands actuellement engagés en Norvège en venait à avoir des déceptions et des préjugés. L'image qui se formera chez nous, dans le Reich, sur la Norvège, ne sera pas tant marquée par n'importe quelle publication, mais par les comptes-rendus de ceux qui en reviendront. Si des malentendus surgissent, la compréhension de la légitimité interne de notre travail et aussi de la création future de l'Empire, en éprouvera un très fort préjudice. D'un autre côté, la réalité de tels malentendus est aussi une preuve de la clarté idéologique encore bien des fois manquante.

On n'a besoin de prendre que de quelques points de la doctrine raciale nationale-socialiste pour en venir immédiatement à porter des jugements essentiellement différents sur les rapports norvégiens.

1. Le Führer a aussi mentionné la grande importance de la composition diverse des races apparentées de notre peuple et a parlé d'un mélange heureux. Sans doute doit-on attribuer à cette influence la variété des résultats de notre peuple dans tous les domaines. La prétention de la race nordique à diriger au niveau politique en demeura intacte.

2. Dans la doctrine raciale, on indique constamment la différence existant entre l'apparence et l'image propre. Cela ne concerne pas seulement les caractéristiques externes différentes, mais surtout ces particularités qui tirent leur origine de transformations purement spirituelles et dans ce sens aussi de certaines manifestations liées à chaque génération.

3. Le rapport entre le patrimoine et l'éducation y est étroitement lié. On ne peut pas ignorer la réalité du fait qu'une génération vivant actuellement ne représente pas seulement le résultat du caractère héréditaire existant, mais que son attitude et que toutes ses manières sont aussi très essentiellement déterminées par des facteurs d'éducation, facteurs d'éducation qui peuvent se transformer au cours du temps. Mais le patrimoine n'est pas affecté.

4. Comme on le sait, chaque race comporte des caractéristiques qui sont aussi bien bonnes que mauvaises. Au cours de toute l'histoire, la race nordique a constamment démontré qu'elle ne fait la preuve de ses caractéristiques les plus valables que lorsqu'elle est confrontée à des conditions difficiles ou des tâches rudes. En revanche, elle a la caractéristique néfaste de s'alanguir dans des périodes calmes. Non seulement la Norvège, mais aussi tout le Nord germanique vit actuellement dans une telle période d'alanguissement.

5. Suivant la conception nationale-socialiste, la substance raciale d'un peuple est seule déterminante pour juger sa valeur de façon décisive. Mais cette substance raciale se révèle, après avoir fait tous les examens soigneux là-dessus, absolument saine en Norvège. La proportion de sang nordique est extraordinairement élevée chez le peuple norvégien. Si l'actuelle génération a une attitude qui ne correspond en partie que peu à l'image de l'homme nordique, la génération suivante peut déjà avoir une apparence totalement différente.

Pour apprécier la situation politique actuelle du pays, on doit encore se rappeler les conditions qui jusqu'ici ont influencé son évolution. Le fort alignement sur l'Angleterre qui ne date même pas d'hier, résultait d'un bon nombre de données. La situation géographique, les traditions historiques remontant à très loin et finalement les expériences politiques enracinées depuis des générations, ont joué un grand rôle. Sur le dernier point, indiquons seulement que plusieurs fois dans l'histoire, de terribles famines accablèrent la Norvège à cause d'un blocus anglais. À titre d'exemple, le blocus instauré durant les guerres napoléoniennes eut des conséquences si dévastatrices qu'il est resté marqué dans la conscience populaire encore aujourd'hui. Le blocus de la Grande Guerre ne fut pas, à peu de choses près, aussi grave, mais eut des conséquences passablement fâcheuses. Les autres événements qui contribuèrent encore essentiellement à favoriser toujours la politique anglophile, étaient les multiples affinités, les relations personnelles et les méthodes de propagande anglaise s'adaptant au milieu. En outre, après tous les calculs d'estimation militaire, une intervention de l'Allemagne en Norvège semblait si impensable, en revanche une intervention de l'Angleterre si concevable, que les décisions politiques correspondantes furent prises d'autant plus facilement.

La question concernant la forme future des rapports germano-norvégiens et qui est constamment soulevée par les Norvégiens à mesure qu'ils commencent à comprendre l'évolution, est celle ayant trait au principe de création ou à l'idée de l'ordre de l'Empire futur : Impérialisme ou association raciale ? Du point de vue allemand, il est clair qu'il n'existe pas de problème norvégien particuliers, mais que la Norvège ne peut être considérée que comme une partie de l'ensemble nordique, le point de départ du nouvel ordre politique et spirituel également dans cette partie de l'Europe. À partir de ces points de vue, la mission allemande en Norvège prend sa signification réelle. Le fait le plus décisif est de savoir si les Norvégiens se rendent compte que l'Allemagne ne veut pas leur oppression ou leur exploitation économique, mais qu'ils doivent être incités à une collaboration responsable dans le but de construire l'Europe nouvelle. Par l'installation du nouveau gouvernement et le transfert de la direction politique du pays au mouvement de Quisling, l'Allemagne a tenté de donner à la Norvège les possibilités nécessaires pour cela. Il est aujourd'hui encore prématuré pour estimer le résultat de cette évolution.

Au travers de ce qui a été dit, on a brièvement esquissé la situation politique de la Norvège et la situation spirituelle à l'époque actuelle. On n'a donc pas effleuré les multiples problèmes internes à la Norvège et les tâches immenses auxquelles le nouveau gouvernement fait face. Ils peuvent, pour finir, n'être que brièvement cités. Dans le secteur culturel, ils se résument à un assainissement et une rénovation. J'aimerais prendre ici le mot culture dans un sens large et aussi bien évoquer les principes idéologiques et le sentiment de vie général que l'art et la science. Je ne veux choisir que trois problèmes particulièrement marquants : La création de conditions spirituelles saines en vue d'une nouvelle politique de population, la réforme de la science comprenant l'utilisation planifiée du fort excédent en étudiants et, pour la première fois, l'adoption d'un style architectural net et clair adapté au paysage. Dans le domaine social, les tâches se résument à équilibrer les contrastes existants. Dans le domaine économique, une réorganisation totale est nécessaire. Les branches d'industrie jusqu'ici principales, la navigation et la pêche, perdront peut-être en importance, devront être de toute façon totalement remaniées. La mise en valeur du pays se profile par le peuplement et la résolution du problème de circulation. La Norvège possède trois sources de richesse qu'elle a jusqu'à présent à peine exploitées et qui lui promettent une nouvelle prospérité : l'électricité, la forêt et ses richesses souterraines.

Le chemin qui conduit aussi bien à une nouvelle expansion politique qu'à l'utilisation des possibilités économiques existantes et ainsi à une participation de la Norvège à la construction de la nouvelle Europe, ne passe cependant que par une étroite collaboration avec l'Allemagne.

H.H.

Cahier de la SS n°8. 1938.

Angleterre – Irlande

L'intérêt international s'est porté, ces derniers temps, sur la question tchécoslovaque et en particulier sur l'envoi à Prague du Lord anglais *Runciman*. Il serait cependant intéressant de se pencher sur un problème interne à l'Empire britannique présentant quelque analogie avec ce qui se passe en Tchécoslovaquie. Quand nous pensons à l'Angleterre européenne, nous sommes enclins à nous représenter ce pays comme une entité unifiée. Nous oublions trop facilement qu'il existe pour l'Angleterre, sur le sol européen, en particulier en Irlande, un problème de nationalité, pendant quatre cents ans d'histoire, qui a provoqué d'incessants combats et a fait couler des torrents de sang.

En dehors des intérêts économiques, c'est la communauté de sang qui maintient l'unité de l'alliance britannique – le British Commonwealth of Nations-. L'administration des Dominions est aux mains des immigrés anglais qui ont pu s'installer partout aux commandes et angliciser au maximum les immigrants d'autres nations. Ainsi s'est forgée, au cours des siècles, une sorte de communauté de destin qui s'est étendue au monde entier et qui, fondée sur la communauté de sang et le train de vie, a constitué la base de la domination anglaise dans le monde.

Seul l'État libre d'Irlande occupe à ce point de vue une position particulière. Les Irlandais sont la seule véritable nation, en dehors des Anglais, à l'intérieur de l'Empire britannique. Leur exigence d'indépendance se distingue nettement des aspirations des autres Dominions. L'Australie, par exemple, repousse de plus en plus le trop insistant paternalisme de Londres et, se sentant majeure, exige le droit à l'autonomie, naturellement dans le cadre constitutionnel de l'Empire britannique. L'Irlande, en revanche, s'appuie sur la conscience de sa forte originalité nationale pour réclamer l'indépendance absolue. Les déclarations de ses chefs politiques montrent qu'ils sont prêts à maintenir cette réclamation d'indépendance au détriment même des intérêts de l'Empire britannique.

Si l'on veut comprendre cette profonde opposition entre Anglais et Irlandais, il faut considérer trois choses : premièrement la forte différence ethnique, ensuite la différence confessionnelle et troisièmement l'évolution historique différente de ces deux nations. Malgré des intérêts généraux économiques communs, ces différences n'ont jamais permis l'unification des deux îles.

Au début de la période historique, l'Angleterre et l'Irlande étaient peuplées de Celtes. Avec l'invasion des légions romaines commença le développement séparé des deux îles. Alors que l'Irlande resta exempte de toute invasion jusqu'au milieu du Moyen-Âge, les Celtes anglais se mélangèrent au cours des siècles avec les légionnaires romains, les Saxons, les Angles et les Normands latinisés. La conquête ultérieure de l'Irlande par les Anglais ne fut qu'un événement militaire. Les contrastes étaient au départ si grands qu'un amalgame ne pouvait se faire.

La différence religieuse est le deuxième facteur qui empêcha le développement conjoint des deux île8' En raison de leur forte prédisposition au mysticisme qui doit être attribuée à leur origine celte, ils furent dès le début très ouverts au catholicisme. Dès les premières décennies, les monastères fleurirent en Irlande avec une extrême variété. Les moines irlandais prirent une part importante à la christianisation de l'Europe. À l'époque de la Réforme, les Anglais essayèrent à plusieurs reprises de détourner les Irlandais de leur foi catholique. Ils s'y opposèrent dans de sanglantes révoltes. La question religieuse sépare encore aujourd'hui les Anglais et les Irlandais, et ce n'est pas la moindre raison qui s'oppose à un compromis définitif entre les deux pays.

L'emprise de l'Angleterre sur l'Irlande remonte déjà au XII· siècle, mais la première invasion échoua, les quelques seigneurs anglais ayant été absorbés par la communauté irlandaise. L'Angleterre ne prit au sérieux la conquête de l'Irlande que lorsqu'elle devint puissance maritime. Dans sa quête en vue de devenir une puissance mondiale et la première puissance maritime, elle ne pouvait plus se permettre de négliger cette île géographiquement si importante.

L'Irlande était une tête de pont pour toutes les voies maritimes vers les possessions outre-mer et protégeait la côte ouest de l'Angleterre contre une entreprise ennemie. En possession de l'adversaire, en revanche, cette Irlande menacerait les artères vitales anglaises et serait une base de départ remarquable pour une invasion de l'Angleterre. Le soutien que reçurent les Irlandais, directement ou indirectement de l'Espagne, plus tard de la France, entraînèrent des mesures de guerre rigoureuses de la part des Anglais et plus tard, quand enfin ceux-ci eurent vaincu, l'Irlande dut payer d'autant plus durement.

Ces agissements sévères de l'Angleterre, en particulier dans son empressement à arracher leur foi catholique aux Irlandais, rendit impossible un rapprochement entre les deux peuples. La plus grande faute de l'Angleterre fut de punir très sévèrement tout mariage entre Anglais et Irlandais et d'avoir considéré ces derniers comme des citoyens de deuxième classe. Cette politique pernicieuse et la pression religieuse furent la raison qui empêcha les catholiques irlandais de se fondre dans la communauté anglaise malgré les grands avantages qu'ils eussent pu tirer de cette unification.

La colonisation anglaise de l'île verte resta, sauf en ce qui concerne l'Ulster, le fait d'une mince couche de nobles, propriétaires agricoles, qui imposèrent toujours leur domination aux Irlandais. Cette colonisation se poursuivit au point que le sol et les terres furent confisqués par le roi anglais et donnés en fief aux serviteurs de l'État retraités. Ceux-ci donnèrent leur fief en bail aux vrais propriétaires, les paysans irlandais. Ces derniers furent donc économiquement soumis à leurs nouveaux seigneurs.

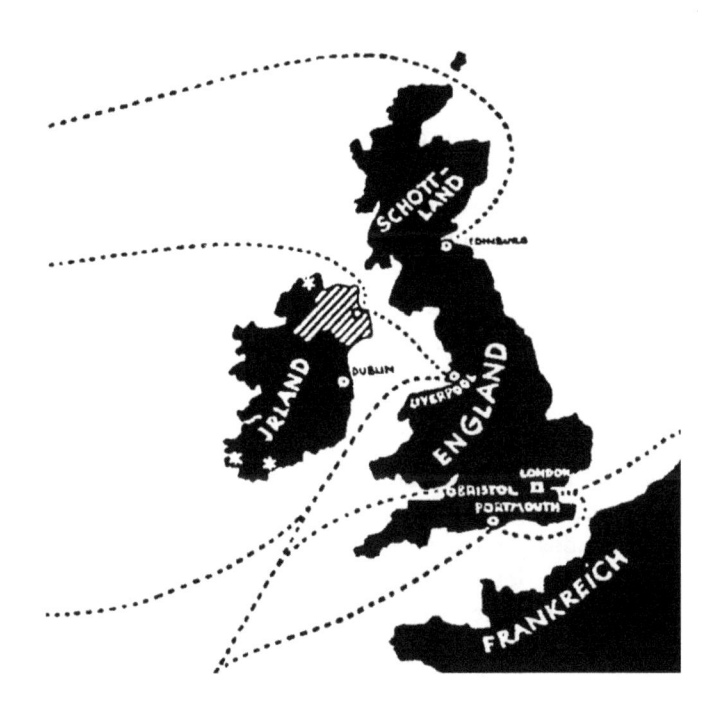

L'incapacité, la volonté d'incompréhension de cette classe supérieure d'Anglais envers le peuple irlandais alla si loin, au XVIII · et XIXème siècles, que non seulement les baux ne furent allégés en aucune façon malgré des récoltes catastrophiques, mais qu'on ne laissa entrer aucun approvisionnement en Irlande, si bien que les Irlandais furent obligés de quitter leur patrie. Ce fut l'origine de la grande vague d'émigration irlandaise. La population passa en 1846-51 de 8,5 millions à 6,5 millions. La plus grande partie émigra vers les États-Unis d'Amérique. L'année 1846, une dure famine vit mourir de faim ou des suites de malnutrition environ 1/2 million d'Irlandais. Depuis cette époque la population a toujours diminué jusqu'en 1871, où elle atteignit son plus bas niveau de 4 millions, chiffre qui remonte très lentement à l'heure actuelle.

L'Angleterre a reconnu l'injustice qu'elle avait commise en anéantissant l'économie irlandaise et a essayé de se racheter un peu. Elle encouragea le rachat des terres par la mise en place de crédits, si bien qu'en 1914 les Irlandais avaient récupéré les deux tiers de leurs anciennes propriétés, cependant encore hypothéquées. Il fallut tout ce laps de temps à l'économie irlandaise pour rebâtir, du moins en ce qui concerne l'économie d'appoint que constitue l'agriculture.

L'Angleterre avait atteint son but après ses longues années de guerre : assigner à l'Irlande sur le marché anglais l'unique rôle de pays d'élevage et ramener dans les limites du programme général sa considérable autarcie antérieure.

En dehors de l'opposition Angleterre-Irlande, le comportement Irlande du Sud-Ulster alourdit encore l'histoire de l'Eire. L'origine de l'aggravation de cette vieille opposition fut la création des « volontaires de l'Ulster » en 1912, troupe de combat de la population évangélique de l'Ulster contre les sudistes irlandais. Ceux-ci fondèrent, par mesure de rétorsion, les « volontaires irlandais » et seul le déclenchement de la guerre de 14 empêcha un règlement sanglant.

Ce n'est qu'en 1916 qu'on en arriva au tristement célèbre soulèvement nationaliste irlandais de Pâques qui coûta aux Irlandais 450 morts et 2600 blessés. Le gouvernement anglais saisit évidemment l'occasion : il fit fusiller 15 meneurs irlandais mais les Anglais ne purent maîtriser la situation.

La guérilla dura jusqu'en 1921. Certes l'Angleterre était en mesure de réduire militairement les Irlandais, mais la pression moralisatrice de l'Amérique se fit sentir. On avait proclamé haut et fort le droit à l'autodétermination des petits peuples pour abattre les puissances de l'Europe centrale, et les plusieurs millions d'Irlando-Américains montèrent l'opinion publique américaine contre l'Angleterre. Celle-ci dut finalement céder et les Irlandais obtinrent en 1921 un traité en quelque sorte acceptable qui leur conféra le statut d'un « dominion autonome » au sein de l'Empire britannique, à l'exclusion des six provinces du Nord, autour de l'Ulster.

Le Sinn-Fein, le parti nationaliste irlandais qui avait mené seul jusque-là le combat de libération, se brisa sur cet écueil. *Cosgrave*, son chef, se satisfit du compromis de 1921, alors que *de Valéra*, le deuxième homme du parti, passa à l'opposition. Les combats reprirent aussitôt. Son objectif restait- et reste encore à ce jour- une Irlande libre, unie (y compris l'Ulster), à égalité de droits avec l'Angleterre et unie librement à elle. Il réussit à renverser Cosgrave au Parlement en 1932 et, à partir de cette date, il mena la politique irlandaise dans le sens de son objectif principal et sa réussite apparaît nettement dans la nouvelle Constitution et dans le traité avec l'Angleterre.

Le problème politique principal pour de Valéra est aujourd'hui la gestion de l'Ulster qu'il n'a pu encore résoudre dans le nouveau traité anglo-irlandais. Son but est la réunification de l'île entière sous un même gouvernement. Les gens de l'Ulster, comme le gouvernement anglais, s'y opposent. Les six provinces nordiques de l'Ulster sont le seul territoire d'Irlande sur lequel un peuplement anglo-écosssais s'est solidement implanté. Cette colonisation n'a cependant pas été assez profonde pour que la classe sociale supérieure noble anglaise ait pu réussir à éliminer les ouvriers irlandais.

Cette aire à population disparate a toujours été, en conséquence, une région difficile, à l'intérieur de laquelle jusqu'à ce jour les antagonismes confessionnels se heurtent durement : ainsi, pendant l'été 1935, le jour du souvenir de la bataille de la rivière Boyne, il y eut huit morts et 75 blessés. Les unionistes de l'Ulster commémorèrent ce jour-là la bataille au cours de laquelle, en juillet 1680, Guillaume d'Orange battit Jacques II et sauva de ce fait la colonie de l'Ulster.

Cependant, l'antagonisme n'est pas seulement historique et confessionnel. Il y a aujourd'hui avant tout des raisons économiques pour les Anglo-Irlandais de refuser l'unification de l'Irlande.

Les propriétaires terriens nobles, les commerçants et industriels de Belfast défendent en même temps que la nationalité de leurs six provinces, leur sécurité religieuse, leur indépendance commerciale et leur liberté politique. La sécession de l'Irlande du Nord au moment de la fondation de l'État libre constituait la seule possibilité pour le Nord protestant de se protéger contre la majorité catholique du Sud. Il leur restait au moins dans le Nord, où la population totale compte deux tiers de protestants (contre 8 % dans toute l'Irlande), la prééminence sociale et l'influence politique dominatrice qu'ils avaient exercées antérieurement sur l'île entière.

Dans une Irlande réunifiée, les unionistes de l'Ulster ne seraient plus le peuple dirigeant, mais une minorité populaire confessionnelle à laquelle la petite île ne peut de loin accorder les avantages du grand Empire au sein duquel des carrières lui sont offertes dans l'Armée, l'administration et le gouvernement, en tant que citoyens de cet empire. Le rattachement à l'Angleterre est également profitable au négoce nord-irlandais. L'industrie de Belfast a perdu, bien sûr, son arrière-pays lors de la sécession mais elle en a été dédommagée du fait que l'ensemble du marché britannique lui est resté ouvert sans le moindre droit de douane. Son industrie lui était indispensable en complément de son économie agraire, et elle a dû se battre durement, en concurrence avec l'Angleterre, de 1932 à 1937.

De Valéra avait, peu après son entrée au gouvernement, suspendu le paiement des annuités dites agricoles.[4] L'Angleterre riposta par une guerre économique soutenue par tous les moyens modernes. Cette guerre économique et le nationalisme économique de de Valéra qui s'est ensuivi sont devenus un motif de plus pour les unionistes de l'Ulster de protester par pur égoïsme pour protéger leur bien-être commercial contre la réunification. Dans ce combat économique anglo-irlandais de ces dernières années, l'Irlande aurait à la longue eu le dessous. De Valéra a donc, dans l'accord survenu en mai cette année, remisé son exigence de réunification de l'Irlande du Nord avec l'Eire et s'est contenté du retour de la paix commerciale et de l'indépendance nationale totale de l'Irlande du Sud. Ainsi se termina la guerre économique entre l'Angleterre et l'Irlande. La grande dispute au sujet des annuités agricoles prit fin quand de Valéra coupa court aux exigences anglaises par un versement unique de 10 millions de livres. La cause de la guerre économique depuis 1932 n'existait donc plus. Une renaissance du commerce irlandais se fit jour, en complémentarité libre du commerce anglais.

L'Irlande acquit d'autre part sa pleine souveraineté militaire. Les points d'appui antérieurs de la flotte britannique furent rétrocédés contre la garantie de considérer comme une menace de l'Irlande, celle de l'Angleterre. Ainsi, une coopération militaire et politique est obligatoire entre l'Irlande et l'Angleterre. L'Angleterre a ainsi ajouté un élément dans l'ensemble de son équipement diplomatico-militaire qu'elle a édifié par tous les moyens depuis la défaite dans le conflit d'Abyssinie.

Mais on voit venir à quel point la question de l'Ulster non résolue causera de nouveau du tort à l'union anglo-irlandaise. De Valéra a en tout cas encore déclaré le jour de son retour de Londres à Dublin, qu'il

---

[4] Paiement aux propriétaires terriens anglais dépossédés.

n'abandonnera jamais le combat pour l'Ulster. La presse irlandaise va même, malgré la déclaration de de Valéra à propos d'une défense anglo-irlandaise commune, jusqu'à exiger, comme prochain pas, la reconnaissance de l'Irlande comme un État neutre. De l'autre côté, le Premier ministre nord-irlandais, lord Craigavon, a déclaré à l'occasion de la fête nationale en juillet de cette année que l'Ulster ne se courbera jamais devant le Parlement de Dublin et ne trahira jamais l'Angleterre. L'Ulster ne demande rien d'autre à l'Irlande que d'être laissé tranquille. Ces propos des deux hommes d'États et les troubles réitérés lors de la fête nationale de cette année montrent à quel point les oppositions agissent au sein du peuple après comme avant malgré les traités conclus.

Le problème anglo-irlandais fournit de nouveau la preuve que de vieux traités ne sont que des papiers inutiles et vides s'ils n'expriment pas la volonté des peuples intéressés.

CAHIER DE LA SS N° 1. 1939.

LES ALLEMANDS DANS LE SUD-OUEST AFRICAIN

Dans l'histoire allemande, innombrables sont les exemples d'Allemands ayant quitté les régions forestières de l'Allemagne pour les terres sèches et chaudes du Sud. Comme l'eau qui s'évapore au Soleil, les Allemands ont progressivement perdu leur identité dans les pays chauds. Ce fut déjà le sort des tribus germaniques qui, au temps des grandes invasions, se mirent en route pour bâtir des villes nouvelles dans les régions méridionales. Après une courte période de prospérité, ces créations disparurent et un peu plus tard le germanisme se dilua dans le sang sombre du Sud. Ceci s'est produit de multiples manières pendant les 1 500 dernières années. Les descendants des émigrés allemands furent souvent les soldats les plus courageux dans le combat contre l'Allemagne et, de ce fait, entravèrent sa lutte pour la vie.

Sachant que, par le passé, des Allemands avaient assez facilement perdu leur caractère national, l'Union Sud-Africaine avait renoncé, contrairement aux autres conquérants des colonies allemandes, à expulser totalement les résidents allemands en Afrique du Sud-Ouest. 7 000 sur 13 000 résidents furent expulsés en 1919-1920. Des 6 000 restants auxquels on permit « généreusement » de rester sur ce morceau de terre arraché au désert au prix de leur sang et de leur sueur, on attendait qu'ils se laissent assimiler peu à peu par les Boers. On croyait cet espoir d'autant plus fondé que les Boers étaient eux-mêmes principalement d'origine basse-allemande. Dans l'Afrique du Sud-Ouest comme dans d'autres régions du monde, on avait l'habitude de compenser la démographie insuffisante locale par une immigration d'Allemands de valeur. Un politicien sud-africain déclara un jour que la population blanche de l'Afrique du Sud ne pouvait se maintenir sans une immigration permanente d'Européens. Des pourparlers étaient encore en cours pendant l'automne 1932 pour l'établissement de résidents allemands en plus grand nombre.

Comment se sont réalisées les espérances de l'Afrique du Sud en ce qui concerne le germanisme dans le Sud-Ouest ? Nous pouvons tout de suite anticiper car, pour nous Allemands, c'est réjouissant La première génération sud-ouest africaine, c'est-à-dire les soldats et les colons qui se sont installés là-bas à l'époque allemande et en partie encore plus tard ont résolument défendu leur germanité, même si ce ne fut pas toujours de façon appropriée, Alors qu'en Allemagne, la querelle des partis faisait rage, on s'associa dans le Sud-Ouest et on ne permit à personne de s'inféoder à l'un des nombreux partis allemands. L'opinion resta conservatrice comme elle l'était à l'époque allemande, c'est-à-dire que la plupart des Allemands espérait une restauration de la monarchie en Allemagne et, par voie de conséquence, un « retour à l'Allemagne des colonies ». On se réjouissait peu en Afrique du Sud de cette position de la population allemande, mais on croyait que la jeunesse allemande, qui avait grandi entre temps, était plus perméable à un mélange racial avec les Boers. On pensait qu'il fallait, compte tenu des contradictions survenues au cours de la Grande Guerre, envisager que la disparition de la germanité dans le Sud-Ouest ne se produirait que peu à peu. Cette conception était celle de la communauté boer, à cette époque au pouvoir en Afrique du Sud. Pour les milieux anglicisants et libéraux, en revanche, cette lente évolution viendrait à point, car ainsi un éveil trop rapide de la communauté nationale boer par apports de groupes de populations allemandes de valeur ne serait pas à craindre. Ce fut pourtant une grande déception pour les uns comme pour les autres quand il s'avéra, surtout après la prise du pouvoir par les nationaux-socialistes, que la jeune génération d'Allemands tenait encore plus à sa germanité que ses parents et professait avec enthousiasme son national-socialisme. On en tira les conséquences en verrouillant à coups de décrets d'interdiction d'immigration l'arrivée de nouveaux immigrants allemands.

KHORAB – AFRIQUE DU SUD-OUEST – JUILLET 1915

Les troupes sud-africaines ont « vaincu ». 70 000 hommes ont conquis le pays défendu par 5 000 Allemands. La paix a été conclue après que ceux-ci eurent tiré leurs dernières cartouches. 3 000 réservistes, fermiers, commerçants ou artisans retournèrent à leurs occupations et 2 000 soldats de métier furent internés. La guerre était terminée, la résistance commençait.

WINDHURK 1924

La communauté allemande du sud-ouest africain proteste contre la violence des vainqueurs et contre l'absence de principes des bonzes d'Allemagne. Elle s'insurge contre le fait qu'on l'a vendue. En 1923, le gouvernement sud-africain représenté par le général Smits avait conclu le « traité de Londres » aux termes duquel les Allemands du Sud-Ouest devaient être naturalisés, c'est-à-dire devenir des Sud-Africains (Boers). Pour rendre cette pilule moins amère aux Allemands, il leur fut accordé qu'ils pourraient, en plus de la nationalité sud-africaine, conserver l'allemande. C'était avilissant et humiliant.

1932

L'invasion boer est terminée. Ils étaient arrivés si nombreux de l'Afrique du Sud et d'Angola que l'immigration venue d'Allemagne haussant la communauté allemande de 7 000 à 13 000 âmes ne put lutter contre celle des Boers : de 17 000 à 18 000 de ceux-ci habitaient à côté de 13 000 Allemands du Reich sur le territoire de l'Afrique du Sud-Ouest.

L'année 1932 fut pour la communauté allemande une année de désespoir total. La crise économique mondiale, une période de sécheresse de plusieurs années et les conséquences catastrophiques de la politique coloniale de l'Afrique du Sud amenèrent le Sud-Ouest africain au bord de la ruine. C'est au moment de la pire détresse que la communauté boer se déclara disposée à agir, en liaison avec les Allemands, sur le gouvernement de l'Afrique du Sud pour que le destin du Sud-Ouest africain soit remis aux mains des blancs de ce pays dans une proportion plus grande qu'auparavant. De même, la langue allemande deviendrait langue officielle et il serait demandé un droit de cité automatique pour les émigrants allemands de l'après-guerre.

Le germanisme se tourne avec angoisse vers l'Allemagne ; il ne comprend plus le processus politique mené par sa patrie. Élections partielles, Hitler contre Hindenburg, le nationalisme allemand contre le national-socialisme. On n'y comprend plus rien. On ne saisit qu'une chose : un événement inouï se prépare. 1932, l'année de l'orage étouffant.

Printemps 1933

La troisième année de sécheresse en Afrique du Sud-Ouest, et pourtant, une année nouvelle. La jeunesse du pays se rallie au drapeau d'Adolf Hitler. À Windhuk naît une cellule régionale du NSDAP qui grossit rapidement ; l'organisation de la jeunesse allemande comme le scoutisme allemand passe sous le contrôle de la Hitlerjugend.

1934

La Hitlerjugend et le NSDAP sont interdits en Afrique du Sud-Ouest La jeunesse allemande se met à émigrer en Allemagne, mouvement qui se maintient jusqu'en 1937.

A la même époque, les Africains du Conseil général du Sud-Ouest adoptent une motion proposant à l'Union Sud-Africaine d'administrer le Sud-Ouest africain en tant que cinquième province. L'Union Sud-Africaine ne change pourtant rien aux modalités de son mandat.

1935

En Allemagne, 600 jeunes Allemands du Sud-Ouest fusionnent en troupe nationale sud-ouest africaine. Cette troupe sud-ouest africaine amène rapidement l'ordre et la discipline dans les rangs de la jeunesse du Sud-Ouest et la dirige de façon idéologique.

1936-1937

En décembre 1936, le gouvernement de l'Union annonce de sévères mesures contre la population sud-ouest africaine. Dans une déclaration, l'Union annonce qu'elle s'était attendue à ce qu'après l'attribution de nationalité des Allemands en 1925, ceux-ci s'épanouiraient dans la communauté, autrement dit deviendraient boers. De nouvelles mesures du mandataire obligent les Allemands du Sud-Ouest africain à dissoudre leur organisation unique « l'Alliance allemande ».

Printemps 1939

Il y a quelques années a été créé en Afrique du Sud-Ouest un nouvel organisme scout dont l'activité est circonscrite par des décrets très sévères. Par ailleurs, un nouveau parti, « l'Alliance du Sud-Ouest » auquel ne peuvent adhérer que les Allemands naturalisés, a pris en main le destin politique de la communauté allemande du Sud-Ouest. Depuis à peu près un an, les jeunes Allemands ralliés à la troupe nationale sud-ouest africaine opèrent leur retraite vers le Sud-Ouest, isolément ou par petits groupes. Après s'être formés au niveau idéologique et professionnel, ils viennent reprendre la défense du groupe ethnique allemand en Afrique du Sud-Ouest. Ils veulent s'affirmer en dépit de toutes les influences allogènes. Un espoir les anime tous : le Sud-Ouest africain doit retourner à l'Allemagne.

***

La communauté allemande a atteint aujourd'hui cette unité intérieure nécessaire pour ne pas être abattue par les représailles politiques et économiques du gouvernement mandataire. C'est un fait bien connu que ces groupes populaires allemands qui ont atteint un tel état d'unité et d'harmonie interne ne peuvent que se renforcer face à chaque tentative extérieure de pression contre eux. En jetant un regard en arrière sur le développement de l'ensemble du peuple allemand, on peut parler d'un énorme changement, c'est-à-dire que la naissance d'une nouvelle classe dirigeante ayant derrière elle la jeunesse de la nation, a effacé le passé et créé des temps nouveaux. Ce développement de l'ensemble de la nation allemande, nous le retrouvons en plus petit dans les groupes nationaux du Sud-Ouest. Des rangs de la jeune génération sont sortis un certain nombre d'hommes capables qui ont assumé avec les têtes pensantes de la première génération la direction de l'ensemble de la communauté allemande dans le Sud-Ouest. Dès lors, celle-ci a surmonté sa désunion intérieure et elle est maintenant prête à défier toute attaque.

SS-Uscha. Kurt P. Klein

Paysage saxon.

Le grand mufti de Jérusalem passe en revue les volontaires bosniaques de la Waffen-SS.

Cahier de la SS n°2. 1939.

L'islam, grande puissance de demain

La mort soudaine du jeune roi Ghazi 1er d'Irak qui, il y a environ un mois s'écrasa avec sa voiture contre un arbre et succomba au bout de quelques heures à ses blessures graves, rassembla de nouveau le monde arabe tout entier par esprit de communauté et de solidarité. La première réponse spontanée à cet événement fut l'assassinat du consul britannique à Mossoul qui fut lapidé à mort par les Arabes. La raison : dans les cercles arabes à l'instinct aiguisé par le combat défensif mené durant des années, on ne croit pas à un accident mais on considère le jeune roi comme une nouvelle victime des services secrets britanniques qui ont aussi sur la conscience la mort du père de Ghazi, le roi Feyçal 1er. Le roi Feyçal mourut soudainement et de façon inattendue en 1933 à Berne. Au début, sa mort fut attribuée à certains magnats du pétrole. Aujourd'hui, on sait de façon certaine que Feyçal fut empoisonné par les Anglais.

Mais la mort de Ghazi attire de nouveau l'attention sur les arrière-plans devant lesquels se sont joué, durant ces dernières années, des événements d'une grande importance au sein du monde arabe. L'observateur politique attentif se posera donc obligatoirement la question : Quels rapports existent ici et dans quelle mesure est-il possible de mettre en relation un phénomène politique, religieux ou idéologique avec ces événements ? On doit cependant éviter de commettre l'erreur de considérer les notions de « monde arabe » comme quelque chose de complètement homogène en soi, car l'arabisme dans l'Afrique du Nord française obéit à des lois totalement différentes de l'Égypte, et les formes d'expression religieuse chez les Wahabites d'Ibn Séoud divergent totalement de celles des Arabes de Transjordanie. Des exigences nationalistes déterminées par la tribu de même que des différences culturelles et religieuses créent une image si complexe et mouvementée, des intérêts dynastiques et des liens politiques avec quelques grandes puissances européennes ont des répercussions tellement différentes qu'il est difficile de parler simplement d'un style de vie unique, organisé et fondé sur des lois établies. Et cependant, un tel type de vie existe. Pas dans un sens étatique. Pas davantage dans la similitude totale des croyances religieuses – pensons seulement aux nombreuses sectes existant au sein de l'islam – mais cette communauté élevée se fonde sur une réalité qui est très difficilement compréhensible à l'Européen.

Ce qui unifie les Arabes sans doute jusqu'à un certain point dans leur combat de libération contre la domination étrangère britannique, c'est le nationalisme ardent de même que le désir d'être libre et d'avoir un État indépendant. À l'origine de cela se trouve – certes différente selon les tribus, mais pourtant formant finalement une unité – cette religion qui est devenue, en tant que doctrine du prophète Mahomet, une puissance internationale d'une importance de premier ordre, qui désire se manifester sous des conditions totalement nouvelles et se révèle être actuellement une puissance politique mondiale. Toutefois, lorsqu'on s'interroge sur la nature de ce qui constitue ces forces puisant leur vitalité à cette source intarissable, on doit revenir à l'époque où l'islam vécut son premier contact avec le monde occidental. Dans ces confrontations entre le monde occidentalo-chrétien et orientalo-islamique qui ont exercé une influence décisive sur toute l'évolution de l'islam, l'Orient était l'élément actif jusque vers la fin du XVIIème siècle. Puis se produisit une pause passagère dans les combats jusqu'à ce que Napoléon, de son côté, ait étendu l'ardeur belliqueuse de l'Occident à l'Orient et ait ainsi été à l'origine d'une évolution caractérisée par un combat constant entre l'Orient et l'Occident qui atteint dans la Grande Guerre son point culminant avec la décadence de l'Empire turc d'Osman. Pour la première fois dans l'histoire de la communauté arabe, les années suivantes ont peut-être mit le problème tellement en évidence qu'il est maintenant possible de définir de façon plus réaliste, la nature des multiples forces de ce mouvement et ses émanations dynamiques.

Il est un fait établi que l'islam a cessé d'être une simple doctrine religieuse et qu'il a plutôt représenté une liaison entre un pur nationalisme et un fanatisme religieux. Mais aujourd'hui, l'univers commun de l'islam est formé plus vivement que jamais par le sentiment d'une communauté de destin orientalo-islamique naturellement hostile à tout ce qui est occidental. Il trouve sa plus forte et plus puissante expression dans cette opposition à l'Occident et au christianisme. On doit cependant faire une parenthèse : cette communauté de destin du monde arabe sur arrière-plan islamique n'a rien à voir avec la prétendue idée panislamique telle qu'elle fut propagée autrefois par les califes turcs et qui visait à la création d'un grand Empire islamique uni. Surtout durant l'époque d'avant-guerre, ce mouvement formait un élément avec lequel il fallait compter politiquement puisqu'il était précisément le fruit de raisons liées à une nécessité politique. Mais il se décomposa avec la chute de l'Empire d'Osman, lorsque les revendications des tribus et les mouvements nationaux multiples se ravivaient parmi les Arabes, les musulmans se combattant mutuellement quand cela devait servir leurs objectifs politiques. Le souvenir de la « guerre sainte » est encore partout vivace, à laquelle l'avant-dernier sultan appela les croyants en Mahomet contre les Alliés et qui fournissait un piètre témoignage d'une idée panislamique. Il serait beaucoup plus judicieux aujourd'hui, à la place d'un mouvement panislamique dans l'esprit de celui du sultan, de parler d'un nationalisme islamique qui, certes, a des origines aussi différentes que celles de chaque tribu, mais qui partout – et en cela réside son importance décisive- représente la même alliance entre des forces nationales et religieuses. Mais cette corrélation s'exprime sans doute mieux dans cette partie du monde islamique qui est aussi devenue le point de départ de la doctrine de Mahomet : dans l'espace vitale arabe du Proche-Orient. (Dans ce contexte, on ne peut oublier que les adeptes de l'islam ne sont pas seulement arabes, mais qu'il y en a aussi en Inde, au Japon, dans les Indes néerlandaises, les Balkans, etc., qui ne possèdent du reste pas le moindre rapport racial avec les Arabes islamiques !) Et ici, dans le monde exclusivement arabe, l'islam a créé un mouvement lié aux idées nationales que l'on a appelé panarabisme et où s'exprima le front défensif le plus fort ou plus précisément l'hostilité la plus violente envers l'Europe et le christianisme qui soit parti de ce territoire depuis la progression des Maures en Espagne. (Du reste, comparons les monuments culturels et les trésors artistiques admirables que les Maures ont produit en Espagne avec les traces misérables laissées par le christianisme, fruits d'une volonté artistico-culturelle provenant d'esprits et de sensibilités totalement dérangés !) Cette opposition se manifeste particulièrement là où les formes de vie politique sont encore imprégnées de manière visible par l'esprit du combat, comme en Palestine, en Algérie et dans d'autres centres de la lutte pour le pouvoir. Et ici, au cœur de cette zone de combat, se trouve aussi ce lieu qui constitue en quelque sorte le moteur du mouvement panarabe et qui représente à la fois le cœur spirituel et religieux de cette gigantesque lutte, c'est-à-dire l'université du Caire El-Ashar célèbre depuis des siècles. De ce point de concentration énorme d'énergie religieuse et politique sortent annuellement d'innombrables professeurs et chefs allant dans toutes les parties du monde arabe pour prêcher la haine de toute domination étrangère. Les instituts musulmans restants à Damas ou à Fez sont également des points de rassemblement de l'élite dirigeante islamique d'où les professeurs musulmans, nommés « ulémas » partent sur le front du combat et suscitent une nouvelle impulsion belliqueuse dans les petites mosquées et les lointains villages de Bédouins.

En rapport avec les efforts panislamiques du califat turc, il est important de mentionner encore ce qui suit : L'abolition du califat par Kémal Ataturk, le créateur de la nouvelle Turquie, décédé il y a quelques mois, n'était dirigé aucunement contre l'islam en tant que tel. En substance, il était impératif de soustraire la jeune Turquie aux problèmes des États arabes restants ayant quitté le vieil Empire d'Osman pour garantir de cette manière l'édification assurée du jeune État turc que de durs sacrifices avaient rendu possible. C'est ce qui détermina cette séparation du sultanat et du califat, qui fut suivie ensuite dans le cours de l'évolution par l'abolition complète mais pas totalement définitive du califat (donc de l'autorité religieuse de tous les mahométans). Le fait que le califat lui-même fut ensuite aboli ne doit pas être attribué à des personnalités arabes déterminées qui voulaient ainsi détruire définitivement à la source tous les espoirs réactionnaires d'une renaissance du vieil Empire osmanique. À la suite d'événements particuliers sur lesquels on ne peut s'étendre, l'évolution ultérieure de la Turquie a alors abouti à une séparation certaine entre l'État et l'islam de telle sorte que la Turquie occupe aujourd'hui une sorte de position particulière par rapport aux États arabes restants.

Mais en outre, l'énorme force d'attraction qu'exerce aujourd'hui comme autrefois le lieu saint de l'islam sur tous les croyants, la ville de pèlerinage de la Mecque, démontre la force du sentiment d'appartenance commune à tous les musulmans. Chaque année s'y rassemblent les pèlerins de toutes les parties du monde. Ils y reçoivent de nouvelles forces pour leur combat religieux et également politique et les musulmans, s'élevant à environ 250 millions d'hommes dans le monde entier, ressentent constamment le profond sentiment d'une communauté indissoluble. Il s'agit, certes, d'une communauté religieuse présentant les traits évidents d'un anti-occidentalisme et qui est par là le fondement d'un combat politique.

L'une des différences de nature la plus notable entre le christianisme et l'islam se manifeste ici aussi. Dans tous les rêves de pouvoir et principalement dans les convoitises impérialistes constamment exprimés, par exemple, par l'Église catholique au cours de l'histoire, le christianisme a été largement exclu des dernières prises de décisions politiques dans tous les pays d'Occident. Cela ne veut pas dire que celui-ci n'aurait pas participé aux conflits du passé : mais lors des prises de décisions et des impératifs, il agissait contre l'État et ainsi contre l'évolution politique de l'Occident. En revanche, l'islam a pu motiver et influencer largement les décisions politiques d'un point de vue religieux, à nouveau contrairement au christianisme – c'est parce que, pour les Arabes comme pour les musulmans, la religion est tout simplement l'expression de leur forme de vie naturelle de telle sorte qu'un choc des deux pouvoirs comparable au heurt de l'empereur et du pape dans le monde occidental ne pouvait absolument pas avoir lieu. Mais dans le monde arabe existent aussi, comme nous l'avons déjà vu, des oppositions qui sont exploitées aujourd'hui principalement par les Anglais pour empêcher une fusion de tous les Arabes. Mais toutes ces divisions sont toutefois secondaires, même si elles persistent, tandis que l'islam s'unit au nationalisme en cette synthèse que nous avons appelée panarabisme, et qui, en tant que future grande puissance, fera face aux puissances européennes encore incapables de prendre clairement position.

Dans ce contexte, un homme mérite une attention particulière. L'une des personnalités dirigeantes arabes qui jouera un rôle déterminant, c'est Ibn Séoud, le roi de l'Arabie-Saoudite, le plus grand État arabe actuel. Ce guerrier et diplomate intrépide, ayant à peine 20 ans et issu de la ville portuaire du Koweït dans le golfe Persique, entra de force à Er Riad, la capitale de l'Empire arabe, en 1901, avec une poignée de Bédouins téméraires et reconquit ainsi le pays de ses pères. Il chassa en 1924 le roi Hussein de Hedjaz alors que celui-ci voulut se nommer lui-même calife, conquit très rapidement tout le Hedjaz avec ses soldats bien équipés et l'annexa à son domaine comprenant aujourd'hui indirectement le Yémen après avoir contraint l'imam du Yémen à se soumettre. Cet Arabe orthodoxe de la secte des Wahabites compte aujourd'hui parmi les figures présentes sur l'échiquier arabe et sur lesquelles comptent beaucoup de musulmans espérant un rétablissement du califat. La secte des Wahabites se différencie du reste des sectes islamiques par le fait qu'elle purifie de nouveau la foi mohamétane de toutes les adjonctions et l'exprime au travers d'une règle de vie presque puritaine. La libération du dogmatisme théologique et le retour à la doctrine telle que le Prophète l'a annoncée sont les caractères principaux de cette communauté du reste extraordinairement morale des Wahabites.

On ne sait pas encore aujourd'hui si Ibn Séoub abordera le problème du califat. Car le combat politique se tient encore trop au premier plan des nécessités pour que cette question plus religieuse ait pu être déjà résolue. Mais lorsque la décision devra être prise, Ibn Séoud mettra en tout cas le poids de sa forte personnalité ainsi que le pouvoir de son État dans la balance s'il s'agit aussi de couronner la nouvelle création du monde arabe d'un point de vue purement religieux.

Peut-être alors ce nouveau chef arabe personnifiera, dans le sens d'un panarabisme renforcé, cette alliance entre le nationalisme et l'islam caractéristique de l'évolution tracée. La « guerre sainte » d'autrefois était une belle formule mais en réalité totalement vide de sens. La « guerre sainte » de demain sera placée sous le drapeau vert du Prophète et la bannière du panarabisme, et cependant, aussi du monde occidental, obligeant ainsi le monde arabe à définir clairement ses sphères d'intérêts.

Alfred Pilllmann

Cahier de la SS n°1. 1939.

L'Empire d'Ataturk

Un hasard curieux veut que le destin fasse suivre des évolutions parallèles à des peuples absolument étrangers les uns aux autres et vivant dans des espaces très différents et, de plus, exactement à la même époque et dans les mêmes conditions.

Nous constatons aussi cette évolution dans l'histoire de l'Italie et de l'Allemagne, toutes deux tombées, après un passé grandiose, dans l'impuissance politique et nationale du fait de leur désunion interne. Mais, dans la seconde moitié du XIXème siècle, grâce à des hommes d'État de génie (Bismarck, Cavour), elles accomplirent le premier pas vers l'unité et le redressement et devinrent ensuite des grandes puissances dirigées par des soldats du front après la guerre. Nous avons tous la chance inespérée de pouvoir vivre et voir que nos pays sont devenus des puissances d'importance mondiale.

La Turquie a vécu une évolution comparable. Le vieux peuple nomade turc est apparu à peu près à la même époque que le peuple allemand sur le plan historique international. Vers le début de l'ère chrétienne, au moment des sécheresses, les peuplades asiatiques de la steppe se déplaçaient chaque année vers les régions plus fertiles, parfois en tant qu'envahisseurs tels que les Huns d'Attila ou les Mongols de Tamerlan et de Gengis Khan. Les tribus turques allaient tous les ans dans les régions situées entre la mer Noire et la mer Méditerranée, principalement l'Anatolie, la Mésopotamie, la Syrie et l'Iran.

Le grand miracle de l'islam fut qu'il fut accepté volontairement par les Turcs qui, jusque-là, avaient pratiqué le culte des astres dont dérive encore leur blason actuel : la demi-lune et l'étoile. Les Turcs, maintenant devenus sédentaires, étaient si importants qu'au VIIIème siècle déjà, ils devinrent l'élément moteur dans tous les domaines de la vie et, au IXème siècle dominaient pratiquement tout le monde musulman, même si les rois et les califes étaient arabes. Ils devinrent l'élite de l'armée mahométane, mais restèrent fidèles à leur caractère national et à leur langue : de là l'une des raisons de leur force invincible et de leur foi en eux-mêmes malgré de longues guerres sanglantes.

Dans ces circonstances, il n'est pas étonnant qu'ils aient pris p u à peu la tête du monde musulman, ce qui se produisit en fait à la fin u XIIIème siècle. C'est un chef de tribu des Seldjoukides, Osman, grand Chef de guerre de l'époque qui donna son nom à la dynastie des « Osmanlis ».

Ses successeurs ont régné sur la Turquie jusqu'en 1924.

La puissance des souverains osmanlis résidait dans le fait que contrairement à la plupart des potentats d'Europe et d'Asie, ils avaient un objectif bien défini, évident pour la nation et qui leur permit d'atteindre le but suprême ! : l'unification et la réunion de toutes les tribus turques en un Empire central de type turc. Ce devait être un Empire de seigneurs nés et de maîtres qui ont forgé l'unité du monde islamique, monde totalement divisé qu'unissaient seulement les enseignements du prophète, clairement conscients du danger qui, un jour, viendrait de l'Ouest.

La faiblesse des Osmanlis résida dans leur établissement en vieille Europe, bien que la raison en fut l'appel à l'aide d'un empereur grec qui requit les Turcs pour l'aider à régler une querelle intestine. Si les Turcs formaient au XIVème siècle un État racialement pur capable de se mesurer avec n'importe quelle nation du monde, possédant l'une des premières armées régulières, ils épuisèrent en revanche leurs forces nationales à travers toute l'Europe dès cette époque jusqu'au XVIIème siècle. Nous ne devons qu'aux armées allemandes et à leurs chefs – en particulier le prince Eugène – qu'ils se soient arrêtés devant Vienne, quittant progressivement l'Europe.

Selim Ier, qui régna de 1512 à 1520, fut l'un des princes les plus sages qui aient jamais régné. Ses plus proches collaborateurs n'étaient pas des représentants de la noblesse ou des classes sociales élevées mais souvent des fils de paysans et de vachers et ils en étaient fiers. Des écrivains de cette époque mentionnent ce fait comme quelque chose d'inédit et d'inconnu en Europe. Sélim ne reconnaissait que l'aptitude et la valeur. Extraction et origine lui étaient indifférentes. Après la conquête de l'Iran, de l'Égypte, de l'Arabie et de la Syrie il était, depuis 1517, non seulement sultan, mais aussi calife, c'est-à-dire qu'il était à la fois souverain temporel et religieux et ses successeurs le restèrent jusqu'à ce qu'Atatürk, avant l'éviction complète des sultans, ne sépare le pouvoir temporel et le pouvoir religieux.

Le successeur et fils de Selim Ier, Soliman II, fut certes le plus génial des souverains osmanlis, mais aussi le dernier de ces grands souverains. Ses successeurs dégénérèrent de plus en plus, provoquèrent querelles et intrigues, désordres et mécontentement C'était l'époque où l'Europe se réveillait grâce à l'initiative de l'Allemagne malgré les intrigues de la France contre la stabilité européenne, et ce fut la fin de la puissance de l'Empire osmanli. Le prince Eugène rejeta les Turcs vers l'Est, mais ils sont demeurés encore longtemps dans les Balkans. Napoléon leur infligea de lourdes défaites en Égypte et la prédominance turque aurait cessé bien plus tôt si les puissances européennes n'avaient été désunies comme le furent l'Angleterre et la France pendant la campagne d'Égypte.

Toujours est-il que Napoléon provoqua l'éveil des Serbes, des Bulgares et des Grecs encore sous domination turque. Ces derniers déclarèrent leur indépendance en 1829 à la paix d'Andrinople et, peu après, les Russes commencèrent à s'intéresser vivement aux Balkans, au Bosphore et aux Dardanelles. Leur panslavisme en fit des adversaires déclarés des Turcs. Ils ne purent cependant se rapprocher de leurs objectifs au cours de la guerre russo-turque de Crimée.

Il faut remercier Bismarck d'avoir enfin su ramener la paix et la tranquillité après ces démêlés interminables : ce fut lui qui, en 1878, au Congrès de Berlin, obtint que la suzeraineté des Turcs sur la plupart des États balkaniques fût abolie mais que d'autre part la stabilité de l'Empire osmanli restât intangible ce qui, comme chacun sait, entraîna la rancœur des Russes.

En 1908, naquit, menée par Enver Pada, la révolution turque qui voulait faire de « l'État malade du Bosphore », un État structuré, ce qui nécessitait avant tout des réformes d'ensemble. En effet, la Turquie était encore moyenâgeuse ; de cruels et despotiques sultans s'opposaient avec force à toute évolution.

Les jeunes Turcs échouèrent cependant, car eux non plus ne provenaient pas du peuple, mais se recrutaient dans l'intelligentsia et la bourgeoisie du pays et n'avaient, de ce fait, aucune influence sur les masses paysannes. Le déclin s'accentua. La Bulgarie déclara son indépendance, l'Italie s'empara de la Libye où Atatürk, au combat de Tobrouk, remporta quasiment la seule victoire de cette guerre.

Les peuples balkaniques déclarèrent à la Turquie une guerre qui se termina par des pertes de territoires importantes mais qui aurait pu s'achever encore plus mal, même par la fin de l'Empire turc si le courage des soldats anatoliens n'avait brisé l'assaut de l'ennemi à Andrinople. 1913 vit la fin de la deuxième guerre des Balkans après des combats sanglants qui avaient duré deux ans ; la paix de Constantinople repoussa pour ainsi dire complètement la Turquie hors d'Europe.

Quand alors la Première Guerre mondiale éclata, il était clair pour tous que la Russie voyait arriver sa chance d'abattre enfin la Turquie. Celle-ci fut en conséquence forcée de prendre position contre la Russie, donc avec l'Allemagne et les puissances centrales. Lors de l'examen postérieur des archives de guerre russes, il s'avéra que les visées de la Russie avaient été consignées, en bonne et due forme.

L'un des plus grands faits de guerre des Turcs fut la défense des détroits à laquelle contribuèrent des officiers allemands. Mentionnons ici le général en chef von der Goltz, le rénovateur et le réorganisateur de l'armée turque. Von der Goltz fut d'abord, pendant la Grande Guerre, général aide de camp du sultan, puis, plus tard commandant en chef de la première armée turque. Le groupe d'armées Anafarta eut à supporter le poids principal de la bataille ; son chef, Mustapha Kemal Pacha, se couvrit de gloire pour la deuxième fois de sa vie et contribua, en fin de compte, à ce que les Alliés battent en retraite. Il commandait aussi la septième armée qui couvrit, en arrière-garde, la retraite des Turcs et conquit ainsi l'estime de tous ses ennemis.

Cependant, pour la Turquie exsangue, la guerre ne se termina pas avec l'armistice du 18 octobre 1918. À l'instigation de la France et de l'Angleterre, des troupes grecques débarquèrent à Smyrne et entamèrent une guerre cruelle qui dura trois ans et aurait signifié rapidement la fin de la Turquie sans l'intervention d'Atatürk.

Les vrais instigateurs de ces combats meurtriers n'étaient pas les Grecs qui croyaient rendre un grand service à l'Occident et à la culture chrétienne, mais les deux éternels fous, Lloyd George et Winston Churchill, qui voulaient ainsi s'annexer une voie terrestre vers l'Inde en réduisant la Turquie à un conglomérat de petits États miniatures qu'ils auraient mis sous tutelle grecque, anglaise et française. Les Grecs, eux, devaient tirer les marrons du feu.

Une grande partie des régions turques était occupée par les Arméniens, les Anglais, les Français, les Grecs et les Italiens, et ce, en vertu de l'armistice en question. Quand les Grecs, sous la protection des flottes anglaise et française, passèrent à l'attaque, la situation des Turcs était désespérée. La nation complètement épuisée par huit années de guerre était démoralisée. Le sultan faisait les yeux doux aux puissances occidentales ; il s'avéra être un politicien aux ordres, de l'espèce que nous avons connue en Allemagne à la même époque.

Alors Mustapha Kemal parut. Il ne se préoccupa ni du sultan ni des institutions, rassembla les armées turques, les réorganisa et les arma avec l'aide russe. Les Soviétiques le firent volontiers, car ils savaient que les puissances de l'Ouest ne se seraient pas arrêtées au cas de la Turquie. Près de la frontière se trouvaient Bakou et Batoum, Tiflis, les puits de pétrole dont Sir Henry Deterding avait déjà précautionneusement acheté les actions, commettant ainsi la plus grosse bévue de sa vie.

Kemal Pacha fut cependant assez perspicace pour se dégager du nœud coulant dans lequel les Soviétiques voulaient peu à peu enserrer la Turquie. Alors que sa politique extérieure cultiva plus tard en premier lieu l'amitié avec la Russie soviétique, il supprima sans pitié tout communiste à l'intérieur du pays. Entre-temps il lui fallait de l'aide. Avec de pauvres moyens et dans des circonstances pitoyables, il commença à lutter contre un adversaire trois fois supérieur, perdit quelques combats pour ensuite, génie militaire né, repousser les Grecs, bataille après bataille. Quand les Alliés virent que le plan échouait à cause de la résistance inattendue des Turcs, ils invitèrent ceux-ci à une conférence en 1921 à Londres, bien que Lloyd George ait qualifié les forces turques de bandes de pillards et Kemal de général rebelle, tout comme il y a peu le général Franco.

Cette conférence ne donna aucun résultat. Le combat continua. En août et septembre 1921, Kémal couronna sa gloire guerrière en menant à la victoire ses pauvres troupes après de longs et durs combats par des manœuvres tactiques nombreuses, mais surtout avec un élan passionné contre un ennemi très supérieur en nombre et en armement. L'assemblée nationale lui décerna le titre de « El Gasi », le victorieux.

En quelques mois, l'ennemi fut définitivement battu, en particulier aux mémorables batailles d'Afion, de Karahissar et d'Inonu. Le vainqueur d'Inonu fut le général en chef d'état-major de Kemal et son successeur au poste de président. Le sultan dut s'exiler, accusé de haute trahison et Lloyd George dut démissionner. Cette fois-ci il s'était totalement trompé. Le roi Constantin de Grèce abdiqua, Kemal commença alors à éduquer son peuple non sans mal pour en faire lentement mais sûrement une grande puissance moderne. Le 24 juillet 1923, après environ douze ans de guerre, la paix fut conclue au traité de Lausanne. Les Grecs durent rendre la partie européenne de la Turquie et la Thrace orientale : le pays était sauvé.

Après la séparation des pouvoirs spirituels et temporels, l'héritier au trône fut proclamé calife. Quand, plus tard, le clergé se révéla être totalement réactionnaire et ourdit des complots, Kemal abolit sans autre forme de procès le califat et tout ce qui l'accompagnait. Le peuple était bien peu attaché à son Église et ne bougea pas lorsque survint cette abolition. En revanche, l'interdiction du fez et l'introduction du chapeau provoquèrent des troubles.

En dehors du fait que le peuple, complètement épuisé, devait reprendre des forces, Kemal eut fort à faire à cause de l'analphabétisme qui frappait 90% de la population et de toutes les institutions démodées. Il montra l'exemple, introduisant l'écriture latine dans la langue parlée, abolit le voile et le fez, parcourut le pays et apprit à lire et à écrire aux paysans.

Il fut aidé dans son entreprise par la richesse naturelle du pays. Pour une surface à peu près double de l'Allemagne, la Turquie n'a que 16 millions d'habitants dont les neuf dixièmes sont de race turque et les deux tiers des paysans. La fécondité est remarquable : 23 naissances pour 1 000 habitants. On renforce cette tendance en ramenant au pays des émigrés turcs vivant à l'étranger qui viennent s'installer sur l'initiative de l'État.

La nouvelle Turquie se suffit déjà à elle-même depuis dix ans. Elle ne dépend plus de l'étranger pour son approvisionnement, même durant les années de mauvaise récolte. Le pays se rétablit à vue d'œil, passe de l'état d'Empire moyenâgeux des mille-et-une-nuits à celui d'État moderne en un laps de temps jusque-là inconnu en Orient. Les Allemands ont contribué dans une grande mesure à toutes ces transformations et acquis. Il s'avère une fois de plus qu'ici comme partout, les Allemands sont le seul peuple civilisé ici-bas capable d'aider d'autres peuples en voie de développement sans pour autant les exploiter.

Notre sympathie est allée aux Turcs et aux Japonais parce que, dans les deux cas, nous avons eu affaire à des peuples chevaleresques, travailleurs et courageux qui, de plus, vivent comme nous une communion nationale dans laquelle ils puisent leur force. Comme Adolf Hitler, Kemal Pacha qui, après la création de son nom de famille, s'est appelé Kemal Atatürk, a supprimé les classes sociales dans son pays et a porté au plus haut degré la souveraineté du peuple en la personne du chef élu.

À partir de là, l'Allemagne est devenue le premier partenaire commercial de la Turquie. En 1937, la Turquie a acheté à l'Allemagne pour 48 132 000 livres turques de marchandises pour une exportation vers l'Allemagne de 50 412 000 livres turques. L'Amérique suit de très loin avec le tiers de ces chiffres, l'Angleterre avec un sixième et la France avec un dixième. Le premier produit d'exportation turc est le tabac. L'importation concerne surtout les étoffes, l'acier et les machines.

Politiquement, la Turquie est devenue, sous Ataturk, une puissance de premier rang maîtresse du passage de la mer Noire à la mer Méditerranée, possession qui lui a été souverainement confirmée au traité de Montreux en 1936. Ce passage a été, depuis toujours, d'une grande importance en tant que lien entre l'Occident et l'Orient, entre l'Europe et l'Asie.

Constantinople est depuis des siècles la grande place de transbordement pour le trafic des marchandises entre l'Asie et l'Europe. C'est dans cette optique que l'Allemagne voulait construire avant la guerre la ligne ferroviaire Berlin-Bagdad, projet que l'Angleterre fit échouer, jusqu'à nos jours où le vieux rêve est devenu réalité : on pourra bientôt rouler en chemin de fer de Berlin à Bagdad et Téhéran.

On a, en Turquie, un sentiment très aigu de la tutelle et une forte aversion envers celle-ci. On n'en a pas senti la trace en ce qui concerne l'Allemagne. Celle-ci a toujours coopéré avec désintéressement à l'essor du pays. Les Allemands travaillent depuis de nombreuses années en Turquie comme soldats, techniciens, architectes et professeurs, seuls étrangers que l'on supporte là-bas et même qu'on va chercher.

Ces dernières années, on a découvert d'immenses gisements de minerai et de pétrole. La Turquie est immensément riche. L'Allemagne ne veut que le commerce entre amis. Preuve en sont les 150 millions de marks de crédit sur les marchandises que le ministre du commerce du Reich Funk a consenti à la Turquie. Si maintenant, tout à coup l'Angleterre s'intéresse commercialement à la Turquie, le dernier individu de ce pays sait bien ce que cela signifie : précaution contre l'influence grandissante de l'Allemagne au Proche-Orient.

Et tout Turc sait aussi que l'Angleterre ne changera rien à rien, que la Turquie ne recevra plus d'ordres de personne ; elle l'a déclaré à Montreux. Les Soviétiques étaient furieux car ils avaient cru que la Turquie naviguerait dans leur sillage. Stratégiquement, ce pays ne craint rien. Une armée puissante, une bonne flotte de guerre et 4 000 kilomètres de côtes pour 6 000 kilomètres de frontière, mis à part le fait que les « détroits » sont inexpugnables.

Les Turcs forment un peuple avec lequel le monde doit compter. Nous, Allemands, avons l'avantage d'une vieille amitié, de la camaraderie d'armes et de la franche sympathie. Maintenant que l'Allemagne est devenue la plus grande puissance danubienne, il se passera peu de temps avant qu'un échange commercial fluvial intense ne s'établisse entre nos deux États. Nous exportons des étoffes et des machines. Nous avons besoin les uns des autres et resterons unis malgré les coups bas de tierces parties.

SS-Ustuf. Lorenz

III. Adversaires

Cahier de la SS n°3. 1936.

SS-Ostuf. Heinrich Bauer : L'Ancien Testament, autoportrait des Juifs

L'histoire des patriarches et des rois de l'Ancien Testament est certes une mauvaise source historique car elle est pleine de contes, de légendes et de falsifications ; la vérité et la poésie, la richesse d'esprit des peuples aryens, les déformations et les rajouts juifs se suivent, pêle-mêle. Mais à nos yeux, l'Ancien Testament a une valeur fondamentale car c'est l'autoportrait des Juifs. Un cerveau aryen ne pourrait imaginer des histoires comparables à celles d'Abraham, d'Isaac, de Jacob et de Joseph.

Les figures d'Abraham et de Joseph sont imaginaires, mais le voyage d'Abraham et la vie de Joseph reposent sur des faits historiques.

Les Juifs formaient une minorité infime au sein de la population de Palestine. Dans ce territoire de passage, de combats et de colonisation des tribus aux types les plus divers, régnait le chaos racial qui fut d'abord marqué par une influence nègre, puis par une influence orientale en provenance d'Asie Mineure. Les Juifs s'assimilèrent le sang des peuples africains, asiatiques et européens les plus différents.

Entre 450 et 400 avant l'ère chrétienne, les prophètes Esdras et Néhémie établirent de sévères lois raciales qui interdisent tout nouveau métissage avec des tribus étrangères. Il est significatif que ces lois raciales des Juifs orientaux aient été conservées encore jusqu'à aujourd'hui et que la volonté de séparation persiste dans l'authentique juiverie. Grâce à cette séparation présente depuis environ 2 000 ans et fixée par la loi religieuse, le peuple juif a créé une communauté en soi plus ou moins homogène.

Le métissage et l'absence de patrie ancestrale ont poussé le Juif à se répandre dans le monde entier au cours de l'Histoire, mais il a cependant conservé de tout temps sa caractéristique ethnique.

Depuis Esdras, la juiverie s'est constituée peu à peu à partir de la population restante de Palestine et s'est constamment agrandie. Comme une toile d'araignée, elle s'étendit sur tout l'Ancien Monde. Les Juifs s'établirent dans les grandes villes de l'espace méditerranéen et formèrent des colonies isolées qui reçurent des renforts permanents par une émigration massive et volontaire de Palestine.

On vit alors le même processus se produire dans tous les pays :

Les Juifs sont d'abord tolérés par la population, puis même favorisés par les souverains, jusqu'à ce que le dégoût et la haine de la population à leur égard atteignent leur point d'ébullition du fait de leur arrogance, de leur prétention et de leur usure, et que les Juifs soient chassés ou que des lois de protection soient prises contre eux. C'est ce qui se produisit en Égypte, en Babylonie et en Perse, en Grèce et en Italie, en Espagne et en Angleterre. Nous avons connu la même chose en Allemagne.

Comme les figures d'Abraham et de Joseph, la figure d'Esther est, elle aussi, légendaire. Mais l'histoire d'Esther repose également sur un fond historique. Le même principe régit la politique juive depuis les temps les plus reculés : La femme sensuelle sert d'arme dans la lutte pour la vie des individus et des peuples. De tout temps, la politique d'Esther a joué un grand rôle dans l'aspiration du peuple juif à la domination mondiale : des Juives belles et intelligentes devinrent les maîtresses de rois, de princes et d'hommes influents ; elles les enchaînaient à elles par leur charme sensuel et les utilisaient au profit de leur peuple. Ainsi, elles obtenaient des avantages pour leurs compatriotes, apprenaient les plans les plus secrets, etc.

On connaît la « Juive de Tolède », la maîtresse du roi d'Espagne Alphonse I er, qui lui fit accorder aux Juifs des faveurs si inouïes que le peuple eut recours à la violence.

Dans les salons, plus exactement dans les lupanars de la haute société, les belles Juives Henriette Herz, Dorothea Veit (plus tard mariée avec Friedrich Schlegel) et Rachel Varnhagen recevaient des hommes d'État et des princes, des poètes et des érudits à la fin du XVIII ème siècle.

Pendant le Congrès de Vienne de 1814/15, les filles du riche Juif berlinois Itzig qui s'étaient mariées à Vienne avec les banquiers von Arnstein et Eskeles, veillèrent à ce que les intérêts juifs fussent défendus après la guerre d'indépendance contre Napoléon : les politiciens, y compris Hardenberg et Wilhelm von Humboldt, parlaient dans leurs salons des questions politiques les plus secrètes.

Le chancelier d'Empire Caprivi était un hôte assidu du salon politique de la Juive von Lebbin, et chez la comtesse Fischler-Treubner de Berlin, qui fut plus tard emprisonnée, issue de la famille Kaufmann-Asser, se retrouvaient des hommes dirigeants du ministère des Affaires étrangères, de la politique et de l'économie, de même que Erzberger, Maximilien Harden, Georg Bernhard, Friedrich Stampfer et d'autres grands personnages juifs.

Cette présentation tirée de la Genèse rédigée par des historiens juifs et celle du livre d'Esther écrite également par un chroniqueur juif, doivent montrer l'opposition insurmontable existant entre les idées, les sentiments et les actions des Allemands et des Juifs.

L'histoire des Juifs commence par l'appel du dieu national juif Yahvé à Abram, l'aïeul du peuple juif : « Quitte ton pays, ta parenté et la maison de ton père, pour le pays que je t'indiquerai. Je ferai de toi un grand peuple, je te bénirai, je magnifierai ton nom ; sois une bénédiction ! Je bénirai ceux qui te béniront, je réprouverai ceux qui te maudiront. En toi seront bénis tous les clans de la Terre » (Genèse, chap. 12, v. 1-3).

Le départ d'Abram et de sa famille de la Chaldée entre le Tigre et l'Euphrate vers le fertile pays du fleuve Jourdain, Canaan, situé à l'ouest de la Méditerranée, nommé plus tard la Palestine c'est-à-dire le pays des Philistins, fut à l'origine de l'offensive du peuple juif, voyageur et fainéant, vers les pays environnant l'Asie Mineure puis plus tard vers les autres pays du monde. Dominant ce convoi, se trouve la parole de Yahvé qui justifia la prétention et la revendication des Juifs jusqu'à aujourd'hui : « Je bénirai ceux qui te béniront, je réprouverai ceux qui te maudiront ! »

Une famine chassa Abram de Canaan vers l'Égypte (encore un trait juif typique : là où je me sens bien, c'est ma patrie !). Mais pour que les Égyptiens ne le tuent pas perfidement à cause de sa belle femme Saraï qu'ils voulaient garder vivante, il ordonne à sa femme (v. 13) : « Dis, je te prie, que tu es ma sœur, pour qu'on me traite bien à cause de toi et qu'on me laisse en vie par égard pour toi. » En conséquence, le roi égyptien accueille dans sa maison et dans son lit l'épouse prostituée physiquement désirable et comble le supposé frère Abram de troupeaux et d'esclaves, par-dessus le marché en raison de son amabilité. Mais cette Saraï est précisément à l'origine des fléaux que Yahvé inflige de façon étonnante au pharaon jusqu'à ce que celui-ci reconnaisse l'état des choses. Ce dernier fait le sévère reproche à Abram : « Qu'est-ce que tu m'as fait ? Pourquoi ne m'as-tu pas déclaré qu'elle était ta femme ? Pourquoi as-tu dit : « Elle est ma sœur », en sorte que je l'ai prise pour femme ? » (v. 18-19). Avec une incompréhensible indulgence, le roi laisse

Abram, le trompeur et l'entremetteur, quitter pacifiquement l'Égypte avec sa femme Saraï et toutes les richesses qu'il a obtenues.

Il renouvela donc son commerce de malfaiteur avec Saraï en se moquant des choses les plus sacrées et les plus inviolables. Lorsque Saraï apprit qu'elle était stérile, elle lui offrit sa propre servante égyptienne Agar afin qu'elle lui donne un enfant, comme si les enfants étaient une marchandise achetable, une affaire à acquérir. Mais lorsque la servante fut enceinte, la haine de la femme stérile éclata et Abram riposta à son accusation en abandonnant la servante enceinte à cet instant critique : « Eh bien, ta servante est entre tes mains, fais-lui comme il te semblera bon. » (Saraï) voulant maintenant humilier Agar, elle l'abandonna (chap. 16, v. 6). Depuis la première affaire d'Agar, le Juif a constamment sacrifié sans scrupules le goy impur, surtout membre des races les plus nobles, quand il avait atteint son objectif.

Peu après, Abram, l'éleveur et le commerçant juif, alla à Gérar avec ses troupeaux (Genèse, chap. 20). De nouveau, il fit passer Saraï pour sa sœur afin qu'Abimélek, le chef de Gérar, accueille dans sa maison la femme encore belle et sensuelle comme toutes ses concitoyennes, sans être au courant de leur mariage. Mais Yahvé le rappelle en rêve et lui ordonne : « Maintenant, rends la femme de cet homme : il est prophète et il intercédera pour toi afin que tu vives ». Par sa tromperie immorale sans bornes, Abram devient le sauveur d'Abimélek et s'excuse auprès de celui-ci, crédule, avec une lâcheté et une effronterie juives caractéristiques (v. 11) : « Je me suis dit : Pour sûr, il n'y a aucune crainte de Dieu dans cet endroit, et on va me tuer à cause de ma femme. » Là-dessus, avec une indulgence et une philanthropie suicidaires, Abimélek répond au Juif : « Vois mon pays qui est ouvert devant toi. Établis-toi où bon te semble. »

Le fils de l'aïeul Jacob, Joseph, l'intrigant et le diviseur détesté de ses frères, a été vendu en Égypte. En faisant l'interprétation de rêves et des calculs prodigieux, il se hisse jusqu'au poste d'administrateur général et vizir du pharaon de l'époque et se rendit indispensable par sa politique économique et d'imposition rusée. Lorsque la misère frappa le pays de Canaan, les Juifs parmi les frères de Joseph – environ soixante-dix hommes – partirent vers la riche Égypte et trouvèrent un accueil hospitalier chez le pharaon par l'entremise de Joseph. Tandis qu'ils croissaient en nombre et en richesse, Joseph mit le peuple égyptien, libre jusqu'ici, totalement à la merci du pharaon et facilita la mainmise du gouvernement sur la propriété terrienne des Égyptiens. Il tira ainsi part de la misère se déclarant en Égypte, rassembla beaucoup de céréales dans les greniers de l'État et échangea aux Égyptiens tout leur bétail contre les céréales (Genèse 47, v. 15 et suivants). Mais la famine persista et les Égyptiens, qui étaient totalement à la merci du cruel vizir Joseph, allèrent de nouveau le voir en le suppliant (v. 19-20) : « Pourquoi devrions-nous mourir sous tes yeux, nous et notre terroir ? Acquiers donc nos personnes et notre terroir pour du pain, et nous serons, avec notre terroir, les serfs de pharaon. Mais donne-nous de quoi semer pour que nous restions en vie et ne mourrions pas et que notre terroir ne soit pas désolé. »

Ainsi, Joseph acheta toute l'Égypte pour pharaon. Car les Égyptiens vendirent tous leurs champs étant donné que la disette était trop dure pour eux. Le pays était donc la propriété exclusive de pharaon. Seule la terre des puissants prêtres fut épargnée de la liquidation forcée par l'intelligent Joseph. Mais !'Histoire ne parla quasiment pas de cette exploitation du peuple égyptien. Lorsque les Égyptiens reprirent le travail, ravalés au rang de serfs accomplissant les corvées, il exigea d'eux (v. 23-24) : « Donc, je vous ai maintenant acquis pour Pharaon, avec votre terroir. Mais, sur la récolte, vous devrez donner un cinquième à Pharaon, et les quatre autres parts seront à vous, pour la semence du champ, pour votre nourriture et celle de votre famille, pour la nourriture des personnes à votre charge. » Ainsi un cinquième de toutes les recettes prélevées au peuple dépouillé de sa terre est assuré au roi grâce à Joseph, qui avec son poste de grand vizir et sa célébrité, acquiert une puissance et une richesse immenses. Mais après des siècles d'exploitation, le peuple égyptien se souleva contre ces hôtes parasites juifs devenus riches et puissants en nombre, les renversa et les réduisit finalement à la servitude jusqu'à ce qu'ils aient définitivement quitté l'Égypte.

La même chose se répéta en Babylonie. Sous Nabuchodonosor, les Juifs furent privilégiés et reçurent, comme toujours, la richesse et les postes élevés au sein du peuple qui les accueillait. Mais ici aussi, avec cet égoïsme sans bornes que leur a conféré Yahvé, ils exploitent tellement le peuple que ce dernier se soulève contre eux et les opprime. Lorsque le roi perse victorieux Cyrus marcha contre la capitale Babylone, par vengeance, les Juifs trahirent et ouvrirent en cachette les portes à l'assiégeant afin que la ville tombe.

Les Juifs obtinrent de grands privilèges de l'État dans le nouvel Empire des Perses. Ils surent se rendre utiles au roi, comme autrefois Joseph à l'égard du pharaon. Les princes se mirent du côté de l'exploiteur immigrant, tandis que le peuple, tout d'abord sans défense, dut subir leur pouvoir.

Le livre d'Esther (I, v. I) raconte qu'Assuérus, en réalité historiquement Xerxès – était le roi de la Perse comprenant les frontières de l'Inde jusqu'à l'Afrique – c'était l'époque où l'Empire perse vivait son apogée. Par une fête qui dura 180 jours dans Suse, sa capitale, il voulut montrer aux grands de son Empire la beauté de son épouse Vasthi. Cependant, la princesse, une femme aryenne, refuse de se dévoiler, considérant que sa chasteté en serait outragée. Le roi la répudie alors, victime d'une ivresse de pouvoir et de possession. Et lorsqu'on chercha des jeunes filles pour le harem de Xerxès, le Juif Mardochée vit le moment venu d'acquérir de l'influence sur le puissant roi perse par l'intermédiaire de sa belle pupille Esther. Elle alla dans la maison du roi, reçut du gardien des femmes la plus belle toilette et se plaça avec quelques autres au meilleur endroit dans la maison des femmes – donc à celui où le roi la voyait d'abord. Il est dit plus loin : « Esther n'avait révélé ni sa parenté ni son peuple, ainsi que le lui avait prescrit Mardoché dont elle continuait à observer les instructions comme au temps où elle était sous sa tutelle. » La chasteté ne joue aucun rôle pour les Juifs (Judith aussi s'infiltra à titre de prostituée dans le camp du général Holopherne pour l'assassiner sur sa couche la nuit, plutôt que les hommes juifs ne l'attaquent en combat) mais elle ne pouvait révéler son origine si elle voulait gagner la partie de façon camouflée. Bientôt Esther, la belle prostituée, se trouva devant le roi qui succomba à sa sensualité et la préféra à la chaste Vasthi répudiée. Peu de temps après commença le jeu des intrigues : deux chambellans du roi sont exécutés, car Mardochée avait informé le roi, par l'intermédiaire de son instrument Esther devenue bientôt toute puissante, qu'ils avaient projeté un attentat contre lui. Xerxès était ainsi obligé envers les Juifs et deux opposants peu commodes furent supprimés. À l'époque de cette expansion des Juifs, leur morgue était devenue intolérable et leur influence un danger pour l'État. Xerxès ne s'en apercevait pas, contrairement à son fidèle ministre Aman. Celui-ci constatait que le Juif Mardochée rôdant quotidiennement autour du château royal à Suse et ses congénères vivant dans l'Empire perse n'obéissaient pas au roi et à ses ordres. Il savait aussi à quel point grandissait dans le peuple la colère contre l'exploiteur. Il se fit l'exécuteur de la volonté populaire et exposa à Xerxès ce qui suit (chap. 3, v. 8-9) : « Aman dit au roi Assuérus : « Au milieu des populations, dans toutes les provinces de ton royaume, est dispersé un peuple à part. Ses lois ne ressemblent à celles d'aucun autre et les lois royales sont pour lui lettre morte. Les intérêts du roi ne permettent pas de le laisser tranquille. Que sa perte soit donc signée, si le roi le trouve bon, et je verserai à ses fonctionnaires, au compte du Trésor royal, dix mille talents d'argent. »

« Le roi ôta son anneau de sa main et le donna à Aman, fils de Hamdata, l'Agagite, le persécuteur des Juifs. « Garde ton argent, lui répondit-il. Quand à ce peuple, je te le livre, fais-en ce que tu voudras ! »... (v. 13) et des courriers transmirent à toutes les provinces du royaume des lettres mandant de détruire, tuer et exterminer tous les Juifs, depuis les adolescents jusqu'aux vieillards, enfants et femmes compris, le même jour, à savoir le treizième du douzième mois, qui est Adar, et de mettre à sac leurs biens » (obtenus par l'usure et la fraude).

Mardochée et Esther préparèrent aussitôt une riposte afin que l'extermination imminente se transforme en une victoire complète des Juifs sur les Perses détestés (Esther, chap. 5). Esther pria le roi et Aman de venir à un repas et le roi ivre lui accorda tout ce qu'elle voulait. Entre-temps, Aman avait fait dresser une potence dans sa maison à laquelle devait être pendu le nuisible Mardochée. Peu avant le repas, on rappela à Xerxès qu'il avait été sauvé des conjurés par Mardochée. Lorsqu'Esther lui raconta lors du repas qu'Aman avait projeté la mort de tous les Juifs, Xerxès partit bouleversé dans le jardin et Aman, voyant venir la catastrophe, pria à genoux Esther pour sa vie. Xerxès revint et interpréta mal cette attitude. Dans un accès de jalousie furieuse, perturbé qu'il était par le vin et la femme, il fit pendre son fidèle ministre à l'arbre de sa maison.

Les Juifs se vengèrent des Perses d'une façon terrible. Xerxès donna à Mardochée la maison et l'anneau d'Aman, donc tous les pleins pouvoirs. Aussitôt de nouveaux ordres furent donnés aux 127 provinces de Perse dans la langue suivante (v. 10-17) : « Ces lettres rédigées, au nom du rois Assuérus et scellées de son sceau, furent portées par des courriers montés sur des chevaux des haras du roi. Le roi octroyait aux Juifs, en quelque ville qu'ils fussent, le droit de se rassembler pour mettre leur vie en sûreté, avec permission d'exterminer, égorger et détruire tous les gens armés des peuples ou des provinces qui voudraient les attaquer-, avec leurs femmes et leurs enfants, comme aussi de piller leurs biens. Cela se ferait le même jour dans toutes les provinces du roi Assuérus, le treizième jour du douzième mois, qui est Adar.

« La copie de cet édit, destiné à être promulgué comme loi dans chaque province, fut publié parmi toutes les populations afin que les Juifs se tinssent prêts au jour dit à tirer vengeance de leurs ennemis. Les courriers, montant des chevaux royaux, partirent en grande hâte et diligence sur l'ordre du roi. Le décret fut aussi publié dans la citadelle de Suse. Mardochée sortit de chez le roi revêtu d'un habit princier de pourpre violette et de lin blanc, couronné d'un grand diadème d'or et portant un manteau de byssus et de pourpre rouge. La ville de Suse tout entière retentit d'allégresse. Ce fut, pour les Juifs, un jour de lumière, de liesse, d'exultation et de triomphe. Dans toutes les provinces, dans toutes les villes, partout enfin où parvinrent les ordres du décret royal, ce ne furent pour les Juifs, qu'allégresse, liesse, banquets et fêtes. Parmi la population du pays bien des gens se firent Juifs, car la crainte des Juifs s'appesantit sur eux. »

Le jour prévu, la tragédie sanglante fut exécutée (chap. 9, v. 5) : « Les Juifs frappèrent donc tous leurs ennemis à coups d'épée. Ce fut un massacre, une extermination, et ils firent ce qu'ils voulurent de leurs adversaires (v. 16). De leur côté, les Juifs des provinces royales se réunirent aussi pour mettre leur vie en sûreté. Ils se débarrassèrent de leurs ennemis en égorgeant soixante-quinze mille de leurs adversaires, sans se livrer au pillage. » Sur le souhait spécial d'Esther, Xerxès fit pendre les dix fils d'Aman au même arbre, et les Juifs firent de ce jour

« un jour de festins et de liesse ». Et, en souvenir du jour de vengeance, ils instaurèrent la fête des Purim, qu'ils célèbrent encore aujourd'hui.

CAHIER DE LA SS N°3. 1936.

E. BRANDT : LE MEURTRE RITUEL JUIF

Le meurtre rituel ou sacrifice constitue un aspect tout à fait particulier de la vaste question juive. La plupart des hommes cultivés ne veulent pas croire de telles « histoires ». La science officielle trouva indigne d'elle d'examiner l'affaire à fond et se contenta de déclarer que les « rapports » du Juif Chwolson et notamment du professeur berlinois, tristement célèbre, Hermann Strack étaient fondamentaux et faisaient autorité ; et cela, quoique ces examens n'aient rien eu à voir avec une recherche scientifique digne de ce nom et ne sont que des écrits apologétiques mensongers et partiaux de la juiverie. Pour la plupart des scientifiques, l'affaire du meurtre rituel doit donc être considérée comme classée ; d'après leur opinion, elle n'est que le produit des cerveaux malades des antisémites.

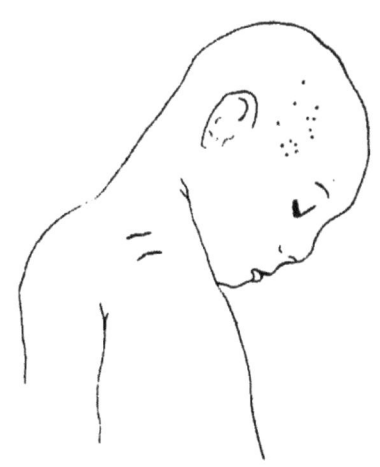

L'écolier Andrej Juchtchinskij assassiné au moyen de treize entailles rituelles durant son sommeil en 1911 à Kiev (procès de Beili).

Or, les faits bruts sont tout autres !
L'histoire compte de nombreux meurtres rituels juifs, et cela depuis le Vème siècle de l'ère chrétienne. Dans mon ouvrage paru en langue russe, j'ai examiné trois-cent-vingt cas et quatre-cent-vingt dans le manuscrit allemand déjà existant. L'Église catholique compte aussi parmi

ses martyrs saints et béatifiés bon nombre de victimes du meurtre rituel juif, parmi lesquels saint Werner qui est vénéré encore aujourd'hui par la population catholique d'Oberwesel sur le Rhin et qui est le patron de la ville. Citons seulement trois meurtres rituels :
1. 1475, à Trente. Le meurtre rituel, le 28 du mois, du garçon Simon Gerber, qui fut béatifié par l'Église catholique ; les dossiers du procès existent encore aujourd'hui, et même à Trente, au Vatican et dans les copies qui se trouvent à Vienne.
2. 1840, à Damas, sur le père capucin catholique Thomas et sur son serviteur Ibrahim Amarah.
3. 1852/53, à Saratov, sur Theophan Scherstobitov, âgé de 10 ans, et sur Michael Maslov, âgé de 12 ans.

Dans le premier et le dernier des cas cités, les victimes avaient été circoncises avant la ponction de sang.

Ces trois cas sont incontestablement démontrés au niveau juridique. Dans les deux premiers procès les Juifs ont aussi fait des aveux complets. Cela les dérange, mais leur défenseur, quant à lui, n'a aucun scrupule à affirmer qu'il s'agit ici, comme dans tous les autres cas semblables, de la condamnation d'un innocent. Lorsqu'on lit les comptes-rendus des plaidoyers de ces procès, on peut légitimement s'étonner : procès-verbaux, dépositions, même des documents historiques et des pièces comme des bulles papales sont falsifiés d'une façon très habile. Dans de nombreux documents, certaines choses sont dénaturées ou tout simplement omises. Ainsi, les faits prennent un tout autre visage. Cette démonstration montre seulement que l'affirmation qu'il n'y aurait eu aucun meurtre rituel ne tient pas debout ; car pour prouver la vérité on ne se sert pas du mensonge. Il est frappant aussi de voir comment les Juifs mettent tout en œuvre pour faire classer les affaires dans tous les procès relatifs à des meurtres rituels. On achète des faux témoins, les autorités judiciaires et la police. En vain car l'opinion publique du monde entier s'émeut ; au Parlement, diverses régions ont fait des propositions. Finalement, on en arrive même à des représentations diplomatiques. Mais cela est également vain car les Juifs brandissent des menaces de représailles, comme ce fut le cas en 1882 au procès Tsza-Eszlar. Le Parisien Rothschild eut le front (et avec succès) d'envoyer un télégramme au gouvernement d'Autriche-Hongrie avec la postface suivante :

« Si le gouvernement ne satisfait pas à ma sommation (d'arrêter le procès et de libérer tous les Juifs), je mettrai tout en œuvre pour ruiner le crédit de la Hongrie. »

Il n'est pas étonnant que, dans de telles conditions, la plupart des procès de meurtres rituels aient été enterrés...

Citons seulement l'un des nombreux meurtres rituels incontestables au niveau juridique : 1840, à Damas.

Le mercredi 5 février 1840, le père capucin Thomas et son serviteur Ibrahim Amarah furent victimes d'un meurtre rituel dans le quartier juif de Damas.

Tous les dossiers de l'examen et de la procédure furent publiés en 1846 dans un livre écrit par un membre de la « Société Orientale », Achille Laurant. Il n'est pas nécessaire de dire que ce livre constitue l'une des plus grandes raretés bibliographiques et ne se trouve que dans de très rares bibliothèques. Les dossiers originaux du procès doivent être conservés dans les archives du ministère des Affaires étrangères à Paris. Le spécialiste français des meurtres rituels, l'abbé Henri Desportes, affirmait que tous ces documents ont disparu sous le ministère du Juif Crémieux en 1870, tandis que le défenseur des Juifs, l'abbé Vacandard, assure que le ministère français des Affaires étrangères doit avoir officiellement certifié le 5 août 1892 que tous les documents se trouvent en parfait état au ministère. Lequel des deux a raison, on ne peut le dire avec certitude, apparemment Desportes, car le ministre de l'Extérieur de l'époque, Pichon, refusa un nouvel examen des documents originaux, le 6 juin 1913, au rédacteur de la « Libre Parole », Albert Monniot !

Ou bien ces documents ont donc été détruits par le Juif Crémieux, ou ils renferment des détails tellement accablants pour les Juifs que le frère Pichon estimait préférable de les garder secrets. Pourtant c'est l'évidence même que dans le cas où les documents pouvaient démontrer l'innocence des Juifs, comme ils l'affirment toujours, ils auraient déjà été publiés officiellement depuis longtemps, et par le Juif Crémieux lui-même.

Qu'a donc révélé ce procès ? Sous le prétexte qu'il devait vacciner un enfant juif contre la variole, le père Thomas fut enfermé dans une maison juive, assailli, déshabillé et égorgé par huit Juifs parmi lesquels se trouvaient deux rabbins. Son sang fut recueilli dans une vasque, mis en bouteille et remis au Chacham (rabbin) Abu-el-Afiè. Après le meurtre, les vêtements du père furent brûlés et le cadavre découpé en morceaux, dont tous les os furent broyés avec un pilon. On les mit dans un sac à café qu'on lança dans une bouche d'égout se trouvant assez loin de la maison.

Les autorités obtinrent ces aveux de deux Juifs, le coiffeur Soliman et le serviteur Marad-el-Fattal, avec la promesse de les gracier au cas où ils diraient toute la vérité. Les deux Juifs furent interrogés séparément. Leurs dépositions coïncidaient jusque dans les moindres détails. Tout fut vérifié sur place. Quoique à l'époque, déjà un mois se fût écoulé depuis le meurtre, on pouvait voir des traces de sang distinctes sur les murs de la pièce où s'était passé l'égorgement du père. Et à l'endroit indiqué par les Juifs où les os et le crâne avaient été broyés, on pouvait voir des creux évidents dans le sol. On trouva des traces de sang et des morceaux de chair dans l'ouverture de l'égout. Dans le canal même, on découvrit les parties de corps suivantes : des os du pied avec des articulations, une rotule, des parties de crâne, une partie du cœur, une vertèbre, un morceau de nerf, un morceau de la peau du crâne sur lequel on pouvait voir une partie de la tonsure (la surface restante était recouverte de cheveux), et finalement encore deux lambeaux d'une calotte de laine noire.

Tous les objets trouvés furent envoyés au consul français Ratti Menton (le père Thomas se trouvait sous la protection de la France) dans le dessein de procéder à un examen médical. Le consul français fit examiner les restes par deux commissions et même par quatre médecins européens et six français. Les conclusions des deux commissions montrèrent que les restes présentés étaient d'origine humaine. Le consul autrichien G. G. Merlato assistait aussi les médecins mahométans dans leur travail. De son côté, il remit un certificat disant qu'il avait appris que des médecins certifiaient l'origine humaine des restes cités. En outre, Ratti Menton réussit à obtenir une déclaration du coiffeur du père Yussuf d'après lequel les morceaux de la calotte trouvés ne pouvaient être que ceux de la calotte du père.

Lorsque les résultats de l'interrogatoire des autres accusés furent connus, ils comprirent que persister à nier tenacement était inutile et tous firent des aveux.

Le serviteur du père, Ibrahim Amarah, à la recherche du père disparu dans le quartier juif, fut enfermé dans une autre maison par les Juifs et égorgé de la même manière que le père. Huit Juifs participèrent aussi à son meurtre.

Sur les seize Juifs accusés, quatre furent amnistiés contre la promesse du Cherif-Pacha pour leurs aveux complets, deux moururent pendant l'audition, les six autres furent condamnés à mort.

Mais l'exécution de la condamnation à mort n'eut pas lieu parce que les Juifs d'Europe accoururent au secours de leurs frères de race. Le célèbre fondateur de « l'Alliance Israélite Universelle », le futur Premier ministre français Crémieux, alla en Égypte avec son congénère londonien Moses Montéfiore (Blumberg) pour réclamer à l'Égyptien Khédiv Méhémet-Ali la grâce des meurtriers. Le Khédiv publia un firmàn dans lequel il écrivit qu'il graciait les Juifs condamnés sur la demande de Crémieux et de Montéfiore, les représentants de tout le peuple juif. Le mot « gracier » déplut aux Juifs, car alors leur culpabilité était confirmée. Crémieux et Montéfiore réclamèrent que le Khédiv modifia le terme.

Malgré le mécontentement des Juifs, Méhémet-Ali raya ce mot et le remplaça par « libéré », qui a le même sens.

Ici aussi, comme dans tous les procès de meurtres rituels, les Juifs ont mis tout en œuvre pour obtenir un acquittement. Ils achetèrent les témoins et les autorités mais sans résultat ; les tentatives faites par les Juifs pour empêcher le procès se heurtèrent à l'intégrité de Ratti Menton. Le procès suivit son cours jusqu'au bout. Il n'est donc pas étonnant que les

Juifs n'aient reculé devant aucun moyen pour discréditer le consul français honnête, courageux et détesté. Le consul autrichien Merlato les aida en cela. Les Juifs réussirent à l'acheter. Il changea soudainement d'avis et affirma (en contradiction avec sa déclaration chrétienne du 3 mars 1840) que les morceaux de chair et les os trouvés dans le canal étaient ceux d'un chien ! Et le gouvernement autrichien se rendit auprès du roi Louis Philippe pour se plaindre des actions « illégales » de Ratti Menton. Cela alla jusqu'à la Chambre des députés où le Premier ministre déclara qu'il estimait que les actions de Ratti Menton étaient justifiées, corroborées par le consul anglais, ce qui fut d'ailleurs confirmé à Londres, et qu'il n'avait pas l'intention de sacrifier les deux consuls français à Damas et en Égypte uniquement sur une affirmation du consul autrichien. Il dit entre autres :

« Je pense être mieux renseigné que vous (les députés) dans cette affaire…. J'ai étudié attentivement tous les dossiers sur ce cas – ce fut transcrit – et qu'il me soit permis de dire qu'ils (les Juifs) sont beaucoup plus puissants dans le monde entier que vous ne voulez l'admettre ; actuellement, ils ont émis des protestations dans tous les États… Le ministre doit avoir le courage de protéger ses fonctionnaires face à de telles attaques…. Un fonctionnaire français dans son droit sera toujours protégé face à ce genre de protestations, d'où qu'elles puissent venir ! » (monit. univ. 3juin 1840p. 1258).

On peut conclure sur le meurtre rituel à Damas par les mots de l'ancien rabbin Drach :

« Les meurtriers du père Thomas, convaincus de leur crime, n'ont pu échapper à la rigueur de la loi que grâce aux efforts communs des Juifs de tous les pays… L'argent a joué un rôle primordial. » (Drach, *Harmonie entre l'Église et la Synagogue*, vol.1, p. 79, Paris 1844).

Qu'est-ce qui poussa les Juifs à accomplir des meurtres rituels ? La loi de l'Ancien Testament concernant l'expiation : D'après les croyances juives, l'expiation ne peut se faire que par le sang. Ainsi, il est dit dans l'Ancien Testament, Lévitique 17, 11 : « C'est le sang qui expie pour une vie. » Et le Talmud, Joma 5a, dit encore plus précisément : « L'expiation ne résulte que du sang. »

L'Église chrétienne, qui se fonde sur l'Ancien Testament, a admis cette règle. L'apôtre Paul disait dans son *Épitre aux Hébreux* 9, 22 :

« D'ailleurs, selon la Loi, presque tout est purifié par le sang, et sans effusion de sang il n'y a point de rémission. » Mais l'Église chrétienne enseigne que Jésus-Christ a supprimé ce commandement par Son sacrifice. L'Église a donc introduit le sacrifice exsangue par la doctrine du sacrement de la transsubstantiation du sang du Christ dans le vin.

Et le Juif ? Sans effusion de sang, sans sacrifice sanglant, il n'y a pour lui aucune expiation : Depuis la destruction du temple de Jérusalem, il n'y a plus de lieu de sacrifice. Il n'y a pas de sacrifice exsangue comme celui du Christ Que doit-il faire ? En quoi toutes ses prières et les prescriptions minutieuses pour la vie quotidienne peuvent-elles lui venir en aide s'il ne peut pas suivre le commandement principal de sa religion ? On remarque que le Talmud dit : « L'expiation ne provient que du sang. » Pour un Juif orthodoxe, c'est toutefois épouvantable. Cet effroi s'exprime dans le discours d'un vieux Juif tenu en 1922 à San Francisco et qui fut publié dans « The Friends of Israël ». Sa conclusion dit :

« Et il m'apparaît clairement que j'avais manqué à la Loi. Je devais expier, mais cela ne pouvait se faire que par le sang, et il n'y avait pas de sang. Rien en dehors du sang ne peut purifier l'âme. Dans mon affliction, j'allais voir les rabbins. Je n'avais qu'une question : « Où puis-je trouver du sang pour l'expiation ? »

Ce ne sont donc pas des rêveries d'un fou, mais les paroles d'un Juif réellement croyant. Il ne serait venu à l'idée d'aucun Juif de traiter cet homme de fou. Cependant, s'il avait agi comme le candidat au rabbinat, Max Bernstein, en 1888 à Breslau (il s'était en effet procuré du sang) et que cet acte ait été connu des non-Juifs comme cela le fut dans le cas de Bernstein, alors les Juifs et leur presse auraient crié à la démence. Dans ses aveux volontaires faits lors de son procès à Breslau en 1888, le candidat au rabbinat, Max Bernstein, déclara :

« L'accomplissement des actes d'expiation soulageait mon cœur lourd et je me décidai à me délivrer du péché. Étant donné que d'après la doctrine biblique, l'âme réside dans le sang de l'homme et que mon âme fautive ne *pouvait trouver l'expiation que par un innocent, je devais me procurer du sang utilisable d'un homme qui était encore innocent*. Comme je savais que le garçon Hacke convenait, que son âme était encore pure, je me décidais à prendre de son sang... *Avec le sang, j'accomplissais mon expiation*. Il devint lui-même pécheur en prenant mes péchés. »

La folie ne réside donc pas tant dans les représentations religieuses des deux Juifs cités, mais plutôt dans les lois religieuses elles-mêmes.

Le sacrifice de Kapores (l'égorgement d'un coq ou d'une poule) est réalisé comme expiation le jour précédant la fête du couronnement.

Cahier de la SS n°3. 1936.

Ce que les Juifs disent des Juifs

Benjamin Disraeli (Lord Beaconsfield) :

« *Personne ne peut traiter avec indifférence du principe racial : C'est la clef de l'histoire mondiale. La langue et la religion ne sont à l'origine d'aucune race – le sang, oui !* »

Dr Jakob Klatzkin :

« *Nous ne sommes pas Allemands, Français, etc., et Juifs par-dessus le marché, notre judéité n'est pas la superstructure d'une germanité, comme ce n'est pas non plus son infrastructure. Nous sommes tout simplement d'une nature étrangère ; nous devons constamment répéter que nous sommes un peuple étranger en leur sein et que nous voulons le rester. Un gouffre insurmontable s'ouvre entre eux et nous.* »

Sir Alfred Mond :

« *Un Japonais qui est né en Allemagne ne devient pas un Allemand. Et un Juif qui est né en Allemagne ne devient pas non plus un Allemand. Telles sont les questions du sang et de la race.* »

Prof. Eduard Gans :

« *Le baptême et même le croisement ne servent à rien du tout. – Même à la centième génération, nous restons des Juifs comme il y a 3 000 ans. Nous ne perdons pas le parfum de notre race, même après des dizaines de croisements. Notre race est dominante dans n'importe quel commerce sexuel avec les femmes ; de jeunes Juifs en sont issus.* »

Walter Rathenau :

« *Vision bizarre ! Au cœur de la vie allemande se trouve une tribu étrangère, à part, brillamment et singulièrement dotée d'une attitude mobile et vive. Une horde asiatique sur le sable brandebourgeois... D'une étroite cohésion entre eux, d'une stricte méfiance envers les étrangers – : ils vivent donc dans un ghetto semi-volontaire, ce n'est pas un membre vivant du peuple, mais un organisme étranger dans son corps... »*

Arnold Zweig :

« *L'enfant d'une mère juive est un Juif, peu importe qui est le père.* »

Dr Bernhard Cohn :

« *Quand nous voyons que les alliances de maisons nobles avec de riches familles juives se multiplient, alors, malgré nos conceptions libérales, nous devons considérer cela comme le début d'une décadence morale de la noblesse... »*

Dr Kurt Münzer :

« *Nous avons corrompu le sang de toutes les races d'Europe. En général, aujourd'hui, tout est enjuivé. Nos pensées vivent en toute chose, notre esprit gouverne le monde. Nous sommes les maîtres. Nous ne sommes plus chassés. Nous nous sommes implantés dans les peuples, avons imprégné, souillé les races, brisé les forces, tout a été gâté et pourri par notre culture viciée. Notre esprit ne peut plus être extirpé.* »

Jakob Wasserman :

« *Nous les connaissons et nous les supportons, ces milliers de Juifs modernes qui rongent tous les fondements parce qu'ils sont eux-mêmes sans fondement ; qui désavouent aujourd'hui ce qu'ils appréciaient hier ; qui salissent ce qu'ils aimaient hier ; dont la trahison est un plaisir, le manque de dignité une parure et la dénégation un but* »

Dr Arthur Brünn :

« *Par conscience nationale juive, je comprends la conscience vivace d'une origine commune, le sentiment d'une solidarité des Juifs de tous les pays et la ferme volonté de vivre un avenir commun.* »

Chaim Weitzmann :

« *Chaque pays a un taux de saturation en ce qui concerne les Juifs ; il ne peut supporter qu'un certain nombre de Juifs s'il ne veut pas attraper une indigestion. L'Allemagne a déjà trop de Juifs... Les Juifs ne connaissent aucune frontière politique ou géographique. »*

Baruch Levi :

« Le peuple juif sera lui-même son messie. Sa domination sur le monde sera réalisée par l'union des races humaines restantes, l'abolition des frontières et des monarchies... et par l'instauration d'une république mondiale qui accordera partout aux Juifs le droit de cité. Dans cette nouvelle organisation de l'humanité, les fils d'Israël, qui sont dispersés maintenant sur la surface de la Terre, seront sans conteste l'élément dirigeant, en particulier s'ils réussissent à placer sous la ferme autorité de quelques-uns d'entre eux les masses des travailleurs. »

Karl Marx :

« Le change est le dieu réel des Juifs... »

Moritz Rappaport :

« Le Juif est le représentant de la conception matérialiste du monde. Ils n'admettent pas les décisions provenant du cœur, ils détruisent en eux et dans les autres les croyances dans le sens surnaturel de la vie, sapent la religion et deviennent ainsi... des étrangers pour tous les peuples chez lesquels ils vivent. »

Moritz Goldstein (mars 1912) :

« Les Juifs se trouvent soudainement aux postes dont on ne les a pas éloignés violemment. Il devient de plus en plus manifeste que c'est comme si la vie culturelle allemande était tombée entre les mains juives. Nous, Juifs, gérons le bien spirituel d'un peuple qui nous en conteste le droit et la capacité. »

Konrad Alberti Sittenfeld :

« On ne peut malheureusement pas contester que l'art moderne, en particulier le théâtre, n'ait été corrompu que par les Juifs. »

Le Juif est le démon matérialisant la chute de l'humanité.

Richard Wagner

Cahier de la SS n° 10. 1937.

Faits importants sur la franc-maçonnerie

(Données complémentaires pour une conférence avec projection sur la franc-maçonnerie)

Le rite du sang

Lors de la réception solennelle au 9ème degré dans le système suédois, on verse dans une coupe du sang provenant d'une petite bouteille où, depuis l'époque de la fondation de la loge, est renfermé du sang mélangé avec du vin. La bouteille contient ainsi le sang des frères – également juifs – jusqu'aux plus anciens.

Le grand maître national Müllendorf de la grande loge nationale des francs-maçons allemands confirme le rite du sang lors du procès face à l'avocatSchneiderle15 mars 1932 :

« Il est exact que lors de la réception au grade de grand Élu, l'impétrant boit du sang de ceux des frères qui furent acceptés avant lui à ce grade. Il est aussi exact que quelques gouttes de sang de l'impétrant sont recueillies dans la bouteille et conservées avec celles des FF, qui firent partie de ce chapitre jusqu'à présent. »

Texte du serment d'apprenti :

« Je, N. R., jure solennellement et sincèrement en présence du Dieu tout-puissant et de cette vénérable loge vouée à saint Jean de conserver et de dissimuler les usages secrets de la franc-maçonnerie et que je ne dévoilerai jamais ce qui m'est confié maintenant ou plus tard, en dehors des frères authentiques et habilités et dans une loge authentique et légitime de FF, et de compagnons que je reconnaîtrai après un examen sévère et en bonne et due forme. Je jure en outre que moi-même n'écrirai, n'imprimerai, ne taillerai, ne peindrai, ne dessinerai, ne cacherai ou ne graverai ni ne ferai quoi que ce soit sur toute chose mobile ou immobile sous le ciel qui soit lisible ou compréhensible, ou ait la moindre ressemblance avec une lettre ou un signe de telle sorte qu'ainsi l'art secret soit perçu de façon illicite. Je jure tout cela avec la ferme et inébranlable décision de m'y tenir, sans réserve secrète ou hésitation intérieure, sous peine d'avoir la gorge tranchée, la langue coupée et d'être enterré dans le sable loin de la rive au moment où la marée basse change deux fois en 24 heures. Que Dieu m'assiste et me soutienne dans mes engagements d'apprenti accepté. »

(FF. Fischer *Explications du catéchisme de la franc-maçonnerie johannite* I. Catéchisme, p. 38).

Les serments des compagnons et des maîtres disent la même chose.

Dans le *manuel pour les frères de la grande loge nationale de la franc-maçonnerie d'Allemagne,* 6° éd. Berlin 1912, p. 82, il est écrit sur la séparation d'un frère de la loge :

« § 171. Chaque frère est libre de quitter sa loge ; ce qu'on appelle « couvrir la loge ». L'explication de la couverture des loges doit être faite par écrit. Par la couverture, le frère ne perd pas le caractère de franc-maçon, il devient un frère séparé ; mais il perd le droit de participer à des tenues de loges de quelque type que ce soit.

Les droits que le frère a acquis comme membre effectif, d'honneur ou visiteur de loges basses ne sont pas perdus par la couverture d'une loge de plus haut grade. Mais ses droits dans les grades les plus élevés sont en sommeil. »

Le devoir de silence des frères :

« § 306. Le devoir de discrétion exige la plus grande précaution afin que non seulement le savoir, les techniques et les débats maçonniques restent cachés aux non-initiés, mais aussi ce qui est plus élevé pour les frères se trouvant à un grade inférieur. » (Statut de la grande loge mère de Kurhessen à la réunion amicale avec la grande loge mère royale de York à Berlin en 1815.)

Camouflage de la franc-maçonnerie en association de bienfaisance :

« Si jamais une loge pratique la bienfaisance, ce n'est pas par pitié pour les indigents, mais comme moyen utilitaire passager ou forme de légitimation. » (*Bauhütte*, 1872, p. 140).

De même, le journal maçonnique *Latomia* écrit en juillet 1865 : « Le prétexte de bienfaisance utilisé ne sert aux maçons qu'à en dissimuler un autre. »

La « ligue allemande des grandes loges » qui réunit toutes les grandes loges allemandes dans un travail commun et entretient l'alliance avec les loges extra-allemandes, avait une importance particulière, comme il ressort des propos du franc-maçon *Kneifner* dans « Communication de l'association de la franc-maçonnerie allemande », 1917/18, p. 54 :

« La ligue allemande des grandes loges veillait à ce qu'aucune des huit grandes loges ne surpasse les autres. Sa loi prévient l'arbitraire et l'éventuelle ambition de domination de chaque grande loge. »

Certes, les loges vieilles-prussiennes quittèrent la ligue des grandes loges en 1922, mais s'y réaffilièrent en 1927.

Position de la franc-maçonnerie à l'égard de la nation et de la race :

« Il n'y a pas de franc-maçonnerie nationaliste ou à tendance religieuse, mais seulement une franc-maçonnerie pure, indivisible. Celui qui prêche l'inverse se trouve dans l'erreur la plus totale. Soyons une ligue humaine et non pas une secte. » (Le journal franc-maçon *Auf der Worte* du 1. 03. 1925).

De même, le maçon Neumann (Association des francs-maçons allemands) dit au maçon Eskau dans une lettre du 31 mars 24 :

« Quand vous niez la franc-maçonnerie avec son message de l'égalité de tout ce qui a un visage humain, vous n'êtes pas – pardonnez-moi un franc-maçon. »

Le franc-maçon Horneffer écrit dans *Éducation nationale franc-maçonne* en 1919/20, p. 66 :

« Le combat des partisans de l'idée d'humanisme (c'est-à-dire de la franc-maçonnerie) doit être une lutte contre tout nationalisme. »

Dans *les lois de la ligue allemande des grandes loges* (édité après la création de la nouvelle législation le 01.08. 1911, p. 16), il est dit :

« La ligue allemande des grandes loges déclare que la différence de couleur de peau et de race ne sont pas un obstacle à la reconnaissance d'une grande loge ou d'une loge. »

Position des grandes loges vieilles-prussiennes à l'égard du judaïsme :

« On nous a reproché d'être antisémites et de ne pas accepter les Juifs par haine raciale. C'est bien le plus grand affront qui nous ait jamais été fait. Le maître nous a appris à aimer tous les hommes comme nos frères, et le Juif est autant que nous et tous les hommes, un enfant du Dieu éternel qui nous a créés. Si nous ne laissons pas entrer les Juifs de même que les membres d'autres sociétés religieuses non-chrétiennes dans notre étroite communauté, il n'en ressort pas que nous les haïssons. On pourrait nous dire aussi à juste titre que nous détestons les femmes et les enfants de même que les gens de faible instruction parce que nous ne les acceptons pas. Mais quand un FF. juif désire être admis en qualité d'hôte à nos travaux, alors nous l'accueillons volontiers chez nous s'il appartient à une loge reconnue ; nous lui souhaitons une cordiale bienvenue et nous nous réjouissons qu'il n'ait pas le préjugé qu'il puisse exister la moindre barrière entre lui et nous. Nous savons que nous lui devons et devrons d'agir constamment ainsi à son égard en tant que frère. » (*Manuel sur la « doctrine de l'ordre de la grande loge nationale de la franc-maçonnerie d'Allemagne »*).

Constitution internationale des trois grandes loges vieilles prussiennes

Structure de la grande loge nationale d'Allemagne. La circonscription de la grande loge nationale forme la septième province de l'ordre du système suédois, de même que le Danemark représente la huitième et la Suède est la neuvième province de l'ordre. Au sommet de chaque province se trouve un vicaire salomonis, un régent. Celui de la province allemande de l'ordre fut par exemple l'infâme Friedrich Léopold de Prusse qui, le premier, hissa le 9 novembre 1918 le drapeau rouge sur son château de Klein-Glienicke près de Potsdam. Le prince Friedrich Léopold était membre d'honneur de toutes les grandes loges allemandes et protecteur des trois grandes loges vieilles-prussiennes.

Depuis Frédéric le Grand, les rois prussiens devinrent les protecteurs des grandes loges vieilles-prussiennes, sauf Guillaume II. Les propos du franc-maçon Dr Schletter dans *Latomia*, 1865, p. 65 exposent quels buts la franc-maçonnerie pousuivait ainsi :

« Il n'arrivait qu'en apparence que l'on remît à des princes la direction des affaires de loges et les « délégués » couvrent leurs propres mesures du nom princier. »

Les princes avaient un rituel spécial afin qu'ils ne connaissent pas le caractère indigne du rituel maçonnique.

La franc-maçonnerie fut la force motrice de la Révolution française en 1789

Ce fait est confirmé par le rapport de la séance plénière des loges concernées « Paix et Union » et « La libre Conscience » dans l'Orient de Nantes du 23 avril 1883, p.8 :

« De 1772 à 1789, la maçonnerie mit sur pied la grande révolution qui devait donner un autre visage au monde. Alors les francs-maçons répandirent dans les masses populaires les idées directrices qu'ils avaient épousées. »

Cahier de la SS germanique n° 1 et 2. 1943.

1789

Les États-Unis d'Amérique doivent faire face à un danger beaucoup plus grand que celui que dissimulait l'Église romaine...

Ce danger, messieurs, c'est le Juif !

Dans chaque pays où les Juifs se fixèrent en grand nombre, ils ont constamment avili sa grandeur morale et déprécié son intégrité commerciale. Ils se sont mis à l'écart mais jamais assimilés. Ils ont bafoué la religion chrétienne sur laquelle la nation est édifiée et ont essayé de la saper en s'opposant à ses prescriptions. Ils ont construit un État dans l'État. Mais lorsqu'on a contrecarré leur action, ils ont utilisé tous les moyens possibles pour étrangler financièrement ce pays comme ils l'ont fait dans le cas de l'Espagne et du Portugal.

Pendant plus de dix-sept siècles, les Juifs ont pleuré sur leur triste sort parce qu'ils ont été chassés de leur patrie, qu'ils appelaient la Palestine. Mais je vous assure, messieurs, que si aujourd'hui le monde civilisé voulait leur rendre la Palestine à titre de propriété, ils trouveraient aussitôt un motif pressant afin de ne pas retourner là-bas. Pourquoi ? Parce que ce sont des vampires et que les vampires ne peuvent vivre sur le dos d'autres vampires. Ils ne peuvent exister par eux-mêmes, ils doivent végéter en profitant des chrétiens et des autres peuples qui ne sont pas de leur race.

Si vous n'excluez pas ces gens des États-Unis en ayant recours à la Constitution existante, alors, dans moins de deux-cents ans, ils se seront tellement multipliés qu'ils domineront et dévoreront le pays et modifieront même notre forme de gouvernement pour laquelle nous, Américains, avons répandu notre sang, donné notre vie, le meilleur de nous-mêmes, avons mis en jeu notre liberté et avons sacrifié nos plus grandes idées.

Si vous n'excluez pas ces gens, ce sont vos descendants qui devront travailler dans les champs pour donner les bénéfices aux autres, tandis que ces autres siègeront derrière les bureaux et se frotteront joyeusement les mains.

Je vous avertis, messieurs : si vous n'excluez pas les Juifs pour toujours, lorsqu'il est possible de le faire, ils ne changeront jamais, malgré les générations. Leurs idées ne correspondront jamais à celles d'un Américain, même s'ils vivaient parmi nous durant dix générations. Un léopard ne peut pas changer de taches. Les Juifs signifient une menace pour ce pays si on les laisse entrer, et ils devraient être exclus par notre Constitution. »

L'homme d'État américain Benjamin Franklin en 1789 devant le Congrès américain.

**WAKE UP AMERICANS!
DO YOU WANT THIS?**

Clean up America! Break the Red Plague!
BOYCOTT the JEW!

CAHIER DE LA SS N° 1A/B. 1941.

« L'Amérique » en Europe

Un front qui traverse les cœurs et les esprits...

On a trouvé une mappemonde datant de 1551 dessinée avec art et sur laquelle figure tout ce que l'on connaissait du monde à l'époque d'après les grands voyages de découverte. Sur le nouveau pays d'Amérique du Nord – non d'Amérique du Sud – on lit le mot « cannibales ». Cela signifie donc : mangeurs d'hommes !

Vinrent alors les premiers immigrants blancs. C'étaient les « pères pèlerins », évadés d'Europe, pour la plupart d'Angleterre, qui quittèrent leur patrie en raison de leur religion de puritains. Ces puritains étaient des saints d'un genre particuliers qui se représentaient la grâce et la faveur divine dans le fait que Dieu devait remplir leur bourse s'Il trouvait avantage à leurs affaires commerciales. Dans la logique de cette foi, les bons pèlerins étaient prêts à escroquer, et avant tout à renoncer à tous les biens et les plaisirs de cette vie. Ils n'emportèrent donc en Amérique aucun autre livre que la Bible et le livre de prières, laissant les livres de chants, les textes, les illustrations, les danses et toutes les autres belles choses que possédait l'Europe. Ce qui distinguait ces puritains, c'était la loi qui régissait leurs actes, la culture qu'ils apportaient avec eux. Ce n'était pas une véritable culture mais une barbarie religieuse. Le livre de prières et la bourse étaient à la base de toutes leurs pensées et de toutes leurs aspirations. Les véritables Yankees pensent encore ainsi de nos jours.

On doit dire à la vérité que l'affaiblissement de la foi entraîna une diminution de l'importance du livre de prières. La bourse s'alourdit sans cesse, fut privilégiée et le livre de prière s'amincit, devenant plus superficiel – en langage luthérien – un couvercle de poubelle servant à cacher une multitude d'infamies.

La troisième vague d'immigrants fut celle des nègres. Ils arrivaient d'Afrique les fers aux poings, emmenés comme esclaves sur des navires anglais. Ils vinrent en pauvres diables et le restèrent. Mais au moins, créatures naturelles venant de leur forêt et de leur savane, ils apportaient avec eux une sorte de culture, des œuvres de chant, de danse, de joie et de souffrance marquées par leur propre sang – même si ce n'était que du sang nègre. Mais cette sensibilité se dénatura rapidement dans les plantations sous le fouet des contremaîtres, dans le froid du Nord et dans les bouges de New York.

Les Juifs mettent au point la « culture cosmopolite » des États-Unis pour l'exporter

Mais c'est cette forme qui intéressa la dernière vague d'immigrants manquant encore à ce pays cosmopolite- les Juifs. Ceux-ci entendirent les rythmes étranges et excitants des nègres, ils virent la jalousie secrète des puritains pour l'exubérance légère de ces enfants des forêts, flairèrent la bonne affaire et la possibilité de paralyser la résistance raciale de ces « barbares volontaires » en utilisant cette magie étrangère.

Ainsi naquit au début de notre siècle et d'année en année ce que l'on appelle « l'américanisme ». Il s'agit d'une joie niaise faite d'excitation primitive des sens, qu'il s'agisse de sons et de couleurs criards, de films et d'histoires sanglantes, de fusillades crispantes, de meurtres, d'enlèvements, d'exploits sportifs, de marathons de danse, de nage, de poésie ou de prière, de « records du monde » dans tous les domaines, de l'adoration du gigantisme et du « biggest of the world », de l'appréciation des femmes d'après des « canons de beauté » ou d'une arrogance puérile.

Lorsque ce pays de vieux puritains, devenu riche et donc assoiffé de joie de vivre, sombra dans cette décadence, la vie communautaire se transforma en « entreprise », les fêtes en foires – cet américanisme devint un article d'exportation. La plaisanterie se transforma en réalité : les immigrants sans culture d'autrefois voulaient rivaliser avec le vieux pays civilisé européen en lui montrant que leurs créations étaient plus belles et plus nouvelles. On devrait dire offrir car ce fut une opération au comptant pour les Juifs du milieu cinématographique, ceux du disque, les chanteurs et danseurs de jazz judéo-nègres, les directeurs de journaux et imprésarios au nez crochu.

Ce fut réellement une bonne affaire et un succès. Car en ce temps-là, l'Europe de 1918 était saignée à blanc, affamée, psychiquement épuisée par quatre ans de guerre et de sacrifices dans tous les pays. L'Europe s'était principalement effondrée en elle-même, tant au niveau individuel que chez tous les peuples. On n'était plus sûr de rien, ni de l'Etat, ni de son bien-être. Chacun aspirait avant tout à un monde simple, naturel, et faute de mieux, à ce qui est superficiel, à la distraction, et à se soustraire à la misère naissante.

LE MANAGER JUIF PROFITE DE LA FAIBLESSE DE L'ALLEMAGNE ET DE L'EUROPE

C'est à ce moment que le Juif et le nègre quittèrent l'Amérique.

En cet instant précaire, les peuples du vieux continent civilisé saisissaient n'importe quelle bouée, même percée, lancée par un nouveau monde attirant pour ne pas se noyer psychiquement. La nouvelle musique était si facile à comprendre, les nouveaux mouvements, appelés danses, si faciles à apprendre. La vie était si simple dans les films : le héros, la crapule, la jeune fille douce, le riche beau-père, et toujours le happy end ! Eh puis, il y a les superbes concours de beauté ! On demande à de nombreuses jeunes filles de se déshabiller – naturellement à seule fin de pouvoir les mesurer, les peser, les photographier... On rugit dans la foule, on détermine un type « idéal », on distribue des bulletins de vote (très démocratiquement) et on élit miss Europe, miss Berlin, miss Pétaouchnock... etc.

Le poison brassé dans la boutique juive, la sensibilité négroïde et l'anti-culture coloniale finirent par s'infiltrer dans les cœurs crédules et sans défense des Européens et aussi de beaucoup d'Allemands. Une loi morale veut que les habitudes de l'homme le faisant agir « sans y penser » s'attachent très fortement à lui, au point qu'il ne peut s'en débarrasser qu'avec le plus grand mal. C'est pourquoi le « plaisir du peuple » rencontra si peu de résistance, de même que cette vulgarité dans les danses, les chansons, les films, le sport et l'amour, et qu'on essaya rarement d'opposer quelque chose de personnel, de meilleur, à cet esprit étranger.

Ce n'était réellement pas facile de raviver les vieux sentiments dans une Allemagne moralement décomposée, nationalement brisée et économiquement délabrée. Les occasions qui se présentèrent furent manquées, car la masse du peuple ne pouvait les saisir. Ce n'est que lorsque le Parti, après 1933, sut atteindre le cœur des Allemands, que furent écartées les menaces pour notre patrimoine culturel et qu'une base solide put être instaurée. Des films nationaux et un sévère contrôle de l'importation cinématographique assainirent la situation du cinéma allemand. Des poètes allemands montèrent sur les scènes allemandes, et aussi beaucoup de jeunes dont les premières œuvres demandaient encore de l'indulgence. On créa une presse allemande dirigée par des rédacteurs en chef allemands qui savaient différencier nouveauté et sensation. Le sport allemand fut purifié, nos distractions furent influencées par notre humour et notre gaieté, conformément aux lois de notre sang.

LA MUSIQUE EXPRIME L'ÂME D'UN PEUPLE...

Seules la danse et la musique légère font exception. On doit dire ici ouvertement que tout sentiment non allemand peut être soumis à une interdiction. Mais à quoi cela servirait-il si cela causait un vide que beaucoup de compatriotes ne pourraient pas comprendre ? Un grand nombre d'entre eux ne serait probablement plus en mesure de distinguer ce qui est mauvais et pernicieux dans cette musique interdite.

Voici ce que déclarèrent un jour Schopenhauer et Richard Wagner sur l'esprit de la musique : « la musique exprime l'essentiel », c'est-à-dire l'âme des hommes, des peuples et d'une époque.

On ne peut comprendre ce point de vue essentiel que si l'on est soi-même musicologue et créateur. Si ce n'est pas le cas, on ne peut concevoir une musique authentique. Naturellement, le rythme est aussi une composante importante de la musique parce qu'il est fondamentalement présent, en particuliers dans notre vie contemporaine. La circulation bruyante des machines, le pas de milliers de bottes de soldats se sont marqués dans notre chair et notre sang. C'est pourquoi les marches et les chants de soldats de cette grande époque guerrière nous les restituent. Une chose est sûre, Beethoven et Brahms, Bach et Reger, Mozart et Bruckner sont à l'origine d'une musique qui pourra encore réjouir et satisfaire notre sens musical durant des siècles. Quand nous aurons pris le recul nécessaire après l'expérience accablante de cette guerre, un jour viendra où des compositeurs allemands suivront une nouvelle voie.

La victoire de nos armes impliquera aussi l'irruption victorieuse d'une nouvelle culture animée par la volonté culturelle allemande. L'Amérique du Nord doit aussi être vaincue sur ce front, et cela au moyen d'une petite guerre intérieure tenace et quotidienne. Nous devons aussi remporter la victoire sur le front culturel qui traverse les cœurs et les esprits !

Cahier de la SS n°10. 1938.

« Léninisme » et « stalinisme » ?

« Si les Juifs étaient seuls en ce monde, ils étoufferaient tant dans la boue et les ordures qu'ils essayeraient de s'exploiter et de s'exterminer dans des combats haineux ; pour autant que la lutte ne se transforme pas en théâtre du fait du manque de tout esprit de sacrifice s'exprimant dans leur lâcheté. » Ces mots de Hitler ne sont pas de récente actualité mais ont été écrits quatorze ans auparavant dans *Mein Kampf*. Malgré cela, cette simple phrase permet d'apprécier et de juger de façon exacte cette juridiction criminelle qui opère actuellement à Moscou. Tout observateur qui croit pouvoir déceler dans cette tuerie une lutte d'influence entre diverses idéologies, même sanglante, voit ses tentatives d'éclaircissement vouées sans plus attendre à l'échec. Il ne s'agit pas d'idées ou d'idéologies, mais de la consolidation et de la sauvegarde sanglante du régime personnel de Staline et de son groupe Kaganovitch.

De tous les commentateurs de la presse, le comte Reventlov a peut-être le mieux saisi la situation telle qu'elle est quand il dit dans son « observation de l'Empire » : « Nous sommes suffisamment distants pour observer et considérer avec sérénité les procès de Moscou passés, présents et futurs. Ce n'est pas l'innocence, ce n'est pas un condamnateur divin du mal et un protecteur du bien qui siège avec ses anges au tribunal. Pas plus que les accusés sont des victimes innocentes et des martyrs d'une noble conviction, des idéalistes qui sont prêts à mourir volontairement pour leur peuple et pour son idéal. Un criminel possédant le pouvoir veut se débarrasser de deux douzaines d'autres criminels qui avaient été jusqu'à maintenant ses complices. C'est tout. » L'ensemble des accusations réuni par le procureur Vychinski est monstrueux et si insensé qu'il se réfute par son propre manque de logique.

Ce tribunal criminel reproche aux vingt-et-un accusés l'espionnage, le sabotage et la perpétration d'actes terroristes. Ils doivent, « sur ordres de puissances étrangères, avoir tenté de provoquer des soulèvements en Union soviétique pour séparer l'Ukraine, la Russie blanche, les provinces côtières de l'extrême Est, la Géorgie, l'Arménie et l'Azerbaïdjan de l'URSS. » Les puissances étrangères devaient censément attendre que les accusés et leurs complices les soutiennent pour mettre fin au système communiste en Union soviétique et y réintroduire le capitalisme et la bourgeoisie. À cette fin, ils devaient se joindre au trotskistes (Trotski, « qui s'est caché dans les niches à chiens des capitalistes » comme on dit dans le jargon de la presse soviétique, est aussi le grand méchant dans ce procès car lorsqu'il était commissaire il a dû entretenir des liaisons avec des agents de puissances étrangères), en outre aux zinoviévistes, menchevistes, sociaux-révolutionnaires et aux nationalistes bourgeois d'Ukraine, de Russie blanche, de Géorgie, d'Arménie et d'Azerbaïdjan. Boukharine est accusé d'avoir tramé un complot avec Trotski qui devait contrecarrer les négociations de paix de Brest-Litovsk et qui avait pour but la chute du gouvernement soviétique, l'arrestation et l'assassinat de Lénine, Staline et Sverdlov, les derniers présidents de l'Union soviétique. En outre, nous apprenons avec surprise que l'écrivain Maxime Gorki n'est pas mort d'une mort naturelle, comme on l'a admis généralement jusqu'à maintenant, mais qu'il fut supprimé par les professeurs Pletnov, Levin et quelques autres médecins avec la participation de Iagoda.

Mais les horreurs de cette accusation ne sont révélées au grand jour que par les personnes en question et qui sont en général les vieux bolchevistes renommés et célébrés emphatiquement durant des années par la presse soviétique. Il y a d'abord Boukharine, l'ancien président du

Komintern, ensuite Iagoda, l'ex-chef de la GPU et autrefois l'homme le plus puissant en Union soviétique après Staline, Rakovski, l'ancien président du conseil des commissaires du peuple d'Ukraine, donc la tête du gouvernement d'Ukraine, ensuite Rosenholtz connu aussi à Berlin, ministre du commerce extérieur, pour parler dans notre terminologie, Grinko, ministre des finances, Kreskinski, représentant le ministre des Affaires étrangères, Tchernov, ministre de l'Économie, Rykov, ministre des Transports, Mendchinski, ex-chef de la police secrète, en outre, parmi les médecins, le professeur Pletnov, le spécialiste du cœur et Levin.

Ce prétendu procès fit que le monde, qui était lassé à l'extrême des nouvelles sanglantes se répétant depuis vingt ans, porta son attention sur Moscou avec consternation et exprima son dégoût et sa répugnance jusque dans les rangs des amis de l'Union soviétique. Léon Blum et Reynaud étaient bouleversés, beaucoup de journaux sociaux-démocrates se répandaient en cris d'indignation ; l'Angleterre et la France protestaient contre les chefs d'accusation qui impliquaient ces deux pays dans les rapports douteux entretenus par les accusés. Quand en France on pleura sur Tchoukatchevski, nous en déduisîmes que ce chagrin était parfaitement égoïste, même quand on parle d'humanitarisme, d'autant plus que la France est en rapport avec l'Armée rouge. Et cette dernière, nous le pensons aussi, n'en sortira pas renforcée par des exécutions de ce type dans ses plus hautes sphères.

Le national-socialisme considérait le judéo-bolchévisme comme l'ennemi absolu de la civilisation. Ci-dessus, pour ces soldats soviétiques aux faciès mongoloïdes, les

combats sont terminés. Ci-dessous, un petit groupe de partisans, sales et dépenaillés, a été fait prisonnier. Parmi eux, on distingue deux rabbins (les deux barbus au centre).

„Nun sind sie wieder da, die Hunnen. Zerrbilder menschlicher Gesichter. Wirklichkeit gewordene Angstträume, Faustschlag in das Gesicht alles Guten..."

« Les revoici, les Huns, caricatures de visages humains ; réalité devenue cauchemar, un coup de poing dans le visage de tous les hommes de bien... ». !lustration tirée d'une revue de propagande.

Présenter la situation dans le procès de Moscou était nécessaire pour mettre en évidence la problématique politique et idéologique de ce théâtre momentané. Les voix initiales qui croyaient pouvoir faire admettre que ces questions seraient résolues en tant que « politique de révolution mondiale » ou « politique nationale », « marxisme international » ou « national », « marxisme intégral » ou « modéré », commençaient à se faire entendre. Face à de tels engrenages d'idées à l'égard des faits, on n'est malheureusement pas suffisamment averti. Nous en venons donc à l'exposé propre de notre sujet. Diverses notions comme « léninisme » et « stalinisme » ont déjà été citées. Cette division abstraite du bolchevisme doit faire naître la supposition que le bolchevisme stalinien est différent du léniniste. Elle doit en outre susciter l'illusion que le bolchevisme s'est modifié et nous en entendons même certains dire que le « stalinisme » est une transformation en nationalisme, en un nationalisme social, en un national-socialisme. « N'appelle-t-on pas aussi Staline le guide ? » se demandent ces idéologues. Certains en concluent même que le bolchevisme juif constituerait là-bas « un national-socialisme issu de la profondeur de l'âme russe », et on aurait donc toutes les raisons de taper sur l'épaule de cette filiale du Troisième Reich victorieuse et d'échanger une poignée de main amicale ! Nous voyons jusqu'où peuvent mener ce genre de confusions. Dieu soit loué, le « petit père Staline » lui-même s'attachait de temps en temps à soulever le voile et à révéler la véritable nature du bolchevisme. Comme disait le Führer dans son dernier discours au Reichstag, dans ces questions, nous ne devons pas nous intéresser à un ministre étranger, à des traités ultra intelligents ou à des stratégies idéologiques orientales, mais uniquement au héros moscovite à moustaches. Ainsi, Staline répondait personnellement à la lettre ouverte parue dans la « Pravda » du 14 février 1938 d'un jeune garçon de komsomol qui s'informait du destin de la révolution internationale. Voici le sens bref du très long discours de sa lettre également ouverte : La révolution mondiale grandit, s'étend et prospère. La revue « Contra Komintern » résume ainsi le contenu de la lettre :

« Aussi longtemps qu'il existera dans le monde des États non-bolchevistes, Staline n'aura pas encore atteint son but. » Staline déclare publiquement que la victoire des travailleurs, du moins dans quelques pays, c'est-à-dire la révolution et les guerres civiles comme en Espagne, sont nécessaires. Cette lettre est la preuve manifeste de l'attitude agressive du communisme.

Voici donc la stricte réalité et toute politique réaliste, pour peu qu'elle veuille réussir, doit bien voir que la révolution mondiale est le but unique et sine qua non du bolchevisme. Elle est le tournant que le bolchevisme doit prendre et pendra si aucun pouvoir comparable ne lui barre pas la route. D'après sa propre définition, l'Union soviétique n'est que le cœur qui ne deviendra « l'État » représentant l'union mondiale des républiques soviétiques socialistes que par la destruction et l'incorporation des États existants. Les organes de cet « État » sont constitués par les sections du Komintern qui sont beaucoup plus importants pour l'Union soviétique que les instances immédiates du gouvernement de l'Union même, donc que le conseil des commissaires du peuple. Comme on l'a montré de façon suffisamment claire, le conseil des commissaires du peuple est uniquement dirigé par le Parti et ce dernier, de son côté, représente la section dirigeante et déterminante du Komintern.

Un nouveau « droit » des peuples est donc en train de naître, qui n'est rien de tel mais qui constitue plutôt une destruction volontaire du droit. L'emblème national apposé sur les ambassades d'URSS porte l'inscription : « Prolétaires de tous les pays, unissez-vous ! » C'est une atteinte flagrante à nos intérêts de politique intérieure ! Car cela signifie qu'on incite tous les travailleurs à commetre des actions illégales de haute trahison, de sabotage, de désertion, etc. Tout individu qui adhère au parti communiste renie la souveraineté de son pays et se place sous la souveraineté exclusive de Moscou. Cet appel, se retranchant derrière la protection extraterritoriale des représentations soviétiques diplomatiques, est déjà considéré comme une déclaration de guerre officielle à tous les pays. Dans ses plans d'actions, l'Armée rouge considère les sections communistes des autres pays comme des bases stables, des pontons, ses sections auxiliaires. Il devient donc nécessaire, à la vue de tels signes, de réviser le droit libéral des peuples et de l'adapter à la situation internationale afin que le bolchevisme judéo-international puisse être combattu avec les moyens que sa tactique criminelle requiert.

« Léninisme » ? « stalinisme » ? Il n'existe qu'un bolchevisme judéo-international !

Wolfgang Fehrmann

Service politique pour la SS et la police.

L'importance politique actuelle des sectes

Toutes les religions évoluent, se développent et atteignent progressivement des stades caractéristiques d'expression et de mode de vie. Que les religions évoluent et doivent évoluer est un fait scientifiquement admis mais qui est contesté par toutes les orthodoxies qui luttent pour la primauté d'une « révélation absolue », c'est-à-dire qui revendiquent une légitimité immuable « dès l'origine ». Cette opinion peut être défendue aussi en théorie et en théologie, mais les caractéristiques propres à toutes les religions nous enseignent autre chose.

Avant de définir la notion d'évolution seulement partielle ou constante, il faut faire une brève remarque sur la « fonction biologique » de la religion. On doit établir par principe qu'il n'existe pas plus de « religion en soi » que d'« homme en soi », mais seulement une manifestation concrète qui a vu le jour et s'est développée sous l'influence de données raciales, ethniques et historiques. Toute religion comporte, par nature, des possibilités de développement imprévisibles, comparables à celles d'organismes biologiques. Les religions doivent donc être considérées délibérément comme des unités susceptibles de connaître de mauvaises évolutions et une dégénérescence.

L'évolution elle-même peut être considérée dans un double sens et s'appliquer à des religions historiques. On doit d'abord la comprendre simplement comme une manifestation successive ou périodique de transformations historiques au cours desquelles des échanges d'influences réciproques sont possibles. On doit donc la définir comme une évolution supérieure dans l'esprit d'une expérience de valeur conditionnée de façon historique ; sans aucun doute l'unité historico-religieuse ne peut jamais « progresser » mais seulement dégénérer. Ensuite, l'évolution peut être considérée comme la manifestation de dispositions et de possibilités existantes dans l'unité ; manifestation saisie ici dans un sens double : comme transformation dynamique continuelle d'une foi déterminée ou comme l'accentuation des traits essentiels de caractère existants atteignant le stade d'une rigidité dogmatique.

La recherche historico-religieuse a déjà constaté l'existence de plusieurs stades d'évolution généralement communs à la plupart des religions. Ce sont avant tout les formes diverses de protestation (soit par un prophétisme actif et agressif ou par la « protestation silencieuse » d'une mystique éloignée du monde), du protestantisme et de la Réforme. C'est comme s'il existait une loi de parallélisme dans l'histoire des religions, qui démontre une évolution comparable, *indépendante* du temps et de l'espace, de différentes religions (on constate de façon exemplaire la similitude ébahissante existante entre les thèmes de fond religieux des grands réformateurs japonais Honen – Shonin et Shinran – Shonin et la Réforme de Martin Luther existant presque à la même époque).

Si le Protestantisme et d'autres protestations religieuses doivent être considérés comme des évolutions parties d'une même origine, en revanche, on constate dans beaucoup de religions la naissance de *sectes* complètement étrangères à leur religion première.

Si l'événement évolutionniste cité en premier dépend du point de départ religieux originel, la secte elle-même est toujours le produit d'une manifestation secondaire. Elle surgit en grande partie du milieu de la systématisation religieuse consécutive, de l'accentuation du caractère religieux. (L'évolution particulière du bouddhisme au Japon et en Chine qui mène à la fusion de diverses conceptions religieuses, est une forme exceptionnelle à part.)

Dans chaque religion, on constate l'existence de degrés de piété « primaire » et « secondaire ». La piété primaire est dynamique, originelle, concerne le contenu propre de la foi et elle s'oppose constamment à l'abstraction, à la rigidité religieuse et à toute forme de dogmatisme qui sont les marques d'une piété secondaire. Et l'on constate qu'incontestablement la protestation sectaire provient presque exclusivement d'un fond de piété secondaire, c'est-à-dire qu'une forme de spécialisation ultime a été trouvée et ainsi détermine la dégénérescence religieuse. En d'autres termes, ce ne sont pas des époques fondamentales de protestation religieuse qui conduisent à la formation d'une secte (comme la protestation de Luther et Honen et Shinran-Shonin contre les bonnes œuvres au profit d'un « seulement la foi » – sola fide), mais presque sans exception des objets de querelle de piété secondaire.

L'observation du nombre immense des sectes nous en fournit la preuve. Il s'agit de l'augmentation du nombre d'acceptation et de refus des baptêmes, du refus du vœu, de la négation de la guerre, du refus de l'État, etc., de choses qui ne sont plus en rapports de causalité avec la foi exigée. D'un côté, on attend le retour prochain du Christ, de l'autre, la prêtrise et le cérémonial sont rejetés, d'autres prêchent de nouveau l'abstinence, réclament un mode vie végétarien, rétablissent de plus l'ancienne dîme juive ou considèrent que manifester de la sollicitude chrétienne pour des éléments asociaux constitue une œuvre salutaire. Quelle est la personne capable de s'y retrouver entre les baptistes, les méthodistes, les sabbatistes, les adventistes, les mennonites, l'Armée du Salut, les unitaires, les chiliastes, les témoins de Jehova, qui sont à peu près tous semblables ?

Le phénomène des sectes n'est pas une caractéristique nouvelle ou une réaction face à la situation religieuse désespérée de notre siècle. Les combats fanatiques de l'esprit hussite, la pruderie dominante des « sœurs pieuses », des begines et des beghardes, les rassemblements pénitents et bruyants des « flagellants » submergeant l'Europe et se fouettant jusqu'au sang sont les témoignages bouleversants d'un égarement humain provenant d'une époque ancienne mais malheureusement pas tout à fait révolue de nos jours.

Les révolutions politico-idéologiques entraînent directement dans leur sillage des changements essentiels dans le domaine religieux et moral. Quand les grands systèmes religieux et leurs Églises ne sont pas à même de suivre le processus d'évolution politique, alors se manifestent immédiatement des tentatives sectaires qui tendent à un amalgame et à une synthèse. Sans aucun doute, des efforts de cette sorte sont principalement préjudiciables au nouvel ordre politique et soit ils échouent face à une nouvelle volonté d'ensemble d'ordre politique, soit ils sont victimes du compromis.

Ici aussi l'Allemagne n'a cessé d'être une scène singulière où se manifestent les *aberrations les plus sauvages*. La constante lutte interne permit au peuple de devenir mûr et lui conféra une volonté exclusivement politique, c'est-à-dire lui fit prendre conscience, à travers des expériences concrètes, des dangers véhiculés par des sectes d'esprit étranger. Ces dernières n'attaquent pas au premier chef les traditions religieuses, mais plutôt la vie sociale de la communauté qu'elles mettent en danger, quelles que soient leurs intentions et leurs types de marginalisation.

Celui qui écrira l'histoire de notre siècle et dégagera les éléments les plus profonds de la crise la plus grave de tous les temps, devra aussi dévoiler quelle fut la contribution non négligeable à cette catastrophe mondiale qui se produit au profit d'une aberration de mentalité judéo-orientalo-chrétienne dépassant les limites du supportable. Peut-être était-ce la Providence qui voulut qu'au cours de l'histoire, le processus évolutionniste national de l'Allemagne ait dû subir, du fait de la situation politique, toutes les purifications spirituelles et morales imaginables afin qu'à l'instant décisif, le peuple puisse brandir le flambeau d'un nouvel ordre d'idées dans la lutte morale du monde. Les fondements de cet ordre sont l'expression vivante d'une communauté qui connaît les lois éternelles régissant les événements naturels. Dans notre domaine, cela signifie que la foi authentique et les réflexions religieuses fondamentales seront toujours dignes de respect et de compréhension. Les principes religieux de cet ordre d'idées ébauchent même les contours d'une conscience profondément pénétrée par la dynamique éternelle découlant de la foi divine spécifique à notre peuple. Mais le refus de toute sclérose ou étrangeté, de toute aberration est d'autant plus énergique lorsque ces apparitions pathologiques menacent les fondements de notre ordre nouveau.

La guerre actuelle contribue encore plus que bien des précédentes à différencier l'essentiel de l'accessoire. Cela explique en même temps qu'elle ait un caractère totalitaire dans le conflit idéologique. Le *gouffre infranchissable* séparant nos valeurs religieuses et celles de nos ennemis devient flagrant lorsqu'ils mettent toujours en avant l'aspect religieux. Le camp ennemi croit gagner des batailles de propagande en nous accusant gratuitement de profanations et de crimes religieux. Il agit dans un esprit plein de suffisance et qui est condamné à le rester, vu qu'il ignore *tout autre* échelle de valeurs. Ce qu'il y a de très intéressant et de remarquable dans ce genre de propagande ennemie, c'est qu'elle est extrêmement versatile et qu'elle permet à l'observateur judicieux de comprendre qu'une attitude religieuse caractéristique, véritablement pieuse, fait défaut. Fort d'une prétendue foi, de la conscience d'être élu par Dieu, on tente de déchaîner une guerre sainte avec le mot d'ordre : « En avant, soldats du Christ ». On peut donc comprendre toutes les motivations religieuses à la base de la propagande ennemie présentées dans la presse et la radio internationales, et qui seront toujours employées.

L'authentique mentalité britannique s'exprime ouvertement dans le prêche diffusé par l'office protestant allemand à la radio londonienne. Dans les émissions religieuses britanniques, le message de foi déchaîné adopte une telle tournure pour implorer la bénédiction divine « and smash our enemies allo ver the world » – (« et pourfends nos ennemis dans le monde entier »), que l'on ne prend pas du tout cela pour une plaisanterie, même si une voix bigote et mielleuse ménage d'éventuels auditeurs allemands en demandant le pardon pour les péchés, la rédemption et l'obtention de la grâce. L'impression se précise lorsqu'un service équivalent est effectué en langue allemande. Cet état d'esprit explique ces intentions de pacification du monde. Quand des baptistes aumôniers américains déclarent que les actes surhumains d'aviateurs américains n'ont pu se faire sans l'aide divine, ils reconnaissent au soldat américain la légitimité de déterminer la vie chrétienne aux États-Unis de par ses expériences de guerre. Cela dénote le caractère typique de cet état d'esprit religieux procédant des mêmes racines. *Mais si on pouvait encore douter de la vraie nature de l'attitude religieuse américano-britannique, on acquiert une certitude lorsqu'on constate qu'elle fraternise avec le bolchevisme*, le troisième ennemi qui représente la véritable personnification de *l'Antéchrist* constamment prophétisé dans l'histoire de l'Occident européen. A priori, il n'entre pas dans le cadre de notre considération puisqu'il se manifeste somme toute comme le produit et l'ultime avorton d'une anarchie religieuse.

Aujourd'hui, on peut constater que le puritanisme et le quakerisme sont des composantes fondamentales de la mentalité américano-britannique et influent donc aussi sur les deux guerres mondiales. Les deux sectes sont, à leur apogée, des exemples type d'une évolution particulière. Cela est dû avant tout au développement du puritanisme, de « l'association combattante pour la pureté évangélique ». Ce sont des événements politiques et économiques d'une très grande importance. Ce précédent témoigne des interactions existant entre les intérêts politiques, économiques et impérialistes d'une part et les thèmes religieux d'autre part. S'y ajoute le fait que des réformes religieuses ne furent entreprises ni en Angleterre, ni dans le « Nouveau Monde » et que les discussions spirituelles restèrent le fait de la seule Europe.

Il n'est pas difficile à un observateur éclairé de reconnaître la marque de l'intellect juif habitué aux querelles théologiques, sur la formation de cette mentalité sectaire qui imprégna les siècles suivants. Les grands élans créateurs et féconds font défaut, alors que précisément à cette époque l'Europe fut particulièrement prodigue en créations dans tous les domaines, que ce soit l'art et la science. Le puritanisme et le quakerisme sont cependant à l'origine d'un processus survenu au sein de leur peuple qui représente une synthèse d'un type unique entre l'obsession religieuse et les tentatives économiques et impérialistes. *La logique supplante donc une réflexion authentiquement religieuse et une foi dynamique.* La structure entière de la pensée, de la volonté.et du sentiment est imprégnée des influences idéologiques du puritanisme et du quakerisme. L'Européen a beaucoup de mal à comprendre le style de vie moralisateur, arrogant, intraitable dans les affaires, cagot, superstitieux et railleur qui est la marque de l'esprit américano-britannique. À ce sujet, la bigoterie et l'hypocrisie sont les traits distinctifs les plus significatifs et constants de l'attitude britannique qui s'expriment dans la notion de « cant ». L'éducation méthodique accomplie dans cet esprit a incontestablement forgé le type anglais et américain, bien plus qu'elle n'a agi sur tout le peuple européen. Ce facteur conservateur est en tout cas également le témoignage du développement d'une existence ratée. *Intellectualisé et spécialisé à l'extrême, le mode de vie britannique et américain n'est plus capable de produire des pulsions créatrices, organiques et dynamiques ; il est totalement sclérosé du fait qu'il n'est plus lié à un organisme vivant et ne peut être confronté à l'Europe qui a, entretemps, évolué positivement, sans provoquer des catastrophes. Les Anglo-Américains doivent accomplir à leur manière le cheminement évolutif de l'Europe s'ils ne veulent pas être victimes d'une stérilité définitive.* Dès aujourd'hui, on peut voir qu'un facteur dramatique au niveau de l'histoire internationale est inhérent à ce processus. Définir la nature et le déroulement de ce processus ne constitue aucunement une spéculation oisive ou prématurée. L'histoire des mouvements ou des organisations religieuses nous apprend plutôt que les évolutions nocives ou les déviations ont toujours été évitées, si ce n'est par une réflexion nouvelle, donc après avoir suivi une direction catastrophique. La profonde implantation religieuse qui est le résultat de cette évolution particulière en Angleterre et aux États-Unis, montre déjà que sans un travail de réorganisation extrêmement strict qui n'est pas seulement le résultat d'une action interne, il est et sera impossible de retrouver les fondements généraux communs de l'évolution européenne. Une loi élémentaire veut aussi que personne dans le monde ne profite d'acquis obtenus au prix du sang et des larmes des autres. Dans ces cas, la nature elle-même rectifie la chose de façon infiniment dure mais juste, et à ces moments, elle ne fait qu'appliquer ses lois les plus simples qui sont à la fois un avertissement et une mise en garde pour toutes les générations futures.

Cette guerre actuelle constitue le choc ultime entre une règle de vie désintégrée, décadente et figée pratiquement, et un style de vie qui est le produit des tourmentes spirituelles et des tempêtes morales de l'Occident européen. Le processus qui a conduit à la naissance de l'Europe s'effectue lentement mais de façon organique, se corrigeant constamment, agissant par et en lui-même. Le caractère commun de la lutte européenne permit cependant la manifestation de nombreuses évolutions particulières et des erreurs furent commises dont certaines furent payées par des fleuves de sang. Mais des hommes se levèrent et sortirent des rangs pour montrer qu'une solution peut toujours être trouvée. Un nouveau stade était atteint, un nouveau pas était franchi qui conduisait à la création de la communauté européenne en tant que telle. Les bouleversements du continent européen n'étaient cependant pas en mesure de contrecarrer cette évolution propre suivie de façon indépendante et qui dut conduire un jour à des affrontements nécessaires et décisifs avec le continent.

Il est totalement faux de dire que la constellation des forces s'exprimant dans l'actuelle lutte des peuples est le produit de la fatalité. Nous devons acquérir la conviction, certes pénible mais absolument exacte, que la guerre actuelle est l'événement le plus naturel et le plus logique que l'histoire connaisse. Un Nietzsche donnait encore cinquante ans de délais et « le temps viendra où nous devrons *payer* le fait d'avoir été chrétiens durant deux milles ans. Nous perdrons ce fardeau qui pesait sur notre vie et l'influençait- pendant un certain laps de temps nous serons désorientés. Nous adopterons soudainement des jugements de valeurs *opposés* avec le même degré d'énergie qui a produit cette surévaluation de l'humain par l'homme ». La notion de politique est donc passée totalement au second plan dans cette guerre spirituelle. Toutes les conceptions du pouvoir qu'avait l'ancienne société ont explosé – elles se fondaient toutes sur le mensonge : *il y aura des guerres comme il n'y en a encore jamais eu sur Terre*. Seulement, cette époque sera le début d'une grande politique sur cette Terre.

De nos jours, l'histoire se corrige d'elle-même. Elle incite les détenteurs de l'ordre nouveau nés sous ses yeux à prouver leur valeur de façon virile. Sur les champs de bataille de l'Europe, ce sont ceux qui défendent, en effet, aussi bien l'héritage d'un Périclès et d'un Auguste que celui d'un Goethe, d'un Bach et d'un Beethoven ; qui incluent même encore le témoignage culturel de *Shakespeare* dans ce qui s'appelle l'Europe, et luttent donc contre un monde qui n'a rien d'autre à leur opposer qu'une haine bien juive et une volonté de destruction diabolique, dernier symptôme d'une anarchie sans issue.

IV. Art de la guerre

La maison de la troupe SS n°4. 1939.

Science militaire

Tölz, un exemple pratique

Les signes politiques annonçaient de grands événements quand nous nous séparâmes cette fois-ci. Nous avions lu les dernières nouvelles à la gare de Munich qui était maintenant notre ultime étape. Celles-ci, associées au compte rendu d'une expérience vécue par un camarade venant de Slovaquie, nous laissèrent présager que le Reich était décidé à prendre les mesures indispensables.

En hommes politiques, nous fûmes directement confrontés à ces événements. Nous ne pouvions pas en prendre simplement connaissance et, après notre cours de formation, reprendre la routine quotidienne.

C'est alors que nous avons ressenti les premiers doutes. Déjà, beaucoup de camarades sur le chemin du retour s'interrogent pendant la nuit, au son monotone des roues sur les rails : notre activité, notre mission sont-elles si fondamentales qu'elles puissent survivre à l'importance des temps actuels ? Ce n'était pas un scepticisme maladif qui nous inspirait ces pensées, aucune appréhension face à la mission assignée. C'est ce doute généreux, créateur de progrès et d'évolution qui vous aiguillonne et ne vous laisse pas sur un acquis mais vous empêche de tirer des conclusions trop hâtives et de suivre une mauvaise direction. Certains ont gardé leurs doutes pour eux, d'autres ont abordé la question à deux ou trois.

N'étions-nous vraiment qu'en lisière des événements ? Cela avait-il un sens, à une époque qui vous apporte tant si l'on sait en profiter ? Était-ce raisonnable de rester assis derrière ses livres quand les leviers de l'Histoire se trouvaient ailleurs ?

Il était bien clair que toute étude constitue une étape sur la voie de la lente maturité ; mais ses fruits seraient-ils encore bons ? Au vu des résultats, pourrions-nous dire que nous avons suivi la meilleure voie ; cela nous a-t-il donné raison ?

Ces questions tournaient dans nos têtes de jeunes intellectuels et nous voulions trouver une réponse. Car, en tant que scientifiques, nous nous trouvions dans un domaine où, d'après beaucoup de gens, les concepts sont restés particulièrement flous. Bien des gens ne croient pas que l'activité politique et intellectuelle puisse résoudre ces questions ou bien ne s'interrogent même pas là-dessus.

Plus nous nous posions cette question et plus nous pouvions nous dire que nous croyions avoir trouvé la réponse car l'expérience tirée de la pratique avait forgé notre conviction. Une rétrospective sur Tölz qui avait encore progressé cette année, nous amena à penser que, jusqu'à présent, notre chemin a été le bon et qu'il le sera encore dans l'avenir.

ÊTRE SOLDAT, UNE CONDITION

Comment doit-on comprendre notre histoire ?

Si, sur ce terrain scientifique où l'on avait tant débattu, on avait attendu les résultats des longues discussions, l'actuelle génération n'aurait toujours pas fait de progrès. Elle s'épuiserait dans des débats stériles et on finirait par ne pas être convaincu de la valeur de toute son activité. Il n'y avait donc qu'une solution pour la jeune troupe : l'initiative individuelle.

Il y avait des soldats dans ce domaine intellectuel. Comme ils avaient le métier dans le sang, ils ressentirent très tôt le caractère guerrier de cette époque et y ont grandi. Sans se soucier d'escarmouches, ils se fixèrent un certain nombre d'étapes qui leur semblèrent justes. La devise qu'ils se donnèrent fut : *Science militaire*.

Sous cette devise, ils rassemblèrent ceux qui pensaient comme eux. Ils ont à la fois ébauché les contours d'une science et lui ont associé une nouvelle forme d'éducation. Il est inutile d'insister sur le fait qu'ils ne considèrent pas celle qui est effectuée dans la cour des casernes et qui *doit* l'être, mais une éducation conforme à une certaine attitude adoptée généralement dans le travail et dans la vie. Il est en effet évident que les limites-des libertés d'un soldat ne sont pas celles d'un homme faisant partie d'une équipe à but intellectuel.

Notre équipe elle aussi a adopté ce point de vue. Comme l'éducation guerrière ne peut s'effectuer sous forme de discussions pédagogiques, on procéda à une *application pratique* dans notre troupe par l'intermédiaire des vertus guerrières telles que *la rigueur, la franchise, l'esprit d'équipe, l'esprit chevaleresque, l'honnêteté, l'obéissance* et, le plus important, *la dignité de l'homme sain.* Ces qualités ont fait leurs preuves conjointement avec les composantes politiques et scientifiques, et ce pour la troupe dans sa totalité comme pour chaque individu.

Forts de cette expérience, nous sommes allés pour la quatrième fois à la Junkerschule SS de Tölz. Pour la quatrième fois nous avons mis en *pratique* la devise « art de la guerre ».

La condition nécessaire pour enseigner une science vraiment guerrière n'est pas seulement d'être sain, mais aussi d'appartenir à une race valeureuse. Ces deux conditions sont présentes chez les hommes de la SS. Car l'art de la guerre accorde la priorité à l'homme ; il est essentiel. La manière que l'on a d'aborder le savoir dépend aussi de la sorte d'homme que l'on veut être. Savoir de quelle façon on voit la science représente pour nous une question fondamentale. Tel était le postulat clair et net de l'équipe de Tölz : *Rassembler des guerriers* ; car nous savons que c'est là le point faible de notre université. Les programmes n'ont en effet de sens que s'il y a des hommes pour les incarner. *C'est la précieuse humanité guerrière et raciale qui réalisera' et rendra nécessaire l'union de l'art de la guerre et du savoir.*

Nous avons demandé à recevoir une formation militaire pendant ces journées de camp précisément parce que la forme physique contribue à renforcer l'attitude spirituelle. Ce ne fut pas seulement une nécessité découlant de notre séjour dans une Junkerschule SS mais la preuve volontaire consistant à montrer qu'on peut de temps à autre se conduire d'une façon différente, non comme une fin en soi, mais à titre d'exercice.

La rigueur et le courage s'exprimèrent dans de belles compétitions entre cadets de l'école. Les cadets gagnèrent en athlétisme et handball, les maisons de la troupe en natation. Ce furent là des combats chevaleresques.

DE VRAIS HOMMES ENGENDRENT TOUJOURS LEURS SEMBLABLES

Ces exercices permirent des prises de contact avec des personnalités militaires. Aucune phrase n'est peut-être plus juste que celle-ci : de vrais hommes engendrent toujours leurs semblables. L'impression qu'ils donnent signifie beaucoup pour une jeune équipe encore obligée de veiller à son attitude. Nous écoutâmes ainsi le Dr SS-Untersturmführer v. *Kraus* parler de l'expédition Nanga-Parbat Nous ressentîmes la force d'une personnalité guerrière qui ne craint aucun obstacle et qui considère un problème non résolu comme un défi dont il faut triompher. Puis le colonel *Rommel,* fantassin décoré de la croix « Pour le mérite » nous parla de l'épreuve de sélection la plus dure qui puisse exister pour un soldat, la guerre pendant la percée de Tolmein et de Karfreit à laquelle il prit une part décisive. Quels moments exceptionnels n'avons-nous pas vécus avec le SS-Brigadeführer *Börger* ! Il afficha une façon de penser virile et simple mais qui avait la faculté de nous émouvoir par sa profondeur et sa force de persuasion. Ne ressentait-on pas en lui la vieille force révolutionnaire, une partie de la foi de la période de la lutte pour le pouvoir et du réalisme de la bataille de la Saale ? Il est bon de temps à autre de sentir ce souffle car les époques de victoire le font parfois oublier. Ne nous a-t-il pas à nouveau enthousiasmé, lui aussi, le vieil ami des maisons de troupe, qui, hélas, a dû quitter, il y a peu de temps, la garde du Führer : le Reichsamtsleiter Bernhard *Kohler* ? Nous nous sommes souvenus de l'Autriche quand le SS-Obergruppenführer *Heifmeyer* revint dans nos rangs et participa avec nous à la veillée pour les morts de la guerre. Avec la même gravité, il attira notre attention sur les questions concernant la pérennité du peuple. Nous n'étions plus pour lui des inconnus.

DISCUSSIONS SANS QUERELLE

Cette fois-ci encore, le point central du cours fut le séminaire car il fallait démontrer le *caractère* guerrier de l'équipe. On discuta âprement surtout sur les problèmes de la science exacte. L'excitation provoquée par les discussions contradictoires et animées qui conclurent les exposés – la liberté de recherche, l'instruction technique et intellectuelle, l'intuition et la science -, fut enrichissante pour les travaux ultérieurs. Qu'assimilons-nous de l'esprit guerrier du séminaire ? Ici aussi, la rigueur et le courage de la discussion, jamais la dérobade, étaient la marque de *l'esprit chevaleresque.* C'est le critère qui prime pour l'intellectuel guerrier car il apprécie la discussion franche, jamais la querelle. Il respecte la personnalité de l'autre et ne le considère pas comme un adversaire personnel. Il se « prend au col » avec l'autre dans une discussion courtoise alors que la querelle les séparerait. Qu'est-ce que discussions universitaires et querelles de professeurs ? Si une équipe sait faire la différence, alors elle a beaucoup gagné dans son travail intellectuel.

La discipline est aussi une composante de l'esprit chevaleresque qui ne fait pas d'un séminaire un club de débats. S'y ajoute aussi la loyauté qui interdit de se « pavaner » pour se parer d'un prestige d'érudit, qui fait reconnaître ses torts si l'autre a raison. Nous désavouons le principe de « gagner à tout prix » dans la discussion scientifique. Nous vivons l'atmosphère d'une compétition sportive. On perd et on tend la main à l'adversaire. La devise de l'Obersturmbannführer *Ellersieck* qu'il nous a si souvent répétée, s'applique ici : *Savoir perdre en riant !*

Mais nous ressentîmes notre plus grande joie dans le fait que nous avions tous un dénominateur commun, si différents que fussent nos goûts, notre optique sur tel ou tel point, si âpre que fut la discussion intellectuelle : être un *l'homme de la SS*. C'est et ce sera pour chacun de nous le point principal, l'épicentre. C'est avec fidélité et sans réserve, avec rigueur et force, avec conséquence dans la conception, telles que la SS les exprime, que ces hommes abordent leur travail scientifique, aujourd'hui en début de carrière et, plus tard, dans leur profession et leur vie.

Dans ce séminaire, des savants ont également complété nos connaissances. Le professeur Karl *Vogt* de l'université de Munich nous donna un aperçu de sa sphère de travail : l'embryologie. Le conseiller d'État, le professeur *Esau*, d'Iéna, nous montra les problèmes qui se posent aujourd'hui au physicien. Le vieux précurseur de la pensée raciale, le professeur *H. F. K. Günther*, de l'université de Berlin nous expliqua la nécessité de créer une nouvelle noblesse de chefs. Comme critère de cette noblesse il nous donna : *la distinction héroïque*.

Bien entendu, notre troupe s'intéressait à tous les aspects de la vie. L'art musical est très à l'honneur dans chaque maison. Il ne pouvait non plus en être autrement dans ce camp. Nous nous réjouîmes de revoir le poète bien connu chez nous, Hans Friedrich *Blunck*. Un soir nous eûmes Gottfried *Rothacker* et le professeur *Lampe* de Munich nous fit partager le plaisir de la musique.

Former des hommes. Tous les films de valeur montrent à quel point c'est vrai. Ils expriment le caractère du peuple et son esprit. « Le souverain » mit en scène un type d'hommes d'action qui peut révéler la plus grande violence et cependant rester fidèle à lui-même. « Le roi » étincelait « d'esprit » (en français dans le texte) français. « L'escadron blanc » exprimait la volonté de colonisation d'un jeune Empire, « La fleur écarlate » l'idéal d'un gentleman anglais… « Le chemin de la vie » décrivait le prolétaire russe et sa croyance en l'égalité de tous les hommes. Le plus instructif fut peut-être le film juif « Tibuck ». Les acteurs, le décor et le thème étaient juifs. Pour nous, la meilleure des propagandes. Les personnages barbus et en caftan monologuaient et l'action laissait transparaître des états d'âme à la limite de la pathologie.

*

Quand, après une allocution du SS-Obersturmführer *Ellersieck* et le chant de fidélité, le cycle d'étude eût pris fin, nous eûmes de nouveau le sentiment d'avoir vécu quelque chose d'exceptionnel. La récompense d'un an de travail. Car jamais cet exemple pratique fourni par la science militaire n'aurait pu être réalisé si, avant, il n'y avait eu le travail annuel de chaque maison de troupe. Tölz montre finalement en fort grossissement ce qui se déroula en petit dans ces maisons. La véritable signification de ce camp d'instruction, la voici : suppression des imperfections, progrès du travail scientifique, amélioration de l'attitude du soldat. Et ceci d'autant plus que nos rapports avec les cadets et leur école, dont le commandeur nous avait si bien reçu, nous permirent de procéder à des réflexions plus approfondies. Ces rapports ne pouvaient que fortifier notre certitude d'avoir en fin de compte le même but et que seul les moyens d'y parvenir différaient.

Nous avons rencontré bien des gens qui étaient généralement d'accord mais qui s'interrogeaient : « Où est votre liberté ? » La liberté est le propre de la connaissance, sinon son système est boiteux. C'est justement dans la science *exacte* que réside l'importance décisive de cette liberté.

Qu'est-ce que les formules chimiques ont à voir avec la vision du monde ?

Nous avons toujours affirmé que nous considérons *l'homme* comme le facteur essentiel, et non la science. L'histoire intellectuelle des peuples ne nous en donne-t-elle pas confirmation ? Bien que les objets et les résultats des expériences faites par les sciences naturelles fussent autrefois les mêmes, certaines sont devenues matérialistes et mécaniques, d'autres au contraire ont acquis sous les mêmes conditions une foi en la puissance divine. Cela dépendait de la façon dont en tant qu'hommes, les scientifiques ont regardé le cours des choses et quelles conséquences spirituelles et idéologiques ils en ont tiré.

Être un homme de science signifie que l'on se considère investi d'une mission, sentir que l'on ne travaille pas dans un espace vide mais dans une communauté. Mis à part les électrons et les atomes, il y a aussi un peuple vivant qui représente plus qu'un agrégat d'appareils de physique.

Nous voulons que des hommes guerriers se sentent *investis* d'une mission à titre de scientifiques. Ils se doivent à cette mission. Mais devant eux s'étend le champ *libre* de la science.

Julius Schmidt

(Remarque de l'auteur : les « maisons de la troupe SS » étaient une branche de la SS rassemblant les étudiants en universités qui souhaitaient adopter des professions libérales, scientifiques, juridiques, etc., donc non policières, administratives ou militaires.)

> Le combat est partout ; sans combat, pas de vie. Et si nous voulons survivre, nous devons aussi nous attendre à de nouveaux combats.
>
> Otto von Bismarck

Cahier de la SS n°3. 1938.

On reproduit ici intentionnellement un passage tiré du livre d'un combattant du front, le Français René Quinton, pour montrer combien notre attitude nationale-socialiste est celle de l'homme nordique. Le sang nordique coule autant dans les veines des combattants d'Allemagne que de ceux de France, des États nordiques comme l'Angleterre et d'autres pays ; certains pays comptent beaucoup de ces combattants, d'autres en ont seulement peu.

Maximes sur la guerre

L'idée guerrière est toujours la caractéristique des meilleurs éléments d'un peuple. L'idée guerrière et l'action qu'elle implique, *l'attitude*, ne sont nullement des notions arbitraires et trouvent le même fondement éthique chez toutes les races fortes.

René *Quinton*, un biologiste et médecin français qui a fait la guerre, a laissé des notes qui n'ont été publiées qu'après sa mort. Quinton lui-même, dans les heures où il a couché ses observations sur le papier, ne pensait pas acquérir la notoriété grâce elles. Notes de journal brièvement écrites sous le feu des canons ; dessins esquissant les sédiments de l'attente laminante sur des positions de réserve. Un homme qui est devenu *soldat* et *guerrier* de toutes les fibres de son cœur, un *penseur* dont la profession de médecin a aiguisé le regard et le don d'observation, touche avec ses *Maximes sur la guerre* aux choses ultimes de l'être ou du non-être, reconnaît les rapports les plus intimes de la guerre en tant que loi naturelle, et nous enseigne ce qui est à l'origine du courage et de l'héroïsme, esquissant la stature du chef avec une pénétration sans égale.

René Quinton n'est pas le premier Français qui ait aussi quelque chose à nous dire, à nous nationaux-socialistes. Songeons au comte

Arthur *Gobineau* que nous comptons aussi parmi les précurseurs d'une science raciale des lois biologiques liées à la terre.

Nous prenons d'autant plus volontiers ce petit livre en mains que son auteur était un Français engagé, un nationaliste qui a écrit avec son esprit de soldat et de guerrier et devait faire ces constatations qui sont également déterminantes pour nous.

Nous livrons ainsi une quintessence du chapitre *Le chef* nous honorant nous-mêmes en témoignant à l'adversaire et au soldat René Quinton ce respect qu'éprouvent mutuellement des guerriers. Car la guerre représente plus qu'une succession de batailles, mais, au-delà, le fondement qui permet aux meilleurs hommes d'un peuple d'éprouver leurs vertus héroïques.

*

Le chef naturel est le plus brave.

C'est une faute de reprocher à un chef son héroïsme, quand il n'engage que lui. C'est parce qu'il y a des chefs qui s'exposent qu'il y a des hommes qui meurent.

Un chef qui n'est pas exalté par les braves qu'il commande, est mûr pour l'arrière.

L'audace des chefs est faite de la joie d'obéir de la troupe.

Le chef sans courage annihile une troupe, brime les subalternes courageux, crée une franc-maçonnerie une chapelle de lâches. Il tourne en dérision tout ce qui est héroïque, hardi, difficile, vante la prudence, l'absence de joie, reçoit avec une figure figée ses meilleurs officiers, pousse les mauvais, tord l'avancement par des notes secrètes, non rectifiables, qu'il donne.

Le chef héroïque aime et récompense les braves, se réjouit d'un acte courageux comme d'un cadeau qui lui serait offert, crée autour de lui le véritable esprit de guerre, fait d'entrain, d'initiative, de joie, d'abnégation, d'audace et de sacrifice.

La fatigue n'existe pas à la guerre. Les ressources de l'homme y sont infinies. La fatigue est une faiblesse de l'âme.

Un corps sans âme, une troupe sans chef a toujours besoin de repos.

Il y a des troupes sans chef, il n'y a pas de troupes fatiguées.

Les troupes fatiguées sont l'apanage de chefs inertes.

La fatigue commence quand la passion faiblit.
Passionnez vos hommes, ils n'auront jamais besoin de repos.

Le brave n'est pas celui qui ne craint rien, mais celui qui a surmonté sa peur.

Vieux dicton

Cahier de la SS n°12. 1943.

La guerre sans merci

Nous sommes entrés dans l'arène d'un combat impitoyable. Les hommes qui s'y affrontent sont de deux types, formant des ennemis mortels. À un niveau plus élevé, la guerre livrée ici est véritablement la mère de toute chose. Son dénouement décidera du visage du monde futur qui doit en ressortir transformé par l'ardeur de ce combat. Les marques de haine et de barbarie satanique qui n'ont plus leur place dans le monde nouveau doivent disparaître. L'épée seule est décisive dans ce combat qui a détruit tous les échanges.

Lors de la campagne militaire, le soldat du front de l'Est s'est trouvé de multiples fois yeux dans les yeux avec cet adversaire. Même dans l'ardeur et la fureur de la bataille moderne, l'instant où les hommes s'affrontent l'arme à la main, la rage brillante dans les yeux, la volonté de destruction au cœur, sera toujours le plus important et le plus dur. L'un des deux doit tomber pour laisser la place à l'autre dans un nouveau combat. Ce sera toujours ainsi. Le corps à corps est sans pitié ! Toi ou moi, plus rien d'autre n'existe au monde. Celui qui n'a pas senti le souffle brûlant de l'ennemi sur son visage, qui n'a pas vu le regard meurtrier de ses yeux, ne connaît pas le mystère le plus profond de la guerre qui se manifeste à cet instant. L'homme maîtrise les choses par sa volonté. Ses mains contiennent la force du monde. Seul celui qui l'a vécu, qui a enduré et a été épuré par ce combat sans merci, encore plus endurci, connaissant sa propre force et le caractère illimité de la volonté humaine, a traversé milles morts par la porte de la vie.

Depuis fort longtemps, nous ne combattons plus pour remporter la victoire et le succès tels que nous les avions vécus dans d'autres batailles. L'Occident entier mène à travers nous, dans chaque individu, son combat ultime et décisif. Deux mondes se trouvent en conflit dont l'un doit vaincre et vaincra sinon l'Histoire aurait perdu son sens. Chaque individu ressent, en pleine conscience, la puissance de ce combat comme celle d'une bataille dans laquelle s'exprime tout ce qu'une histoire millénaire nous a légué. Les bons esprits de nos camarades en terre russe revivent jour après jour en nous et nous exhortent à ne pas nous assoupir. Le bolchevisme nous a enseigné qu'aucune faiblesse de caractère ne doit régner dans ce conflit. Nous sommes devenus durs comme l'acier, de par notre volonté et notre détermination. Nous savons que nous sommes maîtres du destin et que nous le forcerons.

Jamais l'homme n'aura une nouvelle occasion de vivre et de voir ce que nous supporterons dans cette terrible épreuve jusqu'à la victoire finale. Une armée de soldats est née dans cette guerre où chacun combat avec la conscience claire, avec une foi profonde et un esprit de sacrifice absolu. On a tous traversé des centaines de fois toutes les défis et on a compris leur message.

La foi et la connaissance ont donné vie au véritable soldat révolutionnaire. Il combat pour tout ce qui était sacré pour les générations passées, pour la protection de son foyer en défendant la nation, pour la vie de ses enfants dans un monde qui pointe à l'horizon de l'Occident. La mort, la chaleur, le froid et toutes les privations d'une lutte difficile ne comptent pas face à la force et à la confiance que le soldat retire de son expérience quotidienne et de sa conviction que cette bataille est d'une nécessité absolue. Ses ancêtres et ses pères combattent à travers lui qui est l'héritier conscient d'une histoire millénaire. Leurs vertus sont les siennes. Il ajoute de nouvelles forces à la puissance créatrice de son époque. Les puissances destructrices de la guerre ne sont qu'un moyen nécessaire pour elle, dans cette lutte internationale, de manifester son sens profond dans la création d'un Empire futur. Avec ses alliés, le soldat allemand remportera la victoire qui lui revient en propre grâce à sa foi et à sa force, car il a reconnu le sens profond de son combat. Le jour de la victoire sera son triomphe parce qu'il sait qu'ainsi commence une nouvelle époque.

De nouvelles batailles se déchaîneront. Des centaines de kilomètres de routes russes blesseront nos pieds. Nous avons déjà tout vu et tout vécu. Nous ne monterons plus à l'assaut avec l'élan fougueux des adolescents que nous étions encore lorsque nous nous trouvâmes confrontés à ce grand défi. Nous sommes devenus des sages – calmes, réservés et graves.

Tous les feux de l'enfer nous ont consumé, le soleil de plomb et le souffle glacé des steppes enneigées nous ont brûlé. Les images d'une existence dans l'illusion de l'idée la plus diabolique dont l'humanité ait jamais accouchée, vivent en nous, de même que nous avons conscience que ce combat s'achèvera comme il a commencé, c'est-à-dire dans la dureté et l'absence de pitié.

La roue solaire roule sur l'Union soviétique. Dans les flammes et le sang, un monde est né qui procurera à nos fils l'espace et la paix pour un avenir heureux. Nous serons ses bâtisseurs. Nous avons traversé l'enfer et nous nous sommes consumés jusqu'à acquérir à une conscience aigüe et une dureté extrême. Notre foi est plus solide et plus forte que jamais. La mort et le diable sont déjà derrière nous – une nouvelle mort et de nouveaux enfers ne peuvent nous terrifier. La victoire nous appartient !

Horst Slesina

La célébration de l'homme authentique se fait dans l'action !

Goethe

C'est dans l'école d'officiers SS de Bad Tölz que l'on formait une nouvelle élite guerrière.

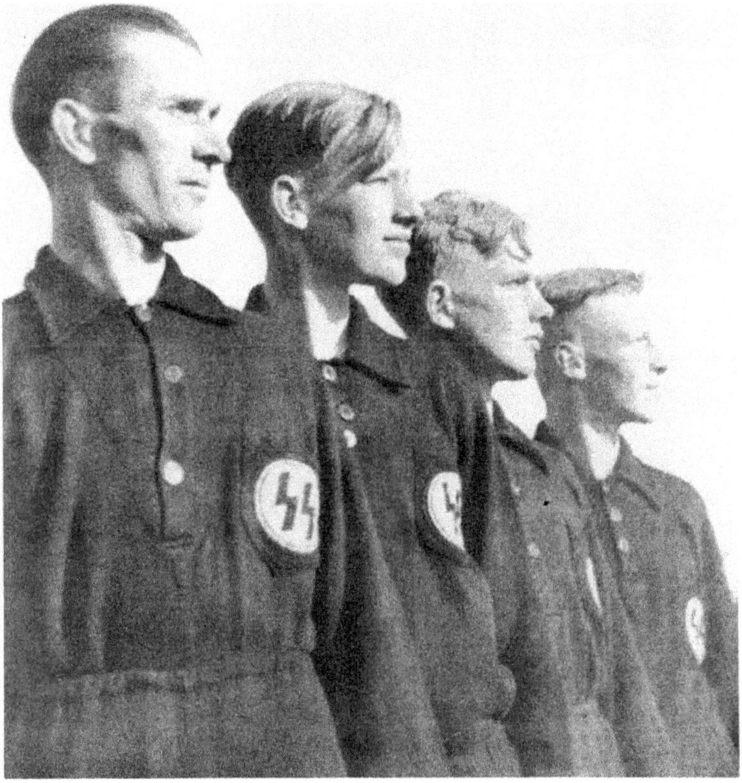

Prestation de serment pour les nouvelles recrues.

SENNHEIM, ÉCOLE DE FORMATION SS EUROPÉENNE.

SENNHEIM

Un Flamand écrit :

« Je vis dans une communauté d'hommes qui, extérieurement, aspirent à un même but, endurent les mêmes épreuves et ont un devoir à accomplir. Il n'y a pas de place ici pour l'intrigue ou la préséance de l'argent. Par principe, nous sommes tous semblables. Qui j'étais et ce que j'étais appartiennent au passé et ne comptent pas. Peu importe que je fus une crapule ou un saint ; nous vivons tous, ici, une nouvelle naissance, dès le début. »

L'ÉPOQUE

Le XXème siècle se trouve placé sous le signe du refus de ce qui est allogène et du retour sur soi-même ; en bref, de la prise de conscience germanique, du désir de vivre dans la patrie de ses ancêtres, de lutter avec ses semblables pour rebâtir son monde ; finalement, de la recherche et de la découverte de soi. Les hommes d'une même race veulent suivre le même chemin qui, par l'intermédiaire du combat et de la défense, aboutit à la réunion de tous les peuples germaniques dans l'Empire. Pour quelques-uns, ce chemin passe par Sennheim.

Le paysage

Il semble fait pour le dur labeur. Au nord se trouve le « Hartsmannsweiler ». Il porte encore aujourd'hui les traces de la Grande Guerre. Il illustre de façon authentique la fidélité immuable et l'esprit de sacrifice. En bordure de l'école s'étire la ligne des bunkers de 1916/18. À l'est, coule le Rhin, qui est, aujourd'hui comme autrefois, le fleuve qui influe sur le destin de la Germanie. Et au sud commence la Bourgogne fertile, tantôt terre de passage d'expéditions guerrières, tantôt patrie des Germains cherchant un pays, dont les tribus s'éteignirent ou se fondirent dans le monde romain. L'écho de leurs victoires sur les Romains et les Huns résonne si fièrement à nos oreilles ; les figures de la légende des Nibelungen sont si magnifiques.

La mission

À titre de première école de formation germanique, le camp de Sennheim a la mission de communiquer au jeune volontaire les principes qui constituent l'esprit militaire et politique ; d'en faire un homme dans l'esprit de ce qui fait la personnalité volontaire du national-socialiste.

Cette mission est accomplie en ayant conscience que ce sont avant tout des lois morales non écrites qui distinguent la valeur de chaque soldat et donc celle de l'armée combattante. Une importance prioritaire est attachée à la valeur absolue et à la rigueur personnelle du volontaire, de même qu'à l'observation d'une discipline inconditionnelle. Mais la fidélité au chef, à la race et à la patrie, vertu qui consolide la communauté, doit constituer le fondement.

Le volontaire

Les volontaires présentent de façon plus ou moins visible les traits de l'espèce germanique ; malgré l'interférence d'un esprit étranger, le caractère naturel et la volonté de combattre sont les plus forts. Une assurance intérieure saine, discrète, animée par l'esprit de compétition chevaleresque, s'allie de façon harmonieuse à une sincérité spontanée envers les autres.

L'idéalisme, c'est-à-dire dans cette circonstance être prêt en esprit et en acte à lutter jusqu'au bout pour le Reich, s'associe souvent à une vive originalité, une aptitude à l'enthousiasme et trouve sa contrepartie dans un penchant sain pour la réflexion.

La « spontanéité sacrée » – ainsi la nomme Ludendorff – couplée avec la caractéristique citée, permet d'acquérir un état d'esprit héroïque, de devenir un chef de grande envergure au sein de l'armée et de l'État.

L'AUTORITÉ

procède du fait que le devoir religieux du chef germanique était d'agir de façon fidèle et circonspecte. Ce qui caractérise la vie entière du chef, c'est l'idéal. Un altruisme total est à l'origine de toutes les grandes actions, de toute forme de grandeur. Suivre un grand exemple permet de remporter la victoire.

Des exercices sportifs constants et une étude des questions historiques, culturelles et littéraires entretiennent une bonne forme générale. Un travail psychologique soutenu, véritable science du caractère et de l'âme, associé à une connaissance de l'homme et des qualités de cœur sont les conditions nécessaires à une vie fructueuse. De par son assurance personnelle, chaque chef doit être large d'esprit dans le bon sens du terme.

La plus grande franchise entre les chefs et la troupe est un principe de base. Aucune barrière ne doit emprisonner l'esprit. L'obéissance résulte plus d'une prédisposition intérieure que d'une crainte servile. La communauté de combat et la camaraderie doivent rayonner en tous lieux par leur rigueur. Mais la ligne de base du camp est déterminée par l'atmosphère de confiance entre le chef et l'homme de troupe.

Cours de raciologie à Sennheim.

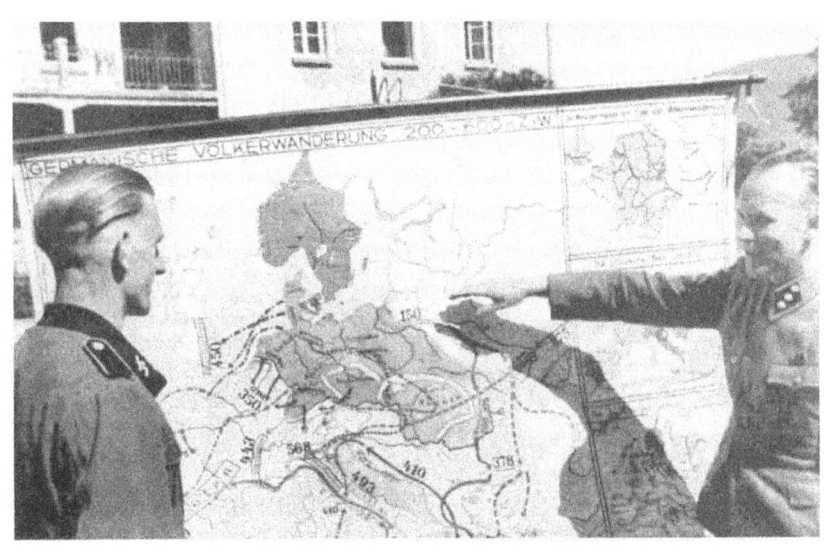

Cours d'histoire dans la même école.

*Différents cours de maniement d'armes.
Ci-dessus, entraînement au tir.*

Ci-dessus, utilisation du mortier.

LE DEVENIR

La nature du soldat est constituée par une rigueur et un accomplissement du devoir, frugaux et prussiens, pour aboutir à l'attitude glorieuse du chef qui s'est distingué dans les batailles. Sa force titanesque, associée à une volonté de fer et une grande vaillance, triomphe des énormes difficultés de la guerre. La force de caractère et d'âme en est la cause. Mais il faut avoir traversé les épreuves des efforts physiques, de la discipline, de la maîtrise de soi et du combat spirituel ardu.

Une constante éducation de la volonté fait reculer les inhibitions internes et, associée à la maîtrise physique totale, transforme le courage en vaillance, la force intérieure en dureté et en constance. Dans la troupe, l'enthousiasme et la camaraderie se métamorphosent en esprit guerrier. L'exigence d'avoir une bonne renommée et d'être honorable pousse une race d'hommes durs à avoir une conception stricte du devoir ; la volonté se transforme en héroïsme par la conscience de faire son devoir et par la force de la détermination.

L'histoire de leurs ancêtres apprend aux volontaires à comprendre le sens de leur époque et de leur mission.

La foi en sa propre force, en l'esprit de corps et la certitude de l'invincibilité du monde germanique, constituent les fondements d'une ligne de conduite générale.

L'AVENIR

On ne peut brider très longtemps les lois de l'espèce et de la vie voulues par Dieu. Un despote illusoire qui déforme le sens et le but de l'existence court toujours à sa perte.

Celui qui veut instaurer un ordre doit servir la vie s'il veut que les relations entre les peuples germaniques demeurent saines.

« Reconnaître le fait que chaque peuple constitue une fin en soi nous place en conformité avec les lois de la vie. » (Dr Best). Un ordre futur doit s'instaurer en suivant ce principe. Il permet à chaque peuple de même qu'à l'Europe entière de suivre son évolution.

Nous savons qu'un semeur obtient une bonne récolte s'il tient compte de la nature de la semence, du sol et de la saison de culture. Il en est de même pour les peuples.

Si aujourd'hui, suivant en cela des vérités éternelles, nous ensemençons les champs du destin, la moisson des générations futures sera riche. Mais, comme le dit Fichte, cette moisson sera celle du monde entier.

Cahier de la SS n°4. 1943.

Le devoir prime sur la vie et la mort

Le feu de bois crépitant devant nous dessinait des lumières et des ombres fuyantes sur les visages de notre petit cercle. Sa couleur chaude reflétait notre vie enflammée (enthousiaste) et se réfléchissait dans les yeux des hommes. Autour des murs de bois de notre abri, la tempête de neige tourbillonne déjà dans la nuit sombre et efface route et chemin. Au rythme monotone des tirs et des explosions d'impact, les vitres de la petite fenêtre vibrent comme si le tintement de fer à l'horloge de la guerre voulait nous empêcher d'oublier quelle époque nous vivions en cet instant.

Cependant, la notion du temps est variable pour tous ceux qui, dehors à l'Est, ne vivent pas l'hiver comme une saison mais comme un événement décisif. Depuis le commencement de la guerre contre le bolchevisme, les grandes batailles sont devenues les moyens de tester une existence virile qui n'a jamais été soumise à une épreuve plus difficile. Entre-temps viennent les permissions, comme un arrêt silencieux de la respiration, ces jours dont chacun parle comme de quelque chose de tout à fait singulier et particulier, devant procurer au camarade une parcelle de joie inconnue, inimaginable. Sous le feu meurtrier de cette bataille d'hiver, la mission du soldat ne connaît d'ailleurs plus aucune limite, même celles de l'ultime sacrifice.

Ces hommes semblent avoir oublié ce qu'est la paix et tout ce qu'elle comportait. L'avenir ne prend son sens que dans la mission qui leur sera confiée et qu'ils accompliront, aussi longtemps que leur cœur battra encore.

Ils sont conscients des épreuves imposées par ce devoir inflexible, par cette communauté du combat. Certains parlent des combats qui se déroulent près de Luga, à Volchov ou maintenant au sud du lac Ladoga.

Cette image fait alors ressurgir les instants de la bataille. Les souvenirs de grands événements, mais aussi des uns ou des autres qui ne sont plus là, reviennent dans les mémoires.

Nous parlons avec notre invité, le Hauptsturmführer O. de l'engagement héroïque de son bataillon, qui, il y a quelques jours, se trouvait encore au cœur du combat, devant tenir un point important face à une supériorité écrasante des bolchevistes. Il fut encerclé et s'en est à nouveau sorti en traversant les lignes ennemies.

Autrefois, lorsque la guerre était encore quelque chose de tout à fait nouveau pour nous tous, on s'interrogeait et on savait apporter les réponses ; le vécu pouvait se traduire en mots, mais aujourd'hui, on n'a plus besoin d'exprimer notre expérience. C'est comme un accord secret entre ceux qui ont vécu ces instants. Ils se comprennent en quelques mots qui laissent éclater une joie fébrile.

« Je n'ai même pas besoin de vous décrire l'arrivée des blindés, vous connaissez cela....

— Et comment le coup a atteint son but ! »

Puis c'est de nouveau le silence. Ils songent aux instants où ils comptaient et distribuaient les dernières munitions, à la coupure de la liaison radio avec la troupe. Ils pensent à l'ordre reçu leur disant de rejoindre leur ligne.

Mais, à présent, une nouvelle pensée les assaille, qu'ils n'avaient pas eue cette nuit : que cette bataille aurait pu être la dernière. Ils y songeaient mais n'en parlaient pas. Car le sens du devoir est plus fort qu'eux.

Être soldat signifie savoir accepter la mort Mais être soldat implique aussi de ne jamais se demander quand elle viendra. Soudain, la discussion aborde cette question. Le diable seul sait comment elle fit son apparition, suscitée par l'ardeur mourante du feu, l'effet de la nuit, ou la courte pause après cette bataille. Pressentiment, destin, fatalité ? Laissons ces questions aux philosophes vivant à des époques plus tranquilles !

Le Hauptsturmführer les balaye d'une parole.

« Je dois faire mon devoir ! » Tout raisonnement, toute spéculation sont vains et erronés. La part de hasard et les pressentiments ne coutent pas grand-chose. Mais il est nécessaire de conserver une volonté d'acier pour accomplir son devoir.

Entrainement sportif dans le cadre de la formation militaire.

Parcours du combattant.

Cours de boxe.

« Je dois faire mon devoir ! » Cet appel intérieur est plus fort que tous les autres, car il triomphe de tout esprit de renoncement fataliste. Il implique la volonté et la force de tout affronter et d'être maître de soi-même.

Seul le soldat est capable d'éprouver le sens de la vie qui est à l'origine de toute chose. C'est la marque d'une jeunesse qui veut s'affirmer, qui soudain éclate de rire, s'épanouit dans un chant, qui reconnaît, doit reconnaître sa destinée au cœur de cette bataille livrée pour la vie ou la mort !

Les bûches dans le feu sont éteintes. La conversation a cessé. Le matin grisonne derrière la neige qui tombe.

Correspondant aux armées, SS Dr Walter Best

La guerre et le courage ont accompli de plus grandes choses que l'amour du prochain.

Nietzsche

CAHIER DE LA SS N°3. 1943.

UNE EXPÉRIENCE DE GUERRE AU FOYER

Dans le centre d'accouchement de l'hôpital SS, ma femme a donné naissance à des jumeaux, le troisième et le quatrième enfant nés pendant la guerre. Aujourd'hui notre grand-mère est arrivée par le chemin de fer. Je peux donc laisser les deux « grands » pour rendre visite à la brave maman. Ma femme se trouve dans une belle chambre bien propre en compagnie de trois autres femmes en couches. Les minutes passent trop vite et la sœur, en montrant la porte, indique déjà que le temps de visite du soir est fini. On se décide à prendre congé lorsque la sirène se déclenche : Alerte aérienne !

À présent, l'agitation règne dans la section, mais sans donner lieu à de la précipitation. La maternité ainsi que l'hôpital tout entier se sont très souvent vus confrontés à la nécessité répétée de faire descendre tous leurs occupants à la cave. Les sœurs, les visiteurs toujours présents et les SS qui sont de garde, se saisissent alors des corbeilles dans lesquelles se trouvent les fragiles nourrissons et les emmènent par l'ascenseur. Bientôt, le précieux trésor est mis en sûreté dans les abris bien aménagés. Puis arrivent les mères. Deux des femmes visiblement heureuses dans leur bonheur maternel sont placées dans des lits qui, l'un après l'autre, glissent sur des roues en caoutchouc vers l'abri. Dans les chambres désertes, la lumière s'éteint Mais la vie se concentre au sous-sol dans un espace étroit, que l'on contemple avec d'autant plus de plaisir. Le personnel de la station expert en défense anti-aérienne a l'initiative qu'il faut pour toujours ménager des passages libres et que soient prêts du café, du pain et du lait pour apaiser une faim soudaine. Les médecins sont là et échangent avec les femmes des mots cordiaux et rassurants. L'alerte a concerné leur service.

On perçoit déjà les premiers tirs de canons anti-aériens. Le Tommy est là. L'ennemi est aux environs immédiats du bâtiment qui est devenu le symbole de la vitalité et de la confiance de notre peuple. Il est entouré de maisons dans lesquelles nos camarades SS convalescents se remettent de leurs blessures et attendent leur rétablissement. Ce moment nous fait de nouveau comprendre que cette guerre est une guerre totale.

Les femmes sont calmes et confiantes. Ma femme me dit en me montrant le chef du service, coiffé de son casque d'acier, qui traverse à l'instant les pièces de la cave : « Il est si beau de se savoir à proximité de la protection militaire de nos hommes. Une femme ressent parfaitement ce que cela signifie d'appartenir à la SS par l'intermédiaire de son mari. Je n'ai jamais vécu avec autant d'intensité l'esprit de la communauté SS qu'ici dans ce foyer. »

Le tir régulier du canon lourd retentit dans les environs, avec des pauses brèves. Cependant, la tentative de percée reflue sans causer de dommages.

Mais un événement survient dans la cave. La sœur prie les hommes de se mettre à l'écart dans un coin. Sans s'interroger longtemps, on obéit, et tout en marchant, on comprend déjà. Puis, quelque temps après, le calme s'instaure. Les sœurs amènent à leur mère les petits poupons emmaillotés. Ils sont tous pêle-mêle et il est souvent difficile de les différencier. Tout le monde est bientôt satisfait. Les cris, auparavant limités à une seule pièce, se sont répandus tout alentour et expriment une puissante volonté de vivre. Leur intensité me saisit, surtout dans de telles circonstances. Je perçois à présent deux types de sons différents : d'une part, à l'intérieur, les petites voix d'enfants perçantes, et dehors, le fracas proche ou lointain de la D.C.A. Je me tiens auprès de ma femme qui porte ses jumeaux et leur donne le meilleur d'elle-même.

Le soir venu, j'ai encore vécu une expérience intéressante en côtoyant l'ensemble du personnel que je pouvais contempler d'un seul coup d'œil. Je fus frappé de voir que ce groupe de femmes constituait aussi une véritable élite, témoignant de façon visible des exigences fixées par la SS pour pouvoir se marier. Les pensées continuaient à affluer dans mon esprit. Notre peuple deviendra sain lorsque cette volonté de sélection se sera généralisée.

La D.C.A. me tire de mes réflexions. En revanche, les nourrissons affamés ne se préoccupent pas d'elle. Ils ne savent pas à quel point leur vie, à cet instant, se trouve déjà menacée alors qu'ils ne sont âgés que d'une ou deux semaines. À l'extérieur, quatre projecteurs lumineux inspectent le ciel. On attend une attaque à chaque seconde. Puis retentit une violente détonation qui ébranle toute la maison. La porte, seulement repoussée, est arrachée, et de l'extérieur on entend le tintement des vitres volant en éclat. Une bombe était tombée à environ cent mètres de nous. La D.C.A. tire de façon frénétique.

Les femmes, malgré tout heureuses, doivent faire un effort intérieur, mais personne ne trahit la moindre trace de l'angoisse qu'une telle situation peut occasionner. Nous sommes tous soutenus par l'esprit de la communauté que nous formons à ce moment et dont nous avons conscience.

Cette peur terrible prend fin avec le soir qui s'installe. L'attaque aérienne ennemie se calme peu à peu. Après la fin de l'alerte, nous aidons à reconduire notre bien le plus cher, nos femmes et nos enfants, dans leurs chambres pour la nuit.

Je n'ai plus vécu depuis longtemps un soir aussi *beau*.

M.

Cahier de la SS n°3. 1942.

Yamato

Yamato est le nom d'une région japonaise ayant donné naissance à de grands soldats japonais. Le nom de Yamato est devenu le symbole de la bravoure et de l'accomplissement du devoir. On n'y trouve aucune trace de l'esprit d'un peuple étranger. L'exemple japonais nous apprend que la bravoure et le courage ont comme fondement l'esprit religieux.

En l'an 1932 de la chronologie occidentale, un commandant en chef gravement blessé lors des combats pour Shanghai perdit connaissance et eut le malheur de tomber entre les mains de l'ennemi. Il fut ensuite de nouveau libéré et ramené par les troupes japonaises qui avançaient. Un jour, on put lire dans la presse que ce commandant s'était donné la mort précisément à l'endroit des combats durant lesquels il avait été fait prisonnier.

Que nous enseigne cet événement ? L'officier avait été fait prisonnier uniquement parce qu'il gisait blessé et inconscient ; était-ce une honte pour un guerrier ? Pourquoi mit-il fin à sa vie au lieu de servir sa patrie grâce à ses connaissances, son expérience, son courage et son intelligence ? On ne peut expliquer son attitude que par l'esprit-Yamato, l'esprit des hommes japonais.

La tradition du vaillant esprit chevaleresque est resté particulièrement vivace dans les légendes du Japon occidental ; les principes de l'éducation spirituelle du chevalier légendaire sont contenus dans le livre « Hagakure », une œuvre sur la morale chevaleresque dans lequel il est écrit : « Si tu dois choisir deux voies – la vie ou la mort- alors choisis la dernière. » Le commandant en chef, profondément imprégné par cet enseignement, suivit la voie de la mort. Cependant, pourquoi doit-on la rechercher ? :

Il est dit dans le code chevaleresque des guerriers japonais d'aujourd'hui, le « Senjinkun » ou enseignement dans le camp guerrier : « Tu ne dois pas subir le déshonneur des prisonniers ; après la mort, tu ne dois pas laisser derrière toi une mauvaise renommée de faute et de malheur. » De tout temps, on considère au Japon comme un grand déshonneur de survivre en captivité ; il est préférable de mourir.

Dans la guerre actuelle – contrairement aux temps anciens – on ne peut éviter, dans certains cas, d'être fait prisonnier ; on peut penser qu'il n'est pas absolument nécessaire de mourir dès que l'on a accompli son devoir avec les armes les plus modernes et que l'on est beaucoup plus utile à son pays en restant en vie et en accomplissant sa vocation – que ce soit dans la guerre ou dans la paix. Cette conception a son bien-fondé, cependant, le soldat japonais pense autrement : S'il survit dans la honte de la captivité, cela signifie qu'il n'a pas combattu jusqu'à la mort, qu'il n'a pas eu la possibilité de poursuivre la lutte et regrette profondément de n'avoir pas combattu jusqu'à la mort pour le Tenno, la patrie et le peuple.

> Que ce soit dans la mer où l'eau baptise mon corps,
> Que ce soit dans la campagne où mes os
> sont recouverts par la mousse des montagnes —
> Je ne veux combattre que pour le grand seigneur.
> Sans jamais penser à moi.

Ce très ancien chant que nous entonnons toujours exprime que la survie du soldat est tout simplement inconcevable. Lord Nelson a dit juste avant sa mort : « Dieu soit loué, j'ai fait mon devoir ». En revanche, le Japonais ne combat pas à cause du devoir, mais pour sacrifier sa vie. Erwin Bälz, l'un des meilleurs spécialistes du Japon, raconte une expérience personnelle qu'il a faite à l'époque de la guerre russo-japonaise :

« Un Japonais célèbre lui rendit visite avec son fils qui devait partir pour le front le matin suivant Une fois que le jeune homme eut pris congé, le Dr Bälz s'entretint de la guerre avec le Japonais ; le vieil homme lui raconta qu'il avait perdu le plus âgé de ses fils quatre ans auparavant lors du soulèvement des Boxers et il envoyait maintenant le deuxième à la guerre. Il poursuivit en disant que son blason de famille porté avec honneur n'aura à présent aucun représentant puisqu'il n'a plus d'autres fils. Bälz lui dit en le consolant : « Tous ceux qui vont au front ne sont pas destinés à tomber ; je crois que votre fils reviendra avec une grande renommée militaire. » Le vieux père remua la tête et répliqua : « Non, mon fils va au combat pour trouver une mort héroïque, pas pour revenir en vie. » Erwin Bälz conclut que c'était là une parole sage, digne d'un philosophe.

Cette attitude seule explique que jusqu'à présent, le Japon n'ait perdu aucune guerre et a remporté des succès prodigieux dans l'actuelle guerre de la Grande Asie orientale. S'approcher dans de minuscules sous-marins de guerre de la flotte des États-Unis et de couler ses navires constitue un acte méprisant la mort En s'autodétruisant, les aviateurs japonais se considèrent comme une partie de leur charge et se précipitent sur l'ennemi pour devenir conformes à leur vocation. C'est cet esprit qui protège l'Empire japonais. Déjà en 1274 et 1281, cet esprit héroïque a permis à l'armée japonaise forte seulement de 50 000 hommes, de vaincre les Mongols largement supérieurs qui comptaient 150 000 hommes. C'est lui aussi qui fit remporter des victoires éclatantes dans la guerre russo-japonaise. Les soldats qui combattent aujourd'hui dans le grand Pacifique, sur terre, sur mer et dans les airs sont tous dominés par l'idée de se sacrifier pour la patrie et d'entrer dans les rangs des dieux.

Ceux qui nomment cet esprit « fatalisme » et voient en lui un mépris inconscient pour la précieuse vie humaine sont très loin de comprendre l'esprit militaire japonais. Les actes audacieux des soldats japonais sont précisément des manifestations de cet esprit énergique luttant pour l'existence et l'honneur de l'Empire, pour la justice et la paix véritable.

Ce serait également une erreur impardonnable de n'y voir qu'une marque de brutalité originelle. On connaît l'amour du Japonais pour les fleurs ; son sens esthétique ne lui fait pas rechercher uniquement la fleur, mais il l'apprécie beaucoup plus dans son rapport organique avec les feuilles et les branches. Donc, il ne la coupe jamais mais la laisse sur sa branche. La civilisation japonaise a développé chez ses hommes non seulement un esprit de sacrifice élevé mais aussi une compassion pleine de sentiment. Cette dernière se manifeste dans l'attitude des soldats japonais face à l'ennemi, en particulier envers les prisonniers. Livrons un témoignage significatif datant du Moyen-Âge : En 1184, au cours d'une guerre civile acharnée, le fameux guerrier Kumagai défit un chevalier du camp ennemi, Atsumori, et lui coupa la tête conformément aux anciennes coutumes de guerre. Atsumori n'avait pas encore vingt ans et, affecté par sa mort précoce, Kumagai déposa l'épée, quitta la chevalerie et devint prêtre pour passer sa vie à prier pour le salut de l'âme du défunt.

Durant la Grande Guerre, les volontaires japonais qui servaient dans l'armée canadienne, réussirent à aller sur le front occidental ; parmi eux se trouvait le volontaire Isomura qui tomba sur un blessé allemand lors d'une attaque. Le blessé lui fit savoir par de faibles mouvements qu'il souffrait d'une soif atroce et, sans tarder, Isomura lui donna à boire de son bidon dans lequel se trouvait encore un peu d'eau précieuse. Entretemps, un soldat britannique s'était approché et attaqua l'Allemand à la baïonnette ; Isomura s'y opposa et l'interpella : « Ne vois-tu pas que cet homme est gravement blessé ? » – « Eh alors », répliqua le Britannique, « blessé ou non – tout ennemi de plus qui est tué constitue un avantage pour nous. » « Où est donc ton amour chrétien du prochain ? » « Je l'ai laissé à la maison lorsque je suis parti à la guerre », répondit le Britannique.

De même, le volontaire japonais Morooka qui attaquait à la baïonnette un très jeune adversaire, l'entendit crier « maman ! ». À cet instant, ayant reconnu le mot qu'il connaissait, il lui fut impossible d'attaquer pour la deuxième fois l'ennemi et celui-ci quoique blessé, a été sauvé et ramené dans sa patrie.

Les Japonais considéraient comme une indignité d'être fait prisonnier ; cependant ils ont une profonde compassion pour les prisonniers qu'ils font eux-mêmes. Au cours de la guerre russo-japonaise, beaucoup de Russe faits prisonniers furent envoyés au Japon et ils se rappelèrent tous avec gratitude du traitement généreux qui leur fut accordé. Au Japon, on a de tout temps considéré comme une vertu d'adopter cette attitude envers l'ennemi blessé. L'Histoire nous raconte que les Coréens ennemis participant à l'invasion mongole tombèrent entre les mains japonaises et ne méritèrent aucun traitement spécial. Ils ont trouvé, toutefois, un accueil bienveillant ; l'empereur de Corée s'est même vu obligé d'exprimer dans une lettre son remerciement pour cette conduite. De plus, on doit considérer que cette attaque mongole représenta un grand danger pour le Japon et pour son peuple. Dans la guerre russo-japonaise, la première division et la deuxième armée japonaises durent prendre soin des premiers prisonniers russes ; on ordonna aux soldats japonais de rendre visite aux prisonniers dans le dessein de les familiariser avec les uniformes, les insignes et les caractéristiques de l'adversaire. Cependant, des hommes d'une compagnie précise ne se présentèrent pas à l'inspection, pour la raison suivante : C'est une honte d'être fait prisonnier comme soldat et c'est insupportable de devoir se montrer ainsi à l'ennemi. Le samouraï comprend le sentiment d'un autre samouraï et lui épargne cette humiliation. C'est pour cette raison que les soldats ne participèrent pas à l'inspection des prisonniers russes. Les officiers ennemis qui donnèrent l'ordre de tuer tous les Japonais, même les prisonniers, ne pouvaient pas comprendre l'attitude des soldats japonais.

Sur l'une des scènes de l'actuelle guerre de la Grande Asie orientale, les Philippines, début janvier, un certain nombre de civils japonais furent massacrés par les troupes américaines ; de telles atrocités n'existent pas dans l'histoire du Japon.

Les Japonais combattent aujourd'hui pour leur patrie et pour tous les peuples de la Grande Asie orientale. Ils livrent un dur combat, rempli de sacrifices, où ils exigent le maximum d'eux-mêmes. Néanmoins, ils ont une profonde compassion pour le prochain et cette attitude lors des batailles suscitera de nombreux faits de guerre caractéristiques et frappants qui entreront dans l'histoire de la guerre, témoignant de l'esprit du Japon, du Yamato Tamashii.

Kazuichi Miura

Partout et toujours, l'exemple vivant constituera la meilleure éducation.

Adolf Hitler

LA MAISON DE LA TROUPE SS N°4. 1939.

NOTRE VIE !

Vivre signifie lutter. Nous sommes confrontés à ce principe de façon inexorable et dure ; comme un ordre militaire, bref et concis, auquel personne ne peut se soustraire. Soit on accepte cet ordre, s'améliorant à travers lui jusqu'à accomplir ce qu'il y a de mieux, soit on déserte – on périt-de façon infâme et pitoyable. Il n'existe pas d'autre chemin.

Vivre signifie lutter. Cet ordre que la Providence nous a donné, différencie le seigneur de l'esclave, le héros du lâche, l'homme d'action du bavard, le caractère de la faiblesse- définit le bon et le mauvais, le juste et l'injuste, et nous permet de mesurer notre travail quotidien.

Il y a toujours eu dans l'histoire des époques où l'on a cru pouvoir se soustraire à ce commandement ; où l'on se berçait de la supposition que le combat est une abomination et que la vie est un état pacifique perpétuel ; où l'on tentait de transférer le combat de ce monde dans un autre ; où l'on mesurait le bien au degré de bassesse, de lâcheté, de servilité, et le mal au degré d'acte héroïque ; où la trahison et le mensonge furent prônés de toutes les manières comme moyens de pression face au combat.

Et à nouveau, il y eut des époques où l'esprit héroïque célébrait son plus grand triomphe ; où la force créatrice indiquait de nouveaux buts et de nouveaux chemins aux hommes ; où le combat eut le retentissement le plus extrême du fait de la force originelle de la volonté de vivre, et où l'homme, avec sa force divine, redonna son sens propre à la vie.

Nous nous trouvons dans cette époque d'énergies rassemblées, d'esprit combattif et créateur, et de volonté inouïe de vivre.

Nous approuvons la vie parce que nous aimons la lutte et nous approuvons la lutte parce que nous aimons la vie. La vie n'est pas pour nous une vallée de larmes au-dessus de laquelle se tiennent des dieux inconnus qui se réjouissent de nous voir ramper à genoux remplis d'humilité. Pour nous, la vie est un champ de bataille que la Providence nous a donné et que nous voulons conquérir en luttant. Notre prière est le combat, et notre vie est la prière. La Providence nous a donné la vie dans le combat et nous voulons dominer la vie en luttant.

Nous combattons et nous sommes un maillon fort dans la chaîne constituée par nos ancêtres et nos descendants. À travers nous, la vie des temps les plus reculés doit être transmise dans la lutte, à l'avenir.

C'est ainsi que le veut la Providence – c'est ainsi que nous le voulons. La volonté de la Providence et la nôtre formeront l'époque d'aujourd'hui, de demain, et d'après-demain, comme elles ont créé l'époque d'hier et d'avant-hier.

Un esprit sain dans un corps sain.

Vivre signifie combattre. Durant des siècles de combats, nos ancêtres nous ont formé, ont permis à notre peuple et à nos clans de triompher de la lâcheté et de la bassesse, de la servilité et de la négation du monde jusqu'à nos jours. C'est un monument de combat héroïque et de volonté de vivre inébranlable.

Il ne resterait rien de nous, du peuple et des clans, des tribus et du sang si nos ancêtres n'avaient pas aimé le combat comme nous l'aimons.

Rien n'existerait de la culture, des monuments impérissables de la littérature, de la musique, de la peinture, de l'architecture s'ils n'avaient pas approuvé la vie et donc la lutte.

Notre peuple n'aurait plus rien de la terre sacrée de l'Allemagne si des millions de nos ancêtres ne s'étaient pas risqués à lutter avec des rires victorieux pour assurer la vie de leurs descendants. Le sang et la race de notre peuple se seraient taris si nos mères ne nous avaient pas enfanté dans le combat.

Notre existence – notre peuple nous donnèrent la volonté de vivre et donc de lutter.

Vivre signifie lutter !

Le combat des armées grises durant la Grande Guerre, la mort héroïque de deux millions de soldats ont seuls assuré l'aube de notre peuple. Ce ne sont pas la lâcheté et la bassesse, ni les gémissements serviles qui assurent l'existence et la renaissance du Reich allemand.

Le tir de barrage frappait les tranchées heure après heure. Les tirs des calibres lourds éclataient contre les abris dans un fracas infernal et l'attaque fut menée dans la fumée et les gaz sous le feu des mitrailleuses. Sortant du brouillard de l'aube, les chars monstrueux s'élançaient pour écraser tout ce qui se trouvait sur leur chemin. Ce n'était pas grâce à l'humilité plaintive qu'on tenait les positions, mais du fait de la volonté effrénée de vivre et du désir impérieux de vaincre dans le combat et de surmonter toutes les épreuves.

Le bon camarade disparaissait des rangs et l'ami tombait en mourant.

Les terreurs de la guerre menaçaient de s'imposer. Mais c'était aussi la lutte pour la vie qui, au-delà du caractère tragique et horrible des destinées, triomphait de toutes les autres motivations. Seul celui qui combat peut triompher et comprendre la félicité de la victoire ou la fin héroïque. Mais celui qui refuse le combat et donc la vie, méconnaît leur esprit. Il ne comprendra jamais le sentiment joyeux que la Providence dispense au combattant qui domine la vie – la capitulation est une lâcheté et Dieu n'aide que le brave.

C'est ainsi que nous comprenons la grandeur supérieure du combat des soldats feldgrau durant la Grande Guerre et nous saluons les hommes qui, en persistant à combattre, ont réorienté la destinée de notre peuple. L'esprit du combat parrainait la naissance de notre nouveau monde d'idées – le national-socialisme – et fit surmonter, durant quatre ans, les terreurs de la plus grande des guerres. Seul cet esprit du combat préserve la vie de notre nation.

Vivre signifie combattre !

Sous les sifflements et les projections, l'acier se répand dans les moules. Sous les coups de marteau sonores, dans un vacarme incessant, le fer prend forme pour être utilisé par les hommes. Dans les puits sombres chargés d'air poussiéreux et sous une menace constante, le charbon est aspiré et mis à jour. Sur des échafaudages élevés, entre ciel et terre, des hommes mettent leur vie en jeu dans un travail créateur. Sur la mer en furie la lutte avec l'élément originel devient l'expression visible de la vie. Sous un soleil brûlant le blé levé se courbe sous la faux. Dans des hôpitaux et des laboratoires l'esprit humain lutte avec la mort. Tout cela n'est pas l'expression d'une nécessité fataliste et superflue imprimée par des dieux étrangers, mais constitue une vie combattante, une volonté dure de sélection et de victoire. En chaque lieu est livrée une bataille décisive qui détermine la position de l'homme par rapport à Dieu. L'homme créateur conçoit sa relation avec son dieu dans le combat, dans la bataille. Il ne considère pas son combat comme une honte, comme une damnation, un péché, mais il se voit comme un seigneur, démontrant de façon vivante l'ordre donné par la Providence : « Vivre signifie lutter ». Pour lui, la sueur n'est pas le salaire de l'action pécheresse mais la récompense de sa force configuratrice et de sa joie créatrice magistrales.

Vivre signifie lutter !

Dans des milliers de rassemblements et de batailles de rue, le soldat politique appose sa marque à ses contemporains. Malgré des monceaux d'ordures, d'attaques insidieuses et la calomnie, le Mouvement parvint à la victoire. Malgré la terreur physique et spirituelle, le national-socialisme déploie aujourd'hui sa bannière victorieuse au-dessus de l'Allemagne. C'était la manifestation du courage de vivre méprisant la mort, de la joie sacrée du combat qui triomphaient de tout. C'était le courant du sang sain et ininterrompu de notre peuple qui mettait fin aux agissements d'une hypocrisie pacifiste internationale ayant les couleurs noir, rouge et or, pour libérer la route à une nouvelle génération héroïque. Et on ne peut comprendre qu'ainsi la grandeur des martyrs du Mouvement. Ils sont le symbole de la vie de notre peuple ; les fils les plus dignes des ancêtres, qui apparaissent dans le plus lointain avenir comme les prêtres vivants d'une conception et d'une civilité héroïques.

Vivre signifie lutter !

Dans l'existence quotidienne, l'esprit mercantile s'implante comme un serpent venimeux. Le labeur du jour pèse sur le corps et l'esprit comme un fardeau presque insurmontable. L'insanité et le manque de caractère se font concurrence. La vanité et le goût du plaisir célèbrent apparemment leur triomphe et les faiblesses humaines sont vantées. Ce n'est jamais la mentalité servile des valets qui met un terme à tout cela, mais toujours et uniquement l'homme combattant se sentant solidaire en tant que soldat sur le champ de bataille de la vie, ignorant la classe et la naissance, la richesse et la pauvreté – seulement responsable vis-à-vis de son peuple et de son sang noble, venant des ancêtres, auquel les descendants demanderont des comptes.

Nous nous tenons debout au cœur du combat et devant notre dieu, sachant que toute force créatrice repose en nous, et qu'il dépend de nous de dominer la vie. Les corvées quotidiennes – les petits devoirs quotidiens – sont apparemment un fardeau mais, malgré tout, nous ne voulons pas nous en passer. Car la grandeur distinguant l'œuvre au sein de la masse, survivant aux siècles, est d'abord faite de détails. Comme le mécanisme d'horlogerie se compose de roues petites et grandes, comme seul l'ensemble des instruments compose l'orchestre et comme seul le pas cadencé de centaines d'hommes fait trembler la terre, nous avons aussi, chacun à sa place, comme des roues, comme des instruments et des marcheurs, à accomplir nos devoirs et notre combat afin que l'œuvre voit le jour.

Monument en souvenir des martyrs du putsch de 1923.

« *Avoir la foi constitue la plus grande force qui soit.* »
Adolf Hitler

C'est l'œuvre qui révélera la grandeur d'une génération même après des siècles et qui doit indiquer la voie aux descendants après des millénaires comme une épopée héroïque.

Nous avons la volonté de nous inscrire dans l'histoire ainsi que nos actes avec des stylets d'airain. Nous avons la volonté de mesurer nos forces à chaque moment, et à part la volonté, nous avons le pouvoir de nous dépasser, comme un mémorial d'attitude combattante.

N'est-ce pas déplorable de vouloir confondre les erreurs du caractère avec une attitude effrontément servile, au lieu de les contrecarrer victorieusement dans un combat quotidien ? Ne ressent-on pas du dégoût quand des hommes aux mines de souffre-douleur mélodramatiques tentent de définir la vie comme une infamie noire parce qu'ils n'ont pas le courage de tirer la conséquence du commandement de la Providence et d'admettre le combat ?

N'est-ce pas se moquer de Dieu quand, à cause de créatures plaintives, on le déclare responsable du fait qu'elles échouent dans la vie par manque d'esprit de combat ? N'est-ce pas faire preuve d'un esprit mercantile pernicieux quand, du fait de ce gémissement, elles renient la sentence de Dieu qui récompense leur désertion face à la vie que ce dernier leur confia afin qu'elles la dominent ?

Nous n'avons aucune compréhension pour un tel acte stupide.

Jusqu'ici, de semblables créatures n'ont jamais été des guides pour les hommes qui, comme des pierres angulaires de granit, survivent aux millénaires.

Pour cette raison, nous ne voulons pas passer notre vie, que la Providence nous a donnée, dans la damnation, la contempler comme un bourbier du vice duquel personne ne s'échappe ; car notre vie n'est pas un péché puisqu'elle nous vient de Dieu, et notre combat n'est pas une damnation puisqu'il est une prière héroïque.

Nous laissons les lâches et les misérables ramper à genoux, les pusillanimes gémir de désespoir ; car Dieu est avec nous parce que Dieu est avec les croyants.

Nous saluons les esprits héroïques du passé lointain comme les compagnons d'armes de notre vie parce que nous savons qu'une vérité, éternelle sort de la bouche de Nietzsche quand il dit :

« La guerre et le courage ont accompli de plus grandes choses que l'amour du prochain. Ce n'est pas votre pitié mais votre bravoure qui, jusqu'à présent, a sauvé les malheureux. »

Kurt Ellersieck

> *Nous devons apporter une nouvelle foi plus honnête, non seulement à l'Allemagne mais au monde ; pas seulement pour le salut de l'Allemagne mais aussi pour celui du monde, qui périra d'auto-intoxication s'il ne surmonte pas son opinion actuelle sur l'Allemagne.*
>
> Adolf Hitler

BIBLIOGRAPHIE

Les traductions des poèmes nordiques de l'Edda sont tirées de l'ouvrage de Régis Boyer *Les religions de l'Europe du Nord*, éditions Fayard-Denoël, 1974.

Les textes de Tacite sont tirés de l'ouvrage *La Germanie*, de Tacite, traduit par Jacques Perret, éditions *Les belles lettres*, 1983.

Sources publiées avant 1945 :
Les publications du RuSHA et du SS-Hauptamt :
SS-Leithefte
Germanische SS-Leithefte
Annales
Das SS-Mannschaftshaus
Politischer Dienst für SS und Polizei
Der Weg zum Reich
Glauben und Kämpfen.

Des éditions SS *Nordland* :
Discours du Reichsführer SS à la cathédrale de Quedlinbourg le 6 juillet 1936.

Autres :
Auf Hieb und Stich, recueil des éditoriaux de Gunther d'Alquen parus dans le journal SS *Das Schwarze Korps* entre 1935 et 1937.
Organisationsbuchder NSDAP, 1938.
Die SS, Geschichte und Aufgabe, de Gunther d'Alquen, 1939.
Die Gestaltung der Feste im Jahres- und Lebenslauf in der SS-Familie, SS-Oberabschnitt West.
Prüfungsfragen für SS-Führer und SS-Unterführer, SS-Abschnitt VIII, 1er novembre 1938.
Aux armes pour l'Europe, texte du discours fait par Léon Degrelle au palais de Chaillot en 1944.
Almanach SS de 1944, dernière édition.
Devenir, journal pour les SS français.

Ouvrages publiés après 1945non traduits en français :
Ackermann Josef, *Himmler als Ideologe,* Müsterschmidt, Göttingen, 1970.

Hausser Paul, *Soldaten wie andere auch,* Munin Verlag, Osnabrück, 1966.

Wegner Bemdt, *Hitlers politischen Soldaten: Die Waffen-SS 1933-1945,* Schöningh, 1988.

Ces ouvrages sont parmi les principaux et les plus documentés publiés sur ce thème en Allemagne.

Les photographies et illustrations proviennent toutes de la collection personnelle de l'auteur.

DÉJÀ PARUS

ÉCRITS RÉVISIONNISTES de ROBERT FAURISSON

Le devoir de mémoire en 4 volumes

Redécouvrons le sens de l'exactitude historique !

LES ŒUVRES DE PAUL RASSINIER

J'avais pensé que, sur un sujet aussi délicat, il convenait d'administrer la vérité à petites doses

ŒUVRES & ÉCRITS de CHARLES MAURRAS

7 volumes pour retrouver le souffle de l'esprit français

Pour sortir de la domination cosmopolite, célébrons Maurras !

OMNIA VERITAS

Omnia Veritas Ltd présente :

LES PAMPHLETS de LOUIS-FERDINAND CÉLINE

« ... que les temps sont venus, que le Diable nous appréhende, que le Destin s'accomplit. »

LF Céline

Un indispensable devoir de mémoire

OMNIA VERITAS

Omnia Veritas Ltd présente :

Les décombres

Lucien Rebatet

La France est gravement malade, de lésions profondes et purulentes. Ceux qui cherchent à les dissimuler, pour quelque raison que ce soit, sont des criminels.

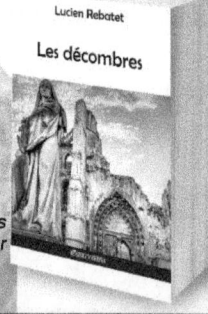

Mais que vienne donc enfin le temps de l'action !

OMNIA VERITAS

Omnia Veritas Ltd présente :

Dialogues de "vaincus"

Pierre-Antoine Cousteau
Lucien Rebatet

«Pour peu qu'on décortique un peu le système, on retrouve toujours la vieille loi de la jungle, c'est-à-dire le droit du plus fort.»

Le Droit et la Justice sont des constructions métaphysiques

OMNIA VERITAS
Omnia Veritas Ltd présente :
LA CONTROVERSE DE SION
de
Douglas Reed
Les racines multiséculaires et l'agenda caché du sionisme.
L'ouvrage-clef non-censuré
enfin disponible en français !

OMNIA VERITAS
Omnia Veritas Ltd présente :
Nuremberg
Nuremberg ou la terre promise
Nuremberg II ou les faux-monnayeurs
par
MAURICE BARDÈCHE
Je ne prends pas la défense de l'Allemagne. Je prends la défense de la vérité.
Nous vivons sur une falsification de l'histoire

OMNIA VERITAS
Omnia Veritas Ltd présente :
MON TESTAMENT
POLITIQUE & PRIVÉ
Un homme ne doit jamais perdre contact avec le sol sur lequel il a eu le privilège de naître. Il ne doit s'en éloigner que temporairement et toujours avec l'idée d'y revenir.
1933
Un peuple qui veut prospérer doit rester lié à sa terre

OMNIA VERITAS

Omnia Veritas Ltd présente :

LE PASSÉ, LES TEMPS PRÉSENTS ET LA QUESTION JUIVE

Quel est le peuple, quelle est la nation qui devrait être la première du monde par ses vertus, par son passé, par ses exploits, par ses croyances ?

Que s'est-il passé pour ce qui devrait être ne soit pas ?

OMNIA VERITAS

Omnia Veritas Ltd présente :

L'ÂGE DE CAÏN
par JEAN-PIERRE ABEL

PREMIER TÉMOIGNAGE SUR LES DESSOUS DE LA LIBÉRATION DE PARIS

« Ce livre n'est pas un roman. Je ne fais qu'y conter des événements dont j'ai été le témoin... »

Abel qui renaît à chaque génération, pour mourir encore par la grande haine réveillée

OMNIA VERITAS

Omnia Veritas Ltd présente :

LE JUIF SECTAIRE
ou la TOLÉRANCE TALMUDIQUE
par LÉON-MARIE VIAL

Ce volume est l'esquisse, à grands traits, de la tolérance des juifs, à travers dix-neuf siècles, à l'égard des chrétiens, spécialement des chrétiens français.

La France est perdue si elle ne brise à bref délai le réseau des tyrannies cosmopolites...

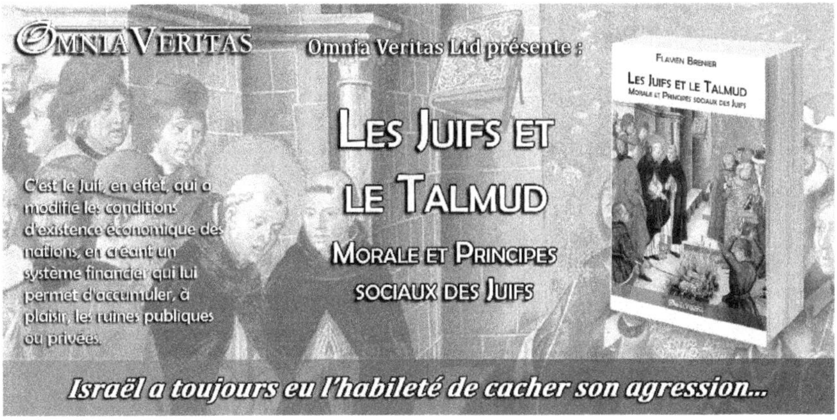
OMNIA VERITAS
Omnia Veritas Ltd présente :
LES JUIFS ET LE TALMUD
MORALE ET PRINCIPES SOCIAUX DES JUIFS
C'est le Juif, en effet, qui a modifié les conditions d'existence économique des nations, en créant un système financier qui lui permet d'accumuler, à plaisir, les ruines publiques ou privées.
FLAVIEN BRENIER
LES JUIFS ET LE TALMUD
Israël a toujours eu l'habileté de cacher son agression...

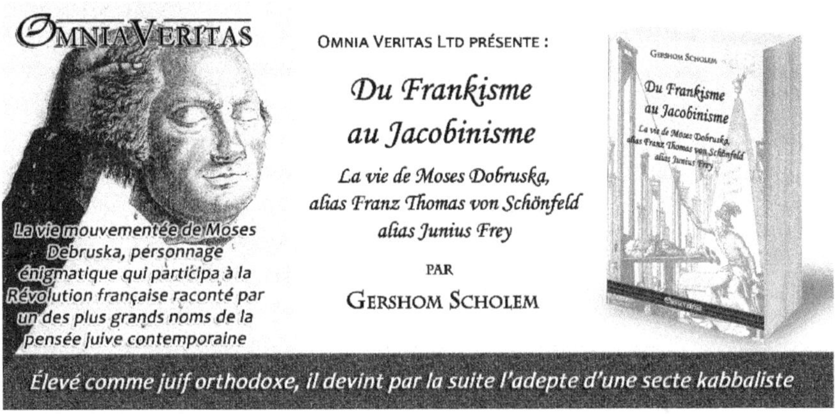
OMNIA VERITAS
OMNIA VERITAS LTD PRÉSENTE :
Du Frankisme au Jacobinisme
La vie de Moses Dobruska, alias Franz Thomas von Schönfeld alias Junius Frey
PAR
GERSHOM SCHOLEM
La vie mouvementée de Moses Debruska, personnage énigmatique qui participa à la Révolution française raconté par un des plus grands noms de la pensée juive contemporaine
Élevé comme juif orthodoxe, il devint par la suite l'adepte d'une secte kabbaliste

OMNIA VERITAS
Omnia Veritas Ltd présente :
TINTIN MON COPAIN
par LÉON DEGRELLE
LÉON DEGRELLE
TINTIN MON COPAIN
Imaginez le scandale ! Degrelle, le « fasciste » !

OMNIA VERITAS
présente le dernier ouvrage de
HARRY COOPER
HITLER
en Argentine
La Vérité sur sa fuite de Berlin
Que s'est-il réellement passé le 30 avril 1945 ?
Des révélations étonnantes sur le plus grand mystère du 20ème siècle.

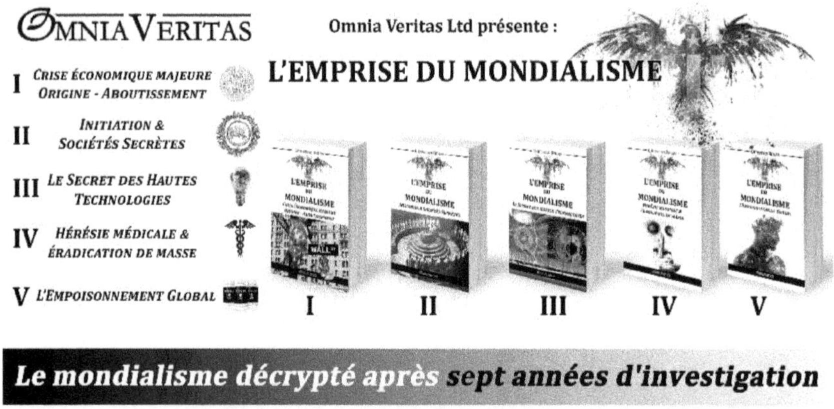
OMNIA VERITAS
Omnia Veritas Ltd présente :
L'EMPRISE DU MONDIALISME
I CRISE ÉCONOMIQUE MAJEURE ORIGINE - ABOUTISSEMENT
II INITIATION & SOCIÉTÉS SECRÈTES
III LE SECRET DES HAUTES TECHNOLOGIES
IV HÉRÉSIE MÉDICALE & ÉRADICATION DE MASSE
V L'EMPOISONNEMENT GLOBAL
I
II
III
IV
V
Le mondialisme décrypté après sept années d'investigation

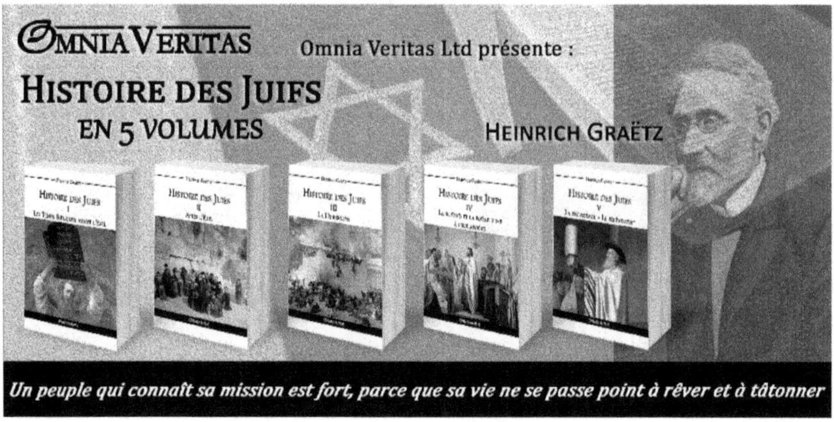
OMNIA VERITAS
Omnia Veritas Ltd présente :
HISTOIRE DES JUIFS
EN 5 VOLUMES
HEINRICH GRAËTZ
Un peuple qui connaît sa mission est fort, parce que sa vie ne se passe point à rêver et à tâtonner